Mit raffinierten Tricks wirbt Scientology um Mitglieder, in Berlin operiert ihre Deutschlandzentrale. Ihr strahlender Werbeträger Tom Cruise ruft in bizzaren Videos dazu auf, die »Erde zu säubern«. Denn die Sekte will »den Planeten klären«. Gewiss ist der Sektenkonzern weit entfernt von diesem Ziel, aber das sollte niemanden verleiten, ihn zu unterschätzen. Das Milliarden-Dollar-Unternehmen-Scientology hat Verbindungen bis ins Weiße Haus in Washington und in den Europarat nach Straßburg.

Die Autoren Frank Nordhausen und Liane v. Billerbeck haben für dieses Buch über Jahre hinweg Dutzende Gespräche mit Scientologen, Aussteigern, Kritikern und Zeitzeugen geführt und zahlreiche Film- und Tonaufnahmen gesichtet, Tausende Dokumente und Gerichtsurteile und parlamentarische Untersuchungsberichte, wissenschaftliche und biographische Literatur sowie eidesstattliche Versicherungen ehemaliger Scientologen gelesen und berücksichtigt.

Das Standardwerk zum Sektenkonzern Scientology.

Frank Nordhausen, geb. 1956, Studium der Geschichte, Germanistik und Philosophie in Berlin, bis 1996 freier Journalist und Autor, zahlreiche Beiträge für *Spiegel*, *Stern* und *Zeit*, seit 1996 Reporter der *Berliner Zeitung*. Er hat mehrere Bücher geschrieben, u. a. »Der Sekten-Konzern. Scientology auf dem Vormarsch« (mit Liane v. Billerbeck), und »Psycho-Sekten. Die Praktiken der Seelenfänger« (unter Mitarbeit von Liane v. Billerbeck)

Liane v. Billerbeck, geb. 1957, Journalistikstudium in Leipzig, Kulturredakteurin bei *NBI*, seit 1991 freie Journalistin und Gerichtsreporterin. 2001 Redakteurin im Politikressort der *Zeit*, ab 2003 als Autorin, Kolumnistin für den *WDR*, seit 2005 Moderatorin bei *Deutschlandradio Kultur*.

Frank Nordhausen
unter Mitarbeit Liane von Billerbeck

Scientology

Wie der Sektenkonzern die Welt erobern will

Fischer Taschenbuch Verlag

Veröffentlicht im Fischer Taschenbuch Verlag,
einem Unternehmen der S. Fischer Verlag GmbH,
Frankfurt am Main, Oktober 2011

Lizenzausgabe mit freundlicher Genehmigung
des Christoph Links Verlags – Links Druck GmbH
© 2008 Christoph Links Verlag – Links Druck GmbH
Alle Rechte vorbehalten
Satz: Dörlemann Satz, Lemförde
Druck und Bindung: CPI – Ebner & Spiegel, Ulm
Printed in Germany
ISBN 978-3-596-19009-6

Inhalt

Zu ihrem Schutz oder auf eigenen Wunsch haben einige Informanten andere Namen erhalten, sie sind bei Erstnennung mit einem ★ gekennzeichnet.

Der Scientology-Star

Tom Cruise – der neue Graf Stauffenberg

Sechs Millionen Fernsehzuschauer sind dabei, als der Abend seinen Höhepunkt erreicht. Frank Schirrmacher, Mitherausgeber der *Frankfurter Allgemeinen Zeitung* und einer der einflussreichsten Meinungsmacher Deutschlands, stürmt auf die Bühne, um zu erklären, warum ausgerechnet der Hollywoodschauspieler Tom Cruise den neu gestifteten »Bambi für Courage« erhalten soll. Es kommt schließlich nicht alle Tage vor, dass das Aushängeschild einer vom Verfassungsschutz beobachteten Organisation einen solch gefeierten Preis annehmen kann. Es ist Donnerstag, der 29. November 2007, das *Erste Deutsche Fernsehen* überträgt die Bambi-Gala in Düsseldorf.

Schirrmacher redet etwa fünf Minuten lang. Dabei bringt er das Kunststück fertig, nicht mit einem Wort die Psychosekte zu erwähnen, deren prominentestes Mitglied der Mime mit dem markanten Kinn ist: die Scientology-Organisation. Stattdessen spricht der Laudator über den Preisträger mit einem Schmelz in der Stimme, als huldige er einem Heiland. »Als ER vor etwas über einem Jahr United Artists übernahm, das legendäre Studio von Charlie Chaplin, überlegte man, welchen Titel man IHM geben sollte: Geschäftsführer? Vorstandsvorsitzender? Präsident?«, sagt er. Nein, man habe sich dann für das Naheliegende entschieden, denn »kein Titel schien so groß wie SEIN Name«: TOM CRUISE.

Schirrmacher spricht in seiner Lobrede, die Journalisten anderntags »wahrlich bizarr« und »devot« nennen werden, über die Rolle des Schauspielers in der Hollywood-Produktion Valkyrie, einem Film über die »Operation Walküre«. Das war der Codename für das Attentat auf Adolf Hitler am 20. Juli 1944. In dem gerade abgedrehten Historienstreifen verkörpert Tom Cruise den Wehrmachtsoffizier Claus Graf Schenk von Stauffenberg, der eine Bombe in Hitlers Hauptquartier »Wolfsschanze« platzierte, um den Diktator zu töten.

Das Attentat misslang, Stauffenberg wurde im Berliner Bendler-block hingerichtet, gegen zahlreiche Mitverschwörer wurden Todesurteile vollstreckt.

Für Schirrmacher hat Cruise mit dem Film eine historische Leistung vollbracht – endlich werde die Welt erfahren, dass es in Deutschland auch Widerstand gab gegen das Böse und nicht alle blind mitmachten: »Es bedurfte eines Querdenkers, um dieses Vorurteil zu durchbrechen. Es bedurfte eines Weltstars, um sich damit im Ausland Gehör zu verschaffen.« Schirrmacher hebt die Stimme, sein Ton wird noch sakraler. Mit seiner »mutigen Entscheidung«, sagt er, erfülle Cruise das Vermächtnis Stauffenbergs: das Ansehen Deutschlands zu retten. Dafür gebühre ihm der »Bambi für Mut«. Wie grotesk allein die Wortkombination »Bambi« und »Mut« klingt, scheint Schirrmacher nicht zu bemerken. Dass er eine schlichte unternehmerische Entscheidung zum Akt äußerster Zivilcourage adelt, auch nicht. Das hat zuvor der deutsche Schauspieler Heiner Lauterbach bereits erledigt: »Einen Film zu drehen, dafür 50 Millionen Dollar zu bekommen – ich finde, da gibt es Mutigeres.«[1]

Aber geht es wirklich um Mut? Oder um etwas ganz anderes? »Nur wenige sind wohl größerem Druck ausgesetzt als ER und an wenigen wird von so vielen Seiten gezerrt«, sagt Schirrmacher. »Kaum jemand wird aber auch so gnadenlos angegriffen. Ich kenne wenige, die dabei freundlicher, konzentrierter und würdevoller blieben, als ER es immer war.« Cruise habe nun »Graf Stauffenberg SEIN Gesicht geliehen«. Der beharrlich anschwellende Lobgesang verwandelt spätestens jetzt den »Galaabend in einen Heldengottesdienst«, wie *Stern Online* vermerkt.[2]

Für eine Art Gott halten sie Tom Cruise tatsächlich – bei seiner Sekte, einer Organisation, die trotz Dutzender wissenschaftlicher Studien, Parlaments- und Verfassungsschutzberichte noch immer als eine der geheimnisvollsten der Welt gilt. Cruise ist berüchtigt dafür, seit Jahren einen beispiellos aggressiven Werbefeldzug für die Scientologen zu führen; er ist ihr wichtigster Werbeträger weltweit. Was aber verbindet den höchstbezahlten Schauspieler der Filmgeschichte mit einem weltweiten Kino-Einspielergebnis von mehr als sechs Milliarden Dollar,[3] der 2006 vom *Forbes Magazine* zum einflussreichsten Prominenten der Welt gekürt wurde, eigentlich mit den ominösen Sektierern? Scientology-intern besitzt der 45-Jährige den Erleuchtungsgrad eines *Operierenden Thetans der Stufe 7*,[4] er ist demnach angeblich Herrscher über Raum, Zeit, Materie, Energie und Denken, eine Art Superheld, wie er ihn auch im Film MISSION: IMPOSSIBLE darstellt. Er ist somit nicht irgendein Scientology-Star, sondern »der« Scientology-Star, und recht eigentlich »ist« er Scientology.

Zum Dank für die großen Worte des großen deutschen Zeitungsmannes hält nun auch Tom Cruise in Düsseldorf eine bemerkenswert groteske Rede über Tapferkeit, Mut und Leistungsbereitschaft, die *Stern Online* folgendermaßen wiedergibt: »Mit starrem Blick und wild in die Stirn hängendem Haar, ja, mit der Verve größerer Feldherrn größerer Zeiten, lobte Cruise die Gastfreundschaft der Berliner, Deutschland, die Kameradschaft am Set, seine bescheidene Kindheit und die eigene neue Vaterschaft, ›unsere Siege‹, die Verantwortung vor Gott und den Nachgeborenen, die Völkerfreundschaft sowie allerlei Lehren, die ›nicht nur bis zum Abendbrottisch reichen, sondern bis zum Horizont‹.«[5]

Welche Lehren er damit meint, sagt Cruise nicht, das kann sich jeder selbst denken. Deutlicher jedenfalls hat noch niemand vor großem Publikum in Deutschland Scientology gefeiert. Tom Cruise beschließt seinen achtminütigen Dank mit dem berühmten, wenn auch ungesicherten Zitat Stauffenbergs, das in diesem Zusammenhang wie ein Hohn wirkt: »Es lebe das heilige Deutschland!« Nur langsam sickert es in die Gehirne: Hat tatsächlich gerade der bekannteste Scientologe der Welt, bedeutendes Mitglied einer militant extremistischen Gruppe, stellvertretend für den abwesenden Graf Stauffenberg den Tapferkeitspreis für das Attentat gegen Hitler bekommen? Die Kamera schwenkt auf die Zuschauer und zeigt müde, ratlose, fassungslose Gesichter. Auch Cruise-Gattin Katie Holmes, die den ganzen Abend schon traurig guckt, blickt den Heros bei der Rückkehr an den Tisch erschöpft an. Im sichtlich schockierten Publikum erheben sich nur wenige von den Sitzen. Barbara Schöneberger wirkt entsetzt. Aber all die übrigen Granden aus Politik, Medien, Entertainment – sie stehen auf und klatschen.

Public-Relations-Coups wie der Düsseldorfer Auftritt werden bei Scientology sorgfältig geplant. Der Courage-Bambi für ihren Botschafter Tom Cruise aus der Hand eines führenden Journalisten Deutschlands ist einer jener Triumphe, wie sie Lafayette Ronald

Hubbard, der verstorbene Gründer der Sekte, einst anstrebte. »Zehn bis 15 Prozent der politischen Meinungsführer« seien für Scientology zu gewinnen,[6] hatte er seinen Jüngern befohlen, dafür sei harte, aber geschickte Public Relations (PR) nötig, vor allem Zeitungsmacher seien auf die Seite zu ziehen: »Friede ist nicht zwangsläufig ein Ziel von PR, gewiss aber ist Überleben (von Scientology, d. A.) eines. Und Überleben erfordert eine gewisse Führung der Meinung. Wenn dies Führung von zahlreichen Leuten heißt, wird PR nur über Meinungsführer erreicht.«[7] Mit der Mehrheit der Meinungsführer auf seiner Seite glaubt der Sektenkonzern, die gesamte Gesellschaft in seinem Sinn beeinflussen zu können.

Über Meinungsführer wie Frank Schirrmacher ging es bei Hubbard dann direkt zur Weltherrschaft, seinem eigentlichen Ziel, wie die Verfassungsschutzämter Deutschlands in zahlreichen Gutachten feststellen. Der Scientology-Gründer habe stets die Absicht verfolgt, »entscheidenden Einfluss auf die Regierungen der Erde zu gewinnen«, konstatiert das bayerische Ministerium des Innern, dies sollte der erste Schritt zur »Übernahme des Planeten« werden.[8] Seinen Plan, »Gesellschaften in einen Zustand der völligen Gefügigkeit gegenüber den Zielen von Scientology zu bringen«, nannte der Sektenchef selbst »International City«.[9] Er stellte den Plan 1964 in England seinen engsten Mitarbeitern in einem Vortrag vor, dessen Substanz der bayerische Verfassungsschutz folgendermaßen wiedergibt: »Hubbard fordert in seinem Vortrag letztlich, alle derzeit existierenden Hauptstädte der verschiedenen Staaten ›gegenüber Scientology zu entmachten‹, die Welt quasi von seiner Hauptstadt – ›Scientology City‹ – aus zu regieren, um dadurch die ›Macht und die Bedeutung von Scientology zu steigern‹.«[10]

Wie viele der rund sechs Millionen Fernsehzuschauer wohl gemerkt haben, dass sie Adressaten einer geheimen Propagandakampagne in einem großangelegten Spiel waren? Wie viele werden nach all den charmanten Worten wohl vergessen haben, wie zwielichtig die Organisation ist, die Cruise mit seinem perlweißen Lächeln vertritt? Und wie viele haben durchschaut, dass die Düsseldorfer Bambi-Farce noch eine weitere verborgene Bedeutung hatte? Wie sich die Bilder gleichen: Der Festakt war die ins reale Leben übersetzte Kopie einer internen Scientology-Ehrung vom Sommer 2004. Damals fand auf dem sekteneigenen Herrensitz Saint Hill Manor nahe

London eine Feier statt, deren Glanz ebenfalls an Hollywood erinnerte. Scientology vergab ihre »Freiheitsmedaille für Tapferkeit« für besondere Leistungen im Dienst der Sekte. Er habe großen Mut gezeigt gegen die Anfeindungen in der Öffentlichkeit, sagte der Laudator über den Preisträger, und es klang wie ein vorweggenommener Schirrmacher. Dieser Lobredner war kein anderer als der amtierende Sektenchef David Miscavige, und der Geehrte war: Tom Cruise. Miscavige rief den Star zum »Freiheitsbotschafter« von Scientology aus, »weil er ein Mensch ist, der in allen Bereichen unermüdlich gearbeitet hat, in denen L. Ron Hubbards Technologie angewendet wird und wofür man sich eine Freiheitsmedaille verdient – Religionsfreiheit, Unterdrückung durch Regierungen überwinden, Missbräuchen der Psychiatrie ein Ende setzen, L. Ron Hubbards Technologie in der Gesellschaft einführen und die Scientology selbst verbreiten. Ja – die ganze Palette.« Miscavige beendete seine Laudatio mit den Worten, Tom Cruise sei der »engagierteste Scientologe, den ich kenne«.[11]

Erstaunlich sind nicht nur die Ähnlichkeiten der Feiern, der Preisreden, der Auslobung eines Mut-Awards. Verblüffend ist die Regie in Düsseldorf, die so wirkte, als sei sie von Scientology gesteuert worden. Um die Vorgeschichte zu verstehen, muss man ein paar Monate in der Zeit zurückkreisen. Denn die Düsseldorfer Gala war nur der vorläufige Abschluss der größten Public-Relations-Kampagne, die Scientology in Deutschland je organisiert hat. Da es die bedeutendste Operation war, musste wohl auch ihr wichtigster Mann sie anführen.

Im März 2007 meldete das Hollywoodmagazin *Variety*, dass Tom Cruise mit seiner Firma United Artists einen neuen Film über das Hitler-Attentat in der »Wolfsschanze« drehen wolle, mit ihm selbst in der Hauptrolle. Der Arbeitstitel des Streifens sei »Operation Valkyrie«. Es sollte die fünfte Verfilmung des gescheiterten Staatsstreiches sein und die zweite aus Hollywood nach THE PLOT TO KILL HITLER von 1990 mit Lawrence Schiller als Regisseur. Im Cruise-Film, so *Variety*, werde Bryan Singer Regie führen, der Macher von Actionfilmen wie SUPERMAN RETURNS und X-MEN. Im Juni des Jahres ging es los. Zu diesem Zeitpunkt sickerte durch, dass Cruises Firma United Artists in Berlin Drehgenehmigungen beantragt hatte. Darunter angeblich auch, an jenem historischen Ort zu filmen, an dem Stauffenberg sein Büro hatte, das Attentat plante und erschossen wurde und wo er seinen Satz vom »heiligen Deutschland« gesprochen haben soll: dem sogenannten Bendlerblock nahe dem Tiergarten, der zum Bundesverteidigungsministerium gehört und heute die Gedenkstätte Deutscher Widerstand beherbergt. Der Marketingchef des Studios United Artists bezeichnete den geplanten Film als Mischung aus MISSION: IMPOSSIBLE und GESPRENGTE KETTEN.[12]

Als Erster aufmerksam wurde der Berliner Bundestagsabgeordnete Klaus-Uwe Benneter von der SPD, ehemaliger Generalsekretär seiner Partei. Am 20. Juni erklärte er, Stauffenberg sei bereit gewesen, im Kampf gegen Unterdrückung und autoritäre Herrschaft sein Leben zu lassen. Ausgerechnet er solle nun von einem Schauspieler dargestellt werden, dessen »Sekte mit dubiosen Methoden versucht, Menschen zu ködern und gefügig zu machen«. Tom Cruise als Stauffenberg sei »ein Schlag ins Gesicht aller aufrechten Demokraten, aller Widerstandskämpfer im Dritten Reich, aller Opfer der Scientology-Sekte«.[13] Zwei Tage später meldete sich auch die Sektenbeauftragte der CDU/CSU-Fraktion im Deutschen Bundestag, Antje Blumenthal, zu Wort: An den Originalschauplätzen des gescheiterten Putsches von 1944 sollte Cruise auf keinen Fall filmen dürfen, weil die Drehgenehmigung für einen ranghohen Scientologen in einem Bundesgebäude einer offiziellen Anerkennung der totalitären Sekte gleichkäme. Die Organisation verbreite Gedankengut in der Tradition des Nationalsozialismus, »und ich finde es gelinde gesagt merkwürdig, wenn jemand, der diese Organisation vertritt, ausgerechnet an einer Stätte des Widerstands gegen den Nationalsozialismus drehen darf«.[14]

Nicht nur Benneter und Blumenthal hielten es für eine Provokation, wenn ein überzeugter Scientologe, Mitglied einer »verfassungsfeindlichen Organisation«, ein Symbol des Widerstandes gegen die Nazis verkörpert. Auch Bundestagsabgeordnete anderer Parteien wandten sich gegen Cruise, und es kam Widerspruch aus der Familie des Attentäters. Berthold Schenk von Stauffenberg, der älteste Sohn des Mannes, der Hitler töten wollte, forderte den US-Schauspieler öffentlich auf, »die Finger von meinem Vater zu lassen«, und äußerte die Befürchtung, dass bei dem Film »ein grauenvoller Kitsch rauskommt«.[15] Nicht zuletzt wandte sich Peter

Steinbach, der wissenschaftliche Leiter der Gedenkstätte Deutscher Widerstand, entschieden gegen eine »erneute Hinrichtung« Stauffenbergs im Ehrenhof der Gedenkstätte; er nannte die geplanten Dreharbeiten im *Deutschlandradio Kultur* »geschmacklos«; es passe nicht zur »Würde des Ortes«, wenn der Repräsentant einer totalitären Sekte einen Kämpfer gegen den Totalitarismus darzustellen versuche.[16] Dagegen sprachen sich die früheren Regierenden Bürgermeister von Berlin, der Sozialdemokrat Klaus Schütz und der Christdemokrat Eberhard Diepgen, für Cruise aus; endlich sei Berlin als »Filmstandort erster Klasse« anerkannt, und nur weil jemand einer umstrittenen Sekte angehöre, dürfe man ihn nicht gleich diskriminieren.[17] Von Diskriminierung konnte aber nicht die Rede sein, denn der Film des Scientologen Tom Cruise wurde mit vier Millionen Euro aus dem vom Bund finanzierten Deutschen Filmförderfonds unterstützt – und die Summe mitten in der hitzigen Debatte vom Kulturstaatsminister Neumann auf 4,8 Millionen erhöht.

Ende Juni 2007 hieß es plötzlich, es sei ihnen verboten worden, im Bendlerblock zu filmen, obwohl die Hollywoodleute dafür gar keinen Drehantrag gestellt hatten. An der Meldung stimmte nur, dass der deutsche Verteidigungsminister Franz Josef Jung sich gegen die Drehgenehmigung im Bendlerblock *ausgesprochen* hatte. Erst Wochen später lehnte das zuständige Finanzministerium die Genehmigung ab, doch ein formelles »Verbot« hatte es nie gegeben. Dennoch brachen Deutschlands Feuilletonisten zu einer ungeahnt heftigen Verteidigung der Religions- und Kunstfreiheit gegen vermeintliche deutsche Engstirnigkeit auf, wobei die meisten Cruises Scientology-Mitgliedschaft als reine Privatsache bezeichneten. Von »kleinkarierten« Sektenbeauftragten, »verbotsgeilen« Amtsinhabern und »politisch korrekten« Besorgnisträgern war die Rede. Niemand erwähnte, dass Cruise weit mehr als nur Schauspieler, sondern schließlich auch der *Produzent* des Films war, dessen Thema anders als jede seiner Missions: Impossible vor historischer Bedeutung nur so ächzt.

Noch bevor irgendwelche Dreharbeiten begannen, riss die *Frankfurter Allgemeine* die Debatte an sich. Was sich daraus entwickelte, ist die Geschichte einer wohlwollenden Medienkampagne, wie sie die totalitäre Sekte nicht mit viel Geld hätte kaufen können.

Am 3. Juli 2007 überließ die *FAZ* mehr als eine Seite dem Regisseur Florian Henckel von Donnersmarck, der mit seinem Stasidrama DAS LEBEN DER ANDEREN (Hauptrolle: Ulrich Mühe) im Februar den Oscar für den besten ausländischen Film erhalten hatte.[18] Donnersmarck lieferte eine flammend-peinliche Eloge auf Tom Cruise ab, die viele als Bewerbungsschreiben für Hollywood interpretierten, die mit ihrem unerhörten, neunationalen Pathos aber das Feuilleton in ganz Deutschland elektrisierte. Der Regisseur schrieb, Tom Cruise biete in der Rolle Stauffenbergs die Chance, den deutschen Widerständler auch international bekannt zu machen. In grotesker Übertreibung befand er, »der größte Star der Siegernation« werde das »Ansehen Deutschlands mehr befördern, als es zehn Fußballweltmeisterschaften hätten tun können«, und er jubelte, als wäre er nicht recht bei Sinnen: »Deutschlands Hoffnung heißt Tom Cruise.« Vollends vergriff er sich im Ton, als er Stauffenberg einen deutschen »Übermenschen« nannte, eine Terminologie, die von Friedrich Nietzsche stammt, von den Nazis benutzt wurde und auch den Scientologen nicht eben unbekannt ist: Das Wort soll die moralische Selbstermächtigung des an keine Regeln gebundenen Individuums bezeichnen.

Sieben Tage später warf sich Schirrmacher selbst für das VALKYRIE-Projekt mit dem ganzen Gewicht der Zeitung in die Bresche – eines Blattes, das noch vier Monate zuvor kommentiert hatte: »Die Vorstellung, Stauffenbergs letzte Worte ›Es lebe das heilige Deutschland!‹ könnten auf der Leinwand von einem Mann gesprochen werden, der sich ›Thetan‹ nennen lässt und an den außerirdischen Ursprung der Menschheit glaubt, ist mehr, als der stärkste Kino-Magen verkraften kann.«[19] Umgehend begannen auch andere Medien, auf Donnersmarck-Schirrmachers Linie einzuschwenken und von einer Rettung des nationalen Images durch Tom Cruise zu schwärmen. »Vieles spricht für das Argument, dass es für das Ansehen Deutschlands gut sei, wenn ein Weltstar wie Tom Cruise ›mit riesigem Aufwand Deutschlands größten Sohn anpreisen will‹«, meinte Helmut Markwort im *Focus,* und in der *Bild*-Zeitung textete Franz-Josef Wagner schlichter: »Ich freue mich auf Graf Stauffenberg, der endlich weltweit ein Held wird. Dank Tom Cruise.«[20] Die »gefährliche Sekte«, vor deren Plänen in Berlin – etwa einem möglichen Straflager – nicht nur die *Bild*-Zeitung seit Beginn des Jahres noch fast täglich gewarnt hatte,[21] verschwand für einige Monate weitgehend aus den Spalten des Boulevardblattes und sogar der meisten anderen Zeitungen. Es waren exakt die Monate, als Tom Cruise sich in die deutsche Hauptstadt begab.

Trophäe für Scientology

Am 19. Juli 2007 war es so weit. Zwei 70 Jahre alte Ju-52-Flugzeuge mit aufgemaltem Hakenkreuz röhrten über Löpten im Schenkenländchen, die Wolfsschanze wurde bei Königs Wusterhausen errichtet, das 100-Millionen-Dollar-Filmprojekt VALKYRIE begann. Es konnte sich nur noch um Tage handeln, bis Tom Cruise im Gewande Graf von Stauffenbergs, die Film-Bombe in der Tasche, im brandenburgischen Forst zum Attentat schritt. Die wahre Bombe aber hatte der amerikanische Schauspieler längst gezündet. Scientology hatte im wochenlangen Streit über den geplanten Stauffenberg-Film einen Propagandaerfolg errungen, wie ihn sich der Psychokult kaum besser hätte wünschen können. Die extremistische Sekte bekam weltumspannende Publizität, große deutsche Zeitungen und Künstler bescheinigten ihr, eine Religion zu sein.

Die Ankunft des leibhaftigen Tom Cruise in Berlin ließ fast alle Vorbehalte verstummen, nicht nur beim Publikum. Von Interesse schien nur noch zu sein, in welchem Hotel »Tom« abstieg (dem »Regent« am Gendarmenmarkt), wo er am liebsten dinierte (im Prominentenlokal »Borchard's«), wohin Familie Cruise mit Tochter Suri ausflugte (in den Zoo zu Eisbär Knut). »Hallo Berlin! Die süße Familie von Tom Cruise« oder »Tom Cruise EXKLUSIV: Ich liebe euch Deutsche«, solche Schlagzeilen waren nun in der Berliner Presse fast jeden Tag zu lesen.[1] Von Scientology war höchstens noch einmal die Rede, wenn Cruise nächtens an die Pforte der neuen Deutschlandzentrale seiner Sekte am Ernst-Reuter-Platz klopfte, um sich »geistig beraten« zu lassen. Es war Scientology-Sommer in Berlin. Die Rekrutierer auf dem Alexanderplatz sonnten sich im Glanz ihres »Botschafters« und konnten auf eine ganz und gar unerwartete Unterstützung bauen: die *Bild*-Zeitung, bislang einer ihrer schärfsten Kritiker. *Bild*-Reporter Norbert Körzdörfer schwärmte in seinen Artikeln untertänigst vom »Mega-Star« und

»Super-Daddy«, und er durfte sogar aufs Foto mit seiner »Ikone« (»Arme wie ein Samurai. Zähne wie Marmor«).[2]

Aber das Sommertheater um Tom Cruise, Graf Stauffenberg und Scientology hielt noch eine Steigerung bereit. Die seriöse *Frankfurter Allgemeine* begleitete die Dreharbeiten, als sei sie die PR-Agentur des United-Artists-Studios.[3] Nach einer Visite am Set und dem Genuss einer »wirklich unfassbaren und unvergesslichen Torte« donnerte Frank Schirrmacher in unfreiwillig komischer Inbrunst, dieser Film werde »Deutschland mehr verändern als irgendein anderer denkbarer Film der letzten Jahrzehnte« und »das historische Bild Deutschlands in vielen Ländern prägen«. Zum Schluss forderte er erneut, die Dreharbeiten im Bendlerblock zuzulassen. Dass der *FAZ*-Mann eine angesehene Zeitung mit seinen willfährigen Elogen der Lächerlichkeit preisgab, registrierten nur wenige mediale Beobachter. Wie auch, ihm gelang ein Coup, den sich jeder Journalist erträumt: Der Verteidigungsminister knickte ein, Tom Cruise durfte am 21. September am historischen Ort drehen. Frank Schirrmacher anschließend, emphatisch: »Gelingt der Film, wird der Bendlerblock in Berlin von einem Ort des staatlichen Gedenkens zu einem der meistbesuchten Mahnmale des Landes, zu einem Ort jedes Einzelnen werden können.«[4] Schirrmacher lieferte dann auf Seite eins der *Frankfurter Allgemeinen Sonntagszeitung* seinen Bericht vom Dreh. Zu erfahren war weiterhin, dass Tom Cruise vor Drehbeginn eine Schweigeminute eingelegt und »sichtlich bewegt über die Aura des Ortes« gesprochen hatte.[5]

Zu Recht wiesen einige Kommentatoren wie Jens Jessen in der *Zeit* darauf hin, dass sowohl Gegner wie Verteidiger von Tom Cruise in der Stauffenberg-Debatte davon auszugehen schienen, dass es bei seiner Verkörperung des Attentäters nicht um Schauspielerei, sondern um »partielle Identität« des Mimen mit dem historischen Vorbild gehe. »Was an der Debatte um Tom Cruise so schockiert, ist dieser Aberglaube an die Macht der medialen Verbreitung«, schrieb Jessen: »Es geht um den Image-Transfer vom Star zum Widerständler und vom Widerständler zum Star, um sonst nichts.«[6] In der Wochenzeitung *Freitag* wies Viktor Raden darauf hin, dass diese Gleichsetzung nur scheinbar naiv ist.[7] Ein deutscher Held solle das Grauen Hitlerdeutschlands in den Cinemaxxen der Globalisierung wegwischen, solle Weltkrieg und Holocaust überstrahlen, solle Deutschland endlich »eine Nationalhistorie mit universell verfilmbarem, vorzeigbarem Identifikationspersonal« (*die tageszeitung*)[8] liefern. Deshalb der Nachtdreh im »authentischen« Bendlerblock. Deshalb Tom Cruise, der Star der Stars, der geradezu ideal dafür schien, weil er seine Vergangenheit als Action Hero des Hollywood-Kinos einbrachte, die nach dem Willen Donnersmarck-Schirrmachers wohl mit dem Bild Stauffenbergs verschmelzen sollte. Und das galt auch für Schirrmachers Propagandaoffensive.

Nur, was hatte Scientology mit all dem zu tun? Aus einem anderen als dem neonationalen Blickwinkel wirkte Frank Schirrmacher in jenen Stauffenberg- und Bambi-Tagen des Jahres 2007 wie ein von der Sekte gesteuerter Einflussagent. Was sollte man sonst davon halten, dass einen Tag vor dem Jubelbericht aus dem Bendlerblock im Feuilleton der *Frankfurter Allgemeinen Zeitung* ausgerechnet eine Betrachtung über den Scientology-Gründer L. Ron Hubbard erschien, in der es um sein Werk als Science-Fiction-Autor ging? In diesem Text wurde über den Groschenheftschreiber Hubbard, den das Lexikon der Science-Fiction-Literatur nur als »mittelmäßigen Autor« bewertet,[9] vom deutschen Feuilletonolymp aus geurteilt, ein Teil seines Œuvres »hätte es verdient, ... der Missachtung des gemeinen Lesevolks entrissen zu werden«.[10]

Wenn Schirrmacher kein Scientologe ist, wovon man wohl ausgehen kann, lässt sich seine Haltung Tom Cruise und Scientology gegenüber nur damit erklären, dass er für sein Projekt, die deutsche Geschichte im nationalkonservativen Sinn zu »retten«, zur Not mit dem Teufel paktiert. Stauffenberg war ein gläubiger Katholik, den die Brutalität des Naziregimes abstieß und der aus moralischen Grundsätzen gegen die systematische Verfolgung der Juden rebellierte. Er war zwar kein Demokrat, sondern ein Anhänger der autoritär-konservativen Tradition des Bismarckstaates, aber er vollbrachte eine Leistung, die man Tom Cruise wünschen würde: aus einem System und einem Denken auszusteigen, »koste es, was es wolle«, das er zunächst geteilt hatte. Darin liegt sein Heldentum. Und gerade darin unterscheidet er sich von fanatischen Parteigängern wie Tom Cruise, die im Sinne Hubbards die Menschen danach einteilen, ob sie »an Bord oder ob sie nicht an Bord sind« (bei Scientology).

Allerdings hatte Schirrmacher offenbar Scientology, die geheimnisvolle Macht im Hintergrund, unterschätzt. Plötzlich sah er, der doch die Fäden ziehen wollte, selber wie eine Marionette aus. Für die Sekte lief alles wie nach Plan. Die »Eroberung« Deutschlands rückte ein Stück näher. Scientology sieht Deutschland traditionell als ihren größten Feind an; das hat vor allem mit der Phobie ihres Gründers L. Ron Hubbard vor der Psychiatrie zu tun, die in Deutschland 1879 begründet wurde – laut Scientology, um »Menschen besser zu befähigen, andere Menschen zu töten«.[11] Nach Hubbards Theorie brachten Psychiater die Nazis an die Macht, waren für die nationalsozialistische »Psychohygiene«, Erblehre und den Holocaust verantwortlich und breiteten ihre Verschwörung nach dem Zweiten Weltkrieg global aus. Sie würden seither nicht nur den Weltdrogenmarkt und das internationale Finanzsystem kontrollieren, sondern hätten auch in der Bundesrepublik nach wie vor das Sagen, und Scientologen würden von ihnen verfolgt wie die Juden im Dritten Reich.[12]

Wie gut passte es da, dass der VALKYRIE-Regisseur Bryan Singer Jude ist. Singer sagte in Interviews, er habe nicht erwartet, ausgerechnet in Deutschland Schwierigkeiten zu bekommen, nur weil sein Hauptdarsteller Tom Cruise Mitglied der »Scientology-Kirche« sei. »Ich bin Jude, mein Drehbuchautor ist Katholik, die Produzentin ist Protestantin. Das alles hat aber nichts mit unserem Film zu tun«, sagte er der *Süddeutschen Zeitung*.[13] Auf dieses Stichwort meldeten sich einen Tag später die Sprecher von Scientology zu Wort. Sie erklärten, dass man an diesem Fall wieder einmal sehen könne, wie hartnäckig Andersgläubige in Deutschland verfolgt würden. »Für L. Ron Hubbard war Deutschland immer das Schlüsselland in Europa«, sagt der frühere Top-Scientologe Wilfried Handl aus Wien dazu. Der Aussteiger glaubt, dass Tom Cruise mit einem klaren politischen Auftrag von Scientology nach Berlin geschickt wurde. »Das zielt auf die amerikanische Regierung. Wie schon einmal versuchen die Scientologen, eine Reaktion des State Department in Washington zugunsten von Scientology zu provozieren. Beim letzten Mal gelang es ihnen, die Kritik in Deutschland für einige Jahre zum Verstummen zu bringen. Genau das wollen sie auch jetzt wieder erreichen: Ruhe an der Front.«

Für die Kampf-Sekte ist Tom Cruise der weltweit wichtigste

Mann, um den Hebel anzusetzen. In der Jubelnummer des Hochglanzmagazins *Scientology News* anlässlich der Verleihung der scientologischen »Freiheitsmedaille für Tapferkeit« an Tom Cruise 2004 wurden seine Verdienste unmissverständlich ausgebreitet. Als »vollbrachte Leistungen« wurden nicht nur seine Bemühungen belobigt, »die Psychiatrie auszulöschen oder Scientology auf globaler Ebene zu verbreiten« – Taten, die unter anderen Umständen und anderen »religiösen« Zusammenhängen wohl auch die *Frankfurter Allgemeine* als extremistisch bewertet hätte. (Scientology macht die Psychiatrie für alles Mögliche verantwortlich, von Selbstmorden bis zum Holocaust.) Besonders hervorgehoben wurde: »Durch Presse, Funk, Fernsehen und persönliche Kontakte hat er nun 250 Millionen Menschen mit der Studiertechnologie (von Hubbard, d. A.) erreicht. Mehr als 50 Millionen Menschen (hat er) über das der Psychiatrie innewohnende Böse aufgeklärt und ihnen gezeigt, warum sie verboten werden muss. Jede Stunde hören in 90 Ländern 5000 Menschen seine Worte über Scientology. Jede *Minute* jeder Stunde greift jemand nach LRH Technologie oder betritt die Brücke (bucht Scientology-Kurse, d. A.), einfach weil er weiß, dass Tom Cruise Scientologe ist.«[14]

Der Schauspieler hatte schon 2003 versucht, Szenen seines Actionfilms MISSION: IMPOSSIBLE III in der Kuppel des Berliner Reichstags zu drehen – für Scientology hoch symbolisch. Doch Bundestagspräsident Wolfgang Thierse zog die Reißleine und ließ dies wegen »der Würde des Ortes« nicht zu. Die Rolle als Claus Schenk von Stauffenberg gab Cruise nun die Chance, mitten in Deutschland gegen die Nazis zu kämpfen. »Wenn Tom Cruise den wichtigsten Helden des deutschen Widerstands spielt, dann sagt er damit: Wir Scientologen bekämpfen die Nazis. Er will Politik machen«, erläutert Ursula Caberta, die Scientology-Beauftragte des Hamburger Senats. Der scientologische Superman spielt den deutschen »Übermenschen«, Scientology gegen Hitler auf der ganz großen Bühne. Wer Scientology kennt, weiß, dass man dort wirklich so simpel denkt. Daher auch der Kampf um den symbolträchtigen Ort, obwohl Regisseur Bryan Singer der *New York Times* erklärt hatte, er benötige ihn nicht wirklich: Es wäre kein Problem, die Szenen in Kulissen zu drehen.[15] Nur Tom Cruise brauchte offenbar verzweifelt den authentischen Ort. »Die Drehgenehmigung im

Bendlerblock war eine Trophäe für Scientology«, so sieht es Ursula Caberta.

Nur wenige jedoch schien dieser Hintergrund zu interessieren. Einer von ihnen war der junge deutsche Filmregisseur Marcus Rosenmüller, dessen Spielfilmdebüt WER FRÜHER STIRBT, IST LÄNGER TOT die Überraschung des Jahres 2006 war. Rosenmüller sagte im *Spiegel*-Interview auf die Frage zur Cruise-Stauffenberg-Debatte, ob nicht jeder glauben dürfe, an was er will: »Doch. Und ich glaube daran, dass Tom Cruise keinen moralisch integren deutschen Volkshelden spielen sollte. Ein verführbarer Jugendlicher trennt doch nicht zwischen Schauspieler, Rolle und Person. Scientology ist eine dumme Religion. Sie übt Druck auf Menschen aus. Cruise wirbt für Scientology. Und deswegen ist es in Ordnung, wenn ihm hier Druck gemacht wird.«[16]

Tatsächlich ist die stereotype Auskunft des Hollywoodstars und seiner vielen medialen Verteidiger »Religion ist Privatsache«, ein Irrglaube, egal ob man Scientology als Religion ansieht oder nicht. »Sein Verhalten macht die Privatsache zur öffentlichen Angelegenheit«, sagt die Hamburger Scientology-Beauftragte Caberta. »Mit seiner Prominenz wirbt er für dieses menschenverachtende System.« Der Aufklärung über Scientology haben die sommerlichen Cruise-Festspiele 2007 einen Bärendienst erwiesen. Zu diesem Zeitpunkt war der totalitäre Gehirnwäschekult, den die deutschen Innenminister als »neuen politischen Extremismus« einstufen, wieder zu einer harmlosen »Glaubensgemeinschaft« und zur Privatsache geschrumpft – als hätte es die jahrelange Diskussion über die Organisation nie gegeben.

Dabei gibt es ein unabweisbares Argument, die Scientology-Mitgliedschaft von Tom Cruise mit seiner beruflichen Tätigkeit in Verbindung zu bringen – nämlich, dass der kleine Mann mit dem Dauerlächeln dies selbst ständig tut. Wie kaum ein anderer hat der Weltstar Rolle und Person, Schauspielerexistenz und Privatbekenntnis nie wirklich getrennt. »Scientology treibt mich voran. Ich setze mich dafür ein. Ich mache keine Kompromisse«, wird Cruise in der Zeitschrift *Scientology News* zitiert.[17] Daneben steht über ihn geschrieben: »Er strebt *unablässig* nach Verwirklichung der Ziele der Scientology.«

Aushängeschild der Sekte

Es war Ende der 80er Jahre, der junge Thomas Cruise Mapother IV. hatte gerade unter dem Künstlernamen Tom Cruise mit den Filmen TOP GUN und RAIN MAN seine Weltkarriere gestartet, als erste Berichte über seine Kontakte zu Scientology erschienen. Es war seine erste Ehefrau, die damals 32-jährige Schauspielerin Mimi Rogers, die ihn nach der Heirat 1987 für die Sekte gewann. Mimi Rogers ist als Kind überzeugter Scientologen aufgewachsen und hat angeblich schon mit 15 Jahren Erwachsene *auditiert* – also nach scientologischer Art verhört.[1] Sie war vor Cruise mit dem Scientologen Jim Rogers verheiratet und führte eine Reihe anderer Prominenter in die »Kirche« ein, darunter Sonny Bono, den einstigen Ehemann der Sängerin Cher und späteren Politiker. Mit seiner Heirat gelangte Tom Cruise sofort in den inneren Kreis der Scientology-Prominenz in Hollywood – und verhielt sich entsprechend.

Schon 1993 schrieben die US-Zeitschriften *L. A. Magazine* und *Premiere,* Cruise achte darauf, dass auf seinen Sets stets Scientologen und Scientology-Firmen beschäftigt würden; er habe seinen eigenen Sektenassistenten *(Kommunikator)* dabei und ermuntere Kollegen und Komparsen, Scientology-Kurse zu besuchen.[2] »Der Einfluss seines Glaubens macht sich immer stärker auf den Sets und in seinen Geschäftsabschlüssen bemerkbar«, stellte das *L. A. Magazine* fest. »Bei Scientology geht es um Kontrolle seiner selbst und seiner Umgebung. Wie es scheint, ist es das, was Cruise so anzieht.«[3] Der Schauspieler räumte damals ein, dass das von Scientologen entwickelte Tonsystem *Clearsound* auf seinen Wunsch für den Film FAR AND AWAY (IN EINEM FERNEN LAND, 1992) angeschafft und auch bei der Produktion seiner Streifen A FEW GOOD MEN (EINE FRAGE DER EHRE, 1992) und THE FIRM (DIE FIRMA, 1993) verwendet wurde (und in der Folge noch oft).[4] »Er übt enormen Druck aus, dass das System bei allen seinen Filmen benutzt wird«, schrieb das *L. A. Magazine;* das Gerät sei zwar gut, doch während normale Soundsysteme um 5000 Dollar kosteten, berechne *Clearsound* 120 000 Dollar.[5]

Tom Cruise, der Sohn eines unsteten, gewalttätigen Elektroingenieurs aus dem Bundesstaat New York, war nach der Scheidung seiner Eltern mit seiner Mutter und seinen drei Schwestern nach Kentucky und später nach New Jersey gezogen.[6] In den mehr als ein Dutzend Schulen seiner Kindheit hinkte er wegen einer Leseschwäche hinterher und musste zudem frühzeitig selbst Geld verdienen. Auf Fragen nach seiner Scientology-Mitgliedschaft erklärte Cruise stets, damit habe er seine Schüchternheit und vor allem die Legasthenie überwunden:»Ich war verzweifelt! Ich konnte mir keine Seite eines Drehbuchs merken. Ich konnte nicht richtig lesen. Jeden Abend war alles, was ich gelernt hatte, verschwunden. Erst ein Lerntechnik-Buch von Ron Hubbard hat aus mir einen neuen Menschen gemacht. Sonst wäre ich nicht das, was ich heute bin ...«[7]

Ein erster Versuch spiritueller Suche führte ihn mit 16 Jahren in ein Priesterseminar der Franziskaner. Doch erst in der dogmatischen Autorität von Scientology fand der Schauspieler, der sich selbst als »Kontrollfreak« bezeichnet, dann offenbar eine Rettung aus dem Chaos des Alltags und wahrscheinlich einen Ersatz für den Vater, der ihn geschlagen und verlassen hatte. Schon bald war Tom Cruise Dauergast mit eigener Einfahrt in die Tiefgarage im sekteneigenen *Celebrity Centre*, einer aufwendig renovierten Prunkvilla in Hollywood, wo Scientology ihre Prominenten für teures Geld »behandelt«. Er sieht in Scientology sehr wahrscheinlich den Garanten seines Erfolges, der ihn auf Höhen führte, wie sie vor ihm niemand erreichte. Nicht nur war er der erste Hollywoodstar, der in fünf aufeinanderfolgenden Filmen jeweils mehr als 100 Millionen Dollar einspielte.[8] Er war auch in puncto Popularität unschlagbar. 1990, 1991 und 1997 ordnete ihn das *People Magazine* unter den 50 schönsten Menschen der Erde ein; 2002 and 2003 listete ihn *Premiere* unter den Top 20 der hundert mächtigsten Prominenten, bevor die einflussreiche Filmzeitschrift ihn ebenso wie *Forbes* 2006 zum einflussreichsten Hollywoodstar ausrief. Es war der Höhepunkt seiner Karriere.

Es dauerte nicht lange, bis der in Hollywood unaufhaltsam aufsteigende Cruise zum Weggefährten des Scientology-Chefs David Miscavige avancierte, den er in einem Brief an die Zeitschrift *Premiere* im Sommer 1993 erstmals »einen guten Freund von mir« nannte.[9] Dem Blatt hatte er zuvor ein förmliches Interview in beleidigtem Tonfall mit dem Hinweis auf seine »Religionsfreiheit« verweigert:»Ich weiß mehr über Scientology, die Kirche und ihre Mitarbeiter als alle Journalisten, die ich bisher getroffen oder deren

Artikel ich gelesen habe. Ich weiß, welch gute Arbeit man dort leistet. Meine Religion sollte nicht das Thema einer Untersuchung sein.«[10] Sicher ist, dass David Miscavige ihn 1992 an seinem Geburtstag am Set von FAR AND AWAY besuchte, ihn zur Oscar-Verleihungsfeier im selben Jahr begleitete und zweimal sein Trauzeuge war – bei der Hochzeit mit Nicole Kidman in Colorado 1990 und mit Katie Holmes 2006 in Italien. Man kann annehmen, dass es die enge Männerfreundschaft war, die Tom Cruise von einem unter vielen Scientology-Promis schließlich zum öffentlichen Gesicht der Sekte werden ließ. Wer aber ist David Miscavige?

Der Sektenboss, der oft eine Marineuniform trägt und als eine Art Diktator über sein Fußvolk herrscht, ist wie Mimi Rogers als Kind hundertprozentiger Scientologen aufgewachsen. Seine Highschool-Ausbildung hat er abgebrochen. Als der »Gründer« Hubbard 1986 starb, kämpfte er sich mit List und Gewalt an die Spitze des Psychokonzerns. Er gilt wie Cruise als Mann mit starkem Willen und enormer Energie. Zwei Jahre älter als Tom Cruise, ist er mit 1,60 Meter Körpergröße sogar noch etwas kleiner als der Schauspieler. Der jungenhaft wirkende Mann war es, der Hubbards Wüstenresidenz Gilman Hot Springs bei dem kleinen Ort Hemet, rund 130 Kilometer von Los Angeles entfernt, Anfang der 1990er Jahre zum Luxusresort mit angeschlossenem Straflager für unbotmäßige Scientologen ausbauen ließ. Das 200 Hektar große Camp ist mittlerweile sein Hauptwohnsitz. Ehemalige Mitglieder der Sekte sagen, der besessene Waffennarr habe dort einen Schießstand errichten lassen, in dem er auf lebensgroße Fotos seiner Feinde feuere.[11] Miscavige ist verheiratet mit einer Scientologin, erscheint aber so gut wie nie mit seiner Frau in der Öffentlichkeit; die Ehe ist kinderlos.

Tom Cruise wurde bald ein häufiger Gast auf der geheimen, intern »Gold« genannten Wüstenbasis, deren Mauern und Elektrozäune keinen Einblick von außen und keinen unerwünschten Besuch zulassen. Die weitläufige Anlage mit eigenem See und Golfplatz ist mit Videokameras, automatischen Waffen und Sprengstoff wie ein Militärlager gesichert. Bodensensoren melden jeden, der sich unbefugt nähert, Kameras nehmen jedes Autokennzeichen auf, von einem Aussichtspunkt beobachten Scharfschützen das Gelände. Diese Details enthüllte 1994 der langjährige Scientology-Sicherheitschef André Tabayoyon unter Eid in einem Gerichtsverfahren.[12] Der damals 47-jährige Vietnamveteran sagte: »Ich bildete die Sicherheitskräfte darin aus, diese Waffen und Sprengstoffe anzuwenden, … und ich unterrichtete Scientologen darin, Menschen auf verschiedene Art und Weise zu erschießen.«[13] Wie André Tabayoyon ausführte, wurde Tom Cruise bei seinen Besuchen in dem Camp von einem persönlichen Küchenchef betreut; zur Verfügung stünden ihm zudem ein Schwimmbad »von olympischen Ausmaßen« sowie »Offizierssalon« und Sauna in einem Schiff aus Holz mit drei Masten, das Scientology einst für den Marinefan L. Ron Hubbard in der Wüste bauen ließ (er starb vor der Fertigstellung).[14] Außer dem Schauspieler, so Tabayoyon, dürfe das »Schiff« nur David Miscavige betreten. Der Sektenchef habe dem Star auch ein eigenes Kino eingerichtet, zwei Motorräder, einen Mercedes und eine 150 000 Dollar teure Turnhalle spendiert; schließlich sei ein Tennisplatz für 200 000 Dollar ausschließlich für Tom Cruise und weitere Scientology-Berühmtheiten angelegt worden.

Nach Angaben des ehemaligen Sicherheitschefs stammten die Gelder für all das aus vorgeblich gemeinnützigen Organisationen der Sekte, und die Bauten hätten »Scientology-Gefangene« errichtet. Tabayoyon sagte ganz deutlich: »Es war Zwangsarbeit zugunsten von Tom Cruise.« Er bezeichnete das Camp als »Gulag« für Sektenjünger, die wegen angeblicher Vergehen intern zu absurden Strafen verurteilt und »mit Gehirnwäschemethoden an der Flucht gehindert« wurden. In einem Fall habe David Miscavige persönlich einen Mann zusammengeschlagen, der versuchte, aus der Basis zu fliehen. Wenn der Weltstar Cruise Gilman Hot Springs besuchte, habe er sich dort wie eine Diva aufgeführt, so Tabayoyon. »Wir mussten einmal einen Betonweg gießen, damit Tom Cruise nicht auf Wüstenboden gehen musste.« Cruise habe sogar persönlich am *Auditing* anderer Sektenmitglieder teilgenommen, dem scientologischen Psychoverhör. Doch wehe, wenn der Star irgendwann nicht mehr »richtig« funktioniert! Laut André Tabayoyon besitzt Scientology eine brisante Akte über Tom Cruise mit intimen Informationen aus *Auditing*-Sitzungen, auch über seine tiefsten sexuellen Gefühle. Tabayoyon ist der Ansicht, dass die Sekte diese Informationen sammelt, »damit sie in der Lage ist, Personen wie Tom Cruise oder John Travolta zu lenken und zu beeinflussen, sollten sie je versuchen, die Scientology-Organisation zu verlassen«. John Travolta, seit 1975 Scientologe, ist der Star großer Filme wie SATURDAY NIGHT FEVER, PULP FICTION oder PRIMARY COLORS.

Tom Cruise hat seine Aufenthalte in Gilman Hot Springs bestätigt, jedoch sei er nie »zur Erholung« dort gewesen.[15] Die Aussagen Tabayoyons werden aber durch Recherchen der *Los Angeles Times* unter ehemaligen Scientologen gestützt.[16] Demnach hielt sich der Schauspieler auch nach 1994 oft wochenlang in der abgeschiedenen Wüstenbasis auf, »weil sie ein idealer Ort war, um der öffentlichen Aufmerksamkeit zu entfliehen und sich gleichzeitig auf das Scientology-Training zu konzentrieren«; für diese Drills bekam er einen persönlichen »Supervisor« zugeteilt. Während andere Besucher nur kurzzeitig auftauchten, hätten Tom Cruise und seine zweite Frau Nicole Kidman die Anlagen des Stützpunkts häufig und länger genutzt. Sie wohnten wie John Travolta, Kirstie Alley, Edgar Winter und andere Prominente in eigens für sie hergerichteten Edelbungalows direkt neben dem Golfplatz von David Miscavige. Die *Los Angeles Times* zitierte *eine* ehemalige Scientologin, wonach zugleich mehrere Dutzend Scientology-Mitglieder auf der »Gold«-Basis einem »brutalen Schreckensregime« ausgeliefert seien: gegen ihren Willen als Gefangene festgehalten, weil sie sich gegen die Sektenhierarchie vergangen hätten – nur ein paar hundert Meter neben den Bungalows der Reichen und Schönen.

Die Aussteiger sagen, David Miscavige habe stets mehrere *Staffs* (Scientology-Mitarbeiter) als persönliche Diener für Tom Cruise abgestellt und ihnen befohlen, dem Star jeden Wunsch von den Augen abzulesen. Wie zu André Tabayoyons Zeiten hätten sie auch seine unsinnigsten »Träume« erfüllen müssen – etwa mehrere 10 000 Dollar teure Wildblumenbeete oder ein Präriegrasfeld im Wüstensand zu pflanzen, für romantische Spaziergänge mit der 22-jährigen Australierin Nicole Kidman, die er am Heiligabend 1990 heiratete. David Miscavige, der andere Scientologen üblicherweise hart herumkommandiere, behandele Tom Cruise »wie einen König«, schilderten Ehemalige den Umgang des Scientology-Chef mit seinem »besten Freund«. Kein anderer Scientology-Promi werde derart hofiert. Scientology hat die Berichte mehrfach als »Erfindungen von Abtrünnigen« dementiert.[17] Doch auch André Tabayoyon stellte das Verhältnis der beiden als außerordentlich eng dar: »Offensichtlich haben Miscavige und Cruise eine sehr spezielle

Beziehung entwickelt. Der eine eine Weltberühmtheit, der andere ein junger tyrannischer Sektenführer, der die Welt ›clear‹ machen und nach den Anweisungen und Techniken von Scientology beherrschen will.«[18]

Intern, bei Scientology, wird Tom Cruise vollkommen anders wahrgenommen als in der Öffentlichkeit. Auf den großen Sektenmeetings, die auf Videos wie eine Mischung aus Star Wars, Oscar-Verleihung und Reichsparteitag wirken, hat sich der Superstar immer weiter in den Vordergrund gespielt, ohne dabei die Autorität von David Miscavige anzutasten. »Er bekommt bei Scientology die Anerkennung, die er für sein Ego braucht, außerdem das Gefühl, reale Macht auszuüben«, sagt der Wiener Ex-Scientologe Wilfried Handl. »Umgekehrt ist Tom Cruise für viele Scientologen ein wichtiger Grund, dabeizubleiben, selbst wenn sie Zweifel haben. Wenn Leute wie Tom Cruise dabei sind, dann muss die Sache ja gut sein, denken sie.« Mittlerweile wirken die beiden Machos auch äußerlich fast wie Zwillinge, sie verbringen Freizeit miteinander, etwa mit ihren Hobbys Schießen, Motorradfahren und Gleitschirmspringen, und der Eindruck entsteht, dass sie auch das milliardenschwere Sektenimperium gemeinsam steuern. Als er Tom Cruise zum ersten Mal in die geheime Basis einlud und die Vorbereitungen zu seinem Empfang leitete, soll David Miscavige gesagt haben: »Wir sind dabei, uns den wichtigsten Rekruten aller Zeiten zu sichern. Seine Ankunft wird das Gesicht von Scientology für immer verändern.«[19] So schildert es der Cruise-Biograph Andrew Morton, der dies von einem ehemaligen hochrangigen Scientologen erfahren haben will.

Bei dem Scientologen handelte es sich vermutlich um Jesse Prince, der hinter Miscavige der zweithöchste Befehlshaber für alle bedeutenden Scientology-Operationen weltweit war und 1998 ausstieg. Prince kennt die innersten Geheimnisse des Kultes und wird, seit er diese im Internet zu enthüllen begann, vom Sektenmanagement erbittert bekämpft, als ehemaliger Marihuanapflanzer verunglimpft und als Versager verächtlich gemacht. Doch mit Ausnahme von Miscavige weiß wohl niemand so gut über das Verhältnis von Tom Cruise zu Scientology Bescheid wie Prince, da er jahrelang als dessen *Auditor* der »geistige« Betreuer des Weltstars war. Schon als Cruise 1987 frisch zu Scientology kam, habe er persönlich ihn am *E-Meter*, einer Art Lügendetektor, verhört und gedrillt: »Als ich ihn das erste Mal traf, war er ein Niemand. (...) Aber ich habe niemanden so schnell durch die Scientology-Level nach oben klettern sehen wie Tom Cruise.«[20] Prince berichtet allerdings auch, dass viele Celebrities die Psychositzungen kaum verkrafteten. »Viele Stars sind in Scientology-Kursen zusammengebrochen oder regelrecht psychotisch geworden.«[21] Als Tom Cruise Anfang der 1990er Jahre einen solchen Zusammenbruch erlitt und der Sekte um ein Haar verloren ging, wurde Jesse Prince Augenzeuge der dramatischen Ereignisse: »Tom Cruise wurde psychotisch während einer geheimen Scientology-Initiation, bei der man erfährt, dass man nicht ›eine‹ Person ist, sondern zusammengesetzt aus Tausenden Aliens aus dem Weltall, die um die Kontrolle im Körper kämpfen. Nachdem Cruise diese Initiation, die als OT-3 bekannt ist, absolviert hatte, sah er elend aus, hatte schwarze Ringe unter den Augen, fahle Haut und diesen irren Blick. Er sagte, er wolle nichts mehr mit Scientology zu tun haben. (...) Aber das geschah natürlich nicht. David Miscavige befahl, Cruise nicht gehen zu lassen. Man nahm ihn aus jedem harten Auditing heraus, es hieß, lasst uns ein wenig Obst essen, komm' in die Turnhalle, wir spielen Basketball ... Man arbeitete Tag und Nacht mit ihm, bis er schließlich zu Scientology zurückkehrte.«[22]

Während David Miscavige so gut wie nie mit den Medien spricht, ist Tom Cruise für die Kommunikation nach außen zuständig. Die beiden kleinen Männer haben nie einen Zweifel daran aufkommen lassen, dass sie eine Organisation vertreten, die erklärtermaßen Großes vorhat: die Eroberung der Erde. So absurd es auch klingt und so weit Scientology auch davon entfernt sein mag: Die Sekte will mit ihrem strategischen Zielprojekt »Clear Planet« »den Planeten säubern«, das heißt sich die Erde untertan machen. »Zur Hölle mit dieser Gesellschaft. Wir errichten eine neue«, hatte L. Ron Hubbard einst verkündet.[23] Nach einem »Spezialbereichsplan«, den er 1960 entwickelte und der 1985 überarbeitet wurde, soll dieses Ziel nicht etwa durch demokratische Wahlen erreicht werden; viel wirkungsvoller sei es, gesellschaftliche, wirtschaftliche und politische Bereiche zu infiltrieren und die »Schlüsselpositionen zu besetzen«.[24] Hubbard drückte sich trotz seiner verqueren Scientology-Sprache recht deutlich aus: »Sie hatten schon immer die Vorstellung, den Planeten zu klären, nicht wahr? Nun gut, wir werden es folgendermaßen machen. Zunächst säubern wir alle Mitarbeiter mit Super Power, und dann setzen wir es ein, um die Öffentlichkeit zu säubern. Und dann säubern wir die Regierung. Auf diese Weise klären wir den Planeten.«[25] Dass Scientology dazu berechtigt sei, ergebe sich von selbst: »Da jegliche Kontrolle, die wir gegenüber der Öffentlichkeit ausüben, zu einer besseren Gesellschaft führt, ist es absolut gerechtfertigt, dass wir Kontrolle ausüben.«[26] Im August 1960 gründete Hubbard eine »Abteilung für Behördenangelegenheiten«, die als Speerspitze des scientologischen Feldzugs auf Behörden und Regierungen einwirken sollte, natürlich konspirativ und »immer offensiv«: »Das Ziel des Department ist es, Regierungen und feindlich gesinnte Philosophien oder Gesellschaften in einen Zustand vollständiger Übereinstimmung mit den Zielen von Scientology zu bringen. (...) Dringen Sie in solche Einrichtungen ein. Kontrollieren Sie solche Einrichtungen.«[27] Das jetzige Management der Sekte dementiert diese alten Anweisungen nicht, sondern verkündet im gleichen kämpferischen Duktus, dass ihre »Technologie« in »jeder Branche, Organisation und Regierung auf dem Planeten« eingeführt werden soll.[28]

Hochrangige Aussteiger bestätigen, dass es sich bei den strategischen Zielen von Scientology nicht etwa um religiöse Missionierung, sondern um handfeste politische und wirtschaftliche Absichten handelt. Der 2003 verstorbene Amerikaner Robert Vaughn Young hatte der Sekte 21 Jahre auf wichtigen Posten gedient, darunter 15 Jahre als Mitglied der scientologischen Geheimdienste *Guardian's Office* und *Office of Special Affairs* (OSA) und als oberster internationaler PR-Offizier, bevor er sie 1989 verließ. Er sagte im Gespräch mit uns: »Scientology arbeitet bewusst an der Unterwanderung von Wirtschaft, Politik und Gesellschaft und hat zum Ziel, eine totalitäre Weltregierung auszurufen.« Dies bestätigen die jährlichen Verfassungschutzberichte, etwa des Bundesamtes in Köln von 2007. Darin wird Scientology als »totalitäre Organisation« bezeichnet, die »wesentliche Grund- und Menschenrechte wie die Menschenwürde, das Recht auf freie Entfaltung der Persönlichkeit und das Recht auf Gleichbehandlung außer Kraft« setzen oder einschränken wolle und der es um die »Erringung politischer Macht« gehe.[29]

Dass er mit der Demokratie nicht viel im Sinn hatte, hat der Sternenkrieger Hubbard oft und deutlich kundgetan: »Und ich sehe nicht, dass populäre Maßnahmen, Selbstverleugnung und Demokratie dem Menschen irgendetwas gebracht haben, außer ihn weiter in den Schlamm zu stoßen. (...) die Demokratie hat uns Inflation und die Einkommensteuer beschert.«[30] Für den Fall der Machtergreifung sah er vor, 20 Prozent der Bevölkerung (sogenannte Unterdrücker oder Antiscientologen) zu isolieren und sie, wie es die Nazis mit ihren Feinden taten, als »Parasiten« der Gesellschaft und »kranke Wesen« in »Quarantäne«-Lager zu sperren.[31] Von diesen 20 Prozent seien wiederum 2,5 Prozent – Psychotiker, Perverse und Kommunisten – »wirklich gefährlich«, eben weil sie, »indem sie andere Leute restimulieren, ungefähr weitere 17,5 Prozent der Bevölkerung zu potentiellen Schwierigkeitsquellen« machten.[32] Daher »sollten sie in keiner denkenden Gesellschaft zivile Rechte irgendwelcher Art haben«.[33] Eher komme es darauf an, sie »ruhig und ohne eine Träne zu vergießen loszuwerden«, da sie doch nie Scientologen werden würden – was in Deutschland rund zwei Millionen Menschen beträfe.[34] Zusammengefasst: Scientology unterscheidet die Gesellschaft nach Auserwählten, Verdächtigen und Asozialen und will eine Diktatur ähnlich wie den Faschismus. »Scientology ist ein faschistoides System«, sagt der deutschsprachige Aussteiger mit dem höchsten Rang, ihr ehemaliger Österreich-Chef Wilfried Handl.

L. Ron Hubbard hatte auch schon recht früh eine Strategie entwickelt, die ihm helfen sollte, möglichst viele Anhänger für seine Scientology-Organisation zu gewinnen. 1955 rief er das »Project Celebrity« ins Leben, das »Prominentenprojekt«. In einem schriftlichen Befehl wies er seine Jünger an, Berühmtheiten wie Marlene Dietrich, Greta Garbo, Ernest Hemingway oder Walt Disney zu rekrutieren, um Scientology attraktiv zu machen.[35] Doch zunächst ohne Erfolg. Erst in den 90er Jahren ging das Konzept dann auf, Scientology wurde *die* Hollywood-Religion und Tom Cruise ihr größter Trumpf im Kampf um die öffentliche Meinung weltweit. Der Megastar ist seit mehr als zehn Jahren Aushängeschild und Hauptwerbeträger dieses mächtigsten Gehirnwäschekonzerns der Erde. Es war Tom Cruise, der im September 2004 die neue Spanien-Zentrale von Scientology in Madrid und im November 2006 die Zentrale in London gemeinsam mit dem Hubbard-Erben David

Miscavige feierlich einweihte. In London erklärte Miscavige bei dieser Gelegenheit, kommende Generationen würden Tom Cruise huldigen, »wie man heute Jesus Christus verehrt«, denn ER sei der »Auserwählte« und »Prophet«, der den »Glauben« von Scientology in der ganzen Welt verbreiten werde.[36] Der etwas klein geratene Scientology-Christus war auch dabei, als am Times Square im September 2004 eine riesige neue Sektenfiliale eröffnet wurde. Im Interview mit dem Hochglanzblatt *Scientology News* bezeichnete er anschließend Hubbards *Technologie* als »einzige Philosophie, um die Erde in Ordnung zu bringen«.[37]

Jagd auf Aliens und Psychiater

Wenn er nach Scientology gefragt wurde, behauptete Tom Cruise in der Regel, seine »Religion« sei seine Privatsache, und tatsächlich hat er sein Privatleben jahrelang abgeschirmt wie kein anderer Weltstar. Das hat sich geändert. Seit Beginn des neuen Jahrtausends trägt er seinen »Glauben« vor sich her, als sei er tatsächlich der neue Messias. Doch je stärker er sich öffentlich für Scientology engagierte, desto mehr kollidierte sein missionarischer Eifer mit seiner Karriere. Während der knapp zehnjährigen Ehe mit Nicole Kidman war ab und an zu lesen gewesen, dass Tom Cruise seine ehemals katholische Gattin zu Scientology-Events schleppte, dass er ihr »Scientology beibrachte«[1] und die Adoptivkinder Isabella und Connor in die Kurse der Sekte schickte, aber Konkretes drang nicht nach außen. Auf die Frage, ob er mit jemandem zusammenleben könne, der sich nicht für Scientology interessiere, antwortete Cruise unzweideutig: »Nein, schließlich geht es bei Scientology darum, seinem Nächsten zu helfen.«[2]

Das Manko seiner Ex-Ehefrau war von Anfang an, dass sie die Tochter eines klinischen Psychologen ist, also einer Person, die bei Scientology als »Feind« definiert ist. Die Ehe soll unter anderem daran gescheitert sein, dass Kidman die ewige Überwachung leid war, sich von der »finsteren Macht« Scientology lösen und die Kinder christlich erziehen wollte.[3] Die Sekte akzeptiert es aber nicht, wenn Lebenspartner sich gegen sie aussprechen. Sie werden dann als Sicherheitsrisiko betrachtet und zu »potentiellen Problemverursachern« (im Scientology-Slang: *Potential Trouble Sources, PTS*) oder »Unterdrückern« *(Suppressive Persons, SPs)* erklärt; anschließend folgt oft der berüchtigte »Trennungsbefehl«. Diese Intervention könnte hinter dem seltsam abrupten Verhalten von Tom Cruise stecken, der Nicole Kidman im Januar 2001 »von einem Tag auf den anderen« Liebe und Ehe aufkündigte und ihr dies nicht einmal direkt ins Gesicht gesagt habe, wie sie einmal – noch immer erstaunt – erzählte: »It was a shock for me.«[4] Doch hätte ihr eigentlich klar sein müssen, dass ihre Ablösung von Scientology auch das Ende der Ehe bedeutete.[5]

Bis zur Trennung von Nicole Kidman hatte sich Tom Cruise mit öffentlichen Bekundungen für Scientology zurückgehalten, jedenfalls soweit sie seinen Status als Filmstar betrafen. Im Unterschied zu dem anderen Scientology-Weltstar John Travolta war er keine wandelnde Reklamesäule für die Sekte, sondern galt als jemand, der nichts im Kopf hatte als seine Arbeit als Schauspieler.[6] Ab 2001 aber begann er zunehmend aggressiver für Scientology zu werben, was sich wie eine Art »Coming-out« ausnahm. Er lud einige der mächtigsten Hollywoodproduzenten – Tom Rothman von Fox, Sumner Redstone von Viacom – ins *Celebrity Centre* ein. Auf weniger mächtige Studiomanager habe er sogar »dezenten Druck« ausgeübt, die Einladung anzunehmen, bezeugte einer, der mehrere Filme mit ihm gedreht hat.[7] Plötzlich gab er auch seine mediale Zurückhaltung und strikte Privatheit auf, für die er berühmt und unter Journalisten gefürchtet war. Das war so auffallend, dass es ein Gerüchtekonzert in Gang setzte: Wurde er unter Druck gesetzt? Forderte Scientology Gegenleistungen für ihre jahrelangen Dienste?

Cruise hatte noch 2000 eine Affäre mit der spanischen Schauspielerin Penelope Cruz angefangen, die er ebenfalls versuchte, für Scientology zu rekrutieren.[8] Besorgte Angehörige bemühten sich, die junge Darstellerin über die drohenden Gefahren aufzuklären. Im Januar 2004 kam es zum Bruch zwischen ihr und Tom Cruise, obwohl sie *Auditing*-Kurse absolviert hatte und das *Celebrity Centre* in Hollywood auch später noch besucht haben soll; aber sie blieb immer vorsichtig und bekannte sich nie eindeutig zu Toms »Kirche«. Ihre Nachfolgerin an der Seite des *Operierenden Thetans* wurde im April 2005 die erst 26-jährige amerikanische Schauspielerin Katie Holmes (BATMAN BEGINS), die schon als Teenager von einer Hochzeit mit dem Schauspieler geträumt hatte. Der 42-jährige Mime überhäufte seine neue Flamme in aller Öffentlichkeit mit Liebesbeweisen, hielt auf dem Pariser Eiffelturm um ihre Hand an – und warb sie umgehend für Scientology. Als er dann am 23. Mai 2005 in der landesweit übertragenen Talkshow von Oprah Winfrey im Liebeswahn wie ein Irrwisch auf dem weißen Sofa herumhüpfte, fragte das Hochglanzmagazin *Vanity Fair* irritiert, »ob Tom Cruise den Verstand verloren hat«.[9] Das (einstudierte?) Happening lieferte TV-Comedians, Internetbloggern und den Produzenten parodistischer Scherzartikel reichlich Stoff für Spötteleien, und »jumping the couch« wurde im Amerikanischen ein stehender Begriff für »komplett durchdrehen«.[10] Doch es war erst der Anfang einer Serie sich steigernder, höchst bizarrer Auftritte.

Einerseits ist das »Prinzip Cruise« in Hollywood weit mehr als ein offenes Geheimnis. Der Mann mit dem »1000-Watt-Lächeln« gilt dort als Eiferer im Dienst von Scientology, der, wo er geht und steht, Kollegen und Bekannte für die Sekte zu missionieren sucht, so soll er sich um den Fußballer David Beckham, die Schauspielerkollegen Jim Carrey und Will Smith sowie den Talkshow-Moderator Larry King bemüht haben. Doch das war gewissermaßen »privat«. Plötzlich aber stellte er sich offensiv in den Dienst des Sekten-»Feldzugs« zur Eroberung der Welt. Für alle sichtbar überschritt er 2005 eine Grenze, als er bei den Dreharbeiten des Spielberg-Films WAR OF THE WORLDS (KRIEG DER WELTEN) zur spirituellen Bearbeitung seiner Kollegen ein Scientology-Zelt am Set aufstellen ließ. Darin bot ein »freiwilliger Gesandter« der Sekte eine »religiöse Massage« an, die laut Cruises Schwester und Pressesprecherin Lee Anne DeVette »dem Körper hilft, in besseren Kontakt mit der Seele zu kommen«.[11] Tom Cruise lobte die »Ehrenamtlichen Geistlichen« seiner Sekte am Set im Scientology-Jargon, in dem das Wort »helfen« in Wahrheit »rekrutieren« bedeutet: »Wenn ich an einem Film arbeite, tue ich, was in meiner Macht steht, um den Leuten zu helfen, mit denen ich Zeit verbringe. (…) Wenn einer von den Drogen loskommen will, dann kann ich ihm helfen. Wenn einer lesen lernen will, dann kann ich ihm helfen. Wenn einer kein Krimineller mehr sein will, dann kann ich ihm Werkzeuge an die Hand geben, die sein Leben verbessern.«[12]

Cruise gab Journalisten während der Dreharbeiten erst dann ein

Interview, wenn sie zuvor die Scientology-Niederlassungen in Los Angeles besichtigt hatten; selbst ausländische Mitarbeiter seines Verleihs United Pictures International mussten eine Vier-Stunden-Tour durch die Scientology-Welt über sich ergehen lassen.[13] Das dürfte eine Art Kampfmaßnahme gewesen sein, denn Journalisten gelten bei Scientology als »Unterdrücker«, ergo als Feinde. Bei der Eröffnung der Werbekampagne erfuhren die Reporter in Los Angeles fast nichts über den Film, umso mehr aber über die »erfolgreichen Scientology-Programme zur Entgiftung, zur Rehabilitation Strafgefangener und zur Bildung«.[14] Selbst Steven Spielberg, der Regisseur des Films, zeigte sich befremdet, weil »Tom« zeitweilig mehr für Scientology als für WAR OF THE WORLDS Reklame machte.[15]

Tom Cruise war einmal für seine Verschwiegenheit und Selbstdisziplin bekannt. Doch die Ereignisse am Set von WAR OF THE WORLDS machten jedem klar, dass er mittlerweile vor allem ein Botschafter seiner Sekte war. Vielleicht gab er seine Zurückhaltung auf, weil er Ende 2004 bei Scientology als Spender von einer Million Dollar zum *Gold Meritorius* aufstieg, gleichzeitig den Erleuchtungsgrad eines *Operierenden Thetans der Stufe 7* erreichte und sich nun dem höchsten *Level 8* näherte, auf der der Mensch angeblich zum Gott wird. Er fühlte sich wohl schon wie Superman und wollte dieses Gefühl sofahüpfend der ganzen Welt vorzeigen. Andererseits müsse er sektenintern beweisen, dass er der höchsten Offenbarung auch würdig sei, erläuterte der Ex-Scientologe Michael Pattinson dem Magazin *Radar*, und zwar durch Loyalitätsbeweise.[16] Eine weitere Möglichkeit wurde von ehemaligen Scientologen in Los Angeles erwähnt. Es sei denkbar, dass Tom Cruise »Ehrenmitglied« der *Sea Organization* geworden sei, der paramilitärischen scientologischen Elitetruppe, abgekürzt *Sea Org.* »Wenn du dort aufgenommen wirst, fühlst du dich, als wärst du auf Kokain. Man muss ihn nur ansehen, er hat diesen hingebungsvollen Glanz im Blick, den die *Sea-Org*-Leute haben.«[17]

Tom Cruise ist aber nicht nur privat von Scientology besessen, er ist auch ein politischer Gesandter der »am schnellsten wachsenden Religion der Erde«, wie sie sich selbst seit 20 Jahren anpreist. Seit Mitte der 1990er Jahre bekannte er sich immer offensiver zu Scientology und wurde sogar bei verschiedenen US-Botschaftern in

Europa vorstellig, um sie zum Protest gegen die angebliche Diskriminierung seiner »Kirche« zu animieren; anlässlich der Vorstellung seines Films VANILLA SKY in Berlin soll er im Januar 2002 länger als eine Stunde beim amerikanischen Botschafter Dan Coats gesessen und sich »leidenschaftlich« dafür eingesetzt haben, die Lage für Scientology in Deutschland zu verbessern.[18] Im September 2004 erreichte er wichtige PR-Triumphe, für die er die Tapferkeitsmedaille der Scientologen bekam: Der Berliner Regierende Bürgermeister Klaus Wowereit und der französische Finanzminister Nicolas Sarkozy empfingen ihn. Wowereit lud ihn zur Unterschrift ins Goldene Buch der Stadt und übergab ihm einen Porzellanbären; Sarkozy ließ ihn sogar in seinem Privathaus übernachten und erklärte, dass er Cruise »wirklich sehr sympathisch« finde.[19] Im Stauffenberg-Sommer 2007 wurde der Star erneut mit Wowereit (beim Treffen im Restaurant »Borchard's«) auf Fotos gebannt, was Scientology-intern als Ausdruck höchster politischer Anerkennung gewertet wird. In Interviews ging der Regierende Bürgermeister allerdings auf Distanz und kritisierte den Einsatz des Schauspielers für Scientology.[20]

Hollywood nahm die politischen Aktivitäten seines früher so diskreten Superstars eine Weile als typische Überspanntheit eines Künstlers hin wie seine liebestrunkenen Hüpfer bei Oprah Winfrey – bis Tom Cruise einen unverzeihlichen Fehler beging. Mit seiner Kollegin Brooke Shields lieferte er sich im Mai 2005 ein bitteres Wortgefecht über die Behandlung von Wochenbettdepressionen. Shields hatte darunter gelitten, die Krankheit aber erfolgreich mit dem Medikament Paxil behandelt und ein Buch darüber geschrieben (DOWN CAME THE RAIN, 2005). Sie setzte sich für eine bessere medikamentöse Betreuung von Frauen ein, die nach der Schwangerschaft Depressionen bekommen. Cruise warf der jungen Mutter Shields in der TV-Show Access Hollywood vor, sie hätte das Antidepressivum nach der Geburt ihrer ersten Tochter 2003 nicht nehmen sollen, sondern besser »Vitamine« geschluckt und Sport getrieben.[21] Das war Scientology pur, denn die Sekte verteufelt Psychopharmaka als »Nazi-Methoden« und kämpft gegen eine »Weltverschwörung der Psychiater«. Tom Cruise, der Leinwandliebling der Frauen, wirkte plötzlich wie ein unbeherrschter, rechthaberischer Macho.

Wenig später erklärte er in der TODAY-Talkshow des Senders *NBC*, Brooke Shields habe keine Ahnung von der Psychiatrie.[22] Diesmal wetterte der 43-Jährige im Originalton Scientology gegen die Klinische Psychologie: »Ich mache Jagd auf die Psychiatrie, diese falschen Etiketten, diese Pseudo-Wissenschaft«, und er erläuterte auch, warum: »Ich hatte viel Energie als Kind. Sie wollten mich unter Drogen setzen. Konnten sie nicht. Meine Mutter sagte nein, unter keinen Umständen, in keinem Fall. Und ich bin dankbar. Hätte ich diese Drogen nehmen müssen, wäre ich heute nicht hier. Ich hätte nie so Karriere gemacht.«[23] Als das Gespräch immer hitziger wurde und der Moderator Matt Lauer einzuwenden wagte, dass Psychopharmaka einigen seiner Bekannten durchaus geholfen hätten, sprach Cruise ihm jegliche Kenntnis ab über Medikamente wie Adderall und Ritalin, die etwa bei hyperaktiven Kindern eingesetzt werden. Es sei absolut unverantwortlich, solche »Drogen« im Fernsehen zu propagieren, sagte er in herrischem Ton, und wirkte plötzlich wie ein Wiedergänger des Scientology-Chefs David Miscavige.

Auch das war Scientology live: Als böse »Drogen« gelten dort jegliche Medikamente außer denen, die Scientology empfiehlt, denn die heißen im Sektenjargon »Vitamine«. Sogar vor Aspirin wird sektenintern gewarnt. Es sind Verschwörungstheorien, genauso wie der Scientology-Mythos, dass am Jugoslawien-Krieg und am 11. September Psychiater schuld seien (die Serbenführer Radovan Karadzic und Ratko Mladic sind Psychiater; laut Scientology auch Osama bin Ladens rechte Hand, Aiman al-Zawahiri, der in Wahrheit Chirurg ist). Cruise aber fügte hinzu, angesichts der Weltgeschichte und der Folgen müsse er einfach eingreifen: »Welche Wahl habe ich? Menschen werden mit Elektroschocks gequält. Kids werden auf Drogen gebracht. Leute sterben.«[24] Diese Äußerungen waren wie ein Offenbarungseid. Was auch immer Seltsames über die seltsame »Religion« Scientology erzählt wurde, plötzlich schien es alles wahr zu sein – nicht zuletzt durch die mysteriöse Verwandlung des sympathischen Saubermanns Tom Cruise in einen »hyperaktiven Zombie«.

Cruises Ansichten erregten gewaltiges Aufsehen in der amerikanischen Öffentlichkeit, und John Scully, der medizinische Direktor der American Psychiatric Association sagte, der Schauspieler klinge wie jemand, der die Erde für eine Scheibe hält.[25] Die großen amerikanischen Psychiaterverbände kritisierten Cruise scharf für seine »unverantwortlichen« Sätze, denn sie könnten Menschen mit einer geistigen oder psychischen Krankheit davon abhalten, eine notwendige Behandlung auf sich zu nehmen, was sie in den Suizid treiben könne – und zu Schlimmerem.[26] Scientology-Kritiker schalteten nach Cruises Schimpfkanonaden eine Anzeige in der Zeitschrift *LA Weekly* mit einem Text, der USA-weit Aufsehen erregte: »Danke, Tom Cruise und Scientology-Kirche, für euren Expertenrat in Sachen geistiger Gesundheit.« Daneben stand ein Foto der 54-jährigen Top-Scientologin Elli Perkins aus der Nähe von Buffalo im Nordosten des Landes, die zwei Jahre zuvor in ihrem Haus verblutet war, nachdem ihr Sohn Jeremy 77-mal mit dem Küchenmesser auf sie eingestochen hatte. Jeremy war schizophren und wie seine Eltern seit langem Mitglied der Sekte. Deshalb bekam er keine psychiatrischen Medikamente, sondern wurde mit Scientology-Kursen und Vitaminen »behandelt«, die ein scientologischer Arzt empfahl.[27] Auch nach dem tragischen Tod von John Travoltas autistischem 16-jährigem Sohn Jett bei einem epileptischen Anfall im Januar 2009 während einer Ferienreise auf den Bahamas spekulierten britische Medien, dass der Schauspieler »negative Einflüsse« von Scientology mitverantwortlich mache. Werde doch von der Sekte Autismus nicht als Krankheit anerkannt, sondern als psychosomatisches Symptom, das mit Vitaminen, Saunagängen und Auditing in den Griff zu bekommen sei – keinesfalls aber mit »Psychodrogen«. Tom Cruise sprang dem trauernden Kollegen bei und erklärte, keineswegs scheuten Scientology-Anhänger den Weg zum Arzt. Aber es blieb die Frage, ob Travolta deshalb unter so starken Depressionen und Schuldgefühlen litt, weil er seinem Sohn wegen Scientology keine Medikamente erlaubt hatte.[28]

Der Imageschaden war auch durch eine halbherzige Entschuldigung bei Brooke Shields nicht wieder wettzumachen. Vor allem die weiblichen Fans wandten sich von Tom Cruise ab. Im Dezember 2005 wurde der Schauspieler von den Lesern der *Los Angeles Times* zum peinlichsten Star des Jahres gewählt; drei Monate später erhielt er zusammen mit Katie Holmes den wenig begehrten Filmpreis »Goldene Himbeere« als »lästigstes Ziel der Klatschpresse«.[29] Tiefer konnte der frühere »All American Boy« kaum noch fallen. Der Preis wurde einen Tag vor der Vergabe des Oscars verliehen, den »Tom Terrific« trotz dreimaliger Nominierung bis 2008 noch kein einziges Mal gewonnen hat. Zu diesem Zeitpunkt hatte der Star oder seine Sekte bereits die Notbremse gezogen. Cruise hatte einen neuen Pressesprecher engagiert und versuchte, seine Außendarstellung aufzupolieren.

Der Scientology-Botschafter

Katie Holmes war schwanger. Sie wurde bekennende Scientologin.[1] Für erstes Kopfschütteln sorgten Äußerungen ihres Verlobten, dass Katie bei der Geburt »nach Scientology-Ritus« wegen der »geistigen Gesundheit« des Kindes auf keinen Fall schreien und eine Woche lang nicht sprechen dürfe.[2] Endlich, im April 2006, kam die Tochter Suri (indisch für Prinzessin) zur Welt, schweigend, versteht sich. Mehrere Wochen lang ließ Tom Cruise die Medien zappeln und kein Foto, keine Homestory seines neuen Glücks publizieren. Seine seltsame Heimlichtuerei führte zu wildesten Gerüchten, die Kleine sei gar nicht sein leibliches Kind, sondern stamme von Katie Holmes' früherem Liebhaber oder gar aus eingefrorenen Spermien des Scientology-Gründers Hubbard.[3] Viele Nichtscientologen hielten diesen größten Hype um eine Geburt und Nachgeburt, den Hollywood jemals erlebt hat, für den kalkulierten Versuch, die Karriere des Mittvierzigers und sein angekratztes Image aufzupolieren. Mit zweifelhaftem Erfolg, denn Cruise ließ sich auch von seinem neuen Pressereferenten nicht davon abbringen, als »Botschafter« der Sekte auf die Weltöffentlichkeit einzuwirken.

In jener Zeit der Wirrungen gab der Superstar dem deutschen Nachrichtenmagazinen *Der Spiegel* ein Interview. Von den *Spiegel*-Redakteuren hatte er zuvor »gewünscht«, dass sie sich das *Celebrity Centre* in Hollywood anschauten, wo sie eine dreistündige »Missionstour« über sich ergehen lassen mussten.[4] Als die Journalisten dann begannen, ihm Fragen nach Scientology zu stellen, verlor er plötzlich die Contenance, sein berühmtes Grinsen fror ein. Es war, als wechselte er die Persönlichkeit wie in der Talkshow mit Matt Lauer.

Spiegel: »Sehen Sie es als Ihre Aufgabe an, neue Anhänger für

Scientology zu rekrutieren?« Cruise: »Ich bin ein Helfer. Ich selbst habe zum Beispiel Hunderten Leuten geholfen, von Drogen loszukommen. Wir bei Scientology haben das einzig erfolgreiche Drogenrehabilitationsprogramm der Welt. Es heißt Narconon.« *Spiegel:* »Das stimmt nicht. Unter den anerkannten Entzugsverfahren taucht Ihres nirgends auf; unabhängige Mediziner warnen davor, weil es auf Pseudowissenschaft beruhe.« Cruise: »Sie verstehen nicht, was ich sage. Es ist eine statistisch erwiesene Tatsache, dass es nur ein erfolgreiches Drogenrehabilitationsprogramm gibt in der Welt. Punkt.« *Spiegel:* »Bei allem Respekt: Wir bezweifeln das, Mr. Cruise. Sie haben hochrangige Studiomanager, etwa von Paramount, dazu bewegt, das ›Celebrity Centre‹ von Scientology in Hollywood zu besuchen. Arbeiten Sie daran, den Einfluss von Scientology in Hollywood zu verstärken?« Cruise: »Ich will nur den Leuten helfen. Ich will, dass es allen gut geht.«[5]

Unter Fachleuten ist heute unstrittig, dass *Narconon* eine verdeckte Rekrutierungsanstalt von Scientology ist. »Von der Droge in die Sekte«, so beschrieb eine kritische Broschüre schon in den 1970er Jahren das Programm der scientologischen »Drogenhilfe«.[6] Der Verwaltungsgerichtshof Baden-Württemberg stellte 1992 fest, dass es keinen Nachweis über einen erfolgreichen Drogenentzug bei *Narconon* gebe.[7] Doch wie in diesen Gesprächen kann der Dauerlächler Tom Cruise außerordentlich fuchsig werden, wenn es um Scientology geht. Ein Reporter der *Hannoverschen Allgemeinen Zeitung* hatte im Juli 2007 die Gelegenheit, bei einem Besuch in der neuen Berliner Scientology-Zentrale ein Video mit Tom Cruise anzuschauen, das nicht für die Öffentlichkeit bestimmt war und das ihm fast den Atem raubte: »In der Hauptrolle: Tom Cruise. Man kann nicht fassen, was er da, und vor allem, wie er es erzählt. Verbissen macht sich der Star für die Ansichten der Gruppe stark. Wettert gegen die, die gegen Scientology sind. Klatscht zur Unterstützung seiner Argumentation mit der Faust in die Hand. Schnippst wiederholt scharf schnalzend mit den Fingern, um seinen Worten Nachdruck zu verleihen – ein Verhalten, das er vom weltweit mächtigsten Scientologen, David Miscavige, übernommen zu haben scheint. Cruise argumentiert mit stechenden Augen, dann wieder lacht er, es klingt fast wie von Sinnen. Zu Hilfsprogrammen der Organisation meint er: Er sei gezwungen zu helfen, weil kein anderer besser dazu befähigt sei. Dann spricht er vor allem über das große Feindbild von Scientology: Psychiatrie, Psychopharmaka, Psychiater. Deren Herrschaft müsse niedergeschlagen werden, sagt Cruise sinngemäß. (...) Das Berliner Video zeigt noch einmal eindrucksvoll, warum der Star in den vergangenen Jahren einen medialen Super-GAU nach dem anderen erlebte.«[8]

Die Sofasprünge, die Tiraden gegen Psychopharmaka für Wöchnerinnen, der Rummel um die stille Geburt Suris – all das führte dazu, dass Tom Cruises Sympathiewerte ins Bodenlose fielen.[9] Bei einer Gallup-Umfrage im Mai 2005 hatten noch 58 Prozent der Befragten ein positives Bild von dem Schauspieler, 31 Prozent ein negatives.[10] Ein Jahr später hatten sich die Umfragedaten in ihr Gegenteil verkehrt: positive Meinung 35 Prozent, negativ: 51 Prozent.[11] Diese PR-Katastrophe hatte für den Superstar auch berufliche Folgen. Sumner Redstone, der 83-jährige mächtige Patriarch der Paramount-Studios, feuerte den teuersten Schauspieler der Welt nach 14 Jahren im August 2006 wie einen x-beliebigen kleinen Angestellten. Es war das erste Mal in der Filmgeschichte, dass ein Schauspieler wegen »verrückten Verhaltens« und »kreativen Suizids« seinen Vertrag verlor, wie der Milliardär selbst in einem Interview mit dem *Wall Street Journal* erklärte.[12] Cruise habe sich disqualifiziert, weil er seine Arbeit ständig mit dem Eintreten für »die fragwürdige Scientology-Sekte« verknüpft habe; dies habe zu Umsatzeinbußen an der Kinokasse bei MISSION: IMPOSSIBLE III geführt und die Firma 100 bis 150 Millionen Dollar gekostet. Nun sei es genug.[13]

Zu diesem Zeitpunkt sah der ewige Aufsteiger Tom Cruise aus wie ein Verlierer, und Scientology auch. Eine ehemalige Top-Scientologin, die mit vielen Prominenten in der Organisation zu tun hatte, sagte dem US-Magazin *Radar*, sie glaube, dass Tom Cruise eine kritische Grenze überschritten habe: »Es kommt ein bestimmter Moment für Scientologen, wenn sie die Grenze zu totaler Hingabe überschreiten, wenn sie von ihrem Glauben dazu aufgerufen werden, große Taten zu vollbringen, unabhängig von den Konsequenzen. Genau das sehe ich bei Tom Cruise. Er ist bereit, seine Karriere dafür aufs Spiel zu setzen.«[14]

Den Rauswurf bei Paramount allerdings konterte Cruise souverän schon zwei Monate später. Gemeinsam mit seiner langjährigen

Koproduzentin, der Scientologin Paula Wagner, übernahm er Anteile und die Führung des legendären, aber zwischenzeitlich stillgelegten Hollywoodstudios United Artists, das früher die Filme von Charlie Chaplin und Douglas Fairbanks produzierte. »Ausrangierter Star steht in der neuen Rolle als Studioboss wieder auf«, schrieb der englische *Guardian*.[15] United Artists ist somit das erste bedeutende Hollywoodstudio in Scientologenhand; angeblich wurden auch viele Mitarbeiter durch Kadetten aus der scientologischen *Sea Org* ersetzt. Der erste von Tom Cruise produzierte Film, LIONS FOR LAMBS (LÖWEN UND LÄMMER, 2007), mit Robert Redford, Meryl Streep und ihm selbst, wurde indessen ein Flop. Doch schon im März 2007 hatte sich Cruise mit seinem neuen Unternehmen in die Produktion von VALKYRIE eingekauft, dem Stauffenberg-Film. Sofort sorgte er dafür, dass der eigentlich als Hauptdarsteller vorgesehene deutsche Schauspieler Thomas Kretschmann ausgebootet wurde.[16] Es war offensichtlich: Tom Cruise oder seine Sekte hatte das Potential der Stauffenberg-Geschichte für ihre Propaganda und die Rehabilitierung des Schauspielers erkannt.

Trotzdem sind die obskuren Nachrichten aus dem »Tom«-Universum nicht abgerissen. Hatte Cruise schon seine Ehefrauen und Freundinnen Nicole Kidman, Penelope Cruz und Katie Holmes zum Eintritt in den Kult gedrängt, so soll er später, wieder unter großer öffentlicher Anteilnahme, versucht haben, den hochbezahlten englischen Fußballstar David Beckham und dessen Frau Victoria (»Posh«) anzuwerben. Für diese potentiellen Rekruten reiste sogar David Miscavige, der nicht als Fußballfan bekannt ist, inkognito zu einem Spiel von Real Madrid, wo er auf der VIP-Tribüne neben David, Victoria und Tom fotografiert wurde.[17] David Beckham ist das bekannteste Gesicht der bedeutendsten Sportart der Welt. Die Beckhams, seit 2007 Nachbarn von Cruise in Beverly Hills, dienen vielen jungen Menschen als Vorbild. Damit stehen sie ganz oben auf der Wunschliste von Scientology. Doch Victoria und ihr Ehemann haben jeglichen Anwerbeversuch energisch bestritten.[18]

Tom Cruise stand nach der Kündigung bei Paramount vor der schwierigen Aufgabe, sein grob beschädigtes Image wieder aufzupolieren. Als Filmschauspieler dachte er sicher an optimistische, fröhliche Bilder. Im November 2006 fand die »Hochzeit des Jahres« mit Katie Holmes im mittelalterlichen Castello Odescalchi bei Rom statt.[19] Tausende Kerzen, Armani-Roben und buntes Feuerwerk sollten ein frisches, romantisches Image von Tom Cruise in die Welt hinausstrahlen. Doch konnten sie nicht übertönen, was den eigentlichen Höhepunkt ausmachte: die Trauung nach Scientology-Art, die »Kirchenoberhaupt« und Trauzeuge David Miscavige vornahm. »Nach altem scientologischem Ritus« überreichte Cruise dann der Braut eine Katze, einen Kamm und einen Kochtopf.[20] Gerüchteweise soll der Ehevertrag eine Konventionalstrafe von drei Millionen Dollar pro Ehejahr und eine Villa im Fall einer Scheidung beinhalten. Als Gäste auf die Hochzeitsburg kamen mehr oder weniger die »üblichen Verdächtigen«: Victoria Beckham, Jim Carrey, Jenna Elfman, Jennifer Lopez mit Ehemann Marc Anthony, die versöhnte Brooke Shields und zum Entsetzen vieler Fans: der beliebte Filmstar Will Smith mit Ehefrau Jada.[21] Vielleicht distanzierte sich Will Smith deshalb im Dezember 2007 halbherzig von Scientology: »Ich glaube nicht notwendigerweise an organisierte Religion. (…) Tom hat mich zu Scientology gebracht, aber ich bin ein Student aller Weltreligionen.«[22] Gleichwohl gründete er für seine beiden Kinder im Mai 2008 eine eigene Schule, in der Hubbards »Study Technology« das Curriculum bestimmte; Smith hatte angeblich »keine besser passende« Lehranstalt gefunden.[23]

Katie Holmes verließ nach der Hochzeit auch offiziell die katholische Kirche, um Vollzeitscientologin zu werden. Sie durfte sogar die neuen Scientology-Uniformen entwerfen.[24] Regelmäßig erschienen Presseberichte, wonach der »Kontrollfreak« Cruise und seine Sekte die neue Ehefrau auf Schritt und Tritt beaufsichtigten – selbst im Urlaub beim Campen sei ein »spiritueller Berater« dabei, um Katies »vollkommen toxinfreie« Ernährung zu garantieren.[25] Doch immer wieder wurde auch gemeldet, dass die Cruise-Gattin Toms Kontroll- und Sektenwahn satt habe. »Sie fühlt sich total eingeengt.«[26] Wie ein Blitz muss es Cruise getroffen haben, dass sie sich weigerte, Töchterchen Surie auf eine Scientology-Schule zu geben. Katie Holmes setzte sich durch. Im Oktober 2009 wurde die Dreijährige in einer katholischen Vorschule in Boston angemeldet.[27]

Der gesäuberte Planet

Eine große Prozessschlacht schien heraufzuziehen, als der englische Lady-Diana-Biograph Andrew Morton sein lange angekündigtes Buch Tom Cruise – An Unauthorized Biography (auf Deutsch: Tom Cruise und die Scientology-Verschwörung) im Januar 2008 herausbrachte. Das Werk, für das der Boulevard-Bestsellerautor zwei Jahre lang recherchiert hatte, versprach »alles über den größten lebenden Schauspieler« zu enthüllen inklusive seiner Sexualität und Details aus den Beziehungen zu Mimi Rogers, Nicole Kidman, Penelope Cruz und Katie Holmes.[1] Von Drohungen gegen den Autor war die Rede. In Großbritannien, Australien und Neuseeland erschien das Werk erst gar nicht wegen seines »skandalträchtigen Inhalts« und der dortigen »prominentenfreundlichen Beleidigungsgesetze«.[2] Andererseits ist Andrew Morton, was den Boulevard und das Marketing angeht, ein Profi, und so begann die eigentliche Promotion für sein Buch eine Woche vor dem Erscheinen mit gezielt lancierten Vorabinformationen für die Yellow Press. Der britische *Daily Mirror* meldete, die unautorisierte Biographie »enthülle« die mögliche Zeugung von Tochter Suri mit Hubbard-Spermien. Außerdem enthalte Mortons Buch die Neuigkeit, dass Tom Cruise inzwischen »de facto« die Nummer zwei in der Scientology-Hierarchie sei, gleich nach David Miscavige, »eingebunden in alle Aspekte der Planung und Strategie«.[3] Wie zu erwarten, griffen die Nachrichtenagenturen die Meldungen auf und verbreiteten sie weltweit.

Und dann kamen die Videos. Am Tag, als die ersten Exemplare von Tom Cruise – An Unauthorized Biography in New York, Los Angeles und Las Vegas über den Ladentisch gereicht wurden, tauchte auf zwei Websites ein etwa zehnminütiger Film auf, der Tom Cruise im schwarzen Rolli zeigte, wie man ihn noch nie gesehen hatte: als hysterisch lachenden, mit der Hand durch die Luft schneidenden, wirres Neusprech daherredenden Sektenprediger. Es handelte sich um einen Ausschnitt jenes Rekrutierungsfilms, den ein Reporter der *Hannoverschen Allgemeinen* schon einmal versehentlich in der Berliner Scientology-Zentrale zu Gesicht bekommen hatte. Es zeigt einen Mann, der ohne Drehbuch kaum in der Lage ist, einen ordentlichen Satz zu artikulieren, diesen dann aber irrsinnig ernst meint. »Je mehr du als Scientologe weißt, umso mehr wirst du davon überwältigt. Ich tue, was ich kann, und ich tue es, wie ich alles mache«, doziert Cruise, der in einer gediegenen Suite mit dunklen Massivholzmöbeln sitzt. »Es ist ein Privileg, Scientologe zu sein«, sagt er, er habe sich »der Sache absolut und kompromisslos« verschrieben, denn Scientologen seien »die Herrscher über den Geist«. Cruise wirkt hart, fanatisch, verbissen. »Psychiater. Ich habe es satt. Ich habe es wirklich satt. Es widert mich an. (…) Ich habe kein Erbarmen mit ihnen. Keines.« Kein Erbarmen auch mit anderen Scientology-Feinden: »Ich dachte, wow, wie schön könnte es eines Tages sein – Sie wissen schon: SPs – Unterdrücker! Vielleicht liest man über solche Leute irgendwann nur noch in den Geschichtsbüchern.« Möchte Tom Cruise die Feinde beseitigen, wie es L. Ron Hubbard einst empfahl? Er hat seine Augen nicht im Griff, sie glühen und flackern. Er scheint auch allen Nichtscientologen zu drohen: »Es ist Zeit. Wenn sich Scientology an dich wendet, solltest du den Weg von Scientology besser annehmen. Wenn du das nicht kannst, lerne es!«

Scientology bekam sehr schnell Wind von dem »Leck« und ging sofort juristisch gegen die Websitebetreiber vor, wie üblich wegen einer »Copyrightverletzung«. Eine halbe Stunde nach seinem ersten Erscheinen verschwand der vier Jahre alte Mitschnitt wieder aus dem Internet. Das war eine halbe Stunde zu spät. Längst war die sensationelle Nachricht der neuen »Tom«-Entgleisung rund um den Globus gehuscht, hatten Tausende *YouTube* angeklickt und sich den Trailer auf die heimischen Server geladen. Auf entlegenen Sites tauchte Tom Cruise nun als Prediger auf, und schließlich erklärte die Klatschwebsite *Gawker,* sie werde den Kurzfilm wegen des öffentlichen Interesses fest installieren und jedem Druck widerstehen, ihn wieder zu entfernen – es gibt ein Gesetz in den USA namens »Fair Use«, das dies bei Material von nachrichtlichem Wert gestattet.

Es dauerte noch zwei Tage, bis die ersten Ausschnitte es ins Fernsehen schafften. Die Medien stürzten sich geradezu auf das PR-Filmchen, in dem ein amerikanischer Held sich selbst und seine »Religion« demontierte – und das wurde definitiv die Stunde von Andrew Morton, dessen Buch die Hintergründe erklärte. Glück des Tüchtigen oder Absprache der Gegner – es verging ein weiterer

Tag, es tauchte ein weiteres Propagandavideo bei *Gawker* auf. Diesmal war es ein Anderthalb-Minuten-Ausschnitt aus der Verleihung der scientologischen Tapferkeitsmedaille an Tom Cruise im Oktober 2004. Es musste »U-Boote« im Scientology-Apparat geben, die solche heiklen Interna gezielt in die Öffentlichkeit lancierten. Machtlos musste der Sektenkonzern zusehen, wie sein Star vor einem globalen Publikum entzaubert wurde. Innerhalb von nur einem Tag wurde der neue Clip rund zwei Millionen Mal heruntergeladen.

In dem Video sieht man Tom Cruise am Rednerpult im Prunksaal des englischen Scientology-Sitzes Saint Hill Manor stehen, hinter sich die Umrisse einer riesigen Weltkugel in Gold vor Blau. Drei Meter neben ihm steht sein Laudator und Sektenchef Miscavige. Cruise senkt die Arme aufs Pult. »Jetzt ist die Zeit, Leute, okay, jetzt ist die Zeit, an die wir uns alle erinnern werden«, spricht er in den bis auf den letzten Platz gefüllten Saal. »Wart ihr dabei? Was habt ihr getan? Ich denke, ihr wisst, dass ich für euch da bin, und mir liegt so sehr, sehr, sehr viel an euch.« Es ist der Moment, in dem klar wird, was Tom Cruise für Scientology bedeutet – er zahlt zurück, was Scientology ihm gegeben hat. Er ist der Mutmacher. Der Helfer. Er sagt: »Wenn du als Scientologe an einem Unfall vorbeifährst, dann ist das etwas anderes, als wenn jemand anders vorbeifährt. Du weißt dann, dass du etwas tun musst, denn du weißt, dass du der Einzige bist, der wirklich helfen kann. Und genau das ist es, was mich antreibt.« Der Weltstar pausiert eine Sekunde, seine linke Hand tappt aufs Pult, er fragt: »Was meint ihr: Sollen wir diesen Ort säubern?« Atemlose Stille, dann ein gemeinsamer Schrei der Scientologen: »Yeah!« Tom Cruise blickt stolz zu David Miscavige, ruft: »Leute, wir zählen auf euch!« – »Yeah!« Cruise macht einen 180-Grad-Schwenk nach rechts: »Auf LRH!« Seine Hand fährt an die Schläfe, er salutiert vor einem riesigen Foto des »Gründers« Hubbard. Männlich rau umarmen sich Cruise und Miscavige. Frenetischer Beifall brandet auf, als sich das Scientology-Volk von den Sitzen erhebt.[4]

Zehn Tage später saßen wir Andrew Morton in einem großen Berliner Hotel gegenüber. Gerade war sein Buch auf Deutsch herausgekommen, er musste viele Interviews geben. Wir fragten ihn, wie er die Rolle deutscher Journalisten in der Debatte um Tom

Cruise und den Stauffenberg-Film bewerte. Er sagte: »Sie sind alle auf Tom Cruise hereingefallen. Sie haben sich von seinem Hollywood-Glanz blenden lassen. Bessere Reklame hätten sich Cruise und die Sekte nicht wünschen können.« Der 54-jährige Bestsellerautor nahm einen Schluck Tee und bekräftigte seine These: »Der Film war das Trojanische Pferd von Scientology, um Deutschland aufzurollen.« In seinem Buch klingt es noch martialischer, da ist von dem »Wüstenbunker« die Rede, in dem Cruise und Miscavige ihre »Deutschlandoffensive« planten, und von den »Panzern«, mit denen ihre »ideologischen Sturmtruppen« die Berliner City umstellt hätten.[5] Morton versicherte, hochrangige Ex-Scientologen hätten ihm berichtet, das Stauffenberg-Projekt sei ein strategisch geplanter Coup gewesen, um das Image von Scientology in Deutschland zu verbessern. »Deutschland ist ein reiches Land und mit seinen 82 Millionen potentiellen Kunden ein fetter Brocken für Scientology. Seit dem Stauffenberg-Film wird hier wieder über Scientology gesprochen. Das ist ein Erfolg! Das hat Tom Cruise erreicht.«

Selbst der *FAZ*-Mann und Stauffenbergfilm-Propagandist Frank Schirrmacher sah sich nun zu einem halbherzigen Rückzug gezwungen und gab dem *Spiegel* ein Interview, in dem er Scientology »erkennbar puren Obskurantismus« nannte, im Übrigen aber gegen alle Realität wieder darauf bestand, dass es »unangemessen« sei, bei Tom Cruise »die schauspielerische Leistung nach religiösen Vorlieben zu beurteilen«.[6] Viele andere Feuilletonisten aber fingen an, sich die Augen zu reiben und den nackten König zu sehen.[7] Deutschlands TV-Historiker Guido Knopp bezeichnete Tom Cruise als zeitgemäße Version von Joseph Goebbels (»Wollt ihr den totalen Krieg?«).[8] Der Vergleich ist berechtigt. Denn als Cruise im Video rief: »Do you want to clean this place up?«, meinte er die Erde. Die Scientology-Literatur, jede einzelne Scientology-Broschüre schreit einem das eine große Ziel entgegen: »Säubert den Planeten! Reinigt die Erde! Klärt das Universum!«

»*Clean this place up* bedeutet *Clear the planet*, und das heißt erstens, macht genügend Leute zu Scientologen, um die Macht zu übernehmen. Zweitens, säubert die Erde von den Feinden der Scientology«, sagt der ehemalige Österreich-Chef von Scientology, Wilfried Handl. »Das ist eine Ideologie des Hasses, wie bei Hitler. Wenn die Scientologen so könnten, wie sie wollten, würden sie nicht davor zurückschrecken, ihre Feinde zu vernichten. Aber auch Hitler musste erstmal zur Macht kommen, um dann handeln zu können.« Auch Andrew Morton schreibt, dass ihn die Veranstaltungen der Scientologen »an solche der Nazis erinnern«.[9] Sein Buch ist gut recherchiert, und er kommt dem »Geheimnis« der Persönlichkeit von Tom Cruise vermutlich sehr nahe – auch wenn die Sekte in einer 15-seitigen Stellungnahme sämtliche Vorwürfe bestritt und die Biographie ein »diffamierendes Bündel Lügen« nannte. Tom Cruise sei weder »der zweite noch der hundertste« Scientologe, sondern nur ein »einfaches Gemeindemitglied«.[10]

Andrew Morton geht auch der Frage nach, warum Cruise überhaupt Scientologe wurde. Von einer persönlichen Krise könne in der Zeit seiner Rekrutierung kaum die Rede sein, Cruise war damals ein aufsteigender Stern. Morton glaubt, dass Scientology den »Ruinpunkt« des Schauspielers dennoch zielsicher ausfindig gemacht habe – seine Sehnsucht nach einer intakten Familie, die er nie hatte. »Das ist es, was er bei Scientology bekommt.« Allerdings sieht es inzwischen so aus, als ob Cruise sich »ausgerechnet in der Rolle, die Scientology ihm zugedacht hat, als Fehlbesetzung erweist« *(FAZ)*.[11] Denn während es früher hieß: »Wenn Scientology bedeutet, dass man wie Tom Cruise wird, sollte jeder Scientologe werden«[12] – so dürfte angesichts seiner Verwandlung in einen öffentlichen Narren heute auch das Gegenteil wahr sein.

Andrew Mortons vielleicht wichtigster Hinweis betrifft das auffällige Outing des Weltstars als Scientology-Botschafter nach dem Jahr 2001. Es hatte wohl mit »Toms« Fortschritten auf der »Brücke« ins Heil zu tun, aber auch mit dem bedeutendsten welthistorischen Ereignis jener Zeit. Das Trauma des 11. September habe »offenbar an sein Innerstes gerührt« und wie bei vielen Amerikanern seine Einstellung zum Leben völlig verändert, so Morton. »Aus den Rauchwolken über der Skyline von Manhattan wurde Scientologys einflussreichster Fürsprecher geboren. Später beschrieb er das Ereignis so: ›Als die Türme eingestürzt waren und wir die Folgen der Katastrophe sahen, bekam ich dieses Bild … nicht mehr aus dem Kopf.‹ Als sein enger Freund und Scientology-Führer David Miscavige den 11. September als ›Weckruf‹ bezeichnete, hörte Tom sicher genau zu. Ein Scientology-Insider berichtet: ›Tom hat bestimmt mit Miscavige darüber gesprochen, was er zur Verbreitung von Scientology tun könne, denn offenbar wurde die Zeit knapp.‹ Zweifellos bestätigten die Ereignisse um den 11. September die apokalyptische Weltsicht L. Ron Hubbards. Die Mitglieder von Scientology sollten sich noch mehr engagieren, noch härter arbeiten, um den von ›Händlern des Chaos‹ überrannten Planeten zu retten.«[13]

Andrew Morton geht dem Gedanken nicht weiter nach, aber es ist sein Verdienst, dass er ein großes Publikum auf den apokalyptischen Kern der Scientology-Lehre hinweist – das unter anderem macht diese Kampf-»Religion« so gefährlich: Sie kann zu einem Nachfolger von Terrorkulten wie der japanischen Giftgas-Sekte Aum Shinrikyo oder den Davidianern von Waco werden. Auch die Scientologen erwarten den Weltuntergang – die Invasion aus dem All, die Machtübernahme der Psychiater. Sie glauben, nur sie könnten den Wahnsinn auf der Erde überleben. Als die Apokalypse nicht kam, fühlte sich Shoko Asahara, der Chef von Aum Shinrikyo, dazu berufen, sie selbst herbeizuführen – um die Erde zu retten. Es gibt Aussteiger, die diese Eskalation auch dem Science-Fiction-Kult Scientology zutrauen.

Andrew Morton spricht nicht ohne Grund von der »gewaltigen Macht« von Scientology. Man hatte ihn schon vor Erscheinen des Buches mit Klagedrohungen und Hassbriefen eingedeckt. Doch erst danach hatte er erkannt, wie groß der Einfluss der Sekte in der Unterhaltungsindustrie wirklich ist. Am Tag unseres Interviews war sein Buch in Amerika seit zwei Wochen auf dem Markt, es hatte einen Riesenwirbel erzeugt, war gerade auf den ersten Platz der Bestsellerliste der *New York Times* gesprungen. »Man würde denken, nun müsste es Einladungen in die Fernsehtalkshows in den USA hageln – aber nichts«, sagte Morton. »Ich bin in keine einzige Sendung eingeladen worden.« Einige Redakteure hätten ihn angerufen und sich dafür entschuldigt: »Sorry, aber wir können nichts für Sie tun.« Man habe ihnen ganz deutlich gesagt: »Wenn ihr Morton holt, bekommt ihr nie wieder Tom Cruise, John Travolta, Jenna Elfman oder einen anderen Scientology-Star in eure Sendung.«

Den britischen Autor schien dies eher zu belustigen. Er habe das alles schon einmal erlebt, sagte Morton. Vor 16 Jahren, als er, der Boulevardjournalist, die geheimen Tagebücher von Lady Diana veröffentlichte und damit einen Weltbestseller landete. Damals habe die »Royal Family« dafür gesorgt, dass er in Großbritannien den Fuß nicht ins Fernsehen – das wichtigste Werbemedium für Bücher – bekam. »Genau dasselbe passiert jetzt in den USA. Das ist wohl so, wenn man die Royals angreift. Die Hollywoodschauspieler sind die Royals von Amerika.« Doch offenbar bewirkte die Sperre wie damals genau das Gegenteil: Mortons neuer Erfolg hing natürlich auch mit den grotesken Videos zusammenhängen, in denen Tom Cruise sein »wahres Wesen« zu offenbaren schien. Die wirre Rede vom »Säubern« der Welt, das irre Lachen des Sektenpredigers – genau wie es Morton im Buch beschreibt. Diese Videos, millionenfach aus dem Internet heruntergeladen und auf *CNN* und *ABC* gezeigt, haben seine fehlende Bildschirmpräsenz mehr als wettgemacht. Für Scientology ein medialer Super-GAU.

Nach der Publikation deutete sich an, dass Mortons Buch und die Videos in den Vereinigten Staaten erstmals seit vielen Jahren eine echte öffentliche Debatte über Scientology anstießen – die umgehend auch in die Sekte hineinwirkte. Jenna Miscavige-Hill, die Nichte des Scientology-Bosses und Tom-Cruise-Vertrauten David Miscavige, stellte damals eine Erklärung ins Internet, wonach »zutrifft, was Morton über Scientology schreibt«; später erzählte sie dort ihre Lebensgeschichte.[14] Es war das erste Mal, dass ein Mitglied des innersten Kreises der Miscavige-Familie öffentlich Kritik an der Organisation äußerte. Die Nichte war in der Sekte aufgewachsen und hat sie mittlerweile verlassen. Nun wurde bekannt, dass auch Jennas Vater Ron Miscavige ausgestiegen war. Andrew Morton, der ursprünglich nur ein Buch über den erfolgreichsten Filmschauspieler der Gegenwart hatte schreiben wollen, sagte, er habe sehr schnell begriffen, dass Tom Cruise und Scientology eins sind, »wie eine zweite Haut«. Es gebe für Cruise eben keine Trennung von »Religion« und »Beruf«.

Wie sehr es Tom Cruise mit dem Berliner Filmprojekt tatsächlich um Scientology ging, enthüllte die Hollywood-Insiderin Janet Charlton um Weihnachten 2007 in ihrem vielgelesenen Internetblog. Um die schlechte Meinung der Deutschen über die Sekte zu ändern, habe Cruise während des Drehs in Berlin seinen ganzen Charme aufgewendet. Doch sei er nach ihren Informationen »bitter enttäuscht«, weil deutsche Politiker bereits kurz nach seiner Abreise wieder ein Scientology-Verbot diskutierten.[15] Umso wichtiger erschien nun der VALKYRIE-Film, dessen Premiere immer wieder verschoben wurde. Anfang Juni 2008 hatte der mit Spannung erwartete Streifen eigentlich in die Kinos kommen sollen. Doch obwohl die Kinos im März 2008 bereits Trailer gezeigt hatten, in denen Tom Cruise mit seiner Augenklappe auftrat, sollte VALKYRIE erst Anfang Februar 2009 anlaufen. Der Grund für die Verzögerung: Bei Testvorführungen in Hollywood war der Film durchgefallen. Für die Rettung des 100-Millionen-Dollar-Projektes wurden Action- und Schlachtenszenen in der Wüste von New Mexico nachgedreht – auch um die Herkunft der seltsamen Augenklappe des Hauptdarstellers zu erklären, lästerte das Branchenblatt *Variety*. [16]

Die Entwicklung war bitter für Tom Cruise. Filmverzögerung und Kritikerspott bedrohten den Neustart seiner Karriere ebenso wie sie die verdeckte Agenda des Films gefährdeten, durch Verbindung des deutschen Helden mit seinem Gesicht Sympathie für Scientology in Deutschland zu erzeugen. Als OPERATION WALKÜRE dann im Januar 2009 seine Deutschlandpremiere in Berlin erlebte, rief der Film ein letztes mediales Rauschen hervor. Er war kein totaler Flop, startete aber enttäuschend und blieb finanziell unter den Erwartungen.[17] Einige Kritiker lobten ihn als authentisch, andere waren mit dem Action-Spektakel unzufrieden. Immer wieder wurde die peinliche Bambi-Gala erwähnt. Zum Trost lud der ZDF-Entertainer Thomas Gottschalk Tom Cruise in seine WETTEN, DASS ...?-Show ein und bezeugte »Mitleid« mit seinem »guten Freund«: »Denn dieser arme Mensch trägt die Last des ganzen deutschen Widerstands auf den Schultern.«[18]

Scientollywood

Hollywoodstars als Werbeträger

Tom Cruise und John Travolta sind die bekanntesten Scientologen in Hollywood, aber bei weitem nicht die einzigen. Der Sektengründer Hubbard hatte ganz bewusst auf Werbung durch berühmte Gesichter gesetzt: »Es kann für Scientology nur gut sein, wenn prominente Informationsträger ihren Namen hin und wieder fallenlassen«, schrieb er.[1] Er startete sein *Project Celebrity* 1955 mit einer ersten, schon ziemlich anspruchsvollen Wunschliste von 67 Stars aus Kunst, Medien, Wirtschaft, Politik, Sport und selbst Religion, die er für Scientology gewinnen wollte, damit sie seine Botschaft verbreiteten. Ganz oben auf der Liste standen Gloria Swanson, Pablo Picasso und der Evangelist Billy Graham. Hubbard publizierte damals eine detaillierte Anleitung für die »Jagd« auf die Prominenten – seine Jäger sollten sich auf alte, ausgediente und aufstrebende, junge Stars konzentrieren, da die auf dem Gipfel ihres Ruhms seine Therapie eher nicht bräuchten. Die Rekrutierer sollten sich eine Berühmtheit auswählen, »alles, was Sie können, über Ihre Beute in Erfahrung bringen und sich dann mit allen Mitteln auf die Spur setzen, keine Zurückweisung oder ein ›Nein‹ akzeptieren« – bis man zusammen im *Auditing*-Raum sitze. Zum Schluss versprach Hubbard Prämien für die erfolgreiche Pirsch: »Diese Prominenten sind eine gut geschützte, abgeschottete, überarbeitete, scheue Beute. Wer einen zu uns bringt, bekommt eine kleine Plakette als Belohnung.«[2] Es müssen seither eine Menge Plaketten verteilt worden sein.

Ein ehemaliger *Celebrity Recruiter* (Prominentenwerber) der Sekte bestätigte 2005 die Existenz von aktuellen Anwerbehandreichungen für Prominente. Man solle »die persönlichen Probleme und die Angst zu versagen ausnutzen, und dann die Techniken der Kirche als Lösung ins Spiel bringen«.[3] Der frühere Scientologe Ken Rose, der mehr als zehn Jahre im *Celebrity Centre* von Hollywood arbeitete, nannte der Zeitschrift *Premiere* einen wichtigen Grund, warum die Prominentenwerbung so attraktiv ist: »Man bekommt lebenslang 15 Prozent Provision von allem Geld, das die Rekrutierten dann an die Church bezahlen. Es gibt nichts Besseres, als einen Reichen zu keilen.«[4] Eine andere Abtrünnige sagte dem Blatt, während ihrer Zeit bei Scientology seien die »Studenten« von Zeit zu Zeit aufgefordert worden, »die Namen all jener niederzuschreiben, die bei Scientology Meinungsführer heißen, wichtige Leute aus jedweder gesellschaftlichen Sphäre, Wirtschaft, Politik, Kunst und Unterhaltung«. Jeder habe gewusst, dass die Namen dann auf eine Rekrutierungsliste kamen. Aggressiv wird um Politiker, Anwälte und Spitzenmanager geworben, die auf einer dieser Listen stehen. Als Anreiz bekommen Prominente freie Kurse und bei besonderen Leistungen sogar den Titel eines *Operierenden Thetans* ohne besondere Anstrengungen.[5] Aussteiger berichten aber auch, dass die Angeworbenen bis zu zehn Prozent ihrer Gagen an die Sekte abführen müssen. Scientology bestreitet all dies.

Hubbards Grundidee war einfach und einleuchtend: In der zusammenwachsenden Welt gibt es keine besseren Werbeträger als internationale Stars. Ihre Gesichter sind weltweit bekannt wie sonst nur die von Königinnen und Päpsten, ihre persönliche Lebensführung ist Vorbild für Millionen, und sie kommen per Filmprojektor – heute per Fernseher und Internet – in jede Villa oder Hütte. Vor allem verbindet niemand sympathische Stars mit Gehirnwäsche. Im Gegenteil: Sie dienen scheinbar als Beweis, dass »Scientology funktioniert«, sie machen die »Kirche« respektabel, der Werbeeffekt ist ungeheuer. »Wie tarnt man einen Teufel als Engelchen? Nun, man nimmt einen Götzen aus Glamour, einen goldglitzernden Stern der High-Society, einen Star, der beliebt, ja anbetungswürdig ist, und überträgt dessen Glorienschein auf Scientology«, erläutert der deutsche Ex-Scientologe Gunther Träger.[6] Neben millionenschweren Bankkonten bringen die Berühmten ein unbezahlbares Kapital mit, die Kombination von Prominenz und Ausstrahlung. »Eine Kultur ist nur so groß wie ihre Träume. Und geträumt werden Träume von Künstlern«, hatte der Hollywood-gestählte Sektenmeister erkannt. Und, passend zur Illusionsmaschine, seinen berühmten Satz formuliert: »Wahr ist, was du für wahr hältst.«[7]

50 Jahre später ist der Traum des Gurus wahr geworden. Scientology ist im ganz großen Stil in Hollywood angekommen und hat

es zur Trend-»Religion« Nummer eins in Beverly Hills gebracht. Beobachter äußern die Befürchtung, Dianetik könnte das Branchenblatt *Variety* »als Bibel der Unterhaltungshauptstadt der Welt ersetzen« – dermaßen viele A-Liste-Stars sind in den vergangenen Jahren zu der Sekte gestoßen.[8] Die erfahrene Hollywoodreporterin Suzanne Rozdeba vom *Star Magazine* sagt: »Tom Cruise und Katie Holmes sind ein mächtiges Prominentenpaar, das Scientology praktiziert, nimmt man Jennifer Lopez hinzu sowie David und Victoria Beckham, dann hätte man die neue Prominentenreligion.«[9] Der teuerste Schauspieler, die wichtigste Popsängerin, der bedeutendste Fußballer bei Scientology – mehr wäre kaum möglich.

Die Führer des Sektenkonzerns haben aus der Idee Hubbards eine präzis kalkulierte Strategie für die Eroberung von Hollywood gemacht, dem popkulturellen Zentrum der Erde. Unter der Leitung von David Miscavige war es der Organisation schon seit Anfang der 1980er Jahre gelungen, eine wachsende Zahl auch hochkarätiger Berühmtheiten zu rekrutieren. Zu ihnen zählten neben John Travolta, dem ersten »großen Fisch« an der Angel (der 1974 während eines Karriereeinbruchs rekrutiert wurde): Elvis' frühere Ehefrau Priscilla Presley (DALLAS), deren Tochter Lisa Marie Presley, Kelly Preston (TWINS), Anne Archer (FATAL ATTRACTION), Kirstie Alley (STAR TREK 2), Karen Black (FIVE EASY PIECES), Nancy Cartwright (die Stimme von Bart Simpson), Deborah Rennard (DALLAS), Michael D. Roberts (RAIN MAN), der Scriptwriter Floyd Mutrux (DICK TRACY) sowie Juliette Lewis (NATURAL BORN KILLERS) und ihr Bruder Lightfield Lewis (MEET THE HOLLOWHEADS).

Der eigentliche Mitgliederschub setzte um 1993 ein. Neu zu den *Auditing*-Süchtigen fanden unter anderen Jenna Elfman (DHARMA AND GREG), Erika Christensen (TRAFFIC), Jennifer Aspen (PARTY OF FIVE), Leah Remini (KING OF QUEENS), Kimberley Kates (CHAINED HEAT 2), Judy Norton-Taylor (THE WALTONS), Lee Purcell (MR. MAJESTYK), Eddie Deezen (BEVERLY HILLS VAMP), Danny Masterson (THAT '70S SHOW), Christopher Masterson (MALCOLM IN THE MIDDLE), Corin Nemec (STARGATE), Giovanni Ribisi (FRIENDS), Jason Beghe (CSI), Jason Lee (ALMOST FAMOUS), der Regisseur und Oscar-Preisträger Paul Haggis (L.A. CRASH), der bedeutende Soundproduzent David Campbell (DICK TRACY), die Drehbuchautoren Paul Haggis (MILLION

Dollar Baby) und Jeffrey Scott (Muppet Babies), der Oscar-nominierte Komponist Mark Isham (A River Runs through It), die Produzenten Terry Jastrow, Karen Nelson-Bell (Country Tonite Show) und Ernest Lehman (Portnoy's Complaint), außerdem Dutzende weniger bekannte Schauspieler, Regisseure, Drehbuchautoren, Filmkomponisten, Prominentenfotografen und Produzenten. Andere wie Candice Bergen, Linda Blair, Horst Buchholz, Barbara Carrera, Rock Hudson, Peggy Lipton, Demi Moore, Sharon Stone, Brad Pitt, Christopher Reeve, Frank Stallone, Patrick Swayze, der Produzent Don Simpson (Top Gun) oder der Regisseur Oliver Stone (JFK) ließen sich wohl kurzzeitig vom *Celebrity Centre* betören, nahmen aber wieder Abstand von der Sekte, die in Hollywood mittlerweile allgegenwärtig erscheint.

Das hartnäckige Lobbying hat Scientology in den Studios eine Machtposition verschafft, wie sie zuletzt in den 1950er Jahren die Mafia innehatte. Wer zum scientologischen *Auditing* geht – den horrend teuren Psychokursen –, der kommt heute tatsächlich leichter auf die Besetzungslisten. Manche drücken das aus wie wie Anne Archer, Shooting-Star der Saison 1991/92: »Nachdem ich das erste Mal ›Auditing‹ gemacht hatte, bekam ich meine erste große Rolle. Danach nahm ich noch einen Kurs, kriegte noch einen weiteren Film. Und nach einer weiteren Sitzung kam die Rolle in ›Eine verhängnisvolle Affäre‹.«[10] Kirstie Alley erklärt, keine Technik habe ihr beim Schauspielern so geholfen wie die »Trainingsroutinen« von Hubbard: »Man kann sagen, das ist meine Schauspieltechnik.«[11] Kelly Preston, der als Darstellerin eher mäßiges Talent nachgesagt wird, bekommt trotzdem immer wieder Rollen angeboten, wie 1996 an der Seite von Tom Cruise in Jerry Maguire.[12] Bei Jenna Elfmans TV-Comedy Dharma and Greg soll es sogar Beschwerden gegeben haben, dass sie zu viele Scientologen in der Show beschäftige.[13]

Der amerikanische Sektenkritiker Rick Ross hält die vielen Scientologen hinter den Kulissen für noch problematischer als die Top-Stars der Sekte: »Diese sind nur die Spitze des Hollywood-Scientology-Eisbergs«, sagt er. Die Welthauptstadt der Stars und Studios sei in jeder Hinsicht zum Lebenszentrum von Scientology geworden. Von den Schauspiellehrern bis zu den Talentsuchern, von den Drehbuchautoren bis zu den Managern habe die Sekte die Filmmetropole durchsetzt, ihr Netzwerk könne über Erfolg oder Misserfolg in der Unterhaltungsindustrie entscheiden – mit weltweiten Folgen.[14]

Hubbards Nachfolger haben auch das Musikgeschäft erfolgreich infiziert. Kate Ceberano, Jennifer Lopez, Maxine Nightingale, Chick Corea, Darius Brubeck, Beck Hansen und Edgar Winter sind Scientologen; der Soulsänger und Scientology-Propagandist Isaac Hayes starb im August 2008 mit 65 Jahren an einem Schlaganfall. Um Michael Jackson wurde heftig geworben; als es noch Sinn zu machen schien, nahm sich die Top-Scientologin Lisa Marie Presley seiner als Ehefrau an. David Miscavige soll geradezu besessen davon gewesen sein, den Sänger zu rekrutieren, und habe allen Mitarbeitern befohlen, dessen Musik zu hören und sich Jacksons »Thriller«-Video anzuschauen, so ein Ex-Scientologe: »David sagte einmal stolz, wir hätten ihn fast gekriegt.«[15]

Auch Gloria Gaynor, Ricky Martin, Van Morrison, Leonard Cohen, Stanley Clarke, Al Jarreau, Al DiMeola, Pete Doherty, die britischen Musiker der Incredible String Band und einige andere waren zumindest zeitweise dem Robotercharme der *Thetanen* erlegen. Künstler wie der österreichische Maler Gottfried Helnwein, die spanische Sopranistin Julia Migenes, der ehemalige Rolling-Stones-Manager Andrew Loog Oldham und die amerikanischen Schriftsteller William Burroughs (NAKED LUNCH) und J. D. Salinger (DER FÄNGER IM ROGGEN) bekannten oder bekennen sich zu Scientology. Einige semiprominente amerikanische Sportler sind Scientologen, erstaunlich viele mittelklassige Rennfahrer aus Mexiko und sogar US-Medienstars wie die *Fox News*-Anchorwoman Greta Van Susteren.

Prominenz im Sektennetz

Wie die Spinne im Netz hat sich die Sekte in Hollywood eingerichtet, nur ein paar hundert Meter von den großen Studios entfernt, gleich unterhalb des berühmten Hollywood-Zeichens und praktisch direkt neben den rosafarbenen Sternen des »Walk of Fame«. Als Drehbuchautor mit Hollywooderfahrungen hatte L. Ron Hubbard das richtige Gespür für die Zukunft, als er 1973 das legendäre Hotel Chateau Elysée an der Franklin Avenue kaufte. Luxuriös renoviert findet der Hochadel von Hollywood in dem einst für den Medienzaren William Randolph Hearst errichteten Gebäude ein schlossähnliches Ambiente vor: mit plüschigen Hotelzimmern, eleganten Suiten, eigenen Theatern und einem Top-Restaurant, wo den Schauspielern jeder Wunsch von den Augen abgelesen wird. Wie in jeder Scientology-Niederlassung *(Org)* gibt es eine holzgetäfelte Kopie des Büros des verstorbenen Sektengründers Hubbard, sorgfältig mit Büchern, Schreibtisch, Stuhl, Füllern, Notizbüchern und anderem ausstaffiert, damit er sich bei seiner Rückkehr aus dem All gleich wieder an den Schreibtisch setzen kann. »Das hätte Hollywood nicht besser erfinden können, wo die Geste oft mehr zählt als die Tat«, schrieb der *Spiegel.*

Abgeschirmt von lästigen Paparazzi können Cruise oder Travolta hier mitsamt ihrem Anhang tagelang den Weg zur »Klarheit studieren«. »Es ist einfach unglaublich. Man wird behandelt, als sei man ein König«, sagte die Schauspielerin Diana Canova, ein früheres Mitglied. Tatsächlich geht es hier um das Einzige, was für Scientology zählt: Geld und Macht. Dieses *Celebrity Centre* (Prominentenzentrum) des Psychokults gilt seit langem als Dreh- und Angelpunkt vieler Abschlüsse im Film- und auch im Musikgeschäft. Man trifft sich, man wird gesehen, bekommt Kontakte – ein exklusiver Club. Das *Celebrity Centre* in Hollywood ist zugleich die weltweit wichtigste Relaisstation zwischen der Sekte und der Wirklichkeit, mit Bedacht in der Illusionswelt des Filmgeschäfts angesiedelt, in der Fakten und Fiktion ohnehin verschwimmen wie nirgendwo sonst. Die eigentliche Hardware des Konzerns ist nicht weit entfernt. Am Hollywood Boulevard Nr. 6331 liegt das 12-stöckige Hauptquartier der *Church of Scientology,* ein weiteres Dutzend imposanter Gebäude im Umkreis der Studios gehören dem Psychokult; die Stadt hat sogar eine Straße in Hollywood nach L. Ron Hubbard benannt. Rund 3000 Angestellte *(Staffs)* der Sekte sind hier ständig im Einsatz.

Die Spinne sitzt nicht nur in der Mitte, sie hat ihr feines Netz um die gesamte Traumfabrik gesponnen. Die Prominenten werden so wichtig genommen, dass Scientology eine eigene Abteilung für sie eingerichtet hat, um ihre Karrieren zu steuern und deren »korrekten Gebrauch« für ihre Zwecke sicherzustellen.[1] Sie publiziert sogar ein Hochglanzmagazin mit dem Titel *Celebrity.* Darin und in den Branchenblättern *Variety* und *The Hollywood Reporter* erscheinen regelmäßig Anzeigen: »Wollen Sie es in die Filmindustrie schaffen? Lernen Sie alles über die Geheimnisse der menschlichen Kommunikation im ›Erfolg durch Kommunikation‹-Kurs.« Selten wird dabei Scientology erwähnt, immer aber das *Celebrity Centre International*, wo die Kurse stattfinden.[2] Der »Gründer« selbst richtete Ende der 1960er Jahre die ersten derartigen Center in größeren Städten ein, und sie stehen meist ausschließlich den Sekten-VIPs offen. Hubbard schrieb: »Der Zweck von Celebrity Centres ist es, die Expansion und Verbreitung von Scientology voranzutreiben.«[3] Eine internationale Scientology-Anweisung von 1992 nennt die VIPs »Ressourcen, um die Expansion zu beschleunigen«, womit nicht nur, aber sicher auch die Dollarmillionen Hollywoods gemeint sind.[4] Scientology betreibt inzwischen zahlreiche *Celebrity Centres* in wichtigen Metropolen der Erde; in Europa beispielsweise in Madrid, London, Düsseldorf. Zeitschriftencover mit Cruise, Travolta, Lewis oder Archer werden in Scientology-Zentren und -Veröffentlichungen benutzt, mit dem Slogan: »Ich bin ein Scientologe – finden Sie heraus, warum.«

Allerdings hatte der »Gründer« selbst anfangs kein rechtes Glück mit der Prominentenjagd. Garbo, Einstein und Picasso wollten sich einfach nicht einfangen lassen. In die Zeit seiner Herrschaft fällt auch eine der größten Public-Relations-Katastrophen, die sein Unternehmen je erlebte. Sie war das erste Scharnier, das Scientology mit Hollywood verband, und es war grässlich. Im Herbst 1969 richtete der Kultführer Charles Manson in Beverly Hills ein albtraumhaftes Blutbad mit neun Toten an. Zu den Opfern zählte Sharon Tate, die hochschwangere Ehefrau des Regisseurs Roman Polanski. Der knapp über 1,60 Meter kleine Manson, genannt »der Teufel«, der seine Anhänger in der Filmindustrie fand, war Satanist und – Scientologe, wie er sich selbst bei einer Verhaftung 1961 bezeichnete. »Manson eignete sich eine Menge scientologischer Phrasen, Neologismen und Praktiken an, die er seinen eigenen Zwecken nutzbar machte, als er den Geist seiner Jünger neu zu gestalten begann«, schreibt der Manson-Biograph Ed Sanders.[5]

Der neue Scientology-Boss David Miscavige und seine Clique sorgten zwar für die Vernichtung aller Spuren und Dokumente, die Charles Manson jemals mit ihrem Konzern verbanden.[6] Heute denkt man beim Wortpaar Hollywood und Scientology nicht an Manson, sondern an Glamour, Oscarverleihungen und Tom Cruise. Nachdem das scientologische Prominentenkarussel einmal Fahrt aufgenommen hatte, funktionierte es praktisch wie von selbst. Manchmal waren es männliche, oft weibliche Lockvögel, die den ersten Schritt machten. Tom Cruise wurde Sektenmitglied, nachdem er die Scientologin Mimi Rogers geheiratet hatte, später kehrte er den Spieß um und warb selber Frauen an. Ein anderer Weg ins *Celebrity Centre* führt seit langem über die einflussreiche Schauspielschule des bekennenden Scientologen Milton Katselas, bei dem nicht nur John Travolta und Kelly Preston, Michelle Pfeiffer und George Clooney, sondern auch Tom Cruise und Ex-Gattin Mimi Rogers einst Unterricht nahmen. Katselas sagt, von niemandem habe er »so viel über die menschliche Natur gelernt wie von L. Ron Hubbard«. Er benutzt im Unterricht Scientology-Wörter wie *Ethik-Offizier* (Aufpasser), *Roller Coaster* (Leute mit einem sprunghaften Leben), *Unterdrücker* oder *Potentieller Unruhestifter*. In einer aufsehenerregenden Reportage des amerikanischen Magazins *Buzz* wurden Schüler zitiert, die von einer »Sekten«- und »Big Brother«-Atmosphäre in Katselas' Schule sprachen.[7] Der angesehene Ausbilder soll schon viele seiner rund 600 Schützlinge pro Jahr mit Scientology-Prinzipien »konfrontiert« und dann zwecks »Persönlichkeitsbildung« zur Franklin Avenue weiterempfohlen haben. Anne Archer erzählte dem scientologischen Magazin *Celebrity*: »Ich hatte Probleme in meiner Ehe, und meine Karriere lief nicht gut, daher sagte Milton eines Abends zu mir: ›Du hast sechs Wochen, um deine Probleme zu lösen.‹ Damals gelangte ich ins Celebrity Centre. Ich hatte von Anfang an enorme Gewinne durch das Auditing. Ich fühlte, wie mein Leben sich in den ersten sechs Stunden veränderte. Es war absolut erstaunlich.«[8]

Die »Kirche« erwartet, dass Scientologen wie selbstverständlich ihre Bekannten, Freunde und Freundinnen anwerben. »Durch den inzuchtartigen Betten- und Partnerwechsel im kleinsten Hollywood-Kreis geraten immer mehr Stars in den Bann von Scientology«, urteilte die *Bunte*.[9] Wer heiratet, verpflichtet den Ehepartner; wer nicht mitmacht, erlebt bald eine Trennung wie Michael Jackson von Lisa Marie Presley, Tom Berenger von seiner Frau Lisa oder Parker Stevenson von Kirstie Alley. Auf diese Weise vermehren sich die Mitglieder im »Club« wie von selbst, bis es tatsächlich schwer ist, in einem Film besetzt zu werden, wenn man *nicht* dazugehört – oder wenn man als Produzent einen Film *ohne* Scientologen machen will.

Die obersten Scientology-Strategen begriffen aber auch, dass sie nur dann Erfolg haben würden, wenn sie den Weltstars etwas böten, das diese nirgends sonst bekämen. Ein Alleinstellungsmerkmal, wie es ihr Alters-»Präsident« Heber Jentzsch einmal wolkig formulierte: »Wir helfen den Prominenten. Wir helfen ihnen, fähiger und ethischer zu werden. Scientology-Stars sind eben erfolgreich!«[10] Auf Deutsch: Die Prominenten suchen Erfolg, sie brauchen eine Lobby für die Karriere und regelmäßige Seelenmassage in einer abgeschirmten Atmosphäre. Die Filmgrößen kommen oft aus einfachen Verhältnissen und müssen nun mit ihrer neuen Rolle in einer Celebrity-Welt klarkommen, die ihnen halbwegs verständliche Sätze in der Öffentlichkeit abverlangt, ihrem Tun und Reden weltweit Bedeutung zumisst und sogar Treffen mit hohen Politikern einschließt. Folglich sind die Promis natürliche Opfer für den Köder, den ihnen Scientology hinwirft: das Versprechen umfassender Selbstkontrolle, gottgleicher Fähigkeiten und der dauerhaften Stabilisierung ihrer empfindsamen Psyche. Doch Scientology bestreitet jegliche Strategien zur Rekrutierung Prominenter. »Wir benutzen die Berühmtheiten nicht, wir dienen ihnen. Sie sind wichtig, weil sie viele Leute erreichen und Trends setzen«, so sagte es Marty Rathbun vom *Religious Technology Center* (Religiöses Technologiezentrum), der Scientology-Chefetage.[11]

Mit Sicherheit aber sind Filmstars und Künstler einfacher für die Rückführungstherapien und Science-Fiction-Inhalte des Psychokults zu gewinnen als beispielsweise Arbeiter in der Autoindustrie. Auch als Lebenshilfe ist Scientology wie geschaffen für die künstliche, gleichwohl brutal darwinistische Welt der Filmstudios. Schließlich verspricht ihr *Auditing*, die Jünger von allen Ängsten und Traumata zu »klären«, die sie am totalen Erfolg hindern – zu einem üblichen Stundensatz von 400 bis 500 Dollar. Das größte Versprechen aber ist die scientologische Verheißung, das Skript des Lebens umzuschreiben, statt die vom Schicksal vorgesehene Rolle zu spielen – kurz: ein *ganz anderer* Mensch zu werden. »Es ist völlig logisch, dass eine Religion wie Scientology besonders in Hollywood Fuß fasst«, urteilte die US-Zeitschrift *Details*.[12]

Der hochrangige Scientologe Jesse Prince enthüllte nach seinem Ausstieg 1998 allerdings auch, dass es nicht nur um spirituelle, sondern auch um handfeste materielle Vorteile geht, die Scientology den Celebrities im Tausch für ihre Funktion als Werbeträger bietet. Das sind nicht nur freie *Auditing*-Stunden oder lukrative Zehn-Prozent-Provisionen für neu angeworbene Mitglieder, sondern auch kostenlose Butler und Ferienresorts: »Auf Wunsch begleiten ein oder mehrere Scientology-Mitarbeiter den Prominenten auf Kosten von Scientology. Sie bekommen Luxusapartments und unentgeltliche Nutzung der edelsten Scientology-Einrichtungen und -Anlagen.« Scientology stelle den Stars außerdem Anwälte zur Verfügung und biete ihnen komplette Heirats- und Scheidungsarrangements, wie für die Hochzeit von Lisa Marie Presley mit Michael Jackson oder die Trennung von Tom Cruise und Mimi Rogers.[13]

Dass die wahre Natur ihrer »Religion« finster und totalitär ist, wissen die meisten Stars nicht, weil sie diese Seite nie zu Gesicht bekommen. »Tom Cruises Scientology hat nichts damit zu tun, was normale Mitglieder erleben«, sagt eine frühere Dienstkraft aus dem *Celebrity Centre*.[14] Sie genießen Vergünstigungen, von denen normale Mitglieder oder *Staffs* nur träumen können. »Den Stars steht im Celebrity Centre eine Armee von Gesundbetern zur Verfügung. Wenn die mal eine schlechte Woche haben oder mit einem Studio im Clinch liegen, lassen sie sich im Celebrity Centre hätscheln und schreiben dann dankbar einen Scheck über 50 000 Dollar aus«, erzählt Dennis L., ein ehemaliger Scientology-Mitarbeiter. »Die Stars kommen nie in Kontakt mit Leuten wie mir, die von der Sekte zwecks Disziplinierung über Wochen in einem Keller gefangengehalten wurden.«[15] Sie erleben nur das mondäne Ambiente eines Weltklassehotels, in dem ungeheuer wichtige Leute verkehren und sie sogar bei persönlichen Krisen betreut werden. »Hundertprozentig hilfreiche« Therapien, luxuriöse Wellness und Karriereberatung mögen den intellektuell oft simpel gestrickten Mimen als ein ziemlich guter Gegenwert für den Verkauf ihrer Seele erscheinen – meistens merken sie gar nicht, wie sie sich dadurch immer tiefer verstricken.

Zum Dank für Zuwendung und Karriereschub stellen die Stars sich auch in den Dienst der Sektenreklame, und zwar freiwillig, dankbar, enthusiastisch. Einige leihen ihr Gesicht als internationale Sprecher den großen Tarnorganisationen von Scientology, die im militanten Sektenjargon *Frontgroups* heißen: Kirstie Alley bei *Narconon*, Isaac Hayes für die angebliche Alphabetisierungskampagne *World Literacy Crusade*, Anne Archer als Frontfrau der Schülernachhilfe à la Hubbard, *Applied Scholastics*. Tom Cruise zeigt sich mit seinem »Freund« Miscavige auf Galadiners. Oder sie geben Interviews und Pressekonferenzen, in denen sie die guten Taten ihrer »Kirche« über den grünen Klee loben. »Es ist eine Religion und eine Gruppe, deren Ziele eine Welt ohne Krieg, Kriminalität und Geisteskrankheiten ist«, erklärt John Travolta. »Und sie tun alles, um das möglich zu machen.«[16] Travoltas Filme spielten sogar Geld für Scientology ein. Die Einnahmen aus der Premiere von CHAINS OF GOLD (KETTEN AUS GOLD, 1990) in der berühmten Director's Guild von Hollywood kamen dem Scientology-Nachhilfeprogramm »Ability Plus« zugute, aus dem Erlös von LOOK WHO'S TALKING (KUCK' MAL, WER DA SPRICHT, 1989) flossen 100 000 Dollar an *Narconon*.[17] Die Identität von öffentlicher und schauspielerischer Rolle und ihrer Position bei Scientology geht so weit, dass die wichtigsten Star-Lobbyisten gleichzeitig Sektenoffiziere sind. John Travolta, Chick Corea oder Tom Cruise tragen den offiziellen Titel eines *LRH Public Relations Officer*, wobei LRH für L. Ron Hubbard steht. Damit sind sie verpflichtet, »L. Ron Hubbards Erkenntnisse und Technologie der Öffentlichkeit bekannt zu machen«, und zwar durch Talkshows in Radio und Fernsehen, Briefe an Zeitungen und Zeitschriften sowie Treffen mit Politikern.[18]

Premiere berichtete, dass Scientology ihre Prominenten auch dazu benutzt, die Aufsichtsräte von Wohltätigkeits- oder Umweltschutzgruppen zu infiltrieren, um dort ihrerseits Reklame für die Sekte zu betreiben. Tom Cruise habe bedeutende Filmleute dadurch beeindruckt, dass er sie zu Besprechungen mit dem Hubschrauber in die scientologische Wüstenbasis »Gold« in Gilman Hot Springs fliegen ließ, wo sie David Miscavige mit Handschlag begrüßte.[19] Aber natürlich ist es auch Werbung für die Sekte, wenn Jennifer Lopez, Marc Anthony und Penelope Cruz nichts anderes tun, als vor der Oscar-Verleihung 2007 im *Celebrity Centre* zu übernachten, denn das wirkt, als ob sie ein riesiges Schild in die Landschaft halten, auf dem statt »Adidas« oder »Pepsi« – »Scientology« steht.[20] Die Sekte profitiert davon, weil das positive Image auf ihre Marke abfärbt. Es ist eine Win-Win-Situation für alle. Scheinbar jedenfalls.

Macht in der Traumfabrik

Alles ändert sich, wenn einer der Scientology-Stars es wagt, die Organisation zu verlassen. In einem Interview mit *Penthouse* sagte Ronald DeWolf, ein Sohn Hubbards, Aussteiger und ehemaliger *Auditor* (Verhörspezialist) der Sekte: »Beim Auditing kommt das gesamte Sexleben eines Mannes zur Sprache. Es war unglaublich ... man hat die totale Kontrolle über jemanden, wenn man jedes Detail seines Sexlebens und seiner Phantasien in den Akten hat. Bei Scientology steht der Sex im Mittelpunkt. Sex, Sex, Sex. Das Erste, was wir bei einem Auditing von jemandem wissen wollten, war, welche sexuellen Neigungen er hat. (...) Dann kann man ihnen einen Ring durch die Nase ziehen und sie überall hinführen. Man verspricht, ihnen ihre Phantasien zu erfüllen, oder man droht ihnen, sie bloßzustellen ... ganz einfach.«[1] Als der Schauspieler Jason Beghe sich im April 2008 nach 14 Jahren Mitgliedschaft als erster scientologischer Hollywoodstar öffentlich von der Sekte distanzierte und sie bezichtigte, ihr Ziel sei es, »eine gehirngewaschene Roboterversion des Menschen« herzustellen, gab er auch an, dass im *Celebrity Centre* in Los Angeles jedes Wort der Prominenten bei den *Auditing*-»Beichten« auf Video aufgezeichnet werde: »Nicht eine Auditingsitzung – die eigentlich privat sein sollte – wird nicht auf Film aufgenommen.« Schlimmer noch, die Scientology-Funktionäre würden hinter dem Rücken der Celebrities über die Erkenntnisse aus den Sitzungen tratschen: »Die Stars ahnen nicht, dass ihre privaten Probleme unter Scientology-Mitarbeitern herumerzählt werden.«[2] Das intime Wissen über Travolta und andere »Celebrities« sei das bestgehütete Scientology-Geheimnis und ein wirksames Erpressungsmittel, bestätigte schon der ehemalige Scientology-Exekutivdirektor William Franks: »Wenn man die Kirche verlassen will, fangen die sofort an, die Akten auszupacken.« Als Travolta einmal aussteigen wollte, seien Gerüchte über seine Homosexualität und andere Geheimnisse gestreut worden, die er im *Auditing* berichtet hatte.[3] Da Homosexualität von L. Ron Hubbard zur Krankheit erklärt wurde, sei der Schauspieler umfangreichen »Heilprogrammen« unterworfen worden, bezeugte auch der Aussteiger Jesse Prince.[4]

Bis heute ist das Gerücht nicht verstummt, dass seine »Kirche« den damals 37-jährigen Junggesellen Travolta zur Ehe mit der

Schauspielerin und Scientologin Kelly Preston gedrängt habe, die er 1991 heiratete und mit der er zwei Kinder hat (der 16-jährige Jett starb im Januar 2009). Auch Scientology-intern soll die sexuelle Orientierung des *Operierenden Thetans* der höchsten *Stufe 8* eine Rolle gespielt haben. Laut *Time Magazine* habe sich der Scientology-Boss David Miscavige öfter über John Travoltas »promiskes homosexuelles Leben« lustig gemacht.[5] L. Ron Hubbard hatte in seinen Büchern Dianetik und Die Wissenschaft des Überlebens geschrieben, Schwule seien »für die Gesellschaft außerordentlich gefährlich« sowie »physisch ziemlich krank« und »sollten so schnell wie möglich aus der Gesellschaft entfernt« werden, weil »keine soziale Ordnung überleben kann, die diese Personen nicht aus ihrer Mitte entfernt«. Man müsse feststellen, »dass Promiskuität, Perversion, Sadismus, freie Liebe, Homosexualität und andere abnorme Praktiken weit unter jedem akzeptablen Ethikniveau stehen. Von einer Gesellschaft, die dies akzeptiert, ist zu erwarten, dass sie Sex missbraucht, Kinder misshandelt und kurz gesagt so handelt, wie die gegenwärtigen Kulturen handeln.« (Hubbard hatte offensichtlich Probleme mit seinem homosexuellen Sohn Quentin, der 1976 Selbstmord verübte.)[6] Kurz, Hubbard hielt Homosexuelle für fast so gefährlich wie Psychiater.

Die Gerüchte über eine angebliche Homosexualität von Travolta, Cruise, Miscavige und anderen leitenden Scientologen sind trotz aller Dementis so alt wie ihre jeweiligen Karrieren und in der amerikanischen Presse vielfach ausgebreitet worden.[7] Auch wenn John Travolta das Gerede entweder ignorierte, als »Unsinn« abtat oder Scientology »ganz und gar nicht schwulenfeindlich« nannte, verstummten die Gerüchte darüber nie.[8] 1998 verklagte der Ex-Scientologe Michael Pattinson aus Beverly Hills, ein *Thetan der Stufe 8*, die Sekte auf Rückzahlung von 500 000 Dollar Kursgebühren, weil sie ihm Heilung von seiner Homosexualität versprochen, dies aber 25 Jahre lang nicht eingelöst habe.[9] Man habe ihn mit dem Argument gelockt, auch John Travolta sei »erfolgreich behandelt« worden. Pattinsons Anwalt Graham Berry aus Los Angeles sagt, Scientology habe Pattinson »betrogen, getäuscht, seiner Menschen- und Bürgerrechte beraubt«. Man habe immer mehr Geld aus ihm »herausgequetscht«.[10] Scientology dementierte alles; der Prozess kam nie zustande. Dann hatte John Travolta das Pech, im Jahr 2006 auf der Treppe zu seiner eigenen Boeing 707 beim innigen Kuss mit einem Mann fotografiert zu werden. Ein Casting-Direktor in Hollywood bezeichnete die Fotos als »absolutes Desaster für John Travolta« und sagte: »Sobald kompromittierendes Material über das Privatleben eines Stars auftaucht, werden die Leute unruhig, ob sie ihre Millionen in deren Filme investieren sollen. Das ist Tom Cruise passiert, und ich fürchte, dass John auf dem gleichen Weg ist.«[11]

Fünf Jahre zuvor hatte *National Enquirer* freizügige Pin-up-Aufnahmen von Tom Cruise als jungem Mann in einem New Yorker Schwulenmagazin nachgedruckt.[12] Vor allem seit Cruise gerichtlich gegen eine Folge der satirischen US-Fernsehserie SOUTH PARK vorgegangen war, die ihn im November 2005 in der Episode »Trapped in the Closet« (Gefangen im Schrank) als Schwulen persiflierte, wurde er im Internet zum Spottobjekt – und seine Sekte dazu, während die SOUTH-PARK-Folge für den Emmy nominiert wurde.[13] Darin rufen diverse Figuren dem Zeichentrick-Cruise, der sich in einem Schrank eingeschlossen hat, laut zu: »Come out of the closet!« Im übertragenen Sinn bedeutet dies, sich als Homosexueller zu outen. Später gesellt sich ein animierter John Travolta zu ihm in den Schrank. Der jahrelange SOUTH-PARK-Mitarbeiter, Soulsänger und Scientologe Isaac Hayes kündigte daraufhin seinen Vertrag als Synchronisator wegen der »Verletzung religiöser Gefühle«. Er hatte vorher nie Probleme damit gehabt, Witze über Moslems, Christen oder Juden zu machen. Aber bei seiner »Religion« Scientology hörte für den Mimen der Spaß auf. Das alles wäre kein Problem, wenn Homo- und Bisexualität bei Scientology nicht als gefährliche Krankheit gälten. So aber reagierte auch Tom Cruise wie zu erwarten und soll gedroht haben, sich aus der Werbung für MISSION: IMPOSSIBLE III zurückzuziehen. Das dementierten alle Seiten. Doch Sumner Redstones Viacom-Konzern, Eigentümer sowohl von Paramount wie Comedy Central, der Produktionsfirma von SOUTH PARK, nahm die Episode in letzter Sekunde vor einer geplanten Wiederholung aus dem Programm. Die *Los Angeles Times* sprach ironisch von »Closetgate«, und im Internet gelangte »Trapped in the Closet« zu unerhörter Popularität.

»Closetgate« war aus Sicht von Scientology eine unerhörte Provokation. Bislang hatten Millionenklagen gegen skeptische Medien dazu geführt, dass selbst Klatschreporter lange Zeit nicht einmal mehr wagten, den Namen Scientology zu erwähnen. In Hollywood galt das Thema als »heiße Kartoffel«. Wer dort gegen Scientology aufmuckte, musste damit rechnen, durch Detektive bespitzelt, von Sektenjüngern bedrängt und mit nächtlichen Telefonanrufen genervt zu werden. Zum Ärger von Scientology gibt es aber auch in der Film- und Medienindustrie Menschen, die dem Sektenwesen ein gewisses Misstrauen entgegenbringen oder ihm gar mit Spott begegnen. Nicht nur bei SOUTH PARK. Ab und zu versteckten unabhängige Filmemacher auch lustige Anspielungen auf den Sektenkonzern in ihren Werken – und selbst dazu gehörte Mut. Mit Drohungen, Psychoterror und angekündigten Klagen wurde schon 1990 erreicht, dass ein harmloser Witz über Scientology aus dem Film DELIRIOUS geschnitten wurde. Produzent Richard Donner berichtete über anonyme Anrufe und einen mysteriösen Einbruch: »Nichts war gestohlen, aber alles von oben nach unten gekehrt. Als ob man sagen wollte: Wir können jederzeit in dein Haus kommen.«[14] Als der Sohn von Barbra Streisand, Jason Gould, 1996 einen satirischen Film namens »Clear« drehen wollte, der erkennbar Scientology zum Vorbild hatte, nahm sich die »Kirche« seiner sofort an. »Der Film hat sich soeben geändert«, gab die Scientology-Sprecherin Debbie Blair anschließend bekannt, »wir sind jetzt mit im Boot.«[15] Im Oktober 1998 provozierte der Regisseur Mel Gibson seinen Kollegen Tom Cruise mit einem Witz über Scientologys Verhältnis zu Jesus Christus, den L. Ron Hubbard in geheimen Schriften angeblich als »pädophil« bezeichnet hatte.[16] Tom Cruise stieg daraufhin aus dem geplanten Remake von FAHRENHEIT 451 aus, trotz einer vereinbarten Gage von 18 Millionen Dollar.[17] Er folgte damit der Scientology-Linie, jeden Kontakt zu Kritikern sofort abzubrechen. Und obwohl der Stoff viele lockte, hat es bisher keine Major Company in Hollywood gewagt, das Leben L. Ron Hubbards zu verfilmen.

Ausgerechnet Tom Cruises verrücktes Verhalten aber hat dazu geführt, dass seit einigen Jahren und besonders seit 2005 auch in den USA wieder kritische Artikel über den Sektenkonzern erscheinen und die Debatte um Scientology selbst in Hollywood wahrgenommen wird. Das hängt auch damit zusammen, dass einige Top-Scientologen wie Jesse Prince, Mark Rathbun und Mark Headley ausgestiegen sind, die über sehr viel mehr internes Wissen verfügen, als dem Management lieb sein kann – und sie geben Interviews. Außerdem hatten ehemalige Mitglieder schon um 1995 mit regelmäßigen »Picketings« gegen den Sektenkonzern begonnen, das sind jene typisch amerikanischen Demonstrationen, bei denen Gruppen von Menschen mit Parolenschildern im Kreis herumlaufen. Sie protestieren gegen Gehirnwäsche, Missbrauch der Menschenrechte, Selbstmorde nach zu viel *Auditing* oder Attacken auf die Meinungsfreiheit. Seit es diese Picketings auch in Hollywood gibt, sind selbst die Megastars nicht mehr völlig vor der Scientology-Kritik abzuschirmen.

Die amerikanische Filmindustrie ist ein Multimilliarden-Dollar-Geschäft, und sie ist das ideale Medium, um Millionen von Menschen simultan auf der gesamten Erde zu erreichen. Die Hollywoodfilme wollen unterhalten, aber jeder weiß, dass sie auch Meinung und Ideologie transportieren. Die Sekte verwendet die Filmindustrie gern auch als Trojanisches Pferd, um ihre Philosophie um die Welt zu senden, was insofern nicht schwer ist, als »schon das Scientology-Credo vom Erfolg durch Selbstentwicklung und ›Make money, make more money‹ der Botschaft vieler Hollywood-Filme gleicht« *(Tagesspiegel)*.[18] Zum Beispiel per Schleichwerbung: So war bereits in THE TERMINAL MAN (1974) nach einem Buch von Michael Crichton ein Radioprogramm zu hören, in dem jemand über seine »Erfolge mit Scientology« berichtet. In dem Streifen STRIPTEASE (1996) mit Demi Moore erschien in einer Szene deutlich ein Buch L. Ron Hubbards auf der Leinwand. In der Sportsaga JERRY MAGUIRE: SPIEL DES LEBENS (1996) durften die Zuschauer miterleben, wie Tom Cruise frei nach Hubbard nach einem Erweckungserlebnis ein »neues Leben« fand. Und John Travolta verwandelte sich in PHENOMENON (1996) per »geistiger Erleuchtung« in eine Intelligenzbestie, die Sätze wie aus der Scientology-Bibel DIANETIK von sich gab. Sein nächstes großes Projekt war die Verfilmung des Hubbard-Romans BATTLEFIELD EARTH 1999, ein »65 Millionen Dollar teures Glaubensbekenntnis« für Scientology *(Süddeutsche Zeitung)*, wesentlich finanziert von der Münchner Intertainment AG; das Spielzeug-Merchandising übernahm die Scientology-Firma Author Services Inc.[19] In dem Science-Fiction-Streifen kämpfen gute irdische *Thetanen* gegen finstere Dreadlock-behängte Aliens, die nicht grundlos »Psychlos« heißen; und Travolta spielt den außerirdischen Geheimdienstchef auf dem Schlachtfeld Erde.

Die Befreiung der Menschheit gelingt zwar, aber zu welchem Preis: BATTLEFIELD EARTH, so urteilte die *New York Times,* sei »wahrscheinlich der schlechteste Film des Jahrhunderts«; er gewann sieben »Goldene Himbeeren«.[20]

Auch in Tom Cruises WAR OF THE WORLDS waren die Parallelen zur Science-Fiction-Theologie der Sekte offensichtlich, in diesem Fall aber nur, weil es sich um einen ähnlichen Stoff handelte. Schließlich lässt sich in Hubbards FACHWORTSAMMLUNG F˛R DIANETICS UND SCIENTOLOGY nachlesen, dass es draußen im All »fünf Invasionstruppen« gibt, die sich »alle paar Millionen Jahre« einen Planeten wie die Erde unterwerfen.[21] Ein ganz anderer Stoff mit implizitem Scientology-Bezug war das Walkürenprojekt. Zehn Jahre lang wurde in Deutschland nicht mehr so heftig über die Sekte diskutiert wie im Sommer 2007. Die Verleihung des »Bambis« an Tom Cruise mochte für Scientology ein »großer Gewinn« sein, politisch war es eine Niederlage. Denn nun konnte der parteilose Hamburger Innensenator Udo Nagel seine Kollegen aus Bund und Ländern mit starken Argumenten überzeugen, dass Scientology keineswegs harmlos ist und es nötig sei, ernsthaft gegen die Sekte vorzugehen. Am 7. Dezember 2007 beschloss die deutsche Innenministerkonferenz, die Voraussetzungen eines förmlichen Verbotsverfahrens als »ausländische Extremistenorganisation« zu prüfen. Bei einer kurz danach durchgeführten repräsentativen Forsa-Umfrage sprachen sich 74 Prozent der Befragten für ein Scientology-Verbot aus und nur 15 Prozent dagegen.[22] Bundesinnenminister Wolfgang Schäuble, dessen Beamte sich stets gegen ein Verbot gestellt hatten, äußerte sich zeitgleich gegenüber der französischen Presse. Er sagte, was er in dieser Form und Klarheit noch nie gesagt hatte: »Ja, wir können Scientology verbieten.«[23]

Ein Jahr später, im November 2008, wischten die Innenminister das Verbotsverfahren wieder vom Tisch. In einem widersprüchlichen Beschluss verständigten sie sich in Potsdam einerseits darauf, dass Scientology gefährlich sei und eine »verfassungsfeindliche Zielrichtung« verfolge – weswegen es auch nötig sei, sie weiter vom Verfassungsschutz beobachten zu lassen. Andererseits sei ein Verbotsverfahren »nicht zielführend«, wie es der brandenburgische CDU-Innenminister Jörg Schönbohm ausdrückte. Denn dafür reiche es nicht aus, dass eine Organisation verfassungsfeindlich sei.

Man müsse ihr auch eine »aggressiv-kämpferische Haltung« nachweisen, das aber sei derzeit nicht möglich. Nur Bayern und Hamburg wichen von dieser Haltung ab und erklärten in einer Protokollnotiz, dass sie die Voraussetzungen für ein Verbotsverfahren erfüllt sähen.[24] Ihren Beschluss stützten die Innenminister auf ein 46-seitiges Dossier des Verfassungsschutzes, wonach ein Verbotsantrag kaum Chancen habe. Das als geheim eingestufte Dokument wurde im September 2008, zwei Monate vor der Innenministerkonferenz, dem Nachrichtenmagazin *Spiegel* zugespielt. Das Prozessrisiko sei »nicht unerheblich«, zitierte der *Spiegel* daraus, ein Scheitern könne »zu einem Ansehensverlust für die damit befassten staatlichen Stellen führen«. Es liege nur ein »lückenhaftes Lagebild« vor.[25]

Kenner der Materie reagierten irritiert. Ursula Caberta, die Leiterin der Arbeitsgruppe Scientology des Hamburger Senats, nannte das Verfassungsschutzgutachten uns gegenüber »befremdlich, ebenso wie die Art seiner Veröffentlichung«.[26] Sie sei überzeugt, dass »erheblicher politischer Druck aus den USA« ausgeübt worden sei, um das Verbotsverfahren zu stoppen. Nur so ließe sich erklären, dass der Verfassungsschutz seine eigenen Expertisen ignoriere, die schließlich »keinesfalls lückenhaft« seien. Auf Tausenden Seiten ist darin von politischen Eroberungsplänen, Straflagern und dem »Säubern des Planeten« die Rede. In diesen Berichten ist auch vielfach nachgewiesen worden, dass Scientology in Deutschland aus der Zentrale in den USA gelenkt wird – was ein Verbot als ausländischer extremistischer Verein ermöglichen würde. Noch zwei Wochen vor der *Spiegel*-Veröffentlichung hatte Ursula Caberta drei ehemalige Top-Scientologen aus den USA zu einer Tagung nach Hamburg eingeladen, die genau dies bezeugten: der ehemalige Leiter der sekteneigenen Medienproduktion Marc Headley, der Hollywood-Schauspieler Jason Beghe und der frühere *OSA*-Mitarbeiter Larry Brennan. Die Justiz- und Innenministerien aus Paris und Brüssel schickten Mitarbeiter zu dem Meeting. Aus Deutschland jedoch war kein einziger Verfassungsschützer oder Mitarbeiter der Innenminister erschienen. Offenbar hatte man Angst vor der eigenen Courage bekommen.

Ursula Caberta – Feind Nummer eins

Widerstand aus Hamburg

»Tom Cruise kriegt den Bambi für Courage! Das ist doch nicht zu fassen!« Ursula Caberta ist eine robuste Frau und eigentlich schwer aus der Fassung zu bringen. Aber an diesem Tag ist die 56-jährige Amtschefin einfach nur entsetzt. »Seit dem frühen Morgen klingelt mein Handy ununterbrochen, ich muss ein Interview nach dem anderen geben«, sagt sie, als sie in ihr Büro gegenüber der Hamburger Speicherstadt kommt. Die Empörung sprudelt aus ihr, ohne Punkt und Komma. »Wenn sie ihn als Vampir ausgezeichnet hätten, okay – aber für Courage? Es ist das erste Mal in der Geschichte der Bundesrepublik Deutschland, dass ein Verfassungsfeind einen Tapferkeitspreis bekommt! Für einen gefährlichen Verführer! Und keiner der anwesenden Politiker sagt etwas!« Dann sagt sie: »Daran sieht man, wie viel Macht die Scientologen hier in der Kulturszene schon haben. Das hätte ich nur in Hollywood für möglich gehalten.«

Es ist Freitag, der 30. November 2007, der Morgen nach der Vergabe des Courage-Bambis an Tom Cruise. Ursula Caberta wird an diesem Tag noch viele Interviews geben müssen und mehr als einmal »Unglaublich!« fauchen. Ursula Caberta ist die Chefin der »Arbeitsgruppe Scientology« des Hamburger Senats. Das so schlicht betitelte Amt ist die einzige Einrichtung dieser Art auf der Welt. Sie kann als der größte anzunehmende Gegner der Scientologen gelten, und Ursula Caberta als deren weltweiter Feind Nummer eins. An ihrem neuen Standort, einem alten Backsteinbau nahe der Elbe und der Speicherstadt, ist sie durch Alarmanlagen und Panzerglas gesichert wie eine Bank.

Als die »Arbeitsgruppe Scientology« 1992 eingerichtet wurde, hätte wohl niemand gedacht, dass es sie 15 Jahre später immer noch geben würde – und vor allem, dass man sie tatsächlich noch bräuchte. »Scientology machte sich damals völlig unkontrolliert breit. Es war einfach nötig, etwas zu tun«, sagt Ursula Caberta. Die »sinnenfrohe Schnodderschnauze« *(Spiegel)*[1] war Ende der 80er Jahre auf die *Thetanen* aufmerksam geworden und hatte als eine der Ersten die Explosivität des Themas erkannt. Damals war die Diplom-Volkswirtin mit spanischer Verwandtschaft erstmals als SPD-Abgeordnete in die Hamburger Bürgerschaft, das Parlament des Stadtstaates, gewählt worden, wo sie als rechts- und ausländerpolitische Sprecherin ihrer Fraktion tätig war.

Alles begann 1989 mit Hoisdorf. In diesem kleinen schleswig-holsteinischen Ort vor den Toren Hamburgs hatte der bekennende Scientologe Götz Brase für 1,6 Millionen Mark ein ehemaliges Schloss gekauft, um darin das erste deutsche Scientology-Internat für Schulkinder zu errichten. Zuvor hatten die Scientologen bereits ein solches Internat in Seedorf, ebenfalls im Hamburger Umland, etablieren wollen, waren jedoch am Widerstand der Bevölkerung gescheitert. Zu ihrem Leidwesen wollten nun auch die Einwohner des zweiten Dorfes beim Einzug der Hubbard-Jünger nicht in Jubel ausbrechen, sondern gründeten eine »Initiative besorgter Eltern und Bürger«, um sich zu wehren. »Von Hoisdorf aus entwickelte sich erstmals so etwas wie ein gesamtgesellschaftlicher Widerstand gegen Scientology«, erzählt Ursula Caberta. Sie wurde in jener Zeit zur wichtigsten politischen Ansprechpartnerin der Hoisdorfer. Der Initiative gelang es, ihr Anliegen auch in die Medien zu tragen. »Neuerdings machen sich die Scientologen sogar an Kinder heran«, schrieb der *Stern*.[2]

Der Hoisdorfer Bürgerinitiative ging es bald nicht mehr nur darum, die Sektenschule in ihrem Ort zu verhindern (Brase erwarb später einen alten Bauernhof im dänischen Bjerndrup, unweit der deutschen Grenze bei Flensburg, wo das Internat 1994 gegründet wurde und etwa 40 deutsche Kinder mit der Hubbard-Ideologie indoktriniert werden[3]). Gemeinsam mit anderen Elterninitiativen sammelten die Hoisdorfer bundesweit über 50 000 Unterschriften, um den Bundestag aufzufordern, einen Untersuchungsausschuss »in Sachen Scientology-Dianetik« einzurichten und diese letztlich als »organisierte Kriminalität« zu verbieten, »auch wenn sie sich als Kirche tarnt«. Der Untersuchungsausschuss kam damals nicht zustande. »Aber die spätere Sekten-Enquetekommission des Bundestages hätte es ohne die Hoisdorfer nicht gegeben«, meint Ursula

Caberta. Immerhin: Aus Hoisdorf zogen sich Brase & Co. nach einem Jahr harter Auseinandersetzungen zurück.

Als rechtspolitische Sprecherin ihrer Fraktion hatte Ursula Caberta auch ständig mit Beschwerden wegen rüder Entmietungsmethoden scientologischer Hauseigentümer in Hamburg zu tun, die Altbauten erwarben, in Eigentumswohnungen umwandelten und dann mit hohem Profit weiterverkauften. Mieter wurden drangsaliert und zum Auszug aus ihren Wohnungen gedrängt, nicht selten mit Gewalt. Auch hier war die treibende Kraft der einflussreiche Hamburger Scientologe Götz Brase. »Ich habe dafür gesorgt, dass diese Machenschaften Thema in der Bürgerschaft wurden«, sagt Caberta. Damals wurde sie völlig überrascht von der aggressiven Reaktion der *Thetanen*: »Mitglieder der Organisation kamen zu unseren Beratungen im Rathaus und bedrohten Abgeordnete.« Bald lernte sie dann die ersten Aussteiger kennen; Menschen, die der Sekte oft erst nach vielen Jahren den Rücken kehrten, nicht selten mit schweren Depressionen zu kämpfen hatten und mit dem Problem, dass sie wegen der Scientology-Kurse ruiniert waren oder sich sogar in kriminelle Handlungen (etwa Betrug) verstrickt hatten. »Manche waren so stark verschuldet, dass sie noch in den nächsten drei Leben nicht von den Schulden heruntergekommen wären«, sagt Caberta. Sie begriff, was die scientologische »Brücke zur totalen geistigen Freiheit« für die Menschen in Wahrheit bedeutete: den Weg in eine Hölle totaler psychischer und finanzieller Abhängigkeit.

Nach und nach erfuhr sie von den politischen Vorstellungen und Plänen der Scientologen. Zu jener Zeit wurde die Organisation in Deutschland als »Jugendreligion« betrachtet und von den Medien, aber auch öffentlichen Ämtern als eine Aufgabe angesehen, die in den Amtsbereich der großen Kirchen fiel. Die katholische und die evangelische Kirche hatten diese Meinung sogar befördert, indem sie eigene Sektenbeauftragte bestellt hatten. Ihre Pfarrer kümmerten sich nicht nur um christliche Sektierer, sondern – weil es sonst niemand tat – auch um all jene mehr oder minder dubiosen Kulte, die im Umfeld des Epochenumbruchs auftauchten, den man heute mit der Jahreszahl 1968 assoziiert und der sich mit Stichworten wie Studentenbewegung, Hippies und Drogenkonsum verbindet. Die Hauptzielgruppe dieser Sekten waren junge Leute zwischen 15 und

35 Jahren, die auch ihr Bild in der Öffentlichkeit prägten: die Munies, die Kinder Gottes, Hare Krishna, die Transzendentale Meditation und eben Scientology. Allerdings existierte Scientology seit spätestens 1954 und besaß weltweit bereits Zehntausende von Anhängern, teils in fortgeschrittenem Alter. Ehemalige Scientologen wie der Leitungskader Gunther Träger erinnern sich, wie erstaunt sie waren, als sie das Wort Jugendsekte zum ersten Mal hörten. »Meine scientologischen Freunde konnten sich darüber nur amüsieren«, sagt Träger.[4]

Deutschland, Schweiz, Österreich

In Deutschland war Scientology der Spätzünder unter den »Jugendsekten«. Der Sci-Fi-Kult hatte zunächst einen Bogen um die Bundesrepublik gemacht und sich auf den Vormarsch in englischsprachigen Staaten beschränkt. Als Scientology wegen ihrer umstrittenen Praktiken in Australien, England oder Südafrika Schwierigkeiten bekam, änderte man die Strategie und setzte auf weltweite Ausbreitung. Dabei rückten zunächst die liberalen Länder Skandinaviens ins Visier. »In Schweden und Dänemark waren die Scientologen fest etabliert, bevor es überhaupt die erste deutsche Adresse gab«, erinnert sich der Sektenexperte Ingo Heinemann aus Erpel bei Bonn. Doch als die *Church of Scientology* am 15. Oktober 1970 ins Münchener Vereinsregister eingetragen wurde und anschließend massiv zu missionieren begann, rückte Deutschland schnell zum Dreh- und Angelpunkt der europäischen »Expansion« auf. Seit dem Ende der 1980er Jahre stieg die Anzahl der deutschsprachigen Scientology-Großspender *(Patrons)* in einem solchen Maße an, dass man daraus auf Deutschland und die Schweiz als wichtigste Operationsgebiete neben den USA schließen konnte. In diesen beiden Ländern lebten damals die zahlungskräftigsten und vermutlich auch die meisten Scientologen außerhalb der Vereinigten Staaten. So hieß es in einem internen Brief vom November 1992 über die Planerfüllung des laufenden Jahres: »12 neue Scientology-Gruppen wurden etabliert, 3000 neue Scientology-Mitglieder wurden gewonnen, 700 Scientologen schlossen eine Ausbildung als Seelsorger ab, 65 000 Menschen besuchten Scientology-Kirchen und -Missionen.« Noch 1995 jubelte das Sektenpropagandablatt *Freiheit:* »Scientology-Expansion weltweit! Auch nach 40 Jahren hält das dramatische Wachstum der Kirche weltweit an.«[1]

Die Scientologen behaupten auch heute noch, ständig zu »expandieren«. Doch die verfügbaren Daten sprechen dagegen. Laut einer Erhebung der City University of New York im Jahr 2001 bezeichneten sich nur 55 000 Menschen in den Vereinigten Staaten selbst als Scientologen.[2] Nach seriösen neueren Schätzungen hat die Sekte derzeit maximal 200 000 »praktizierende« Mitglieder weltweit, vor allem in den USA, Europa, Südafrika und Australien, und ist anders als zu den Jubelzeiten Anfang der 1990er Jahre auch gemäß ihren eigenen Teilnehmerlisten im vergangenen Jahrzehnt nicht mehr gewachsen. Während 1989 insgesamt 11 210 Menschen die teuersten Kurse im »Mekka des Auditings« in der Stadt Clearwater in Florida besuchten, waren es 2004 nur noch 6126.[3] Da es ähnlich offenbar in den meisten wichtigen *Orgs* aussieht, liegt der Schluss nahe, »dass Scientology in Wahrheit schrumpft« *(Rolling Stone)*. Nach Angaben des Religionswissenschaftlers Frank Flinn von der St. Louis University in Missouri wird nur jeder hundertste Amerikaner, der einen Scientology-Kurs besucht, am Ende auch Vollmitglied.[4] Nach eigenen Angaben hatte Scientology 1990 weltweit 10 224 feste Mitarbeiter *(Staffs)*, davon 35,2 Prozent in Europa.[5]

Aufgrund der öffentlichen Berichterstattung, der Aufklärung und der Beobachtung durch den Verfassungsschutz brachen die Zahlen in Deutschland spätestens seit 1995 drastisch ein. 40 bis 50 Prozent aller deutschen Scientologen, die in den 1970er Jahren dabei waren, schätzt der ehemalige deutsche Top-Scientologe Gunther Träger, hätten die Sekte in den 90ern wieder verlassen.[6] Heute kann der Scientology-Konzern in Deutschland froh sein, wenn er wieder ein bescheidenes Wachstum erzielt. Die Scientologen geben die Anzahl ihrer Mitglieder in Deutschland seit Jahrzehnten mit rund 30 000 an. Doch bezeichnet diese Zahl, wenn sie überhaupt stimmt, wahrscheinlich nur jene, die ab und an einen Kurs belegen oder mal in der *Org* vorbeischauen. Der Verfassungsschutz rechnet lediglich mit 5000 bis 6000 Mitgliedern, zählt aber offenbar nur solche, die offiziell bei der *International Association of Scientologists* registriert sind. Wahrscheinlich liegt die Wahrheit irgendwo in der Mitte. Nach den heftigen Personalverlusten der 1990er Jahre »säubern« heute rund 800 hauptamtliche Mitarbeiter die Seelen der etwa 12 000 bis 15 000 deutschen Anhänger, die der Kult nach Schätzung Ursula Cabertas derzeit besitzt. Gunther Träger sagt: »Eine Faustregel besagt, dass auf 25 verkaufte Dianetik-Bücher ein neuer Scientologe kommt.«[7] Doch erfahrungsgemäß wenden sich die meisten innerhalb der ersten zwei Jahre wieder von der »tollsten Sache der Welt« ab. Ursula Caberta glaubt, dass nur etwa »fünf bis zehn Prozent« hierzulande hängenbleiben. »Doch die sind dann wirklich gefangen.«

In Deutschland betreibt der Psychomulti zehn »Kirchen« *(Orgs)*, 14 *Missionen* und vier *Celebrity Centres* für Künstler, Politiker und Manager; die wichtigsten Filialen liegen in Berlin, München, Stuttgart, Hamburg und Frankfurt am Main. Als internationale Organisation kennt Scientology keine engen Ländergrenzen. Die *Missionen* organisieren sich selbst grenzüberschreitend, so lenken Basel und Zürich die Expansion in Südbaden und im Schwarzwald. Kopenhagen hält Hamburg an der Leine, in Salzburg schmieden Ober-Scientologen die Pläne für Dresden, und Wien pflegt die Kontakte nach Prag, Bratislava und Budapest.

Die Münchner Scientology-*Mission* bestand bereits drei Jahre, als sich die ersten Psychojünger auf »rohes Fleisch« in der Schweiz stürzten. 1973 gründete sich die erste *Mission* in Bern, ein Jahr später eine »Kirche« in Zürich – Beginn einer zunächst rasanten Ausbreitung. Heute gibt es zwar Scientology-*Orgs* oder -*Missionen* in allen wichtigen Städten des Landes, aber auch in der Schweiz ist der Niedergang unübersehbar. Nach eigener Zählung kommen die Scientologen in dem reichen Alpenland auf 5500 Mitglieder, was der Züricher Journalist Hugo Stamm noch für zu hoch gegriffen hält: »Nur wenn man alle Karteileichen dazuzählt, mag die Zahl stimmen.« 300 Mitarbeiter widmen sich in 15 Niederlassungen der Missionierung und dem »Studium der Seele«. Im Mai 1992 eröffneten sie ein siebenstöckiges *Dianetik*-Zentrum in Zürich mit Platz für rund 200 Mitarbeiter, damals die größte *Org* Europas, für die sie nach Auskunft von Hugo Stamm jährlich über zwei Millionen Franken Miete auf den Tisch legten. Sieben Jahre später verließen sie das Bürohaus wieder infolge Mitgliederschwunds und zogen in ein Gewerbegebiet am Stadtrand. Die Anwohner und Ladenbesitzer in der Umgebung seien sehr erfreut darüber, berichtete der Züricher

Tages-Anzeiger im Januar 1999. Immer wieder war die Sekte in Konflikte mit ihnen, aber auch mit dem Stadtrat und den Gerichten wegen ihrer aggressiven »Gassenwerbung« und der gewaltigen Summen geraten, um die sie ihre »Kunden« erleichterte.[8]

Inzwischen haben die Schweizer Scientology-Niederlassungen, einst die reichsten Europas, massive finanzielle Probleme, ganz ähnlich wie ihre Sektenkollegen in Deutschland und Österreich. Der einstige Österreich-Chef von Scientology, Wilfried Handl, hat dafür eine einleuchtende Erklärung: »Das Problem ist die Überalterung. Weil die Hälfte aller hiesigen Scientologen längst auf den höheren Stufen ist, fließt kein Geld mehr in die Orgs, denn die höheren Level können nur im Ausland absolviert werden. Jetzt müssen sie überall wieder von der Laufkundschaft leben, aber die ist viel schwerer zu motivieren als früher. Während man in den 1980er Jahren rund 30 Kursstarter pro Woche hatte, sind sie jetzt froh, wenn sie überhaupt einen finden. Es gibt kaum eine Org, die nicht Mietschulden hat.« Die finanzielle Schieflage bringt es mit sich, dass in den drei deutschsprachigen Ländern ständig »Crusades« (Kreuzzüge) ausgerufen werden, Sonderkollekten, um den Betrieb am Laufen zu halten. Nach »starken Einbußen« in den Vorjahren rechnete die Sekteninformationsstelle »Relinfo« 2004 nur noch mit »weniger als 1000 aktiven Mitgliedern« in der Schweiz; der Luzerner Sektenexperte Martin Scheidegger sprach 2006 von »Stagnation« und »etwa 2500 Personen, die regelmäßig Kurse von Scientology besuchen«. Allerdings seien eine Reihe von Tarnorganisationen aktiv wie »Jugend für Menschenrechte«, eine »Bürgerkommission für Menschenrechte« oder die vorgebliche Drogenhilfe *Narconon*.[9] Der Schweizer Staatsschutz lehnte 1998 eine nachrichtendienstliche Beobachtung von Scientology wie in Deutschland ab.[10]

Österreich liegt ein wenig im Schatten der beiden Nachbarländer. In Wien zogen Anfang der 70er Jahre Insider und Nachtschwärmer in das »Zentrum für Kunst und Kommunikation«, wo neben literarischen Abenden, Ausstellungen und Konzerten auch die »Kommunikationskurse« des L. Ron Hubbard auf dem Programm standen.[11] Das »Zentrum« mit seinen Künstlern um den exzentrischen Grafik-Star Gottfried Helnwein war zwar die Keimzelle aller Scientology-Aktivitäten in dem Alpenstaat und wurde später zum *Celebrity Centre* umgeformt; die erste *Mission* in Wien wurde aber 1974 von »normalen« Scientologen eröffnet. Scientology spricht heute von 5000 »Gläubigen« im Land, nach Angaben von Wilfried Handl sollen sich aber nur 500 bis maximal 1000 Österreicher dem Kult verschrieben haben. Sie betreiben neben der *Org* das *Celebrity Centre* in der Hauptstadt, *Missionen* bestehen in Wolfsberg (Kärnten) und in Salzburg. Die Wiener *Org* wurde in den 1990er Jahren zur Drehscheibe der scientologischen Expansion nach Ungarn, Tschechien und in die Slowakei. »Damit begann eine rasante Entwicklung, die dazu führte, dass Ungarn inzwischen eine selbständige Einheit ist, die Österreich und sogar Deutschland übertrifft«, sagt Wilfried Handl. »In Ungarn gab es schon 2007 mehr als 10 000 aktive Scientologen, darunter sehr viele junge, begeisterungsfähige Leute. Die ungarische Scientology-Organisation ist heute die größte in Mitteleuropa.« Nicht nur in Budapest, sondern in vielen größeren Orten des Landes existieren mittlerweile Scientology-*Missionen*. »In den 1990er Jahren litten die ungarischen Scientologen darunter, dass sie wenig Geld hatten, aber das hat sich geändert, seit das Land der Europäischen Union beigetreten ist. Im Scientology-Reich ist Ungarn heute eine Großmacht.«

Weniger rasant ist die Entwicklung in Tschechien und der Slowakei, wo die *Missionen* in den Hauptstädten Prag und Bratislava aber inzwischen auch deutlich mehr und jüngere Menschen anlocken als in Wien. So gut wie nie tritt die Sekte in den östlichen Ländern als das auf, was sie im Westen stets zu sein behauptet: eine Religionsgemeinschaft. In Tschechien, Polen, Ungarn, Bulgarien, Albanien oder auch in Russland präsentierten sich die Betreiber von Hubbard- oder *Dianetik*-Zentren in den zurückliegenden Jahren stets als eine »wissenschaftliche Weltanschauung«. Die »wissenschaftliche Methode der Dianetik«, wurde als westlich, modern und karrierefördernd angepriesen; die meisten Interessenten ahnten nicht einmal, dass sich dahinter das System Scientology verbarg. In der serbischen Zeitung *Vreme* schaltete Scientology 1996 eine 13-seitige Anzeige, in der sie ihre Lehre ausdrücklich als *nichtreligiösen* Moralkodex darstellte, der vollständig auf dem Verstand beruhe.[12]

Dieses taktische Vorgehen hat eine lange Tradition. Als die Scientologen 1981 nach Japan gingen, schrieb der leitende *Sea-Org*-Offizier Vinay Agarwala in einem Memorandum, was zuvor zu klären sei: »Treten wir religiös auf oder als Dianetik?«[13] Die zentrale Frage war hier, ob Scientology sich als *Religion* oder als *Wissenschaft* der mentalen Gesundheit (laut dem Buchtitel Dianetik – Die moderne Wissenschaft der geistigen Gesundheit) vorstellen solle. Deshalb betonte der *Sea-Org*-Mann Agarwala in seinem Memo, bei der Frage der Übersetzung von Hubbard-Büchern sei es enorm wichtig, »zu bedenken, ob wir religiös oder nicht-religiös auftreten, weil davon abhängt, ob die Bücher die Church erwähnen oder nicht und ob Symbole der Church darin vorkommen etc.«[14] Das entwaffnende Memorandum enthüllt wie kaum ein anderes Dokument, dass Scientology flexibel auf unterschiedliche Kulturen und Länder reagiert und offenbar sofort bereit ist, auf ihre »Religionsmarke« zu verzichten, wenn diese gerade nicht opportun erscheint oder sie an der Vermarktung anderer Teile der *LRH-Tech* hindern könnte. Nach Recherchen des kanadischen Scientology-Experten Stephen Kent trat der Psychokult in Japan tatsächlich nicht religiös auf, als er seine *Org* 1985 in Tokio einweihte, sondern gab bekannt, dass eine »Gruppe von Scientologen Japan der Philosophie von Scientology öffnet«.[15]

Ganz ähnlich wie in Japan war es anfangs aber auch in Europa. Als die Scientologen erstmals nach Wien kamen, sprachen sie nie von Religion. »Wenn damals jemand gesagt hätte, wir sind eine Religion, hätte ich mich Scientology nie angeschlossen«, sagt Wilfried Handl. »Das Ganze funktionierte nur, weil es hieß, wir sind eine Philosophie, und weil diese ganzen Prominenten mitmachten.« Der prominenteste Scientologe aus Wien war neben dem Maler Gottfried Helnwein der spätere Gründer des Zirkus Roncalli, Bernhard Paul.[16] Noch in Zirkusprogrammen aus dem Jahr 1982 dankte Bernhard Paul ausdrücklich L. Ron Hubbard; 1988 saß er zusammen mit Gottfried Helnwein im Beirat des scientologischen *Verbandes Engagierter Manager* (VEM).[17] Silbenweise rückwärts gelesen ergibt Roncalli – »I call Ron« (Ich rufe Ron). Dieser häufig in der Presse geäußerten Lesart ist Bernhard Paul allerdings mit der Begründung entgegengetreten, dass der Name Roncalli gemeinsam mit dem österreichischen Aktionskünstler André Heller entwickelt worden sei. Er entstamme, so Paul, einem Drehbuch »Sarah Roncalli – Die Tochter des Mondes« (an anderer Stelle: Die Witwe des Mondes). Außerdem sei der Name von Papst Johannes XXIII. inspiriert worden, der mit bürgerlichem Namen Angelo Giuseppe

Roncalli hieß. Doch egal ob Mondtochter, Mondwitwe, Papst oder Ron – Bernhard Paul jedenfalls will heute mit Scientology nichts mehr zu tun haben und distanziert sich von der Sekte.

Auch der österreichische »Schockmaler« Gottfried Helnwein hat sich öffentlich von Scientology abgesetzt. Er behauptete jahrelang steif und fest, vor Gericht und in der Öffentlichkeit, er habe »kein Amt, keinen Posten und keine Funktion oder aktive Mitgliedschaft in irgendeiner Sekte, insbesondere nicht bei Scientology«. Er habe nur vor vielen Jahren mal ein paar Scientology-Kurse zum LSD- und Alkoholentzug belegt. Vielleicht haben seine Albtraumbilder mit diesen Trips zu tun; Bilder, auf denen man Menschen sieht, denen Gabeln in die Augen gedrückt werden, oder Mädchen, denen Blut die Beine herunterläuft. Mochten Journalisten und Scientology-Kritiker auch erdrückende Beweise für seine Mitgliedschaft vorlegen – Helnwein stritt sie einfach ab oder bezeichnete sie als Fälschungen. Bis 1997 erwirkte er mehr als 20 Richtigstellungen und Unterlassungserklärungen, alle mit dem Tenor, er sei nie und nimmer ein Scientologe. Helnwein gelang es sogar, prominente Unterstützer aus Zeitungen, dem Fernsehen und der Politik zu gewinnen, »die ihm dabei halfen, sich als armen Verfolgten der fanatischen Sektenjäger darzustellen«, so der Berliner Scientology-Kritiker Tilman Hausherr.[18] Dazu gehörten der inzwischen verstorbene Journalist Herbert Riehl-Heyse von der *Süddeutschen Zeitung*, der Fernsehtalkmaster Alfred Biolek und die Grünen-Politikerin Antje Vollmer.

Das Lügengebäude brach jedoch zusammen, als Peter Reichelt, Jurist, Journalist und langjähriger Berater des Provokationskünstlers, 1997 sein Buch HELNWEIN UND SCIENTOLOGY publizierte.[19] Darin schildert er auf 500 Seiten mit einer Fülle von Dokumenten – darunter zahlreiche handschriftliche Briefe Helnweins und dessen Scientology-Mitgliedsantrag von 1987 –, dass der Maler viele Jahre lang unerkannt mit dem Scientology-Geheimdienst *OSA* zusammenarbeitete, mit eidesstattlichen Versicherungen (»Ich bin kein Scientologe«) seine Kritiker narrte, drei seiner vier Kinder in ein Internat der Sekte oder zu ihrer paramilitärischen Elitetruppe *Sea Org* in Clearwater schickte und sein Schloss Burgbrohl bei Neuwied in der Eifel offenbar als Scientology-Zentrum zur Verfügung stellte, wo laut einem Brief seiner Frau »2 mal in der Woche Kurse« stattfanden und »schon viele upstate Leute gestartet« wurden.[20] Gegen das Buch seines einstigen Mitarbeiters Reichelt ging der Maler gerichtlich vor, hatte aber keinen Erfolg damit.

Der Mann mit der Langhaarperücke und dem Stirnband war zwanzig Jahre lang der wichtigste Werbeträger der Organisation in Deutschland. Immer wieder wurde er in Scientology-Publikationen abgebildet und zitiert. »Scientology hat bei mir eine Bewusstseinsexplosion ausgelöst«, sagte er schon 1975 laut der Sektenpostille *College*.[21] Die hyperrealistischen Helnwein-Bilder schmückten wiederholt die Titel scientologischer Publikationen; das amerikanische Sektenblatt *Source* listete ihn und seine Frau jahrelang als regelmäßige Kursteilnehmer auf. Auch das Magazin *Impact* der *International Association of Scientologists (IAS)* führte den Maler und seine Familienangehörigen lange Zeit in der exklusiven *Patron*-Liste der Spender für die »Kriegskasse« zum Kampf gegen Kritiker; 1998 wurde er als »Planetarischer Großspender« gelistet.[22] Schon 1989 hatte ihn das scientologische Prominentenmagazin *Celebrity* in einer Titelstory als »Operierenden Thetan der Stufe 5« bezeichnet und stellte ihn seinen Lesern noch 1993 als »Class-IV-Auditor« vor, also als trainierten Verhörspezialisten.[23] Helnwein dazu: »Das ist falsch, die dürfen das nicht behaupten.« Doch dann outete er sich plötzlich im Januar 1997 vor Beamten des US-Außenministeriums in Washington als Scientologe und beklagte laut der Deutschen Presseagentur (unter Berufung auf Scientology) seine »schockierende und schmerzhafte Diskriminierung«.[24]

Wenn es jemals einen Scientology-Prominenten in Deutschland gab, dann ist es Gottfried Helnwein. Häufig setzte das angebliche Kampagnenopfer auch seine Kunst im Dienst der Sekte ein. Ein Gerichtsverfahren vor dem Oberlandesgericht Frankfurt am Main förderte im Juni 1996 ein internes Schreiben der Frankfurter Scientology-Filiale zutage, wonach der Maler »sich bereit erklärt« habe, 1992 die limitierte Auflage einer Lithographie »zum Zwecke der Unterstützung von Narconon und OSA« auf den Markt zu bringen – also für eine Scientology-Tarnorganisation und den sekteneigenen Geheimdienst.[25] Es ging, bei Verkauf aller Bilder, um fast 900 000 Mark. Helnwein behauptete vor Gericht spitzfindig, das Geld sei nur für *Narconon* bestimmt gewesen; es sei falsch, ihn als Scientologen zu bezeichnen. Doch das Gericht entschied 1996: »Diese Behauptung ist wahr, denn Gottfried Helnwein ist Scientologe. Er bekennt sich jedenfalls zu dieser Organisation. Dies ergibt sich aus zahlreichen Umständen.« Helnwein dürfe sogar als »Geistlicher« der Scientology bezeichnet werden.[26] Er wütete daraufhin in einem (unveröffentlichten) Interview mit der *ARD*-Sendung *Report* (Mainz): »Ich sag es: Es ist ein Fehlurteil. Der Richter war ein Nazi. Es ist ein reines Fehlurteil.«[27] Trotz des Urteils und der vielen entlarvenden Indizien verkündete er in der *Bild*-Zeitung: »Ich scheiße auf Scientology.«[28]

Als sein Biograph Peter Reichelt und ein Fernsehteam des *SWR* am 1. Februar 2000 den Aktivitäten Helnweins in der Scientology-Stadt Clearwater in Florida nachspürten, stürmte ein Mann aus der dortigen Strandvilla des Malers in der Palm Bluffs Road, bewaffnet mit einem Hammer, und schlug mehrfach auf die Kamera des Mitarbeiters Mark Bunker ein.[29] Scientology ließ zwar erklären, dass der Hammerschläger namens Richard Barnard kein »Mitglied« der Organisation sei; doch sein Arbeitgeber Joe Duncanson war ein bekannter langjähriger Scientologe und Mitglied des lokalen OT-Komitees der *Operierenden Thetanen*.[30] Zu diesem Zeitpunkt war Gottfried Helnwein der erste Scientologe, der wegen einer Sektenangelegenheit bis zum Bundesverfassungsgericht in Karlsruhe gezogen war. Er hatte gegen das Frankfurter Urteil, in dem er als scientologischer Geistlicher bezeichnet wurde, Einspruch erhoben. Das oberste deutsche Gericht hatte seiner Eingabe stattgegeben und den Fall zur erneuten Verhandlung zurückverwiesen.[31] Doch einen Tag nach dem Hammerangriff schrieb sein Anwalt in einer Presseerklärung an den *SWR*, Helnwein nehme die Klage zurück. »Ihm fehlt sowohl die Zeit wie die Motivation, den Rechtsstreit weiterzuführen.«[32] Das war eine Kapitulation auf der ganzen Linie. Gottfried Helnwein, der wohl keine Lust mehr hatte, in einem Land voller »Unterdrücker« zu leben, bot nun auch sein Eifelschloss zum Verkauf an. Er hält sich seither meistens auf seiner neuen Burg in der irischen Grafschaft Tipperary auf. Dort richtete er Anfang Dezember 2005 die Hochzeit des Popstars Marilyn Manson (bürgerlich Brian Warner) mit dem Stripteasemodel Dita von Teese (Heather Sweet) aus.[33] In gewissem Sinne schloss sich damit ein Kreis, da der Rocksänger seinen Künstlernamen aus Marilyn Monroe und Charles Manson, dem Ex-Scientologen, Mörder und Sektenführer, zusammensetzt.

Obwohl das deutsche Bundeskriminalamt schon 1973 befand, Scientology sei eine »kriminelle Organisation«, hatte dies für den Psychomulti zunächst kaum Konsequenzen.[34] Zwar wurde den Hubbard-Jüngern in verschiedenen Orten die Straßenwerbung untersagt, aber es dauerte eine Weile, bis sie erstmals auf massiven Widerstand stießen. Der Münchner Kreisverwaltungsreferent Peter Gauweiler, der später bayerischer Staatsminister wurde, ließ die Organisation 1984 aus dem Vereinsregister streichen, um ihr die Rechtsfähigkeit zu entziehen und sie letztlich zu verbieten. Gauweiler konnte sich auf belastendes Material stützen, das der evangelische Sektenexperte Friedrich-Wilhelm Haack aus München und der Jurist Ingo Heinemann von der ersten nicht-kirchlichen Sektenaufklärungsstelle Aktion Bildungsinformation (ABI) in Stuttgart gesammelt hatten. Scientology schlug sofort hart zurück, gemäß ihrer Hubbard-Leitlinie: »Verteidigen Sie sich niemals. Greifen Sie immer an. Unternehmen Sie nie nichts« – die Extremversion des Sprichworts vom Angriff als der besten Verteidigung.[35] Die Sekte zeigte Gauweilers Kronzeugen wegen Volksverhetzung an.

Als der zuständige Oberstaatsanwalt Jürgen Keltsch daraufhin gegen Haack und Heinemann zu ermitteln begann, stieß er tatsächlich auf Belastungsmaterial – aber nicht bei den Angezeigten, sondern bei der Sekte. Im Mai 1984 veranlasste er die erste Razzia bei einer Scientology-Einrichtung in Deutschland. An die hundert Polizisten durchsuchten die Münchner *Org* und »beschlagnahmten Berge von Akten«, wie der *Spiegel* berichtete; eine »Hucke von Verdächten« habe zu der Aktion geführt: »Verstoß gegen das Heilmittel- und Heilpraktiker-Gesetz, unlauterer Wettbewerb, Betrug, Wucher, Nötigung sowie Steuerhinterziehung«.[36] Damals wurde erstmals bekannt, dass nicht nur Lehrer, Ärzte, Rechtsanwälte und Künstler zu Scientology gehörten, sondern auch Mitarbeiter sensibler Bereiche aus Staatsanwaltschaften, Landeskriminalämtern und der Polizei. Die Organisation reagierte abermals exakt nach dem Lehrbuch ihres Meisters Hubbard, der seine Anhänger aufgefordert hatte, bei Angriffen immer den »Ruinpunkt« des Gegners zu suchen, um jede kritische Diskussion über Scientology im Keim zu ersticken. Den »Ruinpunkt« der Deutschen hatte der sekteneigene Geheimdienst unter Leitung seiner Frau Mary Sue Hubbard schon 1973 aufgespürt: »Die Bundesrepublik Deutschland ist besonders empfindlich, wenn es um Beschuldigungen im Hinblick auf Völkermord geht, da das Verhalten der Nazis gegenüber den Juden den Impuls für die Konventionen (der Vereinten Nationen über Völkermord, d. A.) lieferte. Das Land strengt sich an, um seinen Ruf als Verbrecher loszuwerden. (…) Falls Sie nicht wirklich Erfolg haben, stellen Sie sicher, dass alle Möglichkeiten ausgeschöpft werden, gehen Sie vor die UN und die EU-Kommission. Dies wirkt wie ein Abschreckungsmittel in Bezug auf weitere Angriffe.«[37]

Wie auf Knopfdruck kam der »Kirchenpräsident« Heber Jentzsch eigens aus Los Angeles nach München geflogen und bezeichnete die polizeiliche Durchsuchung in einer viel beachteten Pressekonferenz als »Akt von Völkermord«.[38] Seit diesem Vorfall hat Scientology ihre Propagandawaffe perfektioniert, immer wieder gegen Deutschland angewendet und vor allem in Amerika damit Eindruck geschunden. Das Münchner Verfahren wurde damals zwar wegen »Verfolgungsverjährung« eingestellt, und Scientology durfte sich nach einem Vergleich mit dem Kreisverwaltungsreferat auch wieder Verein nennen, gleichwohl liest sich der Einstellungsbescheid der Staatsanwaltschaft heute eher wie eine Anklageschrift. Oberstaatsanwalt Keltsch wies darin erstmals nach, dass Scientology zahlreiche Stasi-artige Methoden gegen ihre Gegner in Deutschland anwandte: Rufmord, öffentliche Verleumdung, Bespitzelung durch Privatdetektive.[39] In den beschlagnahmten Unterlagen stieß er auf eine verbindliche Hubbard-Richtlinie zum Kampf gegen Kritiker: »Gruppen, die uns angreifen, sind, um es gelinde auszudrücken, nicht vernünftig. Nach unserer Technologie bedeutet das, dass es bei ihnen verborgene Bereiche und anrüchige Dinge gibt (…). Es ist also nicht schwer, sie zu besiegen, vorausgesetzt, man sucht nach ihren verborgenen Verbrechen (…).«[40] Man kann darin deutlich das schwarz-weiße Weltbild von Scientology erkennen: Wer an ihre Lehre glaubt, ist ein guter Mensch. Wer das nicht tut, ist ein Feind. Und Feinde müssen mit allen Mitteln bekämpft werden.[41]

Jürgen Keltsch kam schon 1984 zu einem klaren Urteil: »Ideen, Ziele und Praxis der Antragstellerin« – also von Scientology – seien »in vieler Hinsicht nicht mit der Wertordnung des Grundgesetzes vereinbar«.[42] Der damalige Oberstaatsanwalt arbeitete später als Jurist im bayerischen Innenministerium, dann als Richter und gilt als einer der profiliertesten Scientology-Kritiker der Bundesrepublik.

Der Sektenkonzern aber steckte den Angriff aus München zunächst locker weg und stand Ende der 1980er Jahre besser da als je zuvor. In Hochglanzbroschüren bejubelte die Organisation ihre »Expansion in Deutschland und Europa«. Und Ursula Caberta dachte, dass sich wenig getan hätte.

Aber es hatte sich doch etwas geändert. Auch wenn die offiziellen Verlautbarungen der Sekte stets harmlos klingen, von »Glücklichsein«, »spiritueller Freiheit« und »lebensverändernden Gewinnen« künden – je mehr *Missionen* und *Orgs* die Hubbardisten eröffneten, je aggressiver sie auf dem Immobilienmarkt agierten, desto unaufhaltsamer breitete sich in der Öffentlichkeit ein Misstrauen ihnen gegenüber aus. Spätestens seit Mitte der 1980er Jahre stießen die *Thetanen*, wo immer sie in Deutschland operierten, auf Widerstand aus der Bevölkerung. Selbsthilfegruppen wie die Berliner Eltern- und Betroffeneninitiative (EBI) unterstützen seither Aussteiger und Angehörige von Scientologen mit Informationen und Beratung. Ihr Job ist mühsam, oft fühlen sie sich alleingelassen. Daniela Weber von der Berliner EBI sagt: »Die Politiker schieben diese Aufgabe weit weg. Sie sind froh, dass wir uns mit dem Problem auseinandersetzen. Dafür ernten wir Schulterklopfen, aber das ist auch alles.« Während die Sekte mit einer millionenschweren »Kriegskasse« gegen ihre Feinde – Aussteiger, Journalisten, Psychiater, Geheimdienste, Interpol – zu Felde zieht, müssen engagierte Kritiker wie Daniela Weber ihre Arbeit bis heute von dem eigenen Taschengeld und privaten Spenden finanzieren. Nur wenige Bundesländer wie Baden-Württemberg, Bayern oder Hamburg haben staatliche Sektenbeauftragte bestellt.

Doch auch die Justiz tut sich schwer mit Prozessen, die scientologische Strukturen berühren, da sich die Hubbardisten auf die Religionsfreiheit berufen und Straftaten im Einzelfall nachgewiesen und einem konkreten Täter zugeordnet werden müssen. Tatbestände von Wucher, Betrug, Unterschlagung bis hin zur vorsätzlichen Konkursverschleppung sind nach Angaben von Aussteigern hundertfach verwirklicht. Aber zur Straftat gehört der Vorsatz – Strafurteile gegen Scientologen sind deshalb selten. Man kann ihnen kaum nachweisen, dass sie die Gesetze vorsätzlich verletzen wollten, denn sie glauben ja, das Richtige zu tun. Außerdem scheuen sich Aussteiger oft, gegen die Sekte zu klagen, da sie psychisch verletzt und mittellos sind. Andererseits haben viele Richter kaum Informationen über die Sekte und die Macht ihrer Psychotechniken, sie stochern hilflos im Nebel der verschachtelten Organisation und sind nicht darauf eingestellt, dass man sie völlig ungeniert beschwindelt. Wegen unklarer Gesetze, nicht selten auch infolge von Unkenntnis oder Ignoranz fallen Urteile und Beschlüsse von Gerichten zum Thema Scientology höchst unterschiedlich aus, manchmal in der gleichen Sache. Vor allem gilt das für Forderungen nach Schadenersatz oder wenn ehemalige Mitglieder nachträglich einen Arbeitslohn für ihre jahrelange Schufterei in der *Org* einklagen. »Geld einzuklagen kann ich guten Gewissens niemandem raten«, sagt Caberta. Und warum? Weil die Klagen oft abgewiesen werden; richterliche Begründung: Die Mitglieder hätten all die Arbeiten freiwillig im Dienst ihrer »Religion« verrichtet. Das haben sie auch, sagen ehemalige Mitglieder wie Gunther Träger aus Frankfurt am Main – ungefähr so freiwillig, wie sich ein Süchtiger Heroin spritzt.[43] Nicht wenige Scientologen verschulden sich enorm, um ihre Sucht zu befriedigen. Die Organisation bietet ihnen dann an, »freiwillig« in ihren »religiösen Einrichtungen« zu arbeiten. »Und überhaupt, die Religion«, sagt Ursula Caberta, »die ist mir wurscht, denn Religion ist nicht per se was Gutes. Die Church of Satan ist auch religiös. Oder die Truppe von Osama bin Laden.«

Arbeitsgruppe gegen Scientology

Im November 1989 fiel die Berliner Mauer. Die unerwartet massive Missionierung, mit der Scientology auf den historischen Umbruch reagierte, ließ die Organisation endgültig aus dem Halbdunkel ihrer »Jugendsekten«-Existenz ins grelle Licht der Öffentlichkeit treten. »Die standen sofort mit ihren Dianetik-Büchern an den Grenzübergängen«, erinnert sich der Berliner evangelische »Sektenpfarrer« Thomas Gandow. Angeblich brachten sie allein am folgenden Tag 10 000 Hubbard-Bände unter die staunenden Ostler. Die Verkaufsstatistiken explodierten geradezu. Eine Scientologin schilderte ihre Erlebnisse in einer Postille der Sekte: »Voller Dankbarkeit für den wunderbaren Empfang im Westen umarmten sie uns, und das Verlangen nach Dianetik-Büchern und Scientologymaterialien war einfach ohne Ende. In Null-Komma-Nichts wurde unsere Org von allen Seiten belagert.«[1] Das Berliner *Magazin der Dianetik* suchte damals dringend »Leute auf dem ganzen Planeten, die eine Mission in der DDR aufbauen wollen«. Denn nichts sei wichtiger, als »dass wir direkt vor Ort Hilfe bieten auf dem Weg in die Freiheit«.[2] Kurz darauf schwärmten scientologische Rekrutierungskommandos in die ehemalige DDR und bis nach Russland aus, wo sich überall lukrative neue Märkte öffneten.

Keine andere Sekte drängte mit solcher Gewalt nach Osten. Ob scientologische Immobilienfirmen, die angebliche Drogenhilfe *Narconon* oder Scientology direkt – Kleinanzeigen, die Arbeit, Heilung und »die Chance des Lebens« versprachen, suchten für den Psychokonzern *Raw Meat*, Frischfleisch, wie neue Rekruten intern heißen. Große Plakate kündigten Informationsabende über die »Pläne der Scientology Kirche in den neuen Bundesländern« an. Ohne groß nachzufragen, stellten Verwaltungen und Behörden Kulturhäuser und frühere Parteibildungsstätten zur Verfügung. Öffentliche Bibliotheken wurden – als selbstlose Spende deklariert – mit buntem Hubbard-Ramsch überschwemmt. Und Hunderttausende von Ostdeutschen fanden regelmäßig den scientologischen »Persönlichkeitstest« in ihren Briefkästen.

In jener wilden Zeit geschah so viel gleichzeitig, dass an verschiedenen Orten Journalisten auf Scientology aufmerksam wurden. Auch wir befassten uns 1991 erstmals mit der Sekte. In den Medien war mit einem Mal immer häufiger von der »Geldmaschine Scientology«, dem »finsteren Gehirnwäschekult« und der »Zeitbombe in der Wirtschaft« die Rede. Fast wöchentlich erschienen nun Berichte, die schilderten, wie Scientologen Wirtschaftsunternehmen unterwanderten, wie sie versuchten, in politischen Parteien Positionen zu besetzen und ganze Landstriche im Osten unter ihre Kontrolle zu bringen. Der Top-Scientologe Gunther Träger stellte damals fest, dass »der öffentliche Gegenwind langsam dem Geschäft abträglich« wurde: »Offenbar hatten ganze Kohorten von Journalisten und politischen Hinterbänklern das Einprügeln auf Scientology als Volkssport entdeckt. (…) Die Wogs erwiesen sich durch ihre unqualifizierte Kritik eben als aberrierte Unterdrücker.«[3] »Aberriert« soll verwirrt bedeuten, und als »Wogs« (Kanaken oder Kaffer) bezeichnen Scientologen die Menschen außerhalb ihrer Sekte, ein

Schimpfwort aus der englischen Kolonialzeit, das in Asien noch heute »Nicht-Weiße« bezeichnet.[4]

Besonders in Hamburg wurde der Unmut über die scientologischen Immobilienhaie immer stärker. Etwa jede zweite »umgewandelte« Eigentumswohnung in der Hansestadt wurde zu jener Zeit von Scientologen veräußert. Götz Brase, mit Erleuchtungsgrad *Operierender Thetan der Stufe 7* keineswegs ein kleines Licht im Psychomulti, galt als Hintermann dieses größten sektennahen Immobilienimperiums in der Bundesrepublik. Immobilienfirmen, die Götz Brase gehörten oder mit ihm verbunden waren, erwarben damals ganze Straßenzüge in den gutbürgerlichen Stadtvierteln Eppendorf, Hoheluft und Eimsbüttel und perfektionierten ihr »völlig legales Geschäft«. Telefonterror, aggressive Besuche sogenannter »Mieterberater« und sogar freigesetzte Ratten sollten den Auszug der Mieter beschleunigen, führten aber auch dazu, dass diese sich zu einem »Aktionsbündnis gegen Scientology« zusammenfanden, um gegen die unsauberen Methoden zu protestieren. Als die Sekte dann der CDU-Bundestagsabgeordneten Antje Blumenthal allen Ernstes untersagen wollte zu behaupten, dass Scientology in Immobiliengeschäfte verwickelt sei, stellte das Hanseatische Oberlandesgericht 1994 in einem viel beachteten Urteil fest: Die Aussage, »Grundstücks-, Häuser- und Wohnungsdeals gehören zu den Haupteinkunftsarten der Scientology-Sekte«, sei zulässig. Die Richter verkündeten auch, warum: weil es sich bei dieser Behauptung »um eine nachprüfbare Tatsache« handelte.[5]

Ursula Caberta erkannte, dass sie mehr über die rabiate Organisation erfahren musste, wenn sie die Interessen ihrer Wähler wirksam schützen wollte. Sie begann, sich durch das umfangreiche scientologische Schrifttum zu arbeiten. Schon die Scientology-Bibel Dianetik hatte sie sehr nachdenklich gestimmt, weil darin rassistische, gewalttätige Gedanken mit Anleitungen zur Gehirnwäsche vermischt werden. Doch als ihr ein Aussteiger dann interne Schriften wie die Einführung in die Ethik der Scientology oder das Handbuch für den ehrenamtlichen Geistlichen in die Hand drückte, erschien ihr Dianetik plötzlich »wie harmloses Geschwafel«. Sie stieß schnell auf den politischen Charakter der Hubbardschen Philosophie. Es ging in diesen Büchern um totale Kontrolle, um die Einteilung der Gesellschaft in Freunde und

Feinde bzw. »Gesunde« und »Kranke«, um den scientologischen Übermenschen, der die Welt beherrschen soll. »Man musste kein Sozialdemokrat sein wie ich, sondern nur ein wenig von der neueren deutschen Geschichte wissen, um dieses Programm einer Diktatur der Fähigen ekelhaft zu finden«, sagt sie. Erstmals las sie auch Ron Hubbards perverse Definition von *Ethik*, die erklärtermaßen darin besteht, »Gegenabsichten zu entfernen«. *Ethik* ist einer der wichtigsten Begriffe bei Scientology und scheinbar auch Außenstehenden verständlich, bedeutet aber dort etwas völlig anderes: nicht sittliche Regeln des Zusammenlebens, sondern ein brutales Strafsystem. Caberta war jetzt absolut sicher, dass sie es bei Scientology nicht mit einer religiösen Sekte, sondern mit einer totalitären Organisation wie den Nazis zu tun hatte, deren Ideologie ebenfalls auf Führerkult und Herrenmenschendenken beruhte. »Nun erschien es mir noch nötiger, denen auf die Finger zu klopfen.«

Damals fragte sich Ursula Caberta auch, was eigentlich hinter dem wohl bekanntesten Hubbard-Zitat steckte: »Mache Geld, mache mehr Geld, sorge dafür, dass andere Geld machen.«[6] Wofür benutzte der Multimillionen-Konzern eigentlich das viele Geld, das er einnahm? Die Offiziere der Organisation in den USA lebten zwar nicht schlecht, vor allem ihr Boss David Miscavige, aber sie waren bisher nicht dafür bekannt, private Reichtümer zusammenzuraffen wie andere Sektengurus. Aussteiger und Scientology-Gegner, die dieses Problem schon länger beschäftigte, machten sie erneut auf den Kern der Sache aufmerksam – die politische Dimension. Damals sagte der Düsseldorfer Scientology-Kritiker Ralf Mucha einen Satz zu ihr, der sie noch lange beschäftigen sollte: »Wer Menschen umprogrammieren will, der hat auch ein Programm.« Das Geldmachen, so begriff Caberta, war nur ein Mittel zum Zweck. Es dient wie alles andere nur diesem einen großen Ziel: die »Funktionsfähigkeit von Scientology zu erhalten«, die »globale Expansion« voranzutreiben, den »geklärten Planeten« zu schaffen.

Wenn es aber für sie darum ging, das scientologische Programm »Aufbau einer neuen Zivilisation« zu bekämpfen, dann war der Schlüssel zum Verständnis von Scientology nicht das Geld, sondern die Methode ihrer Menschen-Programmierung: das *Auditing*. Die Scientologen nennen es Seelsorge, Aussteiger und Kritiker sprechen von Gehirnwäsche. »Je mehr Schilderungen des Auditings ich hörte, desto klarer wurde mir, dass wir die Menschen davor schützen müssen«, sagt Caberta. Die traurige Wahrheit jedoch ist, dass es in der Bundesrepublik zwar einen Verbraucherschutz für alles und jedes gibt, nur nicht für die Psyche. Wer Zähne behandelt oder einen Herzkatheter legt, muss viele Jahre studieren und strenge Prüfungen ablegen. Wer aber in der Seele fremder Menschen herumfuhrwerkt, braucht dafür – solange er sich nicht Psychotherapeut nennen will – noch nicht einmal einen Heilpraktikerschein. »Das ganze Gebiet ist bis heute ein weitgehend rechtsfreier Raum«, sagt Caberta. Immerhin war nun das Problem definiert und die Lösung auch: ein Verbraucherschutzgesetz für den Psychomarkt in Deutschland – das es bis zum heutigen Tag nicht gibt.

Wegen der aggressiven Sektenwerbung, der Bedrohung von Mietern und der offenkundigen Einflussnahme auf Parteien wie die FDP wurde der Psychokult in Hamburg ein derart drängendes Problem, dass der damalige SPD-Senat im Herbst 1992 beschloss, eine staatliche »Arbeitsgruppe Scientology« zu gründen. Sie sollte die Machenschaften und internen Anweisungen der Organisation dokumentieren und Handlungsvorschläge erarbeiten. Als Leiterin war Ursula Caberta die logische Wahl, weil sie sich inzwischen in der Materie auskannte. Sie gab ihr Bürgerschaftsmandat ab und überzeugte den widerstrebenden SPD-Innensenator Werner Hackmann, ihre Truppe statt im Jugendsenat in seinem Ressort anzusiedeln. Man teilte ihr vier Planstellen zu, darunter einen Volljuristen. »Es war ein Quantensprung in der Aufklärung, denn erstmals wurde Scientology unter dem Gesichtspunkt behandelt, der der einzig richtige ist: als innenpolitisches Problem«, sagt Caberta. Seit 2001 ist sie außerdem Leiterin der Obersten Landesbehörde für den Jugendschutz bezüglich neuer und ideologischer Gemeinschaften und Psychogruppen bei der Hamburger Innenbehörde, kurz: die Sektenbeauftragte der Hansestadt.

Bevor sie sich damals an den Schreibtisch setzte, hatte sie noch geglaubt, dass ihr Job nach rund vier Jahren erledigt sein würde. Doch kaum hatte sie ihr Büro bezogen, wurde ihr klar, dass es wohl länger dauern würde. Aktive Scientologen meldeten sich und wollten mit ihr diskutieren. Aussteiger riefen an, um ihre Geschichten zu erzählen, und sie brachten Unterlagen vorbei: interne Anweisungen, Namenslisten, Statistiken, Kursmaterialien, Scientology-Bücher. Das ist bis heute so geblieben. »Mit den Füßen draußen zu sein ist das eine. Der Kopf muss folgen«, sagt Ursula Caberta. Wie lange der Kopf dazu braucht, das ist individuell verschieden und hängt unter anderem von der Dosis Scientology ab, die derjenige verpasst bekam. »Ich musste auch erst lernen, dass Scientology wie ein Droge funktioniert«, sagt Caberta. Sie musste außerdem begreifen, *wie* die Droge funktioniert, die aus erfolgreichen Mittelständlern und begabten Lehrerinnen willige Untergebene macht. Inzwischen glaubt sie, dass jeder Mensch einzufangen ist, wenn Scientology nur seinen »Ruinpunkt« findet und zu ihm sagt: »Du hast ein Problem. Wir lösen es.«

Seither hat die Leiterin der Arbeitsgruppe Dutzende von Ausstiegswilligen betreut und so vielen aus der Sekte herausgeholfen wie wohl niemand sonst auf der Welt. Wenn jemand zu ihr kommt, der die Organisation verlassen will, übernimmt sie die nötigen Gespräche mit den Behörden; beispielsweise wird dann geklärt, ob die Person Polizeischutz benötigt. Meistens sind die Aussteiger hoch verschuldet, haben all ihr Geld und das von Bekannten und Verwandten in die teuren Kurse, Materialien und *Auditings* investiert. Dann geht Caberta mit ihnen zur Schuldnerberatung. Ihre Arbeitsgruppe hilft den Ehemaligen, in ein normales Leben zurückzugelangen, eine Wohnung und Arbeit zu finden und im Extremfall gegen Scientology zu klagen. Die Aussteiger können sie auch privat anrufen, notfalls sogar nachts. »Nicht im Dienst sein, das gibt's nicht für mich«, sagt Caberta. Natürlich haben die Scientologen gegen diese Art der Unterstützung Prozesse angestrengt, aber die Amtschefin hat inzwischen die schriftliche Bestätigung des Hamburger Oberverwaltungsgerichts, dass der Staat seinen Bürgern beim Sektenausstieg helfen darf.[7]

Schon im ersten Jahr als Leiterin der Arbeitsgruppe betreute Ursula Caberta etwa zehn Aussteiger. Inzwischen kommen Scientology-Abtrünnige sogar aus anderen europäischen Ländern und den Vereinigten Staaten von Amerika zu ihr, um Hilfe zu suchen. »Jeder Ausstieg ist mit starken Gefühlen verbunden. Vor allem muss man gut zuhören können«, sagt sie. Manche Aussteiger betreue sie über Monate, gar Jahre. Die Scham der Opfer sei groß, jeder Fall anders. »Manchmal klopft monatelang keiner an die Tür, dann wieder steigen zehn kurz hintereinander aus, weil einer die anderen mitzieht.

Manchmal dauert es Jahre seit dem ersten Kontakt, bis sich jemand wirklich zum Ausstieg entscheidet.« Von Scientology werden die Aussteiger als »Apostaten« (Abtrünnige) bezeichnet, deren Aussagen wertlos seien, weil sie »hasserfüllt« über die »Kirche« herzögen; doch haben sich inzwischen weltweit Hunderte von ehemaligen Scientologen öffentlich geäußert, und ihre Aussagen stimmen in den Kernpunkten überein, was sie glaubhaft macht. Hass ist bei ihnen meist wenig zu spüren, eher Trauer, Verstörung und Enttäuschung.

Die Aussteiger sind das eine, das andere Problem sind die Einsteiger. Als Ursula Caberta ihre Arbeit begann, war es ihr fester Wille, Scientology von ihren Quellen abzuschneiden – sie wollte die Sekte daran hindern, weiter auf der Straße zu rekrutieren. »Wir haben noch nie einen Aussteiger erlebt, der erklärt hätte: Es war mein eigener Wille, bei Scientology einzutreten«, sagt die Amtsleiterin. Cabertas wichtigster Hebel wurde das sogenannte Wegerecht. In Hamburg dürfen Parteien und Religionsgemeinschaften auf der Straße Infostände aufbauen und Zettel verteilen, nicht aber Gewerbebetriebe – oder nur mit einer Sondergenehmigung. »Ich stellte fest, dass die Verwaltung den Scientologen die Straßenwerbung erlaubte, und wollte wissen, warum«, sagt Caberta. Sie erfuhr, dass es an zweierlei lag: am ungeklärten rechtlichen Zustand von Scientology und an der Angst der Beamten, etwas falsch zu machen und dafür eventuell verklagt zu werden. Um den Hebel anzusetzen, musste sie darüber aufklären, wie Scientology strukturiert ist. »Wir kamen sehr schnell dahinter, dass es sich bei der Organisation um ein Gewerbe handeln musste«, sagt Caberta. »Schließlich werden dort Bücher und Kurse verkauft.« Unzählige interne Dokumente bestätigen dies, nicht zuletzt eine zentrale Anweisung L. Ron Hubbards: »Der einzige Grund, aus dem es Orgs gibt, ist die Aufgabe, Dienstleistungen an die Öffentlichkeit zu verkaufen und zu liefern und Leute aus der Öffentlichkeit hereinzuholen, an die man verkaufen und liefern kann: Die Zielsetzung ist: total befreite Kunden! Sowohl die erste als auch alle nachfolgenden Organisationen der Kirche wurden ausschließlich zu diesem Zweck gegründet.«[8] Klarer kann man es kaum ausdrücken. Wenn Scientology also ein Gewerbe ist, dann gab es auch keinen Grund mehr, sie auf der Straße werben zu lassen.

Bald waren genug Beweise zusammengetragen, um den gewerblichen Charakter von Scientology hieb- und stichfest zu belegen. Im Juli 1993 stufte das Hanseatische Oberlandesgericht die Psychosekte als gewinnorientiertes Wirtschaftsunternehmen ein. Nach dem Richterspruch musste die Sekte in Hamburg den Verkauf von Büchern und Kursen als Gewerbe anmelden, die finanziellen Verhältnisse offenlegen – und Steuern zahlen. Schadenersatzansprüche ließen sich leichter durchsetzen. Der Jurist Ralf Bernd Abel aus Schleswig, heute Professor in Schmalkalden, schrieb in einem Aufsatz: »Die Organisation befasst sich in so überwältigendem Umfang mit Geldverdienen, dass der gewerbliche/geschäftliche Charakter völlig im Vordergrund steht, sämtliche Tätigkeitsbereiche des Vereins durchzieht und daher von der Glaubens- und Bekenntnisfreiheit nicht geschützt wird.«[9] Doch Scientology ging in Berufung. Als das Bundesverwaltungsgericht dann in einem wegweisenden Grundsatzurteil am 16. Februar 1995 feststellte, dass es sich bei Scientology tatsächlich um einen »Gewerbebetrieb mit Gewinnabsicht« handelt – da war Ursula Caberta am Ziel. Nach dem Urteil musste die Sekte, die am liebsten unsichtbar und steuersparend Geld verdient, alle offiziellen Filialen als Gewerbe anmelden und die Profite aus ihren Buchverkäufen und Psychokursen versteuern.[10] Ebenso hart traf sie der Beschluss des Bundesarbeitsgerichtes nur einen Monat später. Ein ehemaliger Mitarbeiter aus Hamburg hatte Scientology auf normale Gehaltszahlung verklagt. Solange er im Bann der Gruppe stand, hatte er in seiner *Org* bis zu hundert Stunden wöchentlich für ein Taschengeld geschuftet, denn zum Geldmachen gehört beim Sektenkonzern vor allem die Ausbeutung der eigenen Mitarbeiter. Doch auch für Scientology, befanden die Kasseler Richter, gelte das deutsche Arbeitsrecht.[11] Außerdem stellten sie fest: »Der Beklagte (Scientology, d. A.) ist *keine* Religions- oder Weltanschauungsgemeinschaft.« Begründung: »Dienen die religiösen oder weltanschaulichen Lehren nur als Vorwand für die Verfolgung wirtschaftlicher Ziele, kann von einer Religions- oder Weltanschauungsgemeinschaft im Sinne ... des Grundgesetzes ... nicht mehr gesprochen werden (...).« Denn Scientology sei »eine Institution zur Vermarktung bestimmter Erzeugnisse.«[12] Dies war bereits die zweite höchstrichterliche Entscheidung in Deutschland, wonach es sich bei Scientology nicht um eine Religion handele, sondern um ein Wirtschaftsunternehmen. In der eigentlichen Sache bedeutete das Urteil, dass die Sekte ihren Mitarbeitern übliche Gehälter und die Sozialversicherung bezahlen musste – im Prinzip jedenfalls.

Das Problem ist nur, dass sich nicht alle Gerichte an dieses richtungsweisende Urteil halten (müssen) und viele Kläger nicht über das Geld verfügen, den Instanzenweg bis zum Ende durchzufechten. Ohnehin muss, wer sein Recht will, es vor Gericht einklagen, und das traut sich eben nicht jeder. Die Rechtsunsicherheit aber hängt vor allem damit zusammen, dass ein Schlüsselproblem im Umgang mit Scientology bis heute ungelöst ist: die Frage der »Freiwilligkeit«. Schließlich wird hierzulande niemand gezwungen, sich einer totalitären Sekte anzuschließen (mit der entscheidenden, bisher viel zu wenig beachteten Ausnahme der *Kinder* von Sektierern). Die unterstellte Freiwilligkeit aber führt dazu, dass es praktisch keine gerichtsverwertbaren Nachweise für Ausbeutung, Sklavenarbeit und Freiheitsberaubung gibt. Sie ist auch der Grund dafür, dass Polizeiermittler und Gerichte de facto nicht feststellen können, ob Straftaten von der Organisation befohlen wurden, ob die Täter systematisch dazu gedrillt oder gezwungen wurden – oder ob sie selbst schuld daran sind. Gehirnwäsche ist in Deutschland nicht strafbar.

In einer E-Mail, die die deutsche Scientology-Sprecherin Sabine Weber vor der Veröffentlichung dieses Buches im Mai 2008 »zur Information« an den Ch. Links Verlag schickte, argumentierte sie mit Gerichtsurteilen, die für Scientology positiv ausgefallen waren, mit eingestellten Ermittlungsverfahren gegen Scientology und mit Verwaltungsgerichtsverfahren, in denen Scientology-Vereinen bescheinigt wurde, in erster Linie weltanschaulich und nicht wirtschaftlich ausgerichtet zu sein.[13] Ein Jahr nach Erscheinen des Buches gab sie eine »Kurzstellungnahme zu dem Werk von Frank Nordhausen« heraus, die an den Ch. Links-Verlag und interessierte Journalisten verschickt wurde und inklusive Anlagen (diverse Gerichtsurteile und Dossiers zu prominenten Scientology-Aussteigern) immerhin knapp 100 Seiten umfasste.[14] Weber schreibt: »Tatsächlich würde eine vollständige Dokumentation der Lügen und Unzulänglichkeiten des Autors ein ganzes Archiv füllen, Meinungsäußerungen dürfen hier wie auch in den USA auf manipulierten Informationen beruhen. Ja, Meinungen dürfen die tatsächliche Faktenlage durchweg ignorieren oder gar vollkommen missdeuten.« Ob das Buch lediglich Meinungen wiedergibt, mag jeder Leser selbst beurteilen. Sabine Weber jedenfalls führt in ihrem ausführlichen Dossier einige Passagen »haarsträubender Missdeutungen oder Unwahrheiten« an, doch sind ihre »Richtigstellungen« so vage, tautologisch oder sogar nachprüfbar falsch[15], dass man es wohl deshalb nicht wagte, das Buch gerichtlich anzufechten. Die Pressechefin beruft sich ohnehin meist auf Scientology-Dokumente oder Darstellungen, die wir in der Regel ebenfalls zitieren, um die Position der Organisation journalistisch korrekt wiederzugeben.[16] Weber behauptete auch, dass der Verfassungsschutz die »Kirche« seit 1997 ergebnislos beobachtet habe. In einer mitgeschickten Stellungnahme von Scientology zum Bundesverfassungsschutzbericht von 2006 wurde noch einmal beteuert, es gebe »keinerlei politische Bestrebungen der Scientology Kirche«, Scientologen würden stets »im Rahmen der für alle geltenden Gesetze« handeln und die Einhaltung der Menschenrechte sei »ein Teil des Glaubensbekenntnisses der Scientology Kirche«.[17] Doch das Oberverwaltungsgericht Münster urteilte letztinstanzlich am 12. Februar 2008, der Verfassungsschutz dürfe die Organisation weiterhin beobachten, denn: »Es liegen tatsächliche Anhaltspunkte vor, dass der Kläger Bestrebungen verfolgt, die gegen die freiheitlich-demokratische Grundordnung gerichtet sind.«[18]

Mit den höchstrichterlichen Urteilen seit 1995 besaß Ursula Caberta die ersehnte Lizenz zum Handeln. »Hamburg erteilt den Scientologen einfach keine Sondergenehmigung für die Straßennutzung. Werben Scientologen auf öffentlichem Gelände, kassieren sie Bußgelder, sogar wenn sie nur Zettel verteilen. Man kann sagen, wir haben ihnen ein ganzes Rekrutierungsfeld weggenommen. Das ist Prävention, wie ich sie verstehe.« Doch da das Wegerecht Ländersache ist, ist die Situation praktisch in jedem Bundesland anders. In München dürfen die Scientologen nicht auf der Straße werben, in Stuttgart nur unter strengen Auflagen, in Berlin gibt es keine Handhabe dagegen.

Caberta geht in einen Nebenraum und zeigt uns ihre neuesten »Errungenschaften«. Es sind ansprechend aufgemachte Info-Packs plus DVD von scientologischen *Frontgroups* mit Titeln wie »Psychiatrie – Tod statt Hilfe« oder »Fakten über Drogen«. Sie sehen aus wie Schmuckboxen von Computerspielen. »Wir haben sie aus Jugendzentren bekommen, wo man sie verteilt hat«, sagt Caberta. *Frontgroups* sind Tarnorganisationen, die auf den ersten Blick nicht erkennen lassen, dass sie zu der Psychosekte gehören. Eine neue Scientologen-*Frontgroup* in Deutschland ist die *Foundation for a Drug-Free World* (Stiftung für eine drogenfreie Welt), die sich mit »Drug Marshalls« an Jugendliche wendet, angeblich um sie vor Drogen zu warnen, in Wahrheit aber um sie für die Sekte zu ködern. »Die Scientologen machen im Prinzip immer das Gleiche«, sagt Caberta, »nur die Form ändert sich, sie benutzen stets die neuesten Marketingmethoden.« Im mehrfach gesicherten Archivraum der Arbeitsgruppe hat sich im Lauf der Jahre enorm viel Scientology-Material angesammelt – Dutzende von Metern mit Ordnern, die umfangreichste Aktensammlung über Scientology, die außerhalb der Sekte existiert. In diesen Akten lagern die Waffen, mit denen Caberta die Innenminister und den Verfassungsschutz gegen Scientology munitioniert. Hier liegen aber auch die Dokumente, um die Öffentlichkeit zu warnen, wenn sich irgendwo ein Angriff von Scientology andeutet wie von der *Foundation for a Drug-Free World.*

Im Fadenkreuz der Sekte

Sehr schnell geriet Ursula Caberta ins Visier der scientologischen Abwehr. Auf dringenden Rat des Landeskriminalamtes zog sie aus dem ruhigen Hamburger Vorort Rissen in ein Mehrfamilienhaus des belebten Stadtteils Ottensen. Scientology-intern gilt es schon lange als »Schwerverbrechen«, mit ihr in Kontakt zu treten. »Sie haben Demonstrationen veranstaltet, haben mich verleumdet und mich von Detektiven ausspionieren lassen«, sagt sie; die Sekte gelangte sogar in den Besitz von Daten ihres privaten Bankkontos. Die Scientology-Postille *Freiheit* bezeichnete sie als »skrupellose Hamburger Senatsangestellte«, der Geheimdienst *OSA* erklärte sie zur »Persona non grata«, ein Flugblatt verunglimpfte sie als »modernen Goebbels«. Die Standardformel lautet, sie führe sich als »neuzeitliche Inquisitorin« auf und verletze die Menschenrechte einer »anerkannten Religionsgemeinschaft«.[1] In einer weltweiten Kampagne Ende der 1990er Jahre wurde sie sogar als korrupt bezeichnet. Nicht selten wurde sie völlig offen beschattet, Dutzende Male haben Scientologen sie verklagt; sie selbst hat zahlreiche Strafanzeigen gegen unbekannt gestellt, weil sie im Internet bedroht oder beleidigt wurde. Darunter auch Morddrohungen, »wie beispielsweise im Sommer 2007, als ich eine Aussteigerin im Verfahren um das Sorgerecht für ihre Tochter begleitet habe. Da hat mir der Scientology-Vater mit dem Tod gedroht.« Da der Mann sich mit vollem Namen gemeldet hatte, konnte sie ihn anzeigen; er bekam einen Strafbefehl und die Auflage, sich ihr und ihrer Wohnung nicht zu nähern. Caberta nimmt die latente Gefahr hin wie jeder, der professionell damit umgehen muss: »Es gehört zum Job. Man muss damit leben.«

Kein Erlebnis aber hat Caberta den Charakter dieser »Religion« so klar vor Augen geführt wie eine Informationsreise im Sommer 2000 nach Florida, wo Scientology ihr »technisches« Hauptquartier unterhält. »Schon am Flughafen in Tampa wurde ich von 50 Demonstranten empfangen, die lauthals skandierten: ›Nazi criminal go back to Germany!‹«, erzählt sie. »Im Hotel standen ständig Scientologen vor meinem Hotelzimmer und begannen zu brüllen, wenn ich rausging. Auf Schritt und Tritt wurde ich verfolgt. Ich musste dort um mein Leben fürchten.« Am zweiten Tag schob man ihr eine richterliche Vorladung unter der Tür durch und lud sie zu einem hochnotpeinlichen Verhör im Büro des Scientology-Anwalts. »Es ging um den mysteriösen Todesfall der amerikanischen Scientologin Lisa McPherson, mit dem wir in Hamburg nicht das Geringste zu tun hatten. Mir war natürlich klar, dass sie mich über Deutschland ausfragen wollten. Deshalb besorgte ich mir vom deutschen Generalkonsulat in Miami vorher ein offizielles Schreiben, dass ich als Staatsbeamtin nichts über meine berufliche Tätigkeit aussagen darf. Trotzdem haben sie mich sieben Stunden lang durch die Mangel gedreht. Ich war hinterher wie gerädert.« Einige Fragen hat Ursula Caberta sich gemerkt: Ob sie Hitlers MEIN KAMPF gelesen habe? Ob sie mit amerikanischen Scientology-Aussteigern geschlafen habe? Und dann natürlich doch Fragen nach ihrer Arbeit in Hamburg: Warum sie die Angehörigen einer Religionsgemeinschaft so hasserfüllt verfolge? »Diese Vernehmung war unverschämt. Aber sie war offenbar legal.« Was Caberta nie vergessen wird: Als sie die Kanzlei in Begleitung eines Anwalts betrat und am Ende wieder verließ, hoben die Angestellten die Arme – wie zum Hitlergruß.

Kaum war die Vernehmung überstanden, erfuhr Caberta, dass sie soeben auf 75 000 Dollar Schadenersatz verklagt worden war. Der deutsche Software-Unternehmer und bekennende Scientologe Hubert Heller erklärte, ihm sei ein lukratives Geschäft in Deutschland durch die Lappen gegangen. Schuld daran sei Caberta, denn er habe den Auftrag verloren, nachdem der Geschäftspartner von ihm die Unterzeichung einer Erklärung verlangt hatte, nicht mit der *Technologie* von L. Ron Hubbard zu arbeiten. Es ging um eine von Caberta verbreitete »Schutzerklärung«, ein Formular, das ihre Arbeitsgruppe Unternehmern zu unterzeichnen empfahl, um sich geschäftlich gegen Scientologen abzusichern: die klagebewehrte Versicherung, nicht nach den Prinzipien *(Technologien)* von L. Ron Hubbard zu arbeiten, die von den Scientologen als »Sektenfilter« bekämpft wird. Caberta sagte damals dem Nachrichtenmagazin, sie habe den Glauben an den amerikanischen Rechtsstaat verloren: »Das kennt man sonst nur aus Diktaturen.«[2] Der *Spiegel* betitelte seinen Bericht über ihre Reise in den »Sunshine State« als »Horrortrip nach Florida«.

Ein Jahr zuvor war Ursula Caberta bei einem Besuch in Kalifornien ununterbrochen von Dunkelmännern beschattet und verfolgt worden, die ihre amerikanischen Bekannten als Mitarbeiter des Scientology-Geheimdienstes *OSA* identifizieren konnten. Nach diesen Erlebnissen hatte die Amtschefin keine Lust mehr, in die USA zu fahren. Dass der politische Arm der Scientologen aber von Amerika bis Deutschland reichte, musste sie feststellen, als sie 2001 zu einer Vernehmung ins amerikanische Generalkonsulat in Hamburg vorgeladen wurde und ihre Vorgesetzten der Meinung waren, sie solle dem Folge leisten. Wieder sollte es um die erwähnte »Technologieerklärung« gehen, die den Scientologen so viel Kummer machte. Anfang der 90er Jahre von Cabertas Arbeitsgruppe entwickelt, 1996 von der deutschen Ministerpräsidentenkonferenz per Beschluss eingeführt, war das Schutzformular inzwischen tausendfach eingesetzt worden; »echte« Scientologen können das Papier nicht unterschreiben, ohne gegen den »Quellcode« ihrer Psychocompany zu verstoßen: die *Tech* ihres Gurus Hubbard. »Eine echte Todsünde für Scientologen«, sagt Caberta (die das Formular behördlicherseits laut Gerichtsbeschluss vom Dezember 2005 allerdings nicht mehr verbreiten darf, s. u.). Caberta erinnert sich: »Ich habe den Amerikanern gleich zu Anfang gesagt: Wir gehen mit Extremisten nicht anders um als Sie auch. Punkt. Da waren sie perplex.«

Das Auswärtige Amt in Berlin legte anschließend in Washington offiziellen Protest gegen die Befragung ein. Der Druck auf Deutschland und ihre Arbeitsgruppe, sagt Caberta, komme eindeutig aus dem State Department in Washington, wo gewisse Hollywoodschauspieler eben »verdammt gut« angesehen seien. In Sachen Technologieerklärung obsiegte sie schließlich vor dem amerikanischen Gericht in Miami, vor dem sie der deutsche Firmenchef Hubert Heller verklagt hatte. Der Richter in Miami erklärte, Caberta verbreite die »Hubbard-Erklärung« lediglich in Ausübung ihres öffentlichen Amtes in Deutschland und könne dafür in den USA nicht belangt werden. Die Klage wurde abgewiesen.

Bei so viel Widerstand hätten andere schon nach kurzer Zeit das Handtuch geworfen. Nicht Ursula Caberta. »Ich mache meinen Job nicht für mich, sondern im Auftrag der Stadt Hamburg«, sagt sie. Caberta hat viel erreicht, vielleicht, weil sie für eine ehemalige Politikerin erstaunlich wenig diplomatisch ist. Manche sagen »ruppig« dazu und unterstellen ihr eine Art »Allein gegen die Mafia«-Syndrom.[3] Doch auch die ironischsten Kritiker mussten anerkennen, dass Ursula Caberta Stehvermögen besitzt und einiges erreicht hat. 1997 urteilte der *Spiegel:* »Heute wissen wohl die meisten Deutschen, dass es sich bei Scientology um eine Organisation handelt, die ihre Mitglieder manipuliert und auspresst. Das ist nicht zuletzt auch ihr Verdienst.«[4] In unzähligen Talkshows hat sie angriffslustig gegen die scientologische »Roboterherrschaft« gestritten, hat Sicherheitsbeauftragte, Handelskammern, Ministerien und Lehrer beraten. Sie hat entscheidend dazu beigetragen, dass die Innenministerkonferenz im Juni 1997 den Beschluss fasste, Scientology zukünftig vom Verfassungsschutz mit allen nachrichtendienstlichen Mitteln beobachten zu lassen. Ursula Caberta hat in 16 Jahren an der Spitze der »Arbeitsgruppe Scientology« drei politische Machtwechsel und sechs Innensenatoren überstanden. Das Thema Scientology ist ohnehin nicht parteigebunden; ihre engsten Mitstreiter kamen nicht selten aus der Union wie der frühere Arbeitsminister Norbert Blüm oder der langjährige bayerische Innenminister und spätere Ministerpräsident Günter Beckstein.

Doch als die Grünen 2008 wieder ins Hamburger Rathaus einzogen, diesmal in der ersten schwarz-grünen Koalition Deutschlands auf Landesebene, wurde ein politisch-administrativer Druck auf die weltweit einzigartige staatliche Beratungsstelle spürbar, wie es ihn zuvor nie gegeben hatte. Sie könne kaum noch auf amtliche Unterstützung zählen, klagte Caberta. Sie ärgerte sich vor allem über fehlendes Personal; drei der fünf Stellen der Arbeitsgruppe seien nicht besetzt. Deshalb trat die Behördenchefin im Februar 2009 die Flucht nach vorn an. Sie bat den Senat um ihre Versetzung. Während Scientologen im Internet schon jubelten, nun könne man »die Sektkorken knallen« lassen, beeilte sich die Hamburger Innenbehörde, Cabertas Vorwürfe zu dementieren. »Der schwarz-grüne Senat misst dem Thema Scientology hohe Bedeutung zu. Die Arbeitsgruppe wird natürlich weiter bestehen«, sagte ein Sprecher. Caberta blieb. Doch im Dezember des Jahres klang alles noch dramatischer; nun war von massiven Stellenstreichungen die Rede, und Caberta wirkte resigniert, als sie auf einer Pressekonferenz mit den langjährigen amerikanischen Scientology-Kritikern Gerry Armstrong und Graham Berry davon sprach, dass sie sich »nicht an der eigenen Hinrichtung beteiligen« und eher aufhören wolle als Sparbeschlüsse zu akzeptieren, die ihre Arbeit unmöglich machen würden.[5]

Ähnlich schlecht war Ursula Caberta zuvor nur auf Staatsanwälte und Richter zu sprechen, wenn diese hinter Erreichtes, wie sie meint, zurückfielen – wie im bislang letzten Verfahren um die »Technologieerklärung« im Dezember 2005, als das Bundesverwaltungsgericht entschied, sie dürfe sie nicht mehr verbreiten.[6] Der Gesetzgeber habe bisher keine Basis für die Weitergabe der Erklärung an Dritte geschaffen, hieß es in dem Beschluss. Ursula Caberta hält das Urteil für verheerend, weil es dem Staat ein niedrigschwelliges Mittel zum Schutz vor Scientology aus der Hand nehme. Der Text der Schutzerklärung ist aber weiterhin leicht im Internet zu finden oder kann im Buchhandel für wenige Cent bei einem Verlag für Wirtschaftsrecht erworben werden. Jeder Unternehmer darf – und sollte – sie verwenden, um die Zugehörigkeit eines Geschäftspartners zur Scientology-Organisation auszuschließen; nur staatliche Stellen dürfen sie nicht mehr verbreiten. Keinesfalls bedeute das Urteil eine Anerkennung von Scientology als Religionsgemeinschaft, sagt Caberta. »Scientology ist keine Religion, sondern eine Extremistentruppe, um eine Psychodiktatur zu errichten. Wenn ich mir die Verfassungsschutzberichte ansehe, dann erhärtet sich jedes Jahr die Gewissheit, dass es eine Ideologie ist, die sich gegen unsere freiheitliche Grundordnung richtet.« Trotzdem hatte auch Caberta jahrelang Vorbehalte, ein Verbot der Organisation zu fordern. Sie dachte wie viele andere Kritiker, dass öffentliche Aufklärung genügen würde. Das sieht sie heute anders: »Scientology wird immer dreister. Wir schaffen es nicht, sie auf Dauer einzudämmen. Mit ihren Desinformationskampagnen gelingt es ihnen, sich wie die reinen Engel darzustellen und immer wieder aufzustehen.«

Die geklärte Hauptstadt

Die Kavalkade

In der Dämmerung erzielt das steil aufragende Haus genau die Wirkung, die zum »neuen« Image der Organisation passt. Erleuchtet wie ein Luxusdampfer liegt es an der Zufahrt zum Regierungsviertel. Weithin sichtbar strahlt das riesige durchgestrichene Kreuz in den Berliner Winterabend. »Tag der offenen Tür«, lockt ein Plakat über den Eingangstüren. Die Glasfassade signalisiert Offenheit und Transparenz. Im Foyer sieht man grauhaarige Herren im Anzug und blonde junge Frauen im schwarzen Kostüm, Sektglas in der Hand. Bunte Luftballons in den Nationalfarben Schwarz-Rot-Gold geben dem Ganzen einen Hauch von Firmenjubiläum. Und wie bei einem solchem Anlass zu erwarten, steht auch hier zu lesen: »Feiern Sie mit uns – ein Jahr Scientology Kirche Berlin«.

Es ist der 26. Januar 2008, das Haus an der Otto-Suhr-Allee in der Berliner City ist wieder einmal richtig gut gefüllt. Neugierig blicken die jungen Leute, die direkt vor dem Eingang zur *Org* an der Haltestelle auf den Bus warten, hinein in den Rummel. Eine hübsche Frau in ihrem Alter, vielleicht 18 oder 20 Jahre alt, winkt ihnen zu, macht Zeichen, sie sollten sich trauen einzutreten – in die schöne bunte Welt von Scientology. Man kann von außen die eleganten Flachbildschirme sehen, auf denen professionell gemachte Werbevideos laufen. Man sieht auch die großen Ausstellungstafeln mit Überschriften wie »Der Gründer«, »Die Ziele«, »Die religiöse Philosophie«. Keine Frage, dass das Entree dieser Glaubens-Firma moderner und zeitgemäßer wirkt als jedes protestantische Gemeindezentrum im Grunewald oder jede Moschee in Berlin-Neukölln.

Das Image ist die Botschaft. Sie tragen keine orangefarbenen Umhänge, sie stehen nicht in Second-Hand-Kleidern an der Straßenecke mit billig gedruckten *Wachttürmen* – sie legen Wert auf ein gepflegtes Äußeres und unaufdringliche Eleganz. Auf ihrer professionell designten Internetseite feiert die »Scientology Kirche Berlin«

die Bilanz des ersten Jahres ihrer neuen Niederlassung im Stadtzentrum als großen Erfolg: »Innerhalb nur weniger Monate ist die Zahl der hauptamtlich aktiven Mitglieder in Berlin von knapp 30 auf mittlerweile 130 angewachsen. (…) Von den Mitgliedern selbst einmal abgesehen besuchten seit Januar 2007 nahezu 20 000 interessierte Mitbürger die Berliner Kirche, um sich selbst ein Bild zu machen. (…) Allein die Scientology Kirche Berlin betreut derzeit insgesamt etwa 11 000 Menschen, die an der Scientology-Religion interessiert sind und damit begonnen haben, sich mit der religiösen Lehre zu beschäftigen.«

Knapp 500 Meter von der »Scientology Kirche« entfernt liegt das alte Sandsteinrathaus des Stadtbezirks Charlottenburg. In einem Seitenflügel hat der SPD-Wirtschaftsstadtrat Marc Schulte sein Büro. Da Scientology im Bezirk als Gewerbe verstanden wird, fällt die Sekte in Schultes Zuständigkeit. Gerade hat das Bezirksamt eine neue Kontakt- und Beschwerdestelle eingerichtet; 30 Anfragen sind in knapp einer Woche aufgelaufen, meist geht es um die penetrante Straßenwerbung der *Thetanen*. »Wir haben das Problem, dass wir ihnen die Stände genehmigen müssen, weil unser Wegerecht in Berlin sehr liberal ist. Aber das heißt ja nicht, dass wir nicht genau hinschauen, was sie dann machen«, sagt der 39-jährige Stadtrat. Schulte ist ein ruhiger, unaufgeregter Mann, der inzwischen genügend Erfahrungen mit der neuen Nachbarschaft gesammelt hat, um sich auszukennen. Das war ein Jahr zuvor noch ganz anders. »Wir wurden völlig überrumpelt. Erst ein Bauantrag hat uns auf die Scientologen aufmerksam gemacht«, sagt der studierte Mathematiklehrer. Unbemerkt von Politik und Öffentlichkeit hatte die Sekte das Haus gekauft, ausgebaut und erst kurz vor der Eröffnung den Antrag gestellt, einen großen Schriftzug mit ihrem Namen und dem Strahlenkreuz an der Fassade anzubringen. »Das mussten wir genehmigen, die Gesetze sind so in Berlin.« Schulte wusste damals wenig über die Organisation und musste sich erst mal kundig machen. »Da war die Angst, die Unsicherheit: Was kommt da auf uns zu?«

Es war der evangelische Sektenbeauftragte Gandow, der als Erster Wind von dem Vorhaben bekam. Der 62-jährige Pfarrer berichtet, dass er am 30. November 2006 von dem Bruder einer Scientologin aus Westdeutschland angerufen wurde, der ihm besorgt erzählte, seine Schwester würde nach Berlin beordert. Der Mann sagte: »Es soll eine große Neueröffnung geben. Die abberufenen Mitarbeiter sollen bei Bekannten und in Jugendherbergen untergebracht werden, bis es losgeht.« Als Thomas Gandow das hörte, war er elektrisiert. Er wusste, dass die Berliner Scientologen nach den Auseinandersetzungen um die brutalen Methoden ihrer Immobilienfirmen Schwierigkeiten hatten, neues Personal zu rekrutieren. Nur ein paar Monate zuvor waren sie aus ihrer repräsentativen Niederlassung im bürgerlichen Bezirk Steglitz in eine winzige Butze im Kleine-Leute-Quartier Mariendorf (Tempelhof) umgezogen. Das wirkte, als wäre den Hubbard-Jüngern die Luft ausgegangen. Sie wurden auf gerade noch 200 Personen in Berlin geschätzt.

Gleichzeitig spürte jeder, der sich mit Scientology auskannte, dass irgendetwas im Busche war. Während der Fußballweltmeisterschaft im Sommer hatte die Hauptstadt eine regelrechte Scientologen-Invasion erlebt. Die Sektierer hatten an zentralen Punkten der City geräumige gelbe Zelte aufgebaut, in denen »Ehrenamtliche Geistliche« in gelben T-Shirts sogenannte *Touch Assists* anboten – und natürlich massenhaft Hubbard-Bücher und Broschüren »zum Glücklichsein«. *Touch Assists* (Berührungshilfen) waren eine in Vergessenheit geratene Hubbard-Masche bei der Mitgliederwerbung. Das »berührungslose Handauflegen« ist eine Massage, die keine Massage sein soll, weil sie dann nämlich eine Heilbehandlung wäre, wozu man eine Genehmigung bräuchte. Als die Scientologen im April 2004 mit ihren gelben Zelten in Berlin auftauchten, warnte die Boulevardzeitung *B.Z.:* »Vorsicht, Sekten-Massage! So geht Scientology auf Kundenfang am Berliner Dom.«[1] Damals schilderten Zeitungen aus dem gesamten Bundesgebiet diese neue Art der Annäherung an die Kunden, denn die gelben Zelte schienen sich seit 2002 epidemisch zu vermehren, ebenso wie plötzlich große Plakatwerbung für das DIANETIK-Buch und *Volunteer Ministers* (Ehrenamtliche Geistliche) in deutschen Städten auftauchten.

Für Ingo Heinemann, den Sprecher des Bundesverbandes Sekten- und Psychomarktberatung, geht aus den Presseberichten klar hervor, dass in den gelben Zelten Behandlungen mit einer ganz speziellen Absicht durchgeführt werden. »Scientology verstößt damit gegen das Heilmittelwerbegesetz, das unter anderem Werbung, mit der eine Entgegennahme von Anschriften verbunden ist, untersagt –

und das Adressensammeln ist wohl der hauptsächliche Zweck des Ganzen«, meint er. Das zuständige Bezirksamt Mitte in Berlin schritt nicht dagegen ein, anders als die Behörden in Stuttgart und München, wo diese Art der Werbung untersagt und in München auch gerichtlich verboten wurde, während Stuttgart nach einer Niederlage vor Gericht das Wegerecht verschärfte.[2] In der Hauptstadt dagegen konnte die sogenannte *Kavalkade der Ehrenamtlichen Geistlichen,* finanziert von der IAS, der Hüterin der scientologischen »Kriegskasse«, weiterziehen und fragwürdigen »Beistand« leisten.[3]

Es schien sich auch niemand sonderlich dafür zu interessieren, was »Ehrenamtliche Geistliche« eigentlich sind und vor allem – tun. Laut Scientology-Propaganda »mildert der Ehrenamtliche Geistliche das Leiden der Menschen. Er rettet gefährdete Ehen, hilft erfolglosen Studenten, schlichtet Streitigkeiten zwischen einzelnen und Gruppen, rettet Drogenabhängige aus der Qual der Entzugserscheinungen, lindert körperliche Beschwerden und hilft den Verletzten«.[4] Es gab diese »Geistlichen« schon seit den 1970er Jahren, aber sie spielten keine wirkliche Rolle – bis zu den Angriffen auf das World Trade Center in New York 2001. Seither erfolgt eine Art Imagewandel hin zu einer Nothilfe-Organisation mit »Einsätzen« bei Terrorangriffen und Flutkatastrophen, der jeder beitreten könne, egal welcher Religion er angehört.[5] Sie waren plötzlich bei allen großen Tragödien zu sehen, vom Ground Zero in New York über den Terroranschlag auf die Volksschule in Nord-Ossetien im Oktober 2004 bis hin zu den Attacken auf die Londoner U-Bahn im folgenden Jahr. In Deutschland tauchten sie beim Absturz einer russischen Verkehrsmaschine am Bodensee im November 2001, nach dem blutigen Amoklauf des Schülers Robert Steinhäuser Ende April 2002 in Erfurt und beim Elbehochwasser im August 2002 auf. Intern liest sich die Beschreibung auch ganz anders, da ist nicht von Nothilfe die Rede, sondern von Scientology-Methoden, wie in den asiatischen Tsunami-Gebieten am Jahresbeginn 2005. »Wir brachten den Überlebenden des Tsunamis LRH Tech!«, heißt es unzweideutig im Magazin *Impact.* »Was die effektive Hilfe betrifft, trainierten die verschiedenen Wellen von Ehrenamtlichen Geistlichen in Südostasien 51 376 Männer, Frauen und Kinder, Rons Tech weiterzugeben.«[6] Im Februar 2008 gab Scientology die Zahl ihrer »Ehrenamtlichen Geistlichen« mit 11 500 weltweit an; seit dem 11. September 2001 hätten diese 10,8 Millionen Menschen »geholfen«.[7]

L. Ron Hubbard hatte seinen vermeintlich edlen Helfern 1976 sogar ein ganzes HANDBUCH FÜR DEN EHRENAMTLICHEN GEISTLICHEN gewidmet, das von der Anwendung seiner *Technologie* handelt: »Zu den Aufgaben eines Ehrenamtlichen Geistlichen gehört die Verbreitung der Scientology an all jene Personen, die nach mehr Wissen verlangen. Er verkauft ihnen die Bücher über Dianetik und Scientology ...« Dadurch, so formulierte »Kirchenvater« Hubbard, »bringt der Ehrenamtliche Geistliche viele weitere Leute in die Scientology-Kirche«, denn er »ist ein Führer, der den Menschen größere Freiheit bringt, damit sie hinausgehen und andere frei machen können«. Der »Ehrenamtliche Geistliche« – von Hubbard auch als *Ethik-Offizier* bezeichnet, sei außerdem ein Verhörspezialist, um »Unruhestifter« zu entdecken und »Verbrecher aus der Umwelt auszusperren«; mit Verbrechern sind »Antiscientologen« gemeint.[8] Hilfe im traditionellen Sinn hatte der »Gründer« also nicht unbedingt im Sinn, wie er auch unter der Kapitelüberschrift »Organisation und Moral« im HANDBUCH deutlich machte: »Mitleid ist ein Mittel zur Niederdrückung der Moral und bewusst oder unbewusst ein Zerstörer der Moral. Wenn die Person, die Mitleid hat, fähig genug wäre, etwas dagegen zu tun, würde sie es tun.«[9]

Das scientologische Propagandamagazin *Impact* stellte im Jahr 2002 in Bild und Grafik eine ultramoderne standardisierte LKW-Roadshow vor, mit der Hubbards mitleidlose Zeltwerber durch die Lande ziehen sollten wie durch ein Seuchengebiet (wofür Scientologen die »normale« Welt tatsächlich halten). In dieser internen Zeitschrift wurde ebenso wie im HANDBUCH FÜR DEN EHRENAMTLICHEN GEISTLICHEN Tacheles geschrieben: Die »Geistlichen«, so hieß es darin, würden »LRH Tech trainieren« und »Seminare für Hunderte von Besuchern gleichzeitig geben können«.[10] Es geht also eindeutig um Scientology, nicht um Katastrophenhilfe. Durch eine kurze Meldung in *Adweek*, einer US-Fachzeitschrift für Werbung, wurde 2003 klar, dass die *Kavalkade* gemäß ihrem militärischen Titel, der einen Reiterzug bezeichnet, in Wirklichkeit Teil eines scientologischen »Kriegs mit Europa« war. Demnach hatte Scientology mit der Offensive die bedeutende US-Werbeagentur Horizon Media beauftragt, die auch in Amsterdam Büros besitzt. Laut *Adweek* hatte die Sekte allein im Jahr 2002 rund 45 Millionen Dollar (!) für Werbung ausgegeben. In der Meldung hieß es: »Horizon wird die Medienstrategie steuern, die darauf zielt, die Bekanntheit der Kirche in den USA, Europa und Russland zu fördern.« In Europa werde man vor allem die *Kavalkade der Ehrenamtlichen Geistlichen* bei ihrem Marsch durch »40 Städte« promoten. Der Horizon-Generaldirektor Zach Rosenberg machte deutlich, dass dabei »religiöser Beistand« eher nicht zu den primären Zielen gehöre: »Es geht definitiv darum, Leute für die Church zu rekrutieren.«[11]

Mitte Dezember 2006 wusste Pfarrer Gandow endgültig, worum es bei all dem wirklich ging. Eine Frau aus dem Bezirk Charlottenburg hatte ihn angerufen: »An einem Bürohaus am Ernst-Reuter-Platz hängt ein Scientology-Plakat im Schaufenster. Da soll irgendwas eröffnet werden.« Gandow ließ sich das Haus beschreiben und ahnte augenblicklich, was auf Berlin zukam. »Das Haus liegt nur wenige Minuten vom Reichstag entfernt. Mir war klar, dass es sich um das Scientology-Projekt ›Krieg gegen Europa‹ drehen musste, das darauf zielt, die europäischen Regierungen unter Beschuss zu nehmen.« Es dauerte nicht lange, bis der Pfarrer in Erfahrung brachte, dass der wuchtige Stahl- und Glaskomplex ausgerechnet von der städtischen Berliner Wohnungsbaugesellschaft BeWoGe bereits am 3. März 2005 für 4,8 Millionen Euro an eine Immobilienfirma KW Berlin A-S Kopenhagen in Dänemark verkauft worden war, wo sich die Europazentrale von Scientology befindet – offenbar eine Tarnfirma. Gandow dachte, wenn die Organisation die Neueröffnung schon seit anderthalb Jahren vorbereitete, dann musste sie erhebliche strategische Bedeutung haben. »Es musste einfach im Zusammenhang mit der neuen Europa-Strategie von Scientology stehen«, sagt Gandow.

Brüssel, Hotel Carrefour de l'Europe, 8. April 2006. Scientology hat ihr Spitzenpersonal zu einem europäischen Gipfeltreffen versammelt, das es in dieser Form noch nie gegeben hat. Hunderte von Scientologen aus Belgien, Frankreich, Italien, Spanien, Deutschland, den Niederlanden und der Schweiz drängen in den Konferenzsaal des Hotels. Wenig später warten sie auf die »Helden des heutigen Tages«, wie das belgische Magazin *Le Soir* später schreiben wird. Auf die europäischen Führungsoffiziere der militärisch strukturierten Sekte. Es soll um die neuen Expansionspläne auf dem alten Kontinent gehen. Endlich tritt ein Mann ans Mikrophon und verkündet auf Englisch: »Wir sind im Krieg!« Er meint: im Krieg mit Europa. »Europa ist in Gefahr, wir müssen aufwachen! Wenn ihr den Krieg gewinnen wollt, müsst ihr ein Teil davon werden!« Er spricht über die Planziele der Organisation so deutlich, wie man es selbst von Scientologen selten hörte: »Wir müssen die Kontrolle in Belgien übernehmen! Sie haben dieselben Absichten wie die Nazis! Wir müssen diese Mächte des Vierten Reiches Respekt vor den Menschenrechten lehren!«[12]

Die Konferenz in Brüssel war der vorläufige Höhepunkt einer neuen Scientology-Kampagne, die darauf zielt, aus der Defensive, in die der Psychokult in Europa geraten war, wieder herauszukommen. Der Mann am Mikrophon war Fabio Amicarelli, seit 2003 Chef des scientologischen »Öffentlichkeits- und Menschenrechtsbüros für Europa« in Brüssel, der dort sonst europäische Regierungsvertreter umschmeichelt. Ihnen hatte er gewiss noch nie davon erzählt, dass seine Organisation »Krieg« gegen sie führen wollte. Hintergrund: Während Scientology in den USA 1993 vollständig von der Steuer befreit wurde, wehte ihr in Europa ein scharfer Wind entgegen. Enquetekommissionen der Parlamente von Deutschland, Frankreich, Belgien und Spanien befassten sich mit der Organisation; in zahlreichen Prozessen wurden Scientologen wegen Betrugs, Wucher, fahrlässiger Tötung oder der Bildung einer kriminellen Vereinigung angeklagt. Deutschland und Frankreich ließen die Organisation geheimdienstlich beobachten (siehe Kapitel »Gegenwind«). In der amerikanischen Zentrale schätzte man die Lage als so gefährlich ein, dass Westeuropa, die EU-Kommission und das EU-Parlament in der Sektenpropaganda seit Anfang 2000 als das »Vierte Reich« bezeichnet wurden – in Anspielung auf die Schreckensherrschaft der Nationalsozialisten. Das »Vierte Reich«, erklärten die Propagandisten damit, wolle Scientology vernichten wie das Dritte Reich die Juden. Aber man lasse sich nicht wie jene einfach zur Schlachtbank führen. Deshalb der »Krieg gegen Europa«.

Die konkrete Antwort von Scientology hieß: »Ideale Org«, laut Sektenführer Miscavige »ein Gebäude, in dem die Mitarbeiter sofort in Höchstgeschwindigkeit mit allem loslegen können«.[13] Die Anforderungen sind hoch. Statt durch ein Nebeneinander verschiedener Befehlsstränge wie momentan sollen alle »Scientology-Aktivitäten in einer kompletten geographischen Zone« – also auch die *Frontgroups* – von der zuständigen *Org* gesteuert werden. Um jede *Ideale Org* sollen sich zehn *Missionen* gruppieren und jede *Mission* wiederum fünf kleinere Einheiten (Außengruppen) führen, »um mehr hauptamtlich tätige Mitglieder an Bord zu bringen«, so David Miscavige – sprich: zu rekrutieren. Solche *Idealen Orgs* werden seit einigen Jahren in den europäischen Hauptstädten und Metropolen gegründet, offenbar um den »Krieg gegen Europa« zu führen – vor allem mit politischer Lobbyarbeit gemäß dem Leitspruch des verstorbenen Oberchefs L. Ron Hubbard: »Unterwirf dich niemals folgsam einer Untersuchung über uns. Mach es den Angreifern schwer, wo es nur geht.«[14]

Von ihren Vorhaben waren sie offenbar so berauscht, dass sie bei der internen Promotion alle Vorsicht fahren ließen und erstmals Klartext redeten, was die Funktion der *Frontgroups* im gesamten System angeht. In seiner Brüsseler Ansprache 2006 bezeichnete der Öffentlichkeitsoffizier Fabio Amicarelli scientologische Gruppen wie »Sag Nein zu Drogen«, *Narconon* oder *Applied Scholastics* als *Feeder Organizations* – also als »Einspeise-Organisationen«, mit denen »frisches Fleisch« rekrutiert und dann auf die »Brücke« (ins scientologische Kurssystem) gelotst werden solle. *Feeder Organizations* sind laut Scientology-Definition »all die unteren Organisationseinheiten auf der Brücke, die dazu da sind, Leute die Brücke raufzubringen zur nächsthöheren Org«, wie der ehemals hochrangige US-Scientologe Gerry Armstrong erläutert.[15] Jahrzehntelang hatten die Sektenbosse bestritten, dass ihre Tarnorganisationen dazu dienten, Menschen für Scientology zu rekrutieren. »Damit hat Amicarelli zugegeben, dass die Scientology-Sprecher all die Jahre gelogen haben«, schreibt der Aussteiger, und jede Regierung habe nun das Recht, von David Miscavige zu erfahren, »worauf ihre Bürger programmiert werden, wenn sie in das Scientology-System eingespeist werden: was sie darin werden, glauben und tun sollen«. Dies sei eine »Bedrohung für die europäische Demokratie«.[16]

Währenddessen trieb die Scientology-Spitze in Los Angeles das Projekt »Ideale Org« voran, um in allen Hauptstädten Europas vertreten zu sein. In einem Rundbrief schrieb der Scientology-Chef Miscavige: »Früher erforderten unsere Schlachten enorme Ressourcen und Anstrengungen, um die Opposition zu bekämpfen ... schaut man sich heute die relativ geringe Opposition an, der wir gegenüberstehen, ist die Antwort anders. Die Idealen Orgs sind unsere Antwort. (...) Die Inseln werden zum Meer werden. Wir werden den Planeten klären ...«[17]

Im Oktober 2003 wurde die *Ideale Org* in Brüssel eröffnet, im Oktober 2004 in Madrid, im Juni 2006 folgte die Einweihung in London. Diese neuen Repräsentanzen hatten nicht mehr viel mit früheren Scientology-Zentren und ihrem Gammel-Look gemein. Sie lagen statt an der Peripherie im Regierungsviertel der jeweiligen Hauptstadt und waren ausnahmslos kurz zuvor gekaufte, exklusive Immobilien; das Haus in London soll 20 Millionen Pfund (rund 25 Millionen Euro) gekostet haben.[18] Schon die Niederlassung in Hamburg war rund 20 Millionen Euro teuer gewesen. Die neuen Gebäude waren offenbar die ersten echten Investitionen der Sekte in Europa. Schließlich muss die Sekte die gewaltigen Summen, die sie steuerfrei einnimmt, irgendwie wieder investieren. Für das repräsentative, mit Kandelabern, alten Möbeln und wertvollen Teppichen ausgestattete Haus im »neoklassischen Regentenstil« in der Brüsseler Rue de la Loi 91 nahe dem Justizministerium und dem belgischen Parlament, als »Menschenrechtsbüro« bezeichnet, wurden angeblich 31 Millionen Euro bezahlt.[19] Weitere vier neu erworbene Altstadtimmobilien um die Grande Place in Brüssel umfassen rund 7000 Quadratmeter. Die Zeitung *Le Soir* spekulierte darüber, dass Scientology damit ihre Europazentrale de facto von Kopenhagen nach Brüssel verlege, in die europäische Hauptstadt. Und weiter: »Der Erwerb der Immobilien in Brüssel ist der erste Schritt im Plan, die EU-Institutionen zu infiltrieren.«[20] Das Brüsseler »Menschenrechtsbüro« richtet sich seither ausschließlich an die Öffentlichkeit; es offeriert Ausstellungen über »Missbräuche der Psychiatrie«, die Geschichte von Scientology, die »humanitären« Operationen der Organisation. Von dort aus sollten »Führern aus ganz Europa« Einblicke in die Arbeit der Organisation gegeben werden, sagte Scientology-Direktor Fabio Amicarelli.[21] Ein anderer Scientology-Offizier wurde *Le Soir* gegenüber noch deutlicher: »Jeden Tag empfangen wir Mitglieder der EU-Kommission und des Europäischen Parlaments, Botschafter und Minister aus vielen Ländern. Wir wollen ihnen zeigen, was Scientology wirklich ist, anders als in den Zeitungsschlagzeilen.«[22] Im Sommer 2009 forderte Scientology ihre Mitglieder europaweit auf, sich zum Dienst in Brüssel zu melden. Nach Informationen des Hamburger Verfassungsschutzes ging es bei dem Expansionsvorhaben um Einflussnahme auf das »politische Zentrum in Brüssel« und »die tatsächliche Klärung der Menschen Europas«.[23]

Beim Europa-Feldzug spielte erneut Scientologys wichtigster »Botschafter« eine nicht zu unterschätzende Rolle. Noch im selben Jahr 2003 wandte sich Tom Cruise brieflich an den amerikanischen Vize-Außenminister Richard Armitage und beschwerte sich, Angehörige seiner »Kirche, darunter amerikanische Künstler«, würden in Deutschland, Frankreich und Belgien »weiterhin diskriminiert«. Er habe daher den US-Botschaften in diesen Ländern »eine Reihe von Besuchen abgestattet und mit jedem Botschafter über die Probleme der religiösen Toleranz in diesen Ländern gesprochen«. Er bat Armitage dringend um einen persönlichen Termin: »Ich meine, dass wir etwas erreichen könnten, wenn wir in dieser Sache zusammenarbeiten.« In dem Brief erwähnte Tom Cruise ausdrücklich seine Gespräche mit den US-Botschaftern Daniel Coats in Berlin und George Argyros in Madrid. Was Spanien angehe, »freue ich mich sagen zu können, dass die mit ihm erörterte Situation inzwischen vollständig gelöst ist«, formulierte er. Es ging um ein Strafverfahren gegen führende Scientologen des Landes und den amerikanischen Scientology-Präsidenten Heber Jentzsch wegen Bildung einer kriminellen Vereinigung und der Anwendung von Foltermethoden; für Jentzsch wollte der Staatsanwalt 56 Jahre Gefängnis beantragen.[24] Die spanische Justiz hatte den Prozess nach 14-jährigen Ermittlungen im April 2002 kurz vor der geplanten Anklageerhebung platzen lassen. Sämtliche Zeugen der Anklage waren mysteriöserweise nicht mehr zu Aussagen bereit. »Nach 14 Jahren hat der religiöse Pluralismus über die alte Garde der Unterdrückung triumphiert«, frohlockte Jentzsch.[25]

Tom Cruise erklärte nun dem stellvertretenden Außenminister der USA, dass die Lage in Deutschland und Frankreich weit weniger erfreulich sei. »Die Situationen in diesen Ländern beobachte ich in der Tat genau, und im Lauf des letzten Monats habe ich von Versuchen erfahren, die Auftritte zweier amerikanischer Künstler allein deswegen zu sabotieren, weil sie Angehörige der Scientology-Kirche sind. Scientology ist in den Vereinigten Staaten voll und ganz als steuerbefreite, echte Religion anerkannt, doch diese Aktionen durch deutsche Behördenmitarbeiter sind leider repräsentativ für die Intoleranz, der sich Angehörige meiner Religion und anderer Minderheitsreligionen in Deutschland gegenübersehen. Religionsfreiheit ist für mich – wie für jeden echten Amerikaner – sehr wichtig. Botschafter Coats und sein Personal haben mich ebenfalls wieder sehr unterstützt, und ich bin auch für die Bemühungen des US-Botschaftspersonals in Paris dankbar. Schließlich muss ich im Januar nach Europa reisen, um für meinen nächsten Film zu werben, und ich beabsichtige, erneut mit unseren Botschaftern in Frankreich, Deutschland und eventuell Belgien zusammenzutreffen.« Gemeinsam mit den Botschaftern wolle er »Druck auf diese Nationen ausüben«. Demnächst wolle er in der Sache auch einmal bei Vizepräsident Dick Cheney vorsprechen.[26] Das alles klang, als sei Cruise kein Schauspieler mehr, sondern Politiker geworden, und seine Ausführungen wirkten, als ob ihn die US-Regierung in dieser Rolle ernst genommen hätte.

Tom Cruise war also auf einer wichtigen »Mission: Europe«, als er im Spätsommer 2004 beim Berliner Regierenden Bürgermeister Klaus Wowereit und dem damaligen französischen Finanzminister Nicolas Sarkozy Station machte. Den Berlin-Besuch, bei dem ihm Wowereit im Roten Rathaus einen Porzellanbären überreichte, würdigte ein scientologisches Propagandavideo anschließend als besonders mutige Tat des »Freiheitskämpfers« aus Beverly Hills. Originalton: »Tom Cruise ist ins Land der Intoleranz gefahren, wo er es bis in den Palast des Bürgermeisters schaffte, der ihm das Symbol der Stadt überreichte. Das ist Tom Cruise!«[27] In Paris führte sein Mut dagegen nicht zum gewünschten Erfolg. Die Stadtverwaltung versagte ihm den Wunsch, ihr Ehrenbürger zu werden. Sie würde eine derartige Ehrung für Cruise mit allen Mitteln verhindern, erklärte die stellvertretende Bürgermeisterin der französischen Hauptstadt, die Sozialistin Anne Hidalgo. Cruise nutze seine Berühmtheit als »Waffe«, um für Scientology zu werben, sagte sie. »Wir werden gegenüber solchen Botschaftern Vorsicht walten lassen, seien sie berühmt oder weniger berühmt.«[28]

Als die *Ideale Org* in Madrid im Oktober 2004 eröffnet wurde, trat dort Tom Cruise erstmals gemeinsam mit David Miscavige auf, um die *Church* in aller Öffentlichkeit zu repräsentieren. Die zwei Scientology-Führer sprachen vor angeblich 10 000 Menschen, »die sich auf den Straßen vor der Kirche drängten«, wie das Propagandamagazin *International Scientology News* berichtete, »nur einen Häuserblock vom Parlament entfernt«. In der scientologischen Zeitschrift wurde das Ereignis ausführlich in Wort und Bild gewürdigt: »Den Schluss bildete Tom Cruise. Seine Rede – die er auf Spanisch hielt – war ein von Herzen kommender Aufruf an alle Menschen Spaniens, das wertvollste Geschenk anzunehmen, das er ihnen überhaupt machen könne: Scientology.«[29] Fast auf den Tag genau zwei Jahre später wurde die *Ideale Org* in der Londoner Queen Victoria Street, »nur wenige Schritte von der Tate-Galerie und der berühmten Saint-Pauls-Kathedrale entfernt«, mit 3000 Gästen eröffnet. Wieder waren David Miscavige und Tom Cruise dabei, wieder war es geglückt, offizielle Repräsentanten der Stadt als Gäste in dem renovierten viktorianischen Prachtbau aus dem Jahr 1866 zu begrüßen. Ein Abteilungskommandeur der Londoner Polizei bedankte sich für die »wertvolle Hilfe der Kirchenmitglieder« nach den Terroranschlägen vom Juli 2005 auf die Londoner U-Bahn, ein Stadtrat lobte die *Frontgroups Narconon* und *Criminon*.[30]

Hilflose Behörden

Die Hamburger *Org*, zuständig für Norddeutschland, gab sich 2006 noch zuversichtlich, wegen ihrer personellen Zuwächse ebenfalls zur *Idealen Org* aufsteigen zu können: »Denn schließlich leben in unserem Verantwortungsbereich über 13 Millionen Einwohner, denen wir als einzige Gruppe effektive Hilfe bieten können.«[1] Auch in Hannover und Stuttgart hegte man solche Träume. Die hiesigen Scientologen hatten jedoch nicht mit den Plänen ihrer Zentrale in Los Angeles gerechnet. Dort war man offenbar unzufrieden mit der Entwicklung in Deutschland. Als Pfarrer Gandow gerade einen Brief nach Dänemark aufsetzen wollte, um mehr über den Käufer der Berliner Scientology-Immobilie zu erfahren, stieß er im Internet auf Informationen, die seine schlimmsten Befürchtungen bestätigten. Auf der deutschen Scientology-Website wurde für Weihnachten eine »Eröffnungsparty für Anwohner« und für Mitte Januar ein

»großes Eröffnungsfest« der »neuen Berliner Scientology Kirche« in Charlottenburg angekündigt. Als geladene Ehrengäste wurden bekannte deutsche Scientology-Unterstützer genannt wie der Theologe Hubertus Mynarek (Autor von DIE NEUE INQUISITION: SEKTENJAGD IN DEUTSCHLAND),[2] der Religionspsychologe Jürgen Redhardt (gutachtlicher Verteidiger der Mun-Sekte),[3] ein Polizeihauptmeister aus Flensburg – und Prominenz: die Hollywoodschauspielerin Anne Archer, der Jazzpianist Chick Corea sowie der deutsche Scientology-Star Franz Rampelmann, ein 55-jähriger Schauspieler aus der ARD-Vorabendserie Lindenstraße, der auch für die Grünen in Nordrhein-Westfalen Werbung machte. Diese Gästeliste war offensichtlich ein politisches Statement wie die gesamte *Ideale Org*. Sie bedeutete Konfrontation. Scientology schickte zwei Theologieprofessoren als Zeichen der Auseinandersetzung mit »religiöser Freiheit« und als Symbol ihrer Attraktivität zwei »Celebrities« aus den USA sowie einen Schauspieler aus einer populären Serie. Damit wollte die Sekte zweifellos sagen: Wir sind wieder da, wir wollen in der deutschen Hauptstadt Flagge zeigen.

Vor allem Chick Coreas Teilnahme war ein Kampfsignal. Der Jazzpianist verkörpert wie kein anderer die Propagandakampagne gegen die Bundesrepublik, mit der sich Scientology in den 1990er Jahren als von der Vernichtung bedrohte Minderheit wie die Juden im Dritten Reich dargestellt hatte. Die Wahrheit sah allerdings anders aus: Im August 1993 hatte das Bundesland Baden-Württemberg eine Einladung Chick Coreas zu einem Konzert in Stuttgart zurückgezogen, nachdem es von dessen Scientology-Mitgliedschaft erfahren hatte. Die Absage des Konzertes, das im Rahmen der Leichtathletik-Weltmeisterschaften stattfinden sollte, begründete das Kultusministerium damals mit dem Satz, dass »Chick Corea sich als Propagandist von Scientology« verstehe. Die Sektenpropaganda prangerte dies jedoch vor internationalen Gremien und im Kongress der USA als »Auftrittsverbot« an; der Künstler selbst fühlte sich »diskriminiert« und zog gegen die Landesregierung bis vors Bundesverwaltungsgericht, stets erfolglos.[4] Wenn ausgerechnet Chick Corea nun die neue Berliner *Org* eröffnen sollte, konnte dies nur bedeuten, dass Scientology an ihre alte Kampagne anknüpfen wollte.

Natürlich drängte sich nun die Frage auf: Warum kündigte die Sekte eigentlich nicht ihren internationalen Megastar an? Warum stand Tom Cruise nicht auf der Eröffnungsliste in Berlin, so wie in Madrid und London? Das Rätsel ging Thomas Gandow nicht mehr aus dem Sinn, und die Lösung sollte ihm erst einige Monate später dämmern. Am 14. Dezember 2006 verschickte Gandow jedenfalls eine Pressemitteilung, in der er auf den Scientology-Coup hinwies. Schnell bekam er eine Rückmeldung aus der Berliner Senatsverwaltung für Familie und Soziales. Man erhalte seit Tagen schon aufgeregte Anrufe und Briefe von Anwohnern aus Charlottenburg: »Passanten sagen, sie seien aggressiv von Scientology-Werbern belästigt worden. Auch Jugendliche würden angegangen.« An der Haltestelle vor dem Bürohaus würden Fahrgäste derart mit Werbematerial bedrängt, dass ein Aussteigen aus dem Bus kaum noch möglich sei.

Im Rathaus Charlottenburg läuteten damals sozusagen alle Alarmglocken. »Wir versuchten herauszufinden, welche Mittel wir hatten«, sagt Stadtrat Marc Schulte, »wir mussten leider feststellen, dass sie begrenzt waren.« Schulte lernte schnell, dass er es mit einem kaum zu unterschätzenden Gegner zu tun bekam. »Wenn dann bei der Sitzung des Bezirksparlaments Scientology-Vertreter auftauchen und wenn sie dauernd vor der Tür meines Büros stehen, das ist schon nicht ohne.« Damals sei ihm bewusst geworden, dass er als Quasi-Chef des Ressorts »Inneres« auch persönlich gefährdet sein könnte. »Ich bin offen schwul, die sind gegen Schwule, da macht man sich schon Gedanken. Aber ich sagte mir, verfall jetzt nur nicht in Panik!«

Am 8. Januar 2007 erschien die Berliner Boulevardzeitung *B.Z.* mit der Schlagzeile: »Wie schützen Sie uns vor Scientology, Herr Körting?« »Still und heimlich« habe sich Scientology »eingeschlichen«, die Politiker hätten versagt.[5] Man rätselte, was genau in der Otto-Suhr-Allee geschehen sollte und was von dort wohl zu befürchten sei. Die *Bild*-Zeitung berichtete, dass vor der Niederlassung bereits Kinder angesprochen und an den Lügendetektor namens *E-Meter* angeschlossen worden seien.[6] Nun rächte es sich, dass Berlin die Beobachtung von Scientology durch den Verfassungsschutz 2003 eingestellt hatte. Berlins Innensenator Ehrhart Körting erfuhr aus der Zeitung, wer am Ernst-Reuter-Platz einziehen würde. In einer ersten Stellungnahme nannte er Scientology allen Ernstes eine »Jugendsekte«. Leider könne man die Gruppe in Berlin nicht vom Verfassungschutz beobachten lassen, da »es bisher in Berlin keine Anhaltspunkte für Bestrebungen dieser Sekte gegen unsere freiheitlich-demokratische Grundordnung gab«. In der Sache existierten »eindeutige Urteile des Berliner Verwaltungsgerichtes«.[7]

Doch Körting irrte. Es war nicht die Justiz, die Berlin an der Beobachtung von Scientology hinderte. Es war einer Mischung aus Dilettantismus, gezieltem Mobbing von Geheimdienstlern, Polizisten und Politikern und der Kapitulation des Staates geschuldet, dass die Stadt der Sekte die offene Flanke bot. Dies hing mit einem Geheimdienstskandal zusammen, der bis ins Jahr 1998 zurückreicht. Damals wurde der Leitende Polizeidirektor Otto Dreksler, der einflussreiche Chef des polizeilichen Lagedienstes, Opfer einer Intrige, bei der er als angeblich führendes Mitglied der Berliner Scientology-Organisation denunziert wurde. Die Informationen hatte ein V-Mann, der bei Scientology eingeschleust worden war, dem Berliner Verfassungsschutz zugetragen. Dieser V-Mann mit dem Decknahmen »Junior« hatte früher für die Stasi gespitzelt und war schon dort mit Falschinformationen aufgefallen. Zwar verlief eine Hausdurchsuchung ergebnislos, Dreksler wurde aber dennoch vom Dienst entbunden. Wir konnten damals nach einem ausführlichen Gespräch mit Otto Dreksler sowie mit Hilfe von Unterlagen und Einschätzungen ehemaliger Top-Scientologen in der *Berliner Zeitung* darlegen, dass der Polizeidirektor mit an Sicherheit grenzender Wahrscheinlichkeit kein Scientologe war.[8]

Als der Verfassungsschutz versuchte, einen Scientologen mit 5000 Mark dafür zu gewinnen, weitere Informationen zu liefern, lief dieser sofort zu seinen Oberen, die den »Skandal« enthüllten und umgehend eine Klage gegen ihre Beobachtung durch den Geheimdienst einreichten. Angesichts der dünnen Beweislage rutschte der Berliner Verfassungsschutz in eine existentielle Krise. »Ein Stück aus dem Tollhaus« nannte der Berliner SPD-Fraktionschef Klaus Böger die Affäre. Bereits Ende Juli 1998 fielen die Anschuldigungen gegen Dreksler in sich zusammen, Innensenator Schönbohm musste einen schweren Fehler einräumen, Dreksler musste rehabilitiert werden.[9] Der spätere Innensenator Eckart Werthebach bezeichnete die Affäre rückblickend als eine »Desinformationskampagne wie von der Stasi«. Meinte er ehemalige Stasi-Agenten, die den Sicherheitsbehörden schaden wollten? Oder Scientologen? Oder doch Verfassungsschützer, die sich profilieren wollten? Dieses Rätsel wurde bis Ende 2009 nicht gelöst.

Doch wollten Gerüchte aus dem Dienst nie verstummen, die besagten, dass Scientology eine Reihe ehemaliger Stasi-Spitzel für ihren Geheimdienst *Office of Special Affairs* (OSA) rekrutiert habe – was erklären würde, warum sich auch der Verfassungsschutz dieser Leute bediente, um Zugang zu Interna des Psychokults zu bekommen. So schrieb die *Frankfurter Allgemeine:* »Beim Verfassungsschutz begriff man das als Gelegenheit. Wenn die *OSA* Stasi-Agenten suchte, sollte sie welche bekommen. Die V-Leute, die man hier ins Spiel bringen konnte, galten als hartgesotten und geeignet, die Prüfverfahren der Sekte zu überstehen.«[10] Der Agent »Junior« habe anfangs auch hervorragend funktioniert und viele Interna geliefert. Doch dann legte man ihm das Foto Drekslers vor, und er meinte, den Mann tatsächlich einmal bei der Sekte gesehen zu haben. Oder war es umgekehrt – hatte Scientology den Dienst aufs Kreuz gelegt? War »Junior« von Scientology beauftragt worden, Dreksler zu beschuldigen? Das Amt jedenfalls freute sich über den Fang des »großen Fisches« – und schlitterte in die Blamage. Doch egal ob es eine Verschwörung war oder pure Schlamperei, letztlich habe Scientology über den Verfassungsschutz triumphiert, fasste die Fraktionsvorsitzende der Berliner Grünen Renate Künast das Desaster zusammen: »Die Sekte hat das Amt kontrolliert und nicht umgekehrt.«

Stellt man die Frage, »Wem nützt es?«, so ist die Antwort klar – und der Verdacht unabweisbar, dass es sich bei der ganzen Affäre um eine Operation des scientologischen Geheimdienstes handelte. Die politischen Folgen waren dramatisch. Der Fall Otto Dreksler führte im August 2000 zur Auflösung des krisengeschüttelten Landesamtes für Verfassungsschutz als eigenständiger Behörde in Berlin; der Dienst wurde in die Senatsinnenverwaltung eingegliedert, sein Chef Eduard Vermander in den vorzeitigen Ruhestand geschickt, Abteilungsleiter wurden versetzt, die Ex-Stasi-Agenten »abgeschaltet«, seit 2003 Scientology nicht mehr überwacht. Falls es sich um eine *OSA*-Operation gehandelt hatte, bekam die Sekte damit nicht nur die ersehnten Argumente gegen ihre Überwachung durch den Dienst in die Hand, sie konnte auch ungestört von staatlicher Kontrolle die Einrichtung der *Idealen Org* vorbereiten.

Die Berliner Affäre zeigte erstmals, wie hilflos die Verfassungsschützer ihrem neuen Beobachtungsobjekt begegneten – Scientology stellte sie vor Probleme, auf die sie in keiner Weise vorbereitet waren. Zuträger in extremistische Gruppen zu schleusen, gehört zwar zum Alltag des Dienstes; keine Routine aber ist es, wenn das Zielobjekt selbst wie ein Geheimdienst strukturiert ist und sich entsprechend abschottet. Die Scientologen gehen aber noch weiter – sie schlagen sogar zurück. Die *Süddeutsche Zeitung* zitierte aus einem vertraulichen Papier der baden-württembergischen Verfassungsschützer, in dem diese 1996 einige der auf sie zukommenden Probleme skizzierten. »Die Gewinnung und Führung von Quellen dürfte sich schwierig gestalten«, hieß es darin, denn Scientologen seien normalerweise »außerordentlich gefestigt« und hätten daher kein Interesse an einer Zusammenarbeit mit den Sicherheitsbehörden. Undercover-Agenten aber müssten sich vom *Preclear* bis zum *Operierenden Thetan* die teure »Brücke« emporquälen, mit unabsehbaren Folgen nicht nur für ihre geistige Gesundheit, sondern auch für die schmalen Etats der Landesämter. Die Zeitung zitierte einen hohen Stuttgarter Verfassungsschützer mit den Worten, es sei politisch »nicht unproblematisch«, die Sekte mit Steuergeld zu alimentieren. Auch könnten sich politische Risiken »dann ergeben, wenn eigene Mitarbeiter oder Quellen des Landesamtes gezwungen sind, selbst neue Kunden zu gewinnen, Aussteiger scientologisch zu ›handhaben‹ oder selbst als Auditoren zum Einsatz zu kommen«.[11]

Die Berliner Sicherheitsbehörden wurden durch den Skandal offenbar so tief erschüttert, dass sie der Sekte praktisch nichts mehr entgegenzusetzen hatten und am Ende kapitulierten. Scientology hatte die Affäre schon 1998 genutzt, um bundesweit gegen die »Unterwanderung« durch den Verfassungsschutz vorzugehen, und mehrere Bundesländer ultimativ aufgefordert, die Beobachtung einzustellen, andernfalls würde man sie verklagen. »Wir lassen uns nicht erpressen«, sagte Mecklenburg-Vorpommerns SPD-Innenminister Gottfried Timm daraufhin.[12] Das Land Berlin hatten die Hubbardisten bereits im Juli 1998 mit der Begründung verklagt, der Verfassungsschutz habe sie in ihren Grundrechten als »Religionsgemeinschaft« verletzt. Man sei eine »Kirche« ohne politisches Programm und bekenne sich »klar zur Verfassung«.[13] Das darauf folgende Verfahren wurde von den staatlichen Juristen so schlecht vorbereitet, dass es zum bislang größten Triumph des Psychomultis vor der deutschen Justiz geriet.

Im Dezember 2001 urteilte das Berliner Verwaltungsgericht, dass der Dienst in der Hauptstadt keine Scientologen mehr als V-Leute mit Geld oder anderen Versprechen anwerben dürfe (alle übrigen Mittel blieben erlaubt). Das Land Berlin, so der Richter, habe keine plausible Erklärung abgegeben, warum man derlei Zuträger benötige; weder seien die verfassungsfeindlichen Ziele von Scientology klargeworden noch, mit welchen »konkreten Organisationseinheiten« sie diese erreichen wolle.[14] Der Vorsitzende Richter wies auch das Argument ab, man könne über dienstinterne Ermittlungen vor Gericht nicht sprechen – was durchaus juristisch angreifbar gewesen wäre. Ein Geheimdienst, der nicht geheim ist, ist wohl keiner mehr. Das Land Berlin verzichtete seltsamerweise auf weitere Rechtsmittel. Der Scientology-Sprecher Georg Stoffel freute sich anschließend über den großen »Sieg« und sagte, jetzt müssten die »Vereinsmitarbeiter« endlich keine Angst mehr haben, »an U-Bahn-Haltestellen von Verfassungsschützern bedrängt« zu werden.[15] Der Sieg sollte noch klarer ausfallen. Als die Sekte im Frühjahr 2003 gegen ihre fortgesetzte Überwachung klagte, ließ Berlins damaliger CDU-Innensenator Eckart Werthebach die Beobachtung ohne Gegenwehr einfach einstellen.

Ausgerechnet in Berlin war die Sekte also nicht mehr auf dem Radarschirm des Staates, als sie ihren »Krieg gegen Europa« begann. Weder der Verfassungsschutz noch die Politik ahnten auch nur das Geringste von der kommenden Offensive – nur ein evangelischer Pfarrer. Je näher der Eröffnungstermin der *Idealen Org* rückte, desto dichter waberte der Nebel aus Gerüchten und Halbwissen. Zum Jahresbeginn 2007 war Scientology *das* politische Thema in der deutschen Hauptstadt. Genüsslich weideten sich die Scientology-Sprecher an der Aufregung und luden die Journalisten lächelnd in ihre neue Zentrale ein.

Die neue Deutschlandzentrale

Frank Busch, Sprecher von Scientology in Deutschland, ist *clear*. Beste Voraussetzungen, um die Eröffnung der neuen Berliner Zentrale den Medien zu verkaufen. *Clear*, das heißt, Frank Busch hat angeblich den »Inhalt seines reaktiven Verstandes ausgelöscht« und besitzt nur noch einen »analytischen Verstand«. Er kann Situationen beherrschen, die ihn früher »völlig aus der Fassung gebracht hätten«. So steht es zumindest in den Handbüchern der Scientologen. Aus der Fassung bringen ließ Busch sich trotzdem ganz leicht. Fragte man ihn, ob Scientology nicht eine Psychosekte sei und warum Kritiker eingeschüchtert würden, dann zitterte seine Stimme: »Dieser Scheiß, ja, schreiben Sie Scheiß und Lügen, werden von unseren Kritikern fabriziert.«

Es war Anfang Januar 2007. Frank Busch, mit grauem Anzug, weinrotem Binder und akkurat gezogenem Scheitel eine Erscheinung wie ein Handelsvertreter, kramte ein paar Gerichtsurteile hervor. Sie sollten belegen, dass Scientology eine Religionsgemeinschaft und kein Wirtschaftsbetrieb ist. Was Busch viel lieber machte, als kritische Fragen zu beantworten: Er führte durch die Scientology-Zentrale in Berlin, die zwei Tage später eröffnet werden sollte und bereits viel Aufsehen verursachte, weil sie so frech und selbstbewusst daherkam. Viele Gäste Berlins, die mit dem Auto vom Flughafen Tegel in die City möchten, nehmen die Otto-Suhr-Allee. Nun fuhren sie vorbei an dem auffälligsten Gebäude weit und breit, vorbei an den großen silbernen Lettern: »Scientology Kirche«. Der Konzern gönnt sich 4000 Quadratmeter auf sechs Etagen mit Hightech-Foyer, drei Kinos, einer Bibliothek voller Hubbard-Worte und vielen Seminarräumen. Die Atmosphäre im Haus ist kühl und elegant, Stein- und Teppichböden in Grau, orangefarbene Sofas, Hubbard-Fotos an den Wänden. Tritt man näher, wird man von jungen, attraktiven Damen auf Englisch angesprochen. Sie empfehlen dann das Werbeprogramm auf den riesigen Bildschirmen, in dem Abgeordnete aus Botswana und Prinzen aus Rumänien Scientology in den höchsten Tönen loben oder asbestverseuchte Feuerwehrmänner vom Ground Zero in New York ihre wundersame Heilung durch Hubbards *Technologie* preisen.

Ein türkisch aussehender Jugendlicher war gerade vor der Tür angesprochen worden, er hatte an der Bushaltestelle gewartet. Nun wurde er im Foyer bearbeitet. »Du kannst hier herausfinden, wo du gerade stehst«, sagte die junge Frau und lächelte ihn an. Das gefiel ihm, und so willigte er in den »Stresstest« ein, das standardisierte Anwerbeverfahren von Scientology, bei dem 200 persönliche Fragen beantwortet werden und das immer mit dem gleichen Resultat endet: »Du hast noch viele Defizite und musst an Dir arbeiten.«

Dann wird meist ein »Kommunikationskurs« empfohlen, der Einstieg in das teure Scientology-Programm. In der Nachbarschaft des neuen Zentrums herrschte denn auch seit Tagen Alarmstimmung. »Die sprechen auch Jugendliche an – wie meine beiden halbwüchsigen Kinder«, sagte eine Frau, die einige Meter weiter in einem Laden arbeitet. »Habt ihr manchmal Rücken- oder Kopfschmerzen, wurden sie gefragt. Sie sind gleich weitergegangen. Aber ich mache mir riesige Sorgen.«

»Die Angst ist durchaus berechtigt«, sagte Ursula Caberta in Hamburg, als wir sie um einen Kommentar baten. Offenbar sah die Sektenzentrale in Los Angeles endlich den Zeitpunkt dafür gekommen, Berlin zu »erobern«. In einem internen Papier der Hamburger Scientologen hieß es: »Berlin als die Hauptstadt Deutschlands ist die lebenswichtige Adresse bezüglich Scientology. Um unsere planetarischen Rettungskampagnen in Anwendung zu bringen, müssen wir die obersten Ebenen der deutschen Regierung in Berlin erreichen. Deshalb wird Berlin die erste Ideale Org in Deutschland.« Die Niederlassung werde »die richtige Repräsentation der Scientology in Berlin, die dafür verantwortlich ist, die nötigen Zufahrtsstraßen in das deutsche Parlament zu bauen, um unsere Lösungen tatsächlich eingearbeitet zu bekommen in die gesamte deutsche Gesellschaft.«[1] In der internen Propagandaschrift *International Scientology News* wurde der Berliner *Idealen Org* wenig später nicht nur eine deutschlandweite, sondern sogar eine globale Agenda zugewiesen: »Jede ideale Org befindet sich in strategischer Lage und jene, die von der IAS gesponsert werden, befinden sich in wichtigen kulturellen Zentren von enormer Bedeutung für den Planeten. Unter diesen ist Berlin aus vielen Gründen von enormer Bedeutung – der kalte Krieg, die Errichtung der Mauer, der Fall der Mauer. Es war viele Jahre lang ein Symbol der Freiheit. (…) Von hier aus bringen wir die gesamte Palette der Dianetik und Scientology, unsere Vierte-Dynamik-Kampagnen für Menschenrechte, eine drogenfreie Welt und den Weg zum Glücklichsein zum Einsatz und sorgen für die Beseitigung psychiatrischer Unterdrückung auf dem Planeten. Von hier gehen auch alle Programme zur Verbesserung der Gesellschaft aus, um LRH Tech im Interesse einer strahlenden Zukunft für Deutschland einzusetzen.«[2]

Für den Charlottenburger Wirtschaftsstadtrat Marc Schulte waren es anstrengende Tage. Das Scientology-Zentrum habe sich »leider nicht verhindern lassen«, sagte er damals den Medienvertretern, man wolle es den Sektierern aber möglichst schwer machen. Nun rätselten die Berliner Medien, ob der Vorzeigestar zur Einweihungsparty kommen würde, um dem Zentrum wie schon in Madrid und London den Glanz Hollywoods zu verleihen. »Lassen Sie sich überraschen«, sagte der Berliner Scientologe Frank Busch und lächelte entrückt.

Tom Cruise ist nicht gekommen. Aber Chick Corea war am 13. Januar 2007 dabei, mit ihm waren Anne Archer und etwa 2000 Scientologen aus den USA, Israel und zahlreichen europäischen Ländern, viele mit Bussen zur Einweihung angereist. Kurz nach zwölf Uhr mittags trat die Sprecherin und Vizepräsidentin von Scientology Deutschland, Sabine Weber, vor die Tür des Glaspalastes und sprach von einem »historischen Moment«. »Wir sind Ihre Nachbarn«, sagte die 46-jährige Frau mit den strahlenden Augen und der schwarzen Kurzhaarfrisur. »Das Einzige, worum wir Sie bitten: Falls Sie uns gerne kennenlernen wollen oder wenn Sie herausfinden möchten, was es mit all den Lehren auf sich hat: Sie können sich die Mühe sparen, an die Tür zu klopfen, denn diese Tür ist bereits offen – und Sie sind willkommen!« Das Scientologen-Volk brach in Jubel aus, schwenkte Fahnen und ließ Luftballons fliegen. Anne Archer und Chick Corea gaben lächelnd Interviews und erzählten, wie toll Scientology sei. Lediglich einige Anwohner klagten, dass Dunkelmänner aus der Zentrale heraus die Umgebung filmten und fotografierten, und ein paar Scientology-Kritiker protestierten mit einem Plakat, auf dem »Gehirnwäsche – nein danke« stand. Eine Frau aus Leipzig erzählte, dass sie ihren Sohn vor acht Jahren an die Sekte verloren habe. »Er war so ein lieber Kerl«, sagte sie traurig. »Früher.«[3] Anschließend durften Besucher ins Haus und sogar einen Blick in das nachgebaute Arbeitszimmer L. Ron Hubbards im vierten, die 19 schlichten *Auditing*-Kabinen mit *E-Meter* im fünften und die »Reinigungs«-Sauna im sechsten Stock werfen. Nur »unterdrückerischen Journalisten« wurde der Zutritt verwehrt.

Der Berliner Innensenator Ehrhart Körting erklärte nach der Feier, er zumindest sei nicht beeindruckt: »Bisher hat Scientology in Berlin nicht Fuß fassen können und war hier inaktiv. Ich gehe davon aus, dass das so bleibt.«[4] Das war etwas blauäugig, schließlich mussten die rund 50 *Staffs* im neuen Domizil sich ihre *Auditings* und gewiss auch die laufenden Kosten des Hauses selbst verdienen. Daher folgte exakt, was Experten befürchtet hatten: ein scientologischer Werbefeldzug, wie ihn Berlin noch nicht erlebt hatte. Die lächelnden *Body Router* (Körperfänger) schwärmten Tag für Tag aus, um Passanten, Berlin-Touristen, aber auch Jugendliche anzusprechen. Sie füllten die Briefkästen der Umgebung mit ihren Flyern. Sie überschwemmten Jugendclubs, Drogenberatungen und auch Lehrer mit ihren »Drogen-Kits« – äußerst ansprechendem, modern layoutetem Material ihrer *Frontgroup* »Sag Nein zu Drogen – Sag ja zum Leben« mit CD und DVD, etwa zum Thema »Die Fakten über den Joint«. Es dauerte nicht lange, bis sich aufgebrachte Schuldirektoren, Eltern, Anwohner und die Leiter bezirklicher Einrichtungen über die aggressive Werbung der *Thetanen* beschwerten. »Sie haben versucht, in die Drogenberatung, die Psycho-AG und die Schülerberatung einzudringen, aber sie wurden schnell enttarnt«, sagt der Stadtrat Schulte. Er ist in diesem Jahr zum Scientology-Experten geworden. »Man kann vor ihnen warnen, aber wenn man sie persönlich kennenlernt, dann sind sie nette, freundliche, lächelnde Leute«, sagt er. »Das macht den Umgang mit ihnen viel schwieriger als mit der NPD.«

Berlin im Januar 2008. Ein Jahr ist seit der Eröffnung vergangen, Scientology feiert ihre Erfolge beim »Tag der offenen Tür«, und Marc Schulte schenkt in seinem Büro Kaffee ein und sagt: »Wissen Sie, ich glaube, wir haben alles richtig gemacht. Wir haben den Scientologen von Anfang an die Grenzen aufgezeigt.« Da er das 2005 liberalisierte Berliner Wegerecht nicht ändern konnte und es auch im Roten Rathaus wenig Interesse daran gab, hat Schulte mit seinen bezirklichen Mitteln versucht, die Werbung der Sekte einzudämmen. »Wir erteilen jetzt neue Auflagen für die Infostände: keine Heizpilze, keine Überdachungen, keine Sitzgelegenheiten.« Bücher dürften sie ohnehin auf der Straße nicht verkaufen, »da halten sie sich inzwischen auch dran«. Außerdem hat der Bezirk bestimmte Gegenden völlig für die Straßenwerbung gesperrt, etwa die alte Westberliner City am Kurfürstendamm. Man investierte unterdessen in die Aufklärung: in Scientology-kritische Literatur für die Stadtbibliothek, in Seminare für Lehrer an der Volkshochschule, in öffentliche Diskussionsveranstaltungen mit Experten. Schulte lächelt. Ein Netzwerk sei entstanden, in dem man sich behördenintern informiere. Nach dem Motto: »Keine Hysterie, Prävention durch Aufklärung und, soweit es die Gesetze hergeben, Grenzen ziehen.«

Nach diesem Motto gelang es, die Scientologen weitgehend davon abzubringen, Schulkinder zu rekrutieren; zumindest gingen die Beschwerden zurück. An den Schulen des Bezirks wurde über Scientology informiert. Drogenberatungsstellen und Jugendclubs wurden gewarnt. »Ich bin sehr froh darüber, wie die Zivilgesellschaft hier funktioniert hat«, sagt Schulte. Es lief also ganz gut in Charlottenburg – bis Tom Cruise mit seinem Filmteam in der Stadt aufkreuzte. Was dann geschah, hat den Stadtrat schockiert. »Die Scheinheiligkeit der Medien war unglaublich. Im Januar hatten sie die Eröffnung des Zentrums äußerst kritisch beobachtet, und dann haben dieselben plötzlich Tom Cruise bejubelt. Dieser Hype hat uns die Aufklärung natürlich sehr erschwert.« Pfarrer Gandow gingen damals die Augen auf. »Als Tom Cruise mit seinem Stauffenberg-Projekt auftauchte, wurde mir klar, warum er nicht an der Eröffnung der ›Idealen Org‹ teilgenommen hatte. Es sollte so aussehen, als wenn er damit nichts zu tun hatte. Deshalb ist Tom Cruise auch nur nachts in die ›Org‹ geschlichen. Er sollte ja die Zufahrtsstraßen ins deutsche Feuilleton bauen.« Auch die Bilanz des Stadtrats Marc Schulte fällt letztlich ambivalent aus. »Scientology hat Erfolge. Sie sind wieder bekannt geworden. Sie haben Neugier geweckt. Sie sind mit ihrem riesigen Signet an einer Berliner Hauptstraße präsent.«

Schulte wollte die massive Präsenz mit einem kleinen Plakat kontern, welches das Bezirksamt im Januar 2009 direkt vor der *Org* aufstellen ließ. Doch musste die Litfasssäule mit einem Stoppschild zur Warnung vor Scientology schon einen Monat später wieder entfernt und dann dauerhaft eingemottet werden, da die Organisation die Verwaltungsgerichte davon überzeugen konnte, dass damit ihre »Glaubens- und Religionsfreiheit« eingeschränkt werde. Auf dem Plakat mit Hinweisen auf das polizeiliche Bürgertelefon und Hilfsangebote stand zu lesen, das Bezirksparlament erkenne in dem »verstärkten Engagement von Scientology im Bezirk« eine mögliche »Gefährdung für die demokratische Gesellschaft und die Ausübung individueller Freiheitsrechte«.[5]

Doch Druck erzeugt Gegendruck. Nach Jahren wurde in Deutschland wieder über ein Verbot der Sekte diskutiert. Schon im Februar 2007 verständigten sich die Verfassungsschutzbehörden darauf, die Überwachung auch mit nachrichtendienstlichen Mitteln wieder zu verstärken. »Scientology traut sich öffentlich wieder viel mehr zu«, warnte der baden-württembergische Amtschef Johannes Schmalzl im *Spiegel.* »Deshalb müssen wir massiv gegensteuern.«[6] Ende Mai 2007 nahm auch Berlin die Beobachtung durch den Verfassungsschutz wieder auf. Die Schriften des Sektengründers Hubbard, sagte der Innensenator Ehrhart Körting nun, seien »mit dem Menschenbild des Grundgesetzes, mit der Unantastbarkeit der Würde eines jeden Menschen und damit mit unserer verfassungsmäßigen Ordnung nicht vereinbar«.[7]

Wie zur Bestätigung seiner Worte kam es mitten in der Cruise-Stauffenberg-Debatte zu einem für Scientology misslichen Zwischenfall. Ende Juli 2007 flüchteten die Kinder der Berliner Scientology-Direktorin nach Hamburg zu Ursula Caberta. Der 25-Jährige war ausgestiegen, und seine 14-jährige Schwester befürchtete, dass sie gemäß »Hubbard Policy« keinen Kontakt mehr mit ihm haben dürfe. Außerdem hatte sie Angst, von ihren Eltern auf ein Scientology-Internat in Dänemark geschickt zu werden. Nachdem wir über die Affäre in der *Berliner Zeitung* berichtet hatten, schlug sie große Wellen.[8] Im politischen Berlin entzündete sich daran eine Diskussion über die Qualität der staatlichen Sektenberatung, die praktisch nicht stattfand. Während die deutschen Feuilletonisten von der »freiwilligen, privaten Entscheidung« jedes Sektenmitgliedes schwadronierten und davon, dass es nicht Aufgabe des Staates sei, »die Leute vor ihrer eigenen Blödheit zu bewahren«[9] (Josef Joffe), lenkte der Fall für einen Moment auch ein wenig Aufmerksamkeit auf die mehreren Tausend deutschen Scientology-Kinder, die von einer solchen Entscheidungsfreiheit nur träumen können.

Es gibt in L. Ron Hubbards Universum keine Kinder. Es gibt nur erwachsene *Thetanen* in größeren oder eben kleineren Körpern, wie der »Gründer« im Vorwort seines Buches Kinder-Dianetik von 1951 feststellte, in dem er die Grundlagen seiner Drillpädagogik niederlegte, die er »Kinder-Processing« nannte: »Ein Kind ist nicht eine besondere Art von Tier, die sich vom Menschen unterscheidet.

Ein Kind ist ein Mann oder eine Frau, der oder die noch nicht zur vollen Größe herangewachsen ist. Jedes Gesetz, das für das Verhalten von Männern und Frauen gilt, gilt auch für Kinder.«[10] Ein »Kind« als unfertiger Mensch kommt in diesem Science-Fiction-Konzept nicht vor, die Kindheit gilt nur als ein vorübergehender Abschnitt mit gewissen Problemen, aber ohne Bedeutung für den späteren Lebensweg – einerseits. Andererseits verband auch L. Ron Hubbard wie alle totalitären Sektenführer mit den Kindern eine Vorstellung von höherer Reinheit, die es zu bewahren und für die Organisation zu nutzen gelte. 1959 schrieb er: »Ganze Zivilisationen veränderten sich, weil jemand die Kinder veränderte. In der Vergangenheit sind die Kinder normalerweise zum Schlechteren verändert worden. Wollen wir es heute anders machen und sie zum Besseren verändern.«[11] Veränderung in Hubbards Sinn bedeutet bei Kindern vor allem, sie wie Erwachsene zu behandeln und zu einer gewissen Gefühlskälte zu erziehen, die ihnen später angeblich das »Überleben« erleichtern soll. Das *formelle Auditing*, also die Gehirnwäsche, sei den Kleinen ab acht Jahren ohne weiteres zuzumuten, befand der »Gründer«.[12]

Eine ganze Generation von Kindern kennt inzwischen nichts anderes als Scientology. Anders als Erwachsene, die zumindest zu Beginn ihrer Sektenkarriere wählen können, ob sie sich darauf einlassen, haben Kinder von Scientologen keine Chance, Nein zu sagen.[13] Sie durften nicht mit anderen Kindern spielen, man hat ihnen Bildungschancen verstellt und eine normale Beziehung zu den Eltern verweigert.[14] In einer Fernsehreportage des RBB sagte die 25-jährige Ex-Scientologin Yvonne König aus Hamburg, sie habe als Mitarbeiterin der Hamburger *Org* kaum Zeit für ihre kleine Tochter Maja gehabt. »Kinder sind wie Handtaschen. Man stellt sie ab, und sie müssen sich selber beschäftigen, und dann nimmt man sie wieder auf und nimmt sie zum nächsten Termin mit oder zum nächsten Platz, und sie haben sich gefälligst zu beschäftigen und mitzulaufen.«[15] Die dramatische Problematik der Scientology-Kinder ist aber weder in der Öffentlichkeit noch in Jugendämtern, weder unter Pädagogen noch Richtern ausreichend bekannt.[16] Sonst würde nicht immer wieder leichtfertig geurteilt, dass eine Mitgliedschaft bei Scientology »freiwillig« sei und in einer offenen Gesellschaft jeder für sich selbst die Verantwortung trage. »Außerdem werden

Kinder bei Scientology zu Verfassungsfeinden erzogen, das kann die Gesellschaft nicht tolerieren«, sagt Ursula Caberta.

Eine Woche nach der Flucht kehrten die Scientology-Kinder nach Berlin zurück; das Familiengericht Tempelhof-Kreuzberg entschied über den Fall. Die Richterin sprach von »einer Gefahr für das Kindeswohl«, von der »erheblichen Angst« der 14-Jährigen, »gegen ihren Willen auf ein Internat nach der Lehre Hubbard« und in andere »Scientology-Schulungen« geschickt zu werden. Sie verbot den Eltern ausdrücklich, das Mädchen zu Scientology zu schicken oder gemeinsam mit ihrer Tochter Einrichtungen von Scientology aufzusuchen. Sie ordnete auch an, dem Mädchen einen Betreuungshelfer zur Seite zu stellen. Es war ein in dieser Form einmaliger Richterspruch.[17]

Die Flucht der Kinder nach Hamburg hatte vor allem unter Berlins Politikern zu einem Umdenken geführt. Am Ende des Jahres gehörte der Innensenator, der elf Monate zuvor noch erklärt hatte: »Das ist eine Sekte und hat nichts mit den originären Aufgaben des Verfassungschutzes zu tun«, immerhin zu jenen, die ein Verbot am vehementesten forderten, und er ließ den Verfassungsschutz von der Leine.[18] Zwar behauptete der Dienst in seinem ersten »neuen« Beobachtungsbericht im April 2009, dass Scientology in Berlin wenig Erfolg habe, kaum neue Mitglieder gewinne und wenig Geld verdiene – doch wie zum Hohn darauf eröffnete die Sekte nur Tage später zu Ostern eine neue elegante Filiale im nördlichen Außenbezirk Spandau, die auf das Bundesland Brandenburg zielte.[19] Immerhin: Im Juni 2008 gab der Berliner Senat die Einrichtung einer zentralen »Leitstelle zu Fragen zu sogenannten Sekten und Psychogruppen« bekannt, die der Bildungsverwaltung unterstellt wurde und drei Mitarbeiter beschäftigen sollte.[20] So hatte Scientology mit ihrer Propaganda-Offensive letztlich das Gegenteil dessen erreicht, was sie damit bezweckte – trotz Tom Cruise.

Versklavte Seelen

Verstrickt und gefangen

Konrad Aigners Geschwister sind sich einig: »Wenn er nicht bei Scientology gewesen wäre, könnte unser Bruder noch leben.« Es gibt Zeugen, die davon sprechen, dass Konrad Aigner schon zwei Jahre vor seinem Tod versucht hatte, die Fesseln der Sekte abzustreifen. »Ich will aussteigen, weil ich mich negativ verändert habe. Ich habe den Verein endlich durchschaut«, sagte er zu einem Arzt, dem er vertraute.[1] Doch Monate später meldete er sich noch einmal bei ihm und gab Entwarnung: »Die Sache läuft wieder.« Ein Jahr bevor er starb sagte er zu seiner Mutter, weinend: »Mama, ich möchte weg von denen. Ich habe so etwas Schreckliches erlebt, wenn ich dir das erzählen würde, fällst du auf der Stelle tot um.« Aber Konrad Aigner hatte es nicht geschafft, sich zu lösen. Am 21. Juli 1997 abends rief die Münchner Scientology-*Org* in der Beichstraße einen Krankenwagen. Ein Mann sei umgefallen, er atme kaum noch. Es war Konrad Aigner. Der Notarzt brachte ihn in Begleitung von zwei Scientologen ins Schwabinger Krankenhaus, wo er nach dreiwöchigem Koma starb. Die Ärzte verstanden seine Krankheit nicht. Keine Therapie schlug an. Schließlich diagnostizierten sie ein Multiorganversagen, wie man es sonst bei Greisen findet – Herz, Lunge und Magen des 43-jährigen Mannes hatten gleichzeitig ausgesetzt. Es gab keinen wirklichen Grund dafür. Zwar war er Kettenraucher und Kaffeetrinker, aber trotzdem gesund.

Konrad Aigner war ein Bauernsohn aus dem erzkatholischen Weiler Ruhmannsaigen im niederbayerischen Rottal nahe der österreichischen Grenze. Seinen Eltern gelang es, den Besitz zusammenzuhalten und sogar zu vergrößern. Konrad wuchs mit sechs Geschwistern auf, galt als bodenständig, fröhlich und gutmütig. Nach einer Rangiererlehre bei der Bundesbahn und dem Wehrdienst ging er nach München und wurde für die Bahn Busfahrer. In der Großstadt kam er in Berührung mit Scientology, wo ihn anfangs die hübschen jungen Frauen anzogen; solche Kontakte hatte er sonst nicht. Konrad Aigner war eher klein und dicklich. Auch deshalb reizte ihn wohl das scientologische Versprechen, ein *Clear* zu werden, ein perfekter, hoch über den andern stehender »Übermensch«. Sein Bruder Bernhard Aigner sagte der *Passauer Neuen Presse:* »Er war ein naiver, gutgläubiger und unerfahrener Bauernsohn, der von der Welt keine Ahnung hatte – das ideale Mitglied.« Wenn er die Familie in Ruhmannsaigen besuchte, machte er aus seiner Mitgliedschaft bei den Scientologen kein Geheimnis, aber man redete kaum darüber; keiner begriff, was er dort wollte. »Das war ein Tabu«, so sein Bruder Bernhard. Als Konrad den sicheren Beamtenjob aufgab und sich als Busfahrer selbständig machte, sagte er doch einmal etwas, zu seiner alten Mutter: »Damit kann ich viel Geld verdienen, um so schnell wie möglich auf die Brücke zu kommen.« Er wollte vielleicht sogar ein *Operierender Thetan* werden. Das war zwei Jahre vor seinem Tod, und von diesem Zeitpunkt an wirkte Konrad Aigner verändert, wenn er in seinen Geburtsort kam. »Er war angespannt, nervös, nachdenklich«, wird sein Bruder Bernhard zitiert. In der Familie dachten sie, dass es mit seiner Selbständigkeit zusammenhing.

Niemand ahnte, dass Konrad unter einer unglaublichen Schuldenlast ächzte. Das wurde erst nach seinem Tod offenbar, wie die *Passauer Neue Presse* berichtete: »Finanziell hinterlässt der Junggeselle ein Trümmerfeld. Formulare belegen, dass er innerhalb weniger Monate rund 70 000 Mark an die Organisation überwiesen hat. Über 600 000 Mark, schätzt Bernhard Aigner, müssen es im Lauf der Jahre gewesen sein.« Und das, obwohl der Busfahrer gut verdiente, nicht spielte oder trank, kein neues Auto besaß und nie in Urlaub fuhr. Bitter für die Aigners war vor allem, dass Konrad das elterliche Anwesen mit Krediten überlastet hatte; sie mussten die wertvollen Grundstücke verkaufen, konnten gerade das Haus noch retten. Doch sie kreideten das Chaos nicht ihrem Sohn und Bruder an. »Er ist durch die Hölle gegangen und konnte keine eigenen Entscheidungen mehr treffen. Scientology hat sein Leben ruiniert – und das unsere«, sagte Bernhard Aigner. Scientology aber wies jede Verantwortung von sich; man finanziere sich über Spenden, und das könne für die Mitglieder eben mit einem »gewissen Aufwand« verbunden sein.

Dann fanden sich im Nachlass von Konrad Aigner neben »säckeweise Spendenquittungen« auch Kisten voll hochdosierter Vitaminpräparate aus den Niederlanden, wie sie die Scientologen für ihren *Reinigungs-Rundown* in der Sauna verwenden, dazu Adresslisten von scientologischen Apotheken und Rechnungen, die belegten, dass Konrad über Jahre hinweg diese Mittel genommen hatte. Waren es diese Medikamente, die seinen Tod herbeiführten? Die Sektenführer erklärten das für lachhaft. Am 10. Februar 1998 durchsuchten 130 Polizisten und vier Staatsanwälte die Münchner Scientology-Zentrale, doch ohne greifbares Ergebnis. Da auch in Aigners Körper keine Gifte festgestellt wurden, konnte der Oberstaatsanwalt nur ratlos mitteilen: »Für sein Alter hatte der Mann ungewöhnlich schlechte Organe.« So weit das Ergebnis der Obduktion, Aufschluss über das mysteriöse Leiden hatte sie nicht gebracht.

Die Zeugen, allesamt Scientologen, gaben bei der Polizei an, sofort gehandelt zu haben, als ein Notfall erkennbar war. Die Polizei fand keinen Ansatzpunkt für weitere Ermittlungen und stellte diese nach einem Jahr ein. Bernhard Aigner, der immer noch versuchte, von den Münchner Hubbardisten Auskünfte über seinen Bruder zu bekommen, lief ins Leere. »Die haben den Konrad verleugnet«, sagte er. Freundlich und mitfühlend habe man ihn in der *Org* behandelt – konkrete Informationen gab es nie. Scientology lehnte jede Verantwortung für den Tod Konrad Aigners ab. Keinesfalls, so der Pressesprecher der Organisation, zur *Süddeutschen Zeitung*, habe man dem Mitglied »zum Kauf oder Konsum von Tabletten oder sonstigen Präparaten geraten«. Und natürlich hatte auch Konrad Aigner die Erklärung unterschrieben, wonach er Scientology von allen »unvorhersehbaren Ansprüchen« betreffs des *Reinigungs-Rundown* freistellte. Nicht einmal krankenversichert war der Busfahrer, denn er »wusste« ja, dass ein *Clear* diesen Schutz nicht benötigt. »Clears bekommen keinen Schnupfen«, heißt es im DIANETIK-Buch.[2]

Am 17. Juli 1997, einem Donnerstag, wurde Konrad Aigner abends angerufen. »Ja, ich komme sofort«, sagte er. Er fuhr nach München, blieb dort im Scientology-Zentrum, fühlte sich aber zunehmend unwohl. Am Montag, dem 21. Juli, sollte er mit seinem Bus eine Gruppe von Scientologen zu einer »Demonstration für Religionsfreiheit« und gegen ihre »Unterdrückung in Deutschland«

nach Frankfurt fahren. Am Sonntag sprach ein Kollege mit ihm am Bustelefon. Aigner habe geklungen, als könne er nicht einmal mehr stehen und richtig sprechen, erinnerte sich der Mann gegenüber der *Süddeutschen Zeitung*. »Alles aus«, habe Aigner nur gesagt, »kann ich dir nicht erklären, alles aus.« Noch am Sonntag verursachte er in München einen Auffahrunfall, besorgte sich einen Mietwagen, fuhr trotz seiner Beschwerden nach Frankfurt, obwohl er sich kaum auf den Beinen halten konnte. Gegen 22 Uhr war er wieder zurück in der *Org*, dort brach er zusammen. Es blieb unklar, was für Beschwerden ihn quälten. »Wir hätten viel früher einen Arzt verständigt. Wenn Konrad zu Hause gewesen wäre, hätte er nicht sterben müssen«, meinte sein Bruder Bernhard.

Zwar waren die Ermittlungen wegen Medikamentenmissbrauchs ergebnislos verlaufen, doch Konrad Aigner hatte seiner Familie nicht nur Schulden und körbeweise Scientology-Broschüren hinterlassen, sondern auch Dokumente, wie man sie bis dahin in Deutschland noch nicht gesehen hatte. Es handelte sich um zwei scientologische *Knowledge Reports* (Wissensberichte), die später im Internet veröffentlicht wurden und die seine verhängnisvolle Verstrickung mit Scientology belegen. Scientologen müssen solche »Wissensberichte« praktisch über alle wesentlichen Vorgänge schreiben und beim *Ethik-Offizier* in der *Org* abliefern. Aigner hatte die Protokolle noch in seinem Besitz, weil er dazu Stellung hatte nehmen sollen; er hatte wohl vergessen, sie zurückzugeben. Darin schilderten zwei Scientologinnen namens Gaby B. und Rosi F. auf 30 Seiten detailliert, wie sie versuchten, an das Geld des Busfahrers zu kommen.

Die entlarvenden Protokolle waren in der Scientology-Sprache abgefasst, die Aigners Familie nicht verstand und deshalb zunächst nicht beachtete. Sektenspezialisten haben sie in normales Deutsch übertragen. Ein Auszug aus dem Original: »Konrad Aigner ist seit 16 Jahren in Scn + hat es bis jetzt nicht gepackt Clear zu gehen bzw. die Brücke hochzugehen sondern ist immer wieder von der Brücke gefallen und hat Alkohol getrunken.«[3] Übersetzt heißt das, Aigner habe es nach 16 Jahren Scientology immer noch nicht geschafft, den Bewusstseinszustand *Clear* zu erreichen. Merkwürdig nur: Ein Zertifikat von 1984 bescheinigte dem Bauernsohn bereits, *clear* zu sein. Doch 1990 war er »ein bis zwei Jahre offlines« gewesen, hatte also keinen Kontakt zur *Org.* Die beiden Scientologinnen wollten ihn wieder einfangen, was auch gelang. Sie überredeten ihn zum *Auditing* und impften ihm dabei offenbar die Idee ein, er müsse den Status *Clear* noch einmal erlangen, obwohl er schon viele tausend Mark dafür bezahlt hatte. In den Protokollen heißt es: »Das Auditing veränderte ihn zusehends. Er wollte weitermachen bis Clear und unterzeichnete beim Tech-Sec einen Clear-Vertrag. Wir arbeiteten mit ihm die Möglichkeiten aus und ein Paket für 38 000 DM.« Fast 40 000 Mark sollte Konrad Aigner für etwas zahlen, das er schon einmal bekommen hatte. Geschickt fädelten die Scientologen die Geldübergabe ein. »Wir fuhren mit ihm zu seiner Bank in Augsburg (…) Rosi wartete im Vorraum. Ich ging mit Konrad zu der Kreditsachbearbeiterin. Konrad hatte dort den ersten Kredit genommen für Scientology, es jedoch bei der Bank als Umbau (des Bauernhofs, d. A.) deklariert. Bevor wir in die Bank gingen, haben wir ihn gefragt, ob er weiß was er sagen soll und er sagte ja, er habe ja schon einen Kredit dort bekommen. Der Sachbearbeiterin sagte er dann, er brauche nochmal 38 000 DM. Sie fragte, wofür, und er sagte für Umbau. Sie stellte keine weiteren Fragen und ermittelte, dass sie ihm 20 000 DM geben könne, dass damit die Sicherheiten ausgeschöpft seien.«

20 000 Mark reichten aber nicht, Konrad Aigner brauchte fast das Doppelte, um wieder *clear* zu werden. Mehr Geld herauszuholen, war jedoch nur mit der Hilfe und der Unterschrift seiner Eltern möglich – ein schier unüberwindliches Problem, wie Gaby und Rosi feststellten: »Konrad hatte von Anfang an das Problem, dass er nicht wollte, dass seine Eltern etwas von der Sache mitkriegen.« Er fürchtete sich, seinen Eltern mitzuteilen, dass er schon ihren halben Hof den Scientologen vermacht hatte. 1985 hatte ihm sein Vater als dem Ältesten und angeblich Solidesten arglos das Familienerbe überschrieben. Nur einen Monat nach dem Übertrag hatte Konrad bereits einen Kredit über 50 000 Mark aufgenommen und das Geld komplett an die Europazentrale von Scientology in Kopenhagen überwiesen. Allein für ein sogenanntes *Intensiv-Auditing* hatte Scientology ihm 6750 Mark abgenommen.

Die beiden Scientologinnen erinnerten sich, wie sie ihm geholfen hatten, die erste Hypothek über 50 000 Mark zu bekommen. »Die Eltern mussten mitunterschreiben, und damals hat Konrad sie angelogen + gesagt, er nimmt das Geld, ›wenn mal am Haus was zu machen ist‹.« So sollte es jetzt auch wieder laufen, bei einer Bank, wo das Personal als naiver galt. Auch dort aber bestanden die Angestellten auf der Unterschrift der Eltern. Wieder konnte Konrad »das Problem nicht konfrontieren«, er traute sich nicht, seine Eltern anzusprechen. Wie es gelöst wurde, beschreibt Gaby B.: »Wir gingen zuerst zur Bank, ich ging mit Konrad rein, und er stellte mich als seine Bekannte vor. Ich hatte den Ehering ausgezogen, so dass sie mich für die Braut von Konrad halten könnten. (...) Konrad hat dann die Eltern angerufen + und sie zum Notar bestellt + gesagt er bräuchte das Geld ›um was am Haus zu machen etc.‹ + sie haben unterschrieben. Dieselbe Story hat er auch auf der Bank erzählt.« Natürlich erzählte er nicht, »dass der größte Teil des Geldes in Scientology investiert werden sollte«. Rosi F. zog das Fazit: »Es war ein Gewinn auf der ganzen Linie.«

Als die Bank wenig später trotzdem misstrauisch wurde, spielten die zwei Scientologinnen ihrem Opfer gefälschte Rechnungen über 70 000 Mark zu. Alles lief auf einen großangelegten Betrug hinaus. Irgendwann in dieser Zeit muss Konrad Aigner erkannt haben, dass er in der Falle saß. Er fasste erstmals den Gedanken, Scientology zu verlassen, aber die Sektenleute meldeten sich ständig bei ihm, schmeichelten, lockten und »handhabten« ihn, wie es in den Protokollen heißt: »Er war sehr sauer, wie ein Giftzwerg schimpfte er über uns. Wir fanden heraus (...) dass er Gegenabsichten hatte bei dem Plan. Rosi rückte ihm den Kopf zurecht.« Konrad Aigner fiel nun sogar wieder ein, dass er eigentlich schon *clear* war; er weigerte sich, das Geld noch einmal auszugeben. Lakonisch heißt es in den Protokollen: »Inzwischen war Konrad Aigner weiter auditiert worden und hatte etwas herausgefunden, was ihn denken ließ, dass er doch Clear sein könne … Konrad fand das Grund genug, die fehlenden 20 000 DM von seinem Clear Package nicht zu zahlen, da er sie eventuell ja gar nicht braucht. Wir sagten ihm, dass das nicht geht.« Damals, im Jahr 1990, scheiterte die Intrige, da die Bank schließlich Konrad Aigners Eltern informierte, woraufhin die Schecks platzten und der Vater bis zu seinem Tod 1993 die Ausgabe neuer Kredite verhinderte – was den Busfahrer bei Scientology in den Ruch brachte, ein *PTS*, ein »Unruhestifter« zu sein.

Doch nach dem Tod des Vaters ging das Spiel von vorn los. Nun wohnte Konrad Aigner zwar wieder in Ruhmannsaigen, doch hing inzwischen nicht nur seine »geistige Freiheit«, sondern auch seine gesamte berufliche Existenz an Scientology, denn seine Busfirma bekam ihre Aufträge von der Sekte.[4] Im April 1997 kam es zum einzigen Streit über Scientology, an den sich die Familie erinnern kann. Damals sendete das Fernsehen eine Dokumentation über sieben mysteriöse Todesfälle von Scientologen, darunter der 36-jährigen Lisa McPherson aus Florida, die die Organisation verlassen wollte und unter seltsamen Umständen in Obhut der Scientologen zu Tode kam. Da man zunächst eine Bakterieninfektion vermutete, untersuchte die amerikanische Polizei, ob Scientology der jungen Frau statt wirksamer Medikamente hochdosierte Vitaminpräparate verabreicht hatte, die auf lange Sicht innere Organe schädigen können. Konrad Aigner brüllte: »Wie gut die schauspielern können!«, rannte wütend aus dem Wohnzimmer. Spürte er, dass er auf demselben Weg ins Nichts war? Der einst lebensfrohe Niederbayer war nur noch ein Schatten seiner selbst. Er schlief kaum noch; bis drei, vier Uhr morgens hörten ihn die Geschwister in seinem Zimmer auf- und ablaufen; dann wieder fiel er in tiefe Depression. »Er ist nur noch teilnahmslos auf der Couch gelegen, hat sinniert, hat den ganzen Tag überlegt, war gar nicht mehr bei der Sache. Es kam einem vor, als ob er in einer anderen Zeit wäre«, sagte sein Bruder Bernhard im Fernsehen. »Seine Zerstörung, die fand ja in jeder Beziehung statt: Psychisch, finanziell, er war völlig am Ende.«

Die Ermittlungen gegen die beiden Protokollantinnen wegen Nötigung und Betrugs wurden eingestellt, denn strafrechtlich waren die Taten bereits verjährt. Vor Gericht hätten die Scientology-Protokolle auch kaum Bestand gehabt, schließlich hatte Konrad Aigner die Kreditanträge selbst unterschrieben. Selbst schuld, würden viele sagen – und Gehirnwäsche ist in Deutschland nicht strafbar. Scientology entließ Konrad Aigner nicht einmal nach seinem Tod aus ihrer »Obhut«. Am 24. Dezember 1997 erhielten die Angehörigen noch einen Gruß aus der *Org*: Die Sekte wünschte »Frohe Weihnachten«. Die Frage, die sich nach der Tragödie nicht nur die Angehörigen stellten, lautete: Warum ist Konrad Aigner nicht einfach gegangen? Warum hatte er sich dem Scientology-Regime weiter unterworfen, obwohl er spürte, dass man ihn missbrauchte?

Mit Persönlichkeitstests auf Kundenfang

Versklavte Seelen heißt ein Groschenroman L. Ron Hubbards von 1939, in dem er ungewollt einen bezeichnenden Blick in die Zukunft warf.[1] Fragt man jedoch »praktizierende« Scientologen, so wird man keine versklavten Seelen finden. Hausfrauen, Lehrer und Manager schreiben eher begeisterte Berichte über »völlig neue Einsichten« und schwärmen von ihren »Gewinnen«. Aufsteiger führen ihren Erfolg auf ihr Vertrauen zu Scientology zurück. Nicht wenige Menschen – Scientology spricht in maßloser Übertreibung von zehn Millionen weltweit – erliegen der Faszination eines Kultes, der in kritischen Quellen wie offiziellen Gutachten als demokratiefeindlich, rabiat und hochgefährlich beschrieben wird. Doch die Scientology-Postulate, die zuerst nach der Billigkopie eines STAR-WARS-Films klingen, vermögen nach wie vor Menschen zu überzeugen. Das Konzept ist denkbar einfach. Diese Sekte verspricht jedem alles – dem Künstler Kreativität, dem Suchenden geistige Erkenntnis, dem Ehrgeizigen Karriere, dem Gierigen Reichtum und dem Emporkömmling Macht. In ihrem Katalog der Möglichkeiten bietet Scientology sogar die Unsterblichkeit feil, genauer gesagt, die Vorstellung von Unsterblichkeit.

Das Kunstwort Scientology soll »Lehre vom Wissen« bedeuten. Es geht aber gar nicht um hochfliegende Ideen. Denn Scientology propagiert einen ungezügelten Egoismus. Die Sekte knüpft an die Alltagserfahrungen an: Nicht wer die andere Wange hinhält, kommt weiter, sondern wer seine Ellenbogen gebraucht. Nicht wer Verzicht übt, setzt sich durch, sondern wer rücksichtslos seine Interessen verfolgt. Und in der Tat spricht Scientology jeden von moralischen Skrupeln frei, der nach oben will. Nächstenliebe und Solidarität gelten als Eigenschaften von Verlierern. Die berüchtigte Anweisung L. Ron Hubbards, viel Geld zu machen, drückt am deutlichsten aus, was Scientology ist – ein »Kult der Gier«[2], eine »Religion« für Sieger. Das macht sie attraktiv, denn die Sekte liefert die moralische Legitimation dafür, hart und skrupellos zu sein, nur an sich selbst zu denken und jeden, der nicht mitziehen will oder kann, fallenzulassen. Aus einem Scientology-Papier von 1992: »Die Planung für Scientology ist so angelegt, dass die Fähigen fähiger gemacht werden, während die Unfähigen vorerst sich selbst überlassen bleiben, bis wir richtige Anstalten für sie gebaut haben. Wenn wir das machen, wachsen wir. Wenn wir, wie das einige unkluge Leute tun, uns die Unfähigen, die Hilflosen und die Zurückgebliebenen aufhalsen, werden wir nicht in der Lage sein, schnell genug hoch genug voranzuschreiten …«[3]

Doch selbst wer sich bei Scientology als Sieger fühlt und die neoliberale Extremideologie aufsaugt, der wird früher oder später zum Verlierer, wenn er sich dem umstrittenen Kult nicht rechtzeitig wieder entzieht. Denn Scientology verwendet Psychotechniken zur seelischen Manipulation. Diese Methoden machen süchtig. Ohne es zu merken, wird der Einsteiger radikal von seinem früheren Leben getrennt und findet sich in einer Ersatzwirklichkeit wieder – einer Parallelwelt mit eigener Sprache, eigenem Denken und eisernen Regeln. Dort soll er erklärtermaßen ein anderer, ein neuer Mensch werden. Hunderte von Aussteigern und Angehörigen von Scientologen bestätigen, dass die Scientology-Techniken wirken und die Persönlichkeit ihrer Anhänger massiv verändern. Um die teuren Kurse und Seminare zu bezahlen, verschleudern viele Sektenjünger ihr gesamtes Vermögen und machen horrende Schulden. So haben die Scientology-Kurse zwar viel mit Geldschneiderei, aber wenig mit »Kirche« zu tun. Das religiöse Mäntelchen, das sich die Sekte so gern umhängt, ist nichts als ein Rauchschirm, eine besondere Form des Zynismus. Denn von sozialem Engagement wie bei einer christlichen Kirche kann bei Scientology nicht entfernt die Rede sein. Wenn dort gebetet wird, dann höchstens um mehr Geld. Wobei die angebotene Ideologie ein groteskes Gemisch aus Science-Fiction, Satanismus, Rassismus, Behaviorismus, Verschwörungstheorien und der rücksichtslosen Erfolgsethik des harten Verkaufs ist. Letztlich bietet Scientology eine besonders rüde, ideologisch beschönigte Form des Kapitalismus.

Warum lassen sich Menschen von destruktiven Kulten wie Scientology versklaven? Eine überzeugende Theorie dazu stellte 1992 der amerikanische Psychologe Steven Hassan in seinem Buch COMBATTING CULT MIND CONTROL (AUSBRUCH AUS DEM BANN DER SEKTEN) vor.[4] Hassan war selbst zwei Jahre stellvertretender Direktor der Mun-Bewegung in deren amerikanischem Hauptquartier in New York gewesen, bevor er nach einem schweren Autounfall 1976 den Ausstieg schaffte. Seitdem hilft er als inzwischen weltweit bekanntester »Ausstiegsberater« Menschen, den Weg aus den Sekten zu finden.

Steven Hassan bezeichnet das Sekten-Manipulationssystem als »Bewusstseinskontrolle« oder »Mind Control« (mentale Kontrolle). Es handele sich dabei »um den systematischen Einsatz von modernen psychologischen Techniken, mit dem Ziel, den Willen des Individuums zu schwächen und Gewalt über sein Denken, Fühlen und Handeln zu erlangen«.[5] Hassan behauptet, dass letztlich niemand gegen die Seelenfänger gefeit ist, wenn er von ihnen nur in der passenden Situation angesprochen wird: in einem beruflichen Tief oder einer akuten Lebenskrise. Auch nach der (umstrittenen) »Snapping«-Theorie der US-Psychologen Flo Conway und Jim Siegelman kann im Prinzip jeder Mensch in die Sektenfalle geraten, sogar jemand, der »fest im Leben steht«.[6] Demnach »schnappen« die Sektenwerber ihre Opfer mit ausgefeilten Psychotricks schon beim ersten Kontakt. Entscheidend, so Conway und Siegelman, sei es, dass der Proband einen Anflug von Neugier entwickelt. Und Neugier zu erwecken ist schließlich das Ziel fast jeder Werbung, ob für Zigaretten, Telefonsex – oder eben für die »totale menschliche Freiheit«. Es ist ein verbreiteter, aber falscher Mythos, dass Menschen, die sich einer Sekte anschließen, auf der spirituellen Suche gewesen seien. Steven Hassan drückt es so aus: »Man muss sich immer wieder klarmachen, dass in den meisten Fällen die Leute nicht den Sekten beitreten: Die Sekten werben die Leute an.«[7]

Merkwürdigerweise ist der häufigste Weg zu Scientology gleichzeitig der am wenigsten bekannte: In den meisten Fällen werden neue Mitglieder nicht durch Fremde rekrutiert, sondern durch den Lebenspartner, einen Freund oder Kollegen. In der Regel ahnt man nicht mal, dass man gerade angeworben wird. »Der Freund oder Verwandte hat einfach einige sagenhafte Einsichten gewonnen und Erfahrungen gemacht und möchte diese mit Ihnen teilen«, beschreibt Steven Hassan die Masche. »Oder er möchte ›nur Ihre Meinung dazu hören‹ und tut so, als brauche er Ihre Hilfe, während er in Wahrheit versucht, Sie in eine Indoktrinationsveranstaltung zu locken.«[8] In vielen Fällen reicht dann wirklich schon ein »Kommunikationskurs«, um unmerklich, aber rasend schnell im Psychostrudel zu versinken.

»Ich bin Anfang 1981 durch Kunden an Scientology geraten«,

sagt der Grafiker und Verleger Norbert Potthoff aus Krefeld. »Die haben mir etwas von einer angewendeten und anwendbaren Philosophie erzählt, sehr geheimnisvoll und interessant dargestellt. Da wurde ich neugierig und bin mit ihnen nach Düsseldorf gekommen, in das Scientology-Center. So geriet ich nichtsahnend in etwas hinein, was sich später als sehr bitter und übel herausstellen sollte.« Es ist schwer zu verstehen, wie ausgerechnet dieser ausgeglichene Mann auf die raffgierigen Sektierer hereinfallen konnte. Doch Norbert Potthoff war kein einfaches Mitglied *(Public)* oder normaler Angestellter *(Staff Member)*, sondern wirkte fünf Jahre lang als Top-Manager der Düsseldorfer Scientology-*Org*. Seine Aufgabe: Werbung und Aufbau neuer *Missionen.* »Ich war neugierig darauf, im Leben besser zurechtzukommen und einfach besser zu verstehen, warum Menschen so sind, wie sie sind – wo komme ich her, wo gehe ich hin, wer bin ich eigentlich?«

Wie im Fall Potthoff verläuft der Weg in die Sekte meist unspektakulär. Die junge Anna aus dem Buch ENTKOMMEN – EINE EX-SCIENTOLOGIN ERZÄHLT kam zur Sekte in einer Beziehungskrise.[9] Sie hatte das Gefühl, den falschen Partner zu haben, und Scientology wurde für sie zur Lebensberatung. Der Unternehmer Walter Hubeny aus Hamburg war gemeinsam mit seiner Frau zwölf Jahre bei Scientology. Er sagte in einer Fernsehtalkshow im Januar 2008: »Es war reine Neugier. Es hört sich vielleicht seltsam an, aber ich kam zu Scientology, weil ich mein Tennisspiel verbessern wollte. Ich war zu jener Zeit relativ jähzornig – wenn ich gut spielte, lief es gut, aber wenn ich schlecht spielte, schmiss ich meinen Schläger in die Ecke. Im Nachhinein habe ich mich dann darüber geärgert, dass ich mich geärgert hatte. Da bekam ich das Dianetik-Buch in die Hand und konnte erkennen, dass die etwas bieten, was das hätte lösen können. Die hatten meine Telefonnummer und riefen mich an, ich sollte zum Auditing kommen, und ich habe mich breitschlagen lassen.«[10] Was zufällig und harmlos aussieht, ist jedoch in Wahrheit durchorganisiert und genau geplant. Das DIANETIK-Buch beispielsweise ist billig, die Werbung dafür auf moderne Bedürfnisse ausgerichtet. Als »Selbsthilfe-Ratgeber« und »Leitfaden für den menschlichen Verstand« wird es in einem Hochglanzwerbeblatt angepriesen: »Dianetik ist ein Abenteuer. Behandeln Sie es als Abenteuer. Und mögen Sie nie wieder derselbe sein.«

Bei der Straßenwerbung ist der wichtigste Köder noch immer der Persönlichkeitstest alias »Oxford-Persönlichkeits-Analyse« alias »ARK-Fähigkeits-Test«, manchmal auch schlicht »Stress-Test« genannt. Er taucht in verschiedenen Farben und unter verschiedenen Namen auf, hat aber immer den gleichen Inhalt. »Singen oder pfeifen Sie oft einfach so zum Spaß?« – »Glauben Sie, dass Sie viele gute Freunde haben?« – »Müssten Sie sich eindeutig anstrengen, um über Selbstmord nachzudenken?« 200 dieser seltsamen Fragen sollen »verborgene Stärken und Schwächen«, angeblich aber auch »Eignungen und Fähigkeiten« zum Vorschein bringen. Meistens wird der Neukunde überredet, in ein nahegelegenes Scientology-Zentrum mitzukommen und den Test dort auszufüllen. Schwarz auf Weiß erhält er dann seine »Lebenskurve« gezeigt, die leider immer nach unten weist und ihm »Defizite« bis hin zur Selbstmordgefahr bescheinigt.

Der Münchner Psychologe Karl-Heinz Schneider hat den Test wissenschaftlich geprüft und in einer Studie analysiert: »Es ist letztlich ohne Belang, welche Ergebnisse die Testperson erzielt. Hauptsache ist, er hat Daten preisgegeben und konnte für die ›neue Sache‹ interessiert werden.« Schneider nennt den Test ein »Lockvogelangebot, mit dem ›ahnungslose‹ Mitbürger in ein ihnen unbekanntes Ideologiekonstrukt eingeschirrt werden sollen«.[11] In einem Gutachten der Psychiatrischen Klinik der Uni München heißt es: »Die in der Scientology-Vereinigung geübte Praxis, einer quasi unbekannten Versuchsperson nur aufgrund des mittels Oxford-Fragebogen erhobenen Profils eine Suizidgefährdung vorzuhalten, muss aus fachpsychologischer Sicht als sehr bedenklich beurteilt werden.«[12] Tatsächlich ist es immer wieder zu Selbstmordversuchen nach dem Test gekommen. Am 28. März 2008 brachte sich Kaja Bordevich Ballo, die 20-jährige Tochter eines bekannten norwegischen Politikers, im südfranzösischen Nizza um, wo sie studierte. Sie war nur wenige Stunden zuvor in eine Anwerbefalle der Sekte geraten. Unter ihren Sachen fand man einen scientologischen Persönlichkeitstest, dessen Zeitstempel verriet, dass die junge Frau ihn am Tag ihres Todes ausgefüllt hatte. Sie hatte ein schlechtes Ergebnis, kehrte in ihr Wohnheim zurück und sprang aus dem Fenster. Ein Kommilitone erinnerte sich, dass Kaja Bordevich Ballo, die am Morgen noch guter Dinge gewesen war, nach dem Zusammentreffen mit den Scientologen und ihrem Testergebnis »verändert« gewesen sei.[13]

Psychologische Tests, schreiben die Verfasser des Münchner Gutachtens, gehörten überhaupt nicht in die Hand von »Nichtfachleuten«. Mit anderen Worten: Wer sich auf den ominösen Test einlässt, dem werden nicht nur Probleme bescheinigt, er bekommt auch unweigerlich welche. In den Sektenrichtlinien heißt das »Handhaben von Bewerbern«. Welche Ergebnisse die Testperson erzielt, spielt dabei überhaupt keine Rolle, wichtig ist nur, dass sie private Probleme offenbart, an die die »Auswerter« anknüpfen können. Das Opfer erfährt dann von freundlichen, sehr überzeugenden Menschen, dass man sich in puncto »Kommunikation« verbessern müsse. Ein Kommunikationskurs (für rund 35 bis 400 Euro) könne helfen. »Scientology leitet das Individuum heraus aus den Problemen und Barrieren des täglichen Lebens hin zu geistiger Befreiung«, verspricht der Psychokonzern vielsagend in einer Broschüre.[14] Therapie ohne die Mühen und Härten einer Psychotherapie – das ist die scientologische Verheißung.

Niemand ahnt jedoch, dass der ganze Ablauf – vom Ansprechen bis zum Testauswertungsgespräch – hundertfach geprobt wird. Im Kurs »Testauswerter Mini Hut« lernen die Scientology-*Staffs*, das Lockmittel der Sekte aufzubereiten. Günstigenfalls wird dabei der Testperson bescheinigt: »Sie sind zu gutherzig. Sie werden herumgeschubst.« Aber der »automatisierte Auswertungstest vom OCA Computer Testing System« enthält im Wesentlichen Sätze von ganz anderem Kaliber. Wer seine Kreuzchen an den passenden Stellen gemacht hat, erfährt zum Beispiel (»Kategorie G4«): »Sie sind absolut verantwortungslos. Sie klagen andere dessen an, Ihr Leben beherrscht zu haben und es zu dem gemacht zu haben, was es ist, aber es ist tatsächlich Ihr eigener Fehler.« Entspricht ein »Kunde« der »Kategorie H4«, muss er sich folgende »Wahrheiten« anhören: »Sie sind eine ausgesprochen kritische Person. Sie schlagen mündlich oder mental auf jene Ihrer Umgebung und auf Ihre Umwelt ein und machen sich selbst zu einer Person, in deren Gegenwart sich aufzuhalten beinahe unmöglich ist. Sie mögen die Meinung haben, daß Sie auf konstruktive Weise kritisch oder realistisch sind. Jedoch sind Sie im Grunde genommen bösartig und niederträchtig.«[15]

Das Auswertungsgespräch wird bei Scientology trainiert wie eine

Schauspielszene. Alle Details sind präzise vorgeschrieben, jede mögliche Reaktion wird berücksichtigt. Eine Aussage soll so lange formuliert werden, »bis sie der Person real ist« und angenommen wird. »Sobald Sie eine Einwirkung erreicht haben, schauen Sie der Person in die Augen und sagen Sie mit Absicht: ›Scientology kann Ihnen dabei helfen.‹« Schließlich heißt es in den Richtlinien: »Der Testauswerter lehnt sich zurück und sagt ›Das war's.‹ Neuankömmling sitzt auf Kohlen. Falls Neuankömmling etwas sagt, wie z. B. ›Was kann ich diesbezüglich tun?‹ sagt der Testauswerter: ›Das ist sehr löblich. Das spricht für Sie, dass Sie etwas tun möchten. Sehen Sie, ich bin ein technischer Mitarbeiter hier. Ich habe nichts mit dem Verkauf zu tun oder Kursen, aber falls Sie einen vertraulichen Tip haben wollen, es gibt hier verschiedene Kurse und Dienstleistungen vollzeit. Ihr sicherster Tip ist, eine der billigeren Dienstleistungen zu nehmen und herauszufinden, was Scientology Ihnen bieten kann. Das wird Sie davon abhalten, zu sehr verwickelt zu werden.‹« Nach spätestens einer Viertelstunde, so die Vorschrift, soll der Kandidat einen scientologischen Kurs belegen oder mindestens ein Buch kaufen.

Die scientologischen Werbekommandos lernen in solchen Kursen, Schwachstellen von Menschen sofort zu erkennen und sie mit einer maßgeschneiderten Gesprächsstrategie anzusprechen. Für einen erfolgreichen »Drill« erhalten sie Pluspunkte – und später Tantiemen. Steigt der »Kunde« ein, hat er einen Pakt geschlossen, dessen Konsequenzen er nicht überschaut und die ihm auch niemand darlegt, denn einen Hinweis auf Risiken und Nebenwirkungen gibt es nicht. Entscheidend ist der Kontakt: Der soll nun nicht mehr abreißen. Wer den penetranten Werbern einmal seine Adresse hinterlassen hat, wird ab sofort mit Prospekten eingedeckt, die ihm nahelegen, dieses und jenes Buch zu kaufen, diesen und jenen Kurs zu buchen. Wie die Zeitschrift *CHIP* 1993 enthüllte, verwaltete allein Scientology München per Computer die Adressen von 90 000 »Kunden«, die ahnungslos den Persönlichkeitstest gemacht, ein Dianetik-Buch gekauft oder einen Kurs belegt hatten.[16]

Der Einstieg in den Kult hat meist mit einem durch die Mun-Sekte bekannt gewordenen Prinzip zu tun: dem sogenannten »Love Bombing« – die Neulinge werden »mit Liebe überschüttet«. Der Interessierte erlebt bei Scientology etwas, das für viele selten geworden ist: die ungeteilte Aufmerksamkeit anderer Menschen. Er wird intensiv betreut und umhegt (»bestätigt«), bekommt ständig nette Anrufe und Besuche; die neuen Freunde von Scientology schreiben ihm auch sehr persönliche Briefe, laden ihn zum Abendessen ein oder schicken Gutscheine »für eine Probesitzung«. Wer schon einmal ein neueres *Dianetik*-Zentrum besucht hat, kennt die moderne, helle Atmosphäre, die an die Zentrale eines jungen aufstrebenden Unternehmens erinnert. Die Menschen, auf die man dort trifft, wirken freundlich und konservativ, aber auch energisch, offen und vertrauenswürdig. Nicht unwichtig ist, dass Männer anfangs von hübschen Frauen, Frauen von charmanten Männern umgarnt werden und viele sich dabei in ein Sektenmitglied verlieben. Was sie nicht wissen: Sie haben es mit professionellen Rekrutierern zu tun, die sektenintern *Body Router* (Körperfänger) heißen; und sie selbst gelten als *Raw Meat*, rohes Fleisch.[17] Der Frankfurter Ex-Scientologe Gunther Träger bezeichnet das »Love Bombing« als »Gute-Laune-Taktik«, und die Ex-Scientologin Anna schreibt in ihrem Bericht: »Plötzlich fühle ich mich nicht mehr ganz so allein, die Selbstzweifel fangen an, sich aufzulösen.«[18] Das ist ein beabsichtigter Effekt, denn die *Staffs* lassen den Neuling keinen Moment mehr aus den Augen. Sie versuchen nun, möglichst viele Informationen zu sammeln: Wer sind die Freunde desjenigen, wie steht's um Partner und Beruf und – ganz wesentlich – wie viel Geld liegt auf dem Konto?

Irina K. (22) aus Berlin, deren Eltern eine gutgehende Firma betrieben, brach 1990 ihr Chemiestudium ab, um Scientology »richtig helfen zu können«. Das nötige Kleingeld gaben die Eltern. »Irina litt sehr unter ihrem Übergewicht, wollte es in den Griff bekommen. Deswegen waren wir bereit, die teuren Kurse zu bezahlen«, erinnerte sich ihre Mutter, die zunächst keine Ahnung hatte, an wen das Geld floss. Knapp 500 000 Mark überwiesen die Eltern auf die Konten der Sekte. Dünner wurde dabei nur ihre Brieftasche. Weil die Eltern nach zwei Jahren nicht mehr zahlen wollten und Irina baten, die teure Sekte zu verlassen, kündigte sie ihnen die Freundschaft und bezeichnete sie ab sofort als »Feinde«.[19] Peter S., ein Polizeibeamter aus einer Kleinstadt in Baden-Württemberg, geriet 1991 über eine Annonce an Scientology. Im Persönlichkeitstest wurden ihm seine Probleme erklärt; er bekam sofort ein »Reinigungsprogramm« und drei intensive »Lebensreparaturen« – Gebühren 10 000 Mark – gegen seine gesundheitlichen Beschwerden verschrieben. Peter S. nahm dafür seinen ersten Kredit auf; als das Geld verbraucht war, besorgte er sich den nächsten über 40 000 Mark. Da er sich nochmals »reinigen« wollte, seine Bank aber nicht mehr mitspielte, fuhr er über die Grenze und lieh sich bei einem Geldinstitut in Österreich weitere 65 000 Mark; die Adresse hatten ihm Scientologen gesteckt. Inzwischen war sein Gesundheitszustand schlechter als je zuvor, und bei der Arbeit unterliefen ihm Fehler. Die Schulden türmten sich auf über 140 000 Mark, Kursgebühren für 300 Stunden *Auditing*. Er hatte immerhin Glück im Unglück. Seine Familie hielt zu ihm und half ihm auszusteigen.[20] Der Hamburger Selbständige Walter Hubeny und seine Frau gaben bis zu ihrem Ausstieg 2003 zusammen »etwa 500 000 Euro« für die Scientology-Kurse aus.[21] Für sie war es insofern keine Katastrophe, da sie sich die Ausgaben leisten konnten und nicht in der persönlichen Insolvenz endeten.

Der Psychokult versucht mit vielen Tricks, die Mitglieder dazu zu bringen, ihre Konten restlos abzuräumen, um die Kursgebühren – als Spenden deklariert – zu begleichen. Wenn dort nichts mehr zu holen ist, werden Verwandte und Bekannte angepumpt. Die Freunde von der Sekte kommen auch mal mit in die Bank, um beim Kreditantrag zu helfen – und nicht selten sitzt dann dort ein Scientologe am Schalter. Um »geistig frei« zu werden, häufen viele Scientologen horrende Schulden an. Hubbard selbst konnte darin nichts Unrechtes sehen. Sein lakonischer Kommentar: »Die Preise, die wir verlangen, sind Preise für unbezahlbare Güter: Persönliche Fähigkeit, Gesundheit und Unsterblichkeit. Das Wohlergehen einer Gruppe. Ein geretteter Planet. Noch vor 21 Jahren hätte man nicht einmal mit 100 Milliarden Dollar eine einzige weitere Stunde Leben kaufen können. Für ein paar hundert oder tausend Dollar kann man jetzt ein längeres Leben und persönliche Unsterblichkeit erwerben … Wieviel ist einem an die Finsternis dieser Erde gefesselten Wesen die Unsterblichkeit wert? Genau. Sie ist unbezahlbar.«[22]

Auf die billigen Anfänger-Übungen wie »Erfolg durch Kommunikation« für 37,90 Euro folgen bald richtig teure Kurse, und stets fängt der Kurs, den man angeblich braucht, »genau heute« an. Die »Phoenix Lectures«, in denen man alles über Scientology als »Religion« lernt, sind mit 372,71 Euro noch relativ preiswert. Der Kurs

»Wie man Unterdrückung konfrontiert und zerschlägt« kostet schon 881,98 Euro, doch ab dem »Hubbard Solo-Auditor-Kurs Teil 1« für 2234,35 Euro wird es teuer (Preise vom Frühjahr 2003).[23] Da locken beispielsweise ein »Erweiterter ARC Straightwire«, der »Hubbard Certified Auditor«, darüber der »Hubbard Advanced Auditor«, der »Hubbard Senior Scientologist«, der »Saint Hill Special Briefing Course«, die »Erweiterten Grade 0 bis V« (10 000 Dollar), vielleicht auch eine *Auditoren*-Karriere von »Klasse V« bis »Klasse VIII« (12 000 Dollar) und vieles, vieles mehr.[24] Nun noch ein kleines »Power Processing«, schon steht man vor dem Geisteszustand *Clear,* der in Florida für 8470 Dollar zu haben ist. Dann einige »OT Preparations« zwischen 6000 und 10 000 Dollar, und der *Operierende Thetan* rückt in greifbare Nähe. Ein »Reisepass« weist den Scientologen auf der »Brückenkarte« die »exakten Schritte« zum Heil. »Jeder Scientologe möchte möglichst schnell clear werden, um sich in Sicherheit zu bringen für die nächsten paar tausend Jahre. Und danach geht's hoch zu den OT-Stufen«, sagt der Wiener Aussteiger Wilfried Handl. Viele »höhere Kurse« können allerdings nur in der Sektenhochburg *Flag* in Clearwater am Golf von Mexiko absolviert werden. Im »Mekka des Auditing« hat es schon das »Flag Willkommens-Paket« für 14 025 Dollar in sich. Anschließend blättert der »Student« durchaus mal 4000 Dollar für eine einzige Seminarstunde hin. Etwa für das angeblich »legendäre L-12-Auditing« für die höheren Kader, das im 25-Stunden-Pack 99 000 Dollar kostet – als »Spendenbeitrag« ausgewiesen, versteht sich (Preise von 2007).[25] Hinzu kommen Hotel- und Verpflegungskosten im neuen 12-stöckigen Scientology-Resort »Oak Cove« direkt am karibischen Meer. »Kommen Sie nach Flag, wir haben einen Auditor für Sie!«, lockt die Werbung. »Technische Perfektion ohne Ablenkungen lässt Sie die Brücke hochschießen!«[26]

Die Beutelschneiderei hat der Sektengründer geradezu genüsslich und in allen Einzelheiten verordnet. Eine Scientologin, die für Hubbard als Marketing-Sekretärin tätig war, bezeugte, welche Verkaufstricks der Chef befahl: »Man nehme einen laufenden Scientology-Kurs und zerlege ihn in mehrere Teile. Dann verkaufe man jeden einzelnen Teil für mehr Geld, als der ursprüngliche Kurs kostet. Wenn wir einen Kurs erweitern, ohne jeglichen neuen Inhalt hinzuzufügen, dann machen wir mehr Geld. Wir verdreifachen die Einnahmen, ohne irgendetwas Zusätzliches zu bieten.«[27] Nach diesem Rezept werden Kurse und Preise ständig verändert, aufgespalten und umbenannt. Der Bonner Scientology-Kritiker Ingo Heinemann spricht wegen der beeindruckenden »Spendenbeiträge« ohne Umschweife von »Wucher«: »Die Sekte beutet planmäßig die Unerfahrenheit ihrer Kunden in Bezug auf die Wirksamkeit psychologischer Verfahren und Geräte aus und erzielt dadurch Einnahmen, die in auffälligem Missverhältnis zum tatsächlichen Wert der Leistungen und Waren stehen.« Denn die teuren Seminare und Schulungen seien außerhalb von Scientology wertlos. Nur die Organisation profitiere: Sie binde die Mitglieder an sich und kassiere Millionen. Und die »Mutterkirche« verdient an jedem der grotesk überteuerten Kurse, an jedem verkauften Buch in Deutschland kräftig mit. »10 % der Bruttoeinnahmen müssen als Verwaltungsausgaben an die Mutterkirche abgegeben werden«, stand beispielsweise in der Satzung des Vereins Scientology Berlin e. V. Insofern ist es korrekt, wenn die Aussteigerin Gaby Hubeny von Scientology als einer »Firma« spricht, die Kurse verkauft: »Da steht genau, was jeder Kurs kostet. Es wird als Spende deklariert, du kriegst eine Quittung, und letztendlich ist das die Bezahlung für den Kurs.«[28]

Scientology ist tatsächlich ein Franchise-Unternehmen, im Stil von McDonald's, dessen Franchisenehmer *(Orgs* und *Missionen)* für die Copyrights Gebühren abführen müssen. Deshalb sind sie auch darauf angewiesen, dass ständig neue »Materialien geliefert werden«, wie es in ihren Broschüren heißt. Auch sonst dreht sich bei Scientology im Verhältnis zum »Kunden« alles um den Verkauf. Allein auf der ersten Ebene – noch vor den sogenannten »Einführungsrouten« – werden 18 verschiedene Kurse und Seminare angeboten. Zahlreiche Anweisungen des Sektengründers und des Managements seiner »Kirche« beschäftigen sich nur mit diesem einen Thema. So bleute Hubbard 1968 seinen Untergebenen ein: »Das Losungswort ist Dienstleistung. Mir ist es egal, wieviele Regeln Sie brechen, wenn sie zur Lieferung von uneigennützigen Dienstleistungen an jemand anderen und Leuten aus der Öffentlichkeit gebrochen werden. Wir leben für Dienstleistungen und nicht für Regeln.«[29] Dieses Bulletin bestimmt auch die Regeln, nach denen zu verkaufen ist – »Hard Sell« wie in den Drückerkolonnen von Strukturvertrieben: »Der harte Verkauf bedeutet, darauf zu drängen, dass der Kunde kauft, sich um den Kunden zu kümmern, sich auf keinen Widerstand oder Barrieren (die der Kunde aufbauen könnte) einzulassen und ihn dazu zu bringen, den gesamten Kaufpreis zu zahlen und die Dienstleistung zu erwerben.«[30]

Aufbrechen, Verändern, Fixieren

Welche Ausgaben auf ihn zukommen, ahnt kein Kunde, der den ersten »Kommunikationskurs« bei Scientology bucht. Doch egal ob utopische Versprechungen, »Love Bombing« oder Persönlichkeitstest, das »Snapping« funktioniert immer dann besonders gut, wenn die »Zielperson« eine gewisse psychische Empfänglichkeit besitzt, um der Verführung zu erliegen. Andernfalls, meint der evangelische Sektenexperte Hansjörg Hemminger aus Stuttgart, wären schon längst Millionen von Deutschen in einer Sekte gelandet – und nicht nur etwa ein Prozent der Bevölkerung. Hemminger sagt: »Es gibt eben Menschen, die trotz schlimmer Probleme nie für Sekten empfänglich sind.« Es scheint allerdings einen Typus zu geben, der besonders anfällig ist für Scientology: frustrierte Angestellte, genervte Mittelständler oder Leute, die um jeden Preis nach oben wollen. Der Rechtsanwalt und Scientology-Fachmann Ralf Bernd Abel beschreibt diese spezielle Klientel so: »Es sind eigentlich diejenigen, die möglicherweise in einer bestimmten Lebensphase das Gefühl haben, nicht ganz den Erfolg zu haben, den sie sich selbst vom Leben erträumt haben, die Partnerprobleme (oder) sonst Probleme mit ihrer Umwelt haben.« Viele sind aber auch ganz normale, Orientierung suchende, oft idealistische, sensible, ja sogar praktisch veranlagte Menschen, die an irgendeinem Punkt in die Sektenfalle tappen.

Die bisher aussagekräftigste deutsche Studie über Scientology-Anhänger erstellte der Münchener Psychiatrieprofessor Norbert Nedopil zusammen mit zwei Kollegen 2002 im Auftrag der bayerischen Landesregierung.[1] Nedopil hatte schon 1984 das erste bedeutende psychiatrische Gutachten über Scientology in Deutschland publiziert und darin festgestellt, dass ihre Techniken geeignet seien, psychische Störungen hervorzurufen.[2] Für das neue Gutachten wurden 19 Experten sowie 26 Mitglieder und Aussteiger von Scientology über die angewendeten Psycho- und Sozialtechniken befragt. Dabei stellte sich heraus, dass rund die Hälfte der Ex-Scientologen sich schon bei ihrem Eintritt in die Sekte als psychisch labil oder krank bezeichnete. Nedopil konstatiert: Diese Menschen lassen sich leichter anwerben als andere und werden häufig abhängiger, als sie es jemals zuvor von Drogen, Therapien oder Partnern waren – diesmal von der Sekte. Als wichtigstes Motiv, bei Scientology mitzumachen, gaben nur sechs Prozent der Befragten ein vorwiegend religiöses Interesse an, 58 Prozent dagegen hatten die Erwartung, von psychischen Problemen befreit zu werden. »Niemals ist mir ein ehemaliges Mitglied begegnet, das sich der Organisation aus Glaubensgründen angeschlossen hätte«, bestätigt die Hamburger Scientology-Beauftragte Ursula Caberta. Auch der frühere Österreich-Chef der Sekte, Wilfried Handl, hatte nie das Gefühl, einer Religion anzugehören, wie er sagt: »Schon in den ersten Kursen fühlte ich Macht in mir. Macht über das Leben und andere Menschen. In mir hob etwas ab, das sich aufschwang über das Schicksal.« Die Forscher um Norbert Nedopil ermittelten, dass bei Scientology zahlreiche »psychologische Manipulationstechniken« zum Einsatz kommen, wie sie »zur Aufweichung der Persönlichkeit« in totalitären Staaten üblich sind. Jeder zweite Scientology-Aussteiger konnte als »psychisch abhängig« identifiziert werden, weitere 24 Prozent als »Klienten mit einem schädlichen Engagement«, einer Vorstufe zur Abhängigkeit.

Doch genau wie die ersten Heroingaben ein Feuerwerk von Glücksgefühlen erzeugen, so fühlt sich auch der Beginn einer Sektenkarriere oft an wie Alices Aufbruch ins Wunderland. »In den ersten Wochen oder Monaten nach dem Beitritt durchlebt der Neubekehrte meist eine euphorische Phase. Er wird behandelt wie ein König«, fasst Sektenexperte Steven Hassan zusammen.[3] Mit dem »Love Bombing« beginnt aber auch die mentale Kontrolle. Ihre Methoden sind subtiler, ihre Wirkung ist mächtiger, ihre psychischen Folgen sind noch ernster als alle Menschenmanipulation, die in den 1950er Jahren die Welt schockierte. Als amerikanische Kriegsgefangene im Koreakrieg oder führende Dissidenten im früheren Ostblock plötzlich fiktive Verbrechen gestanden und sich zur kommunistischen Ideologie bekannten, wurden sie zu dieser »Gehirnwäsche« mit Gewalt und Folter gezwungen; sobald sie dem Zwangssystem entronnen waren, ließ die Wirkung in der Regel sofort nach – und sie widerriefen.

Es gibt jedoch einen gewaltigen Unterschied zu Vietnam, Korea oder Maos China: Scientology nimmt Menschen seelisch gefangen, ohne dass diese selbst es richtig merken. Niemand wird mit dem Gewehr in die *Org* getrieben – er wirkt an der Veränderung seines Bewusstseins aktiv mit. Ganz sanft, aber unerbittlich schiebt sich eine neue Identität über die alte Persönlichkeit, bis diese fast verschwindet. »Das ist wie die hybride Mutation eines bösartigen Virusstamms!«, sagte der New Yorker Psychiater Robert Jay Lifton über die Bewusstseinskontrollpraktiken der neuen Kulte, als er 1976 zum ersten Mal davon erfuhr.[4] Lifton hatte 1961 *das* Standardwerk über Gehirnwäsche in Korea und China veröffentlicht (THOUGHT REFORM AND THE PSYCHOLOGY OF TOTALISM) und darin einen berühmten Acht-Punkte-Katalog der Methoden aufgestellt, mit deren Hilfe es möglich ist, den Geist von Menschen ohne deren Einverständnis zu verändern: Kontrolle der sozialen Beziehungen (totale Kontrolle der Kommunikation in der Gruppe); mystische Manipulation (die Gruppe behauptet, höhere Ziele als der Rest der Menschheit zu besitzen); ständige Beichten sowie extreme Scheidung von Gut und Böse (um Schuldgefühle zu erwecken, das frühere Leben für schlecht zu erklären – für Scientologen am *E-Meter*, dem Lügendetektor); Selbstheiligung durch Reinheit (für Scientologen durch ständige Saunagänge – im Namen der Reinheit ist alles erlaubt); Aura einer heiligen Wissenschaft (sie dient der Glaubwürdigkeit der oft abstrusen Lehre); Manipulation der Sprache (schon das Dianetik-Buch enthält ein zwölfseitiges Glossar); Vorrang der Lehre vor dem Individuum (die Welt wird nur noch in den Begriffen der Gruppe gesehen und interpretiert); Verherrlichung der Gruppenmitglieder als Elite und Verdammung von Nichtmitgliedern, denen im Extremfall die Existenzberechtigung abgesprochen wird (bei Scientology als »Unterdrückern«).[5]

Liftons Modell haben Steven Hassan und die New Yorker Psychologin und Sektenexpertin Margaret Singer später weiterentwickelt.[6] Demnach funktioniert mentale Kontrolle nach dem einfachen Prinzip, dass Menschen immer versuchen, mit ihrer Umgebung im Einklang zu leben. Wird der Bezugsrahmen für die Wahrnehmung der Realität durch die Sekte verändert, entsteht eine »kognitive Dissonanz« und ankommende Informationen werden anders interpretiert; die Menschen verlieren ihre Entscheidungsfähigkeit und finden sich in einer Art Blase wieder – in einer komplett manipulierten Welt, in der es keine schlechten Nachrichten gibt, ähnlich wie der Protagonist im Hollywoodfilm THE TRUMAN SHOW (1998). Von »Inseln des Totalitarismus innerhalb einer größeren Gesellschaft« spricht Robert Lifton.[7] Gehirnwäsche ist ein schleichender Prozess der Destabilisierung und Veränderung »durch die Manipulation sozialer und psychologischer Einflussfaktoren«, schreibt Margaret Singer.[8]

Was genau im *Dianetik*-Zentrum geschieht, ist für Außenstehende in der Regel schwer zu begreifen. Wer sich aber überreden lässt, der gerät in eine Situation, die er nicht mehr überschaut und noch viel weniger beherrscht. Das Arsenal bewusstseinsverändernder Methoden ist in den 1950er Jahren entwickelt und später immer weiter verfeinert worden. Es umfasst Praktiken der Klinischen Psychiatrie wie Hypnose, autogenes Training, Meditation, aber auch Trance, Verhör- und Foltertechniken (etwa der Entzug von Schlaf und äußeren Reizen, wie im amerikanischen Gefangenenlager Guantánamo) sowie den Einsatz von Drogen und einer speziellen Ernährung (massive Vitamingaben bei Scientology). Das Ganze vermengt mit psychologischen Techniken der Humanistischen Psychologie aus der Zeit nach dem Zweiten Weltkrieg, wobei Anleihen etwa bei Arthur Janovs »Urschreitherapie«, Jacob Morenos »Psychodrama« und der »Gestalttherapie« von Fritz Perls genommen wurden. Scientology verfügt heute über die meisten Erfahrungen mit vielen dieser Manipulationstechniken und hat sie zu einem überaus wirksamen Cocktail zusammengerührt.

Von allen rund 70 überhaupt bekannten Psychotechniken setze Scientology fast 90 Prozent ein, analysiert der Psychiater Nedopil, fast das Doppelte vergleichbarer Gruppen wie etwa das Psychotraining Landmark Education.[9] Neun der zehn bekannten »stark riskanten« Psychotechniken zur Steuerung von Kommunikationsprozessen würden bei Scientology angewendet, etwa Hypnose, Übungen mit unbeweglicher Körperhaltung und monotonen Tätigkeiten. So lernt man in den zehn »Trainingsroutinen« des »Kommunikationskurses« zunächst, sich Knie an Knie gegenübersitzend, einem anderen stundenlang starr in die Augen zu starren, ohne zurückzuweichen oder wegzuschauen *(TR 0)*. Wer auch nur blinzelt, erhält einen *Flunk* (Verweis) und muss von vorn beginnen. In den folgenden Trainingsroutinen muss man sich anschreien oder versuchen, sich anderweitig aus der Fassung zu bringen. Laut einem Scientology-Werbeblatt lernt man auch, »scheinbar zu antworten, ohne die Frage wirklich zu beantworten«.[10] Diese Übungen sind in Wahrheit Konfrontations- und Destabilisierungstechniken, die auf Unterordnung und Fügsamkeit zielen. Anfänger müssen außerdem endlos einfältige Dialoge wiederholen, wie zum Beispiel: »Fliegen Vögel?« Antwort: »Ja, danke.« – »Fliegen Vögel?« Antwort: »Nein, danke.« – »Fliegen Vögel?« Antwort: »Vielleicht.« Sie lernen wie Soldaten Befehle zu »bestätigen« (»Gut! Fein! Toll!«), und schließlich müssen sie auch selbst Kommandos brüllen, wobei als Rekrutenersatz ein Aschenbecher dient. Warum macht man das als Anfänger mit? »Weil man sich denkt, der Hubbard hat sich schon was dabei gedacht«, sagt der frühere Wiener Scientology-Direktor Wilfried Handl. Viele Menschen haben am Anfang auch durchaus den Eindruck, mit diesen Übungen ihr Selbstbewusstsein zu stärken, und behaupten daher, dass »Scientology funktioniert«. Aber sie durchschauen weder die Sektenorganisation noch die Mechanismen des Psychotrainings. »Es geht letztlich immer darum, Gefühle abzutrainieren. Gefühle sind nicht rational, sie stören«, sagt Handl.

Psychologische Beeinflussung kann viel Gutes bewirken, in der Hand skrupelloser Sektenmanipulateure aber wird sie zu einem raffinierten Herrschaftsinstrument. Im Zusammenspiel bilden die Psychotechniken dann »ein totalitäres Netz, das selbst die willensstärksten Menschen manipulieren kann«, meint Steven Hassan.[11] So wird Psychologie zur Kampftechnik. Der Amerikaner Edgar Schein hat 1971 in seinem Buch COERCIVE PERSUASION (Zwingende Überzeugung) beschrieben, dass die Seelenmanipulation in drei Stufen abläuft: »Aufbrechen« bezeichnet die Destabilisierung einer Person, »Verändern« den Indoktrinationsprozess und »Fixieren« den Aufbau und die Stabilisierung einer neuen Persönlichkeit.[12]

Bei Scientology beginnt das »Aufbrechen« der alten Persönlichkeit mit dem Persönlichkeitstest, in dem der Neuling zuverlässig einen *Ruinpunkt* bescheinigt bekommt. Hat der *Preclear* auf die Ansprache reagiert, wird er Schritt für Schritt auf die radikale Veränderung vorbereitet. »Aufbrechen« bedeutet vor allem, dass die

bisherige Realität und das frühere Selbstgefühl radikal in Frage ge-
stellt werden. Der Neuankömmling ist keine Minute mehr allein.
Ohne dass er recht weiß, wie ihm geschieht, findet er sich in einem
Terminstress wieder, der ihn keine Luft mehr holen lässt. Vorträge,
Kurse, *Auditings* – systematisch wird der gesamte Zeitplan von der
Sekte diktiert. Das hat Methode: Der *Preclear* soll keine Zeit zum
Gespräch mit Freunden, Bekannten und Verwandten mehr haben.
Die *Org* wird zum zweiten Zuhause, Effekt: Man entfremdet sich
von Familie und Freunden. In der *Org* bombardiert man ihn mit
ausgeklügelten Techniken, die nur ein Ziel haben: ihn so zu verwir-
ren und gleichzeitig zu beglücken, dass sein Geist aufhört, rational
zu funktionieren. Darauf ist niemand vorbereitet.

Der Krefelder Ex-Scientologe Norbert Potthoff führt die Macht
dieser Psychotechniken auch auf das Durchbrechen einer biologischen Schranke zurück: »Im Aufzug beispielsweise ist es unheimlich
peinlich, so eng zu anderen Menschen zu stehen. Im Kommunika-
tionstraining lernt man, dass man es aushalten kann. Wenn ein
Mensch gezwungen wird, einem anderen zwei Stunden intensiv in
die Augen zu schauen, dann passiert etwas mit ihm.« Bei anderen
Übungen muss man zwei Stunden lang die Augen schließen und immer wieder die gleiche Geschichte aus seiner Vergangenheit erzählen. Der Effekt ist eine Art hypnotischer Trance, in der sich Traum
und Realität vermischen. Sehen, Hören, Fühlen, Schmecken – alles
wird bei den ersten Übungen des scientologischen »Kommunika-
tionstrainings« extrem gedämpft. Was bei dieser Reizdeprivation (so
der psychologische Fachausdruck für den Reizentzug) geschieht, ist
aus wissenschaftlichen Experimenten bekannt: Schon nach kurzer
Zeit erlebt man Halluzinationen, weil das Gehirn beginnt, sich seine
eigenen Reize künstlich zu schaffen, seien sie auch noch so irreal.
»Welche psychologischen Mechanismen der TR-0-Übung auch immer bei mir gewirkt haben, sie haben gewirkt«, schreibt der Frankfurter Ex-Scientologe Gunther Träger.[13] Auch jene »Kommunika-
tions«-Übungen, bei denen man sich stundenlang beleidigen lässt,
ohne aus der Fassung geraten zu dürfen *(Bull Baiting)*, schlugen bei
dem Werbefachmann an: »Überlegenheit durch Gelassenheit ... der
erste Teil der scientologischen Dressur war abgeschlossen. Wir waren konditioniert worden, die natürlichen Gefühle und Reaktionen
gegenüber verbalen Angriffen und Übergriffen auszuschalten.«[14]

Gleichzeitig beginnt die eigentliche Indoktrination – zunächst in homöopathischen Dosen, um die Reste des kritischen Verstandes nicht herauszufordern. Sie steigert sich dann, bis sie sich gebetsmühlenartig wiederholt. Das schleichende Gift, mit dem der Einsteiger in die Sekte gezogen wird, beschreibt der Aussteiger Robert Kaufman in seinem Buch ÜBERMENSCHEN UNTER UNS: »(Mir) wurde klar, dass die Scientology-Bewegung ihre tief hypnotisierende Wirkung nicht durch ein einziges machtvolles hypnotisches Kommando erreichte. Vielmehr war es die Summe vieler kleiner Schritte, die diesen Effekt herbeiführte …«[15]

Das eigentliche Geheimnis von Scientology ist die Psychotechnik *Auditing* (vom lateinischen Wort *audire* – hören). Sie ist das entscheidende Verfahren, um den Menschen zu »verändern«. Hier wird er im Verhör erst zum »gläsernen Menschen« und anschließend »neu zusammengesetzt«, sein Kopf suggestiv mit neuen Verhaltensweisen, Denkweisen und Emotionen gefüllt. Beim *Auditing* mit dem *E-Meter* sitzen sich zwei Personen gegenüber, der *Auditor* fragt und hört zu, der *Preclear* erzählt von seinen Problemen, auch denen intimster Natur. In der Folge erfährt der *Preclear* angeblich, wie er »geistig frei« und vor allem erfolgreich werden kann. Die »negative« Vergangenheit soll er am besten völlig vergessen, sie wird abgestreift oder neu geschrieben. Zum Beispiel Tom Cruise: Er behauptet stereotyp, Scientology habe ihm geholfen, seine Lese- und Rechtschreibschwäche zu überwinden. Das ist offenbar eine Suggestion. Sein Biograph Andrew Morton fand heraus, dass Cruise die tatsächlich vorhandene Dyslexie schon dank der Hilfe seiner Schullehrer überwand, als Teenager 350-seitige Wälzer verschlang und sich Texte in der Theater AG gut merken konnte.[16] Morton sagte im Gespräch: »Cruise hatte keine Probleme, als Schauspieler seine Texte zu lernen, und Hubbards Lehre ist nicht gerade als geeignetes Mittel zur Überwindung von Dyslexie bekannt.«

Wie Tom Cruise fangen die neuen Mitglieder nach und nach an, im *Auditing* ihre eigene Vergangenheit umzudeuten und die schönen Dinge zu vergessen. Schließlich glauben sie, was man ihnen immer wieder einbleut: Die Gruppe sei besser als die anderen »dort draußen«. Erst seit sie mitmachten, hätten sie die Chance, »gerettet zu werden«. Die Gehirnwäsche per *Auditing* ist aber keine Zauberei und auch nicht wirklich neu. Sie beruht wie viele Praktiken von Psychosekten auf Hypnose, Suggestion, »geführter Imagination« und schlichter Übermüdung.[17] Dass Hubbard dabei bewusst Hypnose-verfahren einsetzte, machte er schon im DIANETIK-Buch deutlich, in dem er 1950 erstmals die Technik beschrieb: »1. Versichern Sie dem Patienten, dass er über alles was geschieht Bescheid wissen wird. 2. Zählen Sie, bis er die Augen schließt. 3. Setzen Sie den Löscher ein. 4. Senden Sie den Patienten in einen Zeitabschnitt der Vergangenheit zurück (...). 7. Bringen Sie den Patienten in die Gegenwart. 8. Vergewissern Sie sich, dass er in der Gegenwart ist. 9. Geben Sie ihm das Löscherwort.«[18] So funktioniert die klassische Hypnose.

Oftmals erstrecken sich die *Auditing*-Übungen mit dem *E-Meter* über viele Stunden, sie werden bis zur körperlichen Erschöpfung und manchmal bis zum psychischen Kollaps getrieben. »Während dieser Übung erfasste mich zum ersten Mal das Gefühl, mich von meinem Körper zu lösen«, schreibt Norbert Potthoff. »Es begann meist mit einer Art innerem Rütteln, so als wolle man ein Bäumchen aus dem Boden reißen. Dann folgte ein Ruck, der in einen sanften Rauschzustand überging. Es war seltsam, befremdlich, aber der Trip schien mir damals keineswegs gefährlich oder unangenehm.«[19] Obwohl oder gerade weil es im *Auditing* um Sex, geheime Gedanken, sogar kriminelle Taten geht, fühlen sich die meisten *Preclears* anschließend gereinigt und befreit, wie nach einer christlichen Beichte. »Am Ende sind die Preclears subjektiv erleichtert und glücklich, dass sie darüber sprechen konnten«, urteilt Gunther Träger, der jahrelang selbst *Auditor* war. »So absurd es klingen mag: Viele, sehr viele sind völlig euphorisch nach einer Sitzung. Außenstehende haben mich nach meinem Abschied von Hubbards Truppe gefragt, warum Scientologen nur schwer von der Gruppe loskommen. Die Antwort ist einfach: Sie machen – ganz subjektiv – eine Reihe positiver Erfahrungen nach dem Prinzip der ›sich selbst erfüllenden Prophezeiung‹, die negativen verdrängen sie.« Sie reagieren emotionale Spannungen ab – echte Hilfe bei ihren Problemen erhalten sie nicht. Im Gegenteil: In jeder Sitzung erfahren sie von neuen Defiziten, die durch weiteres *Auditing* beseitigt werden müssen. Jeder Kurs zieht einen weiteren nach sich, »ein Teufelskreis ohne Ende – aus eingeredeter Krankheit und nutzloser Therapie«.[20]

Die Euphorie aber ist echt – denn sie wird von einem Cocktail

154

körpereigener Glücksdrogen erzeugt, die das Gehirn der *Auditierten* überschwemmen. In der Trance, bei ständiger Übermüdung, bei Dauerläufen und in (zwangs)hypnotischen Trainings schüttet das Gehirn chemische Stoffe aus, die ähnlich »high« machen wie illegale Drogen. Norbert Potthoff sagt: »Auditing, das ist meiner Erfahrung nach in der Praxis die Aneinanderreihung von ›Gipfelerlebnissen‹, eine Wiedergeburt pro Sitzung sozusagen.«[21] Gunther Träger spricht von »unbeschreiblichen Glücksgefühlen«[22] Der Züricher Psychiatrie-Professor Hans Kind weist darauf hin, dass nur die Bewusstmachung von Problemen in der Therapie aber noch lange keine Heilung garantiere, notwendig sei es, diese auch durchzuarbeiten. Kind entlarvt die scientologische Seelenbeichte als »völlig unpersönliche, ja ›unmenschliche‹ Prozedur« und urteilt, »dass Auditing durch die rücksichtslose Art, wie es nach der Anweisung von L. R. Hubbard betrieben wird, zu Angstzuständen, Depressionen, Selbstwertkrisen, ja psychotischen Zusammenbrüchen führen (kann). Besonders bedenklich ist dabei, dass solche Zustände von den Scientologen gar nicht als solche wahrgenommen werden und deshalb auch keine adäquate Hilfe geleistet wird.« Ohne Risiko sei *Auditing* »höchstens für sehr robuste, selbstsichere, innerlich widerstandsfähige Personen«.[23]

Scientology ist sich dieser Gefahr offensichtlich bewusst. Um sich rechtlich abzusichern, lässt die »Kirche« ihre »Kunden« seit dem Tod der Amerikanerin Lisa McPherson in ihrer Obhut Mitte der 90er Jahre ein Formular unterschreiben, in dem sie unterzeichnen, dass sie und ihre Erben für alle Zeiten ihr Recht aufgeben, die »Kirche für Verletzungen oder Schäden im Zusammenhang mit den religiösen Diensten oder geistlichen Hilfen von Scientology« zu verklagen.[24] Der Scientology-Kritiker Heinemann hält dieses für eine »Religionsgemeinschaft« sicher einzigartige Formular für einen Beleg, dass die Scientology-Führer sehr genau wüssten, dass sie geltendes Recht brechen. »Das Auditing ist eine Therapie, wie sie eigentlich nur speziell ausgebildete Personen oder Ärzte durchführen dürften«, sagt er. Scientology aber wolle das Monopol für die psychische Beratung, weltweit. »Das verbirgt sich auch hinter ihrer Forderung nach Abschaffung der Psychiatrie.«

Sicher ist: *Kommunikationskurs* und *Auditing* verändern das Wesen eines Menschen, und zwar so schnell und extrem, dass nicht wenige Anfänger in kürzester Zeit bereit sind, Tausende und Abertausende für den Rausch hinzulegen. »Wenn der Preclear erst einmal dazu verführt worden ist, an den angeblichen Hauptgewinn zu glauben, dann ist er bereit für den Power-Prozess. Das ist dann der endgültige Übergang in das Niemandsland der Scientology«, schreibt der amerikanische Ex-Scientologe Robert Kaufman.[25] Wie das »Aufbrechen« und »Verändern« der Persönlichkeit praktisch funktioniert, hat die ehemalige Scientologin Anna in ihrem Buch anschaulich geschildert: »Zunächst vermitteln Dir die Scientologen das Gefühl, Du seist ganz toll. Das schafft Zuneigung. Sie vermitteln Dir das Gefühl, Du und Deine Probleme würden ernstgenommen. Das schafft Vertrauen. Weil Du froh bist, hinterfragst Du nicht, aus Angst, die Illusion wieder zu verlieren. Dein Hochgefühl steigert sich bis zur Euphorie. Wenn es Dir einmal schlechter geht, verlangst Du nach Auditing. Das schafft Abhängigkeit. Um es zu bekommen, tust Du Dinge, die Du sonst niemals getan hättest. (…) Ohne es zu bemerken, wird Dein Selbstwertgefühl zerstört. Du aber interpretierst das sogar als Bewusstseinserweiterung.«[26]

Irgendwann kehren sich die Verhältnisse um: Die Außenwelt erscheint als »falsche« Welt, und zum Gegenbild wird das rettende Konzept des »Gründers«: »Eine Zivilisation ohne Unvernunft, in der Fähige sich frei entwickeln können, in der ehrliche Menschen ihre Rechte haben und in der der Mensch die Freiheit hat, sich zu höheren Ebenen des Seins zu erheben.«[27] Trennt sich der Neuling nicht spätestens jetzt von der neuen Gruppe, wird die Sekte unweigerlich zu seiner wahren Familie und Ersatzrealität, er selbst zum Rädchen in einem Getriebe, dessen Mechanik er nicht begreift. Psychiater nennen das »Depersonalisierung«. Selbständiges Denken schwindet, je mehr die abstruse Science-Fiction-Ideologie Hubbards in die Köpfe dringt.

Die zentrale Rolle bei dieser Depersonalisierung spielen das »Wortklären« und »Redefinieren«, ausgeklügelte Techniken des Sektengründers, mit denen Begriffe in ihr Gegenteil verkehrt oder verändert werden. Das sogenannte »Wortklären« steht am Beginn jeder Scientology-Karriere, denn im Vorwort von Hubbard-Büchern ist stets der seltsame Satz zu lesen: »Gehen Sie nie über ein unverstandenes Wort hinweg.« Jedes Wort kann ein unverstandenes Wort sein, und dafür gibt es dann bei Scientology ein anderes Wort oder eine andere Bedeutung. Auf Deutsch: Man trainiert Definitionen. Auf diese Weise werden die *Preclears* mit der Sprache und dem Denken der Sekte indoktriniert, bis aus Psychiatern zum Beispiel »unerwünschte antisoziale Elemente« werden. Mit Hilfe der Sektensprache soll der Mensch neu »programmiert« werden, wie in der Big-Brother-Welt von George Orwells Zukunftsroman »1984«, der 1948 entstand, kurz bevor Hubbard seinen Science-Fiction-Kult entwarf. Der britische Schriftsteller Orwell war vermutlich der Erste, der erkannte, »dass der Dreh- und Angelpunkt für die mentale Manipulation« nicht physische Gewalt, sondern die *Sprache* ist«, schreibt Margaret Singer.[28] Denkbar ist, dass Hubbard Orwells Buch tatsächlich zur Vorlage seiner Idee einer Welt voll »williger Sklaven« machte – es sind auffallend viele Vorstellungen aus »1984« im Scientology-System Realität geworden.[29]

Wer zu Scientology kommt, lernt tatsächlich, neu zu denken. Ein Außenstehender kann einen Scientologen nicht wirklich verstehen, wie jeder weiß, der mal einen Blick in eine Scientology-Broschüre oder auf eine ihrer Websites geworfen hat. Ein Scientology-Text liest sich dann zum Beispiel wie die folgende Abhandlung L. Ron Hubbards über den »idealen Zustand des Menschen«: »Die Attribute von Selbstbestimmung sind mit den Attributen von Theta voll und ganz identisch. Aber wenn Sie Menschen diese Tonskala wirklich hinaufkatapultieren, dann werden sie an irgendeinem Punkt ihrer Kontrolle entgleiten. (…) Sie haben den ungefähren Toleranzbereich ihrer Randomität gefunden und so weiter; sie sind nicht mehr introvertiert. Sie extrovertieren.«[30] In scientologischen Zeitschriften wie *Auditor, Impact* oder *Source* sind im Lauf der Jahrzehnte Tausende höchst abstruser Artikeln erschienen, die ohne Spezialkenntnisse nicht zu entschlüsseln sind. Das »Wortklären« mit Hilfe des scientologischen FACHWORTVERZEICHNISSES SCIENTOLOGY UND DIANETIK hilft einem dabei nicht wirklich, sondern führt nur immer tiefer hinein in die Kunstsprache, wie etwa beim Stichwort »Basik«: »Da ein Basik auf keiner Kette sofort zur Verfügung steht, entlastet man es gewöhnlich, indem man spätere Engramme, Secondaries und Locks läuft.«[31] Viele kryptische Begriffe wie *Overt, Mock-up* oder *Dedex* sind reine Kunstwörter, andere wie Realität, Monitor oder Verstand bedeuten etwas völlig anderes als gewohnt. »New Speak« (Neusprech) nannte George Orwell diese

Technik der Wortverdrehung. »Krieg ist Frieden« heißt es an dem beängstigenden Ort seines Buches »1984«, an dem eine »Gedankenpolizei« das Leben der Mitglieder beherrscht und jede geistige Regung kontrolliert. Wie bei Orwell wird Sprache auch in Hubbards totalitärer Welt zum Medium manipulativer Gewalt.[32] So bedeutet Kommunikation bei Scientology Konfrontation, ein *PC* ist kein Personalcomputer, sondern ein *Preclear* – ein Mensch, der noch nicht gleichgeschaltet ist; und das Wort *Ethik* wird in sein Gegenteil »redefiniert«: Ethisch ist alles, was Scientology dient. Sogar der Slogan des Orwell-Staates »Freiheit ist Sklaverei« findet sich fast wörtlich in Hubbards Richtlinie für künftige Full-Time-Scientologen: »Da Scientology jetzt *totale* Freiheit bringt, muss sie auch die Macht und Autorität haben, totale Disziplin zu fordern, oder sie wird nicht überleben.«[33]

Der Erfolg dieser Sozialtechnik ist in der Tat verblüffend. Die Hubbardisten sind schon nach kurzer Zeit in der veränderten Begrifflichkeit gefangen, die es ihnen immer schwerer macht, sich mit der realen Welt zu verständigen. Ihr Denken folgt nun den immergleichen Schablonen und Mustern von Hubbards *Technologie*. Es dreht sich im Kreis. Der »Gründer« selbst hinterließ folgende Anweisung: »Wir beginnen, die Leute aufzuhängen, und bleiben dabei, die Schlinge in einer fachmännischen Art und Weise zu knoten, genau bis zu dem Moment, wo wir die Tech reinbekommen, was wahrhaft die Schlinge überflüssig macht.«[34] Während der Neu-Scientologe Bekannte und Verwandte irgendwann einfach nicht mehr versteht, wird er unaufhaltsam in die Scientology-Gruppe gezogen, deren Sprache er spricht und wo er sich aufgehoben fühlt. Die neue Identität wird täglich durch die Gruppe verstärkt, die sich durch Feindbilder immer stärker zusammenbindet und das »Ich« durch ein »Wir« ersetzt. Ein subtiler Gruppendruck erzieht sie dazu. Man macht mit, was die anderen machen. »Die strukturieren die Leute um«, sagt der ehemalige Scientologe Walter Hubeny. »Das beginnt schon im ersten Kurs, aber man merkt es nicht, weil man keinen Vergleich hat. Was man eigentlich lernt, ist *zu gehorchen.*«[35] Denn es werden nicht nur Wörter, sondern auch Gefühle wie Glück neu definiert: Glück bedeutet dann vor allem, den Weisungen der Gruppe zu folgen.

Norbert Potthoff sieht in der Kombination von *Kommunikations-*

kursen, Auditing sowie Wort- und Gefühlsverdrehung eine »schwere Manipulation des Menschen« und sagte in einer Anhörung im Landtag von Baden-Württemberg 1993: »Es kommt zu so schwerwiegenden Veränderungen der Persönlichkeit, dass man sich von Frau und Kindern trennt, die Familie im Stich lässt, sein Studium aufgibt, die eigene Firma ruiniert und dass man, um Auditing u. a. zu bekommen, sogar kriminelle Handlungen begeht, sich Geld erschleicht, unredlich wird und in eine Art Beschaffungskriminalität hineingerät.«[36] Eigentlich kann niemandem entgehen, dass die Kurse bald unglaublich teuer werden, aber dann ist es für viele Einsteiger schon zu spät. Der 1991 ausgestiegene Top-Scientologe Gunther Träger sagt: »Wenn jemand jetzt wirtschaftlich weitgehend ruiniert ist, wenn er ein Umfeld hat, wo er sich erstmal freundlich behandelt fühlt, dann wird er natürlich wieder da hingehen, weil er woanders ja kaum noch viel machen kann.«[37] Das ist der Punkt, an dem sich für Scientology-Karrieren die wichtigste Weiche stellt: Der mittellose Neuling wird Mitarbeiter (*Staff*), der für seine Kurse hart schuften muss, bis er sie angeblich »abgearbeitet« hat – der vermögende Aspirant wird Kunde (*Public*), der die Kurse selbst bezahlt und daher mit Versprechungen, Lockangeboten und Werbe-Events umschmeichelt wird.

Staffs und Publics unterscheidet vor allem der Grad der Abhängigkeit von der Org. Publics haben in der Regel noch funktionierende Außenbeziehungen und stehen wirtschaftlich auf eigenen Füßen. Für beide aber gilt, wenn man es positiv ausdrücken will: Das Leben hat jenen festen Rahmen erhalten, nach dem sich nicht wenige in unserer offenen Gesellschaft unbewusst sehnen. In der pluralen Demokratie gibt es auf viele Fragen keine eindeutigen Antworten. Genau das versprechen dogmatische Gruppen wie Scientology mit ihrem geschlossenen Denk- und Wertesystem, in dem sie die Welt scheinbar widerspruchsfrei erklären. Doch der Preis ist die totale Abhängigkeit und Entmündigung, die intellektuelle Abtrennung von der pluralistischen Gesellschaft.

Hat die Indoktrination angeschlagen und der Mensch gelernt, im Sinne der Sekte zu denken und zu fühlen, wird er geistig versiegelt oder, so Steven Hassan, wie ein Foto im Labor »fixiert«.[38] Der »neue Mensch« wird geboren; er muss sein altes Selbst verleugnen und bekommt eine neue Identität verpasst. Diese »Fixierung« beginnt häufig mit einem Initiationserlebnis. Wohl kaum eine Psychotaktik ist so wirksam wie das Versprechen eines völlig neuen Lebens im »Hier und Jetzt«. Bei Scientology heißt dieser »Durchbruch«: *Clear*. »Jeder Scientologe möchte so schnell wie möglich clear werden, denn dann hat er sich auf die sichere Seite gerettet. Als Clear kann er erst einmal überleben«, sagt der hochrangige Aussteiger Wilfried Handl aus Wien. *Clear* wird man nach anstrengenden Übungen und wenig Schlaf – die anschließende Phase der Entspannung und Ruhe erlebt jeder Mensch als beglückend. Wird diese Stimmung nun mit einer Bedeutung versehen, etwa »Du hast die Feuerwand durchbrochen«, spürt der Jünger euphorische Glücksgefühle und ist gern bereit zu glauben, er habe eine spirituelle Schwelle überschritten. Auch werden die im *Auditing* gesammelten intimen Informationen zuweilen im richtigen Moment eingesetzt, um ein »spirituelles Erlebnis« künstlich zu erzeugen. Hubbard hat dazu die passende Anweisung hinterlassen: »Die einzige Möglichkeit, um Leute zu kontrollieren, ist, sie anzulügen. Schreiben Sie das in Großbuchstaben in Ihr Heft.«[39]

Wie die meisten Sekten zieht Scientology zugleich eine scharfe Trennlinie zwischen Mitgliedern und Außenstehenden, »Geretteten« und *Preclears*. Um ihren Jüngern die Trennung von Gut und Böse immer wieder vor Augen zu führen, müssen diese nicht nur ständig Sünden bekennen, sondern auch bestimmte Reinigungsrituale ausführen. Bei Scientology machen sie deshalb Bekanntschaft mit dem *Reinigungs-Rundown* (ab etwa 1500 Euro), um sich gegen Drogen, Alkohol, Gifte und Homosexualität zu wappnen: tagelange Saunagänge mit bedenklich hohen Vitamingaben vor allem von Nikotinsäure (Niacin), Vitamin B2 (Riboflavin) und Vitamin C, die in dieser Kombination den Körper schwächen, anstatt ihn aufzubauen. Während der normale Tagesbedarf an Niacinamid höchstens 25 Milligramm beträgt, propagierte Hubbard 5000 Milligramm (!) täglich – Gift für die Leber.[40] Hubbard sah dies naturgemäß anders, der *Reinigungs-Rundown* habe »den Nebeneffekt, dass er die Folgen zukünftiger Strahlungseinwirkung vermindert. (...) Und dies zeigt die interessante Möglichkeit auf, dass in Gebieten, die in einem Atomkrieg schwerem radioaktivem Niederschlag ausgesetzt sind, nur Scientologen ihrer Tätigkeit nachgehen werden.«[41] Die Hamburger *Zeit* schilderte die Wirkung einer hohen

Niacinamid-Dosis bei einem Berliner Scientologen namens Peter: »Nachts glaubte er, dass sein Herz aussetzen würde. Dann sah er Ratten in seinem Zimmer. In seinen Visionen kamen sie durch die Wände und unter dem Bett hervor. Peter hielt sie für ›Engramme‹, die sich selbständig gemacht hatten. Sein ›Case Supervisor‹ hatte jedoch eine andere Erklärung: In Peters Umgebung müsse es einen ›SP‹ geben, eine ›Suppressive Person‹ (…), die Peter daran hinderte, ein ›Clear‹ zu werden.«[42]

Zum Zweck der angeblichen Entgiftung und Strahlenprävention besitzt jedes größere Scientology-Zentrum seine eigene Sauna. »Entgiftung« könnte als Überschrift sogar über dem gesamten Scientology-Programm stehen – »Entgiftung« des Menschen und der ganzen Welt. Hubbards Seelenmanipulateure arbeiten mit der perfiden Vorstellung, dass alle Menschen »krank« sind und »gereinigt« werden müssen. Wie alle Sekten impft Scientology ihre Mitglieder daher auch mit furchterregenden Feindbildern – von »Unterdrückern«, »Unruhestiftern«, Psychiatern, deren tückisches »Gift« es zu neutralisieren gilt. »Säubert die Erde von der Psychiatrie«, lautete das Motto einer Jubelfeier in Pasadena bei Los Angeles im Juli 1995.[43] Aus totalitären Regimen ist diese Sozialtechnik gut bekannt: Man verherrlicht die enge Verbindung zum Regime als überlebensnotwendig, um aus den Untergebenen willige Verteidiger, aber auch Kämpfer für dessen Schutz und Expansion zu machen. Dafür erhalten die Kultmitglieder das Gefühl, zur Elite der Menschheit zu gehören. »Wir sind die goldenen Menschen. Wir sind die neuen Menschen. Die neuen spirituellen Führer dieser Erde«, eröffnete L. Ron Hubbard seinen Gefolgsleuten.[44] Sie daran glauben zu machen, ist der Abschluss der »Fixierung«.

In dem nie endenden Prozess der mentalen Kontrolle begleitet die Jünger ständig, das heißt mehrmals wöchentlich, das *Auditing*. Vor allem im *Auditing* lernen sie, die Welt so zu sehen, wie Hubbard sie vorgedacht hat. Hier bekommen sie jene »umfassende Interpretationshilfe zum (neuen) Verständnis der Realität« geliefert, die sie derart von der Außenwelt abschottet, dass alternative Sichtweisen gar nicht mehr durchdringen.[45] Hier werden sie auch darauf gedrillt, jede kritische Information über die Gruppe abzublocken und für unwahr zu halten, bis sie nicht einmal mehr merken, einen »schlechten« Gedanken gehabt zu haben. Um die »bedrohliche Umwelt« auszublenden und »die Kontrolle über die Umwelt zu steigern«, empfahl Hubbard zudem ganz offen: »Lesen Sie keine Zeitung. (…) Wenn die Person zwei Wochen lang keine Zeitung liest, wird sie sich natürlich besser fühlen.«[46] Damit sorgt die Sekte dafür, dass ihr Mitglied nur noch bestimmte Informationen erhält und wahrnimmt. Scientologen benutzen zum Beispiel fürs Internet eine speziell entwickelte Filtersoftware, die »unterdrückerische« Nachrichten aussiebt.[47] Auf diese Weise werden die Anhänger systematisch gegen Kritik von außen immunisiert.

Zusammengefasst versucht die Sekte, das Verhalten, die Informationen, die Gedanken und die Gefühle ihrer Anhänger zu kontrollieren. Wird auch nur *einer* dieser Faktoren erfüllt, kann es das Individuum schon in seinem Kern treffen, so der Psychologe Steven Hassan. Gelingt es aber, *alle vier* Faktoren zu manipulieren, dann wird die Persönlichkeit förmlich hinweggefegt.[48] Dann verliert das Mitglied jede Entscheidungsfähigkeit und beginnt, fest an die Deutungsmuster der Heilslehre zu glauben. Hat ein Scientologe Angst vor Hunden, erklärt er sich das dann nicht mehr rational (zum Beispiel: »Ich bin eben ängstlich«, oder: »Ich habe als Kind schlechte Erfahrungen mit Hunden gemacht«), sondern er ist überzeugt, dass er ein böses *Engramm* aus einem früheren Leben besitzt und dieses auf einer »Zeitspur« im Gehirn schleunigst löschen muss – wobei ihm nur Scientology helfen kann. Nun kommt der Jünger in der Außenwelt nicht mehr klar: eine unsichtbare Mauer türmt sich vor ihm auf, alte Beziehungsnetze zerreißen. Es ist Zeit, die letzten Brücken zur Welt der »antisozialen Persönlichkeiten« – der Nichtscientologen – und zur Vergangenheit abzubrechen. Eine Hamburger Mutter berichtet über ihren Sohn, der 1987 bei Scientology gelandet war: »Inzwischen hatten wir uns öffentlich gegen Scientology engagiert. (…) Da hat er massiv versucht, uns unter Druck zu setzen, unsere Aktivitäten gegen Scientology einzustellen. Die haben ihn ganz gezielt an Heiligabend geschickt. Wir haben gesagt: ›Das werden wir nicht tun.‹ Er antwortete: ›Es tut mir leid, dann müssen wir uns trennen.‹ Das war der Trennungsbefehl. ›Die Mutter ist der schlimmste Mensch‹, haben sie ihm eingebleut.«[49] Zwar bestreiten Sprecher der Organisation regelmäßig, dass Scientology Familien und Freundschaften zerstöre. Doch der »Trennungsbefehl« (*Disconnect Policy*) existiert unzweifelhaft – wie zahl-

162

reiche Dokumente und sogar ein Hubbard-Befehl belegen –, wenn Familienmitglieder Ärger machen und Kritik an den neuen Freunden üben.[50] Denn wer mit solchen »Unterdrückern« in Kontakt steht, läuft selbst Gefahr, zur *Potential Trouble Source (PTS)* erklärt zu werden. Ein »potentieller Unruhestifter« ist laut Sektengründer Hubbard jemand, der »sehr eng mit Personen verbunden ist (wie z. B. eine eheliche oder Familienbindung), von denen bekannt ist, dass sie ... gegen Scientology eingestellt sind«. Ist ein *PTS* erst einmal identifiziert, muss er umgehend »gehandhabt« werden, durch Trainingsverbot, *Auditing*-Entzug oder radikale Trennung von den »unterdrückerischen« Angehörigen.[51]

Für den *Auditing*-Kick oder um mehr für ihre »Kirche« zu tun, liefern sich viele der Gruppe immer stärker aus, geben ihren Beruf auf, gründen eine Firma im Umfeld der Sekte oder unterschreiben einen Mitarbeitervertrag, oft für Hungerlöhne, ohne Kranken- und Rentenversicherung. Die Sechs-Tage-Woche mit 13-Stunden-Einsatz plus »Studium« ist keine Seltenheit. Die *Staffs* verbringen fast ihre gesamte Zeit damit, neue Opfer zu werben, Bücher zu verkaufen oder PR zu machen; nach wie vor verdienen manche nur etwa zehn bis 20 Euro wöchentlich, wenn der Verkauf schlecht läuft. Das *Prinzip der steigenden Statistik* zwingt sie jedoch, ihre Leistung unaufhörlich zu steigern. »Statistik ist die einzig vernünftige Messung jeglicher Produktion, Aufgabe oder Aktivität«, erklärte L. Ron Hubbard.[52] Eine *steigende Statistik* ist das Herz des scientologischen Menschenbildes: Wer eine steigende Statistik hat, gilt als gesund, wessen Statistik fällt, der ist krank und muss »gehandhabt« werden. Steigende Statistik bedeutet, mehr zu *produzieren* als in der Vorwoche, ob mehr Geld für die *Org*, mehr angeworbene Rekruten oder mehr verkaufte Kurse. Es geht um mehr Punkte, mehr Leistung, um immer mehr, mehr, mehr. »Jeden Donnerstag um 14 Uhr ist Statistik-Schluss in so einer Org«, erzählt Norbert Potthoff, »und spätestens am Abend kommen die neuen Anweisungen. Wenn meine Abteilung in einer Woche 60 Bücher verkauft hatte, dann mussten in der nächsten Woche mehr als 60 verkauft werden.« Die *Staffs* vertrauen darauf, im Gegenzug ein »kostenloses Studium« der Hubbard-Ideen zu erhalten, eine Illusion, weil viele ihren Fünfjahresvertrag gar nicht durchhalten und ihre Kurse dann beim Ausscheiden voll bezahlen müssen, wenn sie die gefürchtete »Freeloader Bill« (Schnorrer-Rechnung) erhalten. Die horrende nachträgliche Rechnung für ihre Scientology-Kurse lässt Scientology-*Staffs* in eine Art Schuldknechtschaft geraten. Das ist vermutlich auch der Zweck dieses »großzügigen Angebots« der Sekte: freies *Auditing* gegen Arbeit, aber volle Rückzahlung bei vorzeitiger Kündigung des Vertrags. Im Übrigen bleiben auch die Mitarbeiter im Hinblick auf das Dienstleistungsangebot immer *Kunden*, die sich auf der *Brücke* weiterqualifizieren müssen. So fließen ihre Provisionen oftmals postwendend wieder zurück in die Sektenschatulle.

Wie die Bienen im Stock nur dafür arbeiten, dass ihre Königin überlebt und Eier legt, so wirtschaftet der gesamte Scientology-Apparat nur für ein Ziel: »die Funktionsfähigkeit der Scientology erhalten«. Und wie jede hierarchische Organisation ist Scientology dann funktionsfähig, wenn die Spitze funktioniert. Das *Religious Technology Center* mit David Miscavige an der Spitze ist die Bienenkönigin des Scientology-Imperiums. Das Bienenstocksyndrom ist der Grund, warum die Jünger die allgegenwärtige Kontrolle und Ausbeutung nicht als unmenschliche Diktatur, sondern als notwendige Anpassung an die verinnerlichten Ideale empfinden – den »neuen Menschen«, den »gesäuberten Planeten«.

Sektenmitgliedern wird man nie anmerken, was sie an Ängsten, Schuldgefühlen oder Selbstvorwürfen plagt. Nach außen präsentieren sie stets ihr glückliches Gesicht. Zweifel, die auch bei Scientologen immer wieder vorkommen, werden den höchsten Zielen untergeordnet, denn sonst geriete ja ihre ganze Existenz in Gefahr. Da sie Scientology als ihre Familie empfinden, ist der absolute Gehorsam auch nichts Falsches, sondern normal und legitim. Und weil die oberste Leitung einer Sekte ihre Untergebenen in die Rolle hilfloser Kinder zurückstößt, braucht sie für plötzliche Änderungen der Ideologie, willkürliche Versetzungen oder den Befehl zu Straftaten nicht einmal eine besondere Begründung. »Es ist so peinlich«, sagte der Frankfurter Scientology-Aussteiger Herbert Knack dem *Spiegel*. »Man denkt, man ist selbständig, und dann wird man auf den Stand eines Halbwüchsigen zurückgeworfen.«[53]

Das gesamte Programm der mentalen Kontrolle wäre trotz ausgeklügelter Methoden nicht so erfolgreich, wenn der Sektenführer nicht selbst von diesen Ideen besessen wäre oder genügend Charisma besäße, um seine Anhänger geistig zu fesseln. Hubbard war eitel und geltungssüchtig genug, um sich für vollkommen, unfehlbar und den absoluten Meister seines Schicksals – einen *Operierenden Thetan* – zu halten. Sein ehemaliger *Auditor* David Mayo bemerkte allerdings eine gravierende Änderung in den letzten Lebensjahren des Gurus: »Was mich störte, waren die Unterschiede zwischen dem, was er nach außen versuchte zu sein und was er in Wirklichkeit war. Ich begann zu verstehen, dass er nicht für die Menschheit etwas tun wollte, so wie er es wohl am Anfang getan hatte. In den späteren Jahren war ihm nur das Geld wichtig … Er erklärte mir, dass er von ›einer unersättlichen Sucht nach Macht und Geld besessen‹ sei. Er sagte es mit Nachdruck. Er dachte, dass es nicht möglich sei, genug davon zu bekommen.«[54]

Schwierige Rückkehr in die Wirklichkeit

Hat ein Sektenjünger erst einmal eine neue, künstliche Identität angenommen, neue Werte und eine neue Sprache gelernt, sieht er die Umwelt nur noch mit den Augen der Sekte. Er hat krankhafte Angst vor dem Verlassen der Gruppe, bekommt sogar Herzrasen und Schweißausbrüche, wenn er nur an den Ausstieg denkt und daran, mit welchen Monstern er dann konfrontiert würde: mit Psychiatern, Sektenberatern und Deprogrammierern, die er allesamt für Dämonen hält. Doch es gibt einen Trost für Sektenabhängige. Der Ausstiegsberater Steven Hassan ist davon überzeugt, dass das menschliche Bewusstsein einen natürlichen Schutzmechanismus gegen den permanenten Missbrauch durch Psychomanipulatoren besitzt. Das »alte Ich« mag von der »Kultidentität« überlagert und erdrückt werden, aber es könne nicht völlig zerstört werden.[1] Deshalb spricht Steven Hassan von der »zweifachen Identität« der Sektenopfer. Das alte Ich äußere sich unter dem Druck der Sekte beispielsweise in psychosomatischen Erkrankungen – ein unbewusster Versuch, sich dem schädlichen Einfluss der Gruppe zu entziehen. Ausstiegsberater versuchen daher, die alte, verdeckte Persönlichkeit anzusprechen und zu aktivieren. Denn dort liege das Potential, so Hassan, an das Außenstehende anknüpfen könnten: Sie könnten an frühere Erfahrungen appellieren und das alte Ich ermuntern, »die Stimme zu erheben«. Auch nach Jahren.

Die Chancen für Hilfe von außen stehen aber in den ersten Tagen, Wochen oder Monaten am besten, wenn noch Bindungen nach »draußen« bestehen. »Am Anfang keine Zeit verlieren!«, mahnt deshalb der Berliner Experte Thomas Gandow. »Je schneller man eingreift, desto besser.« Angehörige sollten sich sachlich über Scientology informieren und eventuell einen professionellen Ausstiegsberater hinzuziehen. Wenn alle Versuche scheitern, sollten sie die Konten des Opfers sperren lassen und Wertgegenstände sichern, aber unbedingt den Kontakt zu dem Scientologen halten – selbst wenn sie ihr Kind oder den Partner kaum noch wiedererkennen. Nur weil Angehörige und Freunde sie nicht aufgaben, konnten viele Scientologen in das normale Leben zurückfinden. Viel Geduld ist dafür nötig, es kann Jahre dauern, bis sich die Möglichkeit einzugreifen ergibt. Steven Hassan verließ die Mun-Sekte, als er nach einem Autounfall endlich einmal zum Schlafen kam und von seinen Eltern mit kritischen Informationen über den »Messias« aus Korea versorgt wurde. Zum ersten Mal seit zwei Jahren hatte er Zeit zum Nachdenken, und glücklicherweise waren Leute in der Nähe, die ihn dabei unterstützten. Am fünften Tag ohne die Sekte erlebte er »die unbeschreibliche Erfahrung, dass sich mein Geist mit einem Schlag öffnete, so, als hätte jemand plötzlich das Licht angemacht«.[2]

Am leichtesten haben es Top-Scientologen, die in der Wirtschaft tätig sind und kaum in die *Org*-Strukturen eingebunden sind. »Wir sind einfach gegangen. Ich habe einen Brief geschrieben und gesagt: Das war's«, beschreibt Gunther Träger, langjähriges Mitglied und *Operierender Thetan der Stufe 5*, seinen Abgang 1991.[3] So tragisch es ist: Die Chancen, mit einem blauen Auge davonzukommen, scheinen auch besser zu sein, je größer der »Täteranteil« im Sektenmitglied ist – vermutlich weil ein »Täter« sich letztlich stärker als Handelnder erlebt als ein »Opfer«. Insofern ist es kein Wunder, dass viele Manager des Sektenkonzerns gar nicht so weit auf der »Brücke« gekommen sind. Die Deutschlandsprecherin Sabine Weber überraschte 2007 mit dem Bekenntnis, sie sei nach 23 Jahren im Dienst der Organisation nicht einmal *clear*. Sie erklärte die seltsame Tatsache mit ihrer Tatkraft: »Ich bin ein Macher und habe mich nicht so auf die spirituelle Seite konzentriert.«[4] Vielleicht ist sie so lange geblieben, weil sie bei Scientology Karriere machen und Macht ausüben konnte. Sie weiß natürlich, würde sie aussteigen, würde sie wahrscheinlich ihre Tochter verlieren, die sich sogar eine Zeitlang der paramilitärischen Elitetruppe *Sea Org* verschrieben hatte.

Häufig scheitert der Ausstieg, weil einfach niemand da ist, um zu helfen. Denn abgesehen von der Angst, die man ihm einjagt, spricht aus der Sicht eines Scientologen vieles dagegen, die Gruppe zu verlassen. Er fragt sich, ob nicht eher er sich irrt als seine »zehn Millionen« Sektengenossen. Er hängt an den »guten Seiten« der Ideologie oder der Gruppe und hofft, dass »alles wieder besser wird«. Wie jedem Menschen fällt es ihm schwer, den gewohnten Alltag für eine ungewisse Zukunft zu verlassen, zumal er weiß, dass all seine scientologischen Freunde den Kontakt zu ihm abbrechen müssen. Die Rückkehr in die Gesellschaft, von der er sich einst abwandte, empfindet er als eigenes Scheitern. Deshalb bleiben die meisten langjährigen Scientologen lieber in dem System, das sie kennen und in dem sie sich zwar kontrolliert, aber auch sicher fühlen. Am schwierigsten ist der Schritt hinaus aus dem System für Scientology-Kinder, weil sie anders als die Späteinsteiger keine reale Vorstellung davon haben, was sie dort draußen erwartet.

Die meisten Sektenjünger schaffen den Absprung aus eigener Kraft – in der Regel, wenn die Euphorie der Anfangsphase abgeklungen ist. Andere stolpern plötzlich über einen Widerspruch in der Ideologie, ringen wochenlang mit sich selbst und ziehen dann einen Schlussstrich. »Die meisten steigen aus, wenn sie bankrott sind«, sagt der ehemalige Österreich-Chef von Scientology, Wilfried Handl. Wer die *Org* verlässt, muss aber nicht nur mit Zweifeln und Ängsten fertigwerden. Da es aus scientologischer Sicht keinen legitimen Grund gibt, die Gruppe jemals wieder zu verlassen, setzt die Sekte sofort alle Hebel in Bewegung, um den verlorenen Sohn oder die abtrünnige Tochter wieder einzufangen: Telefonate, Besuche, Einladungen zum Kaffee; da wird geschmeichelt, gelockt und gedroht. Der ehemalige Scientologe Heinrich Steiden aus Wien erinnert sich: »Langsam begann die Hubbardsche ›Rückholmaschinerie‹ zu arbeiten: In den ersten Monaten nach meinem Ausstieg läutete sehr oft das Telefon. Diverse Jung-Scientologen versuchten mich zuerst telefonisch und dann auch schriftlich in die Mission zurückzuholen. Sie wollten mit mir sprechen, Missverständnisse aufklären, Ethiksitzungen arrangieren und alles Erdenkliche tun, um mich wieder zu einem aktiven Scientologen zu machen. Ich blieb jedoch in dieser Sache hart und lehnte jeden Kontakt ab.«[5]

Wohl jeder Ausstiegswillige fürchtet, den *Suppressive Person Declare* zu erhalten – das letzte Mittel der düsteren Scientology-Justiz. Die scientologische Exkommunikation erklärt den Delinquenten zur unterdrückerischen Person und verpflichtet alle Scientologen, jeden Kontakt zu ihm sofort abzubrechen. Wer mit dem *SP Declare* geächtet wird, verliert ab sofort sein soziales Umfeld, soweit es aus Scientologen besteht – und ein anderes hat kaum ein Langzeitmitglied. So heißt es in einem *SP Declare,* mit dem das *Hubbard Communication Office Hamburg* am 2. Oktober 2002 zwei ehemalige altgediente Scientologen bestrafte: »Astrid und Heiner … werden hiermit zu unterdrückerischen Personen erklärt.« Sie hätten Scientology verlassen und »Spenden« zurückverlangt: »Astrid und Heiner sind der folgenden unterdrückerischen Handlungen schuldig: 1) Es ist ein schweres Verbrechen, sich öffentlich von Scientology loszusagen. 2) Verletzung oder Missachtung eines oder mehrerer der zehn Punkte von *Keeping Scientology Working* (Drillkodex, d. A.). 3) Bewusste Versuche, die Leistungen der Kirche oder das Fließen nach oben auf der Brücke über die Kirchen ernsthaft zu beeinträchtigen. 4) Verlangen der Rückerstattung von Spenden, die für Standardausbildung oder Auditing gemacht wurden …« Das Scientology-Gericht befand, die Delinquenten dürften mit keinem Scientologen mehr reden außer mit dem *International Justice Chief.*[6]

Auch Norbert Potthoff hatte nach seinem Ausstieg erhebliche Probleme. Wie er berichtet, wurde seine Frau, die noch bei Scientology war, als regelrechtes Lockmittel und Pfand missbraucht. Wollte er die Sekte verlassen, war er gezwungen, sich auch von seiner Frau zu trennen. »Ich habe sehr darunter gelitten«, erzählte er uns, »aber ich hatte Scientology als ein totalitäres System erkannt, das sich mit meiner Grundmoral, meiner christlichen Erziehung und Ethik nicht mehr vereinbaren ließ.« Potthoff fand in die Realität zurück, als sein Bruder ihm klar und deutlich sagte: »Ich rede nicht mehr mit dir, solange du bei den Faschisten mitmachst.« Potthoff: »Da setzte bei mir das Nachdenken ein. Meine Frau ist letztlich dringeblieben und hat sich dann von mir trennen müssen.« Viele Aussteiger haben aber Angst vor Repressionen oder Erpressung. Nur wenige trauen sich, wie Norbert Potthoff öffentlich auszupacken.

Wenn den Aussteigern niemand hilft und Schutz bietet, geht es oft durch die Drehtür gleich wieder zurück in die Sekte. Doch auch wenn der Ausstieg gelingt, werden Ex-Mitglieder häufig mit den psychischen, aber auch den körperlichen Folgen nicht so leicht fertig. Ihrer Science-Fiction-Sekte entronnen, stehen sie der normalen Welt wie Außerirdische gegenüber. Eine Ehemalige schilderte ihren Zustand: »Ich war unfähig, für Stunden, Tage oder Wochen im voraus zu denken, geschweige denn zu handeln. Ein Zeitbegriff existierte für mich nicht mehr.«[7] Viele »Ehemalige« fühlen sich lebensuntüchtig, entwickeln Depressionen, werden von Krämpfen, Wutanfällen, Panikattacken, Schlafstörungen oder Migräne geplagt. Nicht wenige leiden unter Schuldgefühlen, weil sie selbst Menschen angeworben haben. Auch längere Zeit nach der Trennung von der Organisation klagen manche, die jahrelang Funktionäre oder Dauerkunden der Organisation waren, über innere Kälte, fehlende Gefühle oder Depressionen. Daniel T., ein junger Schweizer, der 1991 als Mitglied der Eliteeinheit *Sea Org* auf dem Schiff *Freewinds* rekrutiert wurde, kam nur mit der Hilfe seiner Mutter und des Züricher *Tages-Anzeigers* wieder frei. »Seit einiger Zeit muss ich gegen starke Selbstmordabsichten kämpfen«, berichtete er anschließend. »Vor meiner Zeit bei Scientology kannte ich solche Gedanken und Gefühle nicht.«[8]

Robert Vaughn Young, langjähriger Sprecher von Scientology International, der sogar als Ghostwriter für L. Ron Hubbard gearbeitet hatte, dachte nach seinem Ausstieg 1989 lange darüber nach, warum er 20 Jahre im Wahnsystem Scientology mitgemacht hatte. In einem Text, den er im Internet veröffentlichte, erläuterte er das Phänomen am Beispiel eines Fluchtversuchs, den er 1988 aus der Strafkompanie *Rehabilitation Project Force (RPF)* in der kalifornischen Wüste unternahm.[9] »Meine Situation hatte sich bis zu einem Punkt verschlechtert, dass ich fürchtete, entweder verrückt zu werden oder zu sterben. Deshalb flüchtete ich eines Nachts. Sie fanden mich in einem Motel des nahegelegenen Ortes Hemet und wollten mit mir reden. Ich sagte, okay, und das Nächste, an das ich mich erinnern kann, ist: Ich stimmte zu, in das ›Programm‹ zurückzukehren und die RPF zu beenden. Ich blieb erneut fünf bis sechs Monate in der Strafkompanie.« Die drängendste Frage für Robert Vaughn Young war später nicht, wieso er abgehauen war, sondern warum er

damals *freiwillig zurückkehrte.* »Und hier kommt der Clou: Sie *rede-*
ten mich zurück. Sie rührten mich nicht an. Nur durch *Reden* überzeugten sie mich aufzugeben (…). Warum habe ich das getan?«

Die Antwort, die sich Young schließlich gab, hat aus seiner Sicht
wenig mit Gehirnwäsche zu tun. Er sei nicht als »Mandschurischer
Kandidat« oder »Pawlowscher Hund« ins Arbeitslager zurückgekehrt, wo er 12 Stunden an sieben Tagen in der Woche unter ständiger Beobachtung schuften musste, »ohne mit jemandem sprechen
zu dürfen, der Körper von Schmerzen gepeinigt, unter dauernden
Verhören, um meine ›Verbrechen‹ zu gestehen – und man akzeptiert
das als Teil der ›Rehabilitation‹«. Es sei alles viel einfacher gewesen.
Ein Buch brachte ihn auf die Spur, ein Buch über geschlagene und
missbrauchte Ehefrauen wie die Sängerin Tina Turner, »die in ihrer
unmenschlichen Lage bleiben oder aus ihr fliehen und dann, wenn
der Ehemann sie findet, sich in dieselbe missbräuchliche Beziehung
zurück*reden* lassen, aus der sie doch entkommen wollten«. Plötzlich
sah er die Parallele zu seiner eigenen Erfahrung bei Scientology.
»Angesichts des Erfolgs von Tina Turner wird man nicht sagen können, dass sie eine dumme Frau ist, und doch blieb sie in einer Ehe,
in der sie ständig schwer misshandelt wurde. Sie flüchtete schließlich … nach Schlägen, bei denen ihr Kopf so anschwoll, dass ihr
eine Perücke nicht mehr passte.«

Warum war Tina Turner jahrelang bei ihrem gewalttätigen Ehemann Ike geblieben? Warum kommen Frauen selbst nach solch
schweren Misshandlungen wieder zurück? Und warum, fragt Young,
»gingen ältere Menschen aus Ost-Berlin, die West-Berlin besuchen
konnten, anschließend wieder zurück, wenn es dort so schlimm
war, wie man immer hörte?« Ein Bekannter wusste die Antwort:
»Ost-Berlin war ihre Heimat. Menschen verlassen ihre Heimat nicht
so leicht, außer wenn sie einen wirklich besseren Ort zum Leben
haben.« Robert Vaughn Young dachte, genauso ist es, es geht um
Heimat und Abhängigkeit. »Menschen bleiben in Missbrauchssi-
tuationen, weil es ihre Heimat ist, weil sie kein Geld haben oder nirgendwo sonst hin können.« Und weil es oftmals zu wenig Hilfe für
sie gibt. Young stellte fest, dass er endlich ein Modell gefunden
hatte, mit dem andere Menschen nachempfinden konnten, warum
er 21 Jahre freiwillig in einem Gefängnis lebte und sich dort brutal
ausbeuten ließ. Es gab so viele Parallelen: Die Beziehung zur Sekte

hatte einmal genauso romantisch angefangen wie die Liebe der Frau zu ihrem prügelnden Mann. Auch das Sektenmitglied denkt, dass es selbst die Schuld trägt an der Misere und dass alles irgendwann wieder gut wird. Wie die geschlagene Ehefrau hört es nicht auf die klugen Ratschläge von Freunden, die vor dem Kult warnen. Und warum? Weil man es stets glauben macht, dass die Liebe wiederkommt. »Das ist der Schlüssel zur Kontrolle bei Scientology«, schreibt Robert Vaughn Young. »Mit diesem Modell konnte ich in die Oprah-Winfrey-Show gehen, und Oprah verstand die Antwort ebenso wie ihre Millionen von Zuschauern. Mehr musste ich gar nicht erklären.«

Robert Vaughn Youngs Entdeckung ist genial einleuchtend, aber natürlich passt sie auch in das theoretische Modell der mentalen Kontrolle nach Lifton, Hassan und Singer. Umgekehrt wird sogar ein Schuh daraus: Die Forschung über Sekten hilft die Abhängigkeiten in einer gewalttätigen Ehe zu verstehen. Sie hilft auch zu verstehen, dass es der gesamte Alltag in einer solchen Beziehung ist, der den Menschen gefangen hält: das komplexe System von Abhängigkeit, Zuneigung, Kontrolle, Manipulation und »Ideologie«. Der Psychologe Wolfgang Michaelis erläutert, dass manipulative Techniken ein »normaler« Teil unseres Alltags sind, letztlich könne alles, was auf den Geist des Menschen einwirkt, als »Psychotechnik« bezeichnet werden.[10] Auch das Erzeugen von Schuldgefühlen oder die Kontrolle des Partners in einer Ehe sind Psychotechniken. Entscheidend, so Michaelis, sei es daher, in welchem *Zusammenhang* manipuliert wird, ob die Techniken *bewusst* eingesetzt und kombiniert werden, vor allem aber welcher *Ideenhintergrund* die menschlichen Beziehungen steuert. Bei Sekten sei daher nicht die Psychotechnik als solche das Instrument, um Menschen zu steuern, sondern die »Vermittlung der neuen Weltanschauung« und »die Gruppenumgebung als Ganzes«. Scientology besitze zwar ein außerordentlich verfeinertes Arsenal von Manipulationsmethoden, aber seine gewalttätige Wirkung entfalte es nur im Kontext des ideologischen Systems. »Deshalb können wir, wenn wir vor möglicherweise gefährlichen Gruppen warnen, nicht primär die Methoden, die sie benutzen, anprangern, sondern es muss um das Ziel der jeweiligen Gruppe und ihren ideologischen Hintergrund gehen.«[11] Die Psychotechniken sind ein Teil der Ideologie und nicht umgekehrt. Für die Parallele zwischen Sekte und Gewalt-Ehe bedeutet das: Den Ausstieg aus beidem schafft man oft erst, wenn man sich gedanklich aus dem Wahnsystem löst. Wenn man so weit ist zu sagen, es reicht. An diesen Punkt kam Tina Turner – und schließlich auch Robert Vaughn Young, der ein Jahr nach dem missglückten Versuch gemeinsam (und endgültig) mit seiner Frau Stacy aus der »Gold«-Basis von Scientology flüchtete.

Mehr als zwei Jahre benötigen Sektenopfer im Durchschnitt, so Flo Conway und Jim Siegelman, um anschließend in die Gesellschaft zurückzufinden. Wie die amerikanischen Psychologen herausfanden, leiden 22 Prozent an sexuellen Störungen und 28 Prozent an Wahnvorstellungen und Sinnestäuschungen. Laut ihren Angaben unternahmen 44 Prozent der Ex-Scientologen Selbsttötungs- und Selbstverstümmelungsversuche – deutlich mehr als Aussteiger aus anderen Sekten.[12] Nach der Münchener Studie von 2002 klagen fast alle abtrünnigen Scientologen über Niedergeschlagenheit und Depressionen, mehr als die Hälfte außerdem über die Unfähigkeit, anderen zu vertrauen, Überidealisierung von Personen und Schuldgefühle wegen des Ausstiegs.[13]

Allerdings gibt es keine Vergleichszahlen, also Daten über Depressionen und Suizidversuche *innerhalb* von Scientology. Es existieren aber Hinweise, dass es sich um eine ernst zu nehmende Größe handelt. In einem Memorandum des Bundesjustizministeriums vom 4. Mai 1992 heißt es dazu: »Auffällig ist die Zahl der Personen, bei denen nach Kontakten mit Scientology laut Angehörigenberichten eine psychiatrische Behandlung notwendig war oder die Selbstmord begingen.«[14] Wie Aussteiger berichten, werden Scientologen, die in eine psychische Krise rutschen, zuweilen streng isoliert – und drehen dann nicht selten komplett durch. Diese Totalisolation hat einen Namen, der weltweit bekannt wurde, als die 36-jährige Scientologin Lisa McPherson in der Scientology-Hochburg Clearwater in Florida nach einer solchen »Behandlung« 1995 starb: *Introspection Rundown* oder *Baby Watch*. So nannte Hubbard 1974 das Ergebnis seiner neuesten »Forschungen über den menschlichen Geist«, ein Programm zur »Handhabung« von Menschen, die eine psychotische Phase oder einen psychischen Zusammenbruch erlitten – was schon damals bei Scientology offenbar nicht selten vorkam. Die scientologische »Behandlung« dieser »Störung« bedeutet zunächst die *totale Isolation* der »Introspektierten«, wenn nötig auch gegen ihren Willen, bei abgedunkeltem Licht und, wie so oft bei Scientology, in absoluter Stille. Gesprochen werden darf nur während des *Auditings* am *E-Meter,* das die psychotische Person so oft wie möglich bekommen solle, um den Grund ihres Zusammenbruchs herauszufinden. Erst wenn das Ende der Psychose klar erkennbar sei, darf die Isolationshaft aufgehoben werden – wann, das entscheidet ein scientologischer »Fallüberwacher«. Hubbard hielt den *Introspection Rundown* für seinen ultimativen Sieg über die Psychiatrie: »Das bedeutet, der letzte Grund für die Existenz der Psychiatrie ist verschwunden.«[15] In Wahrheit scheint es genau anders herum zu sein: Scientology macht Menschen psychotisch.

»Ein Tod ist traurig, zwei Tode sind schlimm, viele Tode sind schrecklich« – so begründet Mike Gomez, Betreiber der Website »Why are they dead« (Warum sind sie tot), dass er unnatürliche Todesfälle im Zusammenhang mit Scientology dokumentiert; er wolle »der Lüge ein Ende setzen, dass Scientology sich nicht auf dem Gebiet der Heilung betätigt, ob seelischer oder körperlicher Leiden«.[16] Ende der 1990er Jahre begannen auch die Betreiber der Scientology-kritischen Websites Factnet (Larry Wollersheim) und antisectes.net (Roger Gonnet) mit einer Auflistung von Morden, Suiziden und Todesfällen wegen unterlassener Hilfeleistung im Umfeld der Psychosekte. Zusammen haben sie inzwischen weit über hundert solcher Fälle seit Mitte der 1960er Jahre dokumentiert. Darunter sind mindestens 70 Suizide, 40 Tote nach vermutlich falscher Medikation wie bei Konrad Aigner oder im *Introspection Rundown* wie bei Lisa McPherson, fünf Tote im *Reinigungs-Rundown,* drei gesicherte und zwei mutmaßliche Morde. Hinzu kommen wenigstens 30 bekannt gewordene Selbstmordversuche. Viele Opfer waren Mitglieder oder Gäste der *Sea Org:* In deren Hauptquartier in Florida starben mindestens zehn, in Saint Hill Manor sechs, in der Los-Angeles-*Org* vier, in der »Gold«-Basis zwei und in der Kopenhagener *Org* zwei Menschen.

Zwar kommen auch in der übrigen Welt Selbstmorde vor, doch ähneln sich die Fälle bei Scientology in einem Maße, dass man reinen Zufall wohl ausschließen kann. Die Hamburger Scientology-Beauftragte Ursula Caberta geht von einer hohen Dunkelziffer von »unnormalen« Todesfällen aus, bei denen man nie erfährt, dass sie im Zusammenhang mit Scientology stehen, weil niemand sie erkennt oder danach fragt. Der Verdacht liegt mehr als nahe, dass die vielen Toten aufgrund von Psychosen bei Scientology keine Unfälle sind, sondern eine Folge des Systems, gewissermaßen »Abfallprodukte« des scientologischen Traums von der Weltherrschaft, um »das Gebiet der geistigen Gesundheit auf diesem Planeten in jeder Form zu kontrollieren«, wie es Hubbard einmal ausdrückte.[17] Der amerikanische Ex-Scientologe André Tabayoyon bezeugte vor Gericht: »Persönlich habe ich eine Reihe weiterer Scientologen beobachtet, die als Folge von Auditingverfahren durchdrehten und Selbstmord begingen.«[18] Doch wurden die vielen Todesfälle bisher weder kriminalistisch noch wissenschaftlich systematisch untersucht.

Robert Kaufman, einer der ersten Scientology-Aussteiger, die sich öffentlich äußerten, erklärte, dass er dort in eine Welt geraten war, die ihm später wie ein »Mittelding zwischen einem bösen Scherz und reinem Wahnsinn vorkam«.[19] Wie ehemalige Drogenabhängige müssen ausgestiegene Scientology-Süchtige ganz langsam wieder an die normale Umwelt gewöhnt werden. Vieles weist darauf hin, dass sie sich lebenslang mit ihrer »Sektensucht« auseinandersetzen müssen. Es ist schwer, sich einzugestehen, dass man einen kapitalen Fehler gemacht, viel Geld für ein Wahnsystem ausgegeben und wertvolle Lebensjahre verschenkt hat. »Auch ich habe zwei Jahre gebraucht, um mich einigermaßen aus der Scientology-Welt zu lösen«, erzählte uns Norbert Potthoff. »Es hat mir sehr geholfen, die Werke der Weltliteratur zu lesen: Goethe, Dostojewski, Honoré de Balzac.

Der Aufstieg eines Kultes

Gründervater L. Ron Hubbard

»Hip Hip Hurray!«, schallte es durch das Hollywood Palladium, die ehrwürdige Veranstaltungshalle in Los Angeles. Aus Tausenden Kehlen: »Hip Hip Hurray!« Gerade hatte ein Sprecher den Versammelten die Nachricht überbracht, dass L. Ron Hubbard, der Held und die »Quelle«, der »Gründer« und der »größte Humanist« dieses Planeten, seinen sterblichen Körper verlassen und die nächste Phase seiner spirituellen Forschungen angetreten hat – »auf einem Planeten eine Galaxis entfernt«. Minutenlang ließen die Scientologen ihren abgetretenen Führer hochleben, dessen überlebensgroßes Foto auf der Bühne stand. Viele trugen die blaue Uniform der *Sea Org*. Sie hatten Tränen in den Augen, Tränen der Trauer und Tränen der Freude.[1]

Den ganzen Tag über hatte die *Church* ihre Leute in Los Angeles zusammengetrommelt. Keiner hatte gewusst, warum sie kommen sollten. Nun war also Gewissheit geworden, was schon die Runde gemacht hatte: Der *Commodore*, der geliebte Führer, war tot. Obwohl, das Wort »Tod« fiel an diesem Abend nicht ein einziges Mal. Ein kleiner Mann in weißer Uniform sprach von der Bühne zum Volk der Scientologen. Er sagte, LRH habe seine Forschungen auf der Erde beendet, um sie anderswo weiterzuführen: die Suche nach dem präzisen Weg zur Unsterblichkeit. »Sein Körper behinderte ihn bei der Arbeit, die er nun außerhalb dessen Grenzen weiterführt«, er habe ihn daher »absichtlich verlassen, nachdem er ihm nicht mehr nützlich war. Das beweist seinen ultimativen Sieg: die Eroberung des Lebens, die er vor einem halben Jahrhundert begann.«

Prosaischer liest sich der Totenschein. Demnach verstarb Lafayette Ronald Hubbard im Alter von 74 Jahren am Freitag, dem 24. Januar 1986, an einem Schlaganfall auf seiner Ranch in Creston nahe San Luis Obispo in Kalifornien. Er war seit sechs Jahren nicht mehr öffentlich gesehen worden, aber die Jünger hatten stets eine enge Verbindung zu ihm gefühlt, denn nie war der Strom seiner schriftlichen Anweisungen und Nachrichten versiegt. »Ron« war immer für sie da gewesen. In jedem seiner Bücher wurde darauf hingewiesen: »Sie können immer an Ron schreiben« – und wenn man es tat, dann antwortete er. Wohin würde nun Scientology steuern, die einzige Arche zur Rettung der Welt? Würde es Scientology ohne Hubbard überhaupt geben können?

Wie alle Sekten war Scientology ein Gebilde von Gnaden seines Gründers. Der Mann und seine Schöpfung waren untrennbar verbunden. Alles, was Scientology ausmacht – harter Verkauf, Kampfideologie, Verschwörungswahn –, kann direkt auf Hubbard zurückgeführt werden. Er baute einen nach innen und außen gepanzerten Psychokonzern auf, der sich durch den unbedingten Willen auszeichnet, zu überleben, zu expandieren und seine Kritiker zu zerschmettern. Hubbard war, wie es ein amerikanischer Richter einmal vielsagend ausdrückte, eine »komplexe Persönlichkeit«.[2] Er vibrierte vor Tatkraft und Ideen, er hatte eine charmante Stimme und konnte Zuhörer, darunter viele attraktive Frauen, in seinen Bann schlagen. »Es war nicht wie mit einem menschlichen Wesen zusammen zu sein«, sagte eine seiner vielen Geliebten über ihn. »Er bebte vor Energie, und es umgab ihn eine Art von Licht, eine Hülle von Macht.«[3] Zugleich war er ein Schwadroneur und egozentrischer Tyrann, der – wie viele Weggefährten berichten – kein Maß kannte, unbeherrscht auftrat und leicht gewalttätig werden konnte. »Er pflegte jeden anzubrüllen wegen etwas, das ihm nicht passte, und zur Hälfte der Zeit schien er über dieses oder jenes verärgert zu sein«, erinnert sich eine Zeugin.[4]

Wie alle Sektenführer hat Ron Hubbard der Organisation seine Sicht der Welt und seine Persönlichkeitsstruktur förmlich eingebrannt. Scientology trägt alle Züge seines paranoiden, jähzornigen, unduldsamen Charakters. Sogar sein Suchtverhalten hat Hubbard den Anhängern aufgebürdet: Er war ein starker Raucher; es ist auffallend, wie viele Scientologen rauchen. Auf seine Jünger übertrug L. Ron Hubbard auch sein tiefes Misstrauen gegenüber der Welt – einer von Wahnsinnigen bevölkerten Umgebung, die alles daran setze, Scientology zu vernichten, die doch die einzige Kraft der Reinigung und Befreiung sei. Seine Jünger sagen, Hubbards Lehren hätten Tausenden geholfen, ein erfüllteres Leben zu führen, Selbstvertrauen zu entwickeln oder von Drogen loszukommen. Daher gilt Hubbards Wort bei Scientology als göttlich, unveränderlich, geheiligt. Diese Maxime bürdet jedem Scientologen ein lebenslanges »Studium« auf, denn der Guru verfasste unzählige Pamphlete, in denen er seine Anhänger über alles Mögliche instruierte, von der angemessenen Babynahrung über die richtigen Verkaufsstrategien bis hin zu Maßnahmen gegen Kritiker. Seine weitschweifenden Diskurse sind das Grundgesetz, das Evangelium und der Katechismus von Scientology; Abweichungen sind strafbar.

Im Lauf der Zeit erreichte der rothaarige Messias einen gottgleichen Status, was dem Vielschreiber und Großsprecher gewiss nicht in die Wiege gelegt worden war. Denn er schuf Scientology erst nach zahlreichen Versuchen, sich in einem finanziell und emotional zerrütteten Leben zurechtzufinden – aber stets von dem Gedanken getrieben, dass er zu Größerem geboren sei. »Ich habe große Hoffnung, meinen Namen so brutal in die Geschichte einzuhämmern, dass er noch Legende ist, wenn alle meine Bücher längst vergangen sind«, schrieb Hubbard an die erste seiner drei Frauen 1938, anderthalb Jahrzehnte, bevor er Scientology ins Leben rief. »Dieses Ziel ist das wahre Ziel, soweit es mich betrifft.«[5] Die Bilanz seines Lebens zeigt: Es ist es ihm gelungen, seinen Namen in der Welt bekannt zu machen. »Auf dem langen Weg vom Groschenheftschreiber zu einem Autor ›heiliger Schriften‹ baute L. Ron Hubbard ein globales Imperium auf, das als Verband von Therapiezirkeln begann und zu einer der umstrittensten und geheimnisvollsten Sekten der Welt wurde«, bemerkte die *Los Angeles Times*.[6] Mindestens in Europa gilt Scientology mittlerweile als *das* Synonym für einen destruktiven Kult, als eine Art »Supersekte«. Dieses zweifelhafte Werk ist L. Ron Hubbards Vermächtnis, damit wird er in die Geschichte eingehen. Seine Organisation, so urteilte die Hamburger *Zeit,* sei die »skrupelloseste unter den Heilskonzernen, die mit der Sehnsucht der Menschen nach einer besseren Welt Geschäfte machen«.[7] Um Scientology zu verstehen, muss man sich mit ihrem Schöpfer befassen.

Lafayette Ronald Hubbard wurde am 13. März 1911 in der Kleinstadt Tilden in Nebraska geboren. Das wirkliche Leben des Scientology-Gründers zu recherchieren bereitet bis heute Schwierigkeiten. Dabei ist es nicht so, dass es an schriftlichen Quellen mangeln würde. Scientology überschwemmt die Welt seit mehr als fünfzig Jahren geradezu mit Details seiner Biographie. Das Problem besteht eher darin, dass die Einzelheiten oft nicht zueinander und schon gar nicht zu den Fakten passen. Nicht nur Hubbard selbst, auch seine Jünger haben nach Kräften versucht, die Wahrheit zu verschleiern und falsche Spuren zu legen. Doch liegen seit Ende der 1980er Jahre ausführliche, gut recherchierte Biographien vor, die mit vielen Mythen und Lebenslügen aufräumen.[8] Über das Internet haben inzwischen auch ehemalige Top-Scientologen gegen den erbitterten Widerstand des Konzerns viele zuvor unbekannte Details bekannt gemacht.

Prophet oder Scharlatan, Paranoiker oder Genie, Schattenfigur oder Medienstar – Lafayette Ronald Hubbard war immer beides zugleich. Er war das einzige Kind seiner Eltern. Laut Scientology wuchs er »auf der Rinderfarm seines Großvaters in Montana auf und konnte schon reiten, bevor er laufen konnte. Später wurde er ein Blutsbruder der Schwarzfuß-Indianer (Pikuni), und in seinem ersten Roman, der 1936 veröffentlicht wurde, schrieb er über sie.«[9] Tatsache ist: Hubbard war wohl nur hin und wieder zu Besuch beim Großvater, einem Veterinär und späteren Kohlenhändler, der eine Kuh und vier Pferde besaß; die Schwarzfuß-Indianer kennen überhaupt keine Blutsbrüderschaft.[10] Doch Scientology hat viele solcher Legenden über den jungen Ron verbreitet. Seine »wissenschaftliche« Karriere begann er demnach im zarten Alter von zwölf Jahren, als er die Bekanntschaft des »Commanders« Joseph C. Thompson machte, eines Marine-Arztes, der angeblich bei Sigmund Freud studiert hatte und ihn nun in die Psychoanalyse einwies. Mit 14, so weiß die erwähnte Quelle zu berichten, brach das Wunderkind nach China auf und »verbrachte die nächsten Jahre mit Reisen durch ganz Asien. Im Norden Chinas und in Indien beschäftigte er sich intensiv mit den Teilen des Menschen und mit seiner geistigen Bestimmung, und er studierte einerseits mit Lama-Priestern und wurde andererseits aufgrund seiner Reitkünste von kriegerischen Leuten akzeptiert.«[11] Als 20-Jähriger soll der jugendliche Held bereits vier Expeditionen nach Mittelamerika geleitet, Forschungen in Schwarzafrika betrieben und »über 20 verschiedene Menschenrassen« untersucht haben, darunter »die Chamorros auf Guam«.[12]

Viele dieser Reisen haben nicht stattgefunden, andere verliefen anders als geschildert. Verbürgt sind zwei Fahrten zu seinem Vater, einem Leichtmatrosen und US-Navy-Zahlmeister, der Ende der 1920er Jahre auf Guam in der Südsee stationiert war. In dieser Zeit machte der Junior einen Ausflug nach China, aber sein Tagebuch erwähnt keine Anzeichen eines spirituellen Kontaktes mit Lama-Priestern. Es zeigt nur einen intoleranten Weißen ohne das geringste Verständnis für die fremde Kultur. Die Lama-Tempel beschrieb er als »sehr sonderbar und heidnisch«, die »gelben Rassen« nannte er »dumm und eingleisig«, und sein allgemeines Urteil war: »Das Problem Chinas ist, dass dort zu viele Schlitzaugen sind.«[13] Doch die Sektenbiographen feilen ständig an Details des imaginären Lebenslaufes. »Sie bauen mit am Bild des faszinierenden All-round-Mannes, des Menschheits-Großen und schließlich Retters des Planeten, der sich schon seit frühester Kindheit mit den wichtigsten Fragen des Lebens beschäftigt und endlich die richtigen Antworten gefunden habe«, urteilte der Münchener Scientology-Experte Friedrich-Wilhelm Haack.[14]

Solange er lebte, bastelte er auch selbst an den Mythen mit, die sich um seine Person ranken. Nicht nur als Abenteurer und Entdecker, auch als Wissenschaftler und Geistesgröße wollte er Übermenschliches geleistet haben. Der Sage nach hat er von 1930 bis 1933 an vier Universitäten studiert, in Mathematik und technischen Wissenschaften Abschlüsse erlangt. Sogar zum Doktor der Philosophie und zum Nuklearphysiker soll er es gebracht haben. Das ist wichtig, weil er immer behauptete, er habe seine wissenschaftlichen Kenntnisse für die Entwicklung von *Dianetik* und Scientology genutzt. Doch es sind pure Legenden. Hubbard war zweifellos ein intelligenter Mann mit zahlreichen Interessen und Erfahrungen. Aber seine philosophischen Kenntnisse waren erkennbar kaum größer als die eines deutschen Abiturienten. »Er war viel zu neurotisch, um sich hinzusetzen und zu studieren. Er befasste sich nie mit etwas wirklich tiefgehend«, soll seine zweite Frau Sarah über ihn gesagt haben, und die *Los Angeles Times* urteilte: »Er transformierte seine Schwächen in Stärken, seine Niederlagen in Erfolge. Um einen Wahrheitskern ersann er aufwendige Geschichten eines Lebens, von dem er offenbar wünschte, dass es seines wäre.«[15]

In Wahrheit gibt es keine Belege für ein echtes Universitätsdiplom oder irgendeinen richtigen Studienabschluss. Angefangene Studien (wie Maschinenbau) gab er jeweils auf und bekam 1931 sogar eine akademische Strafe wegen »mangelnden Lernens«; das erste US-Seminar für Atomphysik in der Hauptstadt Washington hatte er zwar besucht, war aber durchgefallen. Seinen Doktortitel hatte er von einer Schwindelinstitution gekauft; als Kritiker ihn immer häufiger deswegen angriffen, verzichtete er auf ihn mit einer großen Geste.[16] Gleichwohl prägten die Grundkenntnisse der Ingenieurswissenschaften, der Mathematik und Physik, die er Ende der 1920er und Anfang der 1930er Jahre erwarb, sowohl den Science-Fiction- wie den späteren Dianetik-Autor, der stets den grundlegenden Unterschied zwischen seiner »anwendbaren« scientologischen Wissenschaft und der übrigen, angeblich nichtanwendbaren Forschung hervorhob. Aus diesem technischen Anfängerwissen rührt auch sein pseudowissenschaftlicher Jargon und die Überzeugung her, man könne die Menschheit durch Psychotechnik befreien.

Was auch immer Hubbard *nicht* war, seine schriftstellerischen Leistungen kann man nicht bestreiten – jedenfalls als Autor von Groschenromanen. Während er ab 1933 frisch verheiratet mit Margaret »Polly« Grubb, der ersten seiner drei Ehefrauen, erst im Greenwich Village von New York, dann in einer Kleinstadt nahe Seattle (mit Zweitwohnung in New York) lebte, veröffentlichte er in einem fort Abenteuergeschichten und Wildwest-Stories mit Titeln wie DIE PHANTOM-PATROUILLE, DIE TROMMEL DES SCHICKSALS oder LEGIONÄRE DER HÖLLE (Pseudonyme: Winchester Remington Colt, Lieutenant Scott Morgan, Joe Blitz). Im Juli 1938 erschien seine erste Science-Fiction-Geschichte THE DANGEROUS DIMENSION in dem populären 25-Cent-Magazin *Astounding Science Fiction*, das Hunderttausende von Lesern hatte. Bereits in dieser Erzählung und in dem wenig später veröffentlichten Roman THE TRAMP schlug er die Akkorde an, die auch in der Scientology-Lehre eine wichtige Rolle spielen sollten: übersinnliche Kräfte und die Überwindung von Zeit und Raum. Hubbard war ein phantasiebegabter Vielschreiber, was ihm den Neid vieler Berufskollegen einbrachte. Nebenher verfasste er Drehbücher für Hollywood. Bis heute messen seine Jünger die schriftstellerischen Leistungen ihres Helden an der bloßen Zahl der von ihm geschriebenen Wörter. In einem Scientology-Kursmaterial heißt es: »In der Zeit zwischen 1933 und 1941 besuchte er viele solcher alten Kulturen und fand noch Zeit, 7 000 000 Wörter in Sachbüchern und Prosadichtung zu schreiben.«[17] Er verfasste in dieser Zeit etwa 160 Kurzgeschichten und kürzere Erzählungen für die *Pulp Magazines*.[18]

Ab Beginn der 40er Jahre wurde die Science-Fiction-Welt für ihn immer wichtiger. In seinen Büchern versank der junge Autor in kosmischen Reisen, Rettungsphantasien und Allmachtsgedanken, er befasste sich mit der technisch-psychischen Zukunft des Menschen und der Gesellschaft. Daneben kompensierte er in diesen Texten auch eigene Minderwertigkeitsgefühle. Meist treten zunächst verkannte und – wie Hubbard – rothaarige Helden auf, die die Welt von Unterdrückern befreien und sich wie er durch einen ausgeprägten Hang zur Geschwätzigkeit auszeichnen. Das Leben des mäßig erfolgreichen Schriftstellers glich zu dieser Zeit, soweit bekannt, teilweise seinen Abenteuergeschichten. Er suchte Gold in Puerto Rico, rüstete eine »Filmexpedition« in die Karibik aus und kartierte Flüsse in Alaska, er war ein Meistersegler und – laut seinem Biographen Russell Miller – ein perfekter Segelflieger, der atemberaubende Manöver in der Luft vollbringen konnte. Eine Lokalzeitung in Ohio bezeichnete ihn als »waghalsigen Teufelspiloten und Segelkünstler«.[19]

Noch wilder stellen Hubbards Bewunderer seine angeblichen Abenteuer im Zweiten Weltkrieg dar. Der Familientradition folgend diente er in der Marine, der lebenslang seine Bewunderung galt. Hubbard wird als »Korvettenkapitän«, U-Boot-Fahrer oder sogar »Kommandant eines Flottengeschwaders« gepriesen, der hoch dekoriert worden sei. Dabei soll er schwere, fast tödliche Kriegsverletzungen davongetragen haben: »Medizinischen Unterlagen nach wurde er zweimal für tot erklärt.«[20] Hubbard resümierte später: »Erblindet durch verletzte Sehnerven und gelähmt durch körperliche Verletzungen an Hüfte und Rücken war ich am Ende des Zweiten Weltkrieges praktisch ohne Zukunft.«[21]

Wahr ist: Der angebliche Kriegsheld bekleidete lediglich den Rang eines Leutnants und stand nie im Fronteinsatz. In Dokumenten der Navy wird Hubbard als »geschwätziger« Mann bezeichnet, »der seine Bedeutung hervorzuheben versucht«; er sei »vom Temperament her ungeeignet, ein selbständiges Kommando zu übernehmen« und handele, »ohne an die möglichen Folgen zu denken«.[22] Auf einer Testfahrt des 280 Bruttoregistertonnen schweren

U-Boot-Jägers USS-PC-815 vor Oregon wollte er als Befehlshaber zwei japanische U-Boote im April 1943 so zusammengeschossen haben, dass nur ein dünner Ölteppich auf dem Wasser übrigblieb. Doch der Kommandant der nordwestlichen Seefront erklärte damals in einem Memorandum: »Eine Analyse aller Berichte hat mich davon überzeugt, dass sich in dem Gebiet gar kein U-Boot befand.« Allerdings gebe es an der Stelle ein schon lange bekanntes Magnetfeld. Die etwa 100 Unterseebomben, die Hubbard während der »Schlacht« hatte abfeuern lassen, hätten »vermutlich ein paar Fische, aber keine Japaner getötet«.[23] Wenig später und etwas weiter südlich ließ der rothaarige Kommandant auf eine mexikanische Insel schießen, was sogar zu diplomatischen Verwicklungen führte; zum Glück wurde niemand verletzt. Das Oberkommando entschied daraufhin, den eigenwilligen Offizier besser mit anderen Aufgaben zu betrauen.

Abgesehen von den knapp 80 Tagen als Kommandant auf der PC-815 und zwei Monaten als Navigationsoffizier auf dem Amphibienschiff »USS Algol« musste Lieutenant Hubbard fortan am Schreibtisch arbeiten, unter anderem auch für den Nachrichtendienst der Marine. Er bekam auch keineswegs »mindestens 21 Medaillen«, wie Scientology behauptet, sondern nur die üblichen Auszeichnungen, die jeder Kriegsteilnehmer erhielt.[24] Offizielle Dokumente beweisen nur, dass er die letzten sieben Kriegsmonate in dem Oaklander Krankenhaus verbrachte, wo er jedoch wegen eines Magengeschwürs behandelt wurde. Seine sonstigen »schweren Verwundungen« waren: »Geschwür am Zwölffingerdarm, Schleimbeutelentzündung (rechte Schulter), Arthritis, Bindehautentzündung«. Hubbard simulierte sogar Beschwerden, um sich eine Kriegsrente zu erschleichen. Diese Tatsachen sind von Bedeutung, weil sie seine angebliche Selbstheilung von Kriegswunden mit Hilfe eigener »Entdeckungen« und »Forschungen« – ein Dogma und »Beweis« der *Dianetik* – als reine Erfindung entlarven.

Es liegt dennoch auf der Hand, dass der Weltkrieg den Mittdreißiger wohl weniger körperlich, so doch seelisch verletzt hatte. Denn die Erzählungen, die Hubbard während des Krieges und anschließend in Kalifornien verfasste, besitzen oft intensive Schreckensmomente und breit ausgemalte Horrorszenarien, etwa der Groschenroman SLAVES OF SLEEP (VERSKLAVTE SEELEN) oder sein literarisches Werk FEAR (FURCHT). Hubbard verfasste aber nicht nur »schwarze« Prosa, sondern betätigte sich nach dem Krieg auch persönlich als Satanist. 1946 verschrieb er sich dem Ordo Templi Orientis (O.T.O.), einer okkulten Gesellschaft, die auf den Lehren des englischen Alt-Esoterikers Aleister Crowley beruht. »Tue was Du willst soll sein das ganze Gesetz«, lautete der satanische Leitspruch Crowleys. Moderner ausgedrückt: »Sei dein eigener Gott und kümmere dich nicht um andere.« In diesem brutalen »Gesetz von Thelema« fand Hubbard seine nietzscheanischen Science-Fiction-Phantasien vom Übermenschen wieder, dazu magische Rituale und okkulte, also geheime Praktiken.

Zum O.T.O. kam Hubbard nach dem Krieg in Pasadena, einer boomenden Wissenschaftlerstadt bei Los Angeles, wo er den Exzentriker John Whiteside Parsons kennenlernte, der den kalifornischen Zweig des Okkultordens leitete. Im bürgerlichen Leben war Parsons ein angesehener Forscher, der für ein Regierungsprojekt Raketentreibstoffe entwickelte.[25] Er lud Hubbard auf sein elegantes Anwesen ein, wo er in einer Art Bohemienkommune mit anderen Wissenschaftlern, Künstlern, Schriftstellern und Okkultisten zusammenlebte, die Marihuana rauchten und promiskuitivem Sex frönten. Parsons war tief beeindruckt von dem Neuling, machte ihn zu seinem Assistenten und bezeichnete ihn in einem Brief an Aleister Crowley als Inkarnation von dessen »Gesetz von Thelema«; er bezeugte später, dass »Ron« einmal sogar eine »hochentwickelte Astral-Vision« gehabt habe.[26] Hubbards Biographen schildern in vielen Details, wie der spätere Schöpfer der *Dianetik* seinem Lehrmeister bei okkulten Sex-Ritualen zur Hand ging. Deren unbestrittener Höhepunkt bestand darin, an drei aufeinanderfolgenden Tagen Anfang März 1946 einen als »Moonchild« bezeichneten »Homunculus« mit der »Hure von Babalon« zu zeugen – der Traum aller Schwarzmagier von der Schaffung des neuen »Messias«, des »Antichristen«, durch Sexualmagie wie in Roman Polanskis Film ROSEMARY'S BABY (1968). Als Erzeuger fungierte Parsons, als »Hure« eine neue Mitbewohnerin namens Marjorie Cameron, Hubbard assistierte in weißer Robe und deklamierte Beschwörungsformeln: »Glorie für die scharlachrote Frau, Babalon, die Mutter der Abscheulichkeiten, die auf dem Biest reitet ...«

Ron Hubbard hielt sich im Übrigen wortgetreu an Crowleys

raues »Thelema-Gesetz« und spannte Parsons dessen Geliebte Sarah Northrup aus, kaufte ihr (mit Parsons Geld) ein hochseetüchtiges Boot und stach mit ihr in Miami in See.[27] Nun änderte »Jack« Parsons seine gute Meinung über den Nachwuchsmagier, schaltete die Küstenwache ein und beendete dessen Mitgliedschaft im Ordo Templi Orientis. Hubbard interpretierte diese Episode ein klein wenig anders. Er behauptete, sich im Auftrag des Navy-Geheimdienstes undercover bei den Satanisten eingeschlichen zu haben, um Crowleys Orden von innen heraus zu zerstören, angeblich erfolgreich. Und obwohl ihn Crowley anschließend (vielleicht aus Rache) als »Tölpel« bezeichnete, schöpfte der Okkult-Azubi Gewinn aus der Lehrzeit. »Der Tölpel Hubbard erwarb in aller Stille durch Crowleys Schriften jene magischen Geheimnisse, die ihm wenige Jahre später halfen, seine berühmte Scientology-Kirche zu gründen«, folgert der Crowley-Biograph John Symonds.[28] Ein Okkultist sei sein Vater auch in späteren Jahren geblieben, urteilte sein ältester Sohn Ron Hubbard jr., der sich Ron DeWolf nannte, in einem Buch.[29] Gemäß Crowleys »Thelema-Gesetz« habe er moralische Skrupel als »Zwangsjacke« verabscheut und das Christentum abgrundtief gehasst.[30] »Schwarze Magie ist der innere Kern von Scientology«, sagte DeWolf im Interview mit der Zeitschrift *Penthouse*. »Sie müssen auch erkennen, dass mein Vater Satan nicht anbetete. Er glaubte, dass er selbst Satan war.«[31] Doch hat Scientology alle Verweise auf Crowley später aus den Hubbard-Texten herauszensiert. Die schwarzmagischen Wurzeln der kalifornischen »Religion« sollten wohl lieber okkult bleiben.

Hubbards biographische Legenden spielten 1984 eine große Rolle in einem Gerichtsverfahren um die Steuerbefreiung von Scientology vor dem obersten Gerichtshof Kaliforniens. In dem Prozess tauchten seine privaten Notizbücher mit bizarren Appellen an sich selbst auf, die deutlich den Stempel Crowleys trugen. In einem hieß es: »Alle Menschen sind deine Sklaven.« Eine andere Notiz lautete: »Du darfst mitleidlos sein, wenn jemand deinen Willen durchkreuzt, du hast das Recht dazu.«[32] Als der Richter Paul G. Breckenridge sein Urteil (gegen Scientology) fällte, sagte er über Hubbard: »Das Beweismaterial zeigt einen Mann, der geradezu ein pathologischer Lügner ist, was seine Geschichte, Hintergründe und Erfolge angeht«, allerdings sei auch deutlich geworden, »dass er charismatisch ist und in der Lage, seine Anhänger zu motivieren, zu organisieren, zu kontrollieren, zu manipulieren und zu inspirieren.«[33]

Wie es in den Jahren nach dem Krieg tatsächlich um Hubbards geistige Gesundheit bestellt war, brachte ein Brief vom Ende des Jahres 1947 ans Licht, der aufgrund des amerikanischen Informationsfreiheitsgesetzes bekannt wurde. Der Schriftsteller bat darin die Medical Veterans' Administration (Medizinische Kriegsveteranenbehörde) in Los Angeles um Hilfe: »Dies ist ein Antrag auf Behandlung! (…) Nachdem ich zwei Jahre lang vergeblich versucht habe, mein Gleichgewicht im zivilen Leben wiederzuerlangen, bin ich völlig außerstande, so etwas wie meine Zurechnungsfähigkeit aufrechtzuerhalten. Mein letzter Arzt empfahl, dass es hilfreich sein könnte, wenn ich mich psychiatrisch untersuchen und vielleicht behandeln ließe, oder sogar durch einen Psychoanalytiker. Gegen Ende meines Wehrdienstes vermied ich aus Stolz jede Überprüfung meines Geisteszustandes, in der Hoffnung, dass die Zeit meinen Geist wieder ins Gleichgewicht bringen würde, von dem ich klare Anzeichen hatte, dass er ernsthaft angegriffen war. Ich kann mir die langen Perioden von Depression und Selbstmordgedanken, unter denen ich leide, weder erklären noch mich davon befreien, und es ist mir jetzt klar geworden, dass ich sie besiegen muss, bevor ich hoffen kann, mit mir überhaupt wieder ins Reine zu kommen. (…) Würden Sie mir bitte helfen?«[34] In einem seltsamen Gegensatz zu den Heldengeschichten seiner Gefolgsleute steht also der Mann selbst, um den es geht. Die Anziehungskraft des Aufschneiders mit den roten Haaren, den Sommersprossen und grünen Augen ist schwer fassbar. Eigentlich ließen ihn weder sein Äußeres noch sein sprunghaftes Wesen als besonders geeignet für die Rolle des populären Heros erscheinen, die er 1950 antrat.

Start als Pseudopsychotherapie: Dianetik

Gegen Ende der 1940er Jahren war L. Ron Hubbard vollkommen abgebrannt und verschuldet. Doch nie verlor er die Zuversicht, sich wieder aufrappeln zu können. An Ideen mangelte es ihm nicht – und die Idee seines Lebens nahm in seinem Geist bereits Gestalt an. Hubbard war schon lange fasziniert von psychischen Phänomenen und den Rätseln des Lebens. Er war beispielsweise ein ausgezeichneter Hypnotiseur, was er vermutlich von Parsons gelernt hatte. [1] Er sprach in jener Zeit manchmal davon, dass er Visionen habe. Visionen, bei denen er aus seinem Körper gefahren sei und unendliches Wissen erlangte. Es kam auch eine konkretere Vision vor, die er öfter erwähnte. Der Science-Fiction-Autor Lloyd Eshbach beschreibt in seiner Autobiographie, wie er den Schriftstellerkollegen in jener Zeit einmal traf und dieser zu ihm sagte: »Ich würde gern eine Religion gründen. Denn dort ist das Geld.«[2]

1950 erschien in Hubbards Lieblingsmagazin *Astounding Science Fiction* sein Text »Dianetics: The Modern Science of Mental Health«, zehn Seiten zum Problemkreis »Wie funktioniert der menschliche Geist?«, angepriesen als »fundamentale Entdeckung von ungeheurer Tragweite«.[3] Hubbard erklärte darin, er habe die Quelle praktisch aller menschlichen Probleme erkannt. Sein Text versprach einen entscheidenden Durchbruch: Jedermann könne sich in kürzester Zeit selbst therapieren, denn fast alle Krankheiten seien psychosomatisch. Mit *Dianetik* bestehe die »Gewissheit völliger Heilung in beliebigen Fällen«.[4] Das Verfahren könne verkümmerte Gliedmaßen neu wachsen, gebrochene Knochen heilen, Altersfalten verschwinden lassen und die Intelligenz dramatisch steigern. Die Methode sei zudem leicht zu erlernen, man müsse keine komplizierten Bücher lesen – und das Beste: »Sie funktioniert!« Als wichtigstes Element der *Dianetik* erfand Hubbard ein aggressives Frage- und Antwortspiel mit hypnotischen Elementen, das er *Auditing* nannte. Der Artikel schlug ein wie die Entdeckung einer Impfung gegen Krebs. Der große Erfolg des Artikels veranlasste Hubbard, seine Thesen in nur 30 Tagen in ein 500-Seiten-Buch zu gießen. Die DIANETIK war geboren, das wichtigste und erfolgreichste Werk seines Lebens. Schon im Vorwort hielt Hubbard mit Eigenlob nicht hinterm Berg: *Dianetik* sei »ein Meilenstein für die Menschheit, vergleichbar der Entdeckung des Feuers und bedeutender noch als die Erfindung des Rades und des Gewölbes«.[5] Im Buch nannte er dann eine Reihe weiterer Wunder, die seine Heilmethode bewirke: »Arthritis verschwindet, Kurzsichtigkeit wird besser, Herzkrankheiten nehmen ab, Asthma vergeht, Mägen arbeiten ordentlich, und der ganze Katalog von Krankheiten geht weg und bleibt weg.«[6] Es waren die Leiden, die den Autor selbst immer wieder quälten.

»Dianetics: Die moderne Wissenschaft der geistigen Gesundheit‹ … schnellte an die Spitze der Bestsellerliste der *New York Times* und blieb einfach dort«, heißt es in der Sektenpropaganda.[7] Das war im Mai 1950 und machte Hubbard quasi über Nacht USA-weit bekannt. Mehr als 150 000 Exemplare dieses weitschweifigen Werkes wurden im ersten Jahr verkauft, bis heute laut Scientology rund 20 Millionen, und auch in Deutschland ging im Jahr 2003 angeblich das einmillionste Exemplar über den Tresen[8]. Für seine erste Gage habe sich Hubbard einen luxuriösen Lincoln-Wagen zugelegt, berichtete sein Verleger.[9] Das aufregend Neue am Konzept der *Dianetik* bestand im Versprechen einer Psychotherapie für jedermann in einer Zeit, als das Interesse an Therapien in den USA sprunghaft anstieg, es aber kein entsprechendes Angebot gab. Was bislang nur den Reichen offenstand – die extrem teure Psychoanalyse –, das konnte nun angeblich jeder im Freundeskreis selbst und umsonst anwenden, so Hubbard: »Jeder intelligente Mensch, der nur durchschnittlich ausdauernd und bereit ist, dieses Buch gründlich zu lesen, sollte imstande sein, Dianetik-Auditor zu werden.«[10] Im Handumdrehen wurde *Dianetik* (von griechisch *dia* – durch und *nous* – Geist, Denken) eine Mode in der städtischen Mittelschicht wie später Aerobic. »Dianetik war der Renner. Die Leute setzten sich in ihre Wohnzimmer und auditierten sich gegenseitig«, schreibt ein ehemaliges Scientology-Mitglied.[11]

Dianetik-Gruppen entstanden in vielen Orten der USA und sogar in Übersee. Intellektuelle, Naturwissenschaftler, Geschäftsleute, Schauspieler, auch Science-Fiction-Autoren wie Alfred Elton van Vogt und sogar begeisterte Millionäre schlossen sich der Bewegung an.[12] Für einen kurzen Moment ließ Hubbards »Entdeckung« die Welt der Psychologie erzittern. Doch bemerkten die Profis schnell, dass der »sensationelle Fortschritt« des Autors nichts anderes war »als längst bekannte Versatzstücke aus Psychologie und Psychoanalyse, die in einen verführerischen neuen Fachjargon gekleidet wurden« (Evans).[13] Auch das psychiatrische Establishment und der mächtige amerikanische Medizinerverband American Medical Association reagierten mit schroffer Ablehnung. Schon 1950 erschienen Kritiken, die kein Blatt vor den Mund nahmen. »Dieses Buch enthält auf jeder einzelnen Seite mehr Versprechen und unbewiesene Behauptungen als jedes andere Druckwerk seit Erfindung des

Buchdrucks«, urteilte der Physiker und Nobelpreisträger Isaac Isidor Rabi im Magazin *Scientific American.*[14]

In seinem Buch behauptete Hubbard, er habe einen zuvor unbekannten »reaktiven Verstand« entdeckt, eine Art Unterbewusstsein, in dem emotional und körperlich schmerzhafte Ereignisse aus dem Leben des Menschen abgespeichert würden. Diese Traumata, die er *Engramme* (Erinnerungsbilder) nannte, seien für die meisten Krankheiten und für »falsche Reaktionen« verantwortlich. Mit seinen *Engrammen* blockiere der böse »reaktive Verstand« 90 Prozent des menschlichen Geistes und lasse seinem Gegenspieler, dem guten »analytischen Verstand«, nur zehn Prozent übrig. (»Wir nutzen nur zehn Prozent unseres geistigen Potentials«, lautet eine bekannte Scientology-Werbung mit dem Bild Albert Einsteins.) Der analytische Verstand arbeitet laut Hubbard präzise wie ein Computer, solange er nicht durch Alkohol, Drogen, Schmerz, Angst oder Elektroschocks gestört wird. Dann schaltet er sich ab, der reaktive Verstand übernimmt das Kommando, und veranlasst den Menschen, »falsch« zu reagieren, weil ihn *Engramme* an früheren Schmerz oder Angst oder Drogenkonsum erinnern. Die Folge: Das »Überlebensniveau« sinkt rapide.

In Hubbards sozialdarwinistischer Weltsicht dreht sich alles ums »Überleben«, bei Scientology als die »acht Dynamiken« bezeichnet. Die vier ersten »Dynamiken« beinhalten den »Drang zum Überleben« für sich selbst, durch Sex (Nachkommen), für die Gruppe (also Scientology) und für die gesamte Menschheit; auf vier weiteren »Dynamiken« führt der Weg aufwärts bis Stufe acht zum »Drang zum Dasein als Unendlichkeit«.[15] Doch erst wer die vorhergehende Dynamik erreicht hat, kann die nächstfolgende besteigen. Nur wer mit sich selbst im Reinen ist (erste Dynamik), wer eine Beziehung ohne Untreue pflegt (zweite Dynamik), kann überhaupt Scientologe werden (dritte Dynamik) und mit dieser Gruppe der »Besten« dann die Erde säubern (vierte Dynamik). »Zerstören ist gut, wenn es das Überleben fördert«, heißt ein »ethischer« Grundsatz dieser sozialdarwinistischen »Religion«.[16] Leider wird das Bewusstsein dauernd vom Gift des »reaktiven Verstands« zersetzt, der zu allem Überfluss wegen ständig neuer Traumata (Hundebiss, Unfall, Streit mit der Ehefrau) noch anwächst. Er legt alle Störungen als *Engramme* in seiner Datenbank ab, aus der sie dann wie dunkle

Schatten immer wieder aufsteigen und das »Überlebensniveau« drücken. »Wenn es je einen Teufel gegeben hat«, warnte L. Ron Hubbard, »so erfand er den reaktiven Mind.«[17] Um ein erfolgreicher Mensch zu werden, kommt es laut Hubbard nun darauf an, den analytischen Verstand aus der Umklammerung durch den reaktiven Unhold zu »befreien«, und zwar möglichst auf Dauer. Deshalb ist bei Scientology immer von der »totalen geistigen Freiheit« die Rede.

Hubbard behauptete, mit seiner *Dianetik* ein Verfahren entdeckt zu haben, um die bösen *Engramme* im reaktiven Verstand aufspüren und löschen zu können. Sein Zaubermittel war das *Auditing*, bei dem der *Auditor* den Klienten dazu bringt, die *Engramme* zu finden, die auf einer sogenannten »Zeitspur« wie auf einem Tonband aufgezeichnet seien. Eine später von Hubbard »entdeckte« Komplikation dabei ist, dass *Engramme* nicht nur im gegenwärtigen Leben eingraviert werden, sondern auch in all den Millionen Leben, die jeder von uns angeblich früher schon gelebt hat. Entdeckt der *Auditor* bei der Jagd entlang der »Zeitspur« nun ein solches *Engramm*, soll der Patient es mittels Einsatz seiner Phantasie »zerstören«, »neu erschaffen«, »kleiner oder größer machen«, bis er das Gefühl hat, »es im Griff zu haben«, was der *Auditor* nach vielen Stunden abschließend »bestätigt«.[18]

Das psychologische Prinzip der Technik ist bekannt aus sogenannten Rückführungstherapien: Klient und *Auditor* einigen sich darauf, dass ein traumatisches Ereignis geklärt werden muss, etwa: Schmerz in der Schulter. Man »findet« das zugrundeliegende *Engramm* durch Hypnose und gegenseitige Suggestion und deutet es dann gemeinsam – etwa »Schlacht im Teutoburger Wald, Germanen gegen die Römer, an der Schulter verwundet, Schmerz«. Werden alle *Engramme* auf diese Weise aufgespürt und bis auf das *Ur-Engramm* (»Basik«) systematisch »gelöscht«, ist der *Preclear* angeblich von ihrem unheilvollen Einfluss, den *Aberrationen* – Neurosen, Psychosen, Zwangsvorstellungen –, befreit. Seine Seele ist gewaschen, sie wurde wie eine Rechenmaschine auf Null gestellt. Aus dem *Preclear* ist ein *Clear* geworden, ein psychisch und physisch vollkommenes Mensch-Produkt, so Hubbard: »Wenn wir einen Clear erreicht haben, stehen wir vor etwas, das man nie zuvor gesehen hat, denn es existierte nie zuvor in einem schuttfreien Zustand: eine perfekte Maschine, gut geölt, kraftvoll, schimmernd und imstande, all ihre weiteren Funktionen ohne jede weitere Wartung abzustimmen und zu steuern.«[19]

Ein solcher Maschinenmensch hat laut Hubbard keine *Engramme* mehr in seinem reaktiven Speicher; er kann sämtliche Energie für sein »Überleben« verwenden, nutzt also 100 Prozent seines Verstandes. So weit der Kern der Theorie, der – unschwer zu erkennen – die Freudsche Theorie von Bewusstsein und Unterbewusstsein auf dem Niveau von billigen Comic-Heften darbietet.[20] Aber Hubbard wusste offenbar noch deutlich mehr, denn er konnte die Spur der *Engramme* nicht nur bis zur Schlacht im Teutoburger Wald oder dem Leben als Molluske im Urmeer, sondern auch in den Mutterleib verfolgen, den er als ganz und gar nicht friedliche Umgebung schildert, sondern als »nass, unbequem und ungeschützt«.[21] Auch im menschlichen Fötus, so befand der »Forscher«, sei der »reaktive Mind« aktiv und zeichne traumatische Erlebnisse in seiner Datenbank auf, die später furchtbare Folgen für den Erwachsenen haben. Schläge, Stöße, Geschlechtsverkehr, aber auch lautstarke Streitereien quälen das Ungeborene und schreiben sich unverlierbar in seine Datenbank ein. Daher riet Hubbard dringend, in der Schwangerschaft Stille zu bewahren, keinen Sex zu haben und während der Geburt zu schweigen. Mit Kirche oder Religion hatte das alles nach Ansicht seines Schöpfers nicht das Geringste zu tun. Im Gegenteil, in der ersten Begleitbroschüre für *Dianetik-Auditoren* von 1950 hieß es eindeutig: »Dianetik ist eine Wissenschaft, als solche enthält sie keine Meinung über Religion, denn Wissenschaften basieren auf Naturgesetzen und nicht auf Meinungen.«[22]

Doch auch mit Wissenschaft im herkömmlichen Sinne, also mit moderner Neuropsychologie und Gehirnforschung, hat all das wenig gemein. L. Ron Hubbard war ein echtes Kind seiner Zeit. Ohne sich wirklich mit modernen theoretischen Grundlagen auseinanderzusetzen, entwarf er »aus Versatzstücken des populären ›wissenschaftlichen Denkens‹ in den USA der vierziger und fünfziger Jahre seinen dianetischen Menschen«, urteilt der Psychologe und Sektenexperte Hansjörg Hemminger.[23] Hubbard knüpfte mit seiner Idee des Computergehirns an die Vorstellung von der möglichen Selbstbefreiung des Menschen durch Psychotechnik an, die damals anhand der Forschungen der Verhaltenspsychologen Iwan Pawlow und Burrhus Frederic Skinner (Behaviorismus) diskutiert wurde. Das technoide Vokabular, das er benutzte, passt zu einem Mensch-Maschine-Modell, bei dem Hubbard davon ausging, dass der Mensch durch Trainings »repariert« werden könne. Den Körper sah er als 37,7-Grad-Maschine an, den Verstand als »perfekten Computer«, der den »Körperschaltkreis« kontrolliere.[24] Daher bezeichnete er die *Dianetik* auch als »Ingenieurswissenschaft«, mit der man »auf Knopfdruckbasis arbeiten« könne, deshalb erinnern viele »Trainingsroutinen« bei Scientology an maschinelle Prozeduren, und aus diesem Grund sollen dem Menschen auch »störende Funktionen« wie Mitleid und Zuneigung abtrainiert werden.[25] Den Zustand *Clear* hat Hubbard später unumwunden als »gelöschten« (also »gewaschenen«) Verstand bezeichnet, den man folglich neu beschreiben könne: »Clear. Der Name kommt von einem Vergleich zwischen dem Mind und einer Rechenmaschine. Wenn Sie auf einer Rechenmaschine die Clear-Taste (Löschtaste) drücken, werden alle verborgenen Antworten in der Maschine gelöscht, und die Maschine kann für eine richtige Berechnung verwendet werden. (…) Clears sind Wesen, die von falschen oder nutzlosen Antworten befreit sind, die sie vom Leben oder Denken abhalten würden.«[26]

Hubbard war sich bewusst, dass er mit Gehirnwäschetechniken experimentierte, und hat das auch ganz offen gesagt. »Wir wissen jetzt mehr über die Psychiatrie als die Psychiater. Wir können die Gehirnwäsche schneller als die Russen durchführen. In 20 Sekunden zum totalen Gedächtnisverlust«, schrieb er 1956.[27] Und zweieinhalb Jahrzehnte später: »Aus Scientology lässt sich eine sehr wirksame Gehirnwäschetechnik herausarbeiten, die man dazu benutzen kann, Menschen in willige Sklaven zu verwandeln.«[28] Im Dezember 1955 bot er dem FBI sogar explizit seine »Gehirnwäschemethoden« zur gefälligen Verwendung bei »antikommunistischen Kampagnen« an (ohne Erfolg).[29] Der Scientology-Chef war offenbar auch der Autor eines mysteriösen »Gehirnwäsche-Handbuchs«, das seit 1955 anonym in den USA zirkulierte; der Begriff »Psychopolitik« für Gehirnwäsche als »politische Waffe« stammt ebenfalls von ihm.[30] Das Wort »Engramm« hatte er sich allerdings aus der zeitgenössischen Neuropsychologie geborgt, wo es zellulare Gedächtnisspuren bezeichnete, die unsere Erlebnisse angeblich im Gehirn hinterlassen, vergleichbar mit dem Abdruck eines Siegelrings in Wachs. Auch diese Vorstellung, um 1950 in den USA heftig debattiert, wird heute verworfen. Der Verstand als Maschine zur logischen Daten- und Informationsverarbeitung, das Gedächtnis als eine Art Tonband, das Gefühlsleben auf eine Lust-Unlust-Skala (»Tonskala«) verkürzt – das sind technokratische Vorstellungen, die mittlerweile als hoffnungslos anachronistisch gelten. Das Gehirn wäre nicht mehr funktionsfähig, wenn es wirklich sämtliche Daten verarbeiten und abspeichern würde. In Wahrheit vermindert es die ankommenden Informationen, wählt aus der Datenmasse aus und verändert sogar Erinnerungen; es funktioniert auch nicht rein logisch. Es ist eben gerade kein Computer.

Möglicherweise hat Hubbard im DIANETIK-Buch auch »eigene Erfahrungen einer psychiatrischen Behandlung verarbeitet«, meint der Bonner Scientology-Kritiker Ingo Heinemann. Jedenfalls schien er schon kurz nach dem Erscheinen seines Bestsellers selbst von seiner Methode überzeugt zu sein, zumal erste *Clears* auftauchten und den Zeitungen von wahren Wundern berichteten. Einer von ihnen war ein Chemiker aus Minneapolis namens Ron Howes, der in einem Interview sagte, dass er etwa dreimal so schnell lesen könne wie zuvor, gegen fast alle Bakterien resistent geworden sei, telepathische Fähigkeiten besitze und noch einiges mehr.[31] Im August 1950 kam Hubbard zu dem Schluss, dass es Zeit sei, auf großer Bühne zu beweisen, wie gut seine neue »Wissenschaft« funktioniere. Im Shrine Auditorium von Los Angeles trat er mit einer hübschen Physikstudentin namens Sonya Bianca vor 6000 gespannte Zuschauer, um den »ersten Clear der Welt« mit »fotografischem Gedächtnis«, »geschärfter Sehkraft«, »absoluter Gesundheit« und »erhöhter Intelligenz« zu präsentieren. Journalisten Dutzender Zeitungen und Magazine waren gekommen, um das Ereignis zu dokumentieren. Alles lief gut, bis Hubbard dem Publikum gestattete, Fragen zu stellen. Jemand bat ihn, sich umzudrehen, und die Studentin sollte die Farbe seines Schlipses nennen. Schweigen. Der erste *Clear* der Welt blieb stumm und war anschließend nicht einmal in der Lage, einfachste physikalische Formeln zu repetieren.[32] Der Abend endete als Desaster.

Einen Zustand *Clear* im scientologischen Sinn herbeizuführen, halten erfahrene Psychologen für unmöglich. Eine völlige Löschung von Problemen, Ängsten und Traumata sei selbst in langwierigen Therapien nicht machbar, sagt der Münchener Psychiatrieprofessor Norbert Nedopil. *Auditing* bewirke »im Grunde keine Verarbeitung des Problems«, »sondern lediglich eine ›Handhabung‹ von Symptomen, aber nur, sofern es sich um kleine Probleme handelt«.[33] Für psychotische Personen sei es sogar gefährlich, sich den Übungen auszusetzen, denn die scientologischen *Auditoren* besitzen in der Regel keinerlei fachlich-therapeutische oder medizinische Ausbildung und können bei einer Krise nicht sachgerecht reagieren.

Schon seit seinen ersten Auftritten als Pseudotherapeut mit einer Couch auf der Bühne musste sich Hubbard gegen öffentliche Vorwürfe verteidigen, ein Scharlatan und Kurpfuscher zu sein. Erstmals 1951 und dann immer wieder wurden seine Anhänger in verschiedenen US-Bundesstaaten wegen der »Ausübung eines Heilberufs ohne Genehmigung« angezeigt oder sogar verhaftet. Von Beginn an meldeten sich Kritiker in der Öffentlichkeit, die der »Therapeut« stets als teuflische Feinde wahrnahm. Mal sah sich Hubbbard vom amerikanischen Ärzteverband American Medical Association verfolgt, mal von Kommunisten und FBI-Spionen, vor allem aber von »Psychologen- und Psychiatergruppen« wie der American Psychological Association, die ihn als Quacksalber bezeichneten. Die Enttäuschung über die entschiedene Ablehnung seiner *Dianetik* durch die klassische Psychologie und Psychiatrie, der Hubbard bis dahin durchaus ein gewisses Vertrauen entgegengebracht hatte, dürfte der wesentliche Faktor dafür gewesen sein, dass er sie zum Hauptfeind der Menschheit erklärte.

Im Jahr 1951 konnten auch amerikanische Zeitungsleser erkennen, dass es Probleme mit Hubbards geistiger Gesundheit gab. Damals berichtete der *Times Herald* aus der amerikanischen Hauptstadt Washington über den Rosenkrieg in der Familie des berühmten Selbsthilfeautors. Sarah Northrup, inzwischen seine zweite Ehefrau, hatte ihn bei Einreichung der Scheidungsklage als »hoffnungslos geisteskrank« bezeichnet und zur Begründung erklärt, dass ihr qualifizierte Ärzte empfohlen hätten, ihren Ehemann zur psychiatrischen Beobachtung und Behandlung einer Geisteskrankheit namens »paranoide Schizophrenie« in ein Sanatorium einzuweisen.[34] Was das Leben mit L. Ron Hubbard für sie bedeutete, stellte sie in schockierender Klarheit dar. Sie erklärte, dass er sie in der Ehe verprügelt, »systematisch gefoltert« und stranguliert habe.

Er habe ihr sogar nahegelegt, sich umzubringen, weil »eine Scheidung seinen Ruf beschädigen würde«. Sarah Northrup Hubbard legte dem Gericht einen Brief vor, den sie von der ersten Frau ihres Mannes erhalten hatte. »Ron ist nicht normal«, hieß es darin. »Ihre Anschuldigungen klingen wahrscheinlich für durchschnittliche Menschen fantastisch, aber ich habe das alles auch erlebt, die Schläge, die Todesdrohungen, all seine sadistischen Züge, die Sie beklagen – zwölf Jahre lang.«[35] Hubbard beschuldigte Sarah seinerseits der Untreue, zeigte sie wegen dreier angeblicher Mordanschläge auf ihn an und denunzierte sie – es war der Höhepunkt der McCarthy-Ära – beim FBI als Kommunistin. Doch das FBI entließ ihn nach einer Befragung als offensichtlich »geistig Verwirrten« (und verfasste in der Zukunft noch viele gleichlautende Expertisen).[36] Seine Frau erreichte in dem Trennungsverfahren schließlich monatliche Alimente für sich und das Sorgerecht für die gemeinsame Tochter Alexis. Im Gegenzug nahm sie die schwerwiegenden Vorwürfe gegen ihren Ex zurück – Vorbild für Dutzende späterer Gerichtsvergleiche der Scientology-Organisation mit ihren Kritikern.

L. Ron Hubbards extremer Hass auf die Psychiatrie dürfte also auch mit einer gewissen Selbsterkenntnis zusammenhängen.[37] Der Verdacht, dass »an Hubbards geistiger Gesundheit beträchtliche Zweifel bestehen«, wurde später nicht nur im Anderson-Report des australischen Regionalparlaments von Victoria 1965 geäußert.[38] Tatsächlich entwickelte der Scientology-Gründer, der »eine Welt ohne Geisteskrankheiten« schaffen wollte, in jener Zeit seine grotesken Verschwörungstheorien, in deren Mittelpunkt die Psychiatrie und die Psychiater stehen. In einem Aufsatz über die Geschichte der Psychiatrie behauptete er schließlich 1968, dass »die Methoden der Psychiatrie körperliche Schäden hervorrufen, vielfach mit ausgesprochenen Brutalitäten einhergehen und den Patienten häufig für sein ganzes Leben zeichnen oder ihn schlicht und einfach umbringen«.[39] Mit anderen Worten: Nicht die Patienten in den Anstalten sind krank, sondern die, die sie dorthin bringen. Hubbard hatte den Begriff »geisteskrank« umdefiniert: Geisteskrank sind alle, die keine Scientologen werden können, wollen oder dürfen. Die schlimmsten Geisteskranken aber sind jene 20 Prozent der Bevölkerung, die als »antisoziale Persönlichkeiten«, »Unterdrücker«

und »Feinde von Scientology« den Rest der Menschheit in den Wahnsinn treiben, weshalb man sie isolieren und in Lager sperren müsse.[40]

Im Laufe seines Lebens wurden Hubbards Angriffe gegen den »medizinischen Imperialismus«, den »psychiatrischen Sadismus«, die »Elektroschock-Psychologie« und Ähnliches immer schärfer und wütender. Wie so vieles bedeutet daher seine zunächst wohlklingende Forderung nach einer »Welt ohne Geisteskrankheiten« genau das Gegenteil dessen, was sie vorgibt. Sein Hass auf die Psychiatrie ist vergleichbar mit dem Hass Hitlers auf die Juden; die Psychiater sind die Sündenböcke der Scientology-Welt. Damals gelang es »Ron«, seine dritte Ehefrau Margret »Mary« Sue Hubbard, eine überzeugte Baptistin, die er bereits 1952 heiratete und mit der er vier Kinder haben sollte, erfolgreich in seine Wahnideen zu verstricken. Sie wurde später als *Guardian* (Wächter) die erste Chefin des scientologischen Geheimdienstes *Guardian's Office*, in dem Hubbards Paranoia ihre organisatorisch-strukturelle Form fand.

Noch im Jahr 1950 stellte sich heraus, dass die dianetischen Wunder in keinem einzigen Fall wissenschaftlich untersucht und bestätigt worden waren. Viele Erfolge der ersten Stunde – Nebenhöhlenentzündungen verschwanden, Rückenschmerzen hörten auf, aus Aknepusteln wurde rosiger Teint – erwiesen sich als Schimäre. Die Symptome kehrten oft nach einer gewissen Zeit wieder, wenn die Phase enthusiastischer Selbstüberschätzung nachließ, wie es nach einem »Erweckungserlebnis« typisch ist. Damit aber stand die Glaubwürdigkeit der *Dianetik* auf dem Spiel – und Hubbards Lebensunterhalt. Dem Autor, der zuvor ständig in Geldnöten geschwebt hatte, war es gelungen, sich mit dem Bestseller nicht nur seine Psychoprobleme vom Leib zu schreiben, sondern auch die kommerzielle Chance geschickt zu nutzen, die ihm das Leben so unverhofft geboten hatte. Rastlos flog er zwischen Ost- und Westküste hin und her, hielt vor Tausenden Menschen Vorträge und Ausbildungskurse. Ein Tageskurs kostete 500 Dollar, enorm viel Geld damals; und nicht selten kamen 300 oder mehr »Studenten« zusammen. Hubbard machte in wenigen Monaten Millionen. Zur Vermarktung seiner Therapie hatte er eine Forschungsstiftung in Elisabeth (New Jersey) gegründet, nahe seinem damaligen Wohnort, und rief von dort aus neue Filialen in New York, Washington,

Chicago und Honolulu ins Leben. Nur ein paar Tage nach dem *Clear*-Desaster von Los Angeles konnte diese »Research Foundation« ihre Zentrale in den ehemaligen Gouverneurspalast von Kalifornien nach Los Angeles verlegen, dessen astronomischen Kaufpreis von 4,5 Millionen Dollar sie in bar bezahlte. Als die Stiftung ein Jahr später wegen »Behandlung von Krankheiten ohne Genehmigung« verklagt wurde, verlegte Hubbard den Hauptsitz erneut, diesmal nach Phoenix in Arizona, wo offenbar weniger Probleme zu befürchten waren. Dennoch stand der Ober-*Dianetiker* 1951 finanziell vor dem Ruin. Denn so schnell, wie das Geld hereinkam, floss es auch wieder ab, »es gab keine Buchführung, keine Organisation, keinen Finanzplan oder Kontrolle«, schreibt Russell Miller.[41] Sein größtes Problem aber war die Zwickmühle, in die er sich selbst manövriert hatte, wie sein Biograph Evans schreibt: »Man erwartete von ihm unentwegt Erstaunliches, und es gibt keine Rolle, die schwerer zu spielen wäre.«[42] Doch Hubbard wäre nicht Hubbard gewesen, wenn ihm nicht eine Lösung eingefallen wäre. Er kam mit einer neuen Idee auf den Markt. Er nannte sie *Scientology.*

Tarnung als Kirche: Scientology

Vom nachlassenden Erfolg bedroht, hatte sich Hubbard 1951 überreden lassen, die Rechte an seiner *Dianetik* an den Ölmillionär und Selfmademan Don Purcell aus Wichita (Kansas) zu verkaufen, der als Erster ihr geschäftliches Potential erkannt hatte und die Bewegung nach unternehmerischen Gesichtspunkten organisieren wollte.[1] Der Verkauf war ein Fehler, wie »Ron« bald feststellen musste. Denn nun war er zwar wieder liquide, konnte aber sein eigenes Geisteskind weder literarisch noch finanziell weiter ausbeuten. Er brauchte ein neues Markenzeichen. Flugs erklärte er seine *Dianetik* zum Untergebiet einer neuen Lehre und nannte diese »Scientology«, angeblich eine »Philosophie in ihrer höchsten Bedeutung«.[2] Den wissenschaftlich klingenden Titel übernahm er von einem Buch des deutsch-argentinischen Autors Anastasius Nordenholz mit dem Titel SCIENTOLOGIE von 1934. Darin ging es um die »Wissenschaft von der Beschaffenheit und Tauglichkeit des Wissens«. Doch hat die Sekte trotz zahlreicher Übereinstimmungen immer behauptet, Scientology sei nicht Scientologie, das sehe man schon am Ypsilon.

Über die einzig wahre »Lehre vom Wissen« heißt es im scientologischen Schulungsmaterial: »In der Scientology wurden bedeutende Fortschritte auf dem Gebiete des Lebens erzielt. Was von tausend Universitäten und Stiftungen mit Milliardenaufwand angestrebt wurde, ist hier in aller Stille fertiggestellt worden. (...) Solch ein Wissen hat es nie zuvor gegeben ...«[3] L. Ron Hubbard hatte den *Thetan* entdeckt, womit er eine Erklärung anbot, warum viele *Clears* nicht richtig »funktionierten« und gleichzeitig Scientology erst die Seele einhauchte. Er behauptete plötzlich, der Mensch bestehe neben »Body« (Körper) und zweigeteiltem »Mind« (Verstand) auch noch aus dem *Thetan*, einer Art Geistwesen, das weit mehr sei als nur die »Seele«. Dieser zweite Paukenschlag nach Dianetik erfolgte 1952, als der rothaarige Prophet ein Werk mit dem vielversprechenden Titel A HISTORY OF MAN (Eine Geschichte des Menschen) publizierte, mit dem sozusagen das scientologische Zeitalter anfing. Das »Sachbuch« beginnt mit dem erstaunlichen Satz: »Dies ist ein kaltblütiger Tatsachenbericht über die vergangenen sechzig Billionen Jahre.«[4] (Wissenschaftler schätzen das Alter des Universums derzeit auf etwa 13,7 Milliarden Jahre). Mit viel Liebe zum Detail entwarf Hubbard darin eine »wissenschaftliche« Kosmologie: Vor langer, langer Zeit lebten weitab im All die *Thetanen*, allmächtige und unsterbliche Geistwesen, die sich immer mehr ins materielle Universum verstrickten, bis sie ganz darin aufgingen. Seitdem sind die Außerirdischen dazu verurteilt, durch die Körper der Menschen zu wandern und dort mit *Engrammen* gequält zu werden. Denn *Thetanen* sind unsterblich und müssen nach jedem Aufenthalt in einer sterblichen Hülle einen neuen Body finden, was Hubbard später genauer ausführte: »Die Übernahme geschieht in den meisten Fällen wenige Minuten nach der Geburt. Das Baby wird geboren, und dann nimmt sich ein *Thetan* das Baby. Das ist der übliche Vorgang.«[5]

Hubbards neuer Streich war eine, wenn auch exzentrische, Reinkarnationsidee. Anders als im Buddhismus kommt der scientologische *Thetan* (nach einer 18-jährigen Ruhepause) nicht frisch und rein ins neue Dasein zurück, sondern beladen mit Abertausenden *Engrammen* aus seinen früheren Leben. Das Ziel des scientologi-

schen »Trainings« und *Auditings* ist es, die Kontrolle zurückzuge-
winnen und mit dem »analytischen Verstand« gleichzeitig auch den
Thetan zu befreien. Der Weg dahin führt über das schon bekannte
Löschen der *Engramme* durch die *Dianetik*-Methode, so Hubbard:
»Der Auditor, der darauf besteht, nur das gegenwärtige Leben zu
auditieren, während ihm die gesamte Zeitspurtechnik zur Verfügung steht, vergeudet Zeit und Kraft und täuscht in Wahrheit seinen Preclear.«[6] Damit wurde auch klar, warum die bisherigen *Clears*
nicht funktionieren *konnten,* denn nach diesen *Ur-Engrammen* war
bis dato noch nie gefahndet worden.

Ein unverhoffter Glücksfall kam Hubbard damals zu Hilfe. Erst
zögernd, dann zunehmend begeistert griff der »Gründer« den Vorschlag auf, seine Therapie mit einem technischen Apparat zu ver-
binden, der das Löschen von *Engrammen* aus »früheren Leben« wissenschaftlich messen könne. Dieses erstaunliche Gerät, versehen
mit Drähten, Blechbüchsen und einer Skalenscheibe, hatte um 1951
ein Sonderling namens Volney Mathison aus Elisabeth in New Jersey entwickelt, wo sich zu jener Zeit noch Hubbards Hauptquartier
befand. Mathisons Wunderkasten musste jedem, »der mit dem
komplizierten Geschäft des Gedanken- und Gedächtnislesens befasst war, … wie ein Geschenk des Himmels erscheinen«, schreibt
der Hubbard-Biograph Christopher Evans.[7] Denn nun war der *Auditor* nicht mehr auf Vermutungen angewiesen, sondern konnte am
Ausschlag des Messfühlers scheinbar objektiv erkennen, wann sein
Klient auf ein *Engramm* stieß. Hubbard nannte das zunächst batte-
riebetriebene Gerät »Elektropsychometer«, kurz *E-Meter,* und pries
seine »Erfindung« euphorisch: »Im Vergleich … zu existierenden
Geräten ist es, als würde man durch ein Elektronenmikroskop statt
durch einen Quarzstein schauen.«[8]

Zwar erkannte die British Psychological Society bereits 1970,
dass es sich bei dem Apparat um eine unzuverlässige Version des
seit hundert Jahren bekannten Psychogalvanometers handelte, und
der Endbericht der Sekten-Enquete-Kommission des Deutschen
Bundestages bezeichnete ihn 1998 als »wissenschaftlich wertlos«.[9]
Tatsächlich ist das *E-Meter* nichts weiter als ein simpler Lügendetektor, der Veränderungen des elektrischen Hautwiderstandes
registriert, wenn man die zwei Metalldosen anfasst und damit Teil
eines Stromkreises wird. Frühere Anwender hatten stets die hohe

Fehlerquote bemängelt. Doch viele Menschen in unserer technik-gläubigen Kultur lassen sich durch die Maschine davon über-zeugen, dass »Scientology funktioniert«. Sie fasziniert offenbar die Möglichkeit, dass die eigenen Gedanken, Gefühle und psychischen Probleme technisch messbar und obendrein leicht reparierbar sein sollen. Den Scientologen ist das »Gerät zur geistlichen Beratung« daher lieb und teuer. Obwohl der Materialwert kaum 100 Euro be-trägt, blättern sie für Luxus-Ausgaben wie das »Mark Super VII Quantum E-Meter« gut und gerne 7428 Euro (Preisliste 2003) auf den Tisch.[10] Sie verehren den schlichten Apparat als heiligen Ge-genstand und rituelles Werkzeug – Magie des 21. Jahrhunderts.

Das *E-Meter* dient freilich nicht nur dazu, *Engramme* zu finden und zu löschen. Sein eigentlicher Zweck entspricht seiner techni-schen Funktion. Die Sekte nutzt ihr »Mikroskop« auf perfide Weise tatsächlich als Lügendetektor. Mittels Blechbüchsencheck wird der Proband *(Preclear)* stundenlang über intime Geheimnisse, schmerz-hafte und erregende Erlebnisse ausgefragt. Ist er aufgeregt, etwa, weil ihm eine Frage unangenehm ist, schlägt die Nadel aus. Nun hat sein *Auditor* einen klaren Hinweis darauf, dass irgendetwas nicht stimmt; er hakt nach, drängt und droht. Hubbard schrieb: »Einige Leute mit schlechtem Gewissen haben berechtigte Angst vor dem E-Meter, weil es alles und jedes, was sie getan haben und gewesen sind, ans Licht bringt, wenn es von einem erfahrenen Fachmann be-nutzt wird.«[11] Der Inquisitor soll während des Verhörs keinerlei Mitgefühl zeigen, selbst wenn der *Preclear* unter den Erinnerungen erheblich leidet. Im Gegenteil. L. Ron Hubbard empfahl seinen Vernehmern, cool zu bleiben und zu »lächeln«: »Wenn ein Auditor sich geistig so einstellt, dass er ruhig sitzen bleiben und ein Lied-chen pfeifen könnte, während Rom vor ihm abbrennt, wird er opti-male Arbeit leisten.«[12] Die Nadel misst zwar jede Veränderung, doch mit etwas Übung lässt sie sich auch manipulieren. »Im Laufe der Jahre, als ausgebildeter Auditor allemal, weiß man schließlich, wie man das E-Meter überlisten kann. Und eine schwebende Nadel ist für einen Profi nur Routine, wenn man will«, erklärte der ehema-lige Top-Scientologe Gunther Träger.[13] »Mit schwebender Nadel«, so befahl Hubbard einst, seien die Klienten aus dem *Auditing* zu entlassen – der Fühler des *E-Meters* soll ein Hoch anzeigen, damit sie die Sitzung mit einem guten Gefühl verlassen und wiederkommen. Der Auditor fertigt anschließend ein Protokoll an, das in den *Auditing-Akten* aufbewahrt wird.

Das Ziel des ganzen Processing war es nach wie vor, *Clear* zu werden, doch ließ Hubbard nun schlauerweise offen, ob dieser Zustand überhaupt erreichbar war – er sprach von »paradoxen Antworten«.[14] Sicher sei nur, dass das dianetische *Auditing* aus einem normalen Homo sapiens einen (in falschem Latein) sogenannten »Homo novis« mache – einen »neuen Menschen«, der über seine »Kohlenstoff-Sauerstoff-Maschine, die bei 37,7 Grad Celsius läuft« (genannt Körper) besser verfüge als vorher, nämlich mit »neuen und wünschenswerten Eigenschaften«, leider aber immer noch unter der verwirrten (»aberrierten«) Gesellschaft und lästigen Dingen wie Hunger und Kälte leide.[15] Weit über dem »Homo novis« stehe aber der *Thetan*, dessen Fähigkeiten Hubbard knapp zusammenfasste: »Thetanen kommunizieren mittels Telepathie. Sie können materielle Objekte bewegen, indem sie einen Energiefluss auf sie stürzen. Sie können sich mit höchster Geschwindigkeit fortbewegen. Sie sind nicht durch Atmosphären oder Temperaturen begrenzt.«[16] Hubbard ließ zwar erkennen, dass es möglich sei, den *Thetan* zu befreien und selbst einer zu werden, aber ob dies auch wünschenswert war, darauf gab er in seiner HISTORY OF MAN – sicher eines der obskursten Bücher, die je veröffentlicht wurden – keine klare Antwort. Alles in allem kann man sagen: Hubbard hatte aus dem *Clear*-Desaster gelernt, sich bei seinen Prophezeiungen besser eine Hintertür offenzulassen. Mit dem Konzept der History of Man, enthusiastisch begrüßt und mit dem *E-Meter* beglaubigt, stieß Hubbard die weltweit erste große Welle von Rückführungen in vergangene Leben an, wie sie mittlerweile bei Astralreisen oder Chanellings gang und gäbe sind. Und mehr noch: Schon die *Dianetik* hatte ein Rezept offeriert gegen die apokalyptischen Ängste, die zu Beginn der 1950er Jahre die Amerikaner, und nicht nur sie, namenlos quälten: die Bedrohung durch den Kommunismus, die Atombombe, den Dritten Weltkrieg. Hubbard bot ihnen eine Lösung an – die Rettung der Welt mit Hilfe seiner *Technologie* und letztlich die Unsterblichkeit.

»Scientology« war aber zunächst nicht viel mehr als ein Warenzeichen, um die *Dianetik*-Therapie mit den neuen »Erkenntnissen« leicht verändert verkaufen zu können. Das Copyright hatte sich

Hubbard umgehend eintragen lassen. Historisch gesichert ist, dass er 1952 in Arizona einen Verein gründete, den er »Hubbard Association of Scientologists« (HAS) nannte: neues Spiel, neues Glück. Die Sekte behauptet seit langem, 1954 sei die eigentliche »Kirche«, die *Church of Scientology* in Los Angeles gegründet worden. Man kann darüber streiten, was »Gründung« in diesem Zusammenhang bedeutet, juristisch-historisch sind die Tatsache.. geklärt. Nachdem 1953 drei »Scientologen« als Quacksalber verhaftet worden waren und weitere Festnahmen drohten, hatte sich Hubbard offenbar entschieden, Schutzmaßnahmen zu ergreifen und Scientology zur Religion zu erklären. Im Dezember 1953 ließ er in New Jersey drei dem Namen nach »religiöse« Organisationen amtlich eintragen: die *Church of American Science,* die *Church of Scientology* und die *Church of Spiritual Engineering* (Kirche des geistigen Ingenieurtums).[17] Hubbard hatte seine alte Idee verwirklicht. Jetzt war er Chef seiner eigenen »Kirchen«.

Im Juni 1954 versuchte der »Kirchengründer«, auch den schon bestehenden Scientologenverein juristisch besser abzusichern, indem er ihn zu einem internationalen »religiösen« Verband erklärte, zur »Hubbard Association of Scientologists International« (HASI), der eigentlich handelnden Organisation. Die HASI, erklärte »Ron« damals intern, sei eine »gemeinnützige religiöse Körperschaft«, habe als solche Anrecht auf den speziellen Schutz des Staates.[18] In gewissem Sinne ist die damalige Struktur bis heute erhalten geblieben. Es gibt eine *Church of Scientology*, es gibt aber auch weiterhin eine *International Association of Scientologists*, und es gibt zahlreiche sonstige Verbände und Namen, von denen viele der Tarnung und Verschleierung dienen. Die Verkleidung als Religionsgemeinschaft war offensichtlich ein taktisches Manöver, um Steuern zu sparen und Schutz vor der staatlichen Gesundheitsverwaltung zu erlangen, weil Hubbards *Dianetiker* ein Heilgewerbe ohne Ausbildung und Lizenz betrieben, was in den Vereinigten Staaten strafbar ist. Dessen ungeachtet warb Scientology in ihren Broschüren noch Anfang der 60er Jahre unverhüllt für ihre »Wissenschaft vom Heilen«. Im Jahr 1960 stellte das Propagandamagazin *Reality* fest, dass »Scientology durch Änderung der menschlichen Energie alle Wunderheilungen früherer Zeiten wiederholt«, und ließ die Mirakel dann Revue passieren: »Durch Scientology kann der Mensch seine Mitmenschen erkennen und ihr Handeln vorhersagen. Er kann heilen und die Zukunft seiner Kinder sicherstellen. (...) In einigen Stunden kann Scientology die Lahmen gehend und die Blinden sehend machen.«[19]

Christopher Evans analysiert zu Recht, »dass die Dianetik in den Anfängen mit ihren Vorstellungen von der Schaffung des Übermenschen und ihrer unausgesprochenen Verachtung für etablierte Glaubensrichtungen jeder Art geradezu antireligiös war«.[20] Viele Anhänger der ersten Stunde betrachteten die *Dianetik* denn auch als Überwindung der Religion; umgekehrt sahen religiöse Menschen in ihr finsterstes Teufelszeug, auch ohne Hubbards Vorleben als Satanist zu kennen. Wie sonst sollte ein Christ auf eine Lehre reagieren, die behauptete, mit Scientology sei es möglich, die »glühende Energie und das Potential des Jesus Christus« zu erlangen, und zwar durch lediglich »zwei bis 25 Stunden angemessener Übung«?[21]

Im unaufhörlichen Strom von Wörtern, die der rothaarige Guru in dieser Zeit ausstieß, gingen die wenigen Bemerkungen über »Religion« weitgehend unter, spielten weiter keine Rolle oder waren so allgemein formuliert, dass »Religion« alles und nichts bedeuten konnte – und laut Hubbard nicht einmal Glauben voraussetzte: »Scientology ist eine praktische Religion für alle Bekenntnisse und erfordert keinen Glauben an irgend jemanden, bis Sie irgend etwas gefunden haben, an das Sie glauben können.«[22] Lediglich wenn die Möglichkeit von Privilegien aufschien oder eine Behörde wieder einmal drohte, die Organisation wegen unerlaubter Heilkunde zu belangen, griff der Chef zur »Religionskeule« – und zwar *nur dann*, wie der kanadische Religionssoziologe Stephen Kent nachweist.[23] So etwa 1956, als die scientologische *Founding Church of Scientology* (Gründungskirche) in Washington, D. C. – wohin Hubbard 1955 inzwischen sein Hauptquartier verlegt hatte – beim amerikanischen Finanzamt Internal Revenue Service (IRS) erstmals den Antrag stellte, von der Einkommensteuer befreit zu werden.

Damit begann ein jahrzehntelanger Streit mit der Behörde um die fundamentale Frage: Ist Scientology eine Religion oder ein pseudowissenschaftlicher Schwindel mit Amateurpsychologie? Die Antwort ist für die Sekte lebenswichtig, denn eine als Kirche betrachtete »gemeinnützige« Gruppe zahlt in den Vereinigten Staaten keine Steuern. Dort können Glaubensgemeinschaften jeglicher Art relativ leicht in den Genuss dieses Vorrechts kommen, wenn sie bestimmte formale Bedingungen erfüllen. Selbst die »Church of Satan« des Crowley-Anhängers La Vey oder die »Church of Euthanasie« müssen kein Geld an den Fiskus abführen. Auch Hubbard wurde der Antrag zunächst ohne weitere Prüfung genehmigt, da es ihm 1955 gelungen war, die »Gründungskirche« als »religiöse Organisation« in Washington eintragen zu lassen. Im Januar 1957 billigte der IRS der Organisation erstmals das Steuerprivileg zu. Zehn Jahre später wachte der IRS jedoch auf und entzog der Organisation das Privileg wieder, denn »die Grundsätze, die in den Büchern von L. Ron Hubbard niedergelegt« wurden, seien »nicht religiöser Natur«.[24] Als Hubbards Rechtsanwälte dann gegen den Bescheid klagten, begann ein erbitterter Rechtsstreit um die Besteuerung von Scientology, der insgesamt 26 Jahre – bis 1993 – währen sollte.

Bald etablierten sich Scientology-Filialen in anderen Ländern und verkauften Hubbards Psychokurse auf der ganzen Welt, vor allem in der englischsprachigen Welt. In Australien, Neuseeland, Großbritannien und Südafrika bildeten sich kleinere Gruppen von *Dianetikern*, häufig aus ehemaligen Zirkeln von Science-Fiction-Fans, selbst in Berlin 1954.[25] Doch als die versprochenen Wunder immer seltener wurden, ließ der anfängliche Schwung Mitte der 50er Jahre auch außerhalb der USA deutlich nach. Viele intellektuelle, hochgebildete Anhänger der ersten Stunde wandten sich von Hubbard ab, und die junge Bewegung zeigte Anzeichen des Verfalls. In dieser Phase siedelte der »Gründer« 1955 vermutlich aus rechtlichen Gründen nach England über, wo er zunächst in einem kleinen Haus im Londoner Stadtteil Notting Hill mit einer zusammengewürfelten, aber enthusiastischen Anhängerschar das Dasein einer obskuren Hinterhofsekte führte, die für 550 Pfund Sterling (1500 Dollar) Doktortitel (der Scientology) und für 12,50 Pfund (35 Dollar) Tonbandspulen mit den Vorträgen ihres Meisters verkaufte. Zunächst habe die »Klinik« nur die sektenübliche Mischung »aus Müßiggängern, Kaffeehaus-Intellektuellen, chronischen Neurotikern, ein paar Möchtegern-Psychotherapeuten« und »Kultfetischisten« angezogen, schreibt Christopher Evans.[26] Doch schon 1958 konnte man sich schönere, elegante Räumlichkeiten im West End der britischen Metropole leisten.

Als es gegen Ende des Jahrzehnts finanziell wieder aufwärts ging, erwarb der »Direktor« im Frühjahr 1959 den georgianischen Landsitz des Maharadschas von Jaipur in East Grinstead, 30 Meilen südlich von London, in der grünen Grafschaft Sussex. Dorthin zog er mit seiner dritten, 20 Jahre jüngeren Frau Mary Sue und den vier gemeinsamen Kindern sowie dem engsten Gefolge um. Saint Hill Manor wurde zum ersten »weltweiten« Hauptquartier der Sekte ausgebaut. »Mit elf Schlafzimmern, acht Bädern, einem Ballsaal, einem Swimmingpool und zahlreichen Wohnräumen war es geräumig genug für fast jeden«, schreibt Evans.[27] Hubbard hatte das Anwesen zum Schnäppchenpreis von nur 16 000 Pfund Sterling (45 000 Dollar) erworben und widmete sich dort zunächst dem Studium der »Kommunikation mit Pflanzen« (vor allem Tomaten). Seither wird der »Gründer« in einschlägigen Scientology-Broschüren auch als »Pionier des Gartenbaus« betitelt.

1959 besaßen die Scientologen nach eigenen Angaben 1,8 Millionen Mitglieder weltweit.[28] Diese Zahl ist nicht überprüfbar und wie alle Daten von Scientology mit Vorsicht zu genießen. Doch auch wenn die wahre Mitgliederzahl nur ein Hundertstel davon betragen haben sollte, hätten die Tantiemen und »Spenden«, die aus der Organisation zu fließen begannen, ihren »Leitenden Direktor« zu einem reichen Mann gemacht. Ab März 1957 erhielt Hubbard rund zehn Prozent vom weltweiten Bruttoeinkommen seiner *Church* und bezog damit nach Ermittlungen der US-Steuerbehörde IRS bereits Ende der 1950er Jahre ein Einkommen von rund 250 000 Dollar pro Jahr – mehr als der Präsident der Vereinigten Staaten.[29] Der neue Aufschwung der Organisation hatte mit einem Wechsel der Anhängerstruktur zu tun. Es war den Scientologen gelungen, den Verlust der Akademiker zu verschmerzen und intellektuell unbedarftere Kunden aus der Mittelschicht anzusprechen, Sekretärinnen, Buchhalter, kleine Geschäftsleute, Vertreter, auch Manager. Außerdem war das elegante Saint Hill Manor ein präsentables Zentrum, das sich zu einer Art Wallfahrtsort für Hubbardisten aus der ganzen Welt entwickelte und zugleich gut als Basis für die Missionierung geeignet war, da die Weltstadt London vor der Tür lag. Hier vollzog sich die eigentliche Metamorphose Scientologys von einer »Amateurtherapieschule« zum »exzentrischen Glaubenssystem« (Evans) eines autoritären, weltumspannenden Psychokultes.[30]

Von Sussex aus lenkte Hubbard das neu entstehende Scientology-Imperium. Science-Fiction verfasste er zunächst nicht mehr, stattdessen übte er sich als Gesetzgeber. Seine umfangreichen »Hubbard Communication Office Policy Letters« (Hubbard-Kommunikationsbüro-Richtlinienbriefe, HCOPL) waren (und sind) verbindliche Regeln für jede Scientology-Filiale auf der Welt, soweit sie nicht Hubbard selbst geändert oder für ungültig erklärt hat. Der Chef verlangte totalen Gehorsam. Absolut alles, was er über seine *Technologie* jemals schrieb oder sagte, müssen seine Jünger wortwörtlich verstehen und befolgen, denn es ist »dauerhaft gültig«. Kritik am »Gründer« oder der *LRH Tech* ist strikt verboten, und zwar bis heute. An seinen Texten sind nur redaktionelle Änderungen erlaubt, keine inhaltlichen.[31] Deutsche Verfassungsschutzämter und Gerichte haben daraus den Schluss gezogen, dass diese Dokumente für die Bewertung scientologischer Machtansprüche »uneingeschränkt als Beweismittel herangezogen werden« können, »da ihnen quasi der Status und Charakter heiliger Schriften zuerkannt wird. Sie sind eine Art Urquelle, aus der heraus auch heute noch maßgebliche Handlungskonzepte entwickelt und umgesetzt werden.«[32]

Noch in East Grinstead begann Hubbard auch damit, die eigentliche scientologische Geldmaschine zu entwickeln: die »Brücke zur völligen Freiheit«. Ab 1965 gab er immer neue »Grade«, *Rundowns* (mehrstufige Programme), eine Gradierungs-, Klassifizierungs- und sogar eine »Bewusstseinskarte«, diverse *Auditing*-Stufen und einen *Clearing*-Kurs nach und nach »frei«. Er erfand das Perpetuum mobile der modernen Psychosekten: das nach oben offene Kurssystem. Inzwischen hatte er seine Schöpfung bereits im Stil eines Franchisesystems organisiert, indem er jeden Aspekt von Scientology mit Copyright und Trademark belegte, sogar den Namen L. Ron Hubbard. Der Scientology-Kritiker Chris Owen schreibt: »Jeder, der die Materialien von Scientology benutzen wollte, musste diese von Franchisenehmern von Scientology erwerben, deren Franchise später in ›Missionen‹ umbenannt wurden, offensichtlich um den kommerziellen Effekt herunterzuspielen, und die von Hubbard eine Lizenz gekauft hatten, um seine Schriften und Vorträge zu benutzen.«[33] Wer eine Lizenz erworben hatte, wurde *Mission Holder* (Missionsbetreiber), konnte eine Scientology-Niederlassung aufbauen und pro neuem Rekruten eine lebenslange Zehn-Prozent-Provision von dessen Einnahmen kassieren. Gegen jeden nicht genehmigten

Gebrauch seines Systems ließ Hubbard strikt vorgehen; er befahl persönlich, solche Trittbrettfahrer zu verfolgen und geschäftlich zu ruinieren: »Eine Person oder eine Organisation, die Dianetik oder Scientology falsch verwendet oder ohne das Recht dazu oder eine gefälschte Zeitschrift, wird am besten ausgeschaltet oder abgeschossen durch einen angeheuerten Privatdetektiv. Erklären Sie dem Detektiv: ›Es kümmert uns nicht, ob die Leute wissen, dass Sie für uns ermitteln. Je lauter, desto besser.‹«[34]

1965 war aber auch das Jahr, in dem es »Ron« nicht mehr in Großbritannien hielt. Es könnte mit der zunehmend schlechten Presse der Scientologen in East Grinstead zu tun gehabt haben, aber auch mit dramatischen Ereignissen in Australien. Dort kam ein Untersuchungsausschuss im Bundesstaat Victoria 1965 nach zweijähriger Arbeit und der Anhörung von 115 Zeugen zu einem vernichtenden Urteil über die Sekte. Im sogenannten Anderson-Report des Parlaments von Victoria (benannt nach Kevin Anderson, dem Vorsitzenden eines Ausschusses) hieß es: »Scientology ist böse; ihre Techniken sind böse; ihre Praxis ist eine ernste Bedrohung der Gesellschaft, medizinisch, moralisch und sozial.«[35] Auch L. Ron Hubbard wurde nicht geschont: »Ihr Gründer verfügt über nicht mehr als einen Hauch von Ahnung in verschiedenen wissenschaftlichen Bereichen, und diese Ansätze von Halbbildung sind das Fundament, auf dem er ein verrücktes und gefährliches Gebäude errichtet hat ...« Hubbards Haltung gegenüber Religion sei feindlich und verächtlich, und Scientology »der Welt größte Organisation unqualifizierter Menschen, die sich mit der Ausübung gefährlicher Methoden befassen, die als geistig-seelische Therapie ausgegeben werden«. Der 202-seitige Report bescheinigte dem Scientology-Chef außerdem Verfolgungswahn, paranoide Schizophrenie, Größenwahn und Angst vor allem Weiblichen, erkennbar an seinem Drang, über »Perversionen« zu schreiben. Das Parlament von Victoria erließ daraufhin ein gesetzliches Verbot von Scientology und stellte den Verkauf ihrer Kurse und Bücher einige Jahre lang unter Strafe; Hubbard schmähte die Kommission als »Känguruh-Gericht«.[36] Auch in England, Südafrika und Neuseeland befassten sich in jenen Jahren parlamentarische Untersuchungsausschüsse mit ihren Praktiken und kritisierten sie in scharfer Form als Quacksalberei und Ausbeutung Gutgläubiger. Der britische Foster-Report (1971) forderte »eine Ausübung von Therapien gemessen an qualifizierten Standards«.[37] Er kritisierte außerdem die Vermischung amateurtherapeutischer Methoden mit dem Anschein einer »Religion«.

Ein deutliches Indiz, dass das religiöse Gehabe der Scientology vor allem die wirtschaftlichen Aktivitäten eines globalen Psychokonzerns tarnen sollte, liefert die Entstehungsgeschichte ihrer »religiösen« Inhalte und Zeremonien. Im Oktober 1962 befasste sich die für Lebens- und Arzneimittel zuständige amerikanische Bundesbehörde Food and Drug Administration (FDA) wieder einmal kritisch mit den Elektrometern der Organisation, die in Anzeigen fälschlich als wirksame Instrumente zur Behandlung von Kranken bezeichnet worden waren. Ohne das *E-Meter* war aber inzwischen kein *Auditing* mehr möglich, und ohne *Auditing* gab es keine Scientologen, folglich war Scientology durch die Untersuchung im Kern bedroht. Hubbard, der offenbar schon das Schlimmste fürchtete, gab daraufhin einen Richtlinienbrief mit dem Titel »Religion« heraus, in dem er seine Apparate ausdrücklich mit dem Argument rechtfertigte, Scientologen benutzten sie, »um dem in Behandlung befindlichen Individuum die Wahrheit zu enthüllen und es so spirituell frei zu machen«.[38] Rein *spirituell*, nicht etwa auch *körperlich* wie früher, im Sinne dessen also, was der Kritiker Friedrich-Wilhelm Haack eine »Freiheit produzierende Glaubensmaschine« nannte.[39]

Hubbard sah jetzt auch schon klarer, was er tun musste, um sich vor feindlichen Gesundheitsämtern und Medizinerverbänden zu schützen. Es reichte nicht aus, eine oder sogar drei »Kirchen« auf dem Papier zu besitzen, er brauchte dazu einen echt wirkenden »kirchlichen« Apparat. Daher kündigte er im genannten Richtlinienbrief an, dass »Scientology 1970 als eine religiöse Organisation in der ganzen Welt geplant« werde. Offenbar war diese Ansage nun aber geeignet, seine therapeutisch gesinnten Mitglieder zu verstören, so dass Hubbard sich 1971 genötigt sah, *intern* eindeutig klarzustellen: »Scientology … ist weder eine Psychotherapie noch eine Religion.«[40] Noch 1981 schrieb er in seinem Buch DIE GRUNDLAGEN DES DENKENS: »Was ist die Scientology? Die Scientology ist der Zweig der Psychologie, der sich mit dem Gebiet der menschlichen Fähigkeit befasst. Sie ist eine Weiterentwicklung der Dianetik …«[41]

Hubbards Religionsbrief vom Oktober 1962 konnte dennoch nicht verhindern, dass die FDA am 4. Januar 1963 zu einer großangelegten Razzia in der scientologischen »Gründungskirche« in Washington anrückte und drei Tonnen Material beschlagnahmte, darunter mehr als hundert *E-Meter*. Die Polizeiaktion beschädigte zwar das Ansehen von Scientology, gab den Scientologen aber auch die Gelegenheit, den Rauchschirm einer Religionsgemeinschaft erstmals voll zu entfalten und sich als Märtyrer darzustellen. So wurde der vermeintliche Rückschlag paradoxerweise zum Anstoß der stürmischen Entwicklung von Scientology in den folgenden Jahren. In ihrer Beschwerde hieß es: »Die Beschlagnahmung von Vermögenswerten und Unterlagen unserer religiösen Organisation ... stellt einen direkten und erschreckenden Angriff auf die verfassungsmäßigen Rechte der Religionsfreiheit, Pressefreiheit und Redefreiheit dar.«[42] Damit war ein Grundmuster geschaffen. Wann immer später staatliche Maßnahmen erfolgten, sahen die Scientologen nun ihre »Glaubensfreiheit« durch »religiöse Intoleranz« bedroht. Der Razzia folgte ein zehnjähriger Rechtsstreit um die Bezeichnung der *E-Meter*, der 1973 mit dem gerichtlichen Vergleich endete, dass Scientology die Maschinen weiter benutzen dürfe, aber ein gedruckter Aufkleber sie als Werkzeuge lediglich »religiöser Beratung« ausweisen müsse.[43] In dem Verfahren wurde auch diskutiert, ob Scientology eine Religion oder ein Gewerbe oder beides sei. Angesichts der Tatsache, dass die *E-Meter* zum Zehnfachen der Herstellungskosten verkauft wurden, befand der Richter: »Eine solche Gewinnspanne ist zwar noch kein Beweis, deutet aber gleichwohl auf eine kommerzielle Transaktion hin.«[44]

Space Opera und Super Power: der Übermensch

Im Frühjahr 1965 brach L. Ron Hubbard seine Zelte in England ab und begab sich erst nach Südafrika, dann nach Rhodesien, das heutige Simbabwe. Sein Biograph Evans vermutet, dass der alte Fuchs einfach keine Lust mehr hatte, den Guru zu spielen, und es ihn langweilte, immer nur mit Scientologen zu tun zu haben: »Es muss Augenblicke gegeben haben, in denen bei ihm der Wunsch nach einer Welt ohne Auditoren aufkam, in der es andere Gesprächsthemen gab als ›Preclears‹, E-Meter, Thetanen und Orgs.«[1] In Rhodesien habe er noch einmal von vorn anfangen wollen. Hubbard erwarb eine luxuriöse Villa mit Swimmingpool in Salisbury (heute Harare), wurde als Veranstalter exquisiter Partys in der Presse erwähnt und bezeichnete sich als Wiedergeburt des Staatsgründers Cecil Rhodes, ohne sich der Tatsache bewusst zu sein, dass Rhodes homosexuell gewesen war.[2] Der »Millionär und Finanzier« sprach auch von großen Investitionen und machte sich dem Ministerpräsidenten Ian Smith bekannt. Gleichzeitig begann er aber, sich bei führenden Politikern des weißen Minderheitsregimes einzuschmeicheln und gegen Smith zu intrigieren.[3] Hubbard plante laut seinem eigenen langjährigen, aus Neuseeland stammenden Auditor David Mayo einen Staatsstreich und habe Rhodesien zum ersten scientologisch »geklärten« Staat der Erde machen wollen.[4] Das blieb der Regierung nicht lange verborgen, weshalb der undankbare Gast und seine gesamte Entourage im August 1966 aus dem Land abgeschoben wurden.

Nach dem Rauswurf blieb Hubbard wenig anderes übrig, als sich in seine Rolle als Sektenprophet zu fügen. Als der »Gründer« wieder in London eintraf, wurde er auf dem Flughafen von einer jubelnden 600-köpfigen Menge wie ein Popstar empfangen. Darunter ein »Kaplan« mit dem neu entworfenen Strahlenkreuz um den Hals und zahlreiche Anhänger im Look der beginnenden Hippiezeit, die hysterisch brüllten: »Willkommen daheim, Ron.«[5] »Rons« triumphale Rückkehr ließ erstmals die breite Öffentlichkeit in Großbritannien auf den exzentrischen, inzwischen wohlbeleibten Heiligen aufmerksam werden. Die Yellow Press schrieb nun regelmäßig über den »Guru« und seine »Glaubensgemeinschaft«. Scientology rekrutierte in den Folgejahren Zehntausende von neuen Mitgliedern. Die fast unheimliche Expansion hing sicher auch mit dem Epochenjahr 1967/68 zusammen, als Scientology wie andere Psychogruppen die gewinnträchtige Strategie verfolgte, als »Jugendreligion« auf die erlebnishungrige Generation von Love and Peace einzuwirken, obwohl es natürlich ein Missverständnis war, ihn mit den Gurus des New Age gleichzusetzen. Nichts lag diesem spießbürgerlich-neurotischen Propheten einer futuristischen Robotergesellschaft ferner als freie Liebe, Rockmusik und indisch angehauchte Meditation.

Hubbard füllte zwar die Rolle als Verkünder wieder aus, doch aus der eigentlichen Scientology-Organisation – dem Tagesschäft – zog er sich zurück. Im März 1966 unterstellte er sämtliche ausländischen Filialen (in England, Südafrika, Australien und Neuseeland) der *Church of Scientology of California* und verzichtete auf alle Führungspositionen, wenn er auch künftig »Exekutivdirector der Orgs« blieb.[6] Sollte er wirklich auf die ihm zugesicherten zehn Prozent aller Bruttoeinkommen verzichtet haben? Allein Saint Hill Manor habe damals einen monatlichen Umsatz von rund 120 000 Pfund (336 000 Dollar) erzielt, schreibt Christopher Evans.[7] Zumindest nach außen hin erweckte Hubbard diesen Eindruck. Während seines Aufenthalts in Rhodesien sagte er einer Zeitung: »Ich bin immer noch ein Beamter des Unternehmens, der die Bewegung verwaltet, aber sie ist heute weitgehend selbständig.«[8] Zwei Jahre später erklärte er seinen Jüngern in einem dramatischen Telex: »Ich habe der Welt die Scientology geschenkt in der Hoffnung, dass sie ihr nützen werde. Wenn es eine anständige Welt ist, dann wird sie sie gut nutzen. Wenn es eine schlechte Welt ist, wird sie es nicht tun. Ich habe mein Werk vollendet; nun liegt es bei anderen, es fortzuführen.«[9] Wie ehemalige Scientologen später bezeugten, handelte es sich bei diesen Versprechen aber vor allem um ein Manöver, um Ansprüche der Finanzämter abzuwehren und Hubbard vor Strafanzeigen und Klagen zu schützen.[10] Er zog in Wahrheit weiter die Fäden. Schon 1966 hatte der »Gründer« das *Guardian's Office* (Wächterbüro) geschaffen, eine Mischung aus Geheimdienst und Geheimpolizei, die eigentliche »Macht- und Terror-Organisation gegen Kritiker und Zweifler in Hubbards Reich« (Friedrich-Wilhelm Haack), die ihm weitgehende Durchgriffsrechte in seinem Konzern garantierte.[11]

Wenig später zog ein schweres Gewitter über Saint Hill Manor auf. Von Unterwanderung örtlicher Schulen und Gehirnwäsche an Jugendlichen war die Rede. Die Bürger des historischen 23 000-Einwohner-Fleckens empfanden die Anwesenheit von bis zu tausend Scientologen, die in Neubauten und Zelten im Park des Sektenzentrums wohnten, als ernsthafte Bedrohung. »Die Bevölkerung fand, dass es Scientology nicht erlaubt werden sollte, sich weiter auszubreiten«, zitiert der Hubbard-Biograph Russell Miller einen Lokalreporter vom *East Grinstead Courier:* »Es entstand ein Gefühl, dass sie sich bemühten, alles zu übernehmen – Grundstücksmakler,

Zahnarzt, Friseur, Juwelier, das Kreditinstitut und einige Ärzte wurden alle von Scientology kontrolliert. Die Leute mochten dies nicht.«[12] Kritische Presseberichte häuften sich, und Abgeordnete wurden um Hilfe gebeten; 1967 waren die rabiaten Rekrutierungsmethoden von Scientology erstmals Thema im Unterhaus.

Im heraufziehenden Dauerkonflikt mit den Behörden in Großbritannien und den Vereinigten Staaten verfestigte der entstehende Sektenkonzern nach und nach seine religiöse Fassade. Hubbard verschickte einen »Leitungsbrief« an die führenden Scientology-Repräsentanten, in dem er die Umwandlung der britischen Filialen in eine Kirche erklärte: »Und gute Neuigkeiten! Alle Auditoren werden Geistliche sein, und Geistliche haben an vielen Orten besondere Privilegien, einschließlich Steuer- und Wohnungsvergünstigungen.« Als weiteren Grund für die Maßnahme gab er an: »Natürlich ist alles eine Religion, was den menschlichen Geist behandelt. Aber auch Parlamente greifen Religionen nicht an. Aber dies ist nicht unser eigentlicher Grund – es war eine lange, harte Aufgabe, eine gute Gesellschaftsform im Vereinigten Königreich und im Commonwealth zu schaffen, so dass die Gewinne transferiert werden konnten.«[13] Der Pro-forma-Umbau zur weltweiten »Glaubensgemeinschaft« wurde nach einer Entscheidung eines amerikanischen Bundesgerichts in Washington endgültig vollzogen, das 1971 nicht nur das *E-Meter*, sondern auch Hubbards medizinische Thesen für wissenschaftlichen »Unsinn« erklärte. Der hochrangige Aussteiger Robert Vaughn Young aus Seattle erinnerte sich: »Jedem Mitglied, das mit Regierungsvertretern in Berührung kam, wurde eingeimpft, Scientology als religiöse Bewegung darzustellen. Nur so konnte Hubbards Firma ein neues Image aufbauen und in vielen Ländern von der Steuer befreit werden.«[14]

Als Scientology dann der Welt erstmals ihre »Religion« leibhaftig vorführte, war nichts von den gern beschworenen buddhistischen Wurzeln zu erblicken. Stattdessen hatte »Ron« als plumpe Kopie christlich-anglikanischer Rituale für sein Hauptquartier Saint Hill Manor einen »Kaplan« ernannt, der 1967 den offiziellen Antrag stellte, die »Kapelle« des Landsitzes als »Begegnungsstätte für religiösen Gottesdienst« eintragen zu lassen. »Seine Mitarbeiter banden sich Priesterkragen um, aus den Filialen wurden ›Missionen‹, und Hubbards seltsame Kosmologie verwandelte sich in ›Heilige Schriften««, fasst der New Yorker Journalist Richard Behar zusammen.[15] In fast allen Ländern der Erde bedeutet der Status einer Religionsgemeinschaft bestimmte Privilegien wie Freistellung von gewerblichen Auflagen, eingeschränkte Gültigkeit des Arbeitsrechts, weitgehende wirtschaftliche Autonomie. Seither gibt es in den *Orgs* »Andachten«, predigtartige Ansprachen und einen Talar für die »Geistlichen«; in scientologischen Broschüren ist von »religiösen Zeremonien« und »kirchlichen Feiertagen« die Rede. Nur wenigen Menschen dürfte indessen auffallen, dass Hubbards vom Christentum »geborgtes« Scientology-Kreuz gemäß seinen neosatanischen Wurzeln durchgestrichen ist und wie das Kreuz auf den Tarot-Karten seines früheren Meisters Crowley aussieht.

Doch so pragmatisch und durchschaubar das Manöver auch war, es hatte nicht nur fiskalische Gründe, sondern sollte auch nach innen wirken, denn »ohne Zweifel setzen sich viele Leute lieber mit Eifer für eine sich entwickelnde Religion ein als für die Förderung eines ziemlich komplexen und teuren Systems der Psychotherapie« (Evans).[16] Als der zuständige Oberste Standesbeamte Großbritanniens (Registrar General) das Ersuchen der Quasi-Anerkennung als Glaubensgemeinschaft ablehnte, zog die Sekte vor Gericht. Der Antrag scheiterte auch in der Berufung, und der Berufungsrichter stellte klar: »Religiöser Gottesdienst bedeutet Verehrung Gottes oder eines höchsten Wesens. Solche Verehrung finde ich in dem Glaubensbekenntnis dieser Kirche nicht.«[17]

Das war der Wendepunkt in England. Am 25. Juli 1968 handelte die Regierung und verfügte ein Einreiseverbot für Hubbard und alle auswärtigen Scientologen, die zu »unerwünschten Ausländern« erklärt wurden. Zur Begründung erklärte der britische Gesundheitsminister Kenneth Robinson: »Scientology entfremdet Familienmitglieder voneinander und unterstellt allen, die gegen sie opponieren, unsaubere und schädliche Motive; ihre autoritären Prinzipien und Praktiken sind eine potentielle Bedrohung für die Persönlichkeit und das Wohlbefinden jener Irregeführten, die zu ihren Anhängern werden. Vor allem aber: Ihre Methoden können zu einer ernsthaften Gefahr für die Gesundheit derer werden, die sich ihnen unterwerfen.«[18] Die Maßnahmen, die erst 1980 wieder aufgehoben wurden, erfüllten damals ihren Zweck. »Fast unmittelbar nach der Verkündung wurden bereits ›Schüler‹ in Southampton und auf dem Londoner Flughafen abgefangen und wieder nach Hause geschickt, und verschiedene Ausländer, die versucht hatten, die neuen Bestimmungen zu umgehen, wurden später sang- und klanglos abgeschoben. In East Grinstead brach das große Durcheinander aus«, schreibt Christopher Evans.[19]

Auch in anderen Ländern wurde der Science-Fiction-Prophet inzwischen deutlich misstrauischer betrachtet; in den USA recherchierten Steuerfahnder, die CIA und das FBI hinter ihm her. Edgar Hoovers FBI verschickte Informationen an staatliche Ämter, wonach Scientology verstrickt sei in Drogengeschäfte, Gehirnwäsche, Kommunismus, Atheismus und Materialismus. Damals hätte wohl niemand für möglich gehalten, dass sich die Washingtoner Regierung einmal massiv zugunsten der Sekte und ihrer »Religionsfreiheit« ins Zeug legen würde.

Hubbard reagierte auf die »Hetzjagd« mit einem überraschenden Coup. Er entzog sich möglicher Strafverfolgung, gründete eine »Forschungsgesellschaft« und stach mit einigen Hundert Getreuen Ende 1967 in See, wo er außerhalb der Dreimeilenzone vor Anklagen »unterdrückerischer Regierungen« sicher war. »Ist Ihnen klar, dass 75 Prozent der Oberfläche der Erde vollkommen frei ist von der Kontrolle irgendeiner Regierung?«, fragte er einen Vertrauten. »Dort können wir frei sein, auf hoher See.«[20] Der »Founder« nannte sich fortan *Commodore* und kommandierte drei rostige Seelenverkäufer, die er günstig erstanden hatte. Neben einer Jacht und einem Fischdampfer eine 3280 Tonnen schwere, früher in der Irischen See benutzte Rinderfähre mit drei Decks namens »Royal Scotsman«, die er feierlich in »Apollo« umtaufte, nach dem griechischen Gott des Gesangs. Die kleine Sektenflottille kreuzte meistens im Mittelmeerraum und vor den Kanarischen Inseln, um dort »den Niedergang alter Zivilisationen zu erforschen« und Beweise für frühere Existenzen Hubbards zu suchen sowie Goldschätze, die er vor Tausenden von Jahren an verschiedenen Orten vergraben haben wollte (»Mission into Time«). In dieser *Sea Organization (Sea Org)*, wie er seine schwimmende Befehlszentrale getauft hatte, sorgte der Chef persönlich auch für die nautische Betreuung. Die Mannschaft bestand aus scientologischen Marinesoldaten, die zwar prächtige Uniformen mit Goldlitzen und hübsche Mützen nach dem Vorbild der US-Marine hatten, aber nach Maßgabe von John Jones, dem einzigen Berufsseemann an Bord, »einen Trawler nicht von einer Straßenbahn hätten unterscheiden können«.[21]

Vor dem ersten Auslaufen hielt L. Ron Hubbard eine feierliche Ansprache, in der er etwa zweifelnde Crewmitglieder daran erinnerte, dass sie als *Thetane* in dem einen oder anderen früheren Leben schon Erfahrungen mit der Seefahrt gesammelt hatten: »Der Kern der Sache ist, dass ihr alle schon eine lange Zeit hier seid. Hört auf, so zu tun, als wüsstet ihr nicht, worum es geht.« Der Appell war aber nicht wirklich vonnöten. »Alle von uns waren mit Haut und Haaren Scientologen, hochmotiviert«, berichtete Hana Whitfield, eine ehemalige Krankenschwester aus Südafrika, die später zur Kapitänin der »Apollo« aufstieg.[22] Englische Zeitungen schilderten ihren verblüfften Lesern die Abenteuer des Flaggschiffes »Apollo«, wo der »Kapitän« (Hubbard) behauptete, »er sei schon mal auf der Venus gewesen« und wo in besonders kniffligen Navigationsfragen im *Org-Buch* nachgeschlagen oder ein »Test mit dem E-Meter« durchgeführt wurde. Schlagzeile: »Schiff ahoi! Die verrückteste Kreuzfahrt der Welt!«[23] Wie so oft in der Geschichte von Scientology stellten sich auch hier viele Ereignisse unfreiwillig komisch dar.

Hubbard hatte nun viel Zeit zum »Forschen« und verblüffte seine Jünger schon im ersten Jahr auf See mit einer spektakulären »Entdeckung«: »Hier war etwas Unbekanntes von solch tödlicher Kraft, dass niemand zu dieser ›Feuerwand‹ eine Antwort finden oder sie gar überwinden konnte. Dann, am 14. März 1967, schaffte L. Ron Hubbard den Durchbruch und war das erste Wesen, das die ›Feuerwand‹ durchbrach.«[24] Wer die »Feuerwand« bezwang, qualifiziere sich zu einem Wesen namens *Operierender Thetan (Stufe 3)*, erklärte Hubbard. Ein *Operierender Thetan (OT)* sei der Vertreter einer neuen überlegenen Menschenrasse, genau wie der Homo sapiens einst den Neandertaler ablöste: ein »Übermensch«. Ein *OT* habe es geschafft, sich von allen Giftstoffen zu reinigen, seinen »inneren Thetan« *freizusetzen* und damit selbst zum *Thetan zu werden* – zum Herrscher über das »MEST-Universum« aus »Materie, Energie, Raum und Zeit«.[25] Ein *OT* sei »befreit vom ewigen Kreislauf des Geborenwerdens und Sterbens«; er könne nur mit Gedankenkraft Autos bewegen, mit Katzen reden und Bücher lesen, »die ein paar Länder entfernt« sind.[26] Damit schuf Hubbard einen unwiderstehlichen Anreiz für die Anhänger seiner Science-Fiction-»Religion«:

Von Sünden befreit, unsterblich und unverletzbar, meinen sie, zur alleinigen »Ursache« ihrer Existenz aufsteigen und als gottgleiche Supermenschen die definitive »Power« erfahren zu können. Die Sache hat nur leider einen Haken: Es ist ein verdammt langer (und teurer) Weg bis zur Fähigkeit, »Leben und Materie zu erschaffen«. Mit *OT-3* ist das Ziel nämlich noch lange nicht erreicht.

Die Nachricht von Hubbards Gang durch die »Feuerwand« ließ die Scientologen-Welt gleichwohl erbeben. Der Sektenmeister verriet zwar nicht, was genau sich hinter der mysteriösen Wand verbarg, aber von Scientologen, die es im Laufe der nächsten Jahre wagten, ihm zu folgen, wurden wunderliche Dinge berichtet: Manche hätten sich vor Lachen ausgeschüttet, andere seien verrückt geworden, wieder andere schienen erleuchtet zu sein. Noch aufregender wurde die Sache, weil man nicht einfach beschließen konnte, *OT* zu werden, man musste dazu »eingeladen« werden. Wer dann zugelassen wird, muss sich bis heute einem aufwendigen *Security Check (Sicherheitsüberprüfung)* unterziehen, um zu beweisen, dass er bereit ist für den geheimen Prozess. Er muss schließlich ein Formular unterzeichnen, die Geheimnisse »niemals« zu verraten und Scientology nicht für ein eventuell erlittenes Trauma verantwortlich zu machen. Nur wer das Geld dafür aufbringen kann, erfährt im *OT-3*-Kurs, was die Science-Fiction-»Religion« über die Entstehung des Universums sagt und darüber, woher die Menschen kommen.

Zehn Jahre immerhin ließ sich das Geheimnis bewahren, das den Elitejüngern nur unter dem Siegel höchster Verschwiegenheit in einer Plastikmappe mit Schlüssel ausgehändigt wurde. Dann veröffentlichte der Ex-Scientologe Robert Kaufman erste Interna in seinem Buch ÜBERMENSCHEN UNTER UNS (1978), worin jeder sich über die teure Genesis der Scientologen informieren konnte, ohne nur einen Cent dafür zu bezahlen. Kein Wunder, dass Scientology alles tat, um das Buch vom Markt zu klagen, letztlich ohne Erfolg. Kaufman zufolge enthüllte Hubbard seinen Kandidaten im *OT-3*-Kurs die apokalyptische Saga von Lord Xenu, Chef einer galaktischen Föderation aus 21 Sonnen und 76 Planeten.[27] Vor 35 Milliarden Jahren sollte der böse Xenu von seinem eigenen Volk, den Thetanen eines überbevölkerten Planeten, abgesetzt werden. Xenu handelte sofort. Er ließ zwei Billionen Thetanen festnehmen, schockfrieren, mit furchtbaren Engrammen programmieren und zur Erde bringen, die damals den Namen Teegeeack trug. Auf Teegeeack angekommen, wurden die Thetanen in Vulkane auf Hawaii, Las Palmas, in Nordamerika und Afrika geworfen und mit Wasserstoffbomben atomisiert. Nach dem Genozid wurden die unsterblichen Geister der Thetanen erneut mit bösen Engrammen geprägt. Anschließend verstreuten sie sich auf der Erde und hefteten sich an die dort lebenden Wesen, die als Homo sapiens bekannt sind. Seither toben die außerirdischen Geister durch menschliche Körper von Wiedergeburt zu Wiedergeburt und impfen uns Menschen mit ihren Engrammen – die alles enthalten, was uns am »Überleben« hindert, darunter hässliche Ideen wie Solidarität, Liebe oder Krankenversicherung. Deshalb beginnt das *OT-3*-Material mit dem mysteriösen Satz: »Du bist nicht allein ...«[28]

Möglich ist, dass Hubbard der verwirrende Mythos von »Xenu, Teegeeack und den Thetanen« bei seinen angeblichen Ausflügen ins Weltall mitgeteilt wurde. Am 11. Mai 1963 gab er bekannt, dass er zwei Tage vorher »abends um zehn Uhr und eine halbe Minute für 43 891 832 611 177 Jahre, 344 Tage, zehn Stunden, 20 Minuten und 40 Sekunden den Himmel besucht« habe, zu dem »eine Prachtstraße mit Heiligenstandbildern« führte. Von einer zweiten Himmelfahrt kehrte der »Gründer« eher betrübt zurück. »Die Stätte ist verfallen«, klagte er, »die Vegetation dahin. Die Heiligen sind verschwunden. Die Engel ebenso.«[29] Das Universum war dem Chaos preisgegeben, und nach Lage der Dinge gab es nur eine Rettung: die neue Weltordnung von Scientology, die Rückeroberung der Erde von den Invasoren aus dem All. So verrückt solche Geschichten und Prüfungen wie *OT-3* wirken mögen – für die Jünger sind sie in Wahrheit ein Test ihrer Glaubensstärke, ihrer Bereitschaft, auch stärkste Zweifel zu besiegen und sich völlig im Niemandsland der Scientology zu verlieren. »Wer bei OT-3 nicht aussteigt, der ist bereit, alles zu akzeptieren und zu tun, was Scientology vorschreibt«, sagt der Wiener Aussteiger Wilfried Handl.

Das Internet machte seit dem Ende des 20. Jahrhunderts auch die tiefsten Scientology-Geheimnisse jedermann zugänglich. Auf diese Weise kam der Mythos von Xenu in die Welt der *Wogs*, und wer es genau wissen will, der kann heute detailliert erfahren, was man bei der entscheidenden Prüfung zum *OT-3* lernt: dass man nicht nur einen, sondern Tausende von Aliens in sich trägt, die im eigenen

Körper um die Herrschaft ringen – »gute Thetanen« und »böse Thetanen«, sogenannte *Body-Thetanen* (die man sich ähnlich wie Bakterien vorstellen muss: Man sieht sie nicht, aber sie können großen Schaden anrichten). Mehrmals täglich suchen Top-Scientologen seither ihre Körper nach den Geistern toter Aliens ab. Scientologen wie Tom Cruise »wissen«, dass »Ron« und sein Trupp ihnen den Kampf angesagt haben; bei Scientology können die bösen Geister mit Hilfe des *E-Meters* weg-*auditiert* werden, und zwar etwa zehn *Body-Thetanen* pro 20-Minuten-Sitzung. Wenn sie dann exorziert sind, kann sich der »gute Thetan« des Menschen entfalten und er selbst zum *Operierenden Thetan* aufsteigen oder im nächsten Leben zumindest mit weniger *Engrammen* auf die Welt kommen. Das klingt kompliziert, das ist kompliziert, und dass die gigantische Aufgabe nicht in einem einzigen Leben zu bewältigen ist, liegt auch auf der Hand.

Zum Glück für die Menschheit wurde Lord Xenu von Offizieren der Galaktischen Föderation erwischt und in eine elektrisch geladene Kiste in den Rocky Mountains gesperrt. Er kann deshalb zurzeit niemandem mehr weh tun, aber alles Übel der Erde geht letztlich auf ihn zurück: Psychiatrie, Krieg, Folter, Drogen, Mord, Geheimdienst und Schnupfen. Zum Gedenken an das Trauma der Thetanen-Vernichtung ist der explodierende Vulkan auf dem Titelbild jedes Dianetik-Buchs abgebildet. Zwar haben Scientology-Bosse wie der ehemalige *OSA*-Chef Mike Rinder die außerirdische Invasion jedes einzelnen Menschen abgestritten und als »komplett unwahr« bezeichnet; sie haben sich aber auch geweigert, die echte Version zu erzählen, denn die Inhalte der höheren Stufen seien nur für Eingeweihte bestimmt.[30] »Ich erkläre es Ihnen nicht, und ich könnte es Ihnen auch nicht erklären«, sagte Mike Rinder zu einer Reporterin des *Rolling Stone*, »denn Sie können nicht einmal die Hoffnung haben, es zu verstehen.«[31]

Seit Hubbards erstem »Durchbruch« ist es das Ziel aller Scientology-Jünger, ein *Operierender Thetan* zu werden. Doch sie ahnen nicht, dass sie dabei in eine gigantische Falle tappen. Bis 1967 hatte der Zustand *Clear* noch als »letzte und wirksame Stufe« auf der »langersehnten Brücke zur totalen Freiheit für den Menschen« gegolten.[32] Nun stellte sich heraus, dass es noch höhere Erlösungsstufen gab – und es ging immer weiter. Hubbard perfektionierte damals sein Kurssystem – kaum hat man ein Level geschafft, erscheint das nächsthöhere. Immer wieder verlängern neue Kurse die scientologische »Brücke« ins Glück, die als einmalige »Gipfelerlebnisse« und kosmische »Wiedergeburten« in farbigen Broschüren wie teure Kreuzfahrten angepriesen werden. Als 1978 die »New Era Dianetics« für *Operierende Thetanen* (NOTs) propagiert wurden – das waren die *OT*-Stufen 4 bis 7 –, warf Scientology damit eine weitere Geldmaschine mit der Verheißung an, in fünf Jahren könne der Planet mit Hilfe dieser »neuen Technologie« *clear* werden. »Auf allen Kontinenten plünderten die Scientologen ihre Konten, verkauften ihre Häuser oder was immer sich versilbern ließ, und zahlten in die Kassen von Scientology ein«, schreibt der deutsche Ex-Scientologe Peter Voßmerbäumer. »Jeder wollte der nächste sein, wenn in der allernächsten Zukunft dieser Planet ein scientologischer wäre. Viele mögen sich dabei auch ausgerechnet haben, dass ihre Überlebenschancen als OTs mit Abschluss gigantisch größer wären als die des ›gemeinen Fußvolkes‹.«[33]

Während *OT-3* angeblich »die Wiederkehr der vollständigen Selbstbestimmung« durch Befreiung von Millionen *Body-Thetanen* bringt, geht es bei *OT-4* darum, »immun gegen Implantate« zu werden. *OT-5* bringt Erkenntnisse über nichts Geringeres als »die physischen Gesetze des Universums, nämlich Materie, Energie, Raum und Zeit« (und neue Probleme mit verklumpten *Body-Thetanen* in sogenannten *Clustern*), bei *OT-6* geht es um »Exteriorisierung« (außerhalb des Körpers zu sein), und bei *OT-7* lernt man angeblich, »eine Intention leicht auf ein Wesen oder Körper zu übertragen«.[34] Der deutsche Aussteiger Gunther Träger, der es bis zum Level 5 brachte, berichtete von extrem harten, tagelangen *Security Checks* vor jeder extrem teuren *OT*-Prüfung, bei der er ausdrücklich darauf hingewiesen wurde, dass die gewonnenen Erkenntnisse – anders als angeblich im *Auditing* – *nicht* unbedingt vertraulich behandelt würden; man verspreche aber, »dass kein Teil davon und keine Antwort, die du hier gibst, an die Polizei oder den Staat weitergegeben werden wird«. Anschließend begann die Befragung: »Bist du aus einem anderen Grund hier, als du sagst? Hast du je etwas gestohlen? Hast du je die Unterschrift eines anderen gefälscht? Hast du je jemanden erpresst?« Hunderte von Fragen, auch über die Intimsphäre: »Bist du je sexuell untreu gewesen? Hast du je gewohnheitsmäßig sexuelle Perversion betrieben? Hast du je mit einem Mitglied einer andersfarbigen Rasse geschlafen?«[35] Der *Security Check* sei »ein knallhartes Verhör«, erinnerte sich Träger, dessen Ergebnis anschließend »in einer Ethik-Mappe« an den »persönlichen Ethik-Offizier« ging. Man hatte ihn dem berüchtigten Fragenkatalog des sogenannten *Johannesburg Security Check* unterzogen, den Hubbard bei der Einführung 1961 als den »rauhesten Security Check bei Scientology« bezeichnete, weil er keinen Intim-, Privat- oder Peinlichkeitsbereich des Verhörten aussparte.[36] Träger sagte dem *Spiegel*, das sei »ein gigantisches Steuerungsmittel, die totale Kontrolle«.[37]

Die bislang geheimnisvollste Stufe ist *OT-8*, noch immer das höchste Level, nur auf dem *Sea-Org*-Schiff »Freewinds« absolvierbar und dunkel angepriesen als »wichtigste Voraussetzung für vollkommene Freiheit«, denn es erschaffe »den Hauptgrund für Vergessen auf der Ganzheitsspur«.[38] Als *OT-8* erstmals praktiziert wurde, so der hochrangige Aussteiger Jesse Prince, erfuhr der Initiand, dass Hubbard der »Antichrist« war und Jesus kein Heiliger, sondern eher ein Pädophiler und Homosexueller (»lover of young boys and men«). Die okkulte Originalversion habe aber dermaßen viele Probleme aufgeworfen – die Leute reagierten wütend, stiegen aus oder wurden psychotisch –, so dass *OT-8* als »zu gefährlich« befunden, »modifiziert« und entschärft worden sei.[39] Man werde über Hubbards HISTORY OF MAN geprüft, erklärte die ehemalige Scientologin Ariane Jackson im Internet; mit dem *E-Meter* werde entschieden, welche vergangenen Leben echt seien und welche nicht. Weil sie das Gefühl hatte, versagt zu haben, wurde sie krank nach *OT-8*. Bitter schrieb sie: »Wegen des Hypes werden OT-8s als Halbgötter betrachtet und müssen daher die Probleme und Unzulänglichkeiten kaschieren. Ich hatte die Gelegenheit, einige OT-8-Fälle zu studieren und mit anderen OT-8s zu sprechen, und mir wurde klar, dass ich keineswegs die einzige mit Problemen war. Einige Probleme, unter denen OT-8s leiden, sind Alkoholismus, Homosexualität …, außereheliche Affären, Voyeurismus, Herzattacken, Schlaganfall, Kriminalität und Scheidung. Voilà.«[40]

Zwar ist schon seit den 1990er Jahren von 23 OT-Stufen die Rede, doch noch immer wartet die Scientology-Welt auf die »Freigabe« von *OT-9*. Im Frühjahr 1993 begann Scientology eine große Geldsammelaktion, um ein luxuriöses sechsstöckiges Gebäude

(»über 175 Auditingräume«) für die neuen Kurse in Clearwater zu finanzieren, das »Super Power Expansions-Projekt«, ein gewaltiges hotelähnliches Bauwerk.[41] 1998 war Baubeginn, die Freigabe von *OT-9* schien vor der Tür zu stehen und jede Kollekte zu rechtfertigen. Doch bis Ende 2009 war das »Supermachtgebäude« in Florida noch immer nicht vollendet und folglich die ersehnte Erleuchtungsstufe weiterhin blockiert.

Berichte von Aussteigern zeigen, dass sie im *Thetan-Auditing* irrationale, nicht nachprüfbare Erfahrungen machen, ähnlich den Halluzinationen eines LSD-Rausches. Da der nächsthöhere der üblicherweise zwölfeinhalb Stunden umfassenden Kurse meist kostspieliger ist als der vorige, spült das Prinzip ständig mehr Geld in die Kassen des Managements. Jeder Kurs auf der »Brücke« macht Appetit auf den nächsten; denn dort erhofft sich der »Kunde« das definitiv letzte Geheimnis und eine Lösung für all seine Probleme. Geheimnis, Hoffnung und Angst seien der Kitt, der dieses System zusammenhält, berichtete der amerikanische Aussteiger Larry Wollersheim: »In den Jahren meiner Sektenzugehörigkeit beobachtete ich, wie Mitglieder hoffnungsvoll dahin gebracht wurden, herauszufinden, ›welches Geheimnis‹ hinter dem nächsten Vorhang steckte und ihre Probleme lösen würde.«[42] Selbst wenn das (natürlich) nicht funktioniert, steigt niemand aus, denn im folgenden Kurs klappt es ja bestimmt – und es gibt immer einen Folgekurs. Wer schlösse sich Scientology an, wenn er zu Anfang erführe, dass laut L. Ron Hubbard alle Menschen von den »Körperthetanen« der Aliens besessen sind, die Fürst Xenu in einem Vulkan explodieren ließ?

»Ich weiß heute, warum dieses ›Material‹ zu einer streng geheimen Verschlusssache gemacht werden musste. Es war wirklich nur solchen Scientologen zuzumuten, die … jeglichen Bezug zur Realität verloren hatten. Mir persönlich ging es nicht anders als allen anderen Pre-OTs. Und wenn mir beim Studium dieses Unsinns einmal Zweifel kamen, hätte ich nie gewagt, diese zu äußern«, schreibt der Münchner Aussteiger Peter Voßmerbäumer über *OT-3*. »Ein enger Freund von mir, mit dem ich während meines Aufenthalts in Amerika das Haus teilte, ist auf dieser Stufe unheilbar verrückt geworden, er fristet heute ein elendes Dasein, immer im Wechsel zwischen seinem Zuhause und einer psychiatrischen Klinik.«[43] Die frühere hochrangige Scientologin Tory Christman brauchte zehn

Jahre, bis sie endlich zu *OT-3* eingeladen wurde. Für sie war es ein Schock. »Du springst durch all diese Reifen, und dann öffnest du dieses Paket, und das Erste, was du denkst, ist, das kann jetzt nicht wahr sein«, sagte sie. »Du bist umgeben von all diesen Leuten, die dauernd strahlen: ›Wow, ist es nicht Wahnsinn, die Daten zu haben? Ich sage dir, das verändert dich wirklich.‹ Nach einer Weile, wenn genügend Leute das Gleiche sagen, dann bist du auch irgendwann so weit und jubelst: ›Wow, also ehrlich, ich kann es wirklich fühlen.‹«

Der amerikanische Ex-Scientologe Steven Fishman hält Hubbards Lehre von den *Körper-Thetanen* für unverantwortlich, da sie keine echte Befreiung verspricht – niemand garantiert, dass die weg-*auditierten* Geister nicht zurückkommen. »Daraus entsteht die zerstörerischste Form von Paranoia, die man sich nur vorstellen kann«, schreibt er. »Eine Angst, die so verheerend auf den menschlichen Geist wirkt, dass sie zahlreiche Leute um den Verstand brachte.« Die Jagd auf die *Body Thetans* sei eine Form von Dämonenaustreibung, setze den Glauben an diese Dämonen und damit erheblichen Realitätsverlust voraus. »Die OT-Level haben bei Tausenden von … Menschen dazu geführt, dass sie den Kontakt zur Realität und den Verstand verloren, und zu oft haben Leute Selbstmord verübt, weil sie völlig zu Recht annahmen, dass es hoffnungslos und unmöglich sei, eine unbestimmte Zahl von Körper-Thetanen aus ihrem Körper zu entfernen.«[44]

Wer zum *Operierenden Thetan* aufsteigen will, hat für seine Seminare, Trainingsroutinen und *Rundowns* mit immensen Ausgaben zu rechnen, von denen er beim Eintritt in die Sekte nicht das Geringste ahnt. Mitte der 70er Jahre wurden die ohnehin gesalzenen Preise beispielsweise monatlich (!) um fünf bis zehn Prozent erhöht. Ein »Studium« des kompletten Programms war Anfang der 90er Jahre für zirka 450 000 Mark zu bekommen.[45] Im neuen Jahrtausend muss der Hubbardist für seine »Ausbildung« fast das Gleiche in Euro hinlegen. Somit ist Scientology ohne Zweifel die kostspieligste »Religion« dieses Planeten. Doch trotz irrwitziger Preise führt ihr System ins Nichts, denn das Versprechen uneingeschränkter »Super Power« auf der Brücke ins Glück bleibt notwendigerweise ein Traum: Immer wenn der Scientologe scheinbar kurz vor dem Ziel steht, gibt die Zentrale – das *Religious Technology Center* in Los Angeles – einen neuen Kurs frei.

Das Ergebnis der Prozedur aber ist mehr als zweifelhaft. Können Scientologen per Willenskraft auf den Mars fliegen? Können sie durch die Zeit reisen? Blitze schleudern? Oder wenigstens Aschenbecher teleportieren? »Ich habe Hunderte von Scientologen kennengelernt und selbst 24 Stufen erklommen«, sagt der englische Scientology-Aussteiger Jon Atack, »aber ich habe niemals übernatürliche Fähigkeiten gesehen.«[46] Der amerikanische Ex-Scientologe Larry D. Wollersheim urteilt: »Es handelt sich um eine sorgfältig ausgeführte und von der Sekte geschaffene Seifenblase.«[47] Hubbard hat diese Blase trickreich gerechtfertigt, indem er seinen Jüngern suggerierte, dass es zwar Tausende Jahre dauern könne, bis sie ein echter *OT* seien, doch genössen sie schon jetzt einen unschätzbaren Vorteil: Als hochtrainierte Scientologen könnten sie sich an frühere Leben erinnern und als Baby genau da weitermachen, wo sie beim Tod aufgehört hatten. Heute umfasst L. Ron Hubbards gigantisches Gewinnspiel mehr als 210 Stufen (Kurse) auf der »Brücke«, und ein Ende ist nicht abzusehen. Kein Wunder, dass seine Geschäftsidee einen einzigartigen Siegeszug auf dem Psychomarkt angetreten hat und viele Instant-Gurus, Seminartrainer und Strukturvertriebe das Erfolgsmodell kopieren.

Apokalypse und Gewalt: die Psychodiktatur

Mit seinen phantastischen Geschichten hatte L. Ron Hubbard die dianetische »Therapietechnik« quasi magisch überhöht. Nun ging es um den Weg zum Übermenschen. Außenstehende sind immer wieder verblüfft, dass Hubbards Anhänger tatsächlich an die okkulten Weltraumfabeln glauben. Doch zeigt sich darin nur die Konsequenz eines jeden geschlossenen Glaubenssystems. Denn für Scientologen ist Scientology die *wahre Welt,* und Hubbards Lehren sind Tatsachen, ob sie sich im Widerspruch zur »äußeren Welt« befinden oder nicht. Damit erklärt sich auch das Vorhaben von Tom Cruise, für sich, Katie Holmes, Suri und sieben Personen ihres Vertrauens einen fünf Millionen Dollar teuren Überlebensbunker unter ihrem Anwesen in Colorado bauen zu lassen. Sie wollten, so hieß es in Medienberichten, darin zehn Jahre leben können, falls Xenu wieder die Herrschaft in der Galaxis an sich reißen sollte.[1]

Auch Hubbard selbst glaubte fest an den scientologischen Übermenschen. 1962 bot er dem amerikanischen Präsidenten John F. Kennedy brieflich an, die Ausbildung von Astronauten zu übernehmen, um den Wettlauf im All gegen die Russen zu gewinnen. Mit Hilfe von Scientology ließen sich die Ausbildungszeiten der Raumfahrer dramatisch verkürzen, ihr Wahrnehmungsvermögen und ihre Widerstandskraft ins Übermenschliche steigern.[2] Das Weiße Haus antwortete nicht, stattdessen wurde wie erwähnt ein Jahr später die Scientology-Zentrale in Washington durchsucht und ein großer Posten *E-Meter* konfisziert – ein schwerer Schlag für Hubbard, der unter anderem dazu führte, dass er in einer Order schrieb: »Ich erkläre hiermit, dass die Scientology nicht politisch und nicht ideologisch ausgerichtet ist.« Und weiter, demonstrativ beleidigt: »Scientology-Technologie steht der Regierung der Vereinigten Staaten nicht mehr zur Verfügung.«[3]

Es war die Zeit der Kuba-Krise, als die Welt am Rande eines Atomkriegs stand und apokalyptische Untergangsszenarien die Menschen ängstigten. Hubbard entwickelte damals seine politischen Strategien, die mit herkömmlicher demokratischer Politik ausdrücklich nichts zu tun haben sollten. Er brachte sein eigenes gesellschaftliches Modell in Stellung, das um Endzeitphantasien kreiste, wie sie Scientology von Anfang an prägten. Immer wieder hatte der »Gründer« erklärt, nur Scientology und ihre *Technologie* könnten die zum Untergang verurteilte Welt retten, die von »Händlern des Chaos« beherrscht werde: »Die einzige winzige Chance, die dieser Planet hat, lastet auf ein paar schmalen Schultern – überarbeitet, unterbezahlt und bekämpft –, den Scientologen.«[4] Da er der Ansicht war, dass das Überleben von Scientology identisch sei mit der Rettung der Welt, schrieb er 1965 in einer Order, die jeder Scientologe seither lesen muss: »Wir spielen nicht irgendein unbedeutendes Spiel in Scientology. Es ist nicht nett oder irgendwas, das man tut, weil man nichts Besseres zu tun weiß. Die ganze schmerzvolle Zukunft dieses Planeten, jeder Mann, jede Frau und jedes Kind und Ihr eigenes Schicksal für die nächsten endlosen Trillionen von Jahren hängen davon ab, was Sie hier und jetzt in Scientology tun. Das ist eine tödlich ernste Aktivität.«[5]

Wie die Zeugen Jehovas kündigte auch Hubbard mehrfach das bevorstehende Weltende an; schon im DIANETIK-Buch ist von einem »klaren Wettlauf zwischen der Wissenschaft des Minds (Dianetik) und der Atombombe« die Rede.[6] Zu Beginn der 1980er Jahre erklärte er: »Die Welt hat optimistisch gesehen noch fünf Jahre übrig, pessimistisch gesehen noch zwei. Danach gibt's einen Knall oder vielleicht nur noch Gewinsel. Eine Handvoll von uns arbeiten sich halb zu Tode, um es zu schaffen.«[7] Der Züricher Journalist und Sektenexperte Hugo Stamm stellt fest, damit habe der Guru seinen Anhängern die Verantwortung für die Zukunft der gesamten Menschheit auf die Schultern geladen und zur totalen Expansion angetrieben. »Nur wenn sie es schaffen würden, die Welt rechtzeitig scientologisch zu machen, hätten sie eine Überlebenschance.«[8]

Kaum ein Merkmal apokalptischer Kulte ist so gefährlich wie ihr Verfolgungswahn, denn immer besteht die Gefahr, dass die sich bedrängt wähnende »religiöse Minderheit« selbst zum aggressiven Verfolger wird, wie im Fall der japanischen Terrorsekte Aum Shinrikyo 1995 oder der Bhagwan-Bewegung in Oregon, die 1985 in einem Moment hochgradiger Paranoia Hunderte Menschen mit Salmonellen vergiftete und Mordpläne gegen einen Staatsanwalt hegte. Der kanadische Nachrichtendienst Canadian Security Intelligence Service (CSIS) hat im Jahr 2000 eine Studie über apokalyptische Sekten mit terroristischem Potential im Internet veröffentlicht, als deren größte Gefahr ihre Unberechenbarkeit bezeichnet wird.[9] Der Dienst hat eine Reihe von Merkmalen zusammengestellt, die sämtlich auch auf Scientology zutreffen: ein ausgeprägtes Freund-Feind-Denken, die Selbstdarstellung der Gruppe als verfolgte Elite der Auserwählten und die Erwartung des in naher Zukunft eintretenden Weltuntergangs. Mitglieder eines solchen »Doomsday Cults« (Weltuntergangskults) glauben daran, dass die Katastrophe unausweichlich kommt und sie diese als Einzige siegreich überleben werden. Die charismatischen Anführer solcher Gruppen, schreibt der Dienst, fühlten sich den anderen Menschen derart überlegen, dass sie sich nicht an religiöse oder soziale Gesetze gebunden glauben, was dazu beitrage, dass die Sekte sich immer stärker vor der Gesellschaft abschotte. »Wenn die Abschottung sich an die Erwartung der Gruppe koppelt, dass sie von Feindschaft und Verfolgung bedroht ist, bekommen die Mitglieder oft das Gefühl, dass sie nun für die Endzeit mobilisieren müssen, indem sie Waffen anschaffen und die Verteidigung organisieren.«

Zu offener Gewalt gegen andere oder gegen sich selbst wie beim Massen(selbst)mord der Volkstempler in Jonestown 1978 komme es meist aber erst, wenn die Gruppe auf harten Widerstand des Staates trifft, dessen Reaktion als Beginn des »Endkampfes« interpretiert werden kann. Prävention sei nur schwer möglich, jeder apokalyptische Kult könne »beinahe über Nacht zu einer ernsthaften Bedrohung der öffentlichen Sicherheit werden«.[10] Dann könne die Gefahr von Sprengstoffanschlägen, aber auch von Attacken mit chemischen und biologischen Waffen bestehen. In Japan radikalisierte sich die buddhistische Sekte Aum Shinrikyo (»Höchste Wahrheit«), als der von ihrem Führer Shoko Asahara vorausgesagte Weltuntergang ausblieb, innerhalb von zwei Jahren bis zum Äußersten. »Apokalypse now« – der Guru führt die Katastrophe selbst herbei, um seine Voraussagen zu bestätigen. Die Gruppe plante, eine »schmutzige« Atombombe herzustellen, und verübte nach dem Scheitern dieser Pläne am 20. März 1995 ihren verheerenden Anschlag mit dem tödlichen Nervengas Sarin auf die Tokioter U-Bahn, bei dem zwölf Menschen starben.[11] Es gibt allerdings einige Alarmzeichen für die Eskalation: wenn ein »Doomsday Cult« anfängt, Waffen zu kaufen, wenn Sektenführer – etwa durch eine Verhaftung – gedemütigt werden, wenn die Sekte sich in eine abgelegene Gegend zurückzieht, wenn sie ihre gewalttätige Rhetorik verstärkt oder wenn die Autorität des Anführers beschädigt wird. All dies könne im schlimmsten Fall dazu führen, dass die Gruppe bereit sei, »ein apokalyptisches Szenario selbst auszulösen«, urteilen die kanadischen Geheimdienstler.

L. Ron Hubbard litt offenbar zunehmend unter dem Wahn, dass Psychiater ihn ermorden wollten, weil er ihre Wissenschaft als Schwindel entlarvt habe. Ganz oben auf seiner Liste der Verdächtigen standen deshalb die Psychiatrie und die American Medical Association, aber auch Regierungsagenturen, die Scientology untersuchten, wie die in Paris ansässige Interpol, die amerikanische Food and Drug Administration, die US-Steuerbehörde und das FBI. Hubbard verfasste eine ganze Reihe von Anweisungen, wie die vermuteten Feinde zu bekämpfen seien. Er unterwies seine Jünger, ihre Gegner »bis zum Punkt totaler Unterwerfung« zu demütigen und sich immer daran zu erinnern, dass »Tausende Jahre Passivität den Juden nichts anderes einbrachten als ihre Vernichtung.«[12] So klingt auch in L. Ron Hubbards Weltrettungsappellen stets ein bedrohlicher Unterton an. Hubbard schrieb: »Wir wissen, dass jede Minute zählt. Und wir haben im Sinn, alles aus dem Weg zu räumen, das aus dem Weg geräumt werden muss, ganz egal wie groß es sein mag, um eine Zivilisation zu schaffen, die tatsächlich überleben kann.«[13] Scientology hat sich aus der Terrorismusfalle, in die Asaharas Sekte geriet, bislang jedoch durch ein probates Hilfsmittel von Verschwörungstheoretikern gerettet, das andererseits die Behauptung, man sei nicht politisch, Lügen straft: Scientology erklärt, welthistorische Umbrüche seien durch ihr Wirken erfolgt. So erklärte David Miscavige 1998, die Organisation sei verantwortlich dafür, dass der Kalte Krieg, die Apartheid und der Kommunismus verschwanden.[14]

Scientology behauptet zwar, unpolitisch zu sein, tatsächlich aber verbreitet sie eine Ideologie, die den Schwachen verachtet und dem Starken alle Rechte zuspricht. Wohlfahrtsstaat und Gewerkschaften sind ihr ein Greuel. »Der Sozialstaat kann als Staat definiert werden, der die Nichtproduktion auf Kosten der Produktion belohnt«, schrieb Hubbard;[15] sein Urteil über die Demokratie war noch vernichtender: »Eine völlig demokratische Ordnung ist in Dianetik und Scientology schlecht angeschrieben«, denn: »Demokratien hassen Verstand und Können.« Demokratische Mittel wies er daher strikt zurück: »Demokratie ist nur möglich in einer Gesellschaft von Clears – und selbst sie können Fehler machen. Wenn die Mehrheit regiert, leidet die Minderheit. Die Besten sind aber immer in der Minderheit.«[16] Da die Demokratie die Schwachen schützt, erscheint sie als »überlebensfeindlich«. Das machte Hubbard in seinem Richtlinienbrief »Politik« im Februar 1965 klar, in dem er die Demokratie zynisch als »ein kollektives Denken des reaktiven Gedächtnisses« bezeichnete – eine klare »Kampfansage«, so der Politikwissenschaftler Andreas Klump, Verfasser einer Studie über den politischen Extremismus von Scientology: »Eine offenere und für jeden Scientologen unmissverständlichere antidemokratische und sogar demokratiefeindlichere Aussage lässt sich kaum finden. Da das reaktive Gedächtnis im Sinne Hubbards der schädliche Teil des Menschen ist, ist dieser ja mit der Tech zu eliminieren. Im Umkehrschluss ist somit auch die Demokratie zu eliminieren bzw. zu ›reformieren‹.«[17]

Bei Hubbard liest sich das redefiniert so: »Scientology gibt uns zum ersten Mal die Chance, eine echte Demokratie zu haben. Bis wir dies erreicht haben, werden wir fortfahren, die ›menschliche Demokratie‹ ... zu kritisieren. Eine politische Philosophie kann nicht auditieren. Wir können es.«[18] Als ideales Gemeinwesen stellte er sich eine *Auditoren*-Technokratie vor, die er in seinem Konzept zur Rettung der Welt mit dem Titel »International City« von 1964 durchspielte.[19] Er wollte alle Hauptstädte der Welt in einem Gebiet an der Küste Nordafrikas zusammenlegen, um von dieser »International City« aus sämtliche Nationen der Erde zu lenken. Als Koordinatoren seiner »totalen politischen Revolution« sah er die Scientologen vor; ihnen wies er als »Endprodukt« der Weltregierung die »Monopolstellung für jegliche psychische Betreuungsarbeit« zu. Damit würde das gesamte Leben der psychotechnischen Kontrolle von Scientology unterworfen, urteilt der Politologe Klump: »Die Tech beherrscht das System; keine Entscheidung kann mehr ohne Auditing und Ethik getroffen werden.«[20]

Die *Auditoren*-Herrschaft erinnert an die »fürsorgliche« Diktatur des »Großen Bruders« bei George Orwell, mit Hubbards Psychomanipulatoren als Herrschaftselite, die das System steuern. Pro forma sollte es zwar auch einen Regierungsrat geben, den aber ebenfalls die Scientologen bestimmten: ausschließlich Vermögende und Grundstückseigentümer. Also eine »Scientokratie« (Klump) in Verbindung mit kapitalistischer Oligarchie (Herrschaft der Reichen); der Münchner Kritiker Jürgen Keltsch spricht noch schärfer von »Cyberfaschismus« mit »Versklavungstechniken einer Metropolis-Welt«.[21] Dazu passt dann die robotergleiche Einstufung jedes Menschen nach der Hubbardschen »Tonskala«, einem Register menschlicher Verhaltensweisen, das der »Gründer« 1951 beschrieb: »Jedenfalls sollte jemand im Bereich von 2,0 an abwärts auf der Tonskala in keiner denkenden Gesellschaft irgendwelche bürgerlichen Rechte haben.« Hubbard hat so oft davon gesprochen, *Aberrierte* (Anti-Scientologen) in Lager zu sperren, dass man es kaum als einmaligen »Ausrutscher« werten kann. Schon zehn Prozent *Aberrierte* wären in Deutschland immerhin acht Millionen Menschen, die »in Quarantäne zu halten« wären; aber Hubbard ging sogar von bis zu 20 Prozent *Aberrierten* in der Bevölkerung aus. In der Wissenschaft des Überlebens nannte er sogar ein Beispiel, wie »mit ansteckenden« Menschen bzw. »Menschen in den unteren

Bereichen der Tonskala« ehedem vorbildlich verfahren wurde: »Einst beschloss ein Diktator in Venezuela, die Lepra zu beseitigen. Er sah, dass die meisten Leprakranken in seinem Land gleichzeitig Bettler waren. Durch das einfache Mittel, alle Bettler in Venezuela zu versammeln und zu vernichten, wurde die Lepra in diesem Land ausgerottet.«[22]

Hubbards verächtliche Beschreibung *aberrierter* Menschen erinnert auffallend an die Propaganda der Nazis gegenüber den Juden: »Die gesamte Berechnung dieser aberrierenden Persönlichkeit besteht darin, dass sie völlig wertlos ist. (…) In ihrer Kleidung gibt sie sich einen Anstrich von Hässlichkeit; sie ist ziemlich anfällig für Hässlichkeit. Sehr oft wäscht sich dieser Personentyp nicht, sein Atem ist oft übelriechend, die Füße fangen an zu stinken, das endokrine System ist auf irgendeine Weise gestört, die Person hat erhebliche Verdauungsstörungen. Diese Leute haben keine Entschlusskraft … sie selbst produzieren nicht, sie sind völlige Schmarotzer.«[23] Bis auf das Merkmal, dass man die »abberierende Persönlichkeit an ihrer Weigerung, sich überhaupt auditieren zu lassen«, erkenne, ist Hubbards Aufzählung eine Ansammlung altbekannter Klischees. Es sind »klassisch« antisemitische Stereotype, genau wie sie auch im nationalsozialistischen Propagandablatt *Stürmer* zu finden waren: Die Juden seien ungewaschen, stinkend, hässlich, »Schmarotzer« – und doch reich und mächtig. In einem Tonbandvortrag führte Hubbard die weltweite Verschwörung gegen ihn und Scientology auf zwölf englische Banker zurück, ein antisemitisches Stereotyp, das aus der berüchtigten Hetzschrift »Die Protokolle der Weisen von Zion« stammt, wonach die Juden die globalen Banken und Medien kontrollieren, um die Weltherrschaft zu ergreifen: »Unsere Feinde auf diesem Planeten sind weniger als zwölf Männer. Sie sind Mitglieder der Bank von England und anderer hoher Finanzkreise. Sie besitzen und kontrollieren Zeitungsketten und sind seltsamerweise Direktoren all jener neu entstandenen Gruppen für ›geistige Gesundheit‹ in der Welt.«[24]

Nicht nur der Antisemitismus, viele andere ideologische Parallelen zwischen der Nazi-Bewegung und Scientology sind frappierend: das Versprechen der menschlichen Selbsterlösung, die Vernichtungsphantasie einer gleichgeschalteten, »gesäuberten« Welt, der Traum vom Verschmelzen der »(Volks-)Gemeinschaft« zu mythischer Einheit und die Feindschaft gegen die christlich-jüdische Tradition. Schon zur Entstehungszeit des Dianetik-Buches wurde die bedrohliche Seite der postfaschistischen Übermenschen-Ideologie sichtbar, wenn Hubbard über seine *Clears* philosophierte: »Man sieht nicht ohne eine gewisse Schwermut, dass mehr als drei Viertel der Weltbevölkerung dem restlichen Viertel untertan sein werden – eine natürliche Konsequenz, an der wir absolut nichts ändern können.«[25] Die erstaunliche Selbstüberschätzung der Scientologen beruht letztlich auf dem antrainierten Gefühl, zur Gemeinschaft der »Besten« zu gehören. Scientologen fühlen sich allen anderen Menschen hoch überlegen und deshalb auch zur Herrschaft über die Welt berufen – genauer, über das »Irrenhaus, das heutzutage als die ›Welt draußen gilt‹«, wie Hubbard schrieb.[26] Er dekretierte: »Die Rangstufe von Scientologen und Dianetikern auf der Welt liegt im oberen Zehntel des obersten Zehntels der intelligentesten Bevölkerungsgruppen der Welt; die intelligentesten Leute der Welt. Das ist eben so.«[27]

Öffentlich würde die Sekte niemals zugeben, dass sie plant, die Menschenrechte einzuschränken. Aber intern liest sich das anders. Im scientologischen Sonnenstaat sollen die Bürgerrechte nur den optimalen und unfehlbaren Menschen zukommen: »Freiheit ist für ehrliche Menschen da. Persönliche Freiheit existiert nur für diejenigen, die die Fähigkeit besitzen, frei zu sein.«[28] »Ehrliche Menschen« sind laut Hubbard »gereinigte« Menschen, die nicht *aberriert* (verwirrt) sind, also *auditierte* Scientologen, *Clears* oder *OTs*. »Eine ideale Gesellschaft wäre eine Gesellschaft nicht-aberrierter Menschen – Clears –, die in einer nicht-aberrierten Kultur leben«, schrieb der Sektenmeister in einem Abschnitt des DIANETIK-Buches, in dem ausdrücklich von »politischer Dianetik« die Rede ist. »Vielleicht ist das Ziel irgendwann in der Zukunft erreicht, wenn nur der nicht Aberrierte die Staatsbürgerschaft erlangt und davon profitieren kann.«[29] Und an anderer Stelle: »Eines Tages wird es vielleicht ein viel vernünftigeres Gesetz geben, das nur nicht Aberrierten erlaubt, zu heiraten und Kinder in die Welt zu setzen.«[30]

Derlei Aussagen sind fast wörtlich aus der Nazi-Ideologie bekannt, und auch Hubbards Bild einer idealen Gesellschaft ähnelt bei aller Superman-*Clear*-*Thetanen*-Rhetorik der muffigen Spießigkeit des nationalsozialistischen Kleinbürgerstaates. L. Ron Hubbards einfallslos konservative Idealwelt erscheint wie aus einem Benimmführer der 1950er Jahre und spiegelt die puritanische amerikanische Kleinbürgermoral: sexuell prüde, gegen Homosexuelle, mit herkömmlichen Geschlechterrollen und einer klischeehaften Heiligung von Ehe und Familie, dazu voller Angst vor großstädtischer »Unordnung« und »kommunistischen« Organisationen. Über Hubbards »alltagsrassistisches« Denken ist viel geschrieben worden; er ließ Farbige zwar als Mitglieder bei Scientology zu, traute ihnen aber nicht über den Weg und hat sich oft abfällig über »Eingeborene«, »Wilde« und »Boys« geäußert.[31] Über die Schwarzen in Südafrika urteilte er, dass sie wegen ihres »primitiven« Zustandes nicht *auditiert* werden könnten: »Der südafrikanische Eingeborene ist wahrscheinlich der einzige Mensch in der ganzen Welt, den man nicht trainieren kann – er entspricht wahrscheinlich keinem menschlichen Standard.«[32] Abfällig sprach er auch über Araber, Inder, Japaner und Chinesen.

Wie die Weltherrschaft von Scientology praktisch in Angriff zu nehmen sei, beschrieb Hubbard unter anderem in seiner Einführung in die ETHIK DER SCIENTOLOGY (1968): »Die gefährliche Umgebung der Wog-Welt, der Ungerechtigkeit, plötzliche Entlassung, Kriege und Atombomben werden nur dann weiterbestehen und uns Schwierigkeiten machen, wenn wir es versäumen, unsere sichere Umgebung über die ganze Welt auszudehnen. Es beginnt mit unseren eigenen Organisationen.«[33] Auf Deutsch: Die Scientology-*Orgs* sollten Zellen der politischen Gleichschaltung werden, gleichzeitig sollten innergesellschaftlich so viele Institutionen wie möglich »in einen Zustand vollständiger Übereinstimmung mit den Zielen von Scientology« gebracht werden.[34] Schon im Juni 1960 hatte Hubbard seine Jünger mit Anweisungen instruiert, wie sie praktisch alle Lebensbereiche infiltrieren sollten: »Erobern Sie, egal wie, die Schlüsselpositionen, die Position als Vorsitzende des Frauenverbandes, als Personalchef einer Firma, als Leiter eines guten Orchesters, als Sekretärin des Direktors, als Berater der Gewerkschaft – irgendeine Schlüsselposition. (...) Die Fabriken, die Zentren des Handels, die Gemeinden, das sind Orte, wo wir ausgebildete Scientologen haben wollen.«[35] In der Order »Spezialbereichsplan« sagte Hubbard dann ganz deutlich, dass man auch »Kontakt zu Ministern, Gouverneuren oder irgendwelchen anderen

Führungspersönlichkeiten« suchen solle: »Machen Sie sich nicht die Mühe, gewählt zu werden. Besorgen Sie sich einen Job im Sekretariat oder als Bodyguard … Nutzen Sie jegliche Ihnen zur Verfügung stehenden Talente, um eine Stellung in der Nähe solcher Personen zu bekommen.« Auf dem Weg nach oben sollten sich die Scientologen tarnen. Hubbard lobte jene Mitglieder, die dieses Geschäft bereits erfolgreich erledigt hatten: »Diese Leute … trieben einen Keil für Scientology in die Firmen, Gesellschaften, und übernahmen dann die Kontrolle über die ganze Umgebung.«[36]

Als Hubbard damals seine Anweisungen abfasste, mussten sämtliche wichtigen Scientology-*Orgs* eine »Spezialbereichsabteilung« einrichten, die sich ausschließlich solchen Infiltrationszwecken widmen sollte; sie alle unterstellte er im August 1960 seiner neu gegründeten »Abteilung für Regierungsangelegenheiten«, um letztlich die gesamte Welt zu erobern: »Das Ziel der Abteilung ist es, den Einfluss von Scientology auf Regierungen und andere Organisationen auszudehnen …« Es war das erste Mal, dass der Sektenführer seine Anhänger explizit aufforderte, den Einfluss von Scientology heimlich bis in die Spitzen der Gesellschaft zu verbreiten und diese dann zu »kontrollieren« oder zu »überwältigen«.[37] Von nun an war jeder Hubbard-Jünger Mitglied »einer Organisation mit einer gefährlichen Agenda«, urteilt der langjährige britische Top-Scientologe Jon Atack.[38] Wie der hochrangige Aussteiger Robert Vaughn Young im Gespräch bestätigte, wurde den Mitgliedern seit etwa 1960 beigebracht, »Gruppen zu gründen, die nicht Scientology angehörten, um derart getarnt Schulen, Firmen, Institutionen und Regierungen zu infiltrieren«. Dass es dabei nicht in erster Linie ums Geld ging, hat Hubbard selbst oft kundgetan: »Geld bedeutet absolut gar nichts. Es ist wunderbar, wie wir ständig wegen des Geldes kritisiert werden. Dies ist nun wirklich eines der unwichtigsten Dinge. Diese Leute liegen ziemlich weit daneben. Wir sind nicht an Geld interessiert, wir sind nur an dem Planeten interessiert.«[39]

Im März 1961 ersetzte Hubbard die »Abteilung für Regierungsangelegenheiten« durch eine »Abteilung für Behördenangelegenheiten«, die sich vor allem mit der Abwehr von Strafklagen befasste und die er als sein »Ministerium für Propaganda und Sicherheit« bezeichnete; doch die Unterwanderungsbefehle blieben in Kraft und wurden durch viele neue Anweisungen ergänzt, etwa zur Übertragung der Rechtsvorstellungen von Scientology auf die gesamte Gesellschaft: »Wo wir es nicht schaffen, unsere eigene Administration, Technologie und unser eigenes Rechtssystem auf die Gesellschaft um uns herum anzuwenden … werden wir versagen.«[40] Ins Fadenkreuz rückte vor allem die Psychiatrie. Hubbard beauftragte seinen Geheimdienst *Guardian's Office* 1969 damit, wo immer möglich, die Psychiatrie zu infiltrieren und »auszuschalten«. Der stellvertretende Chef des *Guardian's Office*, David Gaiman, sollte sogar »die Kontrolle der British National Association of Mental Health übernehmen«.[41] Gaiman heuerte Privatdetektive an, um die Angehörigen dieses Berufsstandes auszuspähen; erklärtes Ziel der »Operation Psychiatry« war es, den *Ruinpunkt* im Leben sämtlicher Psychiater des Landes zu finden. Erst nachdem Zeitungen die Operation enthüllt hatten, stoppte Hubbard sie 1968. Zwei Jahre später behauptete er, gegenwärtig sei er bemüht, »alle trainierten Leute in einem professionellen Verband in jedem Land zusammenzubringen und die Dinge soweit vorzubereiten, dass sie die Heilanstalten für Geisteskranke und die sozialen Ressourcen dazu auf dem ganzen Planeten übernehmen können«.[42] Das *Guardian's Office* mit Hubbards Frau Mary Sue an der Spitze wurde zum Hauptinstrument des Kampfes gegen die »Psychs« (Psychiater und Psychologen), die als Drahtzieher sämtlicher Angriffe auf Scientology galten. 1969 formulierte Hubbard dieses Ziel deutlich wie nie zuvor: »Unser Krieg nahm gezwungenermaßen die Richtung, ›das Feld der geistigen Heilung auf diesem Planeten in allen Formen zu übernehmen‹. Das war nicht der ursprüngliche Zweck. Das ursprüngliche Ziel war es, die Erde zu klären.«[43] Doch habe sich als größtes Hindernis für die Ausbreitung der scientologischen *Technologie* die internationale Psychiatrie erwiesen.

Damit war klar: Seit dem Ende der 1960er Jahre mussten jede psychiatrische Einrichtung der Erde, jeder psychiatrische Fachverband und jeder Psychiater damit rechnen, ins Visier des Scientology-Geheimdienstes zu geraten. Ihnen allen unterstellte Hubbard, die gleichen Methoden wie angeblich »feindliche Geheimdienste« zu verwenden: Elektroschocks und Gehirnoperationen, um Menschen hörig zu machen. Dem *Guardian's Office* (und speziell dessen Infiltrationsabteilung B-1) wies Hubbard bei der Eroberung der Welt durch Scientology nun die eigentliche Schlüsselrolle zu. Dessen Aufgabe sei es, »den Widerstand ausreichend zur Seite zu fegen, um ein Vakuum zu schaffen, in das Scientology hineinexpandieren kann«.[44] Das *GO* sollte dafür sorgen, den »Idealzustand« zu erreichen, bei dem »Angreifer gegen Scientology lokalisiert und von ihren Machtpositionen entfernt sind und Scientology auf diese gelangen kann«.[45] Am Ende würde dann wohl die Psychodiktatur der *Auditoren* wie in »International City« stehen, die Hubbard zynisch als »wahre Demokratie« bezeichnete: »Wir können also auf der Grundlage tatsächlicher Nachweise den Schluss ziehen, dass die erste wahre Demokratie dann auftauchen wird, wenn wir jedes Individuum von den bösartigeren reaktiven Impulsen befreit haben.«[46]

Scientology-Sprecher versichern stereotyp, dass sie sich an die Gesetze halten und das demokratische System der Bundesrepublik Deutschland anerkennen. Doch der Wiener Ex-Scientologe Wilfried Handl kann das Urteil des Oberverwaltungsgerichts Münster vom Februar 2008, dass es tatsächlich Anhaltspunkte gebe, wonach Scientology Bestrebungen gegen die freiheitlich-demokratische Grundordnung verfolge, nur bestätigen: »Ich habe bei Scientology nie etwas Gutes über die Demokratie gehört.« Hochrangige Aussteiger, die Einblick in strategische Planungen hatten, sind sich in diesem Punkt absolut einig. »Die Organisation ist ein totalitäres System, das nur ein Ziel kennt: die Kontrolle über den Planeten. Nur Hubbards Ideen gelten als wahr, alle anderen sind verboten«, so formulierte es der Amerikaner Robert Vaughn Young.[47] L. Ron Hubbard selbst machte immer wieder klar, dass er Anspruch auf die Weltherrschaft erhob: »Wenn jeder Scientologe in jedem Monat eine neue Person hereinbringen und sie auf dem Weg zur totalen Freiheit starten lassen würde, und wenn dann jede neue Person dasselbe macht, würde sich das in zwölf Monaten auf mehr als vier Milliarden Scientologen summieren.«[48] Der Führer der Bewegung werde dann wieder er selbst sein, gab der »Gründer« bekannt – L. Ron Hubbard *reloaded*. Im geheimen *OT-8*-Material bezeichnete er sich sogar als das »Tier 666« der Johannes-Apokalypse – also Luzifer – und kündigte seine Rückkehr auf die Erde an: »Ich werde nicht als religiöser, sondern als politischer Führer wiederkehren.«[49]

Der Machthaber

Der Commodore auf See

Acht Jahre verbrachte Hubbard im Wesentlichen auf seinem schwimmenden Hauptquartier, der »Apollo«.[1] Anders als geplant heizte seine »Zeitreise« im Mittelmeerraum die Verfolgungsangst der Crew kräftig an, da der »Gründer« weder das vorausgesagte rettende Raumschiff in einer korsischen Höhle noch die ersehnte Ruhe vor seinen »internationalen Verfolgern« fand. Seine drei Schiffe unter Führung der »Apollo« wurden wie Gummibälle von Hafen zu Hafen geschickt, weil dem amerikanischen Skipper und seiner geheimnisvollen Crew fälschlich der Ruf vorauseilte, eine Truppe von CIA-Agenten zu sein. Da auch die britische Regierung die Mittelmeeranrainer vor den Sektenschiffen warnte, wurde es immer schwieriger, geeignete Ankerplätze zu finden. Griechenland und Spanien sperrten ihre Häfen komplett für die »Apollo« und ihre Begleitboote; Griechenland verwies die 600 Scientologen 1969 sogar ausdrücklich des Landes, nachdem sie sechs Monate vor Korfu geankert und dort ihre Kurse für fortgeschrittene *Thetanen* angeboten hatten. Man befürchtete, dass Hubbard das Scientology-Hauptquartier auf die Insel verlegen wollte.

Anschließend kreuzte seine Rostlaubenflotte vier Jahre lang im Ostatlantik zwischen Casablanca, Lissabon, den Azoren und Kanaren. »LRH sagte, wir müssten in Bewegung bleiben, denn es gäbe so viele Leute, die hinter ihm her waren«, berichtete Hubbards damaliger Sprecher Ken Urquhart dem Biographen Russell Miller.[2] Das ist wichtig, denn diese Zeit trug entscheidend zum Verfolgungswahn bei, der die Scientology-Organisation bis heute prägt. »Hubbards beständige Wiederholung, dass Scientology von dunklen Kräften bedroht wurde, die danach trachteten, alles zu zerstören, was der Menschheit half, ließ bei der Mannschaft der ›Apollo‹ eine Belagerungsmentalität entstehen und versah sie mit Scheinrechtfertigungen für die rauen Sitten an Bord. Überall in der Sea

Org wurde dauernd die Notwendigkeit von Einsatz, Wachsamkeit und Opferbereitschaft betont; dies schuf ein Klima wilder Loyalität, die blind für Logik oder die tatsächliche Wahrheit war.«[3] Verrückterweise wurde der Verschwörungswahn scheinbar immer wieder durch die Realität bestätigt. Als die Sektenflotte im Oktober 1974 auf dem Weg in die Karibik an der portugiesischen Insel Madeira festmachte, wurde sie von Einheimischen, die Anti-CIA-Slogans riefen und Brandfackeln trugen, mit Steinen und Molotowcocktails angegriffen. Hubbard eilte an Deck und brüllte in ein Megaphon: »Communista! Communista!«[4]

Rückblickend waren die Jahre auf See ab 1967 für Hubbard und Scientology ein Wendepunkt. Damals institutionalisierte er jene Kommandostruktur nach Art der Navy, die sich bis heute im militärischen Outfit und soldatischen Gebaren der Scientology-*Staffs* zeigt. Alle Mitarbeiter der neu gegründeten *Sea Organization* bekamen einen Marinerang und schicke Uniformen dazu. Hubbard ernannte sich selbst zum Admiral im Rang eines *Commodore*, und seine Untergebenen befolgten seine Befehle wie Kadetten auf einem Kriegsschiff. Aber die amerikanische Ex-Scientologin Hana Whitfield und damalige *Deputy Commodore,* Stellvertreterin des »Gründers« als Flottenadmiral, erinnerte sich, dass man alles willig erduldete: »Die Scientologen waren damals total davon überzeugt, dass Hubbard eine Art Gott war, dass er die Wellen nach seinem Willen kommandieren konnte, dass er sein Leben und die Folgen seiner Handlungen absolut unter Kontrolle hatte.«[5]

Auf seinem Führungsschiff »Apollo« warf Hubbard unermüdlich Führungsbefehle *(Policy Letters)* für seine Jünger aufs Papier und nahm die verschlüsselten Telexe seiner Geheimdienstresidenten aus aller Welt entgegen. Entspannte Kreuzfahrtatmosphäre herrschte in der Sektenflotte sicher nicht, sondern – in internationalen Gewässern staatlicher Aufsicht entzogen – die Willkür ihres paranoiden Oberkapitäns. Der »Founder« zog sich dort eine Eliteeinheit aus Kindern heran, die er *Messengers* (Boten – aus dem All) nannte, um seine Befehle der Schiffscrew, der *Sea Org* und den Scientology-*Orgs* auf der ganzen Welt zu übermitteln. Ein *Messenger,* der später ausstieg, berichtete in einer eidesstattlichen Erklärung: »Boten, die ›für den Commodore einen Botengang machen‹, müssen die Nachricht oder den Befehl wortwörtlich weitergeben und müssen dies auf die gleiche Art und Weise tun, wie es Hubbard sagt – wenn er wütend auf jemand ist, dann brüllen die Boten es heraus, oder wenn er jemandem einen Befehl erteilt, dann muss er im gleichen Tonfall wiedergegeben werden.«[6]

Die *Messengers* waren Geschöpfe nach Hubbards Willen, Werkzeuge der Psychodiktatur wie in Orwells »1984«, die der Guru persönlich indoktrinierte, wie Privatsklaven behandelte, die er aber auch hochschätzte, als wären sie seine eigenen Kinder. Zweifellos stand er ihnen näher als seinen sieben leiblichen Kindern, die ohnehin nicht alle bei ihm lebten. Zwar waren die Boten den Launen ihres Flottillenchefs in der Isolation des Schiffes auf Gedeih und Verderb ausgeliefert, andererseits aber auch stolz darauf, in der Nähe des Scientology-Gottes leben zu dürfen. »Messengers!«, rief er uns am Morgen, und wir zogen ihn dann aus dem Bett«, erinnerte sich eine von ihnen.[7] Die Teenager, hauptsächlich pubertierende Mädchen, die in weißen Hotpants und Westen herumliefen und deren Eltern sämtlich Scientologen waren, legten ihm die Kleider bereit, halfen ihm unter die Dusche und beim Anziehen, schnitten ihm die Fingernägel und massierten seinen fleischigen Rücken. Wenn der Kettenraucher durch das Schiff streifte, reichten sie ihm seine geliebten Mentholzigaretten und folgten ihm mit dem Aschenbecher. Sie verzeichneten jede Minute im Leben des *Commodore* im *Messenger-Logbuch*: »wann er aufwachte, aß, schlief, arbeitete und welche Nachrichten er verkündet haben wollte«. Sie hielten überhaupt jedes Wort fest, das er absonderte, auch seine häufigen obszönen Wutausbrüche.

Das *Messenger*-Mädchen Doreen Smith bezeugte wie eine Reihe ihrer »Kolleginnen«, dass es Hubbard nicht um Sex ging, wenn er es auch sichtlich genoss, von sehr jungen Frauen umgeben zu sein.[8] Smith war in einer scientologischen Familie aufgewachsen und kam 1970 mit zwölf Jahren auf die »Apollo«, wo sie zu einer von Hubbards engsten Vertrauten wurde und ihre Teenagerjahre bei ihm verbrachte. Sie fragte ihn einmal, warum er Kinder als Boten gewählt habe, und Hubbard antwortete, das sei eine Idee, die er von Hitler übernommen habe. Der deutsche Diktator sei zwar ein Verrückter gewesen, aber seine Hitler-Jugend ein brillanter Einfall. Smith sagte dazu: »Mit jungen Menschen hatte man eine blanke Tafel vor sich, auf die man alles schreiben konnte, was man wollte –

und es sollte seine eigene Handschrift sein. Das war wohl seine Idee: junge Menschen herzunehmen und sie zu kleinen Hubbards zu formen. Er sagte, er habe sich für Mädchen entschieden, weil Frauen loyaler seien als Männer.« Je mehr die *Messengers* für ihn taten, desto mehr glaubte er, dass sie die Einzigen aus der Crew waren, denen er wirklich trauen konnte. Die Boten betrachteten es ihrerseits als große Ehre, den »Gründer« bedienen zu dürfen, selbst wenn es nur darum ging, seine Hemden zu bügeln. Sie sonnten sich im Glanz seiner Autorität, die es ihnen erst ermöglichte, jene verschworene Gemeinschaft von »gefürchteten kleinen Monstern« zu werden, der niemand außer Mary Sue Hubbard wagen konnte, sich zu widersetzen. Laut dem Hubbard-Biographen Russell Miller war es nicht ungewöhnlich, dass ein 14-jähriges *Messenger*-Mädchen einen Führungsoffizier des Schiffes anbrüllte: »Du verdammtes Arschloch, du gehst jetzt ins RPF (Straflager). Das wird dich lehren, noch mal Scheiße zu bauen.« Die Gemaßregelten kuschten, denn wer den *Messengers* widersprochen hätte, hätte Hubbard widersprochen.

Doch konnten die *Messengers* auch Brüche und Marotten in der Persönlichkeit ihres Herrn beobachten, die in den offiziellen Biographien nicht vorkamen, und nicht wenige von ihnen äußerten später, dass dieser »andere Hubbard« sie erschreckt und verwirrt habe. Inzwischen hatte der Chef das gute Leben zu schätzen gelernt, seine Figur kündete von vielen üppigen Mahlzeiten, er liebte nun graue Tweedanzüge, er trug Unterwäsche, Ascotkrawatten und Kapitänsmützen aus reiner Seide. An Bord der »Apollo« bewohnten er und seine Frau Mary Sue (mit dem Titel »stellvertretender Commodore«) eigene Räume und zusätzlich eine Suite auf dem Promenadendeck mit einem Raum fürs *Auditing*, einem Büro, einem eleganten Salon und einem holzgetäfelten Speisezimmer. Wie Hubbard, so hatten auch seine Frau und seine Kinder Diana, Quentin, Suzette und Arthur jeweils einen eigenen Stewart und eigene Kabinen, ganz im Gegensatz zum Rest der Mannschaft, der in schlecht gelüfteten engen Schlafsälen in Dreier-Etagenkojen untergebracht war; der Hubbard-Biograph Jon Atack spricht von »Galeerensklaven«.[9] Den *Commodore* kümmerte das nicht, er sorgte sich lieber um sein Ego. Auf dem Schiff versammelte er abends seine Jünger um sich und genoss ihre bewundernden Blicke, wenn er ihnen stundenlang von seinen unglaublichen Abenteuern auf der

»Zeitspur« (in früheren Leben) erzählte, etwa als »Rennfahrer in der Marcabianischen Zivilisation«.[10]

Aus dieser Zeit ist allerdings auch ein enormer Drogenkonsum überliefert, dem Hubbard trotz aller Ausfälle gegen psychogene Substanzen exzessiv frönte. Aus Las Palmas schrieb der *Commodore* 1967 an seine Frau Mary Sue: »Ich trinke massenhaft Rum und nehme rosa und graue Pillen …« Sein Biograph Russell Miller erfuhr von dem südafrikanischen Scientologen John McMasters, der Hubbards Rauschmitteldepot auf der »Apollo« zu Gesicht bekam: »Es war die größte Drogenkiste, die ich jemals sah. Er hatte wirklich alles!«[11] Hubbard habe praktisch von einer »Drogendiät« gelebt, schreibt Jon Atack, sein Sohn Ron DeWolf sprach von Kokainmissbrauch in den letzten Lebensjahren.[12] Laut Doreen Gillham (Smith) wurde sein Verhalten immer sprunghafter und unberechenbarer, seit der *Commodore* sich bei einer Motorradfahrt auf Teneriffa Ende 1973 einen Arm und ein paar Rippen gebrochen hatte. »Er erkannte seine eigene Sterblichkeit«, sagte sie. Damals sei er in monatelange Agonie gefallen, »weil er darauf bestand, sich selbst heilen zu können, was aber nicht funktionierte«.[13]

In späteren Jahren konnte vor allem eines den jähzornigen »Gründer« in Raserei versetzen – der Geruch von Seife in seiner Kleidung. »Ich war vor dem Wäschewaschen aus Angst wie gelähmt«, sagte ein früherer *Messenger*.[14] Um sich vor Hubbards Tiraden zu schützen, spülten die Jugendlichen seine Hemden und Hosen in 13 verschiedenen Wasserkübeln. Die schöne neue Welt musste keimfrei sein. Schon in Saint Hill Manor war mindestens einmal im Monat die Aktion »White Glove« (Weißer Handschuh) erfolgt.[15] Dabei tastete ein *Staff Officer* mit einem weißen Glacéhandschuh jeden Raum sorgsam auf Staub ab, ohne dass Hubbard je zufriedenzustellen war. Das Ritual wird bis heute in den Scientology-*Orgs* vollzogen. Anfang der 1980er Jahre hatte der »Founder« dann eine Vision, wonach Sex schlecht für die »geistige Freiheit« sei und genau wie körperlicher Schmerz vor Jahrmillionen von Psychiatern »erfunden« worden sei; und viele Jünger stellten von heute auf morgen ihr Liebesleben auf Null.[16] Es war wirklich nicht zu übersehen, dass der Scientology-Boss darin vernarrt war, zu reinigen, zu säubern, zu »klären« – zuerst seine unmittelbare Umgebung und dann die gesamte Welt.

Hubbards Gehirnwäsche-Ethik

Doch das schwimmende Hauptquartier unter der Fahne von Sierra Leone diente keineswegs nur reinigenden oder esoterischen Zwecken. »Hubbard sprach nie über etwas anderes als Geldmachen«, erinnerte sich ein *Messenger.* »Macht Geld! Das war der einzige Befehl, den wir eigentlich von Hubbard erhielten.«[1] Moderne Kommunikationsmittel ermöglichten es dem *Commodore,* auf hoher See stets mit den Niederlassungen an Land in Kontakt zu bleiben: 13 bis 17 Meter (!) Telexnachrichten erreichten Hubbard täglich. Dass ihn sein kommerzieller Instinkt nie verließ, belegt eine Pressemeldung von 1974: »17 verschiedene Firmen haben ihre ›Meeresfiliale‹ auf der ›Apollo‹ eingerichtet, während ihre Stammhäuser in Madrid, Lissabon, auf den Azoren, den Kanarischen Inseln oder anderswo in der Welt sind.«[2] Einem »engen Vertrauten« soll er 1966 erzählt haben, dass er über »fast drei Millionen Pfund Sterling auf einem Geheimkonto in der Schweiz« verfüge, laut *Daily Mail* bei der Pictet Bank in Genf.[3] Das entsprach damals 8,4 Millionen Dollar, nach heutigem Wert etwa die vierfache Summe. 1970 wurden einmal eine Million Dollar in bar auf die »Apollo« gebracht; dieselbe Summe lag ständig im Schiffssafe.[4] André Tabayoyon bezeugte, dass er auf Befehl Hubbards einmal 14 Millionen Dollar von einer Züricher Bank abgehoben und nach Lissabon in Portugal gebracht hatte, wo damals gerade die *Sea-Org*-Flotte lag.[5] Schon 1981 sollen nur die in Luxemburg eingelagerten *Sea-Org*-Reserven zirka 600 Millionen Dollar betragen haben.[6] Allein Saint Hill nahm Mitte der 60er Jahre wöchentlich rund 40 000 englische Pfund ein (112 000 Dollar), und laut *Forbes Magazine* brachten die Copyrights der *Church* im Jahr 1982 mindestens 200 Millionen Dollar ein.[7]

Von Zeit zu Zeit schickte Hubbard von seiner mobilen Zentrale im Mittelmeer *Sea-Org*-Rollkommandos als sogenannte »Missionen der Abteilung für scientologische Moral« in jene *Orgs,* die unter »Negativstatistiken« litten – selbst nach Saint Hill Manor –, um »für Moral zu sorgen und die Produktion anzukurbeln«.[8] Als die Umsätze in England 1967 einbrachen, seien alle Mitarbeiter von East Grinstead in den »Zustand Nicht-Existenz« versetzt worden, was bedeutete, dass sie sich wochenlang nicht mehr waschen durften. Ende der 1960er Jahre führte der *Commodore* bei der *Sea-Org* auch

240

Strafen für das ein, was George Orwell in seinem Roman »1984« »Gesichts-« oder »Gedankenverbrechen« genannt hatte. Wer bestimmte Aspekte des *Sea-Org*-Lebens in Frage stellte, sollte wieder auf die »richtigen« Ziele und Gedanken zurückgelenkt werden – auf die Befehle der Organisation.

Schon in seinem HANDBUCH DES RECHTS, einer 13-seitigen Zusammenfassung der scientologischen Justiz von 1959, hatte der »Gründer« festgestellt: »Niemand unter uns richtet oder straft gern. Trotzdem sind wir vielleicht die einzigen Personen auf der Erde mit einem Recht zu strafen, da wir den Schaden, den wir anrichten, in den meisten Fällen wieder beseitigen können.«[9] Aus dem Strafprogramm für Gedankenverbrechen entwickelte Hubbard schließlich sein Justizsystem, für das er ab Ende der 1960er Jahre in typisch scientologischer *Redefinition* das Wort *Ethik* benutzte. Ursprünglich hatte Hubbard *Ethik* zum zentralen Begriff seiner »politischen Philosophie« *redefiniert*. Während Ethik normalerweise die Lehre von den sittlichen Werten und Normen bezeichnet, bedeutet das Wort bei Scientology das Gegenteil. In einem Befehlsbrief von 1968 mit dem Titel »Ethik« definierte der *Commodore* das zentrale Dogma der »politischen Scientology«, den Auftrag an jeden einzelnen Scientologen, für die Weltherrschaft zu kämpfen: »Der Zweck von Ethik ist: Gegenabsichten aus der Umwelt zu entfernen. Nachdem das erreicht worden ist, hat sie zum Zweck, Fremdabsichten aus der Umwelt zu entfernen. Dadurch ist Fortschritt für alle möglich.«[10] Unter Fremdabsichten verstand Hubbard alles, was von der scientologischen »Wahrheit« abweicht, und wer Fremdabsichten hegte, der war ein »Angriffsziel«. *Ethik* ist demnach die Beseitigung aller anderen Meinungen.

In der Folge wurde *Ethik* zu einem, wenn nicht *dem* zentralen Begriff der scientologischen Ideologie und Praxis. Ebenfalls 1968 erschien das seit Dianetics wichtigste Buch L. Ron Hubbards, INTRODUCTION IN SCIENTOLOGY ETHICS (EINFÜHRUNG IN DIE ETHIK DER SCIENTOLOGY), sein ideologisches Grundlagenwerk. Darin definierte er seine *Ethik-Technologie* – um seine *Ethik* zuerst bei Scientology und dann in der ganzen Welt einzuführen: »Kurz, das Gute ist Überleben. Ethisches Verhalten ist Überleben. Böses Verhalten ist Nicht-Überleben. Erschaffen ist gut, wenn es dem Überleben dient. (…) Zerstören ist gut, wenn es das Überleben fördert.«[11] Auf Deutsch: Der Zweck heiligt die Mittel. Daher ist die Freiheit des Gewissens auch kein Thema bei Scientology – die Sekte bestimmt, was gut und was schlecht ist. Die scientologische FACHWORTSAMMLUNG definiert *Ethik* als ›Vernunft und Erwägung in Bezug auf optimales Überleben«.[12] Untrennbar verknüpft mit dem Hauptziel des »Überlebens« kann man Hubbards *Ethik* daher mit Recht als »das wahre Herz« von Scientology bezeichnen.[13] Und weil das so ist, hat Hubbard *Ethik* schließlich mit einer zweiten, naheliegenden Bedeutung versehen: Der Begriff bezeichnete bald auch sein neues Rechts- und Strafsystem: »Wenn es dem Einzelnen nicht gelingt, Ethik bei sich selbst anzuwenden, dann unternimmt die Gruppe Aktionen gegen ihn. Das nennt man Justiz.«[14]

Auf See arbeitete Hubbard im Rahmen seiner umdefinierten *Ethik* einen differenzierten Strafkatalog aus. Geringste Vergehen wie »fallende Statistiken«, »schlechte PR« (Public Relations) oder Anflüge von Skepsis führten zu Minuspunkten und Sanktionen bis hin zur Erklärung als »Unterdrücker«. Wenn Mitarbeiter gegen die Disziplinarordnung verstießen oder »falsche Berichte« lieferten, wurden sie in bestimmte »Lower Conditions« (mindere Zustände) auf Hubbards *Ethik-Skala* versetzt und bestraft – laut Befehl so hart, »dass einem schlecht wird«.[15] Oft mussten die Delinquenten Kniebeugen und Liegestütze absolvieren oder auf Deck 50 Runden laufen. Dann wurden sie in neu geschaffene Straf- und Arbeitsbataillone gesteckt, die Hubbard zunächst *Mud Box Brigade* (Schlammkastenbrigade), *Deck Project Force* (Schiffsdeckprojekttruppe) und *Estate Project Force* (Projekttruppe des Anwesens) nannte. Es waren Strafarbeitsprogramme für jene *Sea-Org*-Leute, die nach Hubbards Meinung »Schnorrer waren, die auf ihrem Posten faulenzten und sich mit dem Wind treiben ließen«.[16] Sie mussten die Drecksarbeiten verrichten, auf dem Schiff die Kästen reinigen, in die die Ankerketten Schlamm hineintrugen, Treibstoff- und Wasserleitungen säubern; in Saint Hill Toiletten und Schlafräume putzen (das sogenannte *MEST Work).*

Der jeweilige *Ethik-Zustand* der Mitarbeiter einer *Org* wurde am *Org-Board* für alle sichtbar angezeigt. Wer schlechte Umsätze machte, dessen Statistiken sanken ebenso wie seine *Ethik-Stufe.* Je tiefer Scientologen fielen, desto weniger durften sie sich der Körperpflege widmen, durften mit niemandem außer ihrem Aufseher reden oder bekamen nur Reis und Bohnen zu essen. Hubbard nannte diese drakonischen Strafen »harte Ethik«.[17] Der *Ethik-Katalog* ist bis heute in Kraft. Ein Delinquent im Zustand *Danger* (Gefahr) »darf nicht baden, kein Make-up tragen, nicht zum Friseur gehen, sich nicht rasieren«. Im Zustand *Liability* (Schuld) sind nur »minimale Essenspausen« mit abgestandenen Speisen und Wasser erlaubt und »ein graues Armband am linken Arm« vorgeschrieben. Wer unter *Doubt* (Zweifel) fällt, muss das Armband durch »Handschellen« ersetzen und wird von jeder Kommunikation ausgeschlossen, und die Unglücklichen in noch tieferen »Zuständen« können eingesperrt werden. Man würde meinen, der obskure Begriff *Non-Existence* (Nichtexistenz) bezeichne das untere Ende der Hubbard-Skala. Aber weit gefehlt, darunter stehen noch *Treason* (Verrat), *Confusion* (Verwirrung) und der gefürchtete Zustand *Enemy* (Feind) für jemanden, der öffentlich gegen Scientology auftritt und daher als »Unterdrücker« oder »Krimineller« gilt.

Den Zustand des »Feindes« definierte der Sekten- und Flottenchef als *Fair Game Order* (Freiwildbefehl) in drei Richtlinienbriefen ab 1965 wie eine Ächtung im Mittelalter: »Eine Person, die in den Ethik-Zustand des Feindes zurückgestuft worden ist, gilt als vogelfrei. Man darf ihr das Eigentum wegnehmen, und ihr darf in jeder Weise Schaden zugefügt werden von jedem Scientologen, ohne dass dieser dafür irgendwie zur Rechenschaft gezogen wird. Man darf sie betrügen, verklagen, belügen oder vernichten.«[18] Um in diesem Sinne ein Gegner zu werden, kann es schon reichen, Scientology den Rücken zu kehren. Ausführen sollte den Befehl in der Regel der »kirchliche« Geheimdienst, dem Hubbard dafür ein reiches Arsenal an Methoden anempfahl – von offener und versteckter Materialsammlung über Psychoterror, Bespitzelung, falsche Beschuldigungen, Strafanzeigen, Einbruch, Diebstahl bis hin zu tätlichen Angriffen und – wie es zwei ehemalige Agenten des scientologischen Geheimdienstes unter Eid bezeugten – auch Mord.[19]

Hubbard zog die Aufforderung zur Selbstjustiz 1968 zwar zurück, doch fürchten Ex-Scientologen und Kritiker den »Freiwildbefehl« bis heute. Die entsprechenden Ausbildungsrichtlinien wurden vom Geheimdienst weiterhin benutzt, und der Befehlsbrief, mit dem sie aufgehoben wurden, ist so zweideutig formuliert, dass er schon wieder eindeutig wirkt. Darin heißt es, »Freiwild« dürfe auf keiner *Ethik-Order* mehr erscheinen, denn es verursache »schlechte Beziehungen zur Öffentlichkeit«. Ausdrücklich steht darin, dass die Order »keine anderen Befehle über die Behandlung oder Handhabung eines SPs aufhebt« – sprich die berüchtigten *SP Declares,* mit denen kritische Ex-Scientologen zu »Unterdrückern« erklärt werden.[20] Anders gesagt: Der *Begriff* »Freiwild« soll nicht mehr erscheinen, aber dass die *Praxis* aufhören soll, davon ist nicht die Rede. »Fair Game existiert noch immer und ist eine bindende Richtlinie«, sagen ehemalige Top-Scientologen, wie der Kanadier Gerry Armstrong, der Deutsche Wilfried Handl, der Amerikaner Jesse Prince. Hubbard selbst ließ wenig Zweifel, wie *SPs* auch in Zukunft behandelt werden sollten, denn er setzte den offiziellen scientologischen »Ehrenkodex« nicht außer Kraft, in dem es heißt: »Fürchte nie, einen anderen in einer gerechten Sache zu verletzen« und »Verlasse niemals eine Gruppe, der Du Deine Unterstützung schuldig bist«.[21]

Der Psychoterror nach innen und die totalitäre Strategie nach außen führten Hubbard dazu, intern die Mitglieder ständig zu überprüfen und gegebenenfalls zu bestrafen und nach außen die Kritiker mit geheimdienstlichen Methoden auszuspionieren und unter Druck zu setzen. Konsequenterweise bezeichnete er seine *Ethik* als »die Dampfwalze, die die Straße ebnet«. In dem per Dampfwalzenjustiz geschaffenen »ethischen« Umfeld könne Scientology dann ihre Kurse, ihre Ideologie und ihr »Justiz-System«, kurz die *LRH Technologie* allen Menschen vorschreiben, so Hubbard: »Das ist der ganze Zweck von Ethik: die Technologie reinzubekommen.«[22] Das wichtigste politisch-administrative Instrument, um »Ethik in die Gesellschaft zu bringen« und »Gegenabsichten auszuschalten«, sollte nach dem Willen des Scientology-Gründers sein Elitekorps, die *Sea Org* sein, die er als »Forschungs- und Managementabteilung der Scientology-Kirche« bezeichnete, um die richtige Anwendung seiner *Technologie* zu exekutieren. 1969 schrieb er: »Die Sea Org ist in erster Linie eine Ethik-Organisation«.[23]

In den 1960er Jahren waren zunächst die putschartigen Überfälle der »Gedankenpolizei« aus der *Sea Org* der Grund, dass »ein Klima des Wahnsinns sich in der Welt der Scientology auszubreiten begann«, urteilt der Hubbard-Biograph Christopher Evans.[24] Auch auf den Schiffen konnte sich, wenn es dem *Commodore* nicht gut ging, eine Stimmung latenten oder offenen Terrors entfalten. Wie einzelne »Verbrecher« in Hubbards Flotte bestraft wurden, illustrierte die Zeitschrift *Auditor (Nr. 41)* in Bild und Text: »Studenten werden aufgrund von schwerem Out-Tech über Bord geworfen und der Tiefe übergeben.« Halbtot wurden die »Studenten«, Erwachsene, aber auch Kinder, dann wieder aus dem kalten Wasser herausgezogen.[25] Dieses Ritual wurde ab 1969 fast täglich wiederholt, wie ein ehemaliger »Student« bezeugt. Ein früherer *Sea-Org*-Mann sagte: »Jedes Opfer wurde herausgerufen, und dann faselte der Kaplan irgendetwas davon, dass das Wasser die Sünden abwaschen würde; dann packte man sie und stieß sie über Bord.«[26] »Ungezogene *Messengers*« ließ Hubbard auch tagelang im ölig-schmutzigen Kettenkasten einschließen. »In vielen Fällen beobachtete ich, wie jemand in die ›Kettenkästen‹ des Schiffes gesteckt wurde«, berichtete das ehemalige *Messenger*-Mädchen Tonya Burden. »Ich sah, wie ein Junge dort 30 Nächte lang eingesperrt wurde; er heulte und bettelte, herausgelassen zu werden.« Der Junge hatte jemandem eine Flöte weggenommen und darauf gespielt.[27] Später stiegen aus der *Commodore's Messengers Org* die derart »abgehärteten« Erben des Psycho-Imperiums auf, die Hubbards Techniken der Machtübernahme und -sicherung gegen ihre Rivalen im System anwenden konnten. Die ehemalige Scientologin Rebecca Goldstein sagte über diese Truppe: »Sie waren von ihrer Macht derart berauscht, dass sie extrem rachsüchtig, fies und unehrlich wurden. Sie waren eine sehr exklusive, gefährliche kleine Gruppe.«[28]

Heute ist die *Sea Organization* die eigentliche Stütze, Machtbasis und Eingreiftruppe des obersten Scientology-Managements, das seinerseits im Wesentlichen aus der noch elitäreren *Messengers Org* hervorgegangen ist. In der *Sea Org* werden die künftigen Führer der Science-Fiction-Sekte ausgebildet; rund 5000 Frauen und Männer sollen ihr angehören, eine der wenigen Zahlenangaben von Scientology, die Experten für glaubhaft halten. Wer dort eintritt, unterschreibt einen Vertrag über »eine Milliarde Jahre«, um sich »dem Zweck zu verschreiben, Ethik auf diesem Planeten und in diesem Universum reinzubringen«.[29] Die Mitglieder des paramilitärischen Ordens verpflichten sich dem Kampf für eine »neue und größere Zivilisation auf Erden« mit ihrem Leben: »Wenn jemand eingeschrieben ist, so ist er an Bord, und wenn er an Bord ist, dann ist er zu denselben Bedingungen hier wie alle anderen von uns – gewinnen oder beim Versuch sterben.«[30] Alle höheren Levels auf der »Brücke zur totalen Freiheit« können die Scientology-Kunden nur bei den »hochtrainierten Auditoren« der *Sea Org* absolvieren. Die Mitglieder dieser Eliteeinheit leben kaserniert, tragen Marineuniformen mit dem Abzeichen »Revenimus« – »Wir kommen wieder« (in einem anderen Leben, d. A.). Sie übernehmen die wesentlichen Sicherheitsdienste im Psychokonzern und sind intern wegen ihrer Härte gefürchtet.

Jeder Scientologe muss *Sea-Org*-Mitglieder mit »Sir« anreden, auch wenn es sich um 12-jährige Kinder handelt. Kinder seien dort keine Kinder, »sondern die Kinder werden wie Erwachsene behandelt«, sagte die junge deutsche *Sea-Org*-Aussteigerin Vivien K. aus Hamburg, die gegen ihre scientologischen Eltern auf Schmerzensgeld klagte und im Oktober 2002 in einem gerichtlichen Vergleich 35 000 Euro zugesprochen bekam.[31] Bei der *Sea Org* in Saint Hill Manor seien schon Achtjährige als *Auditoren* ausgezeichnet worden, die Erwachsene verhören durften – selbst über intime sexuelle Details. Vivien K. erklärte: »Wichtig ist bei Scientology nicht das Alter, sondern wie viel du leistest.«[32]

Nach der Analyse des Münchner Juristen Jürgen Keltsch ist diese »Aristokratie« der Organisation strukturell verwandt mit dem »Typus eines technologischen Funktions- und Kampfmenschen«, wie er auch im Soldatenmenschentum der Nazis eine Rolle spielte: »Als geschickter Sozialpsychologe hat Hubbard dem von ihm geschaffenen Kampfverband als nicht mehr überbietbare Kampfmotivation die Sicherung des ›Überlebens der ganzen Menschheit‹ vorgegeben.«[33] Die Zentren der *Sea Org* liegen in Florida, in Los Angeles, auf dem in der niederländischen Karibikinsel Curacao registrierten Kreuzfahrtschiff »Freewinds«, in Kopenhagen und im englischen Saint Hill. Susanne Elleby, dänische Aussteigerin aus der *Sea Org* in Kopenhagen, hat das Regiment dort genau beschrieben, das vor allem aus harter Arbeit und harter Moral besteht. »Außerehelicher Geschlechtsverkehr gilt als Schwerverbrechen. Kinder sind in der Regel unerwünscht, weil sie die Arbeitskraft der Eltern einschränken. Sollte es dennoch geschehen und die Frauen treiben nicht ›freiwillig‹ ab, so haben sie nicht viel von ihrem Mutterglück. Eine halbe Stunde Kontakt mit den Eltern pro Tag muss ausreichen. Ab 1989 war es dann überhaupt nicht mehr gestattet, Kinder in der *Sea Org* zu haben.«[34] *Sea-Org*-Mitarbeiter können überall auf der Welt eingesetzt werden, sie müssen dem Befehl Folge leisten; dafür erhalten sie gerade mal 50 Dollar »Lohn« pro Woche bei freier Kost und Logis.[35] Um ihre Tauglichkeit zu beweisen, würden Novizen oft ein Jahr auf Anwerbetour durch Europa geschickt, mit einem Soll von vier Rekruten pro Woche. Susanne Elleby schaffte nur elf in einem Jahr, weil sie Skrupel entwickelte, Menschen aus ihrem sozialen Umfeld zu reißen – Skrupel, die letztlich zu ihrem Abstieg in ein Straflager und 1990 zu ihrem Ausstieg aus der Sekte führten. Sie berichtete, dass es bei der Truppe seit 1989 eine Sperre gab, Verwandte zu besuchen, weil alle Kräfte auf das ganz große Ziel konzentriert werden müssten. Als sie zur Beerdigung ihres Opas fahren wollte, wurde dies nicht genehmigt. Begründung: »Im Jahre 2000 muss Scientology die Weltherrschaft erreicht haben. Dazu brauchen wir jede Hand. Wenn du deinen Opa so sehr vermisst, kann dich dein Mann ja schwanger machen, und du kannst deinem Opa so einen neuen Körper geben.«

In Deutschland gibt es keine *Sea-Org*-Ausbildungslager, weil dazu »Saint-Hill-Größe« nötig wäre, eine personelle und finanzielle Ausstattung, wie sie (noch) keine *Org* hierzulande besitzt. Aktive Mitglieder der Eliteeinheit *Sea Org* behaupten zuweilen, ihr Lebensstil sei nicht ungewöhnlicher oder härter als der von christlichen Mönchen. Sich dem Dienst bei Scientology zu verpflichten sei der höchste Ausdruck ihrer Hingabe an ihre »Religion«. Die Deutschlandsprecherin Sabine Weber nennt die *Sea Org* einen »Orden«, in dem ihre eigene Tochter gedient habe, bis sie ein Kind bekommen habe. Doch war bei Gründung der *Sea Org* Ende der 60er Jahre auch nicht ansatzweise von Orden, Mönchen oder Religionen die Rede. Damals sprach Hubbard nur von Organisation, Management und Disziplinierung. Denn darum geht es: Ob bei der *Sea Org* oder in einer der (angeblich) 5000 Scientology-Filialen weltweit, überall betreten Mitarbeiter des Psychomultis eine Art Militärverband mit autoritären Regeln und einer harten Disziplin, die auch drakonische Strafen einschließt. Bei der *Sea Org* bekommen sie »zum Ausgleich« Marineuniformen mit Bändern und Sternen und militärische Ränge wie Fähnrich, Leutnant und Captain verliehen. »Die Sea Org ist eine sehr harte Truppe«, sagte Hubbard. »Ihr anzugehören ist kein Spaziergang im Park.«[36] Damit meinte er offenbar nicht nur die Arbeitsbedingungen, sondern auch das immer wieder verschärfte *Ethik-Regime*. *Sea-Org*-Soldaten ertragen die brutalen Bedingungen vor allem aus zwei Gründen: Sie sind Gefangene ihrer Träume von einer »befreiten Welt« durch Scientology wie ihrer Furcht vor einem Verlassen der Organisation. Das ehemalige *Sea-Org*-Mitglied Janie Peterson erklärte unter Eid, dass sie »von Scientology so indoktriniert« gewesen sei, dass sie glaubte, sie würde sterben, wenn sie ausstiege.[37] 1967 hatte die *Sea-Org*-Bruderschaft unter ihrem Signet zweier Seepferdchen angeblich bereits tausend Mitglieder.

Ihr erster Kommandant und *Commodore* hielt sich mitsamt Crew und Schiffen zuletzt meist in Tanger und Casablanca auf, wo seine *Sea-Org*-Leute zeitweise marokkanische Polizeioffiziere lehrten, mit Hilfe des *E-Meters* politische Staatsfeinde aufzuspüren.[38] Als sich marokkanische Pro- und Contra-Monarchisten aus Furcht vor *E-Meter*-Enthüllungen in die Haare bekamen und Hubbard wie zuvor in Rhodesien Staatsstreichpläne ventilierte, zeigte auch Marokko dem *Commodore* die rote Karte. Nach dem schmachvollen Zwischenstopp in Madeira kreuzte die »Apollo« ein Jahr durch die Karibik, bis L. Ron Hubbard im Herbst 1975 nach einem leichten Schlaganfall seine »Mission into Time« beendete. Trotz aller Probleme mit der Steuerbehörde IRS traute sich der nun 64-jährige »Gründer« zurück an den Ausgangspunkt seiner Abenteuer: in die Vereinigten Staaten von Amerika. Im subtropischen Klima des Golfs von Mexiko hatten Getreue unter dem Allerweltsnamen *United Churches of Florida* für 2,8 Millionen Dollar das alte elegante Hotel »Fort Harrison« und ein ehemaliges Bankgebäude erworben. Die Immobilien lagen in dem kleinen Badeort Clearwater nördlich von St. Petersburg – natürlich war er wegen des unglaublich passenden Namens ausgewählt worden. Die Gebäude wurden nun zum neuen Hauptquartier des Multimillionenunternehmens umgerüstet.[39]

Es dauerte eine Weile, bis die Stadtväter realisierten, *wer* sich da in ihrem beschaulichen Seebad niederließ. »Ich sehe mit steigendem Unbehagen das Anwachsen von Sicherheitspersonal, das mit Schlagstöcken und Keulen ausgestattet und von den ›Vereinigten Kirchen Floridas‹ angestellt ist«, zitiert Russell Miller aus Interviews des verdutzten Bürgermeisters, »Ich verstehe nicht, warum dieses Maß an Sicherheitspersonal für eine religiöse Organisation erforderlich ist.«[40] Als Lokalreporter der Lösung des Rätsels sehr nahe kamen, trat Ende Januar 1976 ein scientologischer »Reverend« vor die Presse in Clearwater und gab offiziell bekannt, dass Scientology der neue Eigentümer der Immobilien in der Innenstadt sei. Wie sich das Verhältnis zwischen Stadt und Sekte in Zukunft entwickeln sollte, illustriert nichts so treffend wie die Ereignisse um einen »Tag der offenen Tür«, den die Organisation eine Woche später veranstaltete. Den rund 500 neugierigen Besuchern versicherte der »Reverend«: »Scientologen sind Leute, die nicht trinken und die Gesetze einhalten. Sie sind freundlich und wollen zum Gemeinwohl beitragen.« Russell Miller schreibt: »Am nächsten Tag reichte die Scientology-Kirche eine Klage über eine Million Dollar gegen Bürgermeister Gabriel Cazares wegen übler Nachrede und der Verletzung ihrer verfassungsmäßigen Rechte ein.«

Der *Commodore* nannte das luxuriöse Anwesen *Flag Land Base*, um zu symbolisieren, dass sein Flaggschiff nun gelandet war; Scientologen aus aller Welt galt es fortan als Wallfahrtsort. Bestimmte, besonders teure Dienstleistungen können bis heute nur in Clearwater absolviert werden oder wie der höchste Erleuchtungskurs *OT-8* nur auf dem luxuriösen (aber asbestverseuchten und daher von den Behörden 2008 monatelang stillgelegten) 500-Personen-Kreuzfahrtschiff »Freewinds« in der Karibik, das die Organisation 1986 für 11 Millionen Dollar kaufte.[41] Zugleich wurde *Flag* zum Trainingszentrum und zur eigentlichen Machtzentrale der Scientology-Organisation ausgebaut, streng von der Öffentlichkeit, aber auch nach innen abgeschirmt. »Im Fort Harrison waren draußen ›Security Guards‹ aufgestellt, um zu verhindern, dass jemand ausflippte. Ausflippen *(to blow)* bedeutet: Scientology zu verlassen«, bezeugt ein ehemaliger Insasse.[42] 1400 Elite-Scientologen unterwerfen sich seither in *Flag* der strengen *Sea-Org*-Disziplin – frei nach den Worten L. Ron Hubbards: »Wir sind die vielleicht einzige wirklich wirksame westliche Streitmacht.«[43]

Der »Gründer« war aus Sicherheitsgründen gar nicht erst in das »Fort Harrison« mit eingezogen, sondern hatte sich samt Familie zuerst in einer nahegelegenen Kleinstadt und, nach einem Anfall von Verfolgungswahn, im Februar 1976 in der amerikanischen Hauptstadt Washington einquartiert, wo er sich einen Bart wachsen ließ und mit Second-Hand-Kleidern kostümierte.[44] Dann kam der

11. Juni 1976, an dem zwei Agenten des *Guardian's Office* abends in einem Büro des Justizministeriums nur ein paar Straßen entfernt aufgegriffen wurden, wo sie definitiv nichts zu suchen hatten. Hubbard wusste instinktiv, dass wieder einmal der Zeitpunkt gekommen war, die Flucht zu ergreifen. Seine Abgesandten fanden eine Ranch mit Hacienda und Swimmingpool für 1,3 Millionen Dollar in La Quinta, einer bergigen Wüstenlandschaft nahe Palm Springs in Kalifornien. Nachdem das Anwesen mit Telexleitung, Dekodierungsgeräten sowie abhörsicheren Leitungen nach Clearwater und zum *Guardian's Office* in Los Angeles »verkabelt« worden war, zog die Familie Hubbard im Oktober 1976 ein und unterwarf alle Bediensteten einem scharfen Sicherheitsregiment; jeder Mitarbeiter bekam einen Tarnnamen.

Der geheime Umzug des Chefs dürfte dazu beigetragen haben, dass wichtige Teile des Scientology-Managements an die Westküste des amerikanischen Kontinents verlagert wurden.[45] 1977 erwarb die Sekte ein großes ehemaliges Krankenhaus in Hollywood, nicht ganz zufällig am Puls der weltweiten Filmindustrie. Es wurde die Keimzelle der späteren Verwaltungszentrale. Hubbard stand von La Quinta aus in ständiger Verbindung mit seinen Statthaltern in Los Angeles und Clearwater. Auf der Ranch »entdeckte« er im Frühjahr 1977 den scientologischen *Reinigungs-Rundown* mit seinen absurden Vitamingaben, der in seiner Phantasie die »Lösung des Drogenproblems« und die »Rettung der Jugend weltweit« bedeutete. Neben literarischen Ausflügen in die galaktische Vergangenheit, einem Filmdrehbuch über Xenu (»Revolt in the Stars«) befasste er sich im Übrigen vor allem damit, Dollars zu zählen. Mochte er auch Geld als unwichtig bezeichnen, es war für ihn letztlich mehr als nur ein Fetisch. Es war, zumal gegen Ende seines Lebens, die magische Basis seiner »Religion«, wie sich eine Zeugin erinnerte: »Hubbard war ausschließlich damit beschäftigt, Geld zu machen! An jedem Donnerstag gingen bei ihm nachmittags Fernschreiben aus der ganzen Welt ein. (...) Wenn die Umsatzzahlen unter einen gewissen Stand abfielen, wurde Hubbard rasend. Bei einer Gelegenheit, als der Umsatz unter 500 000 Dollar die Woche in Clearwater, Florida, abfiel, ordnete er dreimal täglich für den gesamten Mitarbeiterstab Reis und Bohnenverpflegung an. Schließlich schoss der Umsatz auf 1 000 000 Dollar in der Woche hinauf, und Hubbard erlaubte dem

Mitarbeiterstab, wieder zu einem anderen Speiseplan zurückzukehren.«[46]

Gegen Ende der 70er Jahre hatte sich der erste Science-Fiction-Kult der Geschichte organisatorisch konsolidiert und war nahezu unbemerkt von der Öffentlichkeit zu einem Multimillionen-Dollar-Konzern geworden. Nach eigenen Angaben soll die *Church* 1978 bereits 4,5 Millionen Mitglieder gehabt haben.[47] Auch wenn es in Wahrheit höchstens 300 000 waren, wie sich der damalige Public-Relations-Chef des *Guardian's Office*, Larry Brennan, erinnert, so gab es inzwischen doch *Missionen* in zahlreichen Ländern der Welt.[48] Nicht nur die US-amerikanischen, auch die europäischen Filialen expandierten. Scientology entwickelte sich zu einem mächtigen Unternehmen, das, wie der deutsche Scientology-Dissident Franz Dunkel* schreibt, »nichts anderes im Sinn hatte, als den Planeten zu übernehmen«.[49] Den Mitgliedern verhießen immer neue Kurse geistige Heilung; speziell das Konzept des *Operierenden Thetans* hatte sich als zugkräftig erwiesen. »OT-3 war nach wie vor die heiße und gerüchteumwobene magische Stufe, von der man sich einfach alles versprach«, schreibt Franz Dunkel. Und L. Ron Hubbard war auf dem Höhepunkt seiner Macht. Sein politischer Einfluss war bei weitem größer, als unbefangene Beobachter meinen konnten. Ohne dass es jemandem auffiel, hatte er seinen neuen Geheimdienst *Guardian's Office* zu einem schlagkräftigen Instrument entwickelt. Der *Commodore* von Scientology wagte es nun sogar, die Regierung des mächtigsten Staates der Erde herauszufordern.

Geheimcode »Schneewittchen«

In Washington standen 1979 neun bedeutende Scientology-Funktionäre vor Gericht. Obenan Mary Sue Hubbard, die Ehefrau des Sektengurus, damals 48 Jahre alt. Der Vorwurf der Staatsanwaltschaft lautete auf Einbruch in Regierungsgebäude, Diebstahl von Dokumenten und Verschwörung gegen die Vereinigten Staaten; nach deutschem Recht vergleichbar der Bildung einer kriminellen Vereinigung. Indem die Angeklagten ein umfassendes Geständnis ablegten, umgingen sie ein öffentliches Strafverfahren. Am 26. Oktober 1979 fällten die Richter ihr Urteil, und es lautete: schuldig. Sie folgten der Begründung der Staatsanwaltschaft, in der es hieß: »Die dem Gericht vorgelegten Beweise zeugen von haarsträubenden Verbrechen gegen private und öffentliche Institutionen sowie Einzelpersonen. Unter dem Deckmantel der Religionsfreiheit haben die Scientology-Funktionäre alle Regeln der menschlichen Gesellschaft mit Füßen getreten.«[1] Die insgesamt elf Angeklagten, alles Top-Scientologen, erhielten teilweise lange Haftstrafen; Mary Sue Hubbard, die Leiterin der Operation, wanderte für fünf Jahre ins Gefängnis. Die »Nummer drei« von Scientology, Jane Kember, und ein weiterer Angeklagter hielten sich in Großbritannien auf, wurden später ausgeliefert und separat verurteilt. Hubbard selbst sowie 24 weitere Scientology-Anhänger wurden von der Staatsanwaltschaft als »nicht angeklagte Mitverschwörer« bezeichnet. Die Affäre gilt seither als der größte interne Spionagefall in der Geschichte der Vereinigten Staaten. Trotz der Schuldbekenntnisse behauptet Scientology noch immer, die Razzia sei verfassungswidrig und ein »faschistisches Treiben« gewesen.[2]

Alles an dieser Geschichte klingt wie aus einem Agententhriller.[3] 1976 hatten FBI-Beamte zwei Offiziere des *Guardian's Office* mit falschen Papieren nachts im hochgesicherten US-Justizministerium in Washington aufgegriffen. Sofort wurden Ermittlungen eingeleitet, die auf die Spur eines ausgedehnten Spionagerings führten. Entscheidende Hinweise bekam das FBI von einem der beiden Scientology-Agenten, dessen Spur die Beamten zunächst verloren hatten, mit Namen Michael Meisner. Er hatte begonnen, sich von der Sekte zu lösen, tauchte unter, wurde von Agenten des *Guardian's Office* gekidnappt und mehrere Monate gefangen gehalten, bis ihm die Flucht glückte. Mary Sue Hubbard gab einen unmissverständlichen Ratschlag, wie mit ihm zu verfahren sei: »Offen gesagt, ich würde nicht Ressourcen … vergeuden, um ihn zu suchen, ich würde stattdessen Gebrauch von Ressourcen machen, um einen Weg zu finden, ihn unschädlich zu machen, sollte er zum Verräter werden.«[4] Aber es war schon zu spät. Nachdem er ein Jahr lang auf der Flucht gewesen war, entschloss sich der Abtrünnige, mit dem FBI zu kooperieren. Meisner enthüllte, dass Scientology 1974 einen großen Angriff auf amerikanische Regierungsbehörden gestartet habe, von denen sie eine Untersuchung der »Kirche« befürchtete. Er selbst habe den Spionagering in Washington geleitet. Gemeinsam mit dem Agenten Gerald Wolfe, Deckname »Silver«, sei er in Büros der Steuerfahndung IRS eingebrochen und habe dort in der Fotoabteilung falsche Ausweispapiere als Mitarbeiter der Regierung hergestellt. Mit deren Hilfe seien sie in verschiedene Behörden gegangen, um sich liegengelassene Schlüssel anzueignen und nachzumachen, Schlösser zu knacken sowie Akten zu stehlen und zu kopieren. Von Meisner hörten die FBI-Agenten erstmals das Codewort der Geheimoperation: »Snow White« (Schneewittchen).

Die amerikanische Bundespolizei setzte alle Hebel in Bewegung und konnte dank Meisners Aussage zum Gegenangriff übergehen. Am 8. Juli 1977 durchsuchten 134 FBI-Beamte in einer Großrazzia die Scientology-Filialen in Los Angeles und Washington. Sie fanden Dietriche, Pistolen, Munition, K.-o.-Tropfen, Totschläger, Wanzen und andere Abhörgeräte sowie interne Anweisungen der »Kirche« zur Geldwäsche und Erpressung, zur Beschattung und zum Ausspionieren von Feinden. Sie stellten 48 149 Dokumente mit belastendem Material sicher, Beweise für ein erstaunliches Spionagesystem mit zahlreichen Operationen gegen Einzelpersonen und Behörden. Speziell ausgebildete Sektenjünger drangen nachts und an Wochenenden in Ministerien und andere Ämter ein und durchforsteten dabei sogar das Büro des stellvertretenden Justizministers. Im Kern ging es ihnen darum, negative Berichte und Beweise gegen ihre *Church* aus staatlichen Archiven zu beseitigen, behörden- und regierungsinterne Unterlagen über alle laufenden Gerichtsprozesse und sonstige Untersuchungen gegen die Sekte zu beschaffen sowie »Akten von Polizei und Interpol, sofern sie das Schneewittchen-Programm unterstützen können«.[5] Das Ziel der »Operation Schneewittchen« war es, regierungsamtliche Untersuchungen von Scientology zu sabotieren und ihre Steuerbefreiung als gemeinnützige Organisation durchzusetzen.

Die »Operation Snow White« war die große Stunde des *Guardian's Office*, abgekürzt *GO*, des größten privaten Geheimdienstes der Welt. Hubbard hatte seinen Dienst einmal als »Propaganda- und Sicherheitsministerium« von Scientology bezeichnet und ihm »lebenswichtige Ziele« zugewiesen, »für die wir den größten Teil unserer Zeit aufwenden müssen«. Der Plan las sich wie eine Anleitung zum Staatsstreich: »Ziel 1) Kleinmachen des Feindes bis zum Punkt totaler Vernichtung. Ziel 2) Übernahme der Kontrolle oder Erlan-

gen der Ergebenheit der Chefs oder Eigentümer aller Nachrichtenmedien. Ziel 3) Übernahme der Kontrolle oder Erlangen der Ergebenheit der wichtigsten Politiker. Ziel 4) Übernahme der Kontrolle
oder Erlangen der Ergebenheit der wichtigsten internationalen
Finanzaufseher.«[6] Dass dies keine leeren Worte waren, bewies
nichts so gut wie das »Schneewittchen«-Programm, in dessen Verlauf laut einem *GO*-»Unterwerfungs-Report« 136 Institutionen infiltriert werden sollten, darunter nicht nur FBI, NSA, CIA, DIA,
FDA und IRS, sondern auch die US Army, die US Navy, die US
Post, zahlreiche psychiatrische Verbände und Kliniken. Einige wurden in dem Dokument mit dem Wort »erledigt« markiert: der IRS,
die DEA, die Küstenwache, das Arbeitsministerium. Erfolgreich infiltriert wurden die American Medical Association, die American
Psychiatric Association, die American Psychological Association
und einige Antisektengruppen.[7]

David Miscavige behauptete später, dass das *Guardian's Office*
damals jede einzelne *Org* unter seiner Kontrolle und 1100 feste sowie eine ungenannte Zahl freier Mitarbeiter gehabt habe.[8] Angeblich gab es weltweit etwa 25 Niederlassungen, allein in Los Angeles
sollen 200 Leute beschäftigt gewesen sein. Das *Guardian's Office*
war in sechs Abteilungen gegliedert, von denen fünf allerdings *keine*
originär geheimdienstlichen Aufgaben hatten, wie das *Presse- und
Öffentlichkeitsamt* für Public Relations.[9] Neben den *offenen* Funktionen von Propaganda, Finanzierung und Rechtsschutz gab der
»Gründer« dem *Guardian's Office* eine Reihe *subversiver* Ziele vor,
die in die *Informationsabteilung* des Dienstes, die eigentliche Ge-
heimdienstabteilung, fielen. Das wichtigste subversive Ziel war die
Infiltration von Regierungsstellen, Psychiatrieverbänden, Zeitungs-
redaktionen und anderen Institutionen in den USA, Kanada und
Großbritannien. In diesem Rahmen begann 1973 die »Operation
Schneewittchen«, um die eigentliche Quelle des vermuteten globalen Angriffs der »Psychs« auf L. Ron Hubbard zu enthüllen. Damals
war Hubbard von der Arbeit seiner Agenten so begeistert, dass er
1976 jubelte: »Es gibt kein erfolgreicheres Informationsnetz als das
Büro des Guardian. (…) Es ist möglich, dass es in den düsteren Weiten der Geschichte einmal eine Aktivität gegeben hat, die ebenso erfolgreich war. Wenn dem so ist, weiß ich nichts darüber.«[10]

Als das Komplott aufflog, wurde die Schlagkraft von Hubbards privater CIA plötzlich allgemein sichtbar – ein Schock für die Öffentlichkeit, aber auch für die amerikanische Regierung. Die vom FBI 1977 beschlagnahmten Dokumente zeigten laut dem Urteilsspruch des Gerichts »das unglaubliche und dramatische Ausmaß des kriminellen Gebarens der Angeklagten und der Organisation, die sie leiteten«.[11] Verglichen damit, wie die USA seit dem September 2001 mit terroristischen Vereinigungen umgehen, erhielten Hubbards Agenten damals recht milde Strafen. Verantwortlich für die Operationen war Mary Sue Hubbard, die Leiterin des *Guardian's Office*, »doch es war undenkbar, dass sie lediglich aus eigener Initiative handelte und den Fortschritt nicht mit ihrem Mann diskutierte«, schreibt Hubbards Biograph Russell Miller.[12]

Auch die Richter hatten keine Zweifel, dass die Aktionen des *Guardian's Office* durch den Scientology-Chef gedeckt worden waren und dass die Behauptung der Verteidigung im Prozess, »die Politik der *Church* verbiete jede illegale Aktivität ihrer Mitglieder und Mitarbeiter, total unbegründet und falsch ist«.[13] Eine ähnliche, nicht ganz so umfangreiche Operation führte das *GO* gleichzeitig in der kanadischen Provinz Ontario durch, wo seine Agenten so viele Dokumente stahlen, dass man 40 Aktenschränke damit hätte füllen können; wegen der Infiltration von Polizeistationen und Justizbehörden wurden 1992 in Toronto eine Reihe von Scientologen, aber auch die Scientology-Organisation verurteilt. Auch dort stellte der Richter fest, dass »das *Guardian's Office* der Kontrolle des Gründers L. Ron Hubbard und seiner Frau Mary Sue Hubbard unterstand«.[14]

Trotzdem oder deswegen versuchten die Scientology-Führer, während des »Schneewittchen«-Skandals und in seiner Folge sämtliche Hinweise auf die Verwicklung ihres *Commodore* in die Aktivitäten des *Office* zu tilgen. Akten wurden gesäubert, eidesstattliche Erklärungen abgegeben, Zeugen versteckt. Doch war es unmöglich, alle schriftlichen Zeugnisse der Vorgeschichte wieder »zurückzuholen«. Auch blieben einige Texte und Vorträge des Meisters in Kraft, die eindeutig belegen, dass er der Gründer des Geheimdienstes und für dessen Handlungen verantwortlich war. Er hatte auch die Struktur des Dienstes eigenhändig entworfen. Dessen Herz war die *Informationsabteilung*, das zwei Abteilungen besaß, englisch *Branches* (Zweige), die als Branch-1 (B-1) und Branch-2 (B-2) bekannt wurden. Abteilung B-2 kümmerte sich um die »offene Datensammlung«

aus öffentlich zugänglichen Archiven, Datenbanken, Bibliotheken, Wirtschaftsdateien, Handelregistern und Ähnlichem und war verantwortlich für die »interne Sicherheit« der Organisation. Das eigentliche Nervenzentrum des Dienstes aber war die Abteilung B-1, zuständig für »verdeckte Datensammlung« und »verdeckte Operationen« mit nachrichtendienstlichen Mitteln. B-1 sammelte und archivierte Akten über jeden einzelnen Scientologen und jeden mutmaßlichen »Unterdrücker«. In einem internen Befehlsbrief mit dem Titel »Re: Geheimdienst« wurden in entwaffnender Offenheit folgende Möglichkeiten der Informationsbeschaffung angegeben: »1) Infiltration, 2) Bestechung, 3) Informationsankauf, 4) Diebstahl, 5) Erpressung.«[15]

Die Ex-Scientologin Margery Wakefield, selbst lange Jahre im *GO* tätig, weist auf das apokalyptische Denken hin, ohne das man nicht verstehen könne, wieso sich Scientologen zu schwerkriminellen Taten motivieren ließen: »Aus der scientologischen Perspektive ist die Welt in höchster Gefahr der nuklearen Vernichtung, und die Scientologen sind das einzige Mittel gegen den unausweichlichen Schrecken.« Da sie sich für die Elite des Planeten hielten und ihre *Ethik* der *Wog*-Justiz ohnehin weit überlegen sei, sei alles erlaubt, was dem großen Ziel diene. »Notwendige Überschreitungen der Wog-Gesetze, um die Ziele von Scientology zu erreichen, sind gerechtfertigt, um das ›Beste‹ zu erreichen. Lügen, Stehlen, Bestechen und eine Reihe anderer Verbrechen sind als Mittel, die Menschheit zu retten, erlaubt.«[16] Tatsächlich befahl L. Ron Hubbard seinen Jüngern, im Zweifel ausschließlich den Befehlen von Scientology zu folgen: »Irgendjemand wird irgendwann sagen: ›Das ist illegal.‹ Wenn das geschieht, seien Sie gewiss, dass die *Orgs* Ihnen sagen, was legal ist oder nicht.«[17] Es liegt nahe zu vermuten, dass Legalität sich nach dem Grad der Bedrohung von Scientology bemaß. Das jedenfalls hatte der »Gründer« mehr als einmal zum Ausdruck gebracht: »Es gibt wahrscheinlich keine Grenze in Bezug darauf, was ich tun würde, um des Menschen einzigen Weg hinaus zu schützen gegen jene, … die versuchen, Scientology zu stoppen.«[18]

Aus Dokumenten und aus der Praxis des *Guardian's Office* geht hervor, dass die verdeckte Datenermittlung viele illegale Methoden umfasste. Sie konnte Zugriff auf Bankdaten, Kranken-, Psychiatrie- und Psychotherapieakten bedeuten; vielfach belegt ist die Durchsuchung der Mülltonnen von Kritikern oder die Fälschung ihrer Korrespondenz, ob Briefe oder E-Mails. Als ihrem Mann absolut ebenbürtig erwies sich Mary Sue Hubbard an der Spitze des Geheimdienstes. In einem geheimen Memorandum erläuterte sie 1969 die Aufgaben der Abteilung B-1. Darin beschrieb sie die »verdeckte Operation«, um einen Kritiker zu diskreditieren, die schließlich in offenen Terror münden könne.[19] Mary Sues Mann und *Commodore* hielt verdeckte oder offene Desinformationskampagnen für die effektivsten Mittel gegen »Feinde«. Wo keine Vorstrafen, Vergehen oder sexuelle Perversionen zu finden seien, riet Hubbard, Gerüchte zu streuen oder »Prozesse gegen die Urheber von Verleumdungen« anzustrengen, bis die Delinquenten »um Frieden betteln«. Denn: »Sie fürchten Freiheit. Sie fürchten die Geschwindigkeit, mit der wir wachsen. Warum? Weil sie zu viel zu verstecken haben.«[20] Die Methode sei erprobt und zuverlässig: »Als Kurzleitsatz haben wir also Sehen, Nachforschen, Verteidigen. Und während der ganzen Zeit müssen wir ein Bild der totalen Freiheit hochhalten und selber saubere Hände haben.«[21]

Scientology-Sprecher erklären immer wieder, dass derartige Zitate unangemessen »aus dem Zusammenhang gerissen« würden. Tatsächlich aber erschließt sich ihr Kontext meist recht einfach. Ron und Mary Sue Hubbards martialische Sprache ist kaum misszuverstehen, wenn es um den Umgang mit Feinden und »Unterdrückern« geht. Weil er Scientology seit den 1960er Jahren in einem Kriegszustand mit der Gesellschaft wähnte, glaubte der *Commodore,* dass jedes Mittel, auch rabiateste Methoden nötig seien, um »das Überleben zu sichern«, und der Geheimdienst spielte in seiner Kriegsstrategie gegen »Unterdrücker« eine zentrale Rolle.[22] Hubbard dekretierte: »In dem Moment, wo Sie den Unterdrücker unfehlbar identifiziert haben, fällt Ihnen unter Umständen auf der Stelle eine schnelle Lösung des Problems ein. Leider ist sie ungesetzlich.«[23]

Zum Ausbildungsprogramm des *Guardian's Office* gehörten folglich Tipps für die »schnelle Lösung«. Die Novizen lernten, anonyme Morddrohungen gegen Journalisten zu verfassen, Rufmordkampagnen gegen missliebige Kritiker anzuzetteln, Zeitungsausschnitte zu fälschen und Einbrüche zu planen und durchzuführen. Hubbards geheimdienstliches Curriculum, der *Guardian's Office Intelligence*

Training Course, umfasste 800 Seiten und enthielt Kapitel über das Abhören von Telefonen, Kampagnen zur Erzeugung von Psychosen, das bewusste Streuen von Gerüchten und alle denkbaren Arten von Desinformation – für eine »Kirche« sicher ein einzigartiges Dokument.[24] Mit seiner Hilfe wurden Scientology-Pressesprecher darauf gedrillt, die Medien bewusst zu belügen. Damit lernten sie die *Rollback Technology,* die gezielte Indiskretionen und durch das Streuen von Gerüchten Misstrauen und Feindschaft zwischen der Zielperson und ihren Freunden, Kollegen, Bekannten sät. Weitere Mittel der Kritikerbekämpfung fungierten unter so sprechenden Titeln wie *Dirty Tricks* (schmutzige Tricks), *Dead Agenting* (den Gegner zerstören) oder dem alten Geheimdienstcode *Black Propaganda* für Verleumdungstechniken.

Die meisten Direktiven zur Abwehr von Kritikern hatte der vom Secret Service faszinierte Scientology-Gründer L. Ron Hubbard auf vielen hundert Seiten eigenhändig ausgearbeitet. Bei den FBI-Razzien fand sich ein Einsatzbefehl des *Guardian's Office* namens »The Strike« (Der Schlag). Um »Informationen auf verdeckter Basis« zum Beispiel in einer Behörde zu erhalten, schrieb Hubbard, solle der Agent beim »Eindringen« die »Identität eines Journalisten« annehmen, sich eine Geschichte bereitlegen, »die plausibel klingt«, und im »Zielgebiet« dann ein »Xerox-Gerät« suchen (»Anmerkung: Es gibt immer die Alternative, die Akte zum Kopieren mit aus dem Gebäude zu nehmen«).[25] Nach dieser Anweisung handelten offensichtlich die *GO*-Agenten Meisner und Wolfe, als sie die Akten in der Steuerbehörde IRS in Washington stahlen. Der Einsatzbefehl über »Walk-Ins« (Einbrüche) behandelte nicht nur den Wohnungseinbruch mit Hilfe einer Kreditkarte, sondern auch das Öffnen aller möglichen Arten von Schlössern. Das Memo »Re: Debugging« (Entwanzen) gab Hinweise zum Ver- und Entwanzen von Telefonen und erklärte die Abhörtechnik.[26] Die ehemalige *GO*-Agentin Margery Wakefield absolvierte im *Guardian's Office* sogar einen Kurs, in dem sie lernte zu lügen: TR-L, *Trainings Routine Lie.* »In diesem Drill muss der Student eine Lüge erzählen, die der Coach, der mit ihm arbeitet, dann anfechtet, bis der Student in der Lage ist,)leicht zu lügen(.«[27]

Die Sicherheitskultur im *Guardian's Office* war extrem gut entwickelt. So wurden die *GO*-Agenten instruiert, welche Dokumente und Begriffe wie zu kodieren seien. Ein entlarvendes Dokument gab einen Überblick, welche Aktivitäten unbedingt zu verschlüsseln seien: »Subversive Aktivitäten; verdeckte Operationen; Geldgeschäfte, die die Finanzämter auf den Plan rufen; Dinge, von denen wir nicht wollen, dass sie mit der *Church of Scientology* in Zusammenhang gebracht werden, beispielsweise geheime *Frontgroups;* Wörter, die den humanitären Charakter der *Church of Scientology* in Frage stellen, wie belästigen, ausrotten, angreifen, zerstören, auslöschen, Fallen stellen; Erlaubnis zu ungestraften Verbrechen ...; Erwähnungen oder Befehle zum Einbruch; Ergebnisse des Auftretens als Regierungsagent; Beweise für das Abhören von Telefonen oder illegale Aufzeichnen von Gesprächen; Erwähnung von Belästigungen; jeglicher Beweis für Bestechung; Sätze wie ›Lasst ihn uns wegfegen‹ usw.«[28] Um »gefährliche« Dokumente rechtzeitig verschwinden zu lassen, sollte jede *Org* alle Beweise für illegale Operationen in einer »Red Box« aufbewahren, die im Fall einer Razzia schnell zerstört werden könne. Beweise sollten innerhalb von 30 bis 60 Sekunden vernichtet werden können.[29] Mit vollem Recht konnte Hubbard schon 1969 feststellen: »Keine andere Organisation und kein Land haben eine so große Chance wie wir, frei von Unterwanderung zu sein.«[30] Die interne Abschottung funktionierte zehn Jahre lang so gut, dass die Öffentlichkeit nichts von der Existenz des Sektengeheimdienstes erfuhr.

Bis Anfang 1975 war es dem *Guardian's Office* gelungen, nicht nur die Bundessteuerbehörde und das Justizministerium, sondern auch die US-Küstenwache und die nationale Gesundheitsbehörde zu infiltrieren. Es wurden Ausweise gefälscht, Tausende von Regierungsdokumenten kopiert, gestohlen oder »frisiert« und Abhöranlagen in den Konferenzräumen installiert. Am 1. November 1974 gelang es den Special Agents des scientologischen »Schutzbüros«, die entscheidende Konferenz des obersten IRS-Leiters über das Vorgehen der Behörde gegen Scientology aufzunehmen. Als *GO*-Agent Duke Snider kurz darauf einen Stapel kürzlich gestohlener Dokumente aus dem IRS ankündigte, jubelte der »weltweite Informationswächter« von Scientology, Mo Budlong, am 4. Dezember 1974: »Duke, solche Nachrichten erfreuen mein Herz ARC (Stop) Absolut fantastisch ARC Ich kann es kaum erwarten, die Unterlagen zu sehen.« Die Dokumente, insgesamt mehr als 30 000 Seiten, hatte der

Scientologe Gerald Wolfe gestohlen, der Mann mit dem Decknamen »Silver«, dem es gelungen war, in der Behörde angestellt zu werden. Die bei den FBI-Razzien beschlagnahmten Dokumente enthüllten einen großen Teil der Operationen und waren unwiderlegbare Beweise.[31] So wies die oberste Scientology-Sicherheitsbeauftragte Jane Kember ihre Agenten am 21. Oktober 1974 mit einer formellen *Guardian's Order* (Wächterbefehl) an, den IRS zu infiltrieren: »Sofort einen Agenten in die Steuerbehörde (IRS) des District of Columbia hineinschleusen ... Sobald die richtigen Bereiche eingegrenzt sind, diese unterwandern und die Akten besorgen.« Die Scientologen hatten zudem schriftliche Pläne zum Einbruch ins Washingtoner Justizministerium und zur »Unterwanderung des Nationalen Hauptsitzes von Interpol« in Washington erstellt; insgesamt füllte die Dokumentation des Prozesses Dutzende von Aktenordnern.[32]

Bei all dem erwies sich das *Guardian's Office* als ein bemerkenswert effizienter, professioneller Dienst. Spätestens seit Beginn der 1970er Jahre war das *GO* sogar die eigentliche Machtzentrale und noch vor der *Sea Org* zum heimlichen Herrscher über das Scientology-Imperium aufgestiegen. »Ganz vorne und weit über den anderen steht das Guardian-Organisationsnetz«, schrieb Hubbard 1974. »Es expandiert und verteidigt Scientology überall auf der Erde.«[33] Jede Aktivität der Organisation musste damals vom *Guardian's Office* abgesegnet sein. Der ehemalige Scientologe Lawrence Wollersheim hatte als Mitarbeiter Einblick in die Strukturen des *Guardian's Office* und beschrieb es in einer eidlichen Aussage 1980 als »weltweites Netz von Tausenden speziell ausgebildeten und völlig fanatischen Agenten und Detektiven; es ist in seiner Arbeitsweise mit dem CIA und dem KGB ... in hohem Maße vergleichbar«. Über seine strategische Bedeutung sagte Wollersheim, Scientology arbeite »auf eine Art Weltregierung hin, wobei ihre Agenten und Detektive Schlüsselstellungen einnehmen bzw. Schlüsselstellungen beeinflussen, zum Vorteil der zukünftigen Entwicklung der Sekte.«[34]

Dem Sektengeheimdienst gelang es innerhalb von drei Jahren, einen Großteil aller geheimen Informationen, die die Regierung der USA über Scientology besaß, zu beschaffen. Die »Gesamtstrategie« zielte ausweislich eines Memorandums des *Guardian's Office* vom 27. Mai 1975 letztlich immer auf dasselbe Ziel, das Scientology auch nach dem Scheitern der »Operation Snow White« nie aus den Augen verlieren sollte: »Die Anwendung jeder nur möglichen und uns zur Verfügung stehenden Methode, um zu erreichen, dass uns der Status einer gemeinnützigen Gesellschaft zuerkannt wird.«[35] Auf Deutsch: Es ging um Hunderte von Millionen Dollar. Die Steuerbefreiung von Scientology rechtfertigte in den Augen L. Ron Hubbards offenbar jedes Mittel. »Es ist interessant festzustellen, dass der Gründer ihrer Organisation, der nichtangeklagte Mitverschwörer L. Ron Hubbard, einmal schrieb …, dass ›wahr ist, was wahr für dich ist‹ und ›illegal ist, was gegen Statistiken und Policy verstößt‹«, erklärte der US-Bundesanwalt Charles Ruff. »So konnten sie mit dem Segen des Gründer-Commodore mutwillig Verbrechen begehen, solange diese im Interesse von Scientology waren. (…) Die Maßstäbe menschlichen Verhaltens, die in derartigen Praktiken zum Ausdruck kommen, verkörpern nichts Geringeres als die absolute Perversion jedes bekannten ethischen Wertesystems.«[36]

An dem Komplott war damals Robert Vaughn Young beteiligt, der 15 Jahre im Scientology-Geheimdienst an führender Stelle gewirkt hatte und 1989 ausstieg. Die Sektenleitung war daher aufs Höchste alarmiert, als Young sechs Jahre später begann, sein Wissen der Öffentlichkeit preiszugeben. 1995 unterhielt er sich ausführlich mit Ursula Caberta und dem Hamburger Nachrichtenmagazin *Der Spiegel*. Bei seinem Besuch in Hamburg wurde er von drei Polizisten geschützt. Scientology versuchte, die Publikation mit allen Mitteln zu verhindern. »›Young lügt‹ – mit dieser Mitteilung bombardierten Sektenanwälte im Dutzend die SPIEGEL-Redaktion«, berichtete die Zeitschrift.[37] Young kannte alle Hintergründe von »Snow White« – denn er war dabei gewesen. Und er wusste, dass Hubbard selbst der Urheber des geheimen Projektes war, das er 1973, noch auf der »Apollo«, ins Leben gerufen hatte. Schließlich erschien der *Spiegel*-Artikel, von Young selbst verfasst. Darin schrieb er: »Nur eine Handvoll Auserwählter bekam Einblick in das Ausmaß und die Zielsetzung dieses Programms. Denn Hubbard hatte Angst um das Image von Scientology.«[38]

Der Auftakt von »Schneewittchen« war ein Befehl der obersten Scientology-Sicherheitsbeauftragten *(Guardian World-Wide)* Jane Kember vom 21. November 1973, von dem es in der Anklageschrift der Staatsanwaltschaft heißt: »Ziel des ›Projektes‹ war es, in den Besitz aller Akten zu gelangen, die sich mit Scientology oder dessen Gründer L. Ron Hubbard befassten oder in denen von diesen die Rede war.« Laut Robert Vaughn Young hatte »Schneewittchen« entscheidend auch mit Hubbards wahnhafter Angst vor Psychiatern zu tun, und zwar vor *deutschen* Psychiatern. Nach seiner damals neuesten Theorie bediente sich eine angebliche bundesdeutsche Psychiater-Nazi-Verschwörung der internationalen Polizeiorganisation Interpol, um Scientology zu vernichten. Deshalb wurde Young zeitgleich mit Recherchen über Interpol beauftragt, die sehr erfolgreich verliefen. Er fand unbekanntes Material zur Geschichte der Organisation, das mit Dokumenten und Fotos belegte, wie diese im »Dritten Reich« tatsächlich von SS-Führern wie Reinhard Heydrich dominiert und zur Verfolgung von Juden und politischen Gegnern benutzt wurde. »Selbst der bis 1972 amtierende Interpol-Chef Paul Dickopf, so hatte ich entdeckt, war in der SS gewesen«, schrieb Young. Hubbard habe daraufhin angeordnet, die Verschwörung weltweit zu zerstören. Dies war die Geburtsstunde des Aktionsplans »Schneewittchen«.

Die Länder, auf die die scientologische Operation außerhalb der USA zielte, galten als infiziert von der Nazi-Psychiater-Verschwörung. Sie bekamen Codenamen aus der Walt-Disney-Verfilmung des Märchens der Gebrüder Grimm: Das böse Deutschland erhielt den Namen des fuchtigen Zwerges Grumpy, Holland war Sneezy, Schweden Doc und Dänemark Happy. Die US-Sektion von Scientology wurde nach ihrer Funktion *Hunter* betitelt – der Jäger. Robert Vaughn Young war solch ein »Hunter«. Er wurde zum amerikanischen Chef der Propagandaabteilung des Programms ernannt, wodurch er Zugang zu allen wichtigen Papieren der Kampagne bekam. Über das von Vaughn Young mitverantwortete »Unterwanderungsprojekt« der Scientologen bei Interpol heißt es in der Anklageschrift der Staatsanwaltschaft, zahlreiche Akten seien bei Einbrüchen in das Büro des stellvertretenden Bundesanwalts des District of Columbia 1975 gestohlen worden. Die erbeuteten Interpol-Dokumente wurden anschließend anonymisiert an die Medien verschickt. Dann trat Robert Vaughn Young mit seinen eigenen, »offenen« Recherchen auf die Szene. »Es gelang mir, vor einem Unterkomitee des Kongresses über die Nazi-Vergangenheit Interpols auszusagen.

Ich trat in landesweiten Fernsehshows und im Radio auf, und unsere Interpol-Geschichten fanden in aller Welt Gehör«, schreibt Young.

Nach den Razzien vom August 1977 war dann erst einmal Schluss mit »Schneewittchen«. Im Oktober 1979 unterschrieben die neun Angeklagten ein Schuldbekenntnis, das den Akten der Anklageschrift beigefügt wurde, und vermieden dadurch eine lange entblößende Verhandlung.[39] Bis zuletzt hatte ein Bataillon von Scientology-Anwälten gehofft, die Freigabe der in den FBI-Razzien beschlagnahmten Dokumente verhindern zu können, doch das Berufungsgericht entschied gegen sie und begann die Unterlagen zu publizieren. Erst ab diesem Zeitpunkt im November 1979 erfuhr die Öffentlichkeit von den schockierenden Details der »Operation Snow White«.

Den nicht verhafteten Sektenmanagern blieb anschließend nur die Flucht nach vorn. Sie erklärten, dass die kriminellen Taten die Handlungen Einzelner gewesen seien, lösten das *Guardian's Office* auf (um es kurz darauf durch das *Office of Special Affairs* zu ersetzen) und behaupteten, dass man sich von der dunklen Vergangenheit getrennt habe. »Die neue Strategie hieß deshalb: Was gewesen ist, ist vorbei. Scientology ist reformiert, die Verbrecher sind hinter Gittern«, resümierte Robert Vaughn Young.[40] Die *Church* spielte die Ereignisse offiziell herunter, der Schock saß dennoch tief und hatte für die Sekte weltweite Konsequenzen. So warnte etwa der Autor einer geheimen Direktive aus deutschen Scientology-Agentenkreisen noch im Jahr 1983 vor kriminellen Aktionen gegen die Regierung: »Einschleusung bei Regierungsstellen: *No Way*. Niemals, ist illegal und darf niemals gemacht werden oder ins Auge gefasst werden.«[41] »Schneewittchen«, so drückte es Vaughn Young aus, »kam in den Safe – aber nicht in den Reißwolf«.[42]

Transit ins Universum

L. Ron Hubbard war der Verhaftung Mitte 1977 knapp entgangen und untergetaucht. Für ihn hatte es den Anschein, als ob die Feinde von Scientology die Oberhand gewännen. Damals lebte der Sektenchef zurückgezogen in dem Wüstenort La Quinta in Kalifornien, was ihm die Flucht deutlich erleichtern sollte. Wie er kurz vor der Abreise aussah, beschrieb die blutjunge Scientologin Anne Rosenblum, die nach La Quinta kam, um als *Messenger* ausgebildet zu werden, und dabei dem berühmten Führer das erste Mal begegnete: »Er hatte lange rötlich-graue Haare, die über seine Schultern reichten, von Karies befallene Zähne, einen richtig fetten Wanst, und ich glaube, dass er zu jener Zeit einen Vollbart hatte, ›zur Verstellung‹. Er sah überhaupt nicht wie auf seinen Bildern aus.«[1] Auf der Flucht am 15. Juli 1977 wurde Hubbard von den *Messengers* Diane »Dede« Reisdorf, Claire Rousseau und Pat Broeker, einem der wenigen männlichen Boten, begleitet. Sie reisten bis Nevada, wo sie sich unter falschen Namen sechs Monate in einem unauffälligen Apartment versteckten, bis sich die größte Aufregung um Scientology gelegt hatte. Hubbard sei er sehr nervös gewesen und veränderte sein Äußeres, erinnerte sich Dede Reisdorf später gegenüber der *Los Angeles Times*. »Er hatte Angst, irgendjemand könnte ihn entdecken. Immer glaubte er jemanden hinter einem Busch sitzen zu sehen, einen Reporter, einen FBI-Agenten oder Steuerfahnder.«[2] Das nötige Bargeld besorgte Pat Broeker konspirativ nach Agentenart durch den Tausch von unauffälligen Koffern auf dem Flughafen von Los Angeles; einmal waren eine Million Dollar in Hundertdollarnoten darin.

Wie berechtigt Hubbards Sorge vor gerichtlicher Verfolgung war, bewies ein Prozess in Frankreich, in dem der »Gründer« und drei andere Scientologen in Abwesenheit wegen Betrugs im Februar 1978 zu vier Jahren Gefängnis und 35 000 Francs Geldstrafe verurteilt wurden. Der Wert der von Scientology verkauften Bücher und Kurse, so die Richter, stehe in keinem Verhältnis zum geforderten Preis. »Diese Gruppe hat mit betrügerischen Manövern Leute dazu verleitet, Dinge zu glauben, die in Wirklichkeit nicht stimmen.«[3]

Als sich im Verlauf des »Schneewittchen«-Prozesses in Washington dann aber abzeichnete, dass L. Ron Hubbard selbst dort nicht angeklagt werden würde, kehrte er am 2. Januar 1978 zu seinen jubelnden Jüngern nach La Quinta zurück.[4] Hubbard hatte inzwischen entschieden, dass Mary Sue den Kopf für »Schneewittchen« hinhalten sollte, er sandte sie weg von La Quinta und machte seinen Jüngern klar, dass er sie somit verlassen hatte. Im Sommer 1979 wollte sich Hubbard sogar von seiner Frau scheiden lassen, denn er hatte Angst, sie könnte ihn im Prozess belasten. Doch Mary Sue weigerte sich, in die Scheidung einzuwilligen, was der *Commodore* schließlich akzeptierte. Sie hat ihren Mann nie verraten und hatte es offensichtlich auch nie vor.

Da sich der Chef mittlerweile für die Filmbranche interessierte, hatte er schon 1977 in La Quinta ein Filmstudio errichten lassen, zusätzlich Land gekauft und begonnen, mit der neu gegründeten *Cine Org* Werbefilme für Scientology zu drehen, deren Qualität mit »schauerlich« wohl treffend zu beschreiben wäre.[5] Nun knüpfte er an dieses Hobby wieder an. Ununterbrochen gingen Hubbards berüchtigte Schimpfkanonaden auf die verängstigten Scientologen am »Set« nieder: »Ihr schmutzigen, gottverdammten Hurensöhne! Gottverfluchter Dummkopf! Fuck you, Arschloch!« Nach einem Zusammenbruch bei Dreharbeiten in der Wüstenhitze und unheimlichen Gerüchten über eine bevorstehende FBI-Razzia beschloss Hubbard am Valentinstag 1979 dennoch, erneut und dieses Mal für immer zu verschwinden.[6]

Zuvor ordnete er eine massive Aktenvernichtungsaktion an. »Alles was darauf hinwies, dass L. Ron Hubbard die Church kontrollierte oder in ihr Management verwickelt war, musste geschreddert werden«, erinnerte sich sein damaliger Public-Relations-Offizier Laurel Sullivan.[7] Länger als zwei Tage hätten etwa 200 Scientologen in der Wüstenbasis Gilman Hot Springs bei Hemet an der Westseite der kalifornischen San-Jacinto-Berge, rund 60 Kilometer entfernt von La Quinta, ununterbrochen Dokumente vernichtet. Gilman Hot Springs war ein ehemaliges Urlaubsresort mit 220 Hektar Land und einem verrottenden Golfplatz, das Scientology für 2,7 Millionen Dollar erworben hatte und eigentlich zur Sommerresidenz ihres Gurus ausbauen wollte. Vorerst gab man sich als »Scottish Highland Quietude Club« aus und nutzte das Gelände als Straflager. Später wurden in dieser Basis die Film- und Tonstudios der Sekte unter dem Firmennamen »Golden Era« eingerichtet. Heute beherbergt die intern »Gold« genannte Anlage die eigentliche Schaltzentrale des Imperiums.

Damals jedoch war es dem »Gründer« auch in Gilman Hot Springs zu unsicher. 20 Kilometer außerhalb der Basis, im Dorf Hemet, fanden seine Getreuen schließlich ein Haus für den Chef. Dort zog L. Ron Hubbard mit einer Gruppe von etwa zehn *Messen-*

ger-Mädchen ein, die ihm zu jener Zeit vor allem dazu dienten, einzukaufen, das Haus staubfrei und seine Kleidung seifenfrei zu halten. In Hemet ist der *Commodore* im Februar 1980 auch zum letzten Mal öffentlich gesehen worden.[8] Scientology erklärte, dass ihr »Gründer« sich in die Einsamkeit zurückgezogen habe, um seine spirituellen »Forschungen« fortzusetzen und sich wieder der Science-Fiction zu widmen. Doch ehemalige Vertraute berichteten später, dass er sich abgesetzt hatte, um gerichtlichen Vorladungen und Beamten der Steuerbehörde zu entgehen, die ihn beschuldigten, Schwarzgelder der »Kirche« abzuschöpfen.

Im Untergrund behielt Hubbard trotzdem eine gewisse Kontrolle über seine Schöpfung, die *Church of Scientology;* sein Wort galt dort weiterhin als Gesetz. Diesmal begleiteten ihn nur seine beiden engsten Vertrauten auf dem Weg in die Einsiedelei, das Ehepaar Pat und Anne Broeker, beide frühere *Messengers.* Pat Broeker blieb als sein einziger Bote der Verbindungsmann zur *Church* und war für seine Sicherheit verantwortlich. Pats Frau Anne galt als ebenso skrupellos wie David Miscavige und war in der Lage, die manisch-depressiven Launen des »Gründers« und selbst seine extremsten Anfälle von Seifenphobie auszutarieren. Einige seiner Bulletins aus dieser Zeit befassen sich ausschließlich mit der Schädlichkeit von Geruch, Seife und Staub.[9]

Die ersten Jahre nach 1980 waren Hubbard und die beiden Broekers ständig unterwegs. Mit einem Wohnmobil fuhren sie die nordwestliche Pazifikküste auf und ab. Im Sommer 1983 fassten die drei Flüchtlinge den Entschluss, sich in dem staubigen 270-Seelen-Flecken Creston, rund 50 Kilometer von San Luis Obispo in der kalifornischen Wüste, niederzulassen, wo niemand groß nach dem Woher und Wohin fragte.[10] Hubbard kaufte eine 65 Hektar große Ranch namens »Whispering Winds« für 700 000 Dollar. Dem Verkäufer erzählten die drei Einsiedler, dass sie ein paar Millionen geerbt hätten und nun Rinder züchten wollten. Scientology-Sprecher behaupten, ihr »Gründer« habe sich in Creston bester körperlicher und geistiger Gesundheit erfreut und sich seinen Studien oder den Tieren der Ranch gewidmet, zu denen angeblich auch Lamas und Büffel zählten. Hubbard ließ sich regelmäßig über die Umsätze und Abläufe im Psychokonzern unterrichten und versorgte seine Anhänger auch weiterhin mit den gewohnten, jetzt wegen der Konspiration mit einem Code unterzeichneten Befehlsbriefen und mit Tonbandkassetten, die Pat Broeker nachts an wechselnden Orten in Südkalifornien einem gewissen David Miscavige aushändigte. Miscavige, ein *Messenger,* der 1983 gerade 23 Jahre alt war, soll außer den Broekers der einzige Scientologe gewesen sein, der den genauen Aufenthaltsort Hubbards kannte.[11] Untersuchungen der Steuerbehörde Internal Revenue Service (IRS) ergaben später, dass Hubbard in seiner Wüstenranch peinlich darauf achtete, nicht von den Geldflüssen seiner Sekte abgeschnitten zu werden; er leitete wahrscheinlich mehrere Millionen Dollar aus ihren Kassen auf seine Konten – Vorwürfe, die Hubbard und seine Helfer stets empört zurückwiesen. Sein Einkommen aus Scientology belief sich zuletzt auf etwa eine Million Dollar pro Woche.[12] Im November 1983 meldete er sich noch einmal schwungvoll bei seinen Jüngern, sprach von »fortgeschrittenen Forschungen über den Himmel« und schloss: »Ich wollte damit nur ›Hello‹ sagen, Ihnen die Ergebnisse eines Überblicks über das Spiel mitteilen und, Jungs, diese Zukunft sieht gut aus. Love, Ron.«

In Creston vollendete der Meisterscientologe sein Lebenswerk, indem er zu seinen Anfängen zurückkehrte: zur Science-Fiction. In einem Drehbuch mit dem Titel »Revolt in the Stars« (Revolte im All) dramatisierte er seinen *OT-3*-Mythos von Xenu und den *Thetanen.* Auch im zehnbändigen Werk MISSION EARTH (MISSION ERDE) und dem dreibändigen Roman BATTLEFIELD EARTH (KAMPF UM DIE ERDE) griff er noch einmal die Leitmotive seines Lebens auf: kosmische Reisen, finstere »Psychlos«, Allgegenwart des Helden, der ein ganzes Planetensystem rettet – und die Faszination totaler Macht. »Wenn man etwas absolut Böses vorhat, … muss man sich stets den Anschein des absolut Guten geben. Das ist eine der eisernen Maximen jeder fähigen Regierung«, lässt er einen außerirdischen Verbrecher in MISSION ERDE sagen, und es wirkt wie ein Fazit seines eigenen Lebenswerks, der Gründung und des Aufbaus der Scientology-Organisation.[13]

In den letzten Monaten auf seiner Ranch verfiel der »Founder« zusehends. Ende 1985 versiegten sogar seine schriftlichen Anweisungen. Inzwischen war Lafayette Ronald Hubbard 74 Jahre alt, er ließ sich einen Zottelbart und die dünnen, grauen Haare schulterlang wachsen.[14] Sein Gesicht war eingefallen, die Schmerzen nahmen zu. Am 17. Januar 1986 erlitt Hubbard laut Scientology-Quellen einen »Gehirngefäßunfall«, gemeinhin als Schlaganfall bekannt. Der Anfall lähmte Hubbard, er wurde bettlägerig und konnte nicht mehr richtig sprechen. Trotzdem erreichte die Scientology-Welt am 19. Januar eine letzte Botschaft des *Commodore;* in der Flag Order Nr. 3879 teilte er mit, dass er sich selbst zum »Admiral« befördert habe. Eine Woche später, am Freitag, den 24. Januar gegen acht Uhr abends, starb der »Gründer«. Während der ganzen folgenden Nacht, so erzählte es der Nachbar Robert Whaley dem Hubbard-Biographen Russell Miller, herrschte auf der Ranch unerklärlich starker Verkehr an- und abfahrender Wagen. Whaley sagte, er habe wegen der Autoscheinwerfer, die dauernd in seine Fenster leuchteten, nicht schlafen können.

Einer der Leute, die nachts herumlärmten, war Robert Vaughn Young, der in Los Angeles gegen 22 Uhr vom Tod des Anführers erfahren hatte, wie er später im Internet berichtete:»Ich fuhr damals in jener Nacht zum Ort seines Todes zusammen mit David Miscavige und einigen Rechtsanwälten. Da keiner von uns – inklusive Miscavige – jemals dort gewesen war, trafen wir uns in einem Restaurant mit Pat Broeker, der uns dann zur Ranch brachte. Wir kamen dort um ca. 4 Uhr morgens an.« Noch in der Nacht hätten sie besprochen, wie Hubbards Tod den Scientologen beizubringen sei. »Es war in Creston, wo die Geschichte zusammengebastelt wurde, dass er sich für weitere Studien zur nächsten Ebene aufgemacht habe ...«[15] Hubbards Leiche blieb bis gegen 7 Uhr morgens in dem Wohnwagen, in dem er lebte und gestorben war. Um diese Zeit telefonierte der Scientology-Anwalt Earle Cooley mit einer kirchlichen Leichenhalle in San Luis Obispo und ließ alles für eine Verbrennung vorbereiten. Dann luden die Anwälte und David Miscavige den massigen Körper ins Auto.

Als die Angestellten im Leichenhaus erfuhren, wessen Leiche da gerade eingeliefert worden war, wunderten sie sich über die Eile, mit der die Scientologen auf die Verbrennung drängten. Sie riefen den amtlichen Leichenbeschauer des Distrikts an, der die Einäscherung stoppte, um eine Untersuchung durchführen und Blutproben nehmen zu können. Als der damalige Vizeleichenbeschauer Don Hines eintraf, überreichte ihm der Anwalt Cooley eine Erklärung, die Hubbard gerade vier Tage vor seinem Tod unterzeichnet hatte.

Darin stand, dass er aus »religiösen Gründen« keine Autopsie wünsche – woran sich die US-Behörden halten müssen, soweit nicht gewichtige Gründe dagegen sprechen. Cooley zog auch ein Testament hervor, das Hubbard am Tag vor seinem Tod unterschrieben hatte. Es enthielt den Befehl, seinen Körper umgehend zu verbrennen und seine enormen Vermögenswerte gemäß den Satzungen einer treuhänderischen Stiftung zu verteilen, die er gegründet hatte. Seine frühere verschnörkelte Unterschrift war nur noch Gekritzel. Nachdem die Bluttests und Untersuchungen keine Auffälligkeiten ergeben hatten, gab der Gerichtsmediziner gegen vier Uhr nachmittags die Leiche frei zur Verbrennung. Mit Cooleys Zustimmung fotografierte er sie vorher noch und nahm Fingerabdrücke als Beweis, dass es sich wirklich um Hubbard handelte. Nur Stunden später verstreuten die Broekers und David Miscavige von einem kleinen Boot aus die Asche L. Ron Hubbards im Pazifik.

Zwei Tage nach Hubbards Tod stand Pat Broeker vor einer Menge von Scientologen im Hollywood Palladium. Es war sein erster öffentlicher Auftritt seit sechs Jahren, und gerade hatte David Miscavige die Nachricht von Hubbards Abgang verkündet. Die Hochrufe waren ohrenbetäubend. Broeker erklärte noch einmal, dass Hubbard eine bewusste Entscheidung getroffen habe, »alle Verbindungen zu dieser Welt abzubrechen«, um seine Scientology-Forschungen als Geistwesen fortführen zu können. »Er legte sich ins Bett und ging fort«, sagte Pat Broeker. »Das war alles.«[16] Wenig später verkündeten Scientology-Flugblätter der ganzen Welt: »L. Ron Hubbard hat nach einem zu seiner vollsten Zufriedenheit erfüllten Lebenswerk seinen Körper am Freitag, dem 24. Januar 1986, verlassen.«[17] Hubbard hinterließ ein persönliches Vermögen von rund 400 Millionen Dollar und eine Organisation, die funktionierte, als wäre er noch am Leben.

Doch um den Tod der schillerndsten Gestalt unter den modernen Seelenfängern ranken sich noch immer viele Legenden, die von vergrabenem Geld, Selbstmord, Mord, einem früheren Todeszeitpunkt und anderen handeln. Länger als ein Jahrzehnt hatte sich niemand an Hubbards Blutproben erinnert, als Robert Vaughn Young um 1998 versuchte, die Todesumstände des »Gründers« noch einmal zu rekonstruieren. Young kam bei seinen Recherchen auch nach San Luis Obispo und konnte dort den kompletten Bericht des

Leichenbeschauers Don Hines einsehen. Dabei machte er eine aufregende Entdeckung. »Ich überflog die Seiten und bemerkte, dass eine Substanz namens Vistaril in Hubbards Blut gefunden worden war. Da die Todesursache ein Schlaganfall war, nahm ich an, dass es ein Medikament war, das damit zu tun hatte – und kümmerte mich nicht weiter darum.« Ein paar Tage später rief Vaughn Young einen befreundeten Arzt an, um das Dokument mit ihm durchzusprechen. »Übrigens«, fragte er eher zufällig, »was ist eigentlich Vistaril?« – »Ein psychiatrischer Tranquilizer«, antwortete der Arzt. »Entschuldige mal bitte«, sagte Young schockiert. »Was hast du da gerade gesagt?« – »Vistaril ist ein psychiatrischer Tranquilizer, der normalerweise in die Hinterbacken injiziert wird.« Young blätterte in den Dokumenten. Tatsächlich, es wurden Nadeleinstiche auf der linken Gesäßhälfte von Hubbard beschrieben. »Verdammte Scheiße«, sagte sich Robert Vaughn Young. »Gottverdammte Scheiße.«[18]

Im Blut des Mannes, der die Psychiatrie seit den 1950er Jahren erbittert bekämpft und wie kein anderer gegen Medikamente, Drogen und Psychopharmaka gewettert hatte, hatte sich zum Zeitpunkt seines Todes Vistaril befunden. Er stand also vermutlich unter einer »Psychodroge«, als er seinen letzten Willen und sein Testament abfasste. Vistaril ist wissenschaftlich als Hydroxizinchlorid bekannt und wird zur Behandlung von Neurosen, Angstzuständen und im Drogenentzug eingesetzt, um psychotische und überängstliche Personen zu beruhigen.[19] Der Fund dieser Droge hätte eine Autopsie nahegelegt, doch Hubbards Körper war bereits verbrannt, die Asche verstreut, als das Ergebnis vorlag. Jene 13 Fotos, die der Leichenbeschauer vom ihm angefertigt hatte, wurden später auf Betreiben von Scientology zerstört. Somit gibt es keine Möglichkeit mehr, die Todesumstände des Mannes aufzuklären, den Scientologen auf der ganzen Welt als ihr Vorbild, ihre »Quelle« und ihren Führer zur »völligen geistigen Freiheit« verehren: den »Gründer« ihrer *Church*.

Die Nachfolger

David Miscavige – Aufstieg eines neuen Führers

Im Frühjahr 1981 wurde Mary Sue Hubbard gegen Kaution aus der Haft entlassen, um ihre Berufung gegen das »Schneewittchen«-Urteil vorzubereiten. Vor ihrer Festnahme war die hagere, harte Frau mit der Lockenfrisur unangreifbar gewesen. Sie hatte Scientology zusammen mit dem *Commodore* aufgebaut, hatte seine Kinder geboren, mit dem *Guardian's Office* das wichtigste Machtzentrum der Organisation geleitet. Sie besaß Zugriff auf die *Ethik-Akten* jedes einzelnen Scientologen, sie konnte Karrieren anstoßen oder Störenfriede augenblicklich ins Straflager *RPF* schicken. In der »Schneewittchen«-Affäre hatte sie sich für »Ron« geopfert, jetzt wollte sie wieder an die Arbeit gehen. Aber an diesem Tag im Mai 1981 stand sie in ihrem eigenen Büro in Los Angeles einem drahtigen männlichen Energiebündel von gerade 21 Jahren gegenüber, der ihr mit eisiger Stimme klarmachte, dass ihre Zeit vorbei war. David Miscavige berichtete später von zwei lautstarken Auseinandersetzungen mit der »First Lady«, während derer sie vor Wut und Ohnmacht kreischte, den »Emporkömmling« beschimpfte und sogar einen Aschenbecher nach ihm warf.

David Miscavige spielte mit hohem Einsatz. »Ich wusste, dass wir bei einer physischen Machtübernahme keine Chance hatten, weil wir mit 50 Messengers gegen einige Tausend Staffs standen«, sagte er der *St. Petersburg Times*, der führenden Zeitung an der Golfküste in Florida. »Das war das Erstaunliche an der Sache.«[1] Er sagte, er habe Mary Sue Hubbard damals »überzeugt«, die Leitung des »Schutzbüros« aufzugeben. Sie sei schlecht fürs Image, die von ihr angestrebte Berufung gegen ihr Urteil werde sie »sicher« verlieren, außerdem sei es wichtig, der Öffentlichkeit Schuldige zu präsentieren, denn »Ron« werde so lange mit allen Übeltaten identifiziert werden, wie sie eine leitende Stellung in der »Kirche« bekleide. Mary Sue lenkte schließlich »zum Wohle Rons« ein. Am Ende setzten sie gemeinsam einen Offenen Brief an alle Scientologen auf, in dem Mary Sue Hubbard ihre Entscheidung bestätigte und der *Commodore's Messengers Org* die Erlaubnis erteilte, eine »Kriminalermittlung« im Geheimdienst durchzuführen – und das alles, ohne ein einziges Wort mit L. Ron Hubbard selbst zu sprechen.

Der heutige Scientology-Chef hat nie erzählt, wie er es wirklich schaffte, Mary Sue Hubbard zum Verzicht auf die Macht zu bewegen. Er ließ vermutlich durchblicken, dass der *Commodore* ihr nicht mehr helfen würde. Für Mary Sue war Ron faktisch unerreichbar, da Miscavige sein einziger Verbindungsmann während der Jahre im Untergrund war. Miscavige teilte ihr vielleicht auch mit, dass Hubbard alles deckte, was er, der bedeutendste seiner *Messengers*, in seiner Vertretung entschied. Mary Sues Position war ausweglos. Und nicht wenige einfache Scientologen waren tatsächlich entsetzt über das Ausmaß der illegalen Aktivitäten, die sie zu verantworten hatte.

Ob es Strategie war oder ob sie nur die Gunst der Stunde nutzten, wird vielleicht nie wirklich enthüllt werden. Sicher ist, dass die *Messengers* in der Lage waren, entschlossen, umsichtig und brutal zu handeln, als sie darangingen, die Macht in der Multimillionen-Dollar-Sekte an sich zu reißen. Aber sie hatten auch Glück. »Wir dachten wirklich, all die juristischen Probleme und inneren Kämpfe könnten dazu führen, dass die Church zerfällt. Das war der Grund für uns zu handeln«, sagte David Miscavige in dem ersten Interview, das er den Medien überhaupt gewährte. Das war im Jahr 1992 im US-Fernsehsender *ABC*, mehr als zehn Jahre nach den dramatischen Ereignissen.[2] Im Nachhinein erscheint es wie ein Wunder, wie perfekt der Handstreich ablief. Schließlich stand den wenigen, intern kaum bekannten *Messengers* tatsächlich der ganze riesige Scientology-Apparat mit seinen Tausenden *Staffs*, Offizieren, Fallüberwachern und *Auditoren* gegenüber. Miscavige und seine Leute setzten alles auf eine Karte – und gewannen.

Für einen Putsch standen die Dinge deshalb günstig, weil durch den »Schneewittchen«-Prozess ein Machtvakuum entstanden war. Die Sektenspitze war paralysiert und darüber zerstritten, wie es nach dem Debakel weitergehen sollte. Die Gefahr von Steuernachzahlungen in ruinöser Höhe stand im Raum, nachdem das Komplott, genau dies zu verhindern, aufgeflogen war. Nur waren die alten Kader uneinig, wie man das Problem am besten »handhaben«

sollte. Der eigentlich dafür zuständige Geheimdienst war handlungsunfähig, hatte er doch seine gesamte Leitung eingebüßt. Der *Commodore* selbst war seit 1979 wieder auf der Flucht. Zwar war im Dezember 1980 die vakante Stelle des *Internationalen Exekutivdirektors* nach anderthalb Jahrzehnten erstmals wieder besetzt worden, aber der 25-jährige William Franks, der die angeblich »lebenslange Position« einnahm, war nur ein Strohmann und Befehlsempfänger von Miscaviges Gnaden, hinter dessen Rücken die eigentlichen Machtkämpfe tobten.

Unter diesen Voraussetzungen war es ein einmaliges Zeitfenster, das sich David Miscavige und seinen *Messengers* eröffnete. Es bot dieser kleinen Gruppe ziemlich ungebildeter Jugendlicher die unwahrscheinliche Chance, ein globales Unternehmen im Handstreich zu kapern – eine internationale Company, die einen jährlichen Umsatz von rund 300 Millionen Dollar, geschätzte Reserven von mindestens einer Milliarde Dollar, rund 7000 Funktionäre und 20 000 Mitarbeiter, Hunderte von Franchisenehmern und Hunderttausende von abhängigen Kunden besaß. Allerdings fühlten sich die *Messengers* tatsächlich verantwortlich für Scientology. Sie empfanden sich zudem als stark, unangreifbar und als die natürlichen Statthalter des »Gründers«. Der Schritt, seine Position dann auch tatsächlich zu übernehmen, war absolut folgerichtig. Gelingen konnte das tollkühne Unternehmen aber nur, weil die *Messengers* einen Anführer besaßen, der es trotz seiner Jugend mit jedem altgedienten Funktionär der Scientology-Spitze an Intelligenz, Kälte und Machtinstinkt aufnehmen konnte. David Miscavige hatte zudem das Überraschungsmoment auf seiner Seite. Seinen Weg an die Macht beschrieb er der *St. Petersburg Times* 1998 in einem längeren Interview als »eine Geschichte von Kriegen«: »Krieg gegen Scientology-Renegaten. Krieg gegen Scientology-Kritiker. Krieg gegen den einstigen Erzfeind, den IRS.« Aber er bestand darauf, dass er ebenso ein »entschiedener Friedensstifter« sei.[3]

David Miscavige war 16 Jahre alt, als er seinem Idol zum ersten Mal begegnete. Das war im Frühjahr 1977, als Hubbard auf seiner La-Quinta-Ranch in Kalifornien gerade das Filmbusiness entdeckte. »Er trug einen Cowboyhut aus Stroh, lange Hosen, kurzärmliges Hemd und Stiefel«, gab Miscavige seinen ersten Eindruck wieder. Als er sich ihm vorstellte, kam Hubbard soeben aus dem Speiseraum. »Oh, ich weiß, wer du bist«, habe der *Commodore* gesagt, »willkommen an Bord«. Er habe ihm den Spitznamen »Misc« verliehen und ihn trotz seiner Jugend als absolut gleichwertige Person angesehen. »Ich hatte nie das Gefühl, dass er mich mit dem Gedanken betrachtete, oh, Dave ist gerade mal 17 oder 18 Jahre alt. Ich war für ihn einfach Dave, von Mensch zu Mensch. Von Geistwesen zu Geistwesen sozusagen.«[4]

David Miscavige machte sich auf der Ranch schnell nützlich. Als passionierter Fotoamateur eignete er sich im Handumdrehen einige Filmtechniken an und wurde auf dem »Set« unentbehrlich. Der Top-Scientologe und Veteran Norman Starkey aus Südafrika, Miscaviges engster und längster Wegbegleiter, damals Mitglied der Kameracrew, sagte der *St. Petersburg Times:* »Er dachte immer im Voraus, an die Zukunft, und ergriff die notwendigen Schritte.« Wenn Hubbard morgens die Mannschaft zum Briefing vor Drehbeginn versammelte, habe er stets zuerst David Miscavige die Hand geschüttelt. Er habe den Teenager sogar zum Chefkameramann der *Cine Org* ernannt und als seinen »besten Freund« betrachtet, so Starkey.[5] Es war der Beginn einer engen Beziehung, die erst endete, als David Miscavige in der Nacht von Hubbards Tod aus Los Angeles nach Creston eilte, um den Nachlass des »Admirals« zu regeln und seine Asche schließlich dem Pazifik zu übergeben.

Eigentlich war David Miscavige nicht gerade der natürliche Anwärter für die Nachfolge auf dem Scientology-Thron. Hubbards späterer Erbe besaß weder die körperliche Statur noch das Charisma noch auch nur entfernt die Erfahrungen, die Phantasie und die literarischen Fähigkeiten seines Vorbilds. Der kleine, jähzornige Mann stammt aus einem Vorort der Metropole Philadelphia in Pennsylvania, deren harten Ostküstendialekt er nie abgelegt hat.[6] Er wurde zusammen mit seiner Zwillingsschwester Denise in eine Einwandererfamilie hineingeboren. Wie seine älteren Geschwister Ron und Lori besuchte er eine öffentliche Schule, wurde katholisch erzogen und ging auch noch zur ersten Kommunion. Davids polnischer Vater Ron ernährte seine italienische Frau Loretta und die vier Kinder damals als Trompeter. David hatte eine schwächliche Konstitution und war einer der Kleinsten in seiner Klasse, weshalb er häufig gehänselt wurde. Er litt unter schweren Allergien und lähmendem Asthma, wurde aber von seinem sportversessenen Vater trotzdem zum Football, Basketball und Baseball geschickt.

Als David etwa zehn Jahre alt war, hörte sein Vater bei einem Meeting über neue Geschäftsideen erstmals von Scientology. Er besorgte sich ein paar Hubbard-Bücher, las sie mit zunehmendem Interesse und fing an, in der lokalen *Org Auditings* zu buchen. Eines Tages wurde sein Sohn von einer heftigen Asthma-Attacke geschüttelt, woraufhin ihn der Vater einfach mit in die *Org* nahm. Nach einem *Auditing* von nur 45 Minuten sei dann eine Art Wunder geschehen, berichteten Vater und Sohn Miscavige übereinstimmend der *St. Petersburg Times*. Der Asthma-Anfall hörte plötzlich auf, die Beschwerden seien drei Jahre lang ausgeblieben. David Miscavige hat diese Geschichte später noch oft erzählt, denn sie war sein Erweckungserlebnis. Er behauptete: »Das war der reaktive Verstand.« Ein *Engramm* habe das Asthma hervorgerufen, und nachdem es gelöscht worden sei, habe er sich sofort besser gefühlt. In diesem Moment habe er gewusst: »Das ist es. Ich habe die Antwort.«[7]

Kurz nach dem Wunder begann die gesamte Miscavige-Familie mit dem *Auditing* in der örtlichen Scientology-*Org*. Bald waren sie so weit, höhere Kurse buchen zu können, die in ihrer *Org* nicht angeboten wurden. Damals existierte die *Flag Land Base* in Florida noch nicht, es gab für fortgeschrittene Scientologen nur die Wahl zwischen Saint Hill Manor bei London und dem Schiff »Apollo« im Mittelmeer. Vater Ron Miscavige entschied sich für England.[8] Dort ging David schnell seinen Weg. Mit zwölf Jahren *auditierte* er in Saint Hill bereits Erwachsene und wurde *Clear* (neuen Stils) Nummer 4867. Drei Jahre später zog die Familie Miscavige zurück in einen Vorort von Philadelphia, und David, nun 15 Jahre alt, wurde auf die Highschool geschickt, um auch einen Abschluss in der *Wog-Welt* zu erreichen.

Kurz nach ihrer Rückkehr, im Frühjahr 1976, strömten jedoch erregende Neuigkeiten durch die Scientology-*Orgs*. Der *Commodore* hatte die *Flag Land Base* in Clearwater gegründet und damit ein neues Zeitalter eingeleitet. David Miscavige beschloss, nach Clearwater zu gehen, um dort für Scientology zu arbeiten, wie zuvor schon sein älterer Bruder Ron. Am 30. April 1976, seinem 16. Geburtstag, brach David die Highschool vorzeitig ab und widmete sein Leben von nun an völlig L. Ron Hubbard und der Organisation.

»Der Gedanke, noch zwei Jahre auf der Schule herumzuhängen, nur um mit den anderen mithalten zu können, bedeutete mir gar nichts, denn ich wusste, dass ich in zwei Jahren ohnehin weggehen und mit der Church arbeiten würde«, erklärte er später.[9] Sein Vater, der bald *Operierender Thetan der Stufe 7* wurde und als Musiker für Scientology in Kalifornien tätig war, unterstützte die Entscheidung seines jüngeren Sohnes.[10]

In Clearwater unterschrieb der junge Mann sofort den »Eine-Milliarde-Jahre-Vertrag« der *Sea Org* und wurde für die exklusive *Commodore's Messengers Organization* (CMO) rekrutiert, vielleicht weil er unbedingt in Hubbards Nähe arbeiten wollte. Seitdem die *Messengers* erwachsen waren, hatte der »Gründer« sie zu seinem wichtigsten Instrument entwickelt, um seinen Einfluss auf Scientology zu bewahren. Sie kontrollierten die Kommunikationskanäle zwischen ihm und der *Church*. Wenn die *Messengers* redeten, dann taten sie es mit Hubbards Autorität.

David Miscavige wurde zunächst im neunten Stock des früheren Hotels »Fort Harrison« in Clearwater einquartiert und als eine Art Mädchen für alles verwendet. Er stellte Telexe zu, putzte die Fußböden, servierte als Kellner das Essen. Doch es dauerte nicht lange, bis er durch seinen unbändigen Ehrgeiz und sein offenbar unerschütterliches Selbstbewusstsein auffiel; die *Sea-Org*-Offiziere erkannten sein Talent für hartes Konfliktmanagement. Miscavige überprüfte und trainierte das Personal in Clearwater, wobei er wie schon in Saint Hill Manor zahlreichen Menschen, die wesentlich älter waren als er selbst, Befehle und Anordnungen erteilte. Für Scientologen, die daran glauben, dass ihr *Thetan* bereits viele tausend Male auf der Welt war und entsprechende Erfahrungen besitzt, ist das nichts Besonderes. Tatsächlich wirkte Miscavige, als habe er nie etwas anderes getan, als zu kommandieren. »Er hatte die Gabe, die Dinge ins Laufen zu bringen«, sagte ein 15 Jahre älterer leitender Scientology-Funktionär der *St. Petersburg Times*.[11] Der Teenager aus Philadelphia hatte auch die Fähigkeit, sich Respekt zu verschaffen. Nachdem er zehn Monate in Clearwater gedient hatte, wurde er im März 1977 der Elitetruppe von speziell geprüften *Messengers* zugeteilt, die direkt mit Hubbard in La Quinta arbeiten durften. Damit war der junge Mann vorerst am Ziel seiner Wünsche.

Als der 68-jährige Sektenchef zwei Jahre später endgültig untertauchte, ging David Miscavige zum Führungsstab der *Commodore's Messengers Org* in Los Angeles, wo er in wenigen Monaten eine steile Karriere machte. Den Aufstieg beförderte zweifellos sein neuer Nimbus als enger Hubbard-Vertrauter, aber er schreckte auch vor keiner Aufgabe zurück, die sich ihm stellte. Einer seiner früheren Vorgesetzten sagte über ihn: »Wenn er unter Kontrolle ist, ist er ein sehr dynamischer Typ ... Er stellt sich der Aufgabe und konfrontiert alles.«[12] Noch im Jahr 1979 nahm er die neu errichtete Stelle eines »Action Chiefs« von Scientology ein, die ihm wahrscheinlich Hubbard selbst auf den Leib geschneidert hatte. Es war eine Position mit großer Machtfülle. Die Aufgabe des 19-Jährigen bestand darin, die berüchtigten *Missionen für scientologische Moral* weltweit in all jene *Orgs* zu schicken, aus denen den »Gründer« Nachrichten über Probleme und Missmanagement, also über »fallende Statistiken« erreichten. Miscavige suchte sich die passenden Kontrolleure aus der *Sea Org* und der *Messengers Org* aus, ausschließlich junge, rücksichtslose Männer, die später Spitzenpositionen übernehmen sollten. Zu seinen ersten *Missionsüberwachern* zählten Mike Rinder, der spätere Geheimdienstchef, und Mark »Marty« Rathbun, der ab 1982 neben Miscavige im neu eingerichteten höchsten Scientology-Gremium saß, dem *Religious Technology Center*, und so etwas wie sein williger Handlanger wurde. Sie fuhren mit dem Auftrag in die Welt hinaus, so hart wie möglich aufzuräumen.

Im Frühjahr 1981 wuchs »DM«, wie man Miscavige bald nur noch nannte, eine weitere Führungsaufgabe zu. Er wurde Chef einer neuen *All Clear Unit* (Einheit für totale Klärung) in der *Messengers Org*, die »alles klar« dafür machen sollte, dass Hubbard sich nicht mehr verstecken musste. Offiziell sollte die *All Clear Unit* durch einen juristischen Umbau des Konzerns die rechtlichen Voraussetzungen dafür schaffen, dass der *Commodore* sich wieder frei bewegen konnte. Vielleicht brachte diese verantwortungsvolle Aufgabe David Miscavige auf die Idee, sich selbst an die Spitze eines solchen Umbaus zu setzen. Der in Hubbards Augen wichtigere Auftrag der *All Clear Unit* war jedoch ein anderer, konspirativer: Die Truppe sollte alle »Unterdrücker« ausmerzen, die das »Schneewittchen«-Desaster in seinen Augen verursacht hatten – schließlich steckte laut Hubbards »Naturgesetz der Dritten Partei« hinter jeder Attacke immer ein leicht zu identifizierender Feind bzw. »Unterdrücker«.[13] Nun waren die Befehle für »Snow White« aber leider von Hubbard selbst gekommen. Da er schlecht selbst der »Unterdrücker« sein konnte, musste der Feind folglich woanders sitzen, und Hubbard tippte auf das *Guardian's Office*. Die Aufgabe der *All Clear Unit* bestand darin, das »Schutzbüro« und alle seine Verbindungen zu zerstören, schreibt der Hubbard-Biograph Jon Atack, der diese Zeit als aktiver Scientologe miterlebte.[14] Das war ein anspruchsvoller Auftrag. »Hätte das Guardian's Office geglaubt, dass eine Palastrevolution im Gange war, wäre es ohne weiteres in der Lage gewesen, die winzige Messengers Org zu zerstören«, schreibt Jon Atack.[15]

Währenddessen bereiste L. Ron Hubbard mit seinem Wohnmobil die Westküste der Vereinigten Staaten. Er wusste, dass Miscavige allein gegen Tausende stand, und konnte ihn nur mit *einem* Mittel für die geheime Aufgabe rüsten: mit seiner Autorität. Daher machte er den jungen Mann zum einzigen Bindeglied zwischen sich und den »Kirchenführern« in Los Angeles und Clearwater. Hubbard erteilte seine Befehle seinem mitreisenden *Messenger* Pat Broeker, der sich dann mit Miscavige traf und diesem die Kassetten mit den neuesten Befehlen übergab, die Hubbard auf sein Diktiergerät gesprochen hatte. Miscavige hatte anschließend dafür zu sorgen, dass die Kassetten abgetippt und die Anordnungen von den leitenden Scientology-Managern befolgt wurden.[16] In einem schwarzen Van mit verdunkelten Scheiben brachte Miscavige, mit einer Uzi bewaffnet, dann persönlich Geldkoffer und Akten nach Gilman Hot Springs oder andere Orte, wo er sie an Pat Broeker übergab.[17] »Häufig war der ausgemachte Treffpunkt in der Nähe von Las Vegas. Bei vielen dieser Gelegenheiten sollen Pat und Dave in einem Kasino Tausende von Dollars von LRHs Geld verspielt haben, um sich gemeinsam zu vergnügen«, berichtete der Ex-Scientologe Jesse Prince, der von 1982 bis 1987 dem *Religious Technology Center* angehörte und die »Nummer zwei« im Konzern war.[18]

Seine einzigartige Mittlerrolle verschaffte Miscavige eine Position, die ihn unabhängig machte von den anderen Machtzentren der Sekte. Natürlich konnte er es nicht wagen, irgendetwas gegen den erklärten Willen Hubbards zu unternehmen, aber er konnte die Spielräume, die ihm der »Gründer« ließ, phantasievoll ausfüllen. Wie es scheint, entwarf der junge Mann in der Folge nicht nur eine

Strategie, das *Guardian's Office* zu entmachten, sondern mit ihm das gesamte alte Management. Robert Vaughn Young, der Propagandachef der Sekte, lernte David Miscavige damals kennen und arbeitete bis zu seinem Ausstieg 1989 rund zehn Jahre mit ihm zusammen. Er berichtete, dass Untergebene dem jungen Aufsteiger mit einer »Mischung aus Bewunderung und Furcht« gegenübertraten. »Er hat eine ernstzunehmende bösartige Ader, die man lieber nicht entfesseln will.« Aber er wusste ihn auch zu loben: »Er besitzt politisches Genie. Er weiß, wie man Menschen gewinnt. Er weiß, wie man sie motiviert, für ihn zu arbeiten. Er weiß, wie man sie fördert. Er weiß, wie man ihnen genau die richtige Dosis Furcht und Bedrohung einflößt. Er weiß, wie man Leute dazu bringt, über sich selbst hinauszuwachsen.«[19]

Der Scientology-Krieg

David Miscaviges erster Angriff auf das *Guardian's Office* war ein Husarenstück. Das *GO,* wie der Dienst intern hieß, erledigte neben seinen geheimen Aufgaben die rechtlichen und finanziellen Angelegenheiten sowie die Public Relations für die Sekte und wurde seit seiner Gründung 1966 von Mary Sue Hubbard geleitet. Trotz ihrer »Verfehlungen« galt die energische 51-Jährige noch immer als die unangefochtene Leiterin. Mary Sue zu beseitigen würde den Geheimdienst in erhebliche Turbulenzen stürzen und damit Hubbards geheimen Wunsch befördern, diesen zu zerstören – und genau das geschah dann auch. Miscavige behauptete später, er und andere hätten damals aus Sorge um den Weiterbestand von Scientology beschlossen, dass sich die Geheimdienstchefin von der Organisation trennen, nicht in Berufung gegen ihr Urteil gehen und ihre Reststrafe antreten solle. Nur so sei der Öffentlichkeit überzeugend zu vermitteln, dass man sich von den kriminellen Methoden und Personen ernsthaft distanziere. Doch habe sich niemand außer ihm getraut, dies der Frau des »Gründers« und langjährigen »Nummer zwei« der Sekte offen ins Gesicht zu sagen. So weit die Legende.

Nach dem Rücktritt von Mary Sue konnte Miscavige es wagen, erste *Sondermissionen* auch in die Gliederungen des *Guardian's Office* zu senden.[1] Ungerührt schickten Miscavige und seine *All Clear*

Unit zuerst die wichtigsten Freunde und Verbündeten von Mary Sue Hubbard und ihrer Vizechefin Jane Kember ins Straflager *RPF* in der kalifornischen Wüste. Im Juli 1981 stürmte eine kleine Gruppe *Messengers* zusammen mit dem *Internationalen Exekutivdirektor* William Franks das US-Hauptquartier des *Guardian's Office* in Los Angeles und befahl allen Mitarbeitern, sofort der *Sea Org* beizutreten, die ein der Sektenleitung ergebenes Instrument war. Das letzte Hindernis für die Kontrolle über den Geheimdienst war die aus Südafrika stammende Jane Kember, die inzwischen ebenfalls auf Kaution entlassen worden war und an ihrer Berufung gegen das »Schneewittchen«-Urteil arbeitete. Jane Kember war ein wesentlich härterer Brocken als Mary Sue. Sie weigerte sich strikt, den Rücktrittsbefehl zu befolgen, und ging zum Gegenangriff über, erschien mit einem Trupp kräftiger Agenten im Büro des *Executive Directors* und ließ ungerührt Franks' komplette Akten mitnehmen. Kembers Leute besetzten sogar Räume im neuen Scientology-Hauptquartier am Hollywood Boulevard, die anschließend Tag und Nacht bewacht wurden. Drei Tage lang standen sich die Widersacher der »Religionsgemeinschaft« dort in einer Art Stellungskrieg gegenüber und brüllten sich an, David Miscavige mittendrin. Laut Jon Atack obsiegten die *Messengers*, indem sie an Jane Kembers tiefsitzende Angst vor einer Spaltung der »Kirche« appellierten. Als man den Frauen dann noch eine undatierte Nachricht des »Gründers« vorlegte, wonach der Geheimdienst, wenn seine Chefs ins Gefängnis müssten, der *Messengers Org* zu unterstellen sei, gab auch Jane Kember schließlich auf. Ende Juli 1981 war die Schlacht geschlagen.

In den Folgemonaten ließ David Miscavige fast das gesamte Personal des *Guardian's Office* quälenden *Ethik-Prozessen* mit endlosen *Security Checks* unterwerfen und zahlreiche Offiziere zu »unterdrückerischen Personen« erklären. Zuletzt wurde eine *Beobachtungsmission* ins Welthauptquartier des Scientology-Geheimdienstes nach Saint Hill Manor in England geschickt, der letzten aktiven Widerstandszelle.[2] In einem Geheimprozess unter Leitung von David Miscavige sprach man die leitenden Kader der Verschwörung schuldig. Die *Commodore's Messengers Org* übernahm die Kontrolle in Saint Hill Manor. Man kommandierte die im mittleren Alter stehenden »Verurteilten« zur *Rehabilitation* ins Happy Valley ab, wo sie sich als die »Crims«, die Kriminellen, beschimpfen lassen und die neuen jungen Herrscher bedienen mussten. Jon Atack schildert ihr Schicksal im Straflager: »Sie wurden mitten in der Nacht aufgeweckt und zu einer neuen Art ›Bekenntnis‹ gezwungen. Die Vertraulichkeit des Auditings wurde ebenso aufgehoben wie jede Freundlichkeit des Auditors. Dann feuerte eine Gruppe von Messengers Fragen ab und brüllte, während der Delinquent nach einer Antwort suchte, Anschuldigungen gegen ihn. (…) Die Messengers Org war überzeugt, dass das Office von ›Feindagenturen‹ infiltriert worden war, also wurden die ›Crims‹ gefragt: ›Wer bezahlt dich?‹, immer und immer wieder, und der Arbeit fürs FBI, die American Medical Association oder die CIA beschuldigt. Diese brutale Form des Verhörs wurde als ›Gang-Bang-Sec-Check‹ bekannt. (…) Die meisten dieser hartgesottenen Agenten verließen Gilman Hot Springs in der unterwürfigen Bereitschaft, nach der Pfeife ihrer neuen Herren zu tanzen.«[3]

Im September 1981 wurde das *Guardian's Office* schließlich aufgelöst. In einer Pressemitteilung räumte die Sekte scheinbar schuldbewusst ein, dass das *Office* »außer Kontrolle geraten« war, weil es sich in einen Kampf mit der US-Regierung eingelassen habe.[4] Das *GO* war der perfekte Sündenbock. Die gewichtigste Vorhaltung war selbstredend das »Schneewittchen«-Desaster, das man vollständig dem *Guardian's Office* anlasten konnte, schließlich stammten alle elf Delinquenten aus dem Geheimdienst. Unter diesen Umständen bot es sich an, das »Schutzbüro« auch für all jene illegalen und halblegalen Operationen verantwortlich zu machen, die mit der gerichtlichen Veröffentlichung der Prozessunterlagen Ende 1979 erstmals ans Licht der Öffentlichkeit gelangt waren. Gegenüber der *St. Petersburg Times* erklärten die Scientology-Führer Miscavige, Rinder und Rathbun kategorisch, dass das *Guardian's Office* und Mary Sue Hubbard auch hinter jenen Aktivitäten gesteckt hätten, die die Bürger von Clearwater damals aufregten. Unter den publizierten FBI-Akten befand sich ein Dokument, mit dem Scientology bereits nach Florida gekommen war – ein Unterwanderungsplan, der die Übernahme der politischen Kontrolle in der Stadt und der Region um Clearwater sowie die Diskreditierung von Kritikern zum Ziel hatte.[5] Aus anderen Papieren ging hervor, dass die Sekte versucht hatte, den als »Feind« klassifizierten Bürgermeister Gabriel Cazares mit einer Sex- und Schmutzaffäre zu verleumden (siehe Kapitel »Scientology City«). »Wir waren nicht darin verwickelt und hatten auch keine Ahnung davon«, behauptete der Geheimdienstchef Mike Rinder später.[6] Rinder leitete seit 1994 das *Office of Special Affairs*, das die *Messengers* nach Auflösung des *Guardian's Office* 1983 offiziell in Los Angeles gegründet hatten.[7]

Mary Sue Hubbard kam später zu der Einsicht, dass man sie ausgetrickst habe, und schrieb bittere Beschwerdebriefe an ihren Mann, die er zwar erhielt, aber nicht beantwortete.[8] L. Ron Hubbard bestand zwar bis zuletzt darauf, mit Mary Sue, die er nie wiedersah, verheiratet zu sein, setzte sich aber Scientology-intern nie für sie ein. Als sie im November 2002 starb, wurde ihr Tod offenbar in keiner einzigen Scientology-Publikation erwähnt. Es ist, als habe es Mary Sue Hubbard für Scientology nie gegeben.

Ihr Ehemann setzte mitten in dem Machtkampf ein unübersehbares Zeichen, dass er hinter David Miscavige und dessen Putschisten stand. Er beauftragte seinen Ziehsohn damit, sein ansehnliches, auf rund 100 bis 400 Millionen Dollar geschätztes Privatvermögen mit Hilfe einer neuen Gesellschaft zu verwalten, die formal von Scientology getrennt war.[9] Im Oktober 1981 gründete David Miscavige die Firma »Author Services Inc. (ASI)« in Los Angeles, um Hubbards persönliche, geschäftliche und literarische Angelegenheiten zu managen. Aussteiger und sogar Hubbards Sohn Ronald DeWolf beschuldigten Miscavige damals, er habe sich am Vermögen des »Gründers« vergriffen. In einer eidesstattlichen, mit Hubbards Fingerabdrücken beglaubigten Erklärung nannte der »Gründer« 1982 indessen Miscavige einen »vertrauenswürdigen Partner« und »guten Freund«, der seine Angelegenheiten in bester Ordnung halte. Deutlicher konnte der greise Guru kaum mitteilen, auf wessen Seite er stand.[10]

Das enorme Vertrauen, das Hubbard ihm demonstrativ entgegenbrachte, versetzte seiner Reputation zusätzlichen Schwung. Im Oktober 1981 erfolgte nach der Zerschlagung des Geheimdienstes der entscheidende Angriff auf den Funktionärsapparat der *Church*.[11] Miscavige startete eine Säuberungsaktion unter allen hochrangigen Scientology-Managern, denen er vorwarf, Hubbards Lehren zu verfälschen und ein Komplott zu schmieden, um die Kontrolle über Scientology zu erlangen. Höhepunkt der ersten Säuberungswelle war die Absetzung des »lebenslangen« obersten Scientology-Direktors William Franks, den man nach dem Sieg über den Geheimdienst nicht mehr benötigte. Miscaviges *Messengers* warfen Franks im Dezember 1981 einfach aus seinem Büro, wie das *Time Magazine* berichtete. »Es ist schlicht eine Machtergreifung«, sagte Franks damals der Zeitschrift, das Motiv der Putschisten sei »nur Geld, absolute Habgier«.[12]

Ende 1981 kontrollierte die *Commodore's Messengers Org* über ein sogenanntes *Watchdog Committee* (Wachhundkomitee) die gesamte Verwaltungsstruktur von Scientology.[13] Anschließend begannen Miscavige und sein Führungsstab, ihre frisch erbeutete Position an der Spitze des Psychokonzerns auch rechtlich abzusichern. Die jungen *Messengers* aus Los Angeles, die inzwischen das Wüstenresort Gilman Hot Springs häufig als Rückzugsbasis nutzten und aufwendig ausbauen ließen, sorgten für eine straffe, zentralistische Konzernstruktur, die sie hinter einem Labyrinth verschiedener Korporationen, »religiöser« und nichtreligiöser Gesellschaften und Stiftungen, »gemeinnütziger« und profitorientierter Firmen verbargen. Um den Behörden keinen Zugriff von einer auf die andere Company zu ermöglichen, wurden diese juristisch strikt voneinander getrennt. Da die *Messengers* den alten *Commodore* auf ihrer Seite hatten, konnten die bisherigen Internationalen Direktoren, Fallüberwacher und einflussreichen *Mission Holders* nur ohnmächtig zusehen, wie ihnen die Macht jeden Tag ein Stück mehr aus den Händen glitt.

An der Spitze von Scientology installierten die *Messengers* am Neujahrstag 1982 ein oberstes Leitungs- und Kontrollgremium – das *Religious Technology Center (RTC)* – als juristisch verantwortliche Körperschaft, womit zugleich L. Ron Hubbard von allen Haftungsansprüchen freigestellt wurde. Das *Religious Technology Center* verfügt seither de facto über sämtliche Copyrights, die das Imperium für sein »Überleben« benötigt. Der Sektenkonzern macht sein Geld nämlich vor allem durch die Vermarktung von Warenzeichen. Scientology, Scientologe, Hubbard, LRH, *Dianetik, OT, Flag,* die »Brücke«, das Scientology-Kreuz, *E-Meter,* die Hubbard-Unterschrift und sogar die Wendung »Truth revealed« (Wahrheit enthüllt) sind urheberrechtlich geschützt. Als »höchste kirchliche Autorität« sorgt das *RTC* laut Satzung dafür, dass Hubbards »religiöse Technologien standardgemäß angewendet werden«.[14] Wer die geschützten Begriffe benutzt, muss Lizenzgebühren von acht bis zehn Prozent dafür bezahlen. Das *RTC* ist der Franchisegeber, der allen *Orgs* und *Missionen* die Franchiselizenzen verkauft und ihnen die Erlaubnis sofort entziehen kann, falls die »Statistiken fallen«. »Über das RTC gewannen die Gründungsmitglieder Zugang zu allen Fonds und Ressourcen der Kirche und damit zu höchster Machtposition in einem internationalen Multimillionen-Dollar-Unternehmen«, schreibt der deutsche Aussteiger Franz Dunkel.[15]

Wie die zunächst sieben Mitglieder des neuen Sektenvorstands, zwei Frauen und fünf Männer, bestimmt wurden, bleibt im Dunkeln. Doch gehörte zur ersten Leitungsgruppe immerhin noch ein wichtiger Vertreter des »alten« Scientology-Establishments, an den sich die *Messengers* anfangs nicht herantrauten, weil er den Schutz »Rons« genoss: David Mayo, der höchste *Fallüberwacher* der Scientology-*Auditoren* und persönliche *Auditor* Hubbards. Man kann aber davon ausgehen, dass der *Commodore* die Gründung des *Religious Technology Center* guthieß, denn am 10. Mai 1982 unterzeichnete er einen »Abtretungsvertrag« über sämtliche Copyrights und Warenzeichen im Zusammenhang mit *Dianetik* und Scientology. Für die Rechte bezahlten ihm die Aufsteiger 100 Millionen Dollar.[16] Nachdem sie die Macht übernommen und Zugang zu den finanziellen Ressourcen des Sektenunternehmens bekommen hatten, dürfte ihnen das nicht übermäßig schwer gefallen sein. Aus der Vermarktungsfirma für die literarischen Produkte Hubbards, »Author Services Inc.«, flossen gleichwohl rund eine Million Dollar wöchentlich direkt auf die Konten des »Gründers«, wie deren Finanzsekretär Howard Schomer bezeugte; allein in neun Wochen im Jahr 1982 seien dies mindestens 30 Millionen Dollar gewesen.[17] *Praktisch* werden die Copyrightlizenzen von der ebenfalls neu eingerichteten *Church of Scientology International (CSI)* verkauft und kontrolliert, die seither von Scientology offiziell als »Mutterkirche« bezeichnet wird.[18] Innerhalb des kompliziert verschachtelten rechtlichen Systems wurden die Copyrights dann einer weiteren damals gegründeten, formal »religiösen« Gesellschaft, der *Church of Spiritual Technology (CST)* überschrieben, auf deren Konten letztlich sämtliche Einnahmen landen, weil das *RTC* die Trademarks von ihr »borgt«; 1987 betrugen diese Einnahmen 503 Millionen Dollar.[19]

Das umfangreiche Regelwerk wurde Ende Mai 1982 durch einen Vertrag zwischen *CSI* und *RTC* besiegelt, der dem *Religious Techno-*

logy Center als oberster Instanz des Sektenkonzerns ein uneinge-
schränktes Kontroll- und Prüfrecht bis hinab in jede einzelne *Org*,
Mission und zu jedem Sublizenznehmer garantierte. Damit besaß
Scientology erstmals eine zwar komplizierte, aber juristisch ein-
wandfreie Rechtskonstruktion.[20] Der hochrangige Ex-Scientologe
Jesse Prince bezeugte, dass in all diesen Firmen, Verbänden und
Stiftungen aber letztlich nur *einer* das Sagen hatte: David Miscavige,
damals noch »Commander«.[21] Inzwischen stand auch ein neues Gebäude bereit, um die Bedeutung des neuen Managements aller Welt
vorzuführen: das repräsentative ehemalige Krankenhaus Cedars of
Lebanon am Hollywood Boulevard in Los Angeles, das bereits seit
dem Frühjahr 1981 zum »offiziellen« Hauptquartier der Scientology-Organisation umgebaut wurde.

Es gab jedoch einen kritischen Zeitpunkt, an dem die Machtübernahme noch hätte scheitern können. Wie Jesse Prince berichtete, begann L. Ron Hubbard Mitte 1982 zu spüren, »wie sich seine
Herrschaft über das Reich von Scientology abschwächte«; er sei
mit einem Mal »äußerst misstrauisch gegenüber Dave« geworden. Daher habe er Prince über Pat Broeker den Befehl zukommen
lassen, Miscavige einem *Security Check* zu unterziehen. In dem
Verhör erfuhr Prince, dass Miscavige tatsächlich mit vielen Anordnungen Hubbards unzufrieden war. Plötzlich setzte der Emporkömmling, mitten in der stundenlangen Befragung am *E-Meter*,
alles auf eine Karte. »Im Security Check erzählte er mir von den
Ausflügen in die Kasinos, den Saufgelagen und den Frauen, die
er und Pat gemeinsam genossen. Dave gab seine Sünden ebenso
großzügig zu wie die von Pat Broeker. Er meinte, wenn er schon
untergehe, wolle er sicherstellen, dass Pat Broeker ebenfalls untergehe.« Da Jesse Prince seinen Bericht anschließend Broeker übergab, war er sich allerdings sicher, dass dieser Hubbard nie erreichte. »Ich zweifle stark daran, dass je etwas anderes als Berichte
voll glühender Lobpreisungen an Hubbard gingen. Im Rückblick
erkenne ich, dass beide, Pat Broeker und David Miscavige, ein Interesse daran hatten, den Status quo mit Hubbard aufrechtzuerhalten, weil beide davon träumten, eines Tages der neue Diktator von
Scientology zu sein.«[22] Broeker und Miscavige wussten, dass sie
einmal gegeneinander stehen würden, aber bis es so weit war, hielten sie zusammen.

Jesse Prince, der die Ereignisse aus nächster Nähe erlebte, war sich damals sicher, dass David Miscavige es tatsächlich darauf anlegte, Hubbard »auszuschalten«. Prince hatte Miscavige während dessen Zeit bei der *Cine Org* auf der La-Quinta-Ranch oft *auditiert* und kannte ihn gut. Dem britischen Autor Andrew Morton berichtete er, dass der junge Mann unter den enormen Anforderungen litt, die Hubbard an ihn stellte, und auch unter dessen unkontrollierten Wutanfällen. Die Anspannung führte zu schrecklichen Asthma-Attacken, so dass ihn Prince, um ihm beizustehen, fest in die Arme schloss. Manchmal ging Prince mit dem Jugendlichen einfach in eine Bar. Alkohol half gegen eine Überdosis Hubbard, und Dave konnte dann richtig lustig sein und Faxen machen. »Mit Hubbard unmittelbar zu tun zu haben, war eine traumatische Erfahrung«, meinte der ehemalige *Sea-Org*-Offizier. »Das hat Miscavige von einem netten Menschen, einem Sportfan, in das Monster verwandelt, zu dem er sich entwickelt hat.«[23]

Nachdem die neue Konzernstruktur notariell besiegelt worden war, machten sich die *Messengers* daran, alle ›brachliegenden« Ressourcen des verzweigten Konzerns einzusammeln und auf die zentralen Konten in Los Angeles zu leiten. Zu diesem Zweck riefen sie im Juni 1982 eine sogenannte *Finance Police* ins Leben, deren Agenten ganz in Schwarz gekleidet waren und bald Furcht und Schrecken unter den *Staffs* in den rund 5000 internationalen Niederlassungen verbreiteten. Die *Finance Police* zielte vor allem auf die Franchisenehmer, die als *Mission Holders* Scientology-Filialen in aller Welt angeblich selbständig führten, nun aber der Kontrolle von *Scientology Missions International* unterstellt worden waren. Mit den *Mission Holders* oder *Registraren* gab es viele Probleme, einige waren aufgrund der Größe ihrer Filiale fast selbständig und sehr selbstbewusst, andere hatten sogar vor öffentlichen Gerichten gegen Scientology geklagt, weil man sie plötzlich zu »Unterdrückern« erklärt und ihnen ihre Lebensgrundlage entzogen hatte. »Die Registrare machten gutes Geld, kauften sich Porsche- und Mercedes-Benz-Autos, und ihre besten Auditoren wurden nach Leistung bezahlt«, erinnerte sich der weltweit erfolgreichste Filialchef Bent Corydon aus Riverside in Kalifornien.[24] Auf zwei Konferenzen 1981 hatten sie versucht, mit dem neuen Management über die Beilegung der Konflikte zu verhandeln, was ihnen schlecht bekommen war. Einige

Mission Holders hatten dort ihre Muskeln spielen lassen, das neue Management als »Meuterer« bezeichnet und sogar davon gesprochen, man werde »mit Baseballschlägern nach Gilman Hot Springs kommen, um die Dinge zu diskutieren«; es gab eine Gruppe, die gewaltsam gegen die Putschisten vorgehen wollte, was jedoch verraten wurde. Daraufhin hatten die *Messengers* Hubbard Berichte geliefert, die ihn dazu brachten, in Briefen seinerseits von einer »Meuterei« der *Mission Holders* zu sprechen – ein »Schwerverbrechen« in der Scientology-Welt.[25]

Säuberungskonvent und Strafkompanie

Am 17. Oktober 1982 fühlte sich David Miscavige offenbar stark genug, um den entscheidenden zweiten Schlag zu führen. Auf einer großen Konferenz im Hilton-Hotel in San Francisco teilte er Hunderten *Mission Holders* mit, dass alle Markenzeichen des Unternehmens jetzt in der Hand des *Religious Technology Center* seien, und sagte: »Die neue Unternehmensstruktur stellt sicher, dass Scientology ewig bestehen wird.«[1] Dann beschuldigte er sie im Stakkato, die »Mutterkirche« zu betrügen. Er kündigte an, dass die »Finanzpolizei« in den folgenden Monaten jede einzelne *Mission* aufsuchen und die Bücher prüfen werde, um sicherzustellen, dass die *Church* alle Gebühren bekam, die ihr zuständen. Für die Prüfung würden 15 000 Dollar pro Tag berechnet, und alle Franchisenehmer könnten sicher sein, »dass sie an die Dosen kommen«, also am *E-Meter* durch die *Security Checks* gedreht würden. *Commander* Steve Marlowe vom *Religious Technology Center* schrie die Franchisenehmer an: »Wir sind eine Religion, und diese Religion wird die Menschheit retten. Habt ihr das kapiert? … Fraktionen, Schismas, all diese schrecklichen Dinge werden dieser Kirche nie passieren, *niemals* … Ihr habt jetzt eine neue Sorte im Management der Kirche, sie sind hart und rücksichtslos … Sie werden nicht vom IRS oder Wahnsinnigen herumgeschubst … Ihr spielt jetzt im Gewinnerteam.«

Auf dieser Konferenz herrschte ein rauer Ton, der Slang der Straße, woher die meisten der neuen Herren auch kamen. Sie waren andererseits auch die erste »neue« Generation, die angebliche Zukunft des Planeten, im Geist von *Dianetik*, Scientology und der

Ethik L. Ron Hubbards erzogen. Ihre »Ausbildung« in der *Commodore's Messengers Org* hatte aus dem Studium der Hubbard-Werke bestanden, in denen es vor allem um eines geht: ums »Überleben«. In der *Sea Org*, auf der »Apollo« und unter dem psychotischen Regiment L. Ron Hubbards hatten sie gelernt, sich unter unmenschlich harten Bedingungen zu behaupten. Das war ihnen gelungen, weil sie zusammenhielten wie ein Wolfsrudel. Als sich die jungen *Messengers* in San Francisco dann erstmals gemeinsam dem Scientology-Volk zeigten, machten sie wirklich den Eindruck einer Meute hungriger Raubtiere. Und David Miscavige war ihr Leitwolf.

»Captain« Guillaume Lesèvre erklärte, dass ab sofort Quoten für die Mitgliederwerbung vorgegeben würden, die sich künftig wöchentlich erhöhten. Nach ihm trat der »Internationale Finanzdiktator« Wendell Reynolds ans Pult und brüllte, falls *Missionen* die Quoten nicht schafften, müssten sie mit unangenehmen Folgen rechnen: »Also Leute, ihr seid auf ziemlich niedrigen (Ethik-)Conditions. … ihr habt den Missionen erlaubt, zu squirreln (abzuweichen) … ihr Kerle raubt die Orgs aus, ihr macht alle möglichen krummen Dinger … Also einige der Typen, die ihr hier rumstehen seht, gehören zur International Finance Police, und ihr Job besteht darin, rauszugehen und all dieses Zeug zu finden, und wenn ihr Typen schuldig seid, dann *war's das* …« Alle höheren (und teureren) Kurse dürften ab sofort nicht mehr in den *Orgs* und *Missionen*, sondern nur noch bei der vom *RTC* kontrollierten *Sea Org* absolviert werden, donnerte der »Finanzdiktator«. Da viele dies in der Vergangenheit anders gehandhabt hätten, verlangte er noch auf der Konferenz »Reparationszahlungen« – teils in Höhe von mehreren Millionen Dollar. In langen Reihen wurden die *Mission Holders* anschließend an die *E-Meter* gesetzt und dem *Security Check* unterzogen. Wer ohne Erlaubnis *Clears auditiert* hatte, wurde sofort mit einer Strafe von 10 000 Dollar pro *Clear* belegt. Jon Atack hat Tonbänder von dieser bizarren Strafkonferenz abgehört und schreibt: »Es ist schwierig, die Lautstärke wiederzugeben, in der die Tiraden herausgeschrien wurden.«[2]

Wenig später wies David Miscavige alle Scientology-*Missionen* an, neue Lizenzverträge abzuschließen, die höhere Gebühren und striktere Regeln für den richtigen Gebrauch von Scientology-Materialien festlegten.[3] Dann schickte er die *Finance Police* durch die Scientology-Welt. Sie »presste riesige Geldsummen aus einzelnen scientologi-schen ›Missionen‹ wegen angeblicher Finanzverbrechen heraus«, schreibt der Deutsche Franz Dunkel.[4] Der Amerikaner Bent Cory-don, damals Chef der weltweit größten Scientology-*Mission* in Ri-verside bei Los Angeles, berichtete dem *Time Magazine*, dass die *Finanzpolizisten* ihn aufforderten, sofort 40 000 Dollar herauszurü-cken. Er gehorchte zwar, gründete aber umgehend seine eigene »Kir-che«, um nichts mehr mit Scientology zu tun zu haben. »Ich hatte ge-nug von den jungen Burschen«, sagte er. »Sie haben begonnen, die eigenen, loyalen Leute zu attackieren.« Alan Walter, ein *Mission Hol-der* aus dem Mittleren Westen und schon seit 20 Jahren Scientologe, sagte dem Blatt, er halte Hubbard für ein Genie, aber »die Kids ma-chen verrückte Dinge. Es ist eine Herrschaft des Terrors.«[5]

Während David Miscavige und seine Chargen versuchten, sich einen direkten Durchgriff auf die »Statistiken« und Verkäufe der globalen *Orgs* zu sichern, begannen sie, sämtliche Direktoren von Scientology-*Missionen* und -*Orgs*, aber auch die leitenden Manager des Konzerns nach Los Angeles zu beordern, wo diese sich dann im Stil kommunistischer Schauprozesse für ihre »Verbrechen« verant-worten mussten – nur dass all dies in einer Parallelwelt stattfand, die mitten in den demokratischen Vereinigten Staaten von Amerika existierte. »Man benutzte Gehirnwäschetaktiken, um jeden einzel-nen dazu zu bringen, die Verbrechen des anderen zu gestehen«, be-zeugte der ehemalige Top-Scientologe David Taps.[6] Für gefährlich erachtete ehemalige Top-Scientologen wurden gleich in die Straf-kompanie *Rehabilitation Project Force (RPF)* nahe der Wüstenbasis »Gold« geschickt. »Eine ganze Generation von Scientologen, die Hubbard lebhaft in Erinnerung hatten, wurde innerhalb weniger Monate hinweggefegt«, schreibt der deutsche Aussteiger Franz Dun-kel. »Einige von ihnen wurden wochenlang an einem geheimen Ort in der kalifornischen Wüste unter Bedingungen festgehalten, die denen von Gefangenenlagern nicht unähnlich waren: Männer und Frauen tagelang in Toiletten eingesperrt, Schläge, Schikane.«[7] »Tau-sende von Scientologen« seien damals zu Abweichlern und Feinden (»Unterdrückern«) erklärt worden und hätten daraufhin aus Protest die »Kirche« verlassen.[8]

Es war David Miscavige, der das Strafsystem von Scientology so-zusagen professionalisiert hatte. Abweichler und »Unterdrücker«

wurden damals entweder in Saint Hill Manor, im »Fort Harrison«, im ehemaligen Cedars-of-Lebanon-Krankenhaus in Hollywood oder in Gilman Hot Springs inhaftiert, wo Hubbard um 1978 eine »Rehabilitationskompanie« hatte einrichten lassen. Das Wüstencamp wurde ab 1980 zur Verhörzentrale der Psychosekte. Natürlich sprach Hubbard nicht von Gerichten oder Strafkompanien – er bezeichnete sie als Beweiskomitees und Rehabilitationsprojekte. Von der Existenz scientologischer Straflager hatte die Öffentlichkeit erstmals aus einem eidesstattlichen Bericht der jungen Ex-Scientologin Tonya Burden aus Nevada erfahren, die als 13-jähriges *Messenger*-Mädchen 1973 in Hubbards unberechenbares Strafsystem geraten war. »Während dieser Zeit sah ich mit eigenen Augen, wie jemand mehrere Wochen lang mit Ketten an Leitungsrohre im Heizraum des Gebäudes ›Fort Harrison‹ gefesselt war«, bezeugte sie nach ihrer Flucht aus der Gefangenschaft im Jahr 1978.[9] Tonya Burdens Verbrechen: Sie hatte einen Befehl verweigert. Als sie im August 1977 dort landete, war die *Rehabilitation Project Force* eine Arbeitskompanie mit stundenlangen Bekenntnisritualen. »RPF-Gefangene waren gezwungen, sich dem Auditing zu unterziehen, um ihre bösen Absichten gegen Hubbard und Scientology durch das Auditing zu beseitigen«, erklärte die junge Frau. »In der RPF erlebte ich, dass Leute brüllten und schrien während des ständigen Auditing mit dem E-Meter. (…) Ich schrie praktisch die ganze Zeit, in der ich in der RPF war.«[10]

Tonya Burden hatte auf der »Apollo« und im »Fort Harrison« die Anfänge des scientologischen Straf- und Lagersystems miterlebt, das im Lauf der Zeit stetig perfektioniert wurde. Sie nannte die *RPF* ein »Scientology-Konzentrationslager«.[11] Der frühere Top-Scientologe Gerald Armstrong hat ihre Angaben detailliert bestätigt und sagte uns im Interview: »Scientology sagt, dass die Leute dort freiwillig sind. Das stimmt absolut nicht. Sie sind Gefangene.« Anne Rosenblum, ein anderes *Messenger*-Mädchen und seit Mitte der 70er Jahre in Clearwater, wurde mehrfach wegen geringfügiger Vergehen in die Strafkompanie befohlen, deren Insassen dort im Parkhaus hinter dem »Fort Harrison« leben mussten. Die *RPFler* wurden von ihren Familien und Freunden für Tage, Wochen, Monate oder sogar länger getrennt. Wie Anne Rosenblum bezeugte, durften sie nicht normal gehen, sondern mussten sich stets im Laufschritt bewegen, selbst in den Arbeitspausen. Es war ihnen verboten, mit irgendjemandem zu reden, es sei denn, sie wurden angesprochen. »Selbst wenn man zur Toilette ging, musste jemand mitgehen.« Machten die Sträflinge während des Aufenthalts in der Strafkompanie etwas »falsch«, seien sie zusätzlich laut *Flag Order 3434* gemaßregelt worden: Dutzende Kniebeugen oder *Rocks and Shoals* (Felsen und Klippen): Stundenlanges »Hinauf- und Hinunterrennen auf der Parkhausauffahrt«.

Anne Rosenblum, Gerry Armstrong und Tonya Burden waren die Ersten, die Anfang der 1980er Jahre die Existenz von Straflagern bei Scientology enthüllten – und dass man dort schon wegen angeblich »schlechter Gedanken« über Hubbard oder Scientology landen konnte. »Die Organisation übt eine unglaubliche Kontrolle und Herrschaft über ihre Leute aus. Und das Straflager ist die ultimative Kontrolle«, berichtete Armstrong. Er bestätigte, dass es bei der *RPF* entweder nur Reis und Bohnen zu essen gab – oder Abfälle, welche die *Sea Org* übrigließ. Die ehemalige Scientology-Chefin Vicki Aznaran erklärte nach ihrer geglückten Flucht aus der Strafkompanie 1988, oberstes Ziel der *RPF* sei es, die Delinquenten wieder zu ordentlichen *Sea-Org*-Mitarbeitern zu machen – sie zu »rehabilitieren« –, und innerhalb des geschlossenen Scientology-Systems funktioniere dies sogar. »Du glaubst als Scientologe wirklich daran, dass dies der einzige Weg zum Glück ist. Und wenn Du aussteigst, hast Du keine Hoffnung mehr, jemals wieder glücklich zu werden. (…) Aus diesem Grund setzen sich diese Menschen den entwürdigendsten, beleidigendsten und fürchterlichsten Erlebnissen aus, die man sich nur vorstellen kann.«[12]

Schon im Herbst 1982 war auch Hubbards persönlicher *Auditor* David Mayo, der kurz zuvor selbst noch Mitglied im *RTC* gewesen war, im Straflager gelandet, das ironischerweise im Happy Valley, dem »glücklichen Tal«, einer total einsamen Gegend in den Bergen nahe Gilman Hot Springs lag und nur auf einer Schotterstraße zu erreichen war, die durch ein Indianerreservat führte. Eine doppelte Isolation: kein Kontakt zur Außenwelt, kein Kontakt zur Scientology-Welt – bis zur gelungenen »Rehabilitation«.[13] Es war den Intriganten offenbar gelungen, den »Gründer« davon zu überzeugen, dass David Mayo an seinem Stuhl sägte. Das *Religious Technology Center* setzte ein Beweiskomitee ein, das gegen ihn wegen angeblicher »sexueller bzw. perverser sexueller Praktiken« ermittelte und ihn im September 1982 für sechs Monate in die *RPF* in Gilman Hot Springs verbannte.[14] Zusammen mit Mayo seien damals 18 andere führende Manager eingewiesen, eingesperrt, mehrere Monate lang täglich verhört und zu »Unterdrückern« erklärt worden, bezeugte Jesse Prince.[15]

Mit Schaudern haben David Mayo und viele andere ehemalige Scientologen von dem sogenannten Laufprogramm berichtet, dem sie in der »Rehabilitation« unterworfen wurden. Direkt neben dem Golfplatz der Wüstenbasis Gilman Hot Springs lag ein kreisrunder Platz, in dessen Mitte Miscavige einen Pfahl aufstellen ließ. »Während dieser Zeit der Gefangenschaft von sechs Monaten wurde ich gezwungen, um einen Pfahl in der Wüste zu rennen, und zwar bei Temperaturen von über 110 Grad Fahrenheit (43 Grad Celsius), zwölf Stunden am Tag, sieben Tage in der Woche, drei Monate lang, ich stand unter enormem Stress und Zwang«, sagte Mayo. »Ich wurde häufig in der Nacht geweckt und vernommen, hauptsächlich durch Jesse Prince. Anfang Februar 1983 sagte mir Rick Aznaran, Sicherheitsdirektor des RTC, der Ehemann von Vicki Aznaran, Präsidentin des RTC, dass ich mir eine Flucht aus dem Kopf schlagen soll, denn das würde ich keinesfalls überleben.«[16] Fünf Jahre später landete Vicki Aznaran selbst im Umerziehungslager, wie der langjährige *Sea-Org*-Offizier André Tabayoyon bezeugte: »Ich sah, wie sie während der Dauer ihres Aufenthaltes zwölf Stunden täglich um den Mast rannte, abgesehen von wenigen Ausnahmen, wenn sie zu schwach war, sich zu bewegen. (...) Schließlich flüchtete Vicki erfolgreich aus der RPF.«[17]

Fast alle hochrangigen Delinquenten verließen nach der Tortur im Strafcamp die Scientology-Organisation. Der Anwalt Michael Flynn aus Boston, der 28 dieser Scientology-Opfer im Jahr 1983 vertrat, sagte, die Sekte habe ihn daraufhin ganz oben auf einer Feindesliste platziert, er sei ständig von Scientologen belästigt und bedroht worden. Seither habe er eine Pistole in seiner Büroschublade und lasse sich oft von Bodyguards schützen. Einmal habe der Motor seines Privatflugzeuges ausgesetzt. »Irgendjemand hatte Wasser in den Tank gefüllt«, sagte er. Ein Scientology-Sprecher bezeichnete Flynn jedoch als »verzweifelt geldgierig« und unterstellte ihm, er wolle mit den Prozessen reich werden.[18]

Das neue Imperium

Die erfolgreichen Putschisten knüpften umgehend an die Tradition des alternden Chefs an, sich mit Kommandobriefen an die Jünger zu wenden, die nun »Bulletins des Internationalen Managements« hießen. So verschickte die amerikanische Zentrale Anfang Januar 1983 ein »Bulletin Nr. 3« an alle *Orgs* mit einer unzweideutigen »Kriegserklärung gegen Off-Policy-Aktionen«, also gegen Abweichler: »Das Jahr 1982 brachte folgende nackte, harte Tatsache ans Licht: Nur diejenigen Mitarbeiter und Orgs, die sich in ihren Aktionen unerbittlich an Policy (die offizielle Linie, d. A.) halten, expandieren und gedeihen.« Aus nur »dürftig expandierenden Orgs«, heißt es, seien *SPs* zügig entfernt worden.[1] Die *Publics* (Kunden) und *Staffs* in aller Welt wurden von diesen Verlautbarungen völlig überrascht, weil sie nichts von den drastischen Veränderungen an der Sektenspitze wussten.

Zwischen den Zeilen der Direktiven konnte man Hinweise auf anhaltende Machtkämpfe im Scientology-Apparat entdecken. Ein zehnseitiges Strategiepapier vom 13. Februar 1983 warf angeblichen »Unterdrückern« Misswirtschaft, Unterschlagungen, Betrug und Renegatentum vor. »Captain« Guillaume Lesèvre, der internationale Chef der Mitgliederorganisationen und einer der wenigen Älteren unter den Putschisten, rechnete darin mit Abweichlern und »Halsabschneidern« ab. In dem geheimen Dokument, Überschrift: »Auswertung zum europäischen Boom«, ging es um die Säuberung der europäischen Sektenfilialen. Wie Lesèvre feststellte, seien die Statistiken dort »ins Wanken« geraten, Mitarbeiter hätten das Unternehmen dazu benutzt, »große Summen unverdienter Gelder in die eigene Tasche zu stecken«, und es sei sogar zu Fällen von »Out 2D« – Verstößen gegen die »zweite Dynamik«, also unerlaubtem Sex – gekommen. Offensichtlich war es noch nicht gelungen, die europäischen *Orgs* zu »handhaben«. Sie unterliefen die harte Linie des neuen Internationalen Managements und weigerten sich auch, das *Guardian's Office* aufzulösen. Guillaume Lesèvre ordnete deshalb ein unnachgiebiges Durchgreifen an: »Schicken Sie die Special Unit Mission nach EU (Europa, d. A.) … Diese Mission stellt sicher, dass alle örtlichen GOs (Guardian's Offices) vollständig von jeglichen Verbrechen gesäubert sind.«[2]

Während gesäubert und aufgeräumt wurde, sollten die *Org*-Mitarbeiter auf die neue Linie eingeschworen werden. Im »Bulletin des Internationalen Managements Nr. 7« von 1983 schrieb Führungsmitglied Marc Yager, ein *Messenger* von gerade 21 Jahren: »Der einzige Grund, warum LRH die Kirche gründete und mit ihr arbeitete, bestand darin, den Leuten dieses Planeten direkt on-policy und intech Dianetik und Scientology zu verkaufen und zu liefern, da er es allein nicht schaffen konnte, 2,5 Milliarden Leute auszubilden und zu auditieren. Das ist der einzige Grund, warum es die Kirche gibt.« Es folgte der verräterische Satz: »Und das ist der einzige Grund, warum wir sie managen.« Allen »kirchlichen« Mitarbeitern dieser »Glaubensgemeinschaft« wird seither ununterbrochen eingehämmert: »Denkt immer daran: Ihr seid da, um Material und Dienstleistungen an die Kunden zu verkaufen und zu liefern.«[3] Die Planvorgaben für den Buch- und Kursverkauf waren unbarmherzig. Eine »5,4fache Steigerung und Expansion eurer Organisation – schnell«, verlangte etwa das Papier Guillaume Lesèvres über den »europäischen Boom«.[4]

Die neue »harte Verkaufsstrategie« hatten sich die *Messengers* nicht selbst ausgedacht, sie stammte wie alles bei Scientology noch vom »Gründer« persönlich. Sie wandten sie nur erstmals konsequent an.[5] Hubbard hat ganze Abhandlungen darüber verfasst, wie man zuerst einen Markt für Scientology schaffen und anschließend die Produkte verkaufen solle. Er borgte sich seine sogenannten »harten Verkaufstechniken« aus einem Buch des amerikanischen Autohändlers Les Dane mit dem Titel BIG LEAGUE SALES CLOSING TECHNIQUES (etwa: Höchste Liga der Verkaufsabschlusstechniken, 1971). Hubbard erklärte Les Danes Methode sogar zur »Kirchenrichtlinie«: Scientology müsse durch »harten Verkauf« an die Leute gebracht werden, was bedeute, »unerbittlich darauf zu bestehen, dass die Leute kaufen«. Hubbard schrieb: »Egal, mit wem man es zu tun hat, das Motto lautet: ›Immer irgendwas verkaufen‹.« Man solle dem Kunden »jede Möglichkeit nehmen, Nein zu sagen«, indem man ihm suggeriere, dass sein spirituelles Wohlbefinden davon abhänge, jetzt ein Buch zu kaufen oder einen Kurs zu belegen. Die Mitglieder werden gewarnt, dass ihnen Unglück und Krankheiten drohten, falls sie aufhörten, Scientology-Dienstleistungen zu erwerben. Ständig erhalten Scientologen E-Mails und farbige, luxuriös aufgemachte Prospekte, die ihnen die neuesten Kurse und Rabatte aufdrängen: »Dringend! Ihre ganze Zukunft hängt davon ab! Kaufen Sie jetzt!«

Die Verkäufer der Scientology-Kurse heißen *Registrare*, sie werden darauf gedrillt, jedes Vermögensdetail eines Kunden aufzuspüren, ob Bankkonten, Aktien, Autos, Häuser – alles, was zu Geld gemacht werden kann. Wie alle *Staffs* bei Scientology werden die *Registrare* jeden Donnerstag nach ihren »Statistiken« – den Erlösen – bewertet, und wessen »Produktion« stagniert oder sinkt, der hat kein leichtes Los. »Ich erinnere mich, wie ich am Schlips gefasst und über den Tisch gezogen wurde, weil ich meine Verkaufsquote nicht schaffte«, sagte ein *Registrar* der *Los Angeles Times*.[6] Ehemalige Scientology-Mitarbeiter können sich noch gut an die Zeit des Umbruchs erinnern: Plötzlich wehte in ihren *Orgs* ein weit schärferer Wind als zuvor. Zeitweise wurden die Preise monatlich um fünf Prozent erhöht. »Die täglichen Forderungen, Abschlüsse und Buchverkäufe zu steigern, lösten bei den einzelnen Mitarbeitern Panik aus«, berichtet der Krefelder Ex-Scientologe Norbert Potthoff. »Jeder, der Druck bekam, versuchte diesen Druck, so gut es ging, nach unten weiterzugeben. Erfolge wurden fingiert oder die anderer eingeheimst, nur damit sich die eigene Statistik sehen lassen konnte.«[7] Selbst der überzeugte Scientologe John Travolta, damals das bedeutendste Aushängeschild der Sekte, äußerte im August 1983 in einem Interview mit dem *Rolling Stone* Zweifel am neuen Kurs: »Ich versuche, das Material und die Organisation zu trennen, weil ich nicht mit der Art einverstanden bin, mit der Scientology zurzeit geführt wird. (…) Ich würde Scientology hier gern besser verteidigen, aber ich habe im Moment das Gefühl, dass sie es gar nicht verdient, verteidigt zu werden.«[8] In einer behördlichen Untersuchung von Scientology in Kanada 1984 wurde von einer Versammlung in Toronto berichtet, in der Scientology-*Staffs* im Chor brüllten: »Geht ihnen an die Kehlen! Geht an ihr Blut! Geht an ihre blutigen Kehlen!«[9]

Zugleich begann Geld in großen Summen aus den USA auf Konten in Liechtenstein, Luxemburg, Spanien, Zypern und Liberia abzufließen.[10] Die frühere *RTC*-Chefin Vicki Aznaran bezeugte: »Den Anweisungen Miscaviges folgend transferierte ich Geld nach Spanien.«[11] Der ehemalige *Sea-Org*-Offizier Jesse Prince erklärte: »Einige Leute gingen in die Schweiz, einige Leute gingen nach Zypern.

(…) Sie leerten die Konten in den USA, in anderen Ländern und brachten das Geld nach Zypern, weil das Land nicht den Steuergesetzen der USA unterlag. Hunderte Millionen von Dollar.«[12] Das sei im Jahr 1984 gewesen, erinnerte sich Prince. Die Transfers seien vor allem aus Angst vor der Steuerbehörde IRS erfolgt. Seit damals befänden sich die wesentlichen Geldbeträge der Sekte im Ausland, zum Teil auf versteckten Konten. Um zu verschleiern, dass enorme Beträge einfach verschwanden, sei im Oktober 1984 in Saint Hill Manor die *International Association of Scientologists (IAS)* gegründet worden, die offizielle neue Mitgliederorganisation, deren Zweck laut Satzung darin besteht, »die Scientology-Religion weltweit zu vereinigen, zu fördern, zu unterstützen und zu beschützen«.[13] In Wahrheit habe die Gründung der *IAS* vor allem dazu gedient, neues Geld einzutreiben, um liquide zu bleiben, meinte Prince. Er schätzte allein die finanziellen Reserven von Scientology vor Gründung der *IAS* auf 550 Millionen Dollar. Außerdem habe es zahlreiche Investments gegeben, die sehr gut liefen, in die er aber keinen Einblick erhielt. Nur etwa fünf Männer aus der höchsten Scientology-Führung hätten einen ungefähren Überblick über die Vermögenswerte und Unterschriftsgewalt für die Konten; dazu die wichtigsten Vertrauensanwälte der Sekte.[14] Gute Kenntnis der Investments hatte der geschasste *Exekutivdirektor* William Franks. Es sei bei Scientology immer darum gegangen, wie möglichst viel Geld in Hubbards Taschen fließen und zugleich vor der Steuerbehörde IRS verborgen werden könne, sagte er dem Magazin *Forbes*. In der kurzen Zeit seiner »Herrschaft« 1980/81 sei er allein dafür verantwortlich gewesen, 150 Millionen Dollar »Reserven« zu investieren, die vor allem in ausländischen Währungen gehalten wurden. »Wöchentlich fuhren Kuriere mit Taschen voller Geld nach Europa. Es gab dort Hunderte von Bankkonten.«[15] Scientology bestreitet diese Vorwürfe vehement und erklärt, dass sämtliche Besitzstände der Steuerbehörde offenbart worden seien.

David Miscavige bezieht nach offiziellen Angaben nur ein sehr bescheidenes Geschäftsführergehalt von etwas mehr als 60 000 Dollar im Jahr – nach offiziellen Angaben. Tatsächlich kann der kleine »Captain« nach Art eines absolutistischen Herrschers über sämtliche Ressourcen und Menschen seines Imperiums verfügen, wie ehemalige hochrangige Scientologen vor Gericht bezeugt haben. So besaß er laut Aussage von Vicki Aznaran, seiner Vorgängerin als *RTC*-Chef, schon 1987 persönliche »Helfer«, die seine Hunde ausführten, seine Schuhe putzten und seine Besorgungen übernahmen. Der Top-Scientologe Jesse Prince konnte in den Jahren, die er in seiner unmittelbaren Nähe verbrachte, die Verwandlung des David Miscavige vom bettelarmen Laufburschen in einen der vermutlich 500 reichsten Männer Amerikas erleben. Während seine Untergebenen in der *Sea Org* oftmals gerade 25 Dollar in der Woche verdienten, habe sich der junge Herrscher maßgeschneiderte 250-Dollar-Hemden, handgemachte Schuhe aus Krokodil-, Straußen- oder Eidechsenleder und elegante italienische Anzüge für 2000 Dollar gegönnt.[16] Miscavige könne jederzeit die luxuriösesten Apartments nutzen, die Scientology in den gesamten USA und im Ausland gehören. Ein ganzer Fahrzeugpark stehe ihm zur Verfügung. Prince erklärte, er habe persönlich einen Safe gesehen, in dem Miscavige Gold- und Silberbarren aufbewahre, außerdem »zuhauf Münzen, seltene Münzen, Juwelen«. Ein Stab von 15 bis 20 Butlern, Dienstmädchen, Boten und Bodyguards sei nur für den »Vorstandsvorsitzenden« tätig. Sein Reisebudget sei unbegrenzt, wenn er mit seinen engsten Vertrauten und der entsprechenden Entourage an Dienern und Bodyguards zum Shoppen nach Paris oder zum Hochseefischen auf die Bahamas fliege, so Jesse Prince 1998. »Alle Kosten werden bezahlt. Er bezahlt nicht ein verdammtes Ding.« Auch Bargeld sei kein Problem. Wenn er beispielsweise zu *Narconon* gehe und sage: »Ich brauche Geld«, dann bekomme er es. Der langjährige *Sea-Org*-Offizier André Tabayoyon bestätigte diese Vorwürfe unter Eid in ihrem Kern; er habe »selbst erlebt, dass Gelder und/oder Personalangehörige aus verschiedenen gemeinnützigen Scientology-Organisationen für Miscavige privat eingesetzt wurden«.[17] Scientology-Sprecher aber sagen, Miscavige lebe bescheiden und habe seine gesamten Einkünfte der Steuerbehörde IRS offenbart.

Im ABC-Fernsehinterview bestritt David Miscavige ebenfalls die Privilegien und sagte: »Das Geld bei Scientology fließt nicht an mich. Es fließt auch nicht an meine Kollegen. Das ist eine Tatsache. Sie können den IRS anrufen und sich das bestätigen lassen. Die haben unsere Unterlagen geprüft, sich alles angesehen, und nichts von dem Geld geht irgendwohin. Tatsächlich erhalten unsere Kirchenfunktionäre weit weniger Geld und leben weitaus bescheidener als irgendwelche anderen Kichenführer.«[18] Wie Jesse Prince jedoch bezeugte, stünden für David Miscaviges Frau Shelley, eine »Botin« seit ihrem zwölften Lebensjahr, die er 1981 heiratete und die offiziell als seine »Assistentin« agiert, die gleichen Mittel und Dienstleistungen wie für den Chef bereit; sie kaufe gern in den teuersten Geschäften von Beverly Hills ein, bei Hermès oder Gucci, und bevorzuge Diamantringe. Auch Miscaviges Freunde Norman Starkey, Marty Rathbun, Mark Yager, die alle einmal im *Religious Technology Center* saßen, hätten nicht darben müssen, so Jesse Prince. Er schätzte die jährlichen Aufwendungen der »Kirche« für jeden von ihnen auf rund 750 000 Dollar.

Auch wenn ihm das Charisma Hubbards fehlt, so hat David Miscavige im Lauf der Jahre den Status eines Unantastbaren bei Scientology erreicht. Der Mann mit dem starren Blick aus den tiefblauen Augen gilt als absoluter Perfektionist, der jedes Detail seines Imperiums unter Kontrolle haben will, von der Auswahl der Uniformstoffe für die *Sea Org* über den Schnitt neuer Scientology-DVDs bis hin zur Einrichtung der *Idealen Orgs*. Sein Interesse scheint aber vor allem der fast unvergleichlichen Machtfülle zu gelten, die er über Scientology ausübt und die der frühere Top-Scientologe André Tabayoyon folgendermaßen beschreibt: »Seine Macht und Kontrolle ist in jeder Hinsicht absolut – über jeden Aspekt von Scientology und das Privatleben eines jeden Scientologen. Miscavige kann einen oder mehrere Beauftragte in jede beliebige Scientology-Organisation schicken, in jedes beliebige Unternehmen, das Scientologen gehört, und sogar in Scientology-Familien. Er kann sogar Eheleuten befehlen, sich voneinander und/oder von ihren Kindern zu trennen.«[19] Wenn David Miscavige sich in der Öffentlichkeit zeigt, wird er stets von einer Garde junger Untergebener begleitet, die ihn schützen und seine Befehle weiterleiten. Wie Hubbard nennt man ihn intern meist nur mit seinen Initialen: »DM« oder »COB« (Chairman of the Board, Vorstandsvorsitzender). Ende der 1990er Jahre verlagerte er den Sitz des *Religious Technology Center* endgültig von Los Angeles in jene geheime Basis in der kalifornischen Wüste.[20] Dort ist heute das eigentliche Machtzentrum des Sektenkonzerns.

Die geheime Basis

Östlich von Los Angeles erstreckt sich über einige hundert Meilen trockenes Buschland. Irgendwo in diesem riesigen wüstenartigen Gebiet, dort wo es an die Berge stößt, westlich von Palm Springs und nahe der 60 000-Seelen-Gemeinde Hemet, liegt die exklusive »Gold«-Basis, das eigentliche Herz des Scientology-Imperiums. Bis Mitte der 1990er Jahre wurden die Existenz der Basis im San Jacinto Valley, ihre genaue Lage und ihre Bedeutung als Sitz des Internationalen Scientology-Managements und seines Sicherheitsapparates selbst gegenüber »normalen« Scientologen geheim gehalten. »Ich übernahm das Kommando über die Basis, baute sie so um, dass sie aussah, als befände sich dort nichts als Einrichtungen für die Tonband- und Filmproduktion, und führte sie den Medien als Golden Era Studios vor«, bezeugte der ehemalige Propagandachef Robert Vaughn Young.[1] Der Name des mit schweren Waffen bewachten Geländes rührt laut dem amerikanischen Scientology-Aussteiger Steven Fishman daher, dass der Psychokonzern dort seinen Reichtum in Goldbarren unterirdisch aufbewahrt.[2] Überirdisch beherbergt »Gold« rund 50 Gebäude, neben Luxusbungalows, Bürohäusern, Personalunterkünften, *Auditing*-Räumen, einer riesigen Kantine auch die Werkhallen und Medienstudios in dem einem schottischen Schloss nachempfundenen »Cine Castle«, wo die *E-Meter* und sämtliche audiovisuellen Materialien von Scientology hergestellt werden. Die Sekte fabriziert eine Unzahl von Werbe- und Trainingsfilmen für ihre Jünger. Tausende von CDs und DVDs werden in »Gold« produziert und, an einer Art Fertigungsstraße, etwa 200 *E-Meter* pro Woche manuell zusammengebaut.

Hat man das Stahltor passiert, muss man zunächst noch eine Weile auf der geteerten Privatstraße fahren, vorbei an grünen Wiesen, bis man einen kleinen See erreicht, auf dem Enten und Schwäne schwimmen. Die Kameras auf dem Gelände sind nicht leicht zu entdecken, wohl aber die elektrischen Zäune. »Natürlich haben wir Zäune, wir haben hier schließlich Ausrüstung im Wert von mehr als 60 Millionen Dollar«, sagte der 33-jährige Scientology-Manager »Tommy« Davis zu Janet Reitman vom amerikanischen Musikmagazin *Rolling Stone,* die im Jahr 2006 zu einer Besichtigung eingeladen worden war.[3] Reitman fühlte sich auf der Basis an Disneyland erinnert, nicht nur wegen des »Kino-Schlosses«, auch wegen der »Taverne«, einem benachbarten Hotel im King-Arthur-Stil für die VIP-Besucher. Überragender Blickfang – auf einem Hügel, der den gesamten Campus überragt – war noch immer der damals für Hubbard geschaffene Nachbau eines Dreimasters namens »Star of California« mit Fischernetz und Plastikkrebsen. »Abgesehen von diesen farbenfrohen Wahrzeichen, ist Gold vor allem ein Büropark«, notierte die Journalistin. »Die Gebäude sind nach Firmenart einheitlich möbliert, komplett mit unauffällig grauer oder blauer Auslegware. Es gibt praktisch keine Kunstwerke außer ein paar Scientology-Postern mit Hubbard-Sprüchen, und im Tonstudio gerahmte Fotos von diversen Scientology-Berühmtheiten, darunter auch Tommy Davis' Mutter, Anne Archer.« Wobei Davis, wie Reitman anfügte, aus einer der bedeutendsten Immobiliendynastien Kaliforniens stammt, italienische Anzüge trägt und einen großen BMW fährt. »Ich habe genug Geld, um keinen einzigen Tag in meinem Leben arbeiten zu müssen«, sagte der smarte Mann zu der Journalistin. Doch Scientology hatte ihm offenbar etwas geboten – Macht über andere Menschen? –, wofür er arbeiten *wollte*.

Die »Gold«-Basis ist wie das »Fort Harrison« in Florida fest in der Hand der *Sea Org*. Die aufdringliche Anwesenheit Hunderter Uniformierter verleiht dem Anwesen faktisch das Aussehen einer Marinebasis. Alle 750 Angestellten des auch *INT Base* genannten Komplexes sind handverlesene Mitglieder des scientologischen Elitekorps, das heute alle wesentlichen Funktionsträger des Sektenkonzerns stellt, auch des Geheimdienstes *OSA*. Sie tragen die Kleidung des Deckpersonals der Navy, kurzärmelige blaue Hemden über dunklen T-Shirts und Khakihosen. Diese schlecht bezahlten Mitarbeiter müssen täglich acht Stunden arbeiten und anschließend drei Stunden die Hubbard-Werke »studieren«, sechs Tage die Woche. Sie besitzen buchstäblich nichts außer ihrer Kleidung und der festen Überzeugung, der »Elite des Planeten« anzugehören. Janet Reitman sprach auf der Basis mit der 32-jährigen *Sea-Org*-Frau Kim Fries, die mit 15 Jahren der *Sea Org* beigetreten war. Sie könne sich nicht vorstellen, etwas anderes zu tun, sagte Kim Fries. Sie behauptete, sie habe »definitiv ein erfülltes Leben« und sei garantiert nicht Mitglied eines Mönchs- oder Priesterordens: »Das wäre doch total unhip.«[4] Scientology-Sprecher verkünden sonst das Gegenteil und sprechen von einer spirituellen Gemeinschaft.

Natürlich war der Journalistin bewusst, dass man ihr die Schokoladenseite der Basis vorführte und jeder Schritt ihres Besuchs sorgfältig geplant worden war. Das sei aber auch verständlich, schrieb sie, und schilderte die Bemühungen ihrer Gastgeber, wie eine ganz normale »Kirche« zu erscheinen. »Schauen Sie sich um, die Leute hier geben jeden Tag ihr Bestes«, zitierte sie Tom Davis, »und jeder Typ, der aussteigt, weil er ins Fernsehen will, darf die ganze Organisation schlechtreden? Das nervt total.«[5] Aber Reitman sprach außerhalb der Basis, in Los Angeles, nicht nur mit *einem* »Typ«, der anders dachte. Sie sprach mit *einigen* jungen Aussteigern, Kindern von Scientologen, die in die *Sea Org* gegangen waren, weil man sie mit 13 oder 14 Jahren gefragt hatte: »Möchtest du Menschen helfen?« Die paramilitärische Ausbildung im *Boot Camp* (Erziehungslager) der *Sea Org* in den USA war hart; so seien 12-Jährige gezwungen worden, zur Abhärtung durch Rohre voller Ratten und Kakerlaken zu robben, erklärte der Aussteiger. Und »Freizeit« gab es nur sonntagmorgens, wenn man seine Wäsche wusch.[6]

Doch die Truppe im Navylook garantiert den Komfort jener kleinen Elite um David Miscavige und eine Handvoll hoher *Sea-Org*-Offiziere, die absolute Befehlshoheit über die »Kirchenhierarchie« und ihre über die gesamte Welt verteilten Finanzfonds, Konten und Bankschließfächer besitzen. Ihre Villen liegen neben denen von Tom Cruise und John Travolta in der »Gold«-Basis. Sie können dort die Annehmlichkeiten eines privaten Musikstudios und Kinos, gepflegter Swimmingpools, modernster Fitnessanlagen und eines grünen Neun-Loch-Golfplatzes auf dem Land genießen – und all das nicht allzu weit von ihren Sektenbüros in Los Angeles entfernt. Es ist allerdings ein Luxusleben im Hochsicherheitstrakt, mit Privatarmee, High-Tech-Bunker, Hubschrauberlandeplatz, Raketenwerfern. Die Sicherheitsarchitektur entspricht der einer Militäreinrichtung: Kameras, Bewegungsmelder, Motorradwachen und massive Stahlzäune mit rasiermesserscharfen Metallspitzen. »Du blutest wahnsinnig, wenn Du versuchst, rüberzuklettern«, berichtete Jesse Prince. »Als ich selbst eingewiesen wurde, erntete ich, was ich gesät hatte. Es gibt von dort keine Fluchtmöglichkeit.«[7]

Für die militärische Ausbildung der Wachen sorgte anfangs der langjährige *Sea-Org*-Mann und Vietnamveteran André Tabayoyon. Vor Gericht in Los Angeles erklärte er 1994, dass er die Sicherheitsleute von Gilman Hot Springs und des Happy Valley in Nahkampftechniken unterricht habe. Die gesamte Basis bezeichnete er als »befestigte und bewaffnete Einrichtung«, die »unter der direkten Leitung von Miscavige« stehe.[8] »1991 musste ich die Basis so vorbereiten, dass sie in Krisenzeiten gegen die Möglichkeit einer Übernahme durch die Behörden verteidigt werden könnte. (...) Ich leitete ein Projekt, um das Basis-Sicherheitssystem aufzubauen, die Abzäunung gegenüber der Umgebung, die elektronischen Monitore, die versteckten Mikrofone, die Bodensensoren, die Bewegungsmelder und die versteckten Kameras. (...) Gelder der Kirche wurden für den Kauf halbautomatischer Sturmgewehre verwendet.«[9] André Tabayoyon war bis Anfang der 1990er Jahre Leiter des Sicherheitsapparates auf der »Gold«-Basis. »Ich entwickelte drei Klassifikationen für Eindringlinge und legte die Ebene der tödlichen Gewalt fest, die gegen jeden einzusetzen war«, so Tabayoyon, die bewaffneten Wachposten hätten vor allem dafür zu sorgen, »dass die ›Wogs‹ draußen blieben«.[10] Nach Angaben von Jesse Prince waren überall auf dem »Gilman«-Gelände Wachhäuschen der *Gold Security* verteilt, in denen mit Schrotflinten ausgestattete Posten saßen. Zudem sei das gesamte Führungspersonal von Scientology bewaffnet gewesen. »Jeder war umfassend ausgerüstet. Ich weiß, dass David Miscavige mindestens drei oder vier Gewehrschränke voll unterschiedlichster Gewehre, Handwaffen und Ähnlichem hatte.«[11]

Ebenso wichtig wie der Schutz gegen Angriffe von außen war die Absicherung der Basis und des *RPF*-Umerziehungslagers nach innen. Niemand sollte sie unbemerkt verlassen. Jeder sollte sich ständig beobachtet fühlen. »Personen, von denen wir vermuteten, sie seien mit Scientology und Miscavige unzufrieden (...), wurden von uns genau überwacht. Unseren Vorgesetzten mussten wir regelmäßig melden, dass sich die Verdächtigen unter Überwachung befanden«, gab Tabayoyon an. Zahlreiche Personen, nicht nur im Happy Valley, seien gegen ihren Willen von der *Gold Security* festgehalten worden, bezeugte er.[12] War es *Sea-Org*-Mitgliedern geglückt, zu entkommen und »draußen« unterzutauchen, lief eine Suchaktion an, in die auch eigens angeheuerte Privatdetektive eingebunden waren. Mit Bedacht habe man Wachposten neben den Personalquartieren in Gilman Hot Springs stationiert, sagte Tabayoyon. »Die bewaffneten Wachen waren dort, um Personalangehörige daran zu hindern, nachts wegzugehen oder von ihren Posten ›abzuhauen‹.«[13]

Scientology hat die Vorwürfe, sie würde eine bewaffnete Basis mit angeschlossener Strafkompanie unterhalten, immer wieder strikt zurückgewiesen. Gegenüber der Lokalzeitung *The Press-Enterprise* aus der nahegelegenen Universitätsstadt Riverside bestritt ihr Sprecher Ken Hoden, dass irgendjemand im Camp Waffen trage. Er sagte auch, es könne jeder Mitarbeiter gehen, wann und wohin er wolle. »Alles ist 100 Prozent freiwillig. War es immer. Wer etwas anderes behauptet, verfolgt einen bestimmten Zweck.« Die Anschuldigungen, man betreibe Straflager, seien Teil einer Verschwörung, um die Organisation zu zerstören, behauptete Hoden. Tatsächlich konnte die stellvertretende Distriktsstaatsanwältin Alina Freer, als sie nach aufsehenerregenden Enthüllungen eines deutschen Fernsehteams Ende 1998 die Anlagen besichtigte, keine Beweise dafür finden, dass dort irgendjemand gegen seinen Willen festgehalten wurde.[14] Gut möglich, dass die Scientologen damals alle Spuren beseitigten, die auf Gefängnisse, Besserungsanstalten und Sklavenarbeit hinwiesen – oder gewarnt worden waren.

Oft werde er gefragt, wie er eigentlich an die Macht gekommen sei, sagte Miscavige beim Gespräch mit der *St. Petersburg Times* 1998. »Niemand schenkt dir die Macht. Ich werde Ihnen sagen, was Macht ist. Macht ist in meinen Augen, wenn die Leute dir zuhören. Das ist alles.«[15] Wenn Scientology-Sprecher über Miscavige reden, beschreiben sie ihn als Workaholic und sehr ernsthaften, verantwortungsvollen »Kirchenführer«, der 15 Stunden am Tag arbeite und dessen Vision darin bestehe, Scientology zu einer anerkannten Gruppe in der Gesellschaft zu machen. Sie loben seine Fähigkeit, »auf den Punkt zu kommen«, und nennen ihn einen »Impulsgeber«.[16] David Miscavige ist ein Waffennarr, trainiert täglich seine Fitness, geht mit seinem Freund Tom Cruise zum Gleitschirmspringen und fährt gern Motorrad. Sein Verhältnis zu Tom Cruise, den er 1986 als Ehemann von Mimi Rogers kennenlernte, scheint von einer herausfordernden Konkurrenz bestimmt zu sein, wobei ehemalige Top-Scientologen keinen Zweifel daran haben, dass Miscavige die Regeln definiert. Mit Tom Cruise kann sich der Sektenboss schmücken, er braucht ihn als Werbeträger nach außen und als Bindeglied nach innen.

Frühere hochrangige Scientologen zeichnen ein wenig sympathisches Bild vom Scientology-Chef. Sie schildern ihn als rücksichts- und skrupellosen Tyrannen mit extremen Launen. David Miscavige sei ein humorloser Mann, der zur Gewalt neige und angeblich »besonders laut brüllen« könne; er rede in grobem, von Schimpfwörtern durchsetztem Straßenslang, sagt etwa Larry Brennan, ein langjähriger *OSA*-Offizier.[17] Berüchtigt sind die maschinengewehrartigen Wortsalven, die er abfeuert, wenn er erregt ist; er haut dann auch mit der Faust auf den Tisch. Die *Los Angeles Times* zitierte einen Ex-Scientologen, der sich daran erinnerte, wie Miscavige in den 1980er Jahren reagierte, als er mit der Leistung von Scientologen auf einer Schallplatte unzufrieden war. Er habe das Plattencover an eine Böschung außerhalb seines Büros in der »Gold«-Basis gelehnt und dann mit seinem 45er Revolver mehrfach darauf gefeuert.[18] Ehemalige Scientologen haben Miscavige in eidesstattlichen Erklärungen vor Gericht beschuldigt, er habe angeordnet, von der Steuerbehörde angeforderte Dokumente zu vernichten und Scientology-Kritiker zu attackieren.

Kaum jemand hat den »Vorstandsvorsitzenden« so gut kennengelernt wie seine zeitweilige »rechte Hand« Jesse Prince, der nach seinem Ausstieg zum wohl gefährlichsten Zeugen gegen die Organisation wurde. Der muskulöse Schwarze, als junger Mann schon Vater zweier Kinder, war Mitte 1976 in San Francisco mit Hilfe des »Oxford-Persönlichkeitstests« rekrutiert worden und trat kurz darauf der *Sea Org* bei. Scientology habe ihn mit dem Versprechen geködert, etwas Sinnvolles mit seinem Leben anfangen zu können, sagte er: »Ich war jung, 21 Jahre alt und verwirrt wie wohl die meisten in dem Alter, und ich wollte irgendwie anderen Menschen helfen. Ich wollte etwas lernen, das mich zu einem Gewinn für die Gesellschaft werden ließe, und Scientology behauptete, genau das zu können.«[19] Doch schnell kollidierte sein Idealismus mit der Realität. Weil er gegen seine Ausbeutung bei 100 Wochenstunden Arbeit für fünf Dollar protestierte und Scientology schon nach wenigen Monaten wieder verlassen wollte, wurde er 1977 erstmals in die *Rehabilitation Project Force* geschickt. Widerstand war zwecklos. »Ich sagte zu ihnen, ich haue ab. Und sie sagten zu mir, nein, das tust du nicht«, schilderte er die Szene, kurz bevor man ihn in die *RPF* im Cedars-of-Lebanon-Gebäude brachte. »Sie schleppten mich mit Gewalt in den siebten Stock des Komplexes.«

Anderthalb Jahre wurde Jesse Prince in der neu erworbenen Anlage in Los Angeles, teils in deren Keller, eingesperrt und zu Renovierungsarbeiten gezwungen, unter häufigen Verhören, ohne eine Möglichkeit, zu telefonieren und seine Kinder zu sehen. »Die Gehirnwäsche dort hat mich verändert«, erklärte er, warum er trotzdem bei Scientology blieb, als man ihn schließlich aus der *RPF* entließ. »Und nach einer Weile, nach dieser ständigen Indoktrination, da denkt man wirklich, es ist der einzig richtige Weg, sich zu unterwerfen und zu tun, was sie von einem wollen.« Der »Erfolg« des Programms war die Schaffung jener »willigen Sklaven«, wie sie Hubbard einst per Gehirnwäsche für herstellbar erklärt hatte. Bei der Entlassung wurde Prince erklärt, er sei »aus Versehen« eingesperrt worden, »das hätte nie passieren dürfen«, die Sekte zahlte ihm eine lächerliche Entschädigung von 2400 Dollar – und der Effekt war denkbar paradox: Jesse Prince fühlte sich nun tatsächlich »rehabilitiert«, er arbeitete als ergebener, linientreuer *Staff* in Clearwater, bis Miscavige ihn 1981 für das *Religious Technology Center* wieder nach Los Angeles und dann nach Gilman Hot Springs holte.

Prince nennt den Scientology-Chef einen »sehr verstörten, sehr unsicheren Menschen«: »Wenn er Macht demonstriert, Entscheidungen trifft, Autorität zeigt, ist er selbstsicher. Aber wenn man direkt mit ihm spricht, gibt es keinen Zweifel daran, dass er eine unschlüssige und unsichere Person ist. (…) Der einzige Weg, den er kennt, um zu handeln, ist mit extremer Kraft alles zu überwältigen, was sich ihm in den Weg stellt.« Diese Rücksichtslosigkeit führt Prince darauf zurück, dass Miscavige ein »Scientologe der zweiten Generation« sei, der in einer scientologischen Familie aufgewachsen war, anschließend zwei Jahre lang von L. Ron Hubbard persönlich »gehandhabt« wurde und deshalb keine Vorstellung von Liebe, Einfühlungsvermögen oder Mitleid besitze. Selbst die Eltern, inzwischen geschieden, hätten sich mittlerweile von ihrem Sohn Dave abgewandt. »Seine eigene Mutter habe ich sagen hören, er sei wie ein kleiner Nazi, ein Hitler, ein kleiner Satan. Sie war von ihm angeekelt.«[20]

Ehemalige Scientologen haben immer wieder erklärt, dass David

Miscavige Untergebene erniedrigt und geschlagen habe. »Ich war im Raum, als David Miscavige einen Untergebenen ohrfeigte und anspuckte«, sagt der hochrangige Ex-Scientologe Larry Brennan.[21] Vicki Aznaran erklärte, sie habe gesehen, wie er den *Sea-Org*-Mann John A. auf den Mund schlug.[22] André Tabayoyon bezeugte: »Ich hatte einmal mein Arbeitsziel nicht erreicht, woraufhin Miscavige zu mir kam, sich 30 Zentimeter von meinem Gesicht entfernt hinstellte und mich etwa zehn Minuten lang mit ›Scheißkerl‹ und ›Hurensohn‹ beschimpfte.«[23] Jesse Prince spricht von ähnlichen Szenen, die er miterlebt habe: »David Miscavige war wütend auf Marty Rathbun, weil er Anordnungen nicht befolgt hatte, und er nahm einen ganzen Stapel von Richtlinien und schlug ihm damit auf den Kopf; dann hat er ihn körperlich angegriffen, fing an ihn gegen die Wand zu stoßen und ihn so heftig er konnte zu boxen.« Auch gegenüber Frauen sei der »Kirchenführer« handgreiflich geworden. »Ich habe auch gesehen, wie er Frauen gepackt und rumgestoßen hat. Terry G. Er hat sie an die Wand gestoßen. Marian B., eine andere.«[24]

Solche Anschuldigungen haben Miscavige und seine Sprecher stets vehement zurückgewiesen. So sagte sein jahrelanger »treuer Leutnant« Marty Rathbun der *St. Petersburg Times,* er habe Miscavige während 20 Jahren nie jemanden schlagen sehen: »Das ist nicht seine Art.« Miscavige selbst reagierte auf die Vorhaltungen gelangweilt und sprach von »alten Geschichten«. Er sagte: »Ich wurde wegen nichts schuldig gesprochen, ich wurde wegen nichts angeklagt. Ich denke, nur darauf kommt es an … und dann sagt man, hey, bringt doch endlich was vor oder haltet den Mund. Lasst mal die Beweise sehen.«[25]

Den eindringlichsten Einblick in die Vorstellungswelt des Scientology-Chefs bieten noch immer jene zwei längeren Interviews, die er *ABC-Nightline* 1992 und der *St. Petersburg Times* 1998 gewährte. Misst man ihn an diesen Aussagen, dann muss man sich David Miscavige wohl als einen verbohrten, hundertprozentigen Scientologen denken – keine sehr angenehme Vorstellung. Im *Nightline*-Gespräch mit dem Interviewer Ted Koppel äußerte der Chefscientologe eine Reihe von Verschwörungstheorien im Stil L. Ron Hubbards. Er behauptete zum Beispiel, dass im US-Kongress 1955 ein Gesetz vorgelegt wurde, wonach eine Fläche von einer Million Acres (400 000 Hektar) in Alaska zu einem »US-Sibirien« gemacht werden sollte, um dort Psychiatriepatienten einzusperren. In Wahrheit verabschiedete der Kongress im Januar 1956 ein Gesetz, das der Territorialregierung von Alaska erlaubte, eigene Psychiatrien aufzubauen, statt die Patienten wie bisher nach Oregon schicken zu müssen.[26] Miscavige wiederholte zudem wörtlich Hubbards wirre Theorien über deutsche Psychiater als Organisatoren des Holocausts. Der ehemalige *OSA*-Mann Christian Markert aus Hamburg sagt: »David Miscavige ist von der gleichen Paranoia besessen wie Hubbard. Er hat Angst, dass man ihn umbringen oder absetzen will. Deshalb lässt er sich auch von niemandem auditieren, schon seit dem Putsch nicht mehr.«[27]

Der Captain

David Miscavige und sein *RTC*-Team haben den Psychokonzern seit 1982 gründlich verändert und das enorme ökonomische und totalitäre Potential von Scientology erstmals wirklich erschlossen. Bis etwa 1984 wurde die hohe und mittlere Managementebene im Scientology-Unternehmen fast komplett ausgetauscht. David Taps, David Mayo und andere führende Sektenmitglieder, aber auch Tausende »kleine« Scientologen in aller Welt stiegen damals aus und gründeten Dissidentenorganisationen. Diese orthodoxen Splittergruppen, die auch als *Freie Zone, Ron's Org* oder *Advanced Ability Centre* auftreten, berufen sich auf die »ursprünglichen Ideen« Hubbards, da die »Scientology-Kirche sich zunehmend von den Prinzipien ihres Gründers entfernt« habe. Sie werfen den siegreichen Nachfolgern »faschistische Verhaltenszüge in Form von Säuberungswellen und Hexenjagden« sowie »Druck, Denkzwang und die finanzielle Ausbeutung Gutgläubiger« vor.[1] Vom Scientology-Imperium werden die hubbardistischen Sekten als Feinde, »Verbrecher« oder *Squirrels* (Eichhörnchen) erbittert bekämpft.

Die Dissidenten glauben bis heute, dass L. Ron Hubbard von der »Miscavige-Clique« getäuscht worden sei und nicht mehr gewusst habe, was in seinem Reich vor sich ging. Niemals hätte der gutmütige »Gründer« eine Spaltung dieses Ausmaßes und die Misshandlung vieler Scientologen der ersten Stunde zugelassen. Das ist nicht viel mehr als ein frommer Wunsch und erinnert an den Glauben vieler Kommunisten der 1930er Jahre an »Väterchen Stalin«. Zahlreiche Dokumente und Aussagen ehemals führender Scientologen belegen inzwischen das Gegenteil. David Miscavige handelte kühn, aber stets mit dem Segen seines Meisters. Im November 1983 ließ Hubbard einen Brief an alle Scientologen verteilen, in dem er schrieb, er sei »ekstatisch« zufrieden mit dem neuen Management und blicke zuversichtlich in die Zukunft.[2]

Die eiserne Hand, mit der der damalige »Commander« David Miscavige im Namen des »Gründers« regierte, hatte er von seinem Mentor übernommen, wie er offenbar auch dessen Herrschaftstechnik kopierte, Untergebene durch Brüllen und Drohen einzuschüchtern. Der Erfolg hat ihm mehr als zwei Jahrzehnte lang immerhin recht gegeben. Scientology ist nicht zerfallen, die weitaus meisten Mitglieder und *Staffs* blieben bei der »Mutterkirche«; sie reagierten auf die neue Sektenführung passiv und folgsam. Der Krefelder Aussteiger Norbert Potthoff erklärt, warum: »Die Leute in totalitären Systemen sind ja darauf abgerichtet zu gehorchen. Und das verschafft einem wie Miscavige die Grundlage, praktisch im Handstreich das komplette System zu übernehmen.« Die Mitgliederverluste durch die »Säuberung« von Scientology konnten ab Mitte der 1980er Jahre weitgehend ausgeglichen werden.

Es gelang den neuen Herren sogar, den Tod L. Ron Hubbards 1986 unbeschadet zu überstehen. Nichts ist für den Bestand einer Sekte gefährlicher als der Verlust des charismatischen Führers. Besitzt die Lehre aber genug Substanz und sind die Funktionäre clever genug, die Mitglieder bei der Stange zu halten, kann die Sekte nach einer Umbruchphase neu organisiert sogar wieder zur Mission übergehen. Die Stärke von David Miscavige war es, dass er dieses Prinzip begriffen hatte. Schon vier Jahre vor Hubbards Tod hatten die neuen Sektenführer begonnen, Hubbards Texte zu kanonisieren. Zu diesem Zweck wurden angeblich 500 000 Seiten der »heiligen« Schriften des Meisters für 15 Millionen Dollar auf rostfreien Stahl geätzt, in spezielle, »Zeitkapseln« genannte, hitzefeste Titaniumbehälter gepackt und in atombombensicheren Bunkern in Trementina in der Wüste New Mexicos, in Petrolia an der Küste Nordkaliforniens und bei Crestline in den San Bernardino Mountains in Südkalifornien nahe Los Angeles eingelagert. 6500 Tonbänder und 42 Filme wurden auf goldenen Schallplatten archiviert und ebenfalls in die eigens dafür angelegten unterirdischen Tunnel gebracht. Im Jahr 1992 wurden für die Archivierung 13 Millionen Dollar aufgewendet.[3] So soll »das Überleben der Religion« selbst für »wandernde Barbarenstämme« nach einer zukünftigen Menschheitskatastrophe »für Jahrhunderte und Jahrtausende« garantiert werden und bereitstehen, um »den Kosmos zu befreien«.[4]

Der Tod ihres Kommandanten, des »Gründers« und der »Quelle«, am 24. Januar 1986 warf allerdings einige Probleme auf, die sofort gelöst werden mussten. Das hinterlassene Vermögen L. Ron Hubbards war zwar offiziell privat, wurde aber von den »Kirchenführern« als Eigentum der Organisation betrachtet. Jesse Prince hat 1998 enthüllt, wie die Usurpatorenclique an der Sektenspitze das Problem löste. Er war anwesend, als ein Dutzend Top-Scientologen – darunter David Miscavige, Norman Starkey, Mark Yager, Ray Mithoff und Marty Rathbun – in Mary Sue Hubbards Villa am berühmten Mulholland Drive in Los Angeles Einlass begehrten, wo sie seit ihrer vorzeitigen Entlassung aus dem Gefängnis Ende 1983 wieder lebte. »Ich war dabei, als Mary Sue Hubbard eine Erklärung unterzeichnen sollte, ich glaube, über 100 000 Dollar, die sie erhalten sollte, damit sie alle Rechte an den Copyrights, den Warenzeichen, den Bankguthaben, eben alles, das mit Scientology zu tun hatte, abtritt«, bezeugte Prince. »Sie wollte das verdammte Ding aber nicht unterschreiben. Anwälte waren da und David Miscavige fing an zu schreien: ›Sie unterschreiben das jetzt!‹ Wir waren alle dort, um sie einzuschüchtern …«[5]

Miscavige habe zu der 55-Jährigen gesagt, sie könne froh sein zu bekommen, was man ihr zugestehe, erklärte Jesse Prince. Er erinnert sich genau an die Worte des kleinen Chefs: »Alles, was L. Ron Hubbard tat, tat er für die Kirche. Wir sind die Kirche, nicht ihr. Folglich bleiben alle Rechte bei uns.« Er behauptete auch, dass dies Hubbards letztem Willen entspräche, den er noch auf dem Sterbebett geändert habe. Dieses Testament, unterzeichnet am Vortag seines Todes, ist sehr umstritten; darin überschrieb Hubbard die Copyrights aller seiner Werke und den Großteil seines Vermögens nicht der Witwe und seinen Kindern, sondern Scientology. Häufig wurde behauptet, dass es sich um eine Fälschung handeln müsse, da der Sterbende nicht mehr in der Lage war, irgend etwas zu unterschreiben, geschweige selbst zu formulieren. Jesse Prince hat mehrfach erklärt, dass sowohl David Miscavige wie Norman Star-key fähig waren, seine Unterschrift perfekt nachzuahmen, und diese »Gabe« auch mehrfach einsetzten. »David Miscavige hat mir ge-zeigt, dass er die Unterschrift exakt nachmachen konnte, und auch eingeräumt, dass er es schon getan hatte.«[6] Scientology hat diese oft erhobenen Anschuldigungen als »Unterstellungen« zurückgewie-sen. Schließlich sei Mary Sue Hubbard unter Androhung eines *Se-curity Check* gezwungen worden, den Vertrag zu unterschreiben, ebenso wie Hubbards Kinder Arthur, Diana und Suzette, die an-geblich je 50 000 Dollar erhielten. Sie alle unterzeichneten ihren vollständigen Verzicht auf die Erbschaft; keiner von ihnen zog einen Anwalt hinzu. Anschließend, so Jesse Prince, sei David Miscavige eine Woche lang mit einem breiten Lächeln durchs Hauptquartier gelaufen. »Ich meine, er war glücklich, glücklich, glücklich. Er hatte gerade 400 Millionen Dollar gemacht oder mehr. Wahrscheinlich mehr.«[7]

Mindestens ebenso glücklich sei Miscavige gewesen, als er das zweite Problem gelöst hatte, das Hubbards Tod aufwarf: den Macht-anspruch von dessen engsten Vertrauten und Freunden. Pat und Anne Broeker hatten fast sieben Jahre im Untergrund an der Seite des *Commodore* verbracht, und Pat Broeker dachte gar nicht daran, sich dem kleinen *Commander* unterzuordnen. Vielen Scientologen schien es, als sei ein wenig von der Aura ihres »Gründers« auf Broe-ker abgefärbt, als er im Hollywood Palladium von Los Angeles über den Abgang des »Gründers« sprach. Viele kannten auch jenen Richt-linienbrief, der kurz vor Hubbards Tod in der *Sea Org* zirkulierte und offensichtlich von ihm selbst stammte. Darin wurden Pat und Anne Broeker zu »Loyalen Offizieren« ernannt, was sie zu den Scientologen mit dem höchsten Rang erhob.[8] Miscavige bestritt kurzerhand die Echtheit des Dokuments, mit dem Hubbard seine »geistliche« Nachfolge geregelt hatte, und erklärte es für ungültig. Der Machtkampf dauerte insgesamt etwa anderthalb Jahre. Schließ-lich wurde Hubbards bester und engster Freund Pat Broeker aus Scientology verbannt. »David Miscavige übernahm die totale Kon-trolle, ließ die Organisation nach jedem absuchen, der zu Broeker hielt, und diesen entfernen«, sagte Jesse Prince.[9]

Auch Prince wurde damals seiner Ämter enthoben und ins Straf-lager nach Happy Valley gebracht. Das war im Herbst 1987, nachdem er sich geweigert hatte, Pat und Anne Broeker zu verhaften und einzusperren. David Miscavige reagierte ungerührt, erinnerte sich Prince: »Okay, dann gehst *du* eben ins RPF.« Prince war damals 33 Jahre alt und wohnte wie die meisten führenden Scientologen im Hauptquartier in Gilman Hot Springs. Um fünf Uhr früh sei er plötzlich geweckt worden. »Sie liebten das Überraschungsmoment. Sie führten mich in einen Raum, dort kauerte auf dem Boden weinend und heftig zitternd Vicki Aznaran … Die Wachen hatten sie umhergestoßen und angeschrien, sie hatte schreckliche Angst.« Prince schilderte, wie der 27-jährige David Miscavige nun den Raum betrat und ihn anbrüllte: »Es ist vorbei, du hattest deine Chance, du hast die falsche Entscheidung getroffen, du musst ins RPF!«[10] Folgsam ließ sich Jesse Prince zusammen mit Vicky Aznaran von bewaffneten Sicherheitsleuten in die *Rehabilitation Project Force* bringen. In die »Rehabilitation« zur Wiederherstellung der inneren Ordnung, versteckt in den San-Jacinto-Bergen auf dem Gelände einer ehemaligen Farm, die den Namen des Tales trug: Happy Valley.

»Wilde Paranoia durchzieht die gesamte Organisation«, sagte der ehemalige *Ethik-Offizier für Finanzen*, Don Larson, in jener Zeit der Zeitschrift *Forbes*. Er behauptete, er allein habe etwa 300 aufsässige Scientologen in die *RPF* gebracht, bis er selbst Ende 1983 eingewiesen wurde und später ausstieg. »Ich war der Mann mit dem Beil. Ich war verantwortlich für alle Arten von Gestapo-mäßigem Zeugs.«[11] Jesse Prince und andere, die im Happy Valley gefangen waren, bezeugten das gleiche harte Regime, wie es Hubbard in seiner *Flag Order 3434* festgelegt hatte: Sie mussten sich den ganzen Tag im Laufschritt bewegen, bekamen häufig nur Reis und Bohnen, durften mit niemandem reden und wurden immer wieder am Lügendetektor über ihre »Verbrechen gegen Ron« verhört.[12] Jesse Prince schilderte den Tagesablauf im Gefängnis-Camp der angeblichen »Kirche«: »Aufstehen, alle aufstehen, Waschen, anziehen, alles in zehn Minuten. Und dann stehst du draußen und zitterst am ganzen Körper, frühmorgens, es ist eiskalt, alle in einer Reihe. Sie zählen jeden ab wie im Knast, dass ja keiner abgehauen ist. Sie sagen dir, was du heute zu arbeiten hast. 20 Minuten fürs Essen und dann ab in den Bus zur Arbeit ins Hauptquartier.«[13] Prince musste Gräben ausheben und Unkraut jäten. Man habe ihm keine Medizin gegeben, als er krank wurde und Fieber bekam, sagte er in einer eides-stattlichen Erklärung. »Man darf nicht sprechen, bekommt sehr wenig zu essen und kaum Schlaf. Sie lassen dich arbeiten, bis du tot bist. Es ist ein Folterkonzept.«[14]

Die scharfe Bewachung für Jesse Prince wurde nach einigen Monaten aufgehoben, nachdem man entschieden hatte, dass er nicht versuchen würde zu fliehen. Da hatte er 35 Kilo abgenommen. Ein Jahr später machte David Miscavige sein Versprechen wahr, setzte ihn auf freien Fuß und ließ ihn in der »Gold«-Basis wieder als *Auditor* agieren – Prince verhörte beispielsweise Tom Cruise und Nicole Kidman, noch in der Zeit kurz vor seinem Ausstieg 1992.[15] Zeitweise waren nach Angaben des früheren Sektenmanagers mehr als hundert Menschen gleichzeitig in der Strafkompanie im »glücklichen Tal« untergebracht. Sie waren, wie die *Los Angeles Times* sarkastisch kommentierte, die billigen Sklaven der »Kirchenleitung«, denn die *RPF* stelle »der *Church* ein Reservoir an Arbeitskräften zur Verfügung …«.[16] Scientology-Sprecher behaupten, die RPF sei entstanden, um »irrenden« *Sea-Org*-Mitgliedern einen Ort zu geben, wo sie sowohl arbeiten als auch Hubbards Werke ohne Ablenkung oder Pflichten studieren könnten. Das »therapeutische« Konzept gebe *Sea-Org*-Mitgliedern, die sonst wegen »kirchlicher Vergehen« entlassen würden, die Möglichkeit »vollständiger Rehabilitierung«, sagte Aron Mason von der *Church of Scientology International* in einem Interview 1999. Den meisten Absolventen gefalle das Programm.[17] In Hubbards *RPF*-Vorschriften steht zum Schluss: »Der Aufenthalt in der RPF verlängert sich, wenn (der Insasse) die Regeln verletzt, nicht richtig produziert, sich nicht richtig anstrengt.«[18] Das heißt, die Gefangenschaft kann willkürlich verlängert werden. In den 1990er Jahren wurden Fälle von Delinquenten bekannt, die bis zu fünf Jahre in der *RPF* verbrachten.[19]

Der kanadische Religionssoziologe Stephen Kent konnte für eine Studie über die *RPF* auf 34 Berichte und Interviews ehemaliger Insassen oder Beobachter des »Rehabilitationsprogramms« aus rund einem Vierteljahrhundert zugreifen. Ihre Bewertungen stehen in krassem Gegensatz zu der Behauptung von Scientology, die »Rehabilitation« diene vor allem dazu, »wieder Vertrauen zu sich selbst zu fassen und den Stolz auf seine Leistung zu erleben«.[20] Kent urteilt, dass die *RPF*-Berichte bei einigen Unterschieden im Detail im Großen und Ganzen »auffallende Übereinstimmung« aufwiesen. Einhellig hätten die Augenzeugen folgende Strafen und Kontrollmaßnahmen beschrieben: *Freiheitsentzug*, teils durch bewaffnete Wachen; *körperliche Misshandlung* durch Zwangsarbeit, Ermüdungsstrafen und mangelhafte Ernährung; *soziale Misshandlung* durch Erniedrigung und Beschränkung der Kommunikation; *Indoktrination* durch intensives Studium der Ideologie; *erzwungene Geständnisse* angeblicher früherer »Sünden«; schließlich zum Abschluss des Programms das *Abfassen einer Erfolgsgeschichte* über *RPF*-»Gewinne«, wie sie die Opfer chinesischer Gehirnwäscheprogramme ganz ähnlich niederschreiben mussten.[21] Damit handele es sich, so Kent, bei der *RPF* um ein klassisches »Gehirnwäscheprogramm« wie in den früheren asiatisch-kommunistischen »Umerziehungslagern«. »Scientology benutzt sie, um den Willen ihrer engagiertesten Mitglieder zu brechen und Abweichungen zu korrigieren, und sie dann in Personen zu verwandeln, deren Persönlichkeit exakt in die Gussform der Organisation passt.«[22]

Was in den Scientology-*Orgs* auf (mehr oder weniger) freiwilliger Basis funktioniert – das System der mentalen Programmierung –, das wird in der *RPF* zum Zwangsregime. Scientology versucht, sich rechtlich abzusichern, indem sie jeden *RPF*-Delinquenten ein Formular unterschreiben lässt, das die Sekte von der Anwendung von Zwang freispricht. Darin bestätigt der Verurteilte, dass er das Programm »mit voller Zustimmung und aus eigener Entscheidung beginne«. Ihm sei bekannt, dass er die Rehabilitation jederzeit verlassen könne, aber er wisse, »dass es in einem solchen Fall Grundsatz der Scientology-Kirche ist, mich aus der Scientology-Kirche zu entlassen oder auszustoßen«. Der letzte Absatz der Erklärung lautet: »Ich sichere weiterhin zu, dass ich an dem Programm auf eigene Verantwortung teilnehme und dass ich niemanden für Unfälle oder Vorfälle im RPF verantwortlich machen kann.«[23]

Anders als es in der Verzichterklärung steht, haben eine Reihe ehemaliger *Sea-Org*-Mitglieder bezeugt, dass sie mit Gewalt in die *RPF* gebracht oder dort gehalten wurden. Stephen Kent erfuhr in Interviews von den Ex-Scientologen Dennis Erlich, Jesse Prince und »Pat«, dass sie von stämmigen Wachen ergriffen und ins Programm eskortiert wurden. Auch das ehemalige Krankenhaus Cedars of Lebanon in Hollywood wurde laut Jesse Prince im Zuge der

Umbauten zum offiziellen Sektenhauptquartier »von einem Stacheldrahtzaun umgeben, und deutsche Schäferhunde liefen als Wachhunde drum herum«. Als er dort erstmals in die *RPF* kam, sah er im Keller des Gebäudes einen Metallkäfig, in dem die Delinquenten »nachts eingesperrt wurden, um sicherzustellen, dass sie keinen Fluchtversuch unternähmen«.[24] Dass die Zustände sich in den 1990er Jahren nicht wesentlich geändert hatten, belegen die Aussagen der ehemaligen Scientology-Mitglieder Hana Whitfield und Nancy Many. Hana Whitfield erklärte 1991 an Eides Statt, sie habe in Clearwater eine Frau gesehen, die im Keller des »Fort Harrison« »wochenlang unter Bewachung an eine Rohrleitung gekettet« war.[25] Nancy Many beschrieb 1997 im selben Keller eine Frau »zwischen 30 und 40 Jahren alt, mit Fieber, der ganze Körper schweißüberströmt und in Ketten. Ihre Fußgelenke waren mit einer etwa 50 Zentimeter langen Kette aneinandergefesselt, so dass sie nur kleine, schnelle Schritte machen konnte.«[26]

Kaum vorstellbar erscheint es, dass erwachsene Menschen, die unter solchen Umständen gehalten werden, dies freiwillig mit sich tun lassen. Ganz sicher aber trifft dies nicht auf die Kinder und Jugendlichen zu, die noch unter der Obhut ihrer Eltern stehen sollten, aber offenbar ebenfalls in die *Rehabilitation Project Force* eingewiesen wurden. Zu Recht vermutet Stephen Kent in diesen Fällen schwere Menschenrechtsverletzungen. Der kanadische Professor hat genügend Beweise für Kindersträflinge zusammengetragen: Berichte, wonach Sechs- bis Zwölfjährige auf der »Apollo«, später in Los Angeles und in den sogenannten Kadettenschulen der *Sea Org* in der *RPF* büßen mussten.[27]

André Tabayoyon berichtete aus Gilman Hot Springs, dass bestimmte »harte« Gehirnwäschetechniken in der *RPF* absichtlich eingesetzt wurden, um die Delinquenten zu erniedrigen und ihnen psychische Schäden zuzufügen. Diese Methoden bezeichnete er mit einem Ausdruck Hubbards als *Black Dianetics* (schwarze Dianetik) oder *Reverse Processing* (Umkehrauditing). David Miscavige und andere Führungsleute wie Marc Yager, Ray Mithoff oder Sandy Wilhere hätten ihm befohlen, diese »schwarze Dianetik« bei *RPF*-Gefangenen anzuwenden, »um extreme seelische und emotionale Qualen sowie Geistesgestörtheit bei Personen hervorzurufen, bei denen ich die Sicherheitsüberprüfung *(Security Check)* durchführen sollte.«[28] Tabayoyon hatte bereits eine gewisse Erfahrung mit solchen »Schwierigkeitsquellen«, weil viele »Rehabilitanden« nach den Gruppenverhören, nach Schlaf- und Wasserentzug, Fronarbeit und der unausgesetzten Indoktrination in entsetzlicher körperlicher Verfassung gewesen seien. »Die menschliche Reaktion auf derlei Bedingungen lässt sich mit einiger Sicherheit vorhersagen. Ich habe viele Menschen gesehen, die psychotische Zusammenbrüche erlitten. Damit meine ich einen Zustand, in dem Menschen nur noch unzusammenhängend stammelten, sich die Kleider vom Leib rissen, auf dem Boden herumkrochen, den Kopf, einzelne Körperteile oder den ganzen Körper gegen Möbel und Wände schlugen, bellten, jedes Gefühl für die eigene Identität verloren und ständige Neigung zum Selbstmord zeigten.«[29]

Die »Entsorgung« aller Machtkonkurrenten in der *RPF* war der eigentliche Abschluss des »Staatsstreiches« im Reich der Scientologen. Fast alle wurden zu »Unterdrückern« erklärt und verließen nach den Torturen die Organisation. Viele klagten über bleibende körperliche und psychische Schäden. Ihre Millionen-Dollar-Klage wurde 1992 mit einer ungenannten Summe außergerichtlich »bereinigt«. Sie verpflichteten sich in dem Vergleich, nie mehr öffentlich über ihren Fall zu sprechen. Scientology bestritt sämtliche Vorwürfe.[30]

David Miscavige, der 26-jährige Putschist aus Philadelphia, hielt nun die alleinige, die absolute Macht in seinen Händen. Er war am Ziel. Endlich war er auch der »geistliche Führer« der kalifornischen »Religion« geworden. Vor allem konnte er das drängendste aller Probleme angehen, den Kampf gegen die Bundessteuerbehörde Internal Revenue Service, wobei die Dinge nicht gut standen. Im Oktober 1984 hatte das Washingtoner Berufungsgericht ein Urteil des höchsten Gerichtes in Los Angeles bestätigt, wonach der kalifornische Scientology-Zweig einen Millionenbetrag an Steuern nachzahlen müsse; das Urteil konnte als Präzedenzfall katastrophale Auswirkungen in anderen Bundesstaaten zeitigen. Ebenso fatal waren die vernichtenden Worte, die der Richter Paul G. Breckenridge nach Anhörung zahlreicher Zeugen über die Sekte fand, deren Gründer er als »pathologischen Lügner« bezeichnete und ihm »seinen Egoismus, seine Gier, seinen Geiz, sein Begehren nach Macht sowie Rachsucht und Aggressivität« vorwarf.[31] Nur drei Wochen später fällte der Richter John Latey am High Court in London ein Urteil in einem Scientology betreffenden Sorgerechtsstreit, das sich in seiner Schärfe nur in Nuancen von diesem Spruch unterschied. »Korrupt, finster und gefährlich« nannte Latey das Sektenunternehmen, »unmoralisch, verdorben und bösartig«.[32]

In dem kalifornischen Prozess ging es auch um Akten über Hubbard und Scientology, die Scientologys Anwälte als »gestohlen« bezeichneten und deren Publikation sie unbedingt verhindern wollten. Es handelte sich um eine Art Zeitbombe – etwa 5000 Dokumente, die der ehemalige *Sea-Org*-Offizier Gerald Armstrong im Auftrag von Scientology gesammelt hatte. Armstrong, der mit Hubbard auf der »Apollo« gefahren und sogar von ihm getraut worden war, hatte 1981 vom neuen Management den Auftrag erhalten, eine autorisierte Biographie des »Gründers« zu verfassen. Bei seinen Recherchen fielen ihm natürlich schnell die Ungereimtheiten in Hubbards Leben auf. Viele Zeugnisse, die er fand, entlarvten den *Commodore* als Aufschneider, Lügner und Kurpfuscher.

Armstrong ist ein schmächtiger, sehr ernsthafter Mann mit langen Haaren, dem während seiner Nachforschungen buchstäblich die Augen aufgingen. »Für mich brach nach und nach eine Welt zusammen. Ich begann zu verstehen, dass Scientology ein einziger großer Betrug war«, sagte er uns im Jahr 2000. Als er darauf drängte, falsche Darstellungen in offiziellen Scientology-Publikationen zu ändern, traktierte man ihn mit *Security Checks*. Im Frühjahr 1983 verließ Gerald Armstrong die Organisation. nahm aber zu seiner »persönlichen Sicherheit«, wie er sagte, Tausende von Kopien der Dokumente mit, die er gesammelt hatte. »Durch mein Wissen wurde ich zu einer so ernsten Bedrohung für das Management, dass ich mit allem rechnen musste. Deshalb brauchte ich eine Lebensversicherung.« Tatsächlich wurde er umgehend mit dem berüchtigten *SP Declare* zu »Freiwild« erklärt, wird seither belästigt, bedroht und von der »Kirche« mit Gerichtsverfahren überzogen. Richter Breckenridge aber hatte schon 1984 entschieden, dass Armstrong die kopierten Dokumente nicht gestohlen habe und daher behalten dürfe. Sie bildeten schließlich das Fundament, auf dem der britische Autor Russell Miller seine bis heute unübertroffen faktenreiche Hubbard-Biographie BARE-FACED MESSIAH (1987) aufbaute.

Jesse Prince stand damals noch auf der anderen Seite. Seine heile Scientology-Welt brach erst zusammen, als seine deutsche Frau schwanger wurde und man ihr befohlen habe, das Baby abzutreiben, damit sie weiter ein Mitglied der *Sea Org* bleiben könne. »Dieser Befehl hatte verheerende Auswirkungen auf meine Frau und mich. Unsere Verpflichtung als Sea-Org-Mitglieder prallte mit unserem Elternwunsch zusammen, und wir gingen durch einen persönlichen Alptraum«, erklärte Prince in einem Gerichtsprozess in Colorado. Scientology-Sprecher bestreiten, einen solchen Befehl erteilt zu haben. Doch Jesse Prince sagte, seine Frau Monika, eine gebürtige Offenbacherin, sei nach der Abtreibung nicht mehr dieselbe gewesen. »Sie war am Boden zerstört von den Folgen ihrer Handlung und sagte zu mir, sie wolle weggehen.«[33] Das war Anfang 1992, fast 16 Jahre, nachdem Prince der Sekte beigetreten war, weil er »Menschen helfen« und »die Welt verbessern« wollte. Er war zu einem Täter geworden – der trotzdem zugleich ein Opfer war. Nicht nur als Gefangener in der *RPF*. Als einziger Schwarzer, der es je in die oberen Ränge geschafft hatte, war Prince dort auch ständig rassistischen Pöbeleien ausgesetzt, wie er in einem Radiointerview erklärte: »Ich war, soviel ich weiß, der einzige Afroamerikaner, der jemals eine hohe Position bei Scientology erreicht hatte. Und trotzdem wurde ich ständig rassistischen Demütigungen von David Miscavige und Norman Starkey ausgesetzt, bis zu dem Punkt, dass wir uns fast prügelten. (…) Es waren Beleidigungen wie ›Nigger‹, ›dummer Nigger‹, dauernd so was. L. Ron Hubbard selbst gibt auf Tonband Vorlesungen, in denen er darüber spricht, wie dämlich Afroamerikaner sind und dass sie nie clear werden können, und das Beste sei, sie alle auf einen Kahn zu packen und mitten im Meer zu versenken …«[34] (Scientology bestreitet solche Vorwürfe und verweist auf ihr »Glaubensbekenntnis«, wonach alle Menschen gleich seien.)

In der Krise hörte Jesse Prince auf seine Frau. »Wir flohen, die Häscher der Organisation uns auf den Fersen. Sie fanden uns und überzeugten uns zurückzukehren, damit wir ›richtig weggehen‹ konnten. Als sie uns wieder hinter Stacheldraht und Sicherheitswachen hatten, wurde meiner Frau angedroht, dass sie ihren Vater und ihre Schwester, die beide in der Sea Org waren, nie wieder sehen dürfe, falls wir nicht gewisse Papiere unterschrieben. Das ist ein weiteres Zwangsmittel, das die Organisation ausübt. Wie in einem Polizeistaat kann sie Familienmitglieder zwingen, ihre Beziehungen zu ändern, und sie sogar gegeneinander aufbringen.«[35] Wie viele andere Scientologen, die die Organisation »offen« verlassen, unterzeichnete Jesse Prince einen detaillierten Vertrag, in dem er erklärte, er habe freiwillig und mit Erfolg an der *RPF* teilgenommen und bei Scientology »keine körperlichen oder seelischen Schäden« erlitten. Er verpflichtete sich, Scientology nicht zu kritisieren, nicht mit Kritikern zusammenzuarbeiten und niemals die »Geheimnisse der Religion« zu enthüllen, bei einer Strafandrohung von 10 000 Dollar pro Verstoß gegen den Vertrag. Nachdem er das Maulkorbdokument unterzeichnet hatte, stiegen Jesse und Monika Prince 1992 zusammen aus. Vier Jahre später trennten sich die beiden nach elf Jahren Ehe. Prince war nun 43 Jahre alt, hatte keinen Beruf gelernt und große Probleme, in der Außenwelt Fuß zu fassen. »Wenn ich versuchte, Scientology-Prinzipien in der realen Welt anzuwenden, kamen sie mir lächerlich vor. Alte Ideen aus den Vierzigern und Fünfzigern funktionieren nicht in den neunziger Jahren«, sagte er.[36]

Fünf Jahre nach dem Ausstieg stieß Jesse Prince im Internet auf andere Scientology-Aussteiger, nahm Kontakt mit seiner alten Freundin Stacy Brooks Young auf, die ihn mit Ex-Scientologen zusammenbrachte, die inzwischen zu Kritikern des Psychokonzerns geworden waren. Anders als die Aznarans hielt er sich ab 1998 nicht mehr an das Schweigeabkommen mit der Sekte. Er klagte sogar gegen das Dokument, weil er es »unter dem extremen Druck« eines angedrohten Trennungsbefehls unterzeichnet habe, ließ die Klage aber fallen, nachdem ihm der Richter in Colorado gestattet hatte, sich offen zu äußern. In der Folgezeit wurde Jesse Prince von Scientology als einer ihrer Hauptfeinde betrachtet; er wurde beschattet, verfolgt, mit dem Tod bedroht und 2001 als vermeintlicher Marihuanapflanzer bei der Polizei in Clearwater angeschwärzt.[37] Sein Anwalt Dan Leipold, der schon etwa 30 von Scientology verklagte Personen vertreten hatte, sagte, Prince brauche Hilfe wie alle Sektenaussteiger. »Sie müssen leben, und sie brauchen Schutz. Jesse ist mutig. Er ist nicht perfekt, aber er ist kein Lügner.«[38]

Zehn Jahre nach dem Ausstieg von Jesse Prince hatte sich die Lage für *RPF*-Häftlinge noch verschlimmert. In der neuesten Version der berüchtigten *Flag Order 3434* war eine deutliche Verschärfung gegenüber früher enthalten: Eine Klausel verbot den Delinquenten nun *jeden Kontakt* mit ihrer Familie – früher war immerhin ein Treffen pro Woche möglich gewesen, und ihre Kinder konnten sie einmal täglich während der Mahlzeiten oder nachts besuchen.[39] Professor Stephen Kent sieht durch die *RPF*-Regeln und ihre inzwischen vielfach bezeugte Praxis zahlreiche Menschenrechte verletzt, wie sie etwa in der Allgemeinen Erklärung der Menschenrechte der Vereinten Nationen, der europäischen Menschenrechtskonvention und der UN-Erklärung über die Rechte von Kindern niedergelegt seien: die Meinungsfreiheit, das Briefgeheimnis, die Unverletzlichkeit der Privatsphäre und andere Freiheitsrechte, den Schutz vor willkürlicher Verhaftung, das Recht von Kindern auf den Schutz und die Liebe der Eltern.[40]

Spätestens hier stellt sich die Frage, wieso die staatlichen Behörden nicht längst massiv gegen die Freiheitsberaubung, gegen die oft bezeugten Folter- und Gehirnwäschepraktiken in Florida, Kalifornien, Dänemark und Großbritannien eingeschritten sind. In der *Flag Land Base* habe es die Gesundheitsaufsicht der Stadt Clearwater zumindest versucht, berichtete die ehemalige *RPF*-Insassin Anne Rosenblum. Doch gelang es Scientology immer wieder, den Behörden einen mustergültigen Betrieb vorzugaukeln. »Es gab bei uns routinemäßige Inspektionen durch Beamte der Brandschutz- und Gesundheitsbehörden aus Clearwater. Irgendwie schien das *Guardian's Office* im Voraus zu wissen, wann sie kommen würden, und war somit gewarnt«, erklärte Anne Rosenblum.[41] Als im Pinellas County in Florida noch Scientology-kritische Politiker regierten, ging man auch Beschwerden wegen der Kinder in den Sekteneinrichtungen nach. Sergeant Greg Tita, der stellvertretende Sheriff des County, sagte dem deutschen Fernsehen 1997: »Meine Kollegen stellten bei einem Besuch der Kadettenschule Anzeichen von Verwahrlosung und Misshandlungen der Kinder fest. Sie verfassten einen Bericht, und der Fall wurde an das Jugendamt weitergeleitet.« Doch sei der Bericht nie veröffentlicht worden, weil Scientology sofort dagegen klagte. Geschehen ist offenbar auch nichts.[42]

Ähnlich war es in Los Angeles, wo Jesse Prince 1977 die »Schneewittchen«-Razzia miterlebte, als er gerade in der *RPF* war. Er schlief im Keller an einem Platz, an dem es keine Lampen und keinen Strom gab, als die Beamten mit eingeschalteten Taschenlampen und gezogenen Pistolen erschienen. »Sie weckten mich und hielten mir eine Schusswaffe an den Kopf«, berichtete Prince. Doch obwohl er und seine *RPF*-Genossen in einem erkennbar schlechten körperlichen und psychischen Zustand waren, fragten die Agenten nicht nach. Zwar ermittelte das FBI etwas später wegen Vorwürfen von »Sklaverei« und »illegaler Zwangsarbeit« gegen Scientology, doch wurden die Ermittlungen 1983 wegen »Mangels an Beweisen« eingestellt und nicht wieder aufgenommen.[43]

Wenn die US-Behörden die Zustände bei der *RPF* auch weitgehend ignorierten – es existiert immerhin *ein* Gerichtsurteil aus Kalifornien, das diese drastisch beim Namen nennt. Der Richter des Berufungsgerichts in San Francisco bezeichnete das *RPF*-Programm im Juli 1989 als unmenschlich und als ein Zwangsprogramm. Es ging um den ehemaligen Scientologen Lawrence (Larry) Wollersheim, der 1974 versucht hatte, aus einer Strafkompanie zu flüchten, die sich damals auf einem Schiff in der Nähe von Los Angeles befand, wo die Arbeits- und Studienzeiten von sechs Uhr früh bis ein Uhr nachts reichten. In dem Urteil hieß es: »Während seiner sechs Wochen unter diesen Bedingungen nahm Wollersheim 15 Pfund ab. Wollersheim hatte schließlich das Gefühl, er könne das (RPF-)Regime nicht länger aushalten. Er versuchte, von dem Schiff zu fliehen, denn, wie er später aussagte: ›Ich war dabei, zu sterben und meinen Verstand zu verlieren.‹ Sein Fluchtversuch wurde jedoch entdeckt. Verschiedene Scientology-Mitglieder ergriffen Wollersheim und hielten ihn fest. Sie ließen erst von ihm ab, als er einwilligte, zu bleiben und das Auditing sowie andere ›religiöse Praktiken‹, die auf dem Schiff stattfanden, fortzusetzen.«[44] Das Gericht verurteilte Scientology, Wollersheim mit 2,5 Millionen Dollar zu entschädigen. Doch die Sekte weigerte sich und verschleppte das Verfahren jahrelang.

Es ist immer wieder das gleiche Dilemma: Wie soll man einen Zwang beweisen, dem sich die Opfer freiwillig unterwerfen? Und was sind eigentlich Aussagen von Aussteigern wert, die unter starkem Druck stehen zu rechtfertigen, dass sie Mitglieder einer destruktiven Sekte waren? »Sie wollen die Schuld von sich wegschieben, daher ist die Gehirnwäschetheorie perfekt. Sie gibt ihnen eine stichhaltige Entschuldigung dafür, mitgemacht zu haben«, schreibt der Soziologe Lorne Dawson aus Kanada – eine Meinung, die eine

Reihe von Religionswissenschaftlern teilen, die Scientology für eine »neue religiöse Bewegung« halten.[45] Sie übersehen dabei freilich, wie genau die Zeugnisse der Aussteiger in Details übereinstimmen, die nachprüfbar und erkennbar nicht voneinander abgeschrieben sind. Vor allem haben die Aussagen von etwa einem Dutzend hochrangiger Aussteiger wie Jesse Prince, André Tabayoyon, Hana Whitfield, Vicki Aznaran oder Robert Vaughn Young seit Beginn der 90er Jahre die Kenntnisse über interne Vorgänge, Strukturen und Strategien der Scientology-Organisation enorm vergrößert. Diese Frauen und Männer hatten Zugang zu geheimgehaltenen Informationen, die man sich nirgends anlesen kann, ihre Aussagen sind untereinander im Wesentlichen widerspruchsfrei und durch Dokumente untermauert. Ihre Glaubwürdigkeit wird noch dadurch gestärkt, dass sie ihre Aussagen oft vor Gericht unter Eid machten. Sie wird sowohl von Politikwissenschaftlern wie Scientology-Experten als auch von Geheimdienstprofis als sehr hoch bewertet.[46]

Die dänische Polizei hat laut *Jyllands-Posten* Mitte der 80er Jahre wegen mehrfacher Anzeigen illegalen Zwangs gegen Scientology ermittelt, die Angelegenheit aus Mangel an Beweisen aber fallengelassen.[47] »Es liegt an der Unlust, sich einzumischen«, sagt die Hamburger Scientology-Beauftragte Ursula Caberta. Sie hat mehrfach mit den Behörden in Kopenhagen gesprochen und diese öffentlich dafür kritisiert, eine »totalitäre Umerziehungsanstalt« der Scientologen in der Hauptstadt zu dulden. »Die RPF ist ein Gehirnwäscheprogramm, wie wir es aus Diktaturen kennen«, sagt Caberta. »Die Menschen werden dort gegen ihren Willen festgehalten, sie werden physischem und psychischem Druck ausgesetzt, bis sie sich unterwerfen. Es ist falsch verstandene Toleranz, dass Dänemark und auch Großbritannien bei diesen Menschenrechtsverletzungen nicht einschreiten.«

Zum Ende der bewegten 80er Jahre feierte das Scientology-Management – gänzlich unbeeindruckt von aller Kritik – mit 7000 geladenen Gästen eine rauschende Party in Los Angeles. An diesem Abend entstand ein Foto, das die sieben Mitglieder der damaligen Führung in ihren blauen »Ausgehuniformen« eitel posierend vor einer großen glitzernden Zahl »1990« zeigt; in ihrer Mitte selbstbewusst und mit dem Anflug eines Lächelns David Miscavige. Ein

Diktator mit Hollywood-Touch, der mit allen Fasern seines Körpers die Botschaft verkündete: »Ich habe gesiegt.« David Miscavige gelang es damals, Scientology auf eine Höhe zu führen, wie man sie seit der goldenen Ära der Sekte Anfang der 1970er Jahre nicht mehr erreicht hatte; es war die Zeit, als nach dem Fall der Berliner Mauer und dem Ende des Kommunismus alles möglich schien. Von nun an ließ er sich am liebsten vor einer großen Weltkarte fotografieren. Miscavige war es auch, der das alte »Celebrity«-Projekt Hubbards aus den 1950er Jahren ab 1986 mit großem Erfolg in Hollywood verwirklichte. Von den damals abgebildeten Scientology-Führern hat außer ihm kein einziger die folgenden 20 Jahre im Machtzentrum der Sekte überlebt. 2009 wurde lediglich der »Ensign« (Fähnrich) Heber Jentzsch wieder aus der Versenkung geholt, ein bis zur Ergebenheit loyaler Gefolgsmann, dessen hochgewachsene, beeindruckend seriöse Erscheinung jahrelang den idealen »Präsidenten« abgab und der 2009 plötzlich wieder Presseerklärungen der »Church« verlesen durfte.

In den Jahren nach Hubbards Tod war der Alt-Scientologe Jentzsch der Öffentlichkeit als neue Galionsfigur der *Church* vorgeführt worden. Der 1935 geborene Spross eines deutschstämmigen Polygamisten aus der Glaubensgemeinschaft der Mormonen diente aber nur als Public-Relations-Strohmann und Deckung für David Miscavige ohne reale Macht. Vicki Azmaran, Miscaviges Vorgängerin als *RTC*-Chefin, bezeugte unter Eid, dass die Konzernspitze Personen wie Jentzsch benutze, »um der Zustellung von Klageschriften auszuweichen«: »Unternehmenspositionen haben bei Scientology nichts mit Macht oder dem Führungsdiagramm zu tun.« Lange Zeit war der »Präsident« der einzige Top-Scientologe, der den Medien Interviews gab, in denen er die Organisation hart und aggressiv verteidigte. Erst nachdem Jentzsch 1988 in Spanien vorübergehend verhaftet worden war, trat Miscavige selbst öffentlich in Erscheinung.

Alle anderen Putschisten der ersten Stunde, wie die auf dem »1990«-Foto abgebildeten *Captains* Mark Ingber, Guillaume Lesèvre, Mark Yager und Ray Mithoff oder der jahrelange enge Miscavige-Vertraute Mark Rathbun verschwanden nach und nach aus dem Erscheinungsbild der Sekte. Mithoff fehlte schon auf Fotografien aus dem Jahr 1993. Ingber, Yager und Lesèvre wurden Ende der 1990er Jahre getilgt. Zuletzt wurden seit September 2005 alle Hinweise auf die alten *Messengers*-Genossen Marty Rathbun und Warren McShane, die beide lange Jahre zum *RTC* gehört hatten, von den Scientology-Websites und -Dokumenten entfernt – als hätten sie nie existiert, genau wie Mary Sue Hubbard. Letztlich sei dies nur folgerichtig, sagte Jesse Prince, denn Miscavige traue keinem anderen Menschen. »Er duldet niemanden neben sich.«[48]

Es entsteht sogar der Eindruck, dass der kleine Miscavige seit der Jahrtausendwende versucht, den großen Hubbard ein wenig in den Hintergrund zu drängen. In jeder *Org* erinnert zwar ein komplett möblierter Schreibraum an den »Gründer«. Aber es fällt auf, dass David Miscavige in den Propagandamagazinen inzwischen in gleicher Größe abgebildet ist und seine dort abgedruckten Verlautbarungen oft schon länger ausfallen als die Texte Hubbards. Miscavige bringt es mittlerweile sogar fertig, martialischer zu klingen als sein Rollenvorbild. »Wenn man Scientologisch kann, merkt man, dass alles wesentlich politischer wird«, sagt Ursula Caberta, die Hamburger Scientology-Beauftragte. Als David Miscavige die Mitglieder der *International Association of Scientologists* 1994 in Saint Hill Manor zum Jahrestreffen versammelte, stellte er ihnen seine Agenda 2000 vor: »Ziel Nummer eins: Scientology an der Spitze der Gesellschaft platzieren. Ziel Nummer zwei: die Psychiatrie in all ihren Formen auslöschen. Uns ist es egal, was andere darüber denken, was mit dem Planeten nicht stimmt. Regierungen werden das nicht in den Griff kriegen. Die Politik wird es nicht in den Griff kriegen. Die Gesetzgebung wird es nicht in den Griff kriegen. Alles, was zu tun ist, haben wir, die IAS, längst in Stein gemeißelt. Lasst uns die Psychiatrie ausmerzen und Scientology zu jedem Mann, jeder Frau und jedem Kind des Planeten bringen!«[49] Was er damit meinte, erläuterte der Ex-Scientologe André Tabayoyon, der Miscavige gut kannte: »Er unterstützt Hubbards Ziel, dass Scientology den ganzen Planeten übernehmen soll, einschließlich aller Regierungschefs und Nachrichtenmedien. (…) Hubbards Plan war es, dass Scientology eine Verbindungsstelle zum Planeten Erde über eine Person besitzt, die der Leiter ist, und dass der gesamte Planet einem Scientology-Organisationsschema aus sieben Abteilungen untersteht.«[50] Kandidat für die Alleinherrschaft wäre demnach David Miscavige.

Im Jahr 2008 wurde Miscavige als nunmehr einziges Mitglied des

Vorstands des *Religious Technology Center* aufgeführt.[51] Inzwischen war er fast 50 Jahre alt und der unangefochtene Anführer der Sekte vom Hollywood Boulevard. Vermittelt durch das Kontrollorgan *Watchdog Committee* und eine zweite Führungsebene (den Exekutivausschuss des Internationalen Managements) befehligt Miscavige mit dem *RTC* in Gilman Hot Springs und seinen rund 2500 Mitarbeitern in Los Angeles die verschiedenen Bereiche des Psychokonzerns, der im Wesentlichen in drei große Stränge unterteilt ist. Diese drei wichtigsten Abteilungen sind die *Church* (Kurse, Bücher, Videos etc.), das *World Institute of Scientology Enterprises* (WISE, zuständig für Wirtschaft) und die *Association for Better Living and Education International* (ABLE, »soziale« Tarnorganisationen). Die meisten aktiven Scientologen sind zugleich Mitglieder der *International Association of Scientologists* (IAS, Sitz in Saint Hill Manor), die als ideologische Kontrollinstanz fungiert und die Zeitschrift *Impact* herausgibt. Kontrollfunktion hat auch das um 1980 begründete scientologische Medienimperium: *Golden Era Productions, New Era Publications, Bridge Publications,* das die sekteneigene Buch-, Filmund *E-Meter*-Produktion umfasst und auch den Vertrieb der Produkte organisiert. Für die kontinentalen Untergliederungen, etwa USA/Weststaaten oder Europa/Afrika, sind eigene Kommandozentralen zuständig. Die europäische Führung sitzt in Kopenhagen, ihr sind die *Idealen Orgs* untergeordnet, die in den europäischen Hauptstädten Einfluss auf die jeweiligen Regierungen ausüben sollen. Am anderen, dem unteren Ende der verzweigten Struktur stehen die Mitglieder-Organisationen (Klasse-V-Organisationen = *Orgs*) und die (kleineren) *Missionen*. Sie werden durch die Franchisegeber *Church of Scientology International* (CSI) und die *Scientology Missions International* (SMI) lizensiert und beaufsichtigt.

Eine Vielzahl weiterer Gremien kontrolliert die Durchsetzung der Management-Befehle und sorgt dafür, dass jede *Org* und jedes Mitglied die finanziellen Planvorgaben unter allen Umständen erfüllt. In diesem System überwacht jeder jeden. Das einzelne Mitglied erfährt jeweils nur so viel, wie es für seinen eigenen engen Bereich benötigt. Den einzigen Kontrollmonitor beobachtet »Big Brother«: das *RTC*. Die Konzernführung hat sich über verschiedene Befehlsstränge wie die *Sea Org*, den Geheimdienst *Office of Special Affairs (OSA)* und die *Finance Police* den direkten Zugriff und die Kontrolle der kontinentalen, nationalen und regionalen Filialen gesichert. Die wichtigste Rolle spielt dabei intern nicht mehr der Geheimdienst wie zu Hubbards Zeiten, sondern die *Sea Org*, deren Offiziere laut Jesse Prince und André Tabayoyon das Recht besitzen, *Orgs* und *Missionen* zu kontrollieren und zu übernehmen sowie ihr Personal zu befördern oder zu degradieren.[52] Der Druck auf die Mitglieder, Geld heranzuschaffen, ist stark geblieben und wird immer wieder durch Sonderkollekten, *Crusades* (Kreuzzüge), Spendenkampagnen, »Geburtstagsspiele« und Ähnliches verschärft.

Als Stütze seiner Macht hat das neue Management bereits 1983 eine zentrale Computerbank installiert. Auch dieses *International Network of Computer Organized Management (Incomm)* in Los Angeles ist direkt dem *RTC* unterstellt. Über das *Incomm*-Netz werden alle finanziellen Operationen des Konzerns koordiniert und die Statistiken jeder einzelnen *Org* überwacht: Wie viel Geld wurde kassiert, wie viele Bücher verkauft, wie viele Leute auf der »Brücke gestartet«? Tausende von Daten laufen hier jeden Tag ein; rund 250 Mitarbeiter halten den Datenfluss in Gang. Schon 1983, als noch kaum jemand Computer benutzte, hieß es in einem internen Dokument: »Das Personal der höchsten Ebene des Scientology-Managements hat jetzt Zugang zu über 6 Millionen Statistiken. Sie können jede beliebige Statistik-Kurve einer jeden Org für jede Zeitspanne anfordern und sie unmittelbar auf dem Bildschirm gezeigt bekommen. Incomm kontrolliert und überprüft alle Statistiken gegeneinander.«[53]

Auch der interne Geheimdienst *OSA* hat auf *Incomm* Zugriff, wie Jesse Prince bestätigte, der eine Zeitlang Chef des Computernetzwerks war. »Incomm«, heißt es in neueren Schriften, sei ein »großes internationales Management-Computer-System (…), mit welchem die standardmäßige Anwendung der Scientology-Politik und -Technik durchgesetzt und damit die schnelle Expansion über den ganzen Planeten hinweg erreicht werden soll«.[54] Der »ganze Planet« ist auch das definierte Ziel des *Religious Technology Center*. In der Broschüre THE COMMAND CHANNELS OF SCIENTOLOGY heißt es über die Aufgaben des Managements dieser angeblichen Kirche in entwaffnender Offenheit: »In unserem Fall tun wir nichts anderes, als ein Produkt zu verkaufen und zu liefern. Wenn wir dies tun, haben wir einen Planeten. Wenn nicht, dann nicht.«[55]

Selbst für den letzteren Fall ist offenbar vorgesorgt worden. David Miscavige hat das apokalyptische Denken seines Mentors Hubbard nicht nur verinnerlicht, sondern daraus Konsequenzen gezogen. Schon vor den Terrorangriffen des 11. September 2001 hat der kleine Scientology-Boss immer wieder den drohenden Untergang beschworen. 1996 schrieb er im Propagandablatt *Impact:* »Machen wir uns nichts vor, wir spielen auf diesem Planeten ein Spiel auf Leben und Tod.«[56] Vermutlich sollen die Bunkeranlagen in Petrolia, Trementina und Crestline dem Überleben der Scientology-Spitze im Fall eines »außerirdischen Angriffs«, eines Atomkriegs oder eines Ausbruchs von Lord Xenu dienen, denn sie sind mit modernster Technik ausgestattet, die es ihnen erlaubt, autark zu existieren. Allein der Fünf-Millionen-Dollar-Tunnel aus Stahl und Beton an der Pazifikküste in Petrolia (Nordkalifornien) ist 130 Meter lang und 7 Meter breit. In seiner Umgebung kaufte die *Church of Spiritual Technology* rund 1460 Hektar Land und ließ über dem Tunnel einen Bunker mit modernster Kommunikationstechnik, ausgeklügelten Sicherheitsvorrichtungen und eigener Stromversorgung errichten. In Crestline bei Los Angeles wurden zwei je 35 Meter lange Tunnel tief in die San-Bernardino-Berge getrieben, die durch einen Metallkorridor verbunden sind. Dort kauften die Scientologen für etwa 3,7 Millionen Dollar 13 Hektar Land in der Umgebung und errichteten mindestens zehn Gebäude, darunter eine Verwaltung, Apartments, Schlafsäle, Essräume und eine Rollbahn für Flugzeuge; sie installierten aufwendige Sicherheitstechnik und einen riesigen 35,5-Kilovolt-Stromgenerator. In Trementina, zwei Autostunden von Santa Fe (New Mexico) in der Wüste, entstand ein Komplex, der außer den zwei 115-Meter-Tunneln ebenfalls Wohngebäude und eine Start- und Landebahn für Flugzeuge umfasst. Auf Flugzeuge hat Miscavige Zugriff, da John Travolta eine Pilotenlizenz und eine Privatflotte von fünf Flugzeugen besitzt, darunter eine Boeing 707.[57]

Im Jahr 2005 wurden auf Satellitenaufnahmen in Trementina und auch bei der einstigen Hubbard-Ranch in Creston kolossale, mit Bulldozern ins Gelände gepflügte Symbole entdeckt, die das Logo der *Church of Spiritual Technology* darstellten: zwei überlappende Kreise mit je einem integrierten Rhombus. Sie sahen aus wie Kornkreise. Als die lokale Fernsehstation *KRQE News* aus New Mexico die Aufnahmen senden wollte, versuchte die Sekte, mit Hilfe ihrer Anwälte und politischer Lobbyisten die Ausstrahlung zu verhindern, was ihr jedoch nicht gelang. Um die Nachbarn zu beruhigen, durfte der zuständige Sheriff Chuck Dunnigan die Archivbunker kontrollieren; er fand nichts Verdächtiges. Ehemalige Scientologen erklärten der *Washington Post,* dass es sich bei den Markierungen um »Rückkehrpunkte« handele, anhand derer reinkarnierte *Sea-Org*-Mitglieder vom Weltraum aus die Orte der »heiligen Schriften« finden sollten, wenn sie aus anderen Galaxien zur Erde zurückkehrten.[58] Es spricht für den unbedingten Glauben des derzeitigen Scientology-Chefs an Hubbards apokalyptische Weltraumideologie, dass er dermaßen viel Geld in die Häuser, Tunnel und Überlebensbunker investieren und Zeichen für Besucher aus dem »Outer Space« errichten lässt.

Obwohl das *Religious Technology Center* juristisch von der *Church* getrennt ist, wird Miscavige auf dessen Internetseite inzwischen auch als »weltweiter kirchlicher Führer der Scientology-Religion« bezeichnet.[59] Tatsächlich entwirft der »Vorstandsvorsitzende« die Strategien und alle wichtigen Direktiven des Sektenkonzerns, den er seit Ende des vergangenen Jahrtausends mit apokalyptischen Untertönen erkennbar militarisiert. Im Interview sagte er der *St. Petersburg Times:* »Wenn wir in einen Krieg verwickelt werden, in dem wir unser Überleben bedroht sehen, werden wir entschlossen kämpfen!«[60] Bereits in den 1990er Jahren hing in den *Orgs* ein Plakat: »Wir brauchen eine Armee von Auditoren, um den Planeten zu clearen«. In den Propagandaschriften herrscht sogar wieder der triumphale Ton der 1990er Jahre. Die *International Scientology News* zitierte aus einer Rede von David Miscavige bei einer Scientologen-Gala im Festsaal von Saint Hill Manor, wo er über die Verbreitung der scientologischen *Ethik* in Europa sprach: »Im Jahr 2001 haben wir Unterdrücker abgeknallt wie die Enten im Teich!«[61]

Um wie Hubbard zu sein, fehlt dem *Captain* eigentlich nur noch der militärische Rang. Es gibt aber niemanden, der ihm den Titel verleihen könnte, außer ihm selbst: *Commodore* David Miscavige.

Scientology City

Tod eines Filmemachers

Am Mittag des 18. Februar 2008, einem Sonntag, ächzte Clearwater in Florida unter der subtropischen Hitze. Die Straßen waren menschenleer, wer Zeit hatte, lag am Strand oder am Pool. Um 12.20 Uhr sahen Anwohner eine Polizeistreife vor der Lincoln Avenue 510 halten, wo Clearwater in die Doppelmetropole Tampa/ St. Petersburg übergeht. Die Beamten bemerkten sofort den Gartenschlauch, der von einem Autoauspuff ins Fenster des Bungalows führte. Nachdem sie sich Zutritt zu dem Haus verschafft hatten, fanden sie den Eigentümer tot vor, offensichtlich mit Abgasen vergiftet und erstickt. Es handelte sich um Shawn Lonsdale, 39 Jahre alt, einen Amateurfilmemacher.[1] Elizabeth Daly Watts, die Polizeisprecherin von Clearwater, sagte später, Lonsdale habe offensichtlich Selbstmord verübt. Es gebe keine Anzeichen von Fremdeinwirkung. Er sei an einer Kohlenmonoxidvergiftung gestorben. Sogar ein Abschiedsbrief sei gefunden worden.[2] Nichts Ungewöhnliches also – außer der Tatsache, dass der Tote einer der prominentesten Kritiker von Scientology in der Stadt Clearwater war und als ein lebensfroher Mann galt, dessen Vermieter Joe Critchley sagte: »Er war einer der Letzten, von denen ich erwartete hätte, Selbstmord zu begehen.«[3]

Shawn Lonsdale war kurz vor seinem Tod ein wichtiger Informant für eine Fernsehdokumentation des renommierten BBC-Reporters John Sweeney gewesen. In der Reportage ging es darum, Scientology zu porträtieren, deren »spirituelles« Hauptquartier seit der »Landung« L. Ron Hubbards in Florida 1975 in der 108 000-Einwohner-Stadt liegt. Lonsdale konnte viel erzählen über Clearwater, das für Scientology eine ähnliche Bedeutung besitzt wie Salt Lake City für die Mormonen oder Redmont für Microsoft – die Stadt und die Firma sind nahezu verschmolzen. Im Juli 2004 druckte die *St. Petersburg Times* eine mehrteilige Artikelserie über

Clearwater mit der Überschrift »Die Scientology-Stadt«. Auf der Titelseite ein Foto des neuesten, noch nicht fertiggestellten Sektenpalastes im Mittelmeer-Revival-Stil – das *Super Power Building* für geschätzte 50 Millionen Dollar. Es nimmt einen kompletten Häuserblock ein und soll nach dem Abschluss der Bauarbeiten 889 Zimmer auf sechs Etagen besitzen. Gekrönt werden soll das *Super Power Building* von einem zwei Stockwerke hohen, beleuchteten Scientology-Kreuz, das auf dem höchsten Turm des Bauwerks errichtet werden soll und »über der Stadt erscheinen wird wie ein Fanal«, so das Magazin *Rolling Stone*.[4]

In der Innenstadt gibt es wohl keinen Winkel, den nicht eine Videokamera der Sekte erfasst. Elektronische Augen spähen von all jenen Gebäuden, die in der Downtown dem Psychokonzern gehören – und das ist eine stattliche Anzahl, darunter mehrere Hotels, eine ehemalige Bank und eine Reihe von Verwaltungsgebäuden. Die Kameras seien auch notwendig, sagen die Scientologen, um Demonstranten zu überwachen, die in »blindem religiösem Eifer« hier zuweilen gegen ihre *Church* aufmarschierten.[5] Abgesehen von diesen sporadischen Störern ist Clearwater eine heitere Big-Brother-Welt in den Florida-Farben Himmelblau, Rosa und Pastellgrün. Außer ein paar Kirchen und wenigen herausragenden Gebäuden dominieren selbst im Zentrum zwei- bis dreistöckige Häuser, im Parterre nicht selten mit aufgegebenen Läden, denn die Downtown fiel schon vor Jahrzehnten dem amerikanischen Drang in die Vorstadt zum Opfer. Das war die Stunde der Scientologen. Als die Innenstadt darniederlag, investierten sie Millionen in Grundbesitz und Immobilien. Seither behaupten sie, sie hätten die Stadt vor dem völligen Verfall gerettet. Vielleicht ist es genau umgekehrt, wie die *Tampa Tribune* mutmaßte: Niemand traue sich mehr hierher, weil alles in der Hand der Sekte sei.[6] Die Straßen sind meist menschenleer, und man sieht nur sehr wenige normale Autos.

Was man dagegen sieht, sind die vielen nagelneuen, weiß und blau lackierten Kleinbusse, die langsam durch die Straßen kriechen und in regelmäßigen Abständen anhalten. Die Reporterin Janet Reitman vom *Rolling Stone* beschrieb im Jahr 2006 die Alltagsszenen: Wie diesen Bussen »kleine Armeen stramm organisierter, junger, fast ausschließlich weißer Männer und Frauen entsteigen, alle in einheitlicher adretter Kleidung: khakifarbene, schwarze oder marineblaue Hosen und gestärkte weiße, blaue oder gelbe Oberhemden. Einige haben elektronische Pager an ihren Gürteln, andere tragen Aktentaschen. Die Männer haben kurzes Haar, und die Frauen tragen ihres zurückgebunden oder unter Haarreifen, die farblich ihrem Outfit entsprechen. Niemand geht bei Rot über die Ampel, und jeder nennt jeden ›Sir‹, auch wenn der ›Sir‹ eine Frau ist.«[7] Diese uniformierte Masse Mensch, die mit starrem Blick nach vorn wie ferngesteuert durch Clearwater zirkuliert, gehört zur absoluten Elite von Scientology – zur *Sea Org*, die Aussteiger wie André Tabayoyon mit Hitlers Gestapo vergleichen.[8] Downtown Clearwater ist ihr wichtigstes Revier. Ihre Machtbasis.

Als wir im Sommer 1991 nach Clearwater kamen, gab es die Kleinbusse noch nicht. Schon damals aber waren sich Lokaljournalisten nicht mehr sicher, ob die Stadt noch Gastgeber oder lediglich geduldete Untermieterin des Psychomultis war. Dessen »technisches« Hauptquartier, militärisch knapp *Flag* genannt, hatten die Sektenleute in dem alten viktorianischen Hotel »Fort Harrison« untergebracht, einem eindrucksvollen, zehnstöckigen Gebäude gegenüber einem riesigen Parkplatz. Anders als heute war die Straße vor dem prächtig restaurierten Hotel durchaus belebt, mit Dutzenden von *Sea-Org*-Leuten, deren Aufzug auf uns zu jener Zeit wie die Berufskleidung von Schiffsstewards wirkte. Direkt hinter dem »Fort Harrison« befand sich die City Hall, das Rathaus von Clearwater. Das Sektengelände selbst war von hohen weißen Mauern umgeben. An der Rückfront gab es eine Art Wachplattform, Sichtblenden, Videokameras und Stacheldraht. Wir waren mit der Idee gekommen, uns als Touristen auszugeben und um eine Führung zu bitten. Wir betraten das ehemalige Hotel durch eine geöffnete Flügeltür. Im Innern bediente sich der Scientology-Kult einer eigenartigen Fünfziger-Jahre-Retroästhetik, die perfekt zu der Science-Fiction-Welt L. Ron Hubbards passte: grüner Marmor, ein nierenförmiger Swimmingpool, Bronzebüsten des »Gründers«. Die Menschen, die hierherkamen, um ihre *Thetanen*-Kurse zu absolvieren, wirkten auf uns wie Spezialisten auf Dienstreise, alle ein wenig unterkühlt. Und zwischen ihnen, robotergleich, die *Sea-Org*-Leute in ihren dunkelblauen Marineuniformen.

Als wir an der Rezeption nach einer *Guided Tour* durch das Haus fragten, überraschten wir die Empfangsdame sichtlich. Diese herbe

Blondine im Navydress fand unseren Wunsch so kurios, dass sie ihn schließlich erfüllte. Wir sollten nicht versäumen, uns im hoteleigenen Kino einen Hubbard-Film anzusehen, sagte sie noch. Wir waren wohl die ersten nichtamerikanischen Journalisten, die das »Flaggschiff der technischen Perfektion« von innen sehen konnten. An eine junge Frau aus Israel erging die Order, uns zu begleiten. Sie bezeichnete sich als Jüdin und gleichzeitig Scientologin, eine »Glaubens«-Kombination, die man wohl bizarr nennen kann. Sie war freundlich und offen, doch wenn sie redete, sprach sie Sätze von glorios nichtssagender Bedeutsamkeit. »Ein Wesen ist nur so wertvoll, wie es anderen zu helfen vermag«, deklamierte sie, oder: »Es werden sich nur die durchsetzen, die sich durchsetzen können.« Wenn man nachfragte, gab sie keine Erläuterungen ab, sondern wiederholte den Satz, als wäre sie eine Maschine.

Auf unserem Rundgang bekamen wir zwar nicht viel, aber sicher mehr als geplant zu sehen. Wir konnten junge Managertypen im sonnendurchfluteten Innenhof beobachten, die hektisch an ihren Zigaretten zogen und offensichtlich vom *Sea-Org*-Personal hofiert wurden. Schaute man in die weißgetünchten, schmucklosen Flure der Nebengebäude, war dort alles voller Menschen, die ebenfalls rauchten und – erkennbar an der Kleidung – nicht zur *Sea Org* gehörten. Viele von ihnen wirkten nervös und hektisch, als ob sie unter großem Druck standen; sie hatten einen irritierten, gehetzten Blick, der auswich, wenn man sie ansah. Während der Besichtigung begegneten wir vielen der Angestellten, die unangenehm kühl und einschüchternd wirkten. Sie hatten Macht und ließen das alle spüren.

Die Israelin führte uns in einige der vielen verschachtelten, mit offenen Zwischentüren verbundenen Zimmer des großen alten Hotels. Hier ging es nüchtern zu. Diese Räume glichen Zellen; kein Vergleich mit dem Pomp und Prunk der Lobby. In jeder Stube saßen sich mehrere Menschen paarweise gegenüber, starrten sich in die Augen oder hielten die Lider geschlossen. Sie wirkten ernst und traurig. Manchmal redete auch der eine leise, aber scharf auf den anderen ein. Das waren die *Auditing*-Räume, in denen sogar Kinder bearbeitet wurden, von denen einige kaum älter als vier, fünf Jahre alt sein konnten. »Sie lernen und studieren«, erklärte unsere Begleiterin. Sie zog einige Werke Hubbards aus den Regalen und zeigte sie uns. »Die Wissenschaft vom Wissen«, erläuterte sie. Dann griff sie in andere Fächer: »Unser Kursmaterial« – Hefte mit Titeln wie Er-FOLG IM BERUF, WIE ICH EINE ERFOLGREICHE EHE FÜHRE, WIE ICH EINE ERFOLGREICHE EHE AUFRECHTERHALTE.

Um uns zum Kauf zu animieren, führte die Scientologin uns zuletzt in den hauseigenen Buchladen. Zwei furchteinflößende Männer flankierten breitbeinig den Eingang. Sie waren offenbar bewaffnet, zeigten keine Regung, musterten uns wie Aussätzige oder Kriminelle. Der Raum selbst war kühl, hell und glänzend, Chrom, Glas und Marmorfliesen wie in einem Juweliergeschäft. Auf Präsentiertischen stapelten sich schreiend bunte Bücher von L. Ron Hubbard, der auf Wandbildern als Kapitän dargestellt war. Eine Weltkarte sollte die »Expansion« der »Kirche« belegen. In diesem Laden standen aber nicht nur Bücher, sondern auch gläserne Vitrinen, in denen auf samtenen Kissen goldener Scientologen-Kitsch dargeboten wurde: der rituelle Buchstabe S in zwei ineinander verschlungenen Dreiecken als Manschettenknopf, Anhänger, Ring. Inmitten all dessen thronte eine mächtige Hubbard-Büste aus Bronze. Auf einem Extrasockel hatte man ihr zu Füßen einen Koffer mit einem »Hubbard-Elektropsychometer« aufgebaut. Trotz des horrenden Preises von mehreren tausend Dollar standen *E-Meter* zu Dutzenden herum, schlicht in Weiß oder Rot, luxuriös in Leder oder verchromt. Ein beleibter Amerikaner ermunterte uns, das Gerät auszuprobieren. Dazu muss der »Student« die beiden Blechbüchsen in die Hände nehmen, sich in den Arm kneifen lassen, und schon schlägt der Zeiger des Messgerätes aus. »Jetzt denken Sie nur an den Kniff!«, sagte der Dicke. Es klappte, der Messfühler rührte sich. Dieser Trick funktioniert immer, weil sich beim Gedanken an den Schmerz der Hautwiderstand verändert. Mit dem Test war die Führung beendet, auf den Hubbard-Film verzichteten wir. Ohne etwas zu kaufen oder uns bei der Sekte einschreiben zu müssen, kamen wir heil aus dem Gebäude. Vor dem Eingang und an den Ecken des »Fort Harrison« patrouillierten Wachschutzmänner. Sie behielten uns im Auge.

Im »Fort Harrison« und den übrigen Büros sind mehr als 1400 uniformierte, mit Armutslöhnen besoldete Scientology-Angestellte tätig. Sie bedienen jene etwa 2000 wohlhabenden Sektenmitglieder aus aller Welt, die sich ständig im »Fort Harrison«, im »Oak Cove«

und demnächst im *Super Power Building* aufhalten, weil sie das Geld haben, sich die horrend teuren höheren Kurse leisten zu können.[9] In Werbebroschüren der Organisation werden die *Sea-Org*-Mitglieder ähnlich wie die US-Marinesoldaten dargestellt, als »das härteste, engagierteste Team, das dieser Planet jemals gesehen hat«, oder, wie es in einer anderen Rekrutierungsbroschüre heißt: »Gegen ein solch starkes Team hat die Opposition nicht den Hauch einer Chance.«[10]

Der ehemalige deutsche *Sea-Org*-Mann Martin Ottmann arbeitete ab 1990 zwei Jahre lang »bis zum Umfallen« in Clearwater in der Abteilung *Flag Service Organization*. Seine Hauptaufgabe bestand darin, bei der Verwaltung von etwa 200 000 Adressen von Scientologen in aller Welt zu helfen sowie Sektenkunden in Deutschland, Österreich und der Schweiz anzuschreiben, anzurufen und ihnen weitere Kurse aufzuschwatzen. Hunderte von *Sea-Org*-Leuten in Clearwater taten nichts anderes als Ottmann. »Es ging nur darum, den Leuten das Geld aus der Tasche zu ziehen«, sagt Ottmann, der selbst mehr als 100 000 Mark losgeworden war und rund 80 000 Mark Schulden hatte (die schließlich seine Eltern bezahlten), bevor er sich entschied, Vollzeit-Scientologe zu werden.[11]

Nach Schätzungen haben sich bis 2006 rund 8500 Scientologen in der Region Clearwater fest niedergelassen, somit leben hier mehr Hubbard-Jünger als in jeder anderen Stadt außerhalb von Los Angeles.[12] Prominente wie Gottfried Helnwein und Lisa Marie Presley haben sich Villen gekauft. Clearwater gilt unter Scientologen als ihr »Mekka« – das »Mekka der Tech«. Die Hubbard-Jünger betreiben Hotels, Schulungszentren und etwa 200 Geschäfte in der Stadt, sie unterhalten einen Radiosender, Schulen, Nachhilfeinstitute, Kinderhorte, und sie sitzen in den Vorständen des Rotary Clubs, der Handelskammer und der Pfadfinder.[13] Aber nicht nur deshalb wird der Badeort *Scientology City* genannt. Polizei und Stadtverwaltung Clearwaters stehen im Ruf, mit den Scientologen zu kungeln, selbst die Distriktregierung des Pinellas County und die Abgeordneten im Parlament von Florida sollen sich ihrem Einfluss nicht entziehen können.

Fallgrube für die BBC

Shawn Lonsdale hatte irgendwann beschlossen, genauer wissen zu wollen, wer da in seiner Stadt das Sagen hatte. 2006 begann er, die Sekte mit Videos zu provozieren, die er über einen örtlichen Kabelsender verbreitete. In seinen Filmen zeigte er eigentlich nichts anderes als das tägliche Leben in der Stadt der Scientologen. Wenn er die Scientology-Gebäude filmte, hatte er neben sich stets ein Schild mit der Aufschrift »Cult Watch« (Sektenbeobachtung) aufgestellt. Er dokumentierte mit seiner Kamera, wie blau uniformierte *Sea-Org*-Leute das Bild der Innenstadt prägten, wie sie in langen Kolonnen ihre Büros betraten und wieder herauskamen und wie sie ihn, den Feind und »Unterdrücker«, beschimpften. Angefangen hatte der Kreuzzug des Shawn Lonsdale, nachdem er bei einer Bürgerversammlung in Clearwater mit einem Scientologen über Fragen der Innenstadtsanierung aneinandergeraten war.

In der BBC-Dokumentation von John Sweeney ist zu sehen, wie Scientology-Mitglieder versuchten, Lonsdale das Leben zur Hölle zu machen. Kaum hatte er begonnen, seine provokativen Fragen zu stellen, heuerte die Sekte einen Privatdetektiv an, der sich gründlich mit seiner Vergangenheit befasste und schnell darauf kam, dass er homosexuell war. Der Detektiv fand auch heraus, dass Lonsdale sich acht Jahre zuvor zweimal wegen sexueller Handlungen mit Männern an öffentlichen Orten vor Gericht hatte verantworten müssen. Lonsdale räumte diese Taten freimütig ein. Die Scientologen aber verteilten in der gesamten Stadt steckbriefartige Zettel mit Lonsdales Bild und seinen persönlichen Daten und warnten die Bevölkerung vor dem »Triebtäter«. Der BBC-Film zeigt, dass zahlreiche Geschäfte in Clearwater – viele Läden dort sind in der Hand von Scientologen – die »Steckbriefe« damals an ihre Eingangstür gehängt hatten.

Nach Lonsdales Tod schrieben Scientologen im Internet triumphierend: »Der Sexperverse ist tot.« Viele Scientology-Kritiker wollten jedoch nicht an einen Selbstmord glauben. Auch im Internet diskutierten sie über die offizielle Version. Gerüchte und Vermutungen machten die Runde. In der Plattform *YouTube* erklärte jemand, es sei schwer vorstellbar, dass Lonsdale sich die Mühe gemacht habe, den Schlauch von seinem Wagen bis ins Haus zu ziehen. »Hätte er sich mit Abgasen umbringen wollen, dann hätte er das doch einfach im Auto getan.« Ein anderer bezweifelte, dass die Polizei von Clearwater die Untersuchungen wirklich sauber geführt habe. Immerhin seien in Clearwater viele Polizisten selbst Mitglieder von Scientology. Trotz aller Behauptungen und Verschwörungstheorien, die seither im Netz kursierten, konnte aber niemand beweisen, dass Scientology etwas mit dem Tod des Kritikers zu tun hatte.

In Bild und Ton dokumentiert ist allerdings, wie Scientology-Agenten hinter Lonsdale her waren. Im Frühjahr 2007 war der BBC-Journalist John Sweeney nach Clearwater gekommen, um Shawn Lonsdale zu interviewen. Es sollte der Abschluss seines Dokumentarfilms über die Scientology-Organisation für die Reportagesendung *Panorama* werden. Lonsdale sagte zu Sweeney: »Ich habe versucht, die außerirdische Szenerie zu dokumentieren, wie Scientology und Scientologen hier die Straßen beherrschen.« Kaum hatte das Interview auf einem Parkplatz in der Innenstadt begonnen, als plötzlich ein Auto mit zwei Männern auftauchte. Einer der beiden war ganz in Schwarz gekleidet und hatte eine professionelle Videokamera geschultert, der andere war ein Mittdreißiger im Anzug mit Sonnenbrille, den Sweeney bereits kannte: »Tommy« Davis, *Sea-Org*-Mitglied, Chef des *Celebrity Centre* in Los Angeles, ein guter Freund von Tom Cruise. Beim ersten Zusammentreffen mit Sweeney hatte er verlangt, dass dieser das Wort »Sekte« aus allen Interviews herausschneiden müsse. Jetzt sagte er: »Ich weiß nicht, wie offen dieser Mann mit Ihnen redet« – er zeigte auf Lonsdale – »aber er wurde 1999 verhaftet wegen Hausfriedensbruchs, des Entblößens von Genitalien, wegen unnatürlicher und lasziver Handlungen, des Besitzes von Cannabis ...« Sweeney versuchte, sich die Einmischung zu verbitten, doch der Scientologe wollte einfach nicht weggehen.

Ein paar Tage später trafen Davis und Sweeney in Los Angeles wieder aufeinander, und Davis kritisierte den Reporter vor laufenden Kameras, er habe Lonsdale »nicht richtig interviewt«. Daraufhin färbte sich Sweeney tiefrot, fiel scheinbar unmotiviert völlig aus der Rolle und brüllte den Scientologen in höchster Lautstärke an: »Sie waren zu Beginn des Interviews nicht dabei! Sie waren nicht dabei! Sie haben das komplette Interview nicht gehört oder mitgeschnitten!«[1] Scientology aber hatte den Schreihals aufgenommen und stellte ihn eine Woche vor der geplanten Ausstrahlung seines Films Scientology and Me als 40-Sekunden-Clip auf *YouTube*. Um Sweeney als inkompetenten Idioten darzustellen, ging die Sekte dabei nach allen Regeln jener geheimdienstlichen Desinformationstaktik vor, die Hubbard als »schwarze Propaganda« bezeichnet. Er verstand darunter unter anderem »Flüsterkampagnen«, verleumderische Gerüchte, die bewusst lanciert werden und sich dann verselbständigen: »Schwarze Propaganda ist im Wesentlichen ein Lügengewebe.«[2] Am 8. Mai 2007 meldete die kleine britische Agentur Amazinginternet, die auch den Webauftritt von Saint Hill Manor betreut, eine Internetseite an, auf der sie die Scientology-Schnittfassung des Wutausbruchs präsentierte.[3] Zwei Tage später stellte John Wood, ein 47-jähriges Scientology-Mitglied aus London, wie er selbst im Netz erklärte, dieses Video bei *YouTube* ein. Zahlreiche Kommentatoren reagierten sofort mit Sprüchen wie »Was für ein Spinner« oder »So ein Mann sollte nicht für die BBC arbeiten« – viele von ihnen hatten sich erst kurz zuvor bei *YouTube* angemeldet.[4] Ihre Klicks und Kommentare lenkten so viel Aufmerksamkeit auf den BBC-Choleriker, dass Millionen Menschen weltweit das bizarre Brüllvideo anklickten und Sweeney damit zu einer fragwürdigen Berühmtheit verhalfen. Für die BBC waren es beschämende Szenen. Ein publizistischer GAU.

Um die BBC noch weiter zu desavouieren, verschickte die Sekte angeblich 100 000 DVDs mit dem brüllenden Reporter zeitgleich an Parlamentsabgeordnete und andere »Meinungsführer« in Großbritannien. Einen Tag vor der geplanten Ausstrahlung der Doku schrieb der Schauspieler und Scientologe John Travolta einen Brief an die BBC, in dem er forderte: »Dieser Mann sollte kein Forum für seine Vorurteile, seine Scheinheiligkeit und seinen Hass bekommen.«[5] Am Folgetag war der Brief in allen großen britischen Zeitungen nachzulesen, so dass die Zuschauer pünktlich vor der Sendung auf den *YouTube*-Clip verwiesen wurden. Der hatte sich mittlerweile zu einem der weltweit am häufigsten betrachteten und kommentierten Internet-Videos entwickelt – mit der Folge, dass nun auch die traditionellen Medien global aufmerksam wurden und berichteten, wie journalistisch bedenklich die ehrwürdige BBC mit der »Scientology-Religion« umginge. Die Brüllbilder ihrerseits verstärkten diesen Effekt, weil sie Sweeney als unsympathischen Radaubruder zeigten, der sich offensichtlich ins Unrecht setzte. Viele *YouTube*-Nutzer kommentierten das Video nun ganz im Sinn von Scientology: »Wie kann ein psychisch so unausgeglichener Mann BBC-Reporter sein?«, »Dieser Typ ist verrückt« oder »Sieg Heil, Herr Sweeney«.[6]

John Sweeney gilt als einer der härtesten Reporter der BBC. Von ihm stammt der Spruch: »Ein Rezept für investigativen Journalismus ist es, das größte Krokodil im Teich zu finden, es mit einem spitzen Stock ins Auge zu stechen und zu gucken, was als Nächstes passiert.« Diesmal jedoch, schrieb der britische *Observer,* habe das Krokodil zurückgebissen. Der mächtige *OSA*-Chef Mike Rinder kommentierte Sweeneys Wutausbruch süffisant: »Man kann wohl sagen, wir haben John Sweeney ›gesweeneyt‹. Die Gebührenzahler in Großbritannien haben das Recht zu erfahren, was hinter den Kulissen geschieht. Es ist an der Zeit, dass auch Dokumentarfilmer verantwortlich gemacht werden.«[7] Wieder einmal war Scientology ein Lehrstück in Propaganda gelungen. Die Affäre bewies, wie gerissen das *OSA* inzwischen das Internet für seine Kampagnen zu nutzen versteht. Sweeney schrieb darüber auf der BBC-Website: »Das Schlachtfeld ist *YouTube*, Scientologys Waffe ist der Clip, wo ich die Fassung verliere.«[8]

Die Sekte versuchte noch bis kurz vor der *Panorama*-Sendung am 14. Mai 2007, die Ausstrahlung des Films zu verhindern. Dies gelang ihr nicht, obwohl sich sogar britische Parlamentsabgeordnete in ihrem Sinne verwendeten.[9] Sweeney hatte zudem das Glück, dass ihm die BBC nach ausführlicher interner Untersuchung des Vorfalls volle Rückendeckung für die Gegenwehr gab. Ursprünglich hatte er in seinem Film SCIENTOLOGY AND ME untersuchen sollen, ob die Sekte immer noch so »finster und bösartig« sei, wie der britische Richter John Latey sie 1984 nannte – oder ob sie sich gewandelt habe.[10] Nun zeigte SCIENTOLOGY AND ME ausführlich die Vorgeschichte des Wutanfalls und damit ein Paradebeispiel der Methoden, mit denen der scientologische Geheimdienst nach wie vor kritische Journalisten unter Druck setzt und bedroht.

Der Film ließ die Zuschauer miterleben, wie wildfremde Personen den Reporter und sein Team bei den sechstägigen Recherchen in Clearwater und Los Angeles praktisch auf Schritt und Tritt bedrängten und belästigten. »Insgesamt haben wir 13 Fremde – Privatdetektive? – gezählt, die uns verfolgten. Scientology aber leugnete, Detektive hinter der BBC hergeschickt zu haben«, heißt es im Film.[11] War Sweeney mit dem Auto in Los Angeles unterwegs, folgten ihm ein oder zwei dunkle Vans, eine Einschüchterungstaktik, die der Scientology-Geheimdienst als »Noisy Investigation« bezeichnet – auffällige Untersuchung. Man ließ ihn wissen, dass man ihn beschattete, um ihm Angst einzujagen. Demselben Zweck diente es offenbar, dass Scientology ein eigenes Team Sweeneys Dreharbeiten filmen ließ, wenn er Scientologen interviewte.

Dieses Team drehte auch, als Sweeney in Los Angeles die Scientology-Ausstellung »Psychiatrie – die Industrie des Todes« besuchte. Darin sah er Bilder und Filme von angeblichen Psychiatern, die Menschen mit Elektroschocks traktierten, ihnen Nadeln in die Augen stachen und sie am Gehirn operierten. Er wurde mit Informationen überflutet, wonach es Psychiater waren, die die Nazis an die Macht brachten und den Holocaust ersonnen. »Krankmachend, hässlich, aber ganz und gar nicht überzeugend«, nannte Sweeney die Ausstellung. »Bei all ihren Fehlern hat die moderne Psychiatrie nichts mit Nazis zu tun.«[12] Nachdem er zwei Stunden in der Ausstellung verbracht hatte, tauchte plötzlich Scientology-Sprecher Tom Davis mit einem Kameramann auf und warf dem Reporter vor, unkritisch mit Scientology-Gegnern umzugehen. »Ironischerweise war es der Ausstellungsteil über Gehirnwäsche, in dem ich die Fassung verlor«, sagte Sweeney später über den Vorfall. »Ich sehe aus wie eine explodierende Tomate und höre mich an wie ein startendes Düsenflugzeug, und wenn ich das sehe, ist es mir jedes Mal extrem peinlich. (…) Aber ich hatte wirklich das Gefühl, dass sie mich einer Gehirnwäsche unterziehen … Idiot, Sweeney, Idiot. Es war wie eine Instinktreaktion auf all diese Bilder und Bedrückungen. Ich hatte das Gefühl, dass sie versuchten, meinen Geist zu kontrollieren.«[13]

Während Sweeney explodierte, blieb Davis, der Scientologe, ganz ruhig. Er ließ den Reporter brüllen, wiederholte nur ein ums andere Mal die Frage, wieso Sweeney der Organisation« Gehirnwäsche vorwerfe. Das ist eine Psychotechnik, die Scientologen beim Kommunikationskurs als »Bull Baiting« (Bullen hetzen) trainieren: keine Gefühle zeigen, Fragen und Argumente des anderen ignorieren, nie antworten, sondern stets angreifen und dabei immer körperliche Nähe und strengen Augenkontakt bewahren. In Sweeneys Film ist zu sehen, wie Davis diese Technik meisterhaft einsetzt. Nach eingehender Prüfung aller Aufnahmen erklärte ein BBC-Sprecher: »John Sweeneys Verhalten an einem Punkt der Dreharbeiten war klar unangemessen, dafür hat er sich entschuldigt. Die BBC ist jedoch froh, dass die Dreharbeiten insgesamt sauber und fair abliefen.«[14] Als SCIENTOLOGY AND ME schließlich im Abendprogramm der BBC lief, erreichte der Film mit 4,9 Millionen Zuschauern die höchste Einschaltquote des Reportagemagazins im ganzen Jahr 2007.

Project Normandy

In dem Interview mit John Sweeney sagte der Filmemacher Shawn Lonsdale aus Clearwater, dass es wohl niemanden in seiner Stadt gebe, der nicht zu Hause, in der Bar oder im Café hinter vorgehaltener Hand über die Scientologen und die mysteriösen Vorgänge hinter den Mauern ihrer Stützpunkte rede. »Niemand weiß, worum es bei ihnen wirklich geht.« Im Wortsinn: Die offiziellen Scientology-Gebäude in der Stadt sind mit Sichtblenden versehen, so dass man nicht hineinschauen kann. Kaum einer ahnt, dass dahinter *Body-Thetanen* gejagt, Tausende Dollar für die angebliche Erlangung von Superkräften bezahlt und Eliteeinheiten, bei denen Kinder Erwachsene kommandieren, auf die Weltherrschaft vorbereitet werden. Deshalb habe er sich aufgemacht, sagte Lonsdale, den Leuten die Wahrheit zu zeigen.[1] Doch sein Wille zur Aufklärung ist dem Kritiker nicht gut bekommen. Die Scientologen verteilten nicht nur Steckbriefe von ihm. Sie hätten ihn auch beschattet und mit Autos verfolgt, erklärte er. Und dann, am 18. Februar 2008, war Shawn Lonsdale tot, gestorben in jener Stadt, die Amerikas bekanntester Sektenaussiegsberater Steven Hassan als »das besetzte Clearwater« bezeichnet: »Die Einwohner wurden terrorisiert, um zu schweigen, ihre Polizei, Staatsanwälte, Richter und öffentlich Bediensteten wurden korrumpiert.«[2]

Die Geschichte der scientologischen Machtübernahme in Clearwater begann mit der Ankunft der ersten *Sea-Org*-Offiziere Ende

1975. Hubbards Geheimdienst *Guardian's Office* hatte für sie einen Plan zur Unterwanderung und Kontrolle der Gemeinde ausgearbeitet. Den militärisch anmutenden Invasionbefehl mit der Klassifikation »Top Secret« hatte Hubbard selbst »Project Normandy« genannt, nach der alliierten Invasion der Normandie im Zweiten Weltkrieg. Detailliert wurde darin die Infiltration der Verwaltung, der Medien und jeder anderen Gruppe vorbereitet, die dem Ziel von Scientology im Weg stehen könnte.[3] Ihr Ziel war schlicht, Clearwater zur ersten *Scientology City* des Planeten zu machen, gemäß der Hubbard-Order, die Behörden »in einen Zustand der völligen Gefügigkeit gegenüber den Zielen von Scientology zu bringen«.[4] »Project Normandy«, Teil einer noch umfangreicheren »Operation Goldmine« zur Infiltration der Tampa Bay, wurde öffentlich bekannt, nachdem die bei den »Schneewittchen«-Razzien beschlagnahmten Geheimdienstdokumente gerichtlich freigegeben worden waren und zwei Zeitungen sie aufdeckten. Die *Clearwater Sun* veröffentlichte am 3. November 1979 ihren aufsehenerregenden Artikel »Scientologen planen Übernahme der Stadt«. Zwei Monate und intensive Recherchen später erschien in der *St. Petersburg Times* ein umfangreiches Dossier über »Scientology, die neue Macht in Clearwater«, mit dem die Zeitung 1980 den renommierten Pulitzer-Preis gewann.[5]

Schockiert nahmen die Bürger zur Kenntnis, dass die Scientologen mit dem »Project Normandy« »ausreichend Daten über die Clearwater-Region sammeln« wollten, um dann »festzulegen, welche Gruppen und Personen B1 (die Infiltrationsabteilung des *Guardian's Office*, d. A.) unterwandern oder handhaben muss, um Kontrolle über die Region zu erlangen« und die Stadt Clearwater zu »neutralisieren«. Konkret bedeutete dies laut Geheimpapier »die vollständige Untersuchung der Stadt Clearwater und des umliegenden Distriktes, damit wir unsere Freunde von unseren Feinden unterscheiden und dementsprechend handeln können«.[6] Dossiers sollten angelegt werden über Ärzte, Psychiater, Krankenhäuser, Polizeidirektionen, Werbeagenturen, Pharmafirmen, Regierungsagenturen auf lokaler, föderaler und nationaler Ebene, Stadträte, Banken, Investmentfirmen, über die Abgeordneten im Kongress und die beiden Senatoren des Staates Florida. Der zweite Teil der »Operation Goldmine«, genannt *Power Project 4: Tricycle* (Macht-

projekt 4: Dreirad), ging noch weiter. Dessen Hauptziele laute-
ten: »Uns abzusichern gegen jede mögliche Bedrohung, indem wir
die Schlüsselpositionen der Clearwater-Region übernehmen. Jedes
Hindernis oder jede Opposition ..., die auftritt, muss soweit entfernt werden, dass sie keine Drohung oder Barriere für unser
Hauptziel mehr darstellt.«[7]

Wie die zunächst noch als *United Churches of Florida* getarnte
Sekte sich die »Meinungsführer« der Clearwater-Region gefügig
machen wollte, stand im »Project Normandy«. Man wollte sie mit
geheimdienstlichen Gefälligkeiten an sich binden: ihnen kom-
promittierende Informationen (»Schmutz«) über ihre Gegner und
Feinde zur Verfügung stellen. »United Churches entdeckt dann
den Skandal und gibt die Daten an den Meinungsführer weiter. Als
Folge können weitere Aktionen unternommen werden, um den
Feind aus dem Weg zu schaffen oder im Zaum zu halten.«[8] Allerdings stellte sich umgehend das Problem, dass der wichtigste »Meinungsführer« der Region zugleich als zweithärtester »Feind« (gleich
nach der *St. Petersburg Times*) identifiziert worden war: der demokratische Bürgermeister Gabriel Cazares, der sich kritisch über die
seltsam unkommunikativen neuen Mitbewohner in Downtown
Clearwater geäußert hatte. Prompt gab sich das *Guardian's Office*
Mühe, irgendwelchen »Schmutz« über ihn auszugraben, durch Befragungen von Bekannten, Pfarrern und Ärzten und das Durch-
forsten von Gerichts- und Polizeiakten, was jedoch nicht zu ver-
wertbaren Erkenntnissen führte. Daraufhin verklagte Scientology
den Bürgermeister auf eine Million Dollar wegen übler Nachrede,
Beleidigung und Verletzung der Bürgerrechte. Gleichzeitig wurde
in einem »Project Speedy Gonzales« als »Ziel Nummer eins« festgelegt: »Bürgermeister Gabriel Cazares' politische Karriere durch
einen Skandal über sein Sexleben ruinieren.« Demnach sollte ein
Scientologe in einem Brief an den Stadtrat den Bürgermeister be-
zichtigen, eine Affäre mit seiner Mutter zu haben.[9] Als dies nichts
bewirkte, versuchten die Scientologen, mit einer »schmutzigen« Ge-
heimdienstaktion, Cazares' Ruf zu beschädigen und seine Karriere
zu beenden. Die Aktion folgte Hubbard-Anweisungen wie dieser:
»Wir beschäftigen uns damit, Leuten zu helfen, ein besseres Leben
zu führen. (...) Aber diejenigen, die versuchen, uns das Leben
schwer zu machen, sind sofort in Gefahr.«[10]

Im März 1976 nahm Gabriel Cazares an einer Bürgermeisterkonferenz in der US-Hauptstadt Washington teil. Dort kontaktierte ihn ein Scientologe, der sich als Reporter ausgab und ihm eine Freundin namens Sharon Thomas vorstellte, die ihm die Sehenswürdigkeiten der Metropole zeigen könne. Cazares ließ sich einladen und stieg ins Auto zu Miss Thomas, die zum *Guardian's Office* gehörte. Im Rock Creek Park verlor sie scheinbar die Kontrolle über den Wagen, fuhr einen Fußgänger an und gab Gas, statt dem Verletzten zu helfen – mit einem entsetzten Bürgermeister neben sich, den sie kurz darauf aussteigen ließ und der es versäumte, Anzeige zu erstatten. In einem Memorandum des *Guardian's Office (GO)* vom nächsten Tag über die Möglichkeiten, das Geschehnis auszunutzen, schrieb der leitende GO-Offizier: »Ich gehe davon aus, dass die politische Karriere des Bürgermeisters zu Ende ist.« Der angeblich verletzte Fußgänger war Michael Meisner, Scientologe seit 1970 und der Mann, der damals die »Schneewittchen«-Operationen in Washington leitete.[11] Weil Meisner sich im Sommer 1977 als Kronzeuge gegen das *Guardian's Office* zur Verfügung stellte, wurde er nicht angeklagt und bekam eine neue Identität. Das »Schutzbüro« aber verwendete den vorgetäuschten Unfall im Juni 1976 für eine Schmutzkampagne (»Handhabungsprojekt«) gegen Cazares, deren Hintergründe im »Schneewittchen«-Prozess enthüllt wurden.[12] Nachdem Cazares die Organisation seinerseits auf acht Millionen Dollar wegen übler Nachrede und Belästigung verklagt hatte, verzichtete Scientology auf einen öffentlichen Prozess und verglich sich mit dem Kontrahenten 1986.[13]

Nach außen gab sich die »Kirche« nett und hilfsbereit. Doch während sie im Januar 1976 ihren Tag der offenen Tür in Clearwater veranstaltete, kursierte bereits ein »Wochenreport« unter den »Kirchenführern«, in dem es um zunehmende »Feindaktivitäten« (»Entheta«) ging.[14] Lange Listen von »Unterdrückern« wurden erstellt. Hunderte von Agenten des *Guardian's Office* taten nichts anderes, als Material gegen »Feinde« in der Clearwater-Region zu sammeln. Sie folgten den zahlreichen Anweisungen ihres »Gründers«, in denen er befohlen hatte, Kritiker und Feinde von Scientology auszuschalten und »den Ruchlosen eine Lektion zu erteilen«. In seinem Befehlsbrief »Wie man Angriffe stoppt« heißt es: »1. Lokalisieren Sie eine Angriffsquelle gegen uns. 2. Untersuchen Sie diese. 3. Entlarven Sie sie mit schockierender Publicity.«[15] Schockierende Publicity – das meinte Schmutzkampagnen: »Wir sind keine Rechtsvollzugsbehörde. Aber wir werden uns für die Verbrechen von Leuten interessieren, die versuchen, uns zu stoppen. Wenn sie sich der Scientology entgegenstellen, halten wir prompt nach ihren Verbrechen Ausschau – und werden sie finden und enthüllen.«[16]

Nicht nur Cazares, auch andere Politiker, Polizeiführer und sieben missliebige Journalisten der *Clearwater Sun* und der *St. Petersburg Times* gerieten damals auf die »Abschussliste« des »Schutzbüros«, dessen Chargen mit allen Mitteln versuchten, ihre Karrieren zu zerstören – mit falschen Anschuldigungen wegen sexueller Belästigung und Bestechlichkeit oder finanzieller Unregelmäßigkeiten von Ehepartnern sowie Klagedrohungen. Beim Hauptfeind *St. Petersburg Times* wurde die investigative Reporterin Bette Orsini ausspioniert, mit Schmutzkampagnen überzogen und ihr Mann, der Direktor der Easter Seal Society für Behinderte, in anonymen Briefen an Zeitungen und Behörden krimineller Unterschlagung bezichtigt (»Operation Bunny Bust« – Häschen kaputt). Gegen den Eigentümer der Zeitung, Nelson Poynter, recherchierten die »Schutzbüro«-Agenten bis nach Washington und brachten ihn gerüchteweise fälschlich mit der CIA in Verbindung, um ihn zu diskreditieren (»Operation Fickle« – Wankelmut).[17] Die kriminellen Methoden der Scientology-Agenten »überstiegen jede Vorstellung«, erklärte der Staatsanwalt später im »Schneewittchen«-Prozess: »Die in diesen Praktiken zum Ausdruck kommenden menschlichen Haltungen verkörpern nichts anderes als die absolute Perversion jedes bekannten ethischen Systems.« Davon ungerührt ließ sich ein Scientology-Sprecher mit den Worten zitieren: »Wir treten ziemlich vielen Leuten auf die Füße. Wir halten eben nicht die andere Wange hin.«

Nach der Veröffentlichung der Skandalpapiere im Zuge des »Schneewittchen«-Prozesses entschuldigte sich ein Scientology-Sprecher bei der Redaktion der *St. Petersburg Times* und erklärte, dass L. Ron Hubbard nichts von den Machenschaften »einiger isolierter Individuen« gewusst habe. Es seien einschneidende Maßnahmen getroffen worden, um illegale Aktionen und Schikanen für die Zukunft auszuschließen. Er sagte aber auch, dass man keine bestehenden Anordnungen der »Kirche« oder Hubbards (»Policy Letters«) für ungültig erklärt habe, aus dem einfachen Grund, »weil dies nicht nötig ist«.[18] Mit anderen Worten: Sie blieben sämtlich in Kraft. Zum Beispiel diese Richtlinie zur Unterwanderung eines »Gebiets« von 1969, deren Gültigkeit 1987 erneut bekräftigt wurde: »Ziel 1: Kleinmachen des Feindes bis zum Punkt totaler Vernichtung. Ziel 2: Übernahme der Kontrolle oder Erlangen der Ergebenheit der Chefs oder Eigentümer aller Nachrichtenmedien. Ziel 3: Übernahme der Kontrolle oder Erlangen der Ergebenheit der wichtigsten Politiker.«[19] Der »Kodex eines Scientologen« verpflichtet die Mitglieder bis zur Gegenwart auf die »standardgemäße und unveränderte Scientology« gemäß den Schriften Hubbards. Jeder Versuch, die Lehren von Scientology zu ändern, wird als »schwerwiegender Bruch der kirchlichen Ethik« aufgefasst.[20]

Immerhin waren die Verbrechen der Sekte, deren Ziel es angeblich ist, »eine Welt ohne Kriminalität zu schaffen«, schließlich ans Licht gekommen. In diesem historischen Moment wehrten sich die Bürger Clearwaters gemeinsam gegen die ungebetenen Gäste. Im Dezember 1979 versammelten sich rund 3000 besorgte Einwohner vor dem Rathaus nahe dem »Fort Harrison«, um gegen die Anwesenheit von Scientology in ihrer Stadt zu protestieren. Da man auch in der Stadtverwaltung Bedenken wegen der Scientologen hatte, wandte sich der neue Bürgermeister an den Bostoner Anwalt Michael Flynn, der sich inzwischen USA-weit einen Ruf als Verteidiger von Scientology-Aussteigern gemacht hatte. Er bat Flynn, Zeugen für ein einwöchiges Hearing einzuladen, in dem die Vorwürfe gegen Scientology untersucht werden sollten. Anschließend sollten die Scientologen eine Woche lang ihre Sicht der Dinge im Rathaus von Clearwater darstellen können. Als die Hearings im Mai 1982 begannen und das Lokalfernsehen sie live übertrug, schallten schrille Töne aus dem »Fort Harrison« herüber, die von einer »Hexenjagd« sprachen. Aber sie konnten die Anhörung nicht mehr verhindern, bei deren Eröffnung der City Commissioner (Stadtkommissar) sagte: »Das Ziel ist es festzustellen, ob gesetzgeberische Maßnahmen nötig sind, um die vorgeworfenen Verbrechen zu korrigieren.«[21]

Schon am ersten Tag wurde Ronald DeWolf befragt, der mit L. Ron Hubbard zerstrittene Sohn aus dessen erster Ehe. Der beleibte, rothaarige Mann zeichnete ein Bild seines Vaters als Hochstapler und finsterem Schwarzmagier, dessen verrückte »Philosophie« das Resultat eines horrenden Drogenmissbrauchs sei. Die ehemalige Finanzdirektorin der *Flag Land Base*, Casey Kelly, enthüllte die Einnahmen im »Fort Harrison«, die durchschnittlich 400 000 bis 500 000 Dollar in der Woche betrugen, aber auch bis zu 2,3 Millionen Dollar hochschnellen konnten. Sie bestätigte, dass es den Mitarbeitern in Clearwater zeitweise verboten worden war, Kinder zu bekommen, und dass Abtreibungen bei Scientology gang und gäbe waren. Andere Zeugen sprachen von verweigerter ärztlicher Hilfe, weil Krankheiten bei Scientology als »psychosomatisch« angesehen würden und als durch *Auditing* zu heilen. Sie beschrieben 18-Stunden-Arbeitstage im Dienst der *Sea Org*, an denen nicht einmal Zeit für eine Dusche blieb, bei einem Lohn von zehn bis 20 Dollar die Woche. Sie schilderten Erniedrigungen, Angstzustände, psychotische Erfahrungen. »Sie heben dich so hoch, dass du dich auf dem Gipfel der Welt fühlst«, sagte ein junger Mann, »und dann lassen sie dich fallen, und du stürzt in ein bodenloses Loch.« Die Rede war von Straflagern, vom Verrat der im *Auditing* erfahrenen Intimgeheimnisse, von Druck und Drohungen durch das *Guardian's Office*. Scott Mayer, ein ehemals hochrangiger Scientologe, der jahrelang als Bodyguard Hubbards homosexuellen Sohn Quentin bewacht hatte, wurde nach seiner Abkehr dermaßen bedroht, dass er ein Leben auf der Flucht führte. Er beschloss herauszufinden, wie ernst es das *Guardian's Office* meinte, ließ eine Adresse durchsickern und parkte sein Auto auf der Straße davor. Es war der Weihnachtsabend 1978. Das Auto flog in die Luft. Die ehemaligen Sektengenossen fürchteten Mayer zu Recht. Er enthüllte in Clearwater das raffinierte Kuriersystem, um Geld aus den USA zu schmuggeln, und bezeugte, dass er selbst einen potentiell Abtrünnigen mit dessen *Auditing-Akte* erpresst habe.[22]

Die Clearwater-Anhörung war die umfassendste Bestandsaufnahme scientologischer Untaten, die es bis zum damaligen Zeitpunkt in den Vereinigten Staaten gegeben hatte. Erstmals erfuhr damals eine breite Öffentlichkeit auch von den Gulag-ähnlichen Zuständen in Scientologys Strafkompanie *RPF*. Ironischerweise wurden genau zur Zeit des Hearings so viele »Delinquenten« in die RPF eingeliefert wie nie zuvor. Hunderte Menschen – Abweichler, »Unterdrücker« und *Squirrels* – wurden damals im »Fort Harrison«, im ehemaligen Cedars-of-Lebanon-Krankenhaus in Hollywood und in Gilman Hot Springs festgehalten und »rehabilitiert«.

Die Anhörung hätte anschließend mit den Zeugen der Scientologen fortgesetzt werden sollen, doch diese nahmen das Angebot nicht an, sondern schickten ihre Anwälte, die die Legitimität der gesamten Veranstaltung in Frage stellten. »Aber die Scientologen kamen zu spät damit«, schreibt der Hubbard-Biograph Jon Atack. »Die Beweise ihrer erschreckenden Vergangenheit waren bereits im Fernsehen gelaufen. Kein juristisches Argument konnte die herzerweichenden Aussagen der Zeugen wieder aus dem Geist der Zuschauer tilgen.«[23] Zwar erließ die Stadt Clearwater anschließend strenge Auflagen für Wohlfahrtsorganisationen (wie sie Scientology zu sein vorgibt), doch wurden diese nach Scientology-Klagen von den Gerichten wieder kassiert, weil hinter den Maßnahmen angeblich »eine verbreitete politische Bewegung« stehe, der es nicht wirklich um die Sache gehe, sondern nur darum, »Scientology aus Clearwater zu vertreiben«.[24]

So war zwar viel für die Aufklärung getan worden, aber der Stadt sollte es nie wieder gelingen, sich gegen die Anwälte dieser Organisation durchzusetzen, die wie kaum eine andere das Justizsystem nutzt, um ihre Gegner mundtot zu machen. Die Advokaten der »Kirche« deckten Kritiker und Feinde, in den USA sogar Richter mit Klagen ein, frei nach dem Wort ihres »Gründers«: »Es geht nicht darum, die Verhandlungen zu gewinnen. Der Zweck einer Klage ist es, den Gegner zu zermürben und zu entmutigen. Falls möglich, sollte sie ihn auch vollständig ruinieren.«[25] Sie setzten damit jene Strategie unbeirrt fort, die der Richter Charles R. Richey im »Schneewittchen«-Prozess »das Ausnutzen der Gesetze, um unter ihrem Schutz das Fundament der Regierung zu zerstören«, genannt hatte.[26] Mittlerweile sind einige Zahlen verfügbar, wie viel Geld die Sekte in ihre juristischen Feldzüge investiert: Im Jahr 1988 waren es laut der *St. Petersburg Times* 33 Millionen Dollar weltweit, 1991 gemäß *Time Magazine* 20 Millionen Dollar allein in den USA und um die Jahrtausendwende in nur einem einzigen Prozess, dem McPherson-Verfahren, 28 Millionen Dollar, die Scientology für ihre Anwälte ausgab.[27] Die Stadt Clearwater verfügte ganz einfach nicht über die Mittel, sich gegen die scientologische Rechtsmaschinerie angemessen zu wehren. In den zweieinhalb Jahrzehnten seit den Hearings hat sie nicht nur die Initiative gegenüber der Sekte verloren, sie hat Stück für Stück die Kontrolle über ihre Innenstadt eingebüßt. Und das ist noch nicht alles.

Scientopolis – die Stadt und die Sekte

»Die City gehört ihnen längst«, sagte der Rechtsanwalt Lou Kwall, der die Entwicklung der vergangenen Jahrzehnte aus seinem Innenstadtbüro wie von einem Logenplatz verfolgen konnte. Scientology habe sich weit mehr Raum einverleibt, als irgendjemand jemals vorhergesehen habe, die kritische Frage sei daher: »Werden Leute wie ich im Stadtzentrum bleiben oder von den hereinströmenden Scientologen vertrieben?« Kwall wollte 2004 noch bleiben.[1] Andere waren bereits weggezogen oder auf dem Sprung. Die Leiter der Calvary Baptist Church erklärten, sie würden von Scientology-Bauten regelrecht eingemauert. 2005 gaben sie deshalb nach 82 Jahren ihren Standort in der Innenstadt auf. Ihr Pastor Bill Anderson hatte die Scientologen seit ihrer Ankunft 1975 beobachtet und meinte, sie hätten nie wirklich vorgehabt, der Stadt zu helfen. »Ihre wahre Agenda ist Kontrolle. Sie wollen gar nicht offen sein. Sie wollen mit uns auskommen, wie ein Tiger mit einem Kaninchen auskommt«, sagte er der Zeitschrift *Christianity Today*. Das christliche Blatt urteilte im Jahr 2000: »Der Einfluss von Scientology ist in der Stadtplanung, bei kommunalen Veranstaltungen und Dienstleistungsprojekten zu spüren; viele Christen sind bestürzt, wie Scientology ihre Kommune ›redefiniert‹.«[2]

Es ist die schiere Präsenz der Sekte, die Gemeinden wie den Baptisten die Luft nimmt. Dabei hat Scientology in Clearwater nie nennenswert Straßenwerbung betrieben. Dass viele Scientologen nach einem Besuch in ihrem »Mekka« gleich dortbleiben wollten, habe man schließlich nicht ahnen können, sagen Scientology-Sprecher, und je mehr Scientologen kämen, desto mehr »religiöse Gebäude« seien halt nötig geworden. Der Architektur- und Stadtplanungsprofessor William Miller von der Universität in Salt Lake City verglich Scientology in Clearwater mit dem Erscheinungsbild der Mormonen in Utahs Hauptstadt. Er sagte, dass massive Bauten stets Furcht einflößen und einschüchtern sollen, und dass alle »Religionen« sie genau deswegen errichteten. Nichts zeige dies besser als das fast fertiggestellte *Super Power Building* in Clearwater. Diese monströse *Auditing*-Burg wird neben ihren 889 Räumen nicht nur eine Kantine mit 1140 Sitzplätzen und zwei Großküchen beherbergen, sondern soll auch weitere 1200 *Sea-Org*-Soldaten beschäftigen, für die dann neue Quartiere erstellt werden müssen.[3]

Im Juli 2004 zog die *St. Petersburg Times* in einer Artikelserie eine vorläufige Bilanz der scientologischen Expansion in Clearwater. Demnach war die Sekte mit 21 Gebäuden und einem Dutzend weiterer Grundstücke der größte Immobilieneigentümer der Innenstadt geworden. Zahlreiche scientologische *Frontgroups* betrieben Ableger in Clearwater, etwa die Tarnorganisation *Criminon*, die angeblich Strafgefangene »rehabilitiert«, die *Citizens Commission on Human Rights* zum Kampf gegen die Psychiatrie und einige »Nachhilfe-« und »Studieninstitute« aus dem Umfeld von *Applied Scholastics*. Obwohl zwei Drittel der »Kirchen«-Unternehmen seit 1993 von der Steuer befreit waren, war die Sekte zum größten Steuerzahler Clearwaters aufgestiegen; und sie plante ihre weitere Expansion, strategische Investitionen für mehr als 160 Millionen Dollar rund um das neue »Kronjuwel« *Super Power Building*, darunter einen 40-Millionen-Dollar-Vortragssaal für 3500 Besucher, den Umbau des »Fort Harrison« zu einem reinen Hotel mit zwei Luxusrestaurants, ein Parkhaus für 3,5 Millionen Dollar. Die Neubauten werden die Dominanz von Scientology in Clearwater auch optisch weiter verstärken. »Wenn man von der Court Street auf die Downtown blickt«, zitierte die *St. Petersburg Times* Clearwaters Stadthistoriker Mike Sanders, »dann wird die Skyline architektonisch bereits jetzt von Scientology-Gebäuden beherrscht.« Längst ist der Sektenkonzern der unangefochtene Gebieter der Innenstadt und hat damit 30 Jahre nach der Ankunft in Florida das selbstgesteckte Ziel erreicht, das in einer Propagandaschrift noch einmal für das Jahr 2000 wiederholt worden war: »Clearwater wird als erste Scientology City der Welt bekannt.«[4] Clearwater ist das Experimentierfeld und wichtigste Modell für die scientologischen Weltherrschaftspläne geworden.

Scientology-Sprecher streiten zwar vehement ab, die Metropole beherrschen zu wollen, sie erklären stets, dass sie eine »Mischung von Scientologen und Nicht-Scientologen« auch in der Innenstadt bevorzugen würden. Allerdings habe die »Kirche« keinen Grund, so der Sektensprecher Ben Shaw, ihr Expansionstempo zu stoppen. Viele Scientologen drängten inzwischen in die prosperierende Stadt am Golf, Geschäftsleute, Investoren, wohlhabende Rentiers – warum solle man sie aufhalten? In der Downtown gehören den Hubbard-Jüngern bereits jetzt die meisten Firmen, Geschäfte und Cafés, die ihrerseits bevorzugt Scientologen beschäftigen und daher ständig neue Zuwanderer aus der Sekte anziehen. Es sind Event-Management-Agenturen, Kunstgeschäfte oder Maklerbüros, die nach den Hubbard-Richtlinien geführt werden; Fastfood- und Café-Ketten wie Starbucks haben sich in Immobilien von Scientologen eingemietet.[5] Der Scientology-Wirtschaftsverband *WISE* zählt in seinem Verzeichnis von 2004 insgesamt 687 Mitglieder in Clearwater auf, mehr als dreimal so viele wie fünf Jahre zuvor.[6] Der *WISE*-Chef der Tampa-Region, Bud Reichel, sagte der *St. Petersburg Times,* dass er einen anhaltenden Zustrom scientologischer Kaufleute erwarte; der Neubau von 900 Eigentumswohnungen und Stadthäusern sei in der City geplant; eine Gruppe mexikanischer Scientologen projektiere eine Immobilieninvestition von 9,8 Millionen Dollar. Tatsächlich ist die Bautätigkeit ungebrochen, und ständig ziehen weitere Sektenmitglieder in die Clearwater-Region, angeblich 1000 pro Jahr; sie finden eine perfekt auf sie zugeschnittene Infrastruktur vor: Scientology-Wohnanlagen, Scientology-Schulen, Scientology-Firmengruppen, Scientology-»Pfadfinder« und sogar Scientology-Joggingvereine.[7]

Bis Ende der 1990er Jahre hatte es in Clearwater praktisch keine öffentlichen »Beziehungen« der Verwaltung und Zivilgesellschaft mit der *Church* gegeben. Wie Gabriel Cazares, so war auch die langjährige demokratische Bürgermeisterin Rita Garvey eine entschiedene Gegnerin der Organisation gewesen. Die resolute Stadtchefin weigerte sich während ihrer Amtszeit bis 1999 standhaft, mit Scientologen zu reden oder das »Fort Harrison« zu betreten, sie wollte nichts mit ihnen zu tun haben – ebenso wenig wie die Scientologen mit ihr. Noch im Dezember 1997 demonstrierten 3000 Scientologen mit brennenden Kerzen vor dem Polizeihauptquartier gegen den Polizeichef Sid Klein, dem sie wegen seiner Ermittlungen gegen ihre *Church* »religiöse Diskriminierung« vorwarfen. Klein untersuchte unter anderem den mysteriösen Todesfall der Scientologin Lisa McPherson im »Fort Harrison«.[8]

Doch um die Jahrtausendwende änderte sich vieles. Im Januar 2002 saßen Top-Scientologen und Dutzende Vertreter des Establishments von Clearwater erstmals gemütlich zusammen – bei einer von der Sekte ausgerichteten Gala zum 75. Jahrestag des »Fort Harrison«. Es war der sichtbare Ausdruck der neuen »Entspannungspolitik«. Andere sagten, die Stadtverwaltung habe schlicht vor dem Psychomulti kapituliert. Atmosphärisch vorbereitet hatte den Friedensschluss die seltsame Steuerbefreiung von Scientology 1993, die man als offizielle Anerkennung durch die Regierung in Washington interpretieren konnte (siehe Kapitel »Frieden mit Washington«). »In den späten 1990ern habe ich dann wirklich einen Wandel gespürt«, sagte der Scientology-Sprecher Ben Shaw. »Auf einmal gab es aufseiten der Stadt den Willen, mit uns über Stadtplanungsfragen zu sprechen und unsere Beiträge zu akzeptieren.« Tatsächlich kann man wohl von einer Art Tauwetter sprechen, das damals in direkten Verhandlungen der neuen Stadtspitze mit dem Scientology-Chef David Miscavige anbrach. Selbst die *St. Petersburg Times* sprach in ihrem überraschend versöhnlichen Dossier 2004 von der »heilenden Kraft der Zeit«, die im Verein mit zahlreichen »sozialen Initiativen« von Scientologen das Verhältnis zum Rathaus und zu vielen Lokalpolitikern befriedet habe.[9]

Kritiker sahen andere Kräfte am Werk: anhaltenden wirtschaftlichen Druck, verbunden mit vielen Annehmlichkeiten bis hin zu massiver Korruption. Zwar geben Scientologen ihr Geld meist bei anderen Scientologen aus, aber es bleibt doch eine Menge in der Stadt hängen – nach seriösen Schätzungen fließen über 80 Millionen Dollar aus den Taschen der *Operierenden Thetanen* jährlich in die lokale Wirtschaft. Das Durchschnittseinkommen niedergelassener Scientologen in Clearwater betrug 2004 etwa 58 000 Dollar, 64 Prozent mehr als sonst in der Region. Marktanalysen hatten ergeben, dass Scientology ein wirtschaftlicher Aktivposten geworden war, der Menschen mit hohem Einkommen nach Clearwater zog. Ökonomisch betrachtet solle man Scientology besser fördern statt ablehnen, hieß es in den Studien.[10]

Der seit 1999 amtierende republikanische Bürgermeister Brian Aungst, ein Mann der Wirtschaft, erklärte denn auch die Angst vor einer Dominanz der Sekte in Clearwater für übertrieben. Er war der erste Stadtchef seit zwei Jahrzehnten, der sich für einen Dialog einsetzte. Nachdem die meisten Gerichtsverfahren beendet seien, könne eine neue Ära der Zusammenarbeit beginnen, hieß es nun aus dem Rathaus, das neue Motto sei »Eine Stadt, eine Zukunft« und: »Wir versuchen, alle Mitbürger mit Respekt zu behandeln.«[11] Die Scientologen sahen das nicht unbedingt als Verpflichtung, ebenfalls respektvoll aufzutreten. Es war die Zeit, als die Hamburger Scientology-Beauftragte Ursula Caberta nach Florida reiste. Sie wurde in Tampa bedroht, bedrängt, beschimpft und auf Schritt und Tritt verfolgt. »Es war ein Albtraum«, sagt sie heute.

Bürgermeister Brian Aungst selbst achtete immerhin darauf, nicht mit scientologischem Geld kontaminiert zu werden. Er erzählte später, dass ihm die Scientologen eine Wahlkampfspende von 60 000 Dollar angeboten hatten, die er aber ausgeschlagen habe. Aungst sagte: »Wenn die Scientologen wirklich hier herrschen wollten, könnten sie ohnehin die ganze Stadt aufkaufen.« So verrückt seien sie aber nicht, denn sie wüssten genau, dass die normalen Bürger Clearwaters eine L.-Ron-Hubbard-Metropole niemals akzeptieren würden. Aber möglicherweise haben die Bürger gar keine Wahl mehr. Eine Geschäftsfrau sagte der *St. Petersburg Times*, es gebe nur eine richtige Wahl: »Spring auf den fahrenden Zug!« Dieser Satz war vielleicht schon gültig, bevor Clearwater kapitulierte, ganz sicher aber in der Zeit danach. Denn seit der Jahrtausendwende hat eine Springflut scientologischen Kapitals die Stadt erreicht.[12] Doch der Boom ist Folge einer Sektenökonomie, die einzig darauf aufbaut, dass Scientology wächst. Andersherum: »Wenn die Scientologen gehen, dann wird dieser Ort eine Geisterstadt«, sagte eine Geschäftsfrau. Zurzeit ist noch das Gegenteil der Fall; die Sektenleute übernehmen offensiv wichtige Funktionen im gesellschaftlichen Netzwerk. So wurde der scientologische Ladenbesitzer Dwight Matheny zum Vorsitzenden des Ausschusses für die Innenstadtentwicklung gewählt. Matheny sagte, aufgrund der Annäherung von Stadt und »Kirche« habe sich das Geschäftsklima für Scientologen in Clearwater »erheblich verbessert«; und wenn andere nicht in der Stadt investierten, werde der Einfluss von Scientology allein deswegen anwachsen.[13]

Die *St. Petersburg Times* schilderte in einer Reportage, wie die Handelskammer von Clearwater im Jahr 2001 erstmals eine Scientologin in ihren Vorstand wählte. Der alteingesessene Anwalt und

Vorsitzende der Kammer, Ed Armstrong, appellierte an die 44 Mitglieder, nach ihrem Gefühl zu entscheiden, ob sie die charismatische, aber wegen ihrer Verwicklung in den Lisa-McPherson-Skandal äußerst umstrittene Geschäftsfrau Bennetta Slaughter in ihren Kreis aufnehmen wollten. »Denken Sie darüber nach, ob es einen legitimen Grund gibt, gegen sie zu sein, oder ob es nur wegen ihrer Religion ist«, mahnte Armstrong, der selbst kein Scientologe war. Er erinnerte alle daran, dass die Steuerbehörde Scientology bereits 1993 als gemeinnützig anerkannt habe. Ergebnis: Die Scientologin Slaughter wurde ohne Gegenstimme aufgenommen. Es war wie ein Dammbruch. In den Folgejahren wurden weitere Scientologen in das Gremium gewählt. »Für die Church war es ein weiterer Schritt auf ihrem langen Marsch für Akzeptanz in Clearwater«, schrieb die *St. Petersburg Times* 2004.[14]

Dieser wichtige Durchbruch an der gesellschaftlichen Front gelang mit einer Lobbyismusstrategie, die exakt dem Lehrbuch L. Ron Hubbards folgte. Scientology hatte sich 1999 zwei einflussreiche Mitglieder der Kommune verpflichtet: den 42-jährigen Anwalt Ed Armstrong, der als »Institution« und Kenner der politischen Szene Clearwaters galt, sowie die 56-jährige Politikberaterin Mary Repper, die ebenfalls über langjährige Erfahrungen und zahlreiche Kontakte im Pinellas County verfügte. Beide öffneten dem Psychounternehmen viele Türen, weil sie in Clearwater und der gesamten Tampa Bay als besonders vertrauenswürdig galten. »Als Berater angestellt, arbeitete das Paar unabhängig und oft hinter den Kulissen, indem sie ihre Kontakte und ihren Einfluss nutzten, um Scientologen zu helfen, Beziehungen mit politischen und wirtschaftlichen Führern zu knüpfen. Zunehmend finden die Mitglieder der lange bekämpften und misstrauten Scientology-Gemeinde ihren Platz am Tisch«, fasste die *St. Petersburg Times* zusammen. Die Berater lassen sich ihren Einsatz für die *Church* gut bezahlen – Armstrong verlangte angeblich 400 Dollar pro Stunde. Armstrong war es dann auch, der die Beziehungen der Stadt zu Scientology zu einem wirtschaftlichen Deal »versachlichte« und die Pariasekte gleichzeitig unter den lokalen »Meinungsführern« gesellschaftsfähig machte. »Wenn Ed mit ihnen zusammenarbeitet, dann kann ich es auch«, gab ein hoher Beamter die Stimmung wieder.[15] Genau darum geht es laut L. Ron Hubbard: die Meinungsführer für Scientology zu gewinnen und somit »eine sichere Umgebung für die Expansion« zu schaffen. Nach Angaben der Sekte waren Scientologen im Jahr 2004 Mitglieder in 98 Organisationen, Vereinen und Clubs der Stadt Clearwater.

Geld bedeutet Macht, niemand weiß dies besser als die Anhänger des Geldpropheten Hubbard. Inzwischen dominiert Scientology nicht nur die Downtown, sondern hat ihre Agenten in vielen öffentlichen Institutionen untergebracht, exakt nach den Infiltrationsplänen ihres »Gründers«. Die wichtigsten Politiker – Stadtkommissarin Carlen A. Petersen, die County-Kommissarin Susan Latvala – erhielten nachweislich Wahlkampfspenden von Dauergästen des »Fort Harrison«.[16] Nach Angaben von Kritikern ist in der »Scientopolis« ein Beziehungs- und Interessennetz von Politikern, Anwälten, Wirtschaftsführern, Polizeibeamten und Scientologen entstanden, das an die Verhältnisse auf Sizilien erinnert. Die *St. Petersburg Times* enthüllte im März 2001, dass derselbe Polizeichef Sid Klein, der 18 Jahre lang gegen Scientology ermittelte, seinen Beamten seit einem Jahr erlaubte, nach Dienstschluss als Sicherheitsdienst für die Sekte zu arbeiten und sie zum Beispiel gegen Demonstranten nahe dem »Fort Harrison« oder gegen freche Reporter abzuschirmen. Der Polizeichef verteidigte sich damit, dass andere Kirchen auch Schutz bekämen.[17] »Einige Leute in der Rechtspflege meinen, dass die Beamten damit eine ethische Linie überschreiten«, schrieb das Blatt; es sei durchaus ein Unterschied, den Verkehr für den Gottesdienst am Sonntag zu regeln oder permanent Schutzdienste zu leisten:[18]

Scientology bestimme die Agenda in Clearwater, direkt oder indirekt, meint der Kritiker Mark Dallara, der im Internet eine Seite mit dem Titel »Occupied Clearwater« (besetztes Clearwater) betreibt. Dallara kann sogar nachweisen, dass die Polizei Berichte an den scientologischen Geheimdienst *Office of Special Affairs* geschickt hat. Er schreibt: »Die Stadt hat resigniert und sich der Tatsache gefügt, dass Scientology gekommen ist, um zu bleiben.«[19] Und wie immer greift die Sekte, wenn man ihr einen Finger reicht, nach der ganzen Hand. David Miscavige selbst hat bei zahlreichen Gelegenheiten kein Blatt vor den Mund genommen und die »Fortschritte« in *Flag* und Clearwater als Blaupause für andere Regionen bezeichnet. 2004 sagte er bei einer Rede vor ausgewählten Scientologen: »Es geht darum, wie wir wirklich den Planeten klären. Die

Lösung ist, überall Orgs wie Flag zu haben. Darauf beruht ein im letzten Jahr vom RTC begonnenes Pilotprogramm.«[20] Ein Jahr später erklärte Miscavige bei einer Versammlung, was genau darunter zu verstehen sei: »Während früher einige dachten, bei Kirchen gehe es im Wesentlichen um Auditing und Ausbildung, meinen wir mit unserer neuen Art von Organisation das, was in ihren Gemeinden, Städten und Regionen passiert. (…) Wie erreicht man die nötige Größenordnung, um diese neue Zivilisation zu erschaffen? Eine einfache Antwort ist: Indem man jede Art von LRH-Technologie in die Umgebung bringt …«[21]

Clearwater als Brückenkopf

Je stärker die Position der Sekte in Clearwater wurde, desto intensiver wurde ihre Lobbyarbeit über die Stadt hinaus, exakt wie es Hubbard einst im »Spezialbereichsplan« und der Anweisung des »Büros für Behördenangelegenheiten« bestimmt hatte, nämlich per *LRH-Technologie* sukzessive die »Kontrolle über die ganze Umgebung« zu übernehmen.[1] Die ganze Umgebung – das soll hier wohl heißen: zuerst das Pinellas County, dann das Ballungsbiet der Tampa Bay mit seinen 2,3 Millionen Einwohnern, schließlich ganz Florida. Und einen beträchtlichen Teil des Weges hat der Konzern schon zurückgelegt. Seit Beginn der 1990er Jahre finanzieren Scientologen aus Clearwater mit teils erheblichen Summen die Wahlkämpfe von Politikern aus Miami, Tampa oder Orlando, die sich im Gegenzug unter anderem mit Gesetzesinitiativen erkenntlich zeigten. Etwa der einflussreiche republikanische Abgeordnete Gus Barreiro aus Miami, der 2005 im Parlament von Florida Gesetzesvorschläge gegen »Psychodrogen« und zur Förderung des scientologischen *Criminon*-Programms mit 500 000 Dollar einbrachte, die nur noch am Veto des Gouverneurs und damaligen Präsidentenbruders Jeb Bush scheiterten. Kritiker hatten moniert, dass *Criminon* vor allem dazu diene, Mitglieder für Scientology zu rekrutieren. Barreiro war im Jahr zuvor mit einem Scientology-inspirierten Schnüffelgesetz knapp unterlegen, das alle Schulen verpflichten sollte, jegliche psychologische oder psychiatrische Behandlung eines Schülers in dessen Akte aufzunehmen.[2]

Die republikanische Kongressabgeordnete Ileana Ros-Lehtinen aus Miami setzte sich in Washington als Scientology-Lobbyistin besonders für die »religiöse Freiheit« in Europa ein. Sie brachte zusammen mit anderen Abgeordneten 2003 einen Gesetzesvorschlag zum »transatlantischen Religionsschutz« im Repräsentantenhaus ein, der europäische Regierungen mit Sanktionen belegen wollte, wenn sie amerikanische Firmen, Institutionen oder Religionen »diskriminierten«; der Kongress lehnte es ab.[3] Susan Latvala, stellvertretende Regierungschefin des Pinellas County, in dem Clearwater liegt, besuchte als eine der ersten wichtigen Politiker Scientology-Veranstaltungen und tat sich als Propagandistin von *Narconon* hervor. Kritikern ihrer Politik antwortete sie im Scientology-Jargon: »Ich habe eine Position als gewählte Vertreterin aller Bürger unseres Countys übernommen und werde mich nicht an Diskriminierung oder der Propagierung von Hass beteiligen. Ich verstehe die Church nicht, aber ich berücksichtige, dass es Mitglieder der Church gibt, die hier leben, arbeiten und Steuern zahlen. Diese Leute haben die gleichen Rechte wie jeder andere.«[4] Sie behauptete, die Scientologen hätten sich als gute Bürger erwiesen. »Sie verdienen Vertrauen«, sagte sie, »denn sie haben einige sehr hässliche Gegenden verschönert und saniert.«[5] Latvala und Ros-Lehtinen wurden wie Barreiro von Scientologen mit Wahlkampfspenden unterstützt.

Eingedenk ihrer Hubbard-Richtlinien kandidieren die Hubbard-Jünger fast nie selbst für öffentliche Ämter. Das müssen sie auch nicht. Am 19. Juli 2003 hielt die Sekte im Auditorium des »Fort Harrison« eine große Veranstaltung ab, um für ihr Anti-Kriminalitäts-und-Drogen-Programm zu werben, zu der sie nationale und lokale Politiker eingeladen hatte. In der Reklame für den Kongress hieß es: »Seien Sie Teil einer der vitalsten Bewegungen der 4. Dynamik und erleben Sie mit, warum hochrangige US-Beamte der nationalen und föderalen Ebene fordern, dass die LRH-Technologie jetzt angewendet wird!«[6] Die Gästeliste war ein Who's Who der Mächtigen im Pinellas County und darüber hinaus. Tatsächlich erschienen im Sektenhotel die beiden Florida-Senatoren Mike Fasano und Dennis L. Jones, der Kongressabgeordnete Michael Bilirakis, Bürgermeister Brian Aungst, Vizebürgermeister Everett Rice, der Sprecher des Florida-Parlamentes Johnnie Byrd – allesamt Mitglieder der Republikaner.[7] Der republikanische Kongressabgeordnete

Mark Foley setzte sich laut Scientology 2004 für ihre Anti-Psychiatrie-Kampagne ein und bekam einen Scientology-internen Preis sowie ledergebundene Hubbard-Bücher verliehen; schon 1999 hatte er Deutschland in einer Presseerklärung wegen der »Unterdrückung religiöser Freiheit« verdammt. 2006 musste er zurücktreten, weil er Jugendlichen »unpassende« E-Mails geschickt hatte.[8]

»Die politischen Kandidaten haben schnell gelernt, dass die Scientologen willige Wahlkampfspender sind und einen ansehnlichen Wählerblock repräsentieren«, bemerkte die *St. Petersburg Times*. Um sich ihrer zu versichern, fuhr Scientology schließlich ihre größten PR-Geschütze auf. Im Jahr 2003 traf sich Tom Cruise im Vorfeld von County- und Stadtwahlen mit einer Reihe von Politikern aus Florida, darunter Pam Iorio, Susan Latvala, Senator Tom Lee und der frühere Senator Jack Latvala. Laut Zeitungsberichten sprach der Schauspieler beim Dinner darüber, »wie die Church of Scientology sein Leben verändert hat«. Arrangiert hatte die Treffen die Scientology-Politikberaterin Mary Repper. Sie sagte der *St. Petersburg Times* 2004, inzwischen sei es für Wahlkandidaten nicht mehr anrüchig, Geld von den Scientologen zu nehmen. »Viele tun es.«[9]

Scientology tat auch viel, um diese Einstellung zu festigen. Scientologen halten die City von Clearwater sauber, pflanzen Seegras auf den Dünen am Meer, veranstalten Partys für Waisenkinder und schmücken die Stadt im Dezember mit Weihnachtsdekoration. Scientology überwies mindestens 200 000 Dollar für die (gescheiterte) Olympiabewerbung der Tampa Bay 2012. Ihre Mitglieder gaben Geld für die neue Stadtbibliothek und das Meeresaquarium. Sie öffneten den Ballsaal des »Fort Harrison« für die Öffentlichkeit oder die Zusammenkünfte von Politikern. Und das Ergebnis? Scientology ist in der Tampa Bay tatsächlich gesellschaftsfähig geworden. Bei einer Prominenten-Modenschau der *Church* zugunsten ihres »Winter Wonderland« im Sommer 2004 warfen sich die mächtigsten Frauen und Ehefrauen Clearwaters und des Countys in Schale: von Mary Repper über die Florida-Parlamentsabgeordnete Kim Berfield, von Susan Latvala bis zu den Gattinnen des Stadtsheriffs und des Vizebürgermeisters.

Der seit 2005 amtierende neue Bürgermeister Clearwaters, Frank Hibbard, ein korpulenter Mittdreißiger, hat die Entspannungspolitik seines Vorgängers fortgesetzt. Im Januar 2008 gewann er die Wahl zum zweiten Mal, diesmal gegen Rita Garvey, die ein Comeback versuchte und von den Scientologen im Internet als *SP* bekämpft wurde. Laut Zeitungsberichten wagt es in der Tampa Bay kaum noch ein Politiker, sich offen gegen Scientology auszusprechen. Whitney Gray, Mitglied im Stadtrat von Clearwater, versuchte 2003 verhaltene Kritik, als sie eine Broschüre zur Vermarktung der Innenstadt beanstandete, die Scientology an Makler landesweit verschickte. »Wenn es so aussieht, als ob die Church of Scientology unsere City verwaltet, wird niemand kommen«, sagte sie. Umgehend begann ihr Telefon zu klingeln. Die meisten Anrufer, alteingesessene Bürger Clearwaters, stimmten ihr zu. Aber es riefen auch Scientologen an: »Sie verletzen meine Gefühle. Sie diskriminieren uns.« Auf der nächsten Stadtratssitzung sagte Whitney Gray mit zitternder Stimme, mit ihrer Kritik habe sie nicht eigene Gefühle ausgedrückt, sondern nur, was sie von anderen gehört habe. Als ein Reporter anschließend nachfragte, brach sie in Tränen aus. Bürgermeister Aungst sagte nur: »Ich wüsste nicht, dass die Broschüre irgendwie schadet. Wahrscheinlich ist sie hilfreich, wir werden sehen.« Die *St. Petersburg Times* kommentierte den Vorgang als das schier unauflösbare Dilemma der Stadtoberen von Clearwater. Ihr Ziel sei es, die Innenstadt zu rekonstruieren, doch haben die Wähler schon zweimal gegen städtische Sanierungsprogramme gestimmt, offenbar aus Angst, damit die Scientologen zu fördern. Das paradoxe Ergebnis war jedes Mal, dass die City noch stärker an Scientology ausgeliefert wurde, weil nur die Sekte sich dafür interessierte – und investierte.[10]

Im Februar 2004 meldete sich noch einmal jener Politiker zu Wort, der wie kein anderer in Florida über Scientology Bescheid wusste. Nach dem Wahlerfolg der maßgeblich von Scientologen unterstützten neuen Bürgermeisterin der Metropole Tampa, Pam Iorio, richtete der große alte Mann der Politik Clearwaters einen dramatischen Aufruf an die Bürger in der Tampa Bay. Gabriel Cazares, der ehemalige Bürgermeister von Clearwater, der frühere »Feind Nummer zwei« von Scientology, warnte dringend vor der »wachsenden politischen und ökonomischen Kontrolle« durch den »destruktiven Kult« in dessen Hochburg: »Alle, die Scientology kennen, stimmen darin überein, dass diese Sekte eine klare, aktuelle Gefahr für die Bürger darstellt.«[11] Clearwater habe bereits den Großteil seiner Innenstadt an Scientology verloren, und die städtischen Politiker seien im Begriff, den Ausverkauf der Stadt weiter voranzutreiben. Wichtige Politiker würden ihre Wahlkampagnen inzwischen von Scientology finanzieren lassen, kritisierte Cazares. Praktisch jeder erfolgreiche Kandidat für den Stadtrat sei von Scientologen mit Spenden bedacht worden, die »fast eine Garantie dafür sind, dass sie die Anliegen der Scientologen unterstützen«. Ebenso alarmierend aber sei der scientologische Einfluss auf Pam Iorio, die neue Bürgermeisterin von Tampa, warnte Cazares in seinem Appell: »Weil sich in Tampa einige der sensibelsten Militäranlagen der Welt befinden, ist das eine ernste Bedrohung für die nationale Sicherheit.« In der Metropole habe Scientology bereits auf großen Werbetafeln Militärpersonal eingeladen, *Narconon* und andere ihrer Vorfeld-Organisationen aufzusuchen, eine altbekannte Rekrutierungstaktik. Es sei zu befürchten, dass Pam Iorio den Scientologen verpflichtet sei. »Sie hätte das Geld nicht annehmen sollen«, schrieb Gabriel Cazares; man erlebe, wie überall die Dämme brächen: »Kurz danach wurde ein Scientology-Rekrutierungsbüro für Militärpersonal in Tampa feierlich eröffnet.« Er kritisierte Senatoren und Parlamentsabgeordnete aus Florida, die sich von Scientology abhängig machten, aber auch den Schauspieler Tom Cruise, der von sich behaupte, ein amerikanischer Patriot zu sein. »Wie kann irgendjemand bekunden, ein stolzer, loyaler Amerikaner zu sein, und gleichzeitig einen Kult umarmen, der die erste bekannte Besetzung und Übernahme einer amerikanischen Stadt durch eine paramilitärische terroristische Organisation organisiert hat?« Zwei Jahre nach diesem Aufruf ist Gabriel Cazares im Alter von 86 Jahren gestorben.[12]

Clear Deutschland

Träume von der Machtergreifung

Im Januar 1997 erlebte die Bundesrepublik Deutschland ein politisches Schauspiel neuer Art. In einem »Offenen Brief« an Bundeskanzler Helmut Kohl behaupteten 34 prominente Hollywoodstars in einer ganzseitigen Anzeige der *International Herald Tribune,* dass Mitglieder der Scientology-Organisation in der Bundesrepublik verfolgt würden wie die Juden im Dritten Reich: »In den dreißiger Jahren waren es die Juden. Heute sind es die Scientologen. Damals machte Hitler religiöse Intoleranz zur offiziellen Regierungspoltik. Die Welt schaute schweigend zu. Wir können die Geschichte nicht ändern, doch wir können versuchen, sie nicht noch einmal durchleben zu müssen.«[1] Zu den Unterzeichnern gehörten die (nichtscientologischen) Schauspieler Dustin Hoffman, Tina Sinatra und Goldie Hawn, die Regisseure Oliver Stone (NATURAL BORN KILLERS) und Constantin Costa-Gavras (DER UNSICHTBARE AUFSTAND) sowie der Krimi-Autor Mario Puzo (DER PATE). Sie appellierten: »Wir beschwören Sie, dieser beschämenden organisierten Verfolgung eine Ende zu setzen. Sie ist eine Schande für die deutsche Nation.« Der CDU-Kanzler erklärte, die Prominenten hätten »keine Ahnung von Deutschland«, und wischte das Papier kurzerhand vom Tisch. Politiker aller Parteien und der Zentralrat der Juden in Deutschland äußerten sich empört über den »skandalösen Vergleich des heutigen Deutschland mit der faschistischen Hitlerei«, wie es der SPD-Fraktionschef Rudolf Scharping ausdrückte, oder sprachen sogar von »Geschichtsfälschung«.[2] Die Politiker waren erkennbar überrascht – auch deshalb, weil sie sich nicht erklären konnten, woher der unerwartete Angriff kam.

Doch die Attacke war genau gezielt. Sie sollte den empfindlichsten Nerv des deutschen Ansehens in der Welt treffen und war professionell vorbereitet. Denn gleichzeitig kritisierten auch der Menschenrechtsbericht des US-Außenministeriums, Papiere der

UN-Menschenrechtskommission und sogar die Organisation für Sicherheit und Zusammenarbeit in Europa (OSZE) in scharfem Ton die angebliche Diskriminierung »religiöser Minderheiten« in Deutschland. Zum ersten Mal in der Geschichte der Bundesrepublik avancierte eine Sekte zum Topthema der innen- wie außenpolitischen Diskussion. Monatelang mussten sich Bundespolitiker immer wieder mit der Scientology-Kampagne befassen. Es gab politische Konsultationen vor und hinter den Kulissen – und eine veritable politische Krise. Dabei hätten die deutschen Politiker gewarnt sein können. Der offene Brief war Teil einer beispiellosen, Millionen Dollar teuren Serie ganzseitiger Anzeigen in großen amerikanischen Zeitungen wie der *New York Times*, mit der der Psychokonzern bereits seit 1993 ein Nazi-Revival in Deutschland beschwor. In den 1930er Jahren sei die Musik von Felix Mendelssohn-Bartholdy verboten gewesen; jetzt werde Chick Corea boykottiert. Die Bundesminister Norbert Blüm und Claudia Nolte wurden in die Nähe von Nazi-Propagandisten gerückt. Und unter der Schlagzeile »Menschenrechte in Gefahr«, illustriert mit Bildern marschierender SA-Truppen, war dort zu lesen: »Deutschlands Gegenwart ähnelt auf erschreckende Weise seiner Vergangenheit. In den dreißiger und vierziger Jahren schloss die Welt die Augen, während das Klima für den Holocaust geschaffen wurde. Niemand tat etwas. Heute können Sie handeln.« Es folgten die Adressen von Bill Clinton, Helmut Kohl und von Klaus Kinkel, dem deutschen Außenminister.[3] Recherchen des Magazins *Focus* ergaben, dass es Tom Cruise war, der den Hollywood-Prominentenanwalt Bertram Fields auf die Idee mit dem Offenen Brief brachte, als er ihm von den deutschen Boykottaufrufen zu MISSION: IMPOSSIBLE erzählte. Fields sagte dem Magazin, er habe sehr genau darauf geachtet, dass keine Scientologen, sondern vorwiegend jüdische Prominente gegen die »Verfolgung Andersgläubiger in Deutschland« unterschrieben, um den Vergleich mit der Nazizeit noch gewichtiger zu machen. Und siehe da: 20 der 34 Unterzeichner waren zudem enge Freunde von Tom Cruise, die übrigen standen mit John Travolta in Verbindung.[4] Der Regisseur Constantin Costa-Gavras zog seine Unterschrift später wieder zurück, als er von den Hintergründen erfuhr.[5]

Der Tag, an dem die Kampagne startete, lässt sich genau bestimmen. Am 15. Februar 1993 lud die Scientology-Organisation »weltweit simultan« zu einer Pressekonferenz in ihre Filialen, zum Beispiel in Berlin. Die Journalisten mussten sich zuerst ein kitschiges Propagandavideo anschauen und bekamen dann eine Broschüre mit dem Titel »Hass und Propaganda – Dokumentation der Hetzkampagne gegen die Scientology-Gemeinschaft« in die Hand gedrückt. Antisemitische Karikaturen und Schmähschriften aus dem Nazi-Hetzblatt *Stürmer* wurden aktuellen bundesdeutschen Zeitungsberichten über Scientology gegenübergestellt. Tausende Menschen würden verfolgt, hieß es, »deren einziges ›Verbrechen‹ darin besteht, der Scientology Religion anzugehören« – eine infame Verdrehung der Tatsachen. Der Zentralrat der Juden in Deutschland stellte ebenso Strafanzeige wie einige der Scientology-Kritiker, die in der Schrift steckbriefartig als Kriminelle, Agitatoren oder Antiscientologen vorgestellt wurden. In Bayern beschlagnahmte die Kriminalpolizei rund 2000 Broschüren. Begründung: »Verdacht auf Volksverhetzung und Beleidigung«.[6] Zwei Jahre später wurde ein Verteiler vom Landgericht Hamburg tatsächlich verurteilt.[7]

Der massive Angriff auf die deutschen Medien kam 1993/94 natürlich nicht von ungefähr – er war vor allem eine Reaktion auf zahlreiche kritische Berichte über die Machenschaften des Psychokonzerns. Nicht nur Ursula Caberta machte der Sekte zu schaffen. In Hamburg, Berlin und Potsdam wehrten sich Mieter, gründeten Bürgerinitiativen und veranstalteten sogar Demonstrationen gegen Scientology. Nachdem sich lange Zeit kaum jemand dafür interessiert hatte, wurden plötzlich in zahlreichen Medien die Zeugenberichte Abtrünniger publiziert. Diese Aussagen und die Recherchen von Journalisten brachten zunehmend Licht in die geheimen Unterwanderungsstrategien des Sektenkonzerns. Auch die Wirtschaft reagierte: Seit etwa 1994 bildeten große Unternehmen Arbeitsgruppen und vernetzten sich untereinander, um das Eindringen von Scientologen zu verhindern. In mehreren deutschen Bundesländern wurde versucht, der Sekte den Vereinsstatus zu entziehen, um sie zu zwingen, als Wirtschaftsunternehmen ihre Bilanzen offenzulegen. Bereits 1992 befand das Bundesamt für Verfassungsschutz, dass es sich bei Scientology um eine »Ideologie mit ausgeprägten totalitären Grundprinzipien« handele. Die Organisation verfolge Bestrebungen, »die auf die Abschaffung der durch Artikel 1 des Grundgesetzes gewährleisteten Unantastbarkeit der Würde des Menschen« hinausliefen.[8]

Der öffentliche Druck und spektakuläre Enthüllungen ließen auch Politiker die Brisanz der Organisation erkennen. Bundesarbeitsminister Norbert Blüm griff sie mehrfach hart an, nannte Scientology 1995 eine »verbrecherische Geldwäscheorganisation, die unter dem Deckmantel der Religion ihre verblendende Ideologie weltweit verbreiten will und dabei vor nichts zurückschreckt« – eine Aussage, die ihm die Sekte per Gericht verbieten lassen wollte, jedoch vergeblich.[9] Seit Oktober 1995 mussten Firmen, die sich um öffentliche Aufträge in Bayern bemühen, in einer »Schutzerklärung« versichern, dass sie nichts mit Scientology zu tun hätten; ein Jahr später führte das Bundesland auch eine Standardabfrage für Bewerber im öffentlichen Dienst ein, ob sie der Organisation angehörten. Der SPD-Innenminister von Nordrhein-Westfalen, Franz-Josef Kniola, forderte als einer der ersten Politiker ein Verbot des Psychokultes, andere folgten. Seit 1993 galt Scientology als derart heißes innenpolitisches Eisen, dass sich die deutschen Justiz- und Innenministerkonferenzen immer wieder mit der Organisation beschäftigten, sie warfen ihr (einstimmig) vor, getarnt als Religionsgemeinschaft »Elemente der Wirtschaftskriminalität und des Psychoterrors« auszuüben.[10]

Einwände gegen staatliche Maßnahmen kamen nicht nur von der Partei der Grünen – als Lobby der Esoterikszene –, sondern auch von Sicherheitsexperten wie dem ehemaligen Hamburger Verfassungsschutzchef Ernst Uhrlau, der erklärte, bei Scientology sei »keine politische Aktivität erkennbar«; und dass die Sekte nach Expansion dränge, liege auf der Hand, denn das täten »viele Religionen«.[11] Die scientologische Kampagne gegen Deutschland hielt derweil an und darf durchaus »politisch« genannt werden. Wie die Zeitung *Die Woche* recherchierte, war sie 1994 von der Scientology-Pressesprecherin Leisa Goodman in Los Angeles entworfen worden. Goodman sagte dem Blatt: »Den Mitgliedern unserer Gemeinde werden grundlegende Menschenrechte verweigert. Das lässt sich nur damit vergleichen, was den Juden angetan wurde.«[12] Ihr »Präsident« Heber Jentzsch schrieb dem Leiter der einflussreichen jüdisch-amerikanischen Anti Defamation League und Holocaust-Überlebenden Abraham Foxman, der die Attacken in einem

Brief an die *New York Times* als »ungerechtfertigten Angriff auf die demokratische Regierung Deutschlands« bezeichnet hatte: »Wachen Sie auf, Mr. Foxman. Riechen Sie nicht das verbrannte Fleisch der Türken, die in Feuern ums Leben kamen, die Ihre geliebte deutsche Demokratie gelegt hat?«[13]

L. Ron Hubbard hatte seine Organisation stets im Kampf mit den Nazis gewähnt. Deutschland sei ohne Psychosen und der Nationalsozialismus ohne Psychiater gar nicht vorstellbar, lautet ein Denkschema der Sekte. Interne Scientology-Schriften sprachen direkt von Völkermord: »In Kanada und Deutschland wurden tückische Razzien auf unsere Kirchen verübt, die an die völkermörderischen Übergriffe auf Religionen in ›weniger informierten‹ Zeiten und Gesellschaften der Geschichte erinnerten.«[14] Erklärtes Ziel der Kampagne war es, die öffentliche Meinung in den USA mit dem Nazivergleich gegen die Bundesregierung aufzubringen, um ein deutsches Vorgehen gegen Scientology zu verhindern. Die Strategie blieb nicht ohne Erfolg. Im September 1993 hatten sich erstmals amerikanische Senatoren über den Umgang der Deutschen mit dem *thetanischen* Weltraumglauben beschwert. Im jährlichen Menschenrechtsbericht des US-Außenministeriums wurde Deutschland seit 1994 der »religiösen Diskriminierung« von Scientologen beschuldigt. In der Bundesrepublik verstand man nicht so richtig, was die Amerikaner eigentlich wollten. Die Beschuldigungen wirkten so lächerlich und übertrieben, dass niemand sie wirklich ernst nahm. Nicht einmal das Feuilleton.

Dann kam der Sommer 1996, und in den deutschen Kinos lief der Tom-Cruise-Film MISSION: IMPOSSIBLE an. Mitglieder der Jungen Union, der Jugendorganisation der CDU, hatten sich damals den Kampf gegen Scientology auf die Fahnen geschrieben. In vielen Städten der Republik versammelten sich Jungunionisten vor den Kinosälen, protestierten gegen den »Top-Scientologen Tom Cruise« und riefen zum Boykott des Streifens auf. Zwar spielte der Film trotz oder gerade wegen der unverhofften »Werbung« Millionen ein, doch ihr eigentliches Ziel, die Aufmerksamkeit auf die Mitgliedschaft von Tom Cruise bei Scientology zu lenken und eine Kampagne gegen die Sekte zu starten, erreichte die Junge Union – mit mehr Wirkung, als sie wohl je für möglich gehalten hätte. Kurz nach dem Filmstart beklagten sich US-Senatoren und Mitglieder des Repräsentantenhauses massiv beim amerikanischen Außenministerium über das Verhalten deutscher Behörden und Parteien gegenüber der amerikanischen Sekte. Hatten die Proteste des christlichen Nachwuchses zunächst übertrieben gewirkt, so erwies sich nun, wie berechtigt sie waren. Denn sie hatten gezeigt, dass MISSION: IMPOSSIBLE, Tom Cruise und Scientology in den USA Staatsthemen waren.

Doch die Demonstrationen waren ein Symptom für ein wachsendes Unbehagen in der deutschen Gesellschaft angesichts einer straff geführte Organisation, die aggressiv und zugleich intrigant versuchte, Räume zu besetzen – in der Wirtschaft, der Gesellschaft, den Medien, der Politik. Die Scientologen hatten seit Ende der 1980er Jahre in Deutschland alle Vorsicht fallen gelassen und sich wie Sieger der Geschichte aufgeführt. Das hing zweifellos mit dem Erfolg zusammen, den sie mit ihrer Unterwanderungstechnik damals in Wirtschaftsunternehmen erzielten. Der euphorisierende Faktor Nummer eins aber waren die großen Rekrutierungswellen nach dem Ende des Kommunismus, einer historischen Epochenwende, die Sektierern aller Art unvergleichliche Chancen bot. Getrieben von der erklärten Gier nach Geld, Einfluss und Macht betrachteten die *Thetanen* die 90er Jahre als »scientologisches Jahrzehnt«. Im gesamten Osteuropa, aber auch in der ehemaligen DDR boten sich Chancen, wie es sie im Westen lange nicht mehr gegeben hatte. Das *Deutsche Allgemeine Sonntagsblatt* zitierte damals die Hamburger Scientology-Pressesprecherin Sabine Titzel (heute Sabine Weber) mit den Worten: »Wahnsinn, was in Osteuropa los ist. In Moskau ist eine Bibliothek mit Hubbards Werken eröffnet worden. In Warschau ist gar keine Werbung mehr nötig, da auditieren sich die Leute begeistert gegenseitig.«[15] Der Eiserne Vorhang, der Scientology von etwa 500 Millionen Menschen und unglaublichen Ressourcen abgeschnitten hatte, existierte nicht mehr. Der Weg war offen, man musste nur handeln.

Wir konnten damals drei aufsehenerregende Projekte enthüllen und mithelfen, sie zu stoppen. Auf der Ostseeinsel Usedom hatte der Scientology-»Geistliche« Peter-Uwe Krumholz aus Berlin 1991 ein ABM-Projekt für 500 Menschen in die Wege geleitet. Er »trainierte« dort Bauern mit Scientology-»Technologie« und wollte ein riesiges Kongresszentrum errichten, das an die scientologische *Flag*

Land Base in Florida erinnerte. Politische Entscheidungsträger wurden mit den geheimdienstlichen Methoden von »schwarzer Propaganda« und »lautstarker Untersuchung« bekämpft.[16] Als dieses Projekt wegen der »negativen Presse« scheiterte, organisierte Krumholz ein Jahr später in der Lausitz ein Ferienlager für Tschernobyl-Kinder, das mutmaßlich als Fassade für Kontakte mit russischen Mafiosi und dem russischen Geheimdienst diente. In die Projekte waren Scientologen aus Berlin und Hamburg eingebunden. Die scientologischen Investoren planten damals die Formel-1-Rennstrecke »Lausitzring« für 500 Millionen Mark (die später ohne sie gebaut wurde), wollten Geschäfte mit Militärtechnik zwischen Russland, Libyen und Syrien abwickeln und an Ausschreibungen für die elektronische »Vernetzung aller Polizeistationen in Sachsen« teilnehmen. Nachdem wir die Verbindungen aufgedeckt hatten, zogen sie sich fluchtartig zurück.[17] In Riesa bei Dresden hatte der *Operierende Thetan* und Stahlmillionär Gerhard Haag 1992 ein Stahlbauwerk mit 450 Mitarbeitern von der Treuhandanstalt erworben; er war drauf und dran, zum größten ostdeutschen Stahlbauunternehmer zu werden, als ihn die Behörde wegen Verstößen gegen Arbeitsrechtsvorschriften schließlich stoppte und den Kaufvertrag nachträglich »suspendierte« – eine bis dahin einmalige Entscheidung der Staatsholding.[18] Ausschlaggebend war auch hier die »Entheta«-Presse gewesen – und eine scientologische Kronzeugin. Haags kaufmännische Leiterin Jeanette Schweitzer war kurz zuvor aus der Sekte ausgestiegen und hatte enthüllt, wie er die Firma Stahlbautechnik Neckar GmbH bei Esslingen in wenigen Monaten in einen scientologischen Musterbetrieb verwandelt hatte, inklusive *Ethik-Offizier,* Hubbard-*Technologie,* »Statistiken« und »unmenschlichem Arbeitsstress«. Dank ihrer Aussagen gelang es der Steuerfahndung des Stuttgarter Finanzamtes, Haags System illegaler Schwarzgeldzahlungen und Schwarzarbeit aufzudecken. Nachdem er wegen illegaler Beschäftigung ausländischer Arbeiter rechtskräftig verurteilt worden war, setzte er sich in die USA ab. Heute steht in Riesa ein modernes Stahl- und Walzwerk, das zu einem italienischen Konzern gehört.[19]

Während diese Projekte scheiterten, liefen andere glänzend und boten den *Thetanen* phantastische Gewinn- und Rekrutierungschancen. Vor allem in der Immobilienbranche in Berlin, Potsdam,

Dresden und Leipzig war es möglich, reale Wirtschaftsmacht aufzubauen. Schritt für Schritt versuchte das Scientologenkartell seit 1994, den Markt für »umgewandelte« Altbau-Eigentumswohnungen in der deutschen Hauptstadt unter seine Kontrolle zu bringen. Rund 30 Prozent aller Anzeigen für Eigentumswohnungen, die in Berliner Tageszeitungen erschienen, wurden 1997 von Scientology-nahen Firmen wie TCGG, Phönix Immobilien oder B&B Immobilien aufgegeben. Der Berliner Mieterverein schätzte, dass diese in etwa einem Jahr fünfzig bis hundert Millionen Mark damit »eingestrichen« hatten.

Die Jahrhundertchance im Osten verband sich für die Scientologen völlig logisch mit ihrer langfristigen Planung. Bereits im Sommer 1986 hatte die oberste Scientology-Führung die »Strategie für den Kontinent Europa« namens »Clear Europe« verkündet.[20] Das Codewort *Clear* bedeute in diesem Zusammenhang nichts anderes als die Machtergreifung durch Scientology, erklärte uns der ehemalige Leiter der scientologischen Propaganda-Abteilung, Robert Vaughn Young aus Seattle im Frühsommer 1995 in Hamburg. Young war der ranghöchste, öffentlich Kritik äußernde Aussteiger, den Scientology seit Jahren verkraften musste; er kannte die internationalen Strategien wie kaum ein anderer, weil sie im Geheimdienst *OSA* zum Teil selbst entworfen hatte. Er war damals 47 Jahre alt, noch nicht von der tückischen Krebserkrankung gezeichnet, die ihn acht Jahre später töten sollte, ein sehr umgänglicher Mann, um den eine gewisse melancholische Aura schwebte. 1989 war er ausgestiegen, jetzt hatte er sich entschieden, über seine Erfahrungen öffentlich zu sprechen.[21]

»Hubbard selbst war der Urheber des Clear-Deutschland-Programms, um die Bundesrepublik zu unterwandern und zugleich international in Misskredit zu bringen«, sagte Young. Da der Oberscientologe unter dem Wahn litt, dass ihn Psychiater umbringen wollten, witterte er ihre dunkle Hand hinter allen Angriffen auf Scientology; und hinter den amerikanischen Psychiatern sah er deutsche Psychomediziner am Werk. Insofern erschien es nur logisch, das Übel an der Wurzel zu bekämpfen – also in Deutschland – und hier die scientologische Front gegen jede »Psychopolitik« aufzubauen. Die antideutsche Kampagne sei als Teil der berüchtigten Geheimoperation »Schneewittchen« im Grunde bereits Anfang der

1970er Jahre angestoßen worden, erläuterte der Aussteiger. Auf dem Weg zur Weltherrschaft sei »Deutschland eines der wichtigsten Ziele«. Nachdem »Snow White« 1977 in den USA aufgeflogen war, seien auch die Aktionen gegen Deutschland gestoppt worden. Doch beim Fall der Mauer habe man sich dann wieder an das alte Programm erinnert, so Young: »Schneewittchen musste wieder zum Leben erweckt werden.« Der Bundesrepublik kam plötzlich *die* Schlüsselrolle zu, um auf dem osteuropäischen Markt Fuß zu fassen. »Deutschland lag direkt vor der Tür, es sollte *der* Stützpunkt sein, um den Osten zu erobern.«

Schon im Sommer 1987 war in der scientologischen Europa-Zentrale in Kopenhagen beim Treffen aller deutschen Chefscientologen mit dem internationalen »Verbindungsbüro« der Sekte der Startschuss für das Projekt »Clear Deutschland« gefallen. Die Kampagne sollte dem Ziel dienen, »durch die Aktivierung eines optimalen Überlebenszieles Vertrauen und Sicherheit in dem deutschen Volk wiederherzustellen, um seine wertvolle Power freizusetzen« – 1000-jährige Sprachfloskeln, modern aufbereitet.[22] Spender wurden aufgerufen, in eine »Kriegskasse« einzuzahlen, mit der die Kampagne finanziert werden sollte. Über den Kassenstand sagte der Frankfurter Ex-Scientologe Gunther Träger dem *Spiegel:* »Da waren zu meiner Zeit mindestens 50 Millionen Dollar *cash* (verfügbares Geld) drin. Das Geld wurde gehortet, um den Krieg gegen Medien, gegen Geheimdienste, den Verfassungsschutz oder Interpol zu führen.«[23] Die »Kirchenführer« stritten den Einsatz von Privatdetektiven gegen »Unterdrücker« auch gar nicht ab, sondern rechtfertigten dies mit den ständigen Angriffen, denen ihre »Religion« ausgesetzt sei.[24]

Regelmäßig erschienen nun im scientologischen Propagandamagazin *Impact* exklusive Listen, auf denen auch die deutschen Großspender ehrenhalber verzeichnet waren. Wer 40 000 Dollar in die »Kriegskasse« eingezahlt hatte, wurde zum »Patron« ernannt, ein 100 000-Dollar-Spender durfte sich »Patron with Honors« nennen. Für 250 000 Dollar gab's ein Sternchen und den Titel »Patron Meritorius« (Gönner mit besonderen Verdiensten), ein »Gold Meritorius« hatte eine Million Dollar bezahlt. 2006 wurden neue Kategorien für Geldgeber eingeführt: »Platin Meritorius« (zweieinhalb Millionen), »Diamant Meritorius« (fünf Millionen) – und als

höchste Auszeichnung für die Spende von zehn Millionen Dollar
»Patron Laureat«, ein Rang, passend zum neuerdings römisch-imperialen Image dieser »Kirche«.[25] Erster Träger des Diamantsterns war Tom Cruise.[26] Bisher haben mehr als 1500 Scientologen weltweit ihr Scherflein beigetragen, um den »Krieg« zu finanzieren und »das Schicksal der Erde neu zu gestalten«, darunter etwa 250 Deutsche. Die Kriegskasse zum Kampf gegen Kritiker und Feinde ist auch im 21. Jahrhundert ordentlich gefüllt.

Von einem »Krieg« habe Scientology schon 1981 gesprochen, erinnert sich Norbert Potthoff, jener Manager der Düsseldorfer Scientology-*Org*, der Ende der 80er Jahre ausgestiegen war und mehrere Bücher über den Psychomulti geschrieben hat. »Clear Deutschland« habe damals bedeutet, dass zehn bis 15 Prozent der politischen Meinungsführer in Deutschland für Scientology gewonnen werden sollten. »Indirekt, dass sie der Sache positiv gegenüberstehen, und direkt, dass sie für Scientology Position beziehen und im Sinne von Scientology arbeiten.« Potthoff warnte in den 1990er Jahren vor den Konsequenzen: »Wenn es den Scientologen gelingen sollte, 15 Prozent der Meinungsführer auf ihre Seite zu ziehen, kann kein Politiker noch ein Gesetz durchsetzen, das den Scientologen nicht passt.« Ohne die Lage dramatisieren zu wollen, kann man doch feststellen, dass 2007 in Sachen Tom Cruise/Graf Stauffenberg fast das gesamte deutsche Feuilleton, die großen Magazine *Spiegel, Stern* und *Focus,* die wichtigsten Kommentatoren der Tageszeitungen und – nach einer nur knapp sechswöchigen Kampagne – schließlich das Verteidigungsministerium im Sinne von Scientology handelten. Zumindest bei Scientology wird man es so gesehen haben.

Wie Norbert Potthoff und Gunther Träger bezeugen, stand nach dem Putsch von David Miscavige und der Entmachtung der gesamten Führungsclique in Deutschland nach dem Tod L. Ron Hubbards 1986 *ein* großes Ziel im Vordergrund und sei zum überragenden Leitthema geworden – die Eroberung politischer Macht.[27] Das deckt sich mit Informationen, die aus internen Scientology-Quellen bekannt wurden. Wie die Wochenzeitung *Die Zeit* erfuhr, forderte der Präsident Heber Jentzsch, damals auch Chef der internationalen »Abteilung für Religiöses«, Anfang 1988 alle Scientologen weltweit auf, ihm mitzuteilen, ob sie »mit führenden Persönlichkeiten der

Regierung, der Medien, des Finanzwesens oder anderer Religionen persönlich oder gesellschaftlich Kontakte pflegen«.[28] Silvester 1989 rief der eigentliche Chef David Miscavige in Los Angeles dann die »totale Expansion« für die neunziger Jahre aus.[29] Guillaume Lesèvre, ein ehemaliger *Messenger* und damals der dritte Mann in der Scientology-Führung, präzisierte das Ziel für die deutschen *Orgs* am 31. März 1990. In einem Telex mit dem Titel »Here is to Clear Germany« (Jetzt Deutschland klären) fordert er sie auf, 10 000 *Lifetime-Members* (Mitglieder auf Lebenszeit) zu rekrutieren, um als Körperschaft öffentlichen Rechts anerkannt zu werden.[30]

Dieses Ziel verfolgt Scientology bis heute und fühlt sich darin bestärkt, seit die Zeugen Jehovas 2005 diesen Status nach einer umstrittenen Entscheidung des Bundesverfassungsgerichts zugesprochen bekamen. Körperschaft öffentlichen Rechts zu sein, bedeutet in Deutschland, rechtlich den großen Kirchen gleichgestellt zu werden. Die *Zeugen*, die den Staat als »Werkzeug des Satans« betrachten und ihre Kinder nach Angaben von Aussteigern durch Stillsitzen und Misshandlungen quälen (was die Sekte bestreitet), können nun Steuern einziehen, Religionsunterricht an Schulen erteilen; sie werden von der Körperschafts-, Vermögens- und Grunderwerbssteuer befreit, und sie dürften, wenn sie es denn wollten, Vertreter in die Rundfunkräte entsenden. Es ist ein großer Schritt hin zu politischer Macht.

Doch »Clear Deutschland« heißt weit mehr, als Körperschaft öffentlichen Rechts zu werden. Am 5. Oktober 1990 fand in Lausanne ein Treffen von »auserwählten, hochkarätigen Scientologen« aus Deutschland und der Schweiz statt, um die Deutschlandkampagne zu vertiefen. »Wir haben uns in Lausanne vorgenommen, unseren Einfluss in den Parteien, besonders in der FDP und in der CDU, zu verstärken«, erinnerte sich ein Teilnehmer.[31] Erklärtes Ziel von Scientology sei letztlich »die Kontrolle über die Regierungsgewalt in der Bundesrepublik«, hieß es in einer Beschlussvorlage zur deutschen Justizministerkonferenz zwei Jahre später.[32] Der Verfassungsschutz Baden-Württembergs hält in seinem Bericht für 2006 fest: »Durch ›Expansion‹ der Zahl hochtrainierter Scientologen in ›Schlüsselpositionen‹ und durch die Einführung von Hubbard-Verfahren (›administrative Technologie‹) auf breiter Front in Politik, Staat und Wirtschaft will die Organisation langfristig im Stil einer Sozialutopie eine gänzlich konfliktfreie und perfekt funktionierende scientologische Gesellschaftsordnung errichten. (…) Diese Vision bezeichnet die Scientology-Organisation mit ›Clear Deutschland‹, ›Clear Europe‹ oder ›Clear Planet‹.«[33]

Was konkret unter »Clear Deutschland« zu verstehen ist, weiß kaum jemand so gut wie der ehemalige Top-Scientologe Gunther Träger aus Frankfurt am Main. Träger war ZDF-Redakteur, Redenschreiber Helmut Kohls und Bernhard Vogels in der rheinland-pfälzischen Staatskanzlei 1976/77, Chef einer der größten Werbeagenturen der Tourismusbranche und oberster PR-Mann der Scientologen in Deutschland. Er sagt, er habe in den 20 Jahren seiner Mitgliedschaft und nach Zahlung »eines ordentlichen sechsstelligen Betrages« erst im Lauf der Zeit erkannt, was für ein »brutales Überwachungs- und Repressionssystems« Scientology wirklich ist: »Es ging nicht nur um die Klärung des eigenen Geistes, es ging um die Klärung des Planeten. ›Clear Planet‹ war nicht ein diffuses Nebenprodukt scientologischen Wirkens, Clear Planet war oberstes Ziel, dem sich alles andere unterzuordnen hatte. Und Clear Planet heißt nicht mehr und nicht weniger als Weltherrschaft.«[34] Wie die Operation in Deutschland strategisch umgesetzt werden sollte, darüber machte sich seit 1989/90 ein kleiner Zirkel deutscher Top-Scientologen Gedanken, in den Träger als Werbefachmann berufen wurde. Die Zeit schien günstig, denn der Sturz des Kommunismus verhieß gesellschaftliche Umwälzungen, die die Scientologen für ihre Zwecke nutzen wollten. Auf dem Gebiet der einstigen DDR meinten sie zudem geeignetes Menschenmaterial für ihren »geklärten« Staat zu entdecken: die dort lebenden »willigen Vollstrecker des Stalinismus«, wie es Gunther Träger unverblümt formuliert hat.[35]

Anderthalb Jahre nach seinem Ausstieg ging Träger im März 1993 an die Öffentlichkeit, und was er zu sagen hatte, war eine Sensation. Völlig zu Recht nehme der Verfassungsschutz die Organisation ins Visier, erklärte er, denn: »Die wollen den totalitären Staat.«[36] Nie zuvor hatte ein derart hochrangiger deutscher Scientologe in Deutschland sein Insiderwissen enthüllt. Gunther Träger war zum Zeitpunkt seines Ausstiegs die informelle Nummer drei in der deutschen Scientology-Hierarchie. Er gab dem *Spiegel* und anderen Medien sehr offene Interviews, und er unterhielt sich ausführlich mit dem Verfassungsschutz. Geld sei wichtig für Scientology, sagte er, aber immer nur Mittel zum Zweck: »Wer nach dem derzeitigen Erkenntnisstand immer noch behauptet, Scientology sei zuvörderst ein Wirtschaftsunternehmen, hat die einschlägigen Schriften, Bücher und Vorlagen nicht gelesen.«[37] Scientology versuche, politische Macht und Einfluss zu gewinnen, und zwar »durch schleichende Beeinflussung aller gesellschaftlichen Bereiche«.[38] Nach außen erscheine die Organisation gesetzestreu, tatsächlich lehne sie die Demokratie entschieden ab. »Das ist allen langgedienten Scientologen absolut bewusst«, sagte Träger. Bis zum Bewusstseinszustand *Clear* sei die Ausbildung der Mitglieder relativ unpolitisch, mit den ansteigenden Stufen ändere sich dies jedoch dramatisch.

Man kann davon ausgehen, dass Gunther Träger einige der geheimsten Projekte und Verschwörungen, an denen Scientology in Europa arbeitete, den Behörden verriet und die Organisation damit ins Mark traf.[39] Beispielsweise enthüllte Träger, dass nicht nur er, sondern eine Reihe weiterer Journalisten bei Zeitungen und im Fernsehen Scientologen seien und »im Stillen für uns agierten«.[40] Träger berichtete über scientologische Infiltrationsversuche bei Regierungsbehörden oder Geheimdiensten in China, Russland und Marokko. Er ließ ein Komplott deutscher Scientologen zur schrittweisen »Übernahme« des Landes Albanien auffliegen, an dem der deutsche Stahlmillionär Gerhard Haag, mehrere hochrangige Scientologen und die Anwaltskanzlei eines ehemaligen Bundesministers beteiligt waren. Er wusste von Softwarefirmen, in denen Scientologen arbeiteten, um über Geschäftskontakte »Zugriff auf die Datensysteme großer Firmen« zu bekommen, etwa einer Schweizer Waffenfabrik.[41]

Träger berichtete auch über eine Reihe krimineller Aktivitäten, die sich aus dem Scientology-System zu ergeben schienen: Steuerbetrug in Millionenhöhe, Betrug von Geschäftspartnern, Wirtschaftsspionage, betrügerischen Bankrott. Den entscheidenden Anlass auszusteigen gaben dem *Operierenden Thetan der Stufe 5* jedoch die politischen Intrigen von Scientology in Hamburg. Die deutschen Schwerpunkte der Scientologen liegen seit je dort, wo das Geld ist: in Bayern, Baden-Württemberg, in Düsseldorf und in Hamburg. Lange Zeit vor allem in Hamburg. Die Scientologen der Hansestadt standen in der »Expansion« ganz weit vorn und waren auf dem besten Weg, die »erfolgreichste Org des Planeten« zu werden – diejenige Sektenzentrale, die im internen Wettbewerb am meisten Geld und die meisten neuen Rekruten heranschaffte. So gut wie ungestört von den Behörden wurden dort Strategien für die Unterwanderung deutscher Unternehmen und den Vormarsch nach Osteuropa geschmiedet. Der Erfolg der Hamburger *Org* lag wesentlich an der Chefin Wiebke Hansen, die durch unkonventionelle Ideen auffiel, und an den Immobiliendeals des Maklers Götz Brase, in die Dutzende von Scientologen eingebunden waren. 1995 wurden uns interne Akten aus Brases Firmen zugespielt, die wie kein anderes Material zuvor bewiesen, wie eng die »religiöse Gemeinschaft« und die wirtschaftlichen Aktivitäten ihrer Jünger verzahnt sind, was Scientology stets vehement dementiert.[42] Ohne Umschweife schrieb der Chef persönlich in einem seiner Strategiepapiere über seine Firmenmitarbeiter: »Die Brasianer sind ein powervolles Team, das nicht nur hier in Hamburg, sondern auch in ganz Deutschland und Europa aktiv Scientology unterstützt und sehr viel beiträgt für das Ziel Clear Deutschland.«[43]

Allerdings war der Vormarsch Ost nicht umsonst zu haben, ohne Anfangsinvestitionen ging es nicht. Gewaltige Spendenkampagnen schwallten Anfang der 1990er Jahre durch die scientologischen *Orgs* und *Missionen*. Jeder Scientologe war gefordert, sich »am größten Aufbruch, den wir je hatten«, nicht nur ideell zu beteiligen. Da traf es sich günstig, dass die Hubbardisten auf Geldquellen gestoßen waren, die ohne Ende zu sprudeln versprachen – vor allem das Umwandlungsgeschäft mit Immobilien, der Einstieg in Multilevel-Marketing-Unternehmen, die Public-Relations-Branche, Personal- und Unternehmensberatung und moderne, informationsorientierte Branchen mit hoher Gewinnerwartung. Es war die Zeit, als die scientologische Wirtschaftsholding *World Institute of Scientology Enterprises* (WISE) drauf und dran war, sich zur finanziell ertragreichsten Säule des Konzerns aufzuschwingen. Der bekennende Scientologe Detlef Foullois etwa machte ein Riesengeschäft mit sogenannten Ortsinformationstafeln in den neuen Bundesländern und konnte schon 1991 in einem firmeninternen »Info Letter« melden: »In nur sechs Monaten haben wir Scientology mit ca. 6 000 000 DM (in Worten: sechs Millionen) unterstützt.«[44]

WISE, das *World Institute of Scientology Enterprises* vereinigt Firmen, die nach Scientology-Methoden geführt werden. Laut *WISE-*

Vertrag ist jeder *WISE*-Lizenznehmer verpflichtet, die Hubbard-*Technologie* in seinem Betrieb einzusetzen und neue Mitglieder für Scientology zu werben.[45] *WISE*-Unternehmer müssen die erstaunliche Summe von bis zu 15 Prozent des Umsatzes für das sekteneigene Management und Fortbildungskurse an die Zentrale in Los Angeles abführen. In ihren Firmen kommen scientologische Methoden zum Einsatz, die Hubbard als *Management-* oder *Verwaltungs-Technologie* bezeichnete. Diese *Technologie* hatte der »Gründer« zunächst für seine *Orgs* entworfen, empfahl ihre Anwendung seit den 1970er Jahren aber auch für Wirtschaftsunternehmen, die von Scientologen geführt wurden. Dabei handelt es sich um eine Art früh- bzw. neokapitalistischer Arbeitsordnung nach dem Prinzip von Befehl und Gehorsam. Sie folgt angeblich »exakten Formeln«, die jeder scientologische Unternehmer wortgetreu zu befolgen hat, und umfasst maximalen Arbeitsdruck, die Erstellung eines *Org-Board* mit sieben Abteilungen, das Gegeneinander-Ausspielen und Ausspionieren der Mitarbeiter gemäß dem »Gesetz der Dritten Partei« und das Prinzip der »steigenden Statistik« zur totalen Kontrolle des Unternehmens.

Wie in den *Orgs* und *Missionen* der *Church*, so steht das sogenannte *Statistik-System* auch im Mittelpunkt der scientologischen »Betriebswirtschaft«. Jeder Arbeitnehmer soll Woche für Woche seine Leistung steigern, was dann mit speziellen Prämien belohnt wird. Um die Leistungen zu überprüfen, werden die Mitarbeiter zu *Staff-Meetings* beordert, auf denen jeder seine persönliche »Arbeitsstatistik« vorlesen muss. Dieses stupide System soll die Produktivität hochtreiben, garantiert aber vor allem eine bessere Überwachung der Mitarbeiter. »Ein guter Manager ignoriert Gerüchte und handelt nur aufgrund von Statistiken«, verkündete einst L. Ron Hubbard; wenn die Mitarbeiter dann gut funktionieren, seien sie unantastbar: »Für mich kann ein Mitarbeiter, dessen Statistiken oben sind, nichts Unrechtes tun.«[46] Daher berichten ehemalige Scientologen und Mitarbeiter aus scientologisch geführten Firmen immer wieder über gnadenlose Ausbeutung, starre Regeln und skrupelloses Verhalten gegenüber Kunden und Geschäftspartnern. »Man darf lügen und betrügen, wenn es nur der Sache dient«, sagt dazu der Ex-Scientologe Norbert Potthoff aus Krefeld.

In der sächsischen Stadt Zwickau gewann der *Operierende Thetan* der Stufe 7 Kurt Fliegerbauer eine Machtfülle und »Unantastbarkeit«, die ihm den inoffiziellen Titel »Pate von Zwickau« eintrug. Der Münchener Unternehmer Fliegerbauer – ein Mann, der schon Ende der achtziger Jahre in der Parade-Uniform der Scientologen-Elite *Sea Org* posiert hatte – schuf in der sächsischen Metropole Mitte der 1990er Jahre in kurzer Zeit ein Immobilienimperium, das seinesgleichen im Osten suchte, und wurde zum bedeutendsten Investor der Stadt. Subunternehmer und Geschäftspartner behaupteten, dass er die Preise und Bedingungen auf dem Bau- und Immobilienmarkt der gesamten Region diktierte. Mit den Aufsichtsbehörden stellte er sich gut; der elegante Kunstliebhaber verteilte Gefälligkeiten, verwickelte Politiker in Abhängigkeiten und bekam den städtischen Architekturpreis verliehen. »Sie haben Leuchttürme gesetzt, Herr Fliegerbauer … ich freue mich auf die weitere Zusammenarbeit und auf den Wäschekorb an Bauanträgen«, jubelte Vizebürgermeister Dietmar Vettermann bei einem großen Fest im September 1997, als der Investor sein hundertstes renoviertes Haus begoss; unter den Gratulanten waren wie üblich Gottfried Helnwein und andere Scientologen.[47] Fliegerbauers Firma Schloss Osterstein Verwaltungs GmbH, die zum scientologischen Firmenverband WISE gezählt und nach scientologischen Maximen geführt wurde, schien dermaßen eng mit der Stadtverwaltung verbunden, dass sich Scientology-Experten an die Zustände in der amerikanischen Sektenstadt Clearwater erinnert fühlten, nachdem wir die Scientology-Verbindung 1995 in einem *Stern*-Bericht enthüllt hatten. Kurt Fliegerbauer allerdings bestritt jegliche Sektenaktivitäten; nie habe er im Sinne der Organisation gehandelt.

Doch als wir die Hintergründe zwei Jahre später im Buch Psycho-Sekten mit zusätzlichen Beweisen untermauerten, gab er in einer öffentlichen Versammlung zu, Scientologe zu sein. Als einige Stadtväter daraufhin versuchten, die Rolle der Sekte in der Kommune zu untersuchen und vor »einem Unterwandern gesellschaftlicher und wirtschaftlicher Strukturen durch Scientology in der Zwickauer Region« warnten, machte sich der Baulöwe öffentlich über sie lustig, indem er ein riesiges Donald-Duck-Poster des Scientology-Künstlers Gottfried Helnwein direkt gegenüber dem Rathaus an einem seiner nun 200 Häuser aufhängen ließ. In einer MDR-Fernsehreportage sagte er, im schwarzen Ledersessel, die Zigarre auf dem Beistelltisch: »Ich bin jemand, der selbstbestimmt an den Dingen festhält, die er für richtig findet. Und ich finde Scientology für richtig. Ich finde, Scientology hat eine Berechtigung in der Gesellschaft. Mehr Scientologen würden der Gesellschaft gut tun.«[48] Unbekannt ist, wie viele Zwickauer – auch aufgrund der stadtamtlichen Lobgesänge – nicht nur den Weg ins Büro von Kurt Fliegerbauer, sondern auch zu seiner Sekte fanden. »Was wir tun, ist keine Spielerei«, hatte L. Ron Hubbard einst geschrieben. »Niemand kann halb in und halb außerhalb von Scientology sein. Scientologen sind Scientologen, ungeachtet dessen, was sie tun, um ihren Lebensunterhalt zu verdienen.«[49] Der Einfluss des Operierenden Thetans in der 100 000-Einwohner-Stadt war kaum zu unterschätzen. Es war nicht nur die Stadtspitze abhängig geworden. Das Unternehmen Osterstein hatte sich zu einem der größten Arbeit- und Auftraggeber in Zwickau und Umgebung entwickelt. Zahlreiche Angestellte, freie Mitarbeiter, Subunternehmer und ihre Familien waren auf Kurt Fliegerbauer angewiesen. Mitglieder der Scientology-Wirtschaftsabteilung *WISE* aber kennen den Befehlsbrief L. Ron Hubbards, in dem er anordnete, in jedem Lebensbereich Methoden der Sekte zu verwenden: »Versäumen Sie es nie, beim Umgang mit den Personen in der Gesellschaft jenseits unserer Bereiche Scientology-Verwaltungstechnik oder -Justiz einzusetzen. Klingt abenteuerlich. Ist es auch! Aber auch wirksam. *Wir* haben die Technik. (…) Setzen Sie sie ein. Und setzen Sie bei jeder Gelegenheit und in jeder Lage rücksichtslos unseren Verbreitungsleitsatz ein.«[50] Tatsächlich entstand eine Situation des Misstrauens in Zwickau. Die Menschen fragten sich: Wohinter stecken die Scientologen außerdem? Wem kann man noch trauen, wem nicht? Bereits Ende 1997 hatte Kurt Fliegerbauer nach Schätzung eines Geschäftspartners über 50 Millionen Mark Gewinn in Zwickau gemacht – mit aktiver Unterstützung der Stadtväter.

Fliegerbauers Aktivitäten waren jedoch nur ein Teil der bedeutendsten strategischen Scientology-Operation in den neuen Bundesländern. Getreu dem Motto des Scientology-Gründers L. Ron Hubbard »Mache Geld« spannte sich ein Netz der Sekte über den Immobilienmarkt, und zwar dort, wo die Konjunktur am besten lief – in Sachsen. Begonnen hatte die koordinierte wirtschaftliche Ausdehnung nach Osten am 9. September 1990 im Düsseldorfer Ramada Renaissance Hotel. Dort hielt der scientologische *Verband Engagierter Manager (VEM)* seine Jahreskonferenz ab. Die hundert wichtigsten deutschen Scientologen aus Vorstandsetagen und Firmenleitungen trafen sich mit Harry Rostig, dem internationalen Boss des *World Institute of Scientology Enterprises,* um Details der Hubbard-*Technologie* zu besprechen.[51] Der Scientology-Aussteiger Tom Voltz erinnerte sich, dass am Rande der Tagung zahlreiche informelle Gespräche über das Vorgehen in Ostdeutschland geführt wurden. Prominente Personen aus der Teilnehmerliste von Düsseldorf tauchten später in Leipzig, Dresden, Zwickau und Chemnitz auf – unter ihnen einige der damals vermögendsten und »höchsttrainierten« deutschen Scientologen wie Kurt Fliegerbauer, der Managertrainer Axel Fehling aus Düsseldorf, die Immobilienhändler Heinz Günther aus Offenbach und Klaus Koller aus Nürnberg sowie der Düsseldorfer Makler und damalige *VEM*-Präsident Klaus Kempe.[52] Nachdem wir die Scientology-Verbindungen aufgedeckt hatten, schrieben die Zeitungen zwar immer wieder von der »Sektenstadt« oder der »Scientology-Stadt« Zwickau, doch praktische Konsequenzen gab es erst, als Kurt Fliegerbauer sein Machtspiel überzog und die höhere Politik zu kontaminieren drohte. Unter den 518 Käufern, die die lukrativen Steuervorteile im Osten nutzen wollten und ihm dafür mehr als 500 Millionen Mark bezahlten, waren Medienleute, Sportfunktionäre, Unternehmer – und Politiker, darunter auch solche, die sich offiziell mit Scientology befassten.[53] Über eine Vermögensverwaltung und die Bayerische Vereinsbank erwarben drei Granden der hessischen CDU Wohnungen aus Fliegerbauers Zwickauer Bestand: unter ihnen spätere Innenminister und oberste Dienstherr des hessischen Verfassungsschutzes, Volker Bouffier. Als die CDU-Politiker die Wohnungen 1996 erwarben, wollten sie aber noch nichts von der Sektenverbindung Kurt Fliegerbauers gewusst haben – trotz der zahlreichen Medienberichte. Bouffier verteidigte sich bei einer Debatte im hessischen Landtag im März 2000, dass viele »Mitbürger aus dem Raum Frankfurt, auch sehr bekannte Persönlichkeiten« genau wie er bei der Firma Osterstein nichtsahnend Immobilien gekauft hätten.[54] Erst als der Scientologe »offenkundig aus Rache für nicht gewährte Unterstützung« im Dezember 1999 alle Mietgarantiezahlungen ihm gegenüber ausgesetzt habe[55], stellte der inzwischen zum hessischen

Innenminister gewählte Politiker Strafanzeige gegen Kurt Flieger-bauer wegen Untreue bei der Staatsanwaltschaft Zwickau. Der Skandal geriet zur hessischen Staatsaffäre, über die Volker Bouffier fast sein Amt einbüßte. Bei der Landtagsdebatte rechnete die Grü-nen-Abgeordnete Evelin Schönhut-Keil ihm und seinen CDU-Kol-legen detailliert vor, wie sie mit ihrem Immobilienkauf der totalitä-ren Organisation Scientology geholfen hätten: »Jeder, der sich mit der Materie beschäftigt, weiß, dass von den Gewinnen 15 Prozent an die Mutterorganisation gehen. Bei Ihrem Deal – wir reden hier ja immerhin über 3,7 Millionen DM – haben Sie also diese Sekte mit 520 000 DM unterstützt, eine Sekte, die von sich sagt: Zur Hölle mit dieser Gesellschaft, wir errichten eine neue.«[56]

Doch zu Fall brachte Fliegerbauer weder die Hessen-Affäre noch eine gerichtliche Geldstrafe, weil er »bei · mindestens 27 Bauvor-haben mit Duldung der Stadt Zwickau« illegal gebaut hatte, son-dern erst die damalige Wirtschaftskrise. 2002 leitete das Zwickauer Finanzamt ein Verfahren wegen Insolvenzverschleppung gegen den Scientologen ein, an dessen Ende am 27. Dezember 2004 eine Verurteilung durch das Amtsgericht Chemnitz stand.[57] Dem Straf-befehl zufolge war die Schloss Osterstein Verwaltungs GmbH seit dem 31. August 2001 pleite. Wie das Gericht feststellte, unterließ es Fliegerbauer jedoch, das nötige Insolvenzverfahren einzuleiten. Das übernahm stattdessen das Finanzamt Zwickau im Februar 2002. Wegen »vorsätzlicher Insolvenzverschleppung in drei teilmehrheit-lichen Fällen« wurde Fliegerbauer am Ende verurteilt, wenn auch zu einer geringen Strafe von 10 000 Euro. Doch damit war er vor-bestraft. Er verabschiedete sich offiziell aus Zwickau in die Türkei, wo er Immobilien entwickelte und für Nachfragen nicht erreichbar war.

Männer wie Fliegerbauer, Krumholz, Haag oder Kempe trugen entscheidend dazu bei, dass Scientology in Deutschland vor allem als globaler Wirtschaftskonzern wahrgenommen wurde. Tatsäch-lich waren die hiesigen Scientology-Geschäftsleute in vorderster Linie aufgefordert, die »Expansion« in Russland, Rumänien, der Ukraine, Jugoslawien und Albanien zu finanzieren. So verband sich ihr Name untrennbar mit all den halbseidenen Immobilien- und sonstigen Geschäften, die nötig waren, um diesen Vormarsch über-haupt zu ermöglichen. Gesteuert wurden die Business-Aktivitäten vor allem aus der Hamburger *Org*. Doch seit die SPD-Abgeordnete Ursula Caberta den politischen Kampf gegen die *Thetanen* aufgenommen hatte, begann die Sektenmaschinerie zu stottern. Im Frühjahr 1991 schmiedeten die Hubbard-Jünger daher einen Plan, um den erneuten Sieg der SPD »mit ihrer Agitatorin Ursula Caberta« bei den Hamburger Bürgerschaftswahlen zu verhindern.[58] Wie sie dabei vorzugehen hatten, konnten sie den Anweisungen ihres Gründers entnehmen: »Wir fanden niemals Kritiker der Scientology, die keine kriminelle Vergangenheit hatten.«[59] Zu deren Ausschaltung hatte Hubbard bekanntlich empfohlen, die »Retourkutsche zu fahren« und nach ihren »dunklen, blutigen, sexuellen und verbrecherischen Machenschaften« zu fahnden; die konkrete Durchführung hatte er seinem Geheimdienst übertragen.[60]

Es reichte aber nicht, Caberta anzugreifen, wenn man der CDU an die Macht verhelfen wollte. So rückte auch der SPD-Spitzenkandidat und amtierende Oberbürgermeister Henning Voscherau ins Fadenkreuz, gegen den eine Rufmordkampagne à la Hubbard vorbereitet wurde. »Es gab da Gerüchte, dieser habe sich persönlich an der Neugestaltung der im Hamburger Hafenbereich liegenden Speicherstadt bereichert«, sagte Gunther Träger. Ein Journalist und »glühender Anhänger von Scientology« wurde angesetzt, um belastendes Material gegen den Bürgermeister zusammenzutragen und damit die CDU-Opposition zu munitionieren. »Dies müsste dann für einen ausreichenden Skandal sorgen, der die SPD aus der Regierung fegen würde und für Scientology ein freundlicheres Umfeld in Hamburg schaffen müsste.«[61] Eine Scientologin und bekannte Hamburger »Salonlöwin« trat schon in Kontakt mit dem CDU-Oppositionsführer Hartmut Perschau, der das Spiel jedoch durchschaute und abwinkte. Das Komplott ging ohnehin nicht auf, »weil Voscherau sich in jeder Weise untadelig verhalten hatte«, so Träger. Die Operation sei im Übrigen nichts Ungewöhnliches gewesen; Scientology sammle in Deutschland »möglichst viele, auch intime Erkenntnisse über politisch einflussreiche Personen, um Schwachstellen festzustellen, die man später als Druckmittel benutzen« könne.[62]

Eine zentrale Rolle bei solchen Infiltrationsplänen spielte nach Trägers Angaben stets die FDP, da man in der kleinen Partei schnell Karriere machen kann. »Reicht die Krake bis ins Rathaus?«, titelte die *Hamburger Morgenpost* im Frühjahr 1991.[63] Zwei prominente Hamburger FDP-Politiker waren durch Immobiliengeschäfte mit einem Scientologen aus der eigenen Partei ins Gerede gekommen: Götz Brase, damals 34 Jahre alt, FDP-Mitglied, Hamburgs mächtigster Scientologe. Auf die Sektenzugehörigkeit Brases angesprochen, zeigten die liberalen Politiker wenig Berührungsängste. Frank-Michael Wiegand, Makler und FDP-Fraktionsvorsitzender in der Hamburger Bürgerschaft, sagte: »Wir wollen keine Kaste von Unberührbaren schaffen. Das wäre mit liberalen Grundsätzen nicht vereinbar.«[64] Da aber gerade Wahlkampf war, reagierte die FDP dennoch unwirsch und forderte Brase zum Austritt aus der Partei auf, wozu er sich nach längerem Hin und Her zwei Jahre später bereitfand. Die CDU hatte offenbar mit ähnlichen Problemen zu kämpfen, denn die Partei fasste auf einem Bundesparteitag im Dezember 1991 in Dresden folgenden Beschluss: »Eine Mitgliedschaft bei Scientology ist mit einer Mitgliedschaft in der CDU unvereinbar.« Auch die FDP rang sich im November 1992 zu einem Unvereinbarkeitsbeschluss durch, die Sozialdemokraten folgten. Nur die Grünen konnten sich nie dazu entschließen.

Die Versuche, in politischen Parteien Fuß zu fassen, waren im Grunde jedoch »Peanuts« gegen das »Deutschlandspiel«, das die führenden deutschen Scientologen 1992 allen Ernstes austüftelten: einen Staatsstreich zur Übernahme der politischen Macht in der Bundesrepublik. In dem Buch SCIENTOLOGY GREIFT AN, das Gunther Träger gemeinsam mit Ursula Caberta im Juli 1997 veröffentlichte, beschreibt der Werbefachmann die abenteuerlichen Pläne führender deutscher Anhänger der Scientology-»Kirche« für einen Umsturz. Es war der Punkt, an dem bei ihm massive Zweifel an Scientology einsetzten, die schließlich zu seinem Ausstieg führten, denn »jetzt sollte ich an einer Art Verschwörung gegen den Staat teilhaben, und das konnte ich nicht verantworten. (…) Das, was ich nun mit eigenen Augen und Ohren verfolgen konnte, war kein Spiel mehr, es war bitterer Ernst.«[65]

Zunächst war Anfang 1990 ein »Clear Deutschland«-Komitee gegründet worden, das die einzelnen Schritte der Operation festlegen sollte und dem die Chefs der damals sieben deutschen Scientology-*Orgs* angehörten.[66] Dann setzte Wiebke Hansen 1991 ein »New Civilization Board« ein, eine Leitungsgruppe zur Errichtung einer neuen Zivilisation in Deutschland. Das Spitzengremium bestand aus fünf Leuten, die laut Träger die »erfolgreichsten« deutschen Scientologen mit den »höchsten Statistiken« waren: Die Hamburger Scientology-Chefin Hansen selbst, dazu Götz Brase, Gunther Träger sowie die scientologischen Unternehmer Detlef Foullois und Michael Klinger, neben Brase zu jener Zeit die wichtigsten deutschen Finanziers der Sekte. Träger berichtete, Foullois habe sich nicht nur damit gebrüstet, dank seiner OT-8-Superkräfte die Berliner Mauer geöffnet zu haben, sondern auch, dass er in seinen ostdeutschen Firmen ehemalige Stasi-Offiziere beschäftigte, die belastendes Material über West-Politiker liefern könnten. Er habe darin »ein hervorragendes Druckmittel« gesehen, »wenn Politiker der Scientology Schwierigkeiten machen wollten«.[67]

In einer grotesken Überschätzung der tatsächlichen Verhältnisse begannen die *Thetanen* mit Planspielen für den Tag X der Machtergreifung. In der künftigen Scientology-Regierung sollte die Düsseldorfer Scientologin Adelheid Rech-Gesche erste Bundeskanzlerin werden (lange vor Angela Merkel); auch das Auswärtige Amt sollte mit einer Frau besetzt werden, und die Stelle des Finanzministers war für Götz Brase vorgesehen. Während Wiebke Hansen mit fünf Jahren bis zur Machtergreifung rechnete, habe Brase realistischer mit 15 Jahren kalkuliert. »Als Anleitung diente das Handbuch der politischen Dianetik«, schreibt Träger – streng geheimes Material, das Hubbard schon in den 50er Jahren verfasst hatte. »Die Kernthesen der politischen Dianetik sind, dass nur noch Clears das Wahlrecht haben dürften und die Regierung nur aus Scientologen bestehen dürfe.«[68] Weitere strategische Vorlagen waren Hubbards berüchtigter »Spezialbereichsplan« und Anweisungen, in denen es darum geht, Schlüsselpositionen in der Gesellschaft zu besetzen. Gunther Träger drückt es so aus: »Diese Schlüsselpositionen sollten dann ausgenutzt werden, um die Entscheidungsträger im Sinne von Scientology zu beeinflussen und schließlich deren Aufgaben zu übernehmen.«[69]

Aus den hochfliegenden Plänen zur Übernahme der Regierungsgewalt ist bekanntermaßen nichts geworden, doch Gunther Träger mahnte damals, den »direkten Angriff« auf die Demokratie »nicht einfach als Spinnerei abzutun«. Keinesfalls sei es nur um »normalen Lobbyismus« gegangen, wie Scientology stereotyp behauptet, wenn man ihr den »Spezialbereichsplan« und andere politische Strategiepapiere Hubbards vorhält. Wahrscheinlich sei auch weiterhin irgendein Scientology-Gremium damit befasst, »Planspiele für die Machtübernahme in Bonn respektive Berlin zu entwickeln«.[70]

Wie es scheint, hatte sich innerhalb kurzer Zeit eine Dynamik in der Hamburger Scientology-*Org* entwickelt, die absolut typisch ist für kleine eifernde Gruppen, seien sie politisch oder religiös motiviert. Aus der Zeit der linksextremistischen Politsekte RAF ist bekannt, dass ein paar Dutzend Menschen reichen, um ein ganzes Gemeinwesen zu erschüttern. Fanatisierte Führerkulte, egal wie viele Leute bei ihnen mitmachen, können sich in terroristische Zeitbomben verwandeln, wenn sie unter Druck geraten.

Freiwild

Thomas Gandow saß mit seiner Frau und Gästen am sonntäglichen Frühstückstisch. Da klingelte das Telefon. Er solle mal einen Blick aus dem Fenster werfen, sagte eine Nachbarin: »Die fotografieren schon wieder Ihr Haus.« Als der Pfarrer hinausschaute, sah er einen grauen Opel Vectra am Glascontainer gegenüber parken. Ein Mann mit Kamera lief herum und machte offensiv und ungeniert Bilder vom Haus des Pfarrers. In Buckau, einem kleinen brandenburgischen Dorf hundert Kilometer südwestlich von Berlin, fällt so etwas auf. »Der Tag fängt ja gut an«, dachte Gandow. Der Sektenbeauftragte der Evangelischen Kirche von Berlin-Brandenburg wollte an diesem Sonntag, dem 19. Januar 2003, nach Berlin zu einem Gottesdienst zum Thema »Scientology als Gefahr für die Religionsfreiheit«. Gemeinsam mit Gandow sollte sein kanadischer Gast dort über Scientology sprechen. Der Gast war Gerald »Gerry« Armstrong, 56 Jahre alt. In Scientology-Kreisen war er einmal berühmt gewesen. Armstrong war der ehemalige Archivar L. Ron Hubbards. Die Sekte betrachtete ihn seit seinem Ausstieg 1982 als einen ihrer größten Feinde weltweit. Er muss immer auf der Hut sein. »Gerry, das OSA ist vor der Tür«, sagte Gandow.

Es war nicht das erste Mal, dass Scientology-Agenten sich in Buckau herumtrieben. Als Gandow den Kanadier acht Monate zuvor bei sich aufgenommen hatte, hatten Scientologen mitten in der Nacht Flugblätter in die Briefkästen gesteckt, auf denen zu lesen war: »Wussten Sie, dass Herr Gandow einen gesuchten Kriminellen beherbergt?« Bei einem Dorffest hatten Gandow und Armstrong daraufhin den Leuten von Einschüchterungskampagnen der Scientology-Organisation erzählt. Seither hielten die Nachbarn die Augen offen.

Um von dem Geheimagenten nicht verfolgt zu werden, schlichen sich Thomas Gandow, seine Frau Ute und Gerry Armstrong an diesem Sonntag im Januar 2003 in ihren Golf Kombi und verließen das Dorf auf einem Feldweg; am Steuer war Ute Gandow. »Wir freuten uns schon, das OSA abgehängt zu haben, als uns der Opel plötzlich nahe der Autobahnauffahrt Wollin wieder begegnete«, berichtet Gandow. »Der Fahrer wendete mit quietschenden Reifen und folgte uns auf die Autobahn in Richtung Berlin. Er fuhr mehrfach sehr dicht auf, um uns dann wieder langsam zu überholen. Dabei kam er immer sehr nah an unser Auto heran und begann, uns zu fotografieren, wobei er das Lenkrad mit der linken Hand festhielt und mit der rechten Hand den Fotoapparat bediente.« Immer wieder habe der Opel sie überholt, um sich anschließend vor sie zu setzen und sie auszubremsen. Gerry Armstrong duckte sich in den Fond. Plötzlich habe der Opel extrem beschleunigt und sei aus ihrem Blickfeld verschwunden. »Wir dachten schon, zum Glück ist er weg«, sagt Gandow. »Doch der Fahrer stand an der nächsten Parkplatzeinfahrt und fotografierte uns mit seinem Teleobjektiv.« Kurz darauf war der Opel Vectra erneut hinter ihnen auf der Autobahn. Dieses Spiel wiederholte sich bei jedem Parkplatz. »Als der Opel schließlich so nahe von links herankam, dass sein Außenspiegel unseren fast berührte, hatten wir Angst, dass er uns von der Straße drängen wollte. Bei 100 Sachen! Meine Frau wurde nervös und sagte, Thomas, ruf sofort die Polizei an.«

Gandow alarmierte mit seinem Handy die Brandenburger Autobahnpolizei. Die Beamten nahmen den Anruf ernst. Am Autobahndreieck Potsdam wartete ein Streifenwagen, der sich zwischen den Pfarrer und den nun unmittelbar hinter ihm fahrenden Verfolger setzte und diesen aufforderte zu folgen. »Der Opel betätigte kurz seine Warnblinkanlage, wohl um ein nachfolgendes Komplizenfahrzeug zu warnen. Daraufhin löste sich hinter ihm ein rotes Auto aus der rechten Spur, fuhr an unserem Konvoi vorbei – und erneut wurden wir fotografiert, diesmal aus dem roten Wagen, in dem mehrere Leute saßen. Er hatte eine Bitterfelder Nummer, die wir uns in der Aufregung nicht gemerkt haben.« An der Raststätte Michendorf forderte die Polizei den Opel auf, hinauszufahren. Die Gandows waren ebenfalls abgebogen, stiegen aus ihrem Auto und gingen mit Gerry Armstrong auf die Wache, während ein Polizist die Personalien des Verfolgers aufnahm. In der Baracke mussten Gandow und Armstrong den Beamten nicht nur berichten, dass sie von einem Scientologen lebensgefährlich bedroht worden waren, sondern auch erklären, worum es bei Scientology überhaupt geht und warum die Sekte hinter Armstrong her war. »Als wir das gerade geschafft hatten«, erinnert sich der Pfarrer, »kam der andere Polizist zurück und sagte, na dem habe ich einen Zettel wegen Telefonierens mit dem Handy verpasst!« Der Opel war weg, man konnte das Handy nicht mehr beschlagnahmen. Es wäre ein wichtiges Beweismittel gewesen. Der Pfarrer erstattete später Anzeige wegen Nötigung, Verkehrsgefährdung und Bedrohung gegen den Mann, dessen Name mit Mirko O. angegeben wurde. Anschließend begleitete ein Polizeifahrzeug die Gandows und Gerry Armstrong bis zur Berliner Stadtgrenze, wo Berliner Polizisten den Begleitschutz übernahmen.

Inzwischen hatte Gandow telefoniert und von einem anderen Scientology-Experten erfahren, dass Mirko O. kein kleiner Fisch war. Der 33-jährige Berliner war Immobiliengutachter und bekennender Scientologe mit dem Status *Clear*.[1] Es war zu vermuten, dass Gandow und Armstrong gerade Opfer einer *Fair-Game*-Operation des scientologischen Geheimdienstes geworden waren. Als der Pfarrer damals vor der Luisenkirche im Berliner Bezirk Charlottenburg erneut »sechs bis sieben Scientologen in grauen Anoraks« erkannte, entschieden sich die Berliner Polizisten, auch den Gottesdienst zu bewachen. »In der Kirche saßen weitere Scientologen«, erinnert sich Gandow. Darunter die Berliner OSA-Chefin und Scientology-Pressesprecherin Ute Ehrhardt.

Gerry Armstrong trat nach vorn und sprach zu den rund hundert Besuchern über seine Erfahrungen mit Scientology. Er sagte: »Nachdem ich vor 20 Jahren ausgestiegen war und man mich zum Freiwild erklärt hatte, wurde ich überwacht und bekam Morddrohungen, wurde in Kalifornien auf dem Highway verfolgt. Das ist eine alte, schlimme Geschichte aus dem Wilden Westen, könnten Sie denken. Aber heute stehe ich hier und zittere noch immer, weil Pfarrer Gandow und ich auf der Autobahn von Scientologen bedrängt wurden. Sie wollten wahrscheinlich verhindern, dass ich jetzt hier zu Ihnen spreche. Aber jeder, der aus Scientology austritt, muss auch das Recht haben, darüber zu reden.« Als Gerry Armstrong mit seinen Gastgebern abends wieder zurück nach Buckau fuhr, überholte sie am Funkturm noch einmal das rote Auto mit der Bitterfelder Nummer. »Sie hatten uns die ganze Zeit in der Stadt weiter beobachtet«, sagt Gandow.

Scientology reagierte wie üblich: Nicht die Organisation, sondern ein Einzelner sei schuld. In einer Pressemitteilung kritisierte die *Scientology Kirche Deutschland*, dass mit ihrem Mitglied Mirko O. offenbar »James-Bond-Phantasien« durchgegangen seien. Der Mann werde dafür »kircheninten disziplinarisch zur Verantwortung gezogen«. Die deutsche Scientology-Sprecherin Sabine Weber bestätigte aber, dass man den evangelischen Sektenbeauftragten Berlin-Brandenburgs, Thomas Gandow, überwacht habe. Man habe versucht, eine ladungsfähige Anschrift von Gandows Begleiter Gerald Armstrong zu ermitteln, denn gegen Armstrong lägen verschiedene Verfügungen von US-Gerichten vor. Man wolle versuchen, diese Verfügungen nach internationalem Recht in Deutschland zu vollstrecken.[2]

»Behandeln Sie einen Krieg nie wie ein Gefecht. Behandeln Sie alle Gefechte wie einen Krieg«, schrieb L. Ron Hubbard.[3] Die Devise gilt vor allem für jene Scientologen, die den »Krieg« an der unsichtbaren Front führen, die Agenten des *Office of Special Affairs*. Gerry Armstrong sagt, er habe sich nie daran gewöhnen können, bedroht und verklagt zu werden. Die Angriffe gegen ihn reichen von Rufmord bis zu gerichtsbekannten, lebensgefährlichen körperlichen Attacken. Doch bisher ließ er sich nicht zum Schweigen bringen. Hubbards Archivar stieg nach zwölf Jahren Dienst an seinem Halbgott 1982 aus, nachdem er entdeckt hatte, »dass der Mann praktisch über jeden einzelnen Punkt seines Lebens gelogen hatte«. Ab sofort galt er als Feind, gemäß Hubbards Drohung: »Es ist ein Schwerverbrechen, die Scientology öffentlich zu verlassen.«[4] Armstrong sagt: »Sie haben mich zum Unterdrücker erklärt und sofort mit dem Dead Agenting angefangen. Für die Organisation war ich nun Freiwild.«

Dead Agenting (die Tote-Agenten-Methode) beinhaltet laut Hubbard, einen Kritiker durch »schwarze Propaganda« so zu diskreditieren, »dass diejenigen, die ihm geglaubt haben, aber jetzt herausfinden, dass seine Angaben falsch sind, ihn töten – oder wenigstens aufhören, ihm zu glauben«.[5] Die berüchtigte Erklärung eines Kritikers als *Fair Game* (Freiwild) bedeutet im Grunde nichts anderes als eine Aufforderung zur Lynchjustiz. Danach darf man Feinde auch »zerstören«. Deshalb konnte Gerry Armstrong nicht einmal mehr lächeln, wenn man ihn darauf hinwies, dass Hubbard die *Fair-Game*-Doktrin angeblich abgeschafft hatte. »Das ist Blödsinn«, sagte er. »Die Fair-Game-Richtlinie ist noch immer in Kraft. Das sieht man an mir. Es soll nur aus PR-Gründen nicht mehr öffentlich erklärt werden.« Und Pfarrer Gandow sagt: »Was uns in Brandenburg auf der Autobahn passierte, war die Praktizierung der Freiwild-Richtlinie. Nicht im Wilden Westen, sondern am helllichten Tag und mitten in Deutschland.«

Gerry Armstrong hatte sich 1986 auf einen Vergleich mit der Organisation eingelassen, die ihm eine halbe Million Dollar zahlte und die Angriffe einzustellen versprach, wohingegen Armstrong sich verpflichten sollte, nie wieder ein Wort über Scientology zu sagen – das übliche Schweigeabkommen. Nachdem Scientology, so Armstrong, unmittelbar nach dem Vertragsabschluss aber der *Los Angeles Times* wieder verleumderische Unterlagen über ihn zugespielt hatte, ließ er sich den Mund nicht länger verbieten und redete weiter über Hubbards Lügen, über die Straflager und die Gehirnwäsche. 1995 verurteilte ihn ein Richter in Kalifornien, deshalb 300 000 Dollar Vertragsstrafe zu zahlen. Als Armstrong fürchten musste, wegen »Missachtung des Gerichts« im Gefängnis zu landen, verließ er die USA. Es war der Beginn einer Odyssee, die ihn im Jahr 2002 für einige Monate nach Deutschland führte, »in eines der wenigen Länder«, sagt Armstrong, »das Scientology noch die Stirn bietet«. Hier fand er vorübergehend Unterschlupf bei Pfarrer Gandow – bis das *OSA* ihn auch dort aufstöberte und auf Flugblättern als »ausgemachten Hochstapler« bezeichnete.

In Deutschland nennt sich der Geheimdienst *OSA Department für Spezielle Angelegenheiten* (DSA). Es wird auch verharmlosend als

Presse- und Rechtsamt bezeichnet. In dessen Münchener Zentrale arbeiteten in den neunziger Jahren rund 30 Agenten an der »Unterdrückung der Unterdrücker«; wie viele es heute sind, ist unbekannt. 1992 äußerte sich erstmals ein deutscher *OSA*-Agent gegenüber den Medien. Den *Stuttgarter Nachrichten* erklärte er: »Es läuft praktisch ab wie bei der Mafia.« Das *OSA* werde selbständig tätig, sobald Kritik oder Negativschlagzeilen auftauchen.[6] Der Schleswiger Scientology-Experte Ralf Bernd Abel bezeichnete das *OSA* einmal als »eine lächelnde Stasi«. Der Vergleich passt gut, denn wie der Staatssicherheitsdienst der DDR agiert das *Office of Special Affairs* nach außen *und* nach innen. Die *OSA*-Residenten der Sekte in den deutschen *Orgs* sind auch dazu da, die innere Sicherheit der Organisation zu gewährleisten, Scientology-Kritiker und Doppelagenten zu entlarven.[7] Frühere Scientologen waren entsetzt, als sie von einer Direktive erfuhren, die Hubbards Frau Mary Sue als Chefin des Geheimdienstes 1969 verfasst hatte. Darin befahl sie den Agenten, aus *sämtlichen* Archiven, nicht nur den Ethik-Akten, sondern auch den angeblich streng vertraulichen *Auditing-Akten*, diskreditierende Informationen zu »pflücken«: »Machen Sie vollen Gebrauch von allen Akten der Organisation, um unsere Hauptziele zu treffen. Das schließt Personalakten, Ethik-Akten, Trainings-Akten, Auditing-Akten und Anfragen über Rückzahlungen ein.«[8]

Auditing-Akten enthalten alles, was die Sektenjünger in den »Therapie«-Sitzungen am *E-Meter* ausplaudern. In den *Ethik-Akten* werden dagegen »Verfehlungen« und Verhörprotokolle aus den *Security Checks* archiviert; Kopien werden auch nach Los Angeles übermittelt, wo *OSA* eine Akte über jeden aktiven Scientologen besitzt.[9] Doch wenn ein Scientologe im *Auditing* etwas berichtet, das die Organisation als »unethisch« einschätzt, wird eine Notiz darüber an die »Ethikabteilung« – die »Justiz« – der jeweiligen *Org* weitergeleitet, und von dort wird sie ihren Weg zum Geheimdienst finden. Wie Aussteiger vielfach bezeugt haben, betrifft diese Praxis Aussagen über kriminelle Handlungen und sexuelle »Perversionen« und über jede, auch die leiseste Kritik an Hubbard und der *Church*. In den *Ethik-Akten* werden zudem all jene »Wissensberichte« archiviert, die Scientologen ständig über andere Scientologen schreiben müssen. Der ehemalige Österreich-Chef von Scientology, Wilfried Handl, bezeugt, dass sich an dieser Praxis bis zur Gegenwart nichts geändert habe. »Alles, was sich dazu eignet, Druck auszuüben, landet in den Ethik-Akten«, sagt er.

Seit Anfang der 1990er Jahre müssen zukünftige Scientology-Mitarbeiter zudem einen Bogen zu ihrer Lebensgeschichte mit 110 Fragen beantworten, der den *Security Checks* ähnelt und wie diese ausdrücklich *nicht vertraulich* ist. Diese sogenannte *Life History Form* enthält Fragen zur Krankengeschichte, besonders zu psychologischer und psychiatrischer Behandlung, zu eventuellem Drogenmissbrauch, Selbstmordversuchen, über Kontakte zu Scientology-Gegnern, Geheimdiensten oder Journalisten, über Straftaten und die finanziellen Verhältnisse. Punkt 96 erteilt folgende Weisung: »Erstellen Sie eine Liste der Namen aller Personen, mit denen Sie sexuelle Beziehungen hatten und welcher Art diese waren. Schätzen Sie die Anzahl, wie oft sie jede Aktivität ausführten und schreiben Sie alle Perversitäten auf, die dabei vorkamen. Machen Sie das so vollständig wie möglich.«[10] Manchmal haben Aussteiger versucht, ihre Akten anschließend anzufordern. »Darauf hat Scientology überhaupt nicht reagiert«, sagt Ursula Caberta. »Die Betroffenen hätten dann klagen müssen, aber dafür fehlte ihnen schlicht das Geld.«

»Ich war ein Täter«

Die zunehmende Diskussion und Aufklärung über Scientology hatte seit etwa 1991 zur Folge, dass nicht nur zahlreiche *Staffs* und normale *Publics*, sondern auch eine Reihe »hochtrainierter« und in die innersten Geheimnisse eingeweihter Top-Scientologen aus Deutschland, der Schweiz und Österreich das Weite suchten. Nachdem Gunther Träger ausgestiegen war, folgte ihm bald darauf der Züricher Unternehmensberater und *WISE*-Manager Tom Voltz, der 20 Jahre Scientology angehört hatte und Einblick in viele verschiedene Bereiche der Organisation hatte. 1995 schilderte er in seinem Buch SCIENTOLOGY UND (K)EIN ENDE, wie die Sekte die Demokratie zerstören und die Weltherrschaft erlangen wolle. Vor allem beschrieb er, was er am besten kannte: die wirtschaftspolitischen Strategien des Sektenkonzerns. Er enthüllte die größenwahnsinnigen Vorstellungen der Scientology-Spitze, die in einer bisher unbekannten Richtlinie gipfelten. Darin wurde als Ziel des Wirtschaftsdachverbandes *WISE* angegeben, »die administrative Technology L. Ron Hubbards in jedem Unternehmen der Welt voll zum Einsatz zu bringen« – was laut Voltz nichts anderes bedeutete, als die Übernahme der Wirtschaft auf der gesamten Erde.[1] Die Wirtschaft sei dabei aber nur Mittel zum Zweck, schrieb der Aussteiger: Wenn die ganze Welt scientologisch geworden sei, werde auch überall die Kontroll- und Managementtechnik *(Admin Tech)* der Scientologen eingeführt – die Diktatur der *Auditoren.* Warum es Scientology trotz aller Hindernisse und Aufklärung immer wieder schaffte zu überleben, führte Voltz auf ihre Struktur als wirtschaftliches Franchise-Unternehmen mit militärischer Disziplin zurück: »Es gibt mit wenigen Ausnahmen wohl kein Wirtschaftsunternehmen, das derart durchorganisiert ist wie Scientology. Und wahrscheinlich müssen wir erst diktatorische Militärregimes zum Vergleich heranziehen, um dem Organisations- und Gehorsamsgrad der Scientology gerecht zu werden.«[2]

Aber kein Aussteiger tat der Organisation in Europa so weh wie ein Mann aus Wien, der 2005 an die Öffentlichkeit ging. Wovon er erzählte, von all diesen brutalen Ereignissen und Methoden, das schien einfach nicht zu ihm zu passen. Wilfried Handl, damals 51 Jahre alt, ist ein angenehmer Mensch, offen und zugewandt. »Ein Wiener gehört ins Caféhaus«, hatte er gesagt und ein Treffen in einem Café in Berlin-Charlottenburg vorgeschlagen, im Oktober 2005. Zwar spürte man zuweilen eine gewisse Härte aufblitzen. Doch man sah ihm nicht an, dass er, wie er sagte, »aus der tiefsten Kälte« kam. 28 Jahre sind eine lange Zeit. Ein halbes Leben. So lange war Wilfried Handl bei der Psychosekte Scientology. Er war nicht irgendein Handlanger, sondern Chef von Scientology in Österreich, und als er den Posten nicht mehr bekleidete, blieb er »die graue Eminenz« der Sekte in Wien. Er wusste alles, was wichtig war. Er habe Menschen abhängig gemacht und dann »ausgequetscht wie eine Zitrone«, sagte er. Er war der höchstrangige europäische Scientologe, der jemals ausstieg und darüber redete – und der auch die eigene Schuld schonungslos eingestand. »Ich war ein Täter«, sagte Handl. »Ich habe Menschen weh getan. Ich war ein Parteisoldat in einem faschistischen System.«

Im Sommer 2001 fiel Wilfried Handl um. »Einfach so, aus heiterem Himmel«, sagte er. Er hustete Blut, legte sich ins Bett und glaubte an eine Grippe. Er wurde schwächer und schwächer, das Blut ignorierte er. Nach 14 Tagen besuchte ihn eine alte Freundin, Angelika, die ihn von früher kannte. Sie erschrak, als sie ihn sah, und rief sofort den Notarzt. Die Ärzte diagnostizierten Krebs. Die Metastasen wucherten in seiner Lunge, im Bauch, im Kopf. »Sie sagten, meine Überlebenschance sei eins zu 99 – optimistisch gesehen.« Als er nach der ersten Chemotherapie »wie aus einer Betäubung« aufwachte, drangen Gedanken in sein Bewusstsein, die er früher nie zugelassen hatte. »Ich hatte ja erstmals Zeit, in Ruhe über mein Leben nachzudenken«, sagte Handl. Wie kann es nur sein, dachte er da, dass ich krank bin? Er glaubte ja, als Scientologe *clear* zu sein, unbesiegbar und unsterblich. Doch jetzt ließ es sich nicht mehr ignorieren. Der Krebs war überall. Er konnte ihn sehen auf den Röntgenbildern. Er konnte ihn spüren in seinem Körper, der fast bis aufs Skelett abgemagert war. Handl begann zu grübeln. Er dachte besonders über den Scientology-Lehrsatz nach: »Hinter jeder Krankheit steckt das eigene böse Tun, sonst wäre man nicht krank.« Plötzlich spürte er so deutlich wie nie zuvor, dass in seinem Leben etwas nicht stimmte. »Und mein Leben, das war halt Scientology.« So dachte Wilfried Handl. Und auf einmal wusste er, was zu tun war. »Da bin ich ausgestiegen.«

Eingestiegen war Wilfried Handl im Jahr 1974. Damals war der gelernte Industriekaufmann 20 Jahre alt, er suchte nach einem Sinn im Leben. Eine Freundin nahm ihn mit in die Wiener Scientology-*Mission*, wo der Maler Gottfried Helnwein mitmachte und auch viele andere Künstler Kurse belegten. Dort starrte man sich stundenlang in die Augen. »Ich habe dabei viele hübsche Frauen kennengelernt, das gefiel mir«, erzählte Handl. Er schilderte die Scientologen als intelligente Menschen, die immer freundlich waren. »Dass wir innerlich immer kälter wurden, das habe ich damals nicht bemerkt.« Erst mussten Aschenbecher angebrüllt werden, dann Menschen. Bald hatte Handl seine Freunde entweder zu Scientology gebracht oder sich von ihnen getrennt. Er erwies sich als äußerst Scientology-kompatibel, er war hart und durchsetzungsfähig. 1979 wurde er Leitender Direktor in Wien. »Ich genoss die Macht, die ich hatte«, sagte er. »Dieses Gefühl, dass ich mit den anderen alles machen konnte.« Später wurde er geschasst, als Verräter verdächtigt, wieder rehabilitiert, er musste Strafarbeiten verrichten und ist doch immer wieder zurückgekehrt. Warum? Weil Scientology ähnlich wie eine Droge funktioniert, sagte Handl. »Schlimmer noch, denn der Heroinabhängige weiß wenigstens, dass er abhängig ist.«

Handl rauchte viel, trotz der kaputten Lunge. Im Berliner Café erzählte er von Nötigung, von psychischer Gewalt, von Erpressung. Von Suchtrupps, die er rausschickte, wenn ein Scientologe es wagte, die Sekte zu verlassen. Von Verhören mit oder ohne *E-Meter*. »Ich selbst führte oft fünf Verhöre am Tag«, sagte er. Er habe Mitglieder gezwungen, alles zu erzählen, Sünden, unkeusche Gedanken, Homosexualität. »Wir haben den gläsernen Menschen geschaffen«, sagte Handl. Und worum ging es dabei vor allem? »Geld. Es ging immer um Geld. Und darum, wie man den Einfluss von Scientology ausweitet.« Einmal, in den 90ern, wurde er selbst eine ganze Nacht lang bearbeitet, um 40 000 Dollar zu spenden. »Am Ende gab ich nach. Sie haben sogar ungedeckte Schecks akzeptiert.« Handl selbst machte es genauso, er nötigte Mitarbeiter mit eiserner Faust zum Spenden. Er leitete Veranstaltungen, bei denen 200 Scientologen in einem Raum saßen, dessen Türen verschlossen waren. »Raus kam nur, wer zahlte.« Mal ging es um 2000 Dollar, mal um 20 000. Über die Jahre gesehen, ging es um Millionen. Skrupel hatte Handl nie. Er arbeitete ja für das höhere Ziel: die »Klärung des Planeten«. In den 90er Jahren half er, den Scientology-Vormarsch nach Osteuropa zu organisieren, nach Ungarn und in die Slowakei. Er sprach vom Verkauf der Scientology-Seminare als »effektiver Managementtechnik« und hatte damit Erfolg. »Das Interesse war riesig. Die Wirtschaft griff gierig danach«, sagte Handl.

Heute würde Handl gern seine geschiedene Frau aus der Sekte holen, die er vor mehr als zwanzig Jahren selbst rekrutiert hatte. Aber sie wohnt mit den zwei jüngeren Söhnen jetzt in Amerika, und ihr neuer Mann ist ein Scientologe, der den Kindern den Kontakt zum Vater untersagt. Wilfried Handl, der von Sozialhilfe lebt, hat nicht einmal das Geld für ein Flugticket. Und er arbeitet immer noch an seinem eigenen Entzug. »Es ist noch so viel Scientology in mir«, sagte er im Frühjahr 2008. Immerhin sei er jetzt schon wieder »zu etwa 75 Prozent Mensch und nur noch zu 25 Prozent Scientologe«.

Kampf gegen Kritiker

Nicht nur »unsoziale Persönlichkeiten« aus den eigenen Reihen geraten in das Blickfeld der scientologischen Geheimpolizei. »Clear Germany« bedeutet für die *OSA*-Agenten, die »Kriegskasse« zu verwenden, um das Feld von Kritikern freizuräumen. In seinem Jahresbericht 2006 stellte das Bayerische Landesamt für Verfassungsschutz fest: »Kritiker werden diffamiert, öffentlich bloßgestellt, angezeigt und verklagt, bisweilen bedroht, belästigt und zur Zermürbung auch psychisch gequält.«[1] Was bisher über die Arbeit des *Department* in Deutschland bekannt wurde, folgt den Anweisungen L. Ron Hubbards über *Dead Agenting, Dirty Tricks* und *Black Propaganda*. Welcher Methoden sich die Agenten dabei auch hierzulande bedienen, wurde in einem scientologischen Geheimdienstpapier beschrieben, das der Staatsanwaltschaft München während ihrer Razzia 1984 bei Scientology in die Hände fiel. Darin war von »Telefonrecherchen« im Umfeld der Zielperson die Rede, dem »Kontaktieren von natürlichen Feinden« oder der sogenannten »Dust Bin Collection«. Auf Deutsch: Die Mülltonnen verdächtiger Personen sollen nach interessanten Papieren, Briefen und Dokumenten untersucht werden.[2] Tatsächlich fand sich ein »Plan für Untersuchung in Deutschland«, um »gemäß der Strategie der Spezialeinheit« dabei zu helfen, »die Hauptprobleme, die wir in Deutschland haben, zu lösen« und »die Quelle oder die Quellen, die hinter den Zielscheiben stehen, zu finden«.[3] Neben kirchlichen Sektenbeauftragten geriet dabei besonders der Scientology-Kritiker und Opferanwalt Ingo Heinemann ins Visier der selbsternannten Geheimpolizei. »Heinemann ist auf jeden Fall Zielscheibe«, schrieb eine scientologische Auftraggeberin namens Simone aus München, dem damaligen Sitz des deutschen *OSA*. Das Ziel der Maßnahme sei es, Heinemann »mit dem gesamten Material a) vor Gericht zu bringen oder b) ihn so zu diskreditieren, dass man seinen Aussagen keinen Glauben mehr schenkt«. Man solle am besten gleich mit der Mülleimerdurchsuchung beginnen, »da es dort auch gute Beweise geben kann«.[4]

Ingo Heinemann wohnte damals in Stuttgart. Er sagt, dass ihn die Spitzelpläne nicht sehr überrascht hätten, als er davon erfuhr. »Ich hatte immer mit derartigen Maßnahmen gerechnet, aber nicht darauf geachtet, ob ich beschattet wurde. Meine Mülltonnen habe ich auch nie bewacht.« Wie exakt Hubbards Befehle ausgeführt wurden, erfuhr der inzwischen pensionierte Anwalt 15 Jahre später. Anfang der 1990er Jahre war Heinemann in ein Einfamilienhaus in Erpel bei Bonn gezogen. Im Frühjahr 1999 rief ihn ein ehemaliger *OSA*-Agent an. Er habe, sagte der Mann, Heinemann seit Jahren im Dienst von Scientology ausgespäht und wolle ihn um Entschuldigung bitten. Der Agent erklärte sich bereit, die scientologische Aktion gegen Heinemann im Fernsehen zu enthüllen. In der ZDF-Sendung *Kennzeichen D* gab er damals zu Protokoll: »Es wurden Nachbarn befragt, um negative Dinge herauszufinden. Es wurden Mülltonnen durchwühlt, um belastendes Material aus dem Privatleben zu finden.« Auf die Frage, warum der Dienst so vorgehe, erwiderte der ehemalige Geheimagent: »Eine der Aufgaben von OSA ist es, Ermittlungen gegen sogenannte Feinde durchzuführen, um Dinge über diese herauszufinden, so dass man sie unter Druck setzen oder vernichten kann. Feinde der Scientology müssen natürlich mundtot gemacht werden und gemäß der Richtlinie, wenn möglich, vollständig finanziell ruiniert werden.«[5] Die Mülltonnensuche bei Ingo Heinemann blieb allerdings erfolglos. »Papier werfe ich grundsätzlich nur geschreddert in den Müll«, sagt der Scientology-Kritiker.

Die Münchener Staatsanwaltschaft kam 1986 angesichts des von ihr beschlagnahmten Belastungsmaterials zu dem Schluss: »Scientology … benutzt zur Abwehr innerer und äußerer Gegner der Organisation auch geheimdienstliche Methoden, operiert im Grenzbereich zur Illegalität und scheut gegebenenfalls auch nicht vor kriminellen Aktionen zurück.«[6] Daran hat sich trotz gegenteiliger Schwüre der deutschen Scientology-Sprecherin Sabine Weber offenbar nicht wirklich etwas geändert. Bei der Gerichtsverhandlung über die Verfolgungsjagd auf Pfarrer Gandow und Gerry Armstrong im Mai 2004 gab der Haupttäter Mirko O. die Observierung zu und erklärte, er habe »im Auftrag der Rechtsabteilung von Scientology« Fotos von Gandow und Armstrong aufnehmen sollen. Sie seien für »amerikanische Anwälte« bestimmt gewesen, »die mit Herrn Armstrong befasst sind«. Der Angeklagte bestritt jedoch, dass er jemanden gefährdet habe – der ganze Vorfall sei vergleichsweise harmlos gewesen. Das hatten selbst seine Auftraggeber anders gesehen, als sie unmittelbar nach der Tat von »kircheninternen Strafen« gegen ihn sprachen. Vor dem Amtsgericht kam Mirko O. wegen Nötigung im Straßenverkehr mit einer Geldbuße von gerade 1000 Euro an UNICEF in fünf Monatsraten davon; seine Komplizen blieben unerkannt.[7] Mirko O. durfte Mitglied des Immobilienverbandes Deutschland (IVD) bleiben und wurde von der Industrie- und Handelskammer Berlin sogar regelmäßig als Gutachter berufen. Angeblich gibt es dagegen keine juristische Handhabe.[8] Seit 2006 schickt Mirko O. regelmäßig seine Firmenreklame an Gandows Büroadresse. »So zeigt mir das OSA: Wir haben dich weiter auf dem Radar«, sagt der Pfarrer.

Zwar sind Mirko O.s rabiate Praktiken in Europa (anders als in den USA) eher die Ausnahme als die Regel. Aber *ein* Mittel zum Kampf gegen Kritiker hat Scientology hier wie dort bis zur Perfektion entwickelt – und setzt es inzwischen wieder verstärkt ein: Einschüchterungsversuche gegen Journalisten. Am harmlosesten und eher leicht zu durchschauen sind Leserbrieflawinen oder die massenhafte Beteiligung an Online-Abstimmungen.[9] Bei »Falschberichten« sollen Scientologen regelrechte Pressekampagnen gegen die »schreienden Affen« anzetteln, wie Hubbard Zeitungsreporter zu nennen pflegte.[10] »Schreibe einen Leserbrief, der nicht beleidigend sein sollte, aber in dem Du Deinem Herzen richtig Luft machst«, heißt es in einer speziellen Anleitung des deutschen *OSA*, um »negative Presse zu handhaben«.[11]

Wenn aber Leserbriefe die Schreiberlinge nicht zur Räson bringen, werden schwere Geschütze aufgefahren. »Erhebt bei jeder Gelegenheit Verleumdungsklagen, um die Presse davon abzuschrecken, über die Scientology-Kirche zu schreiben«, befahl L. Ron Hubbard.[12] Als Reaktion auf einen »schlechten Zeitungsartikel« ordnete er folgendes Vorgehen an: »1. Fordern Sie die Zeitschrift brieflich auf, ihn sofort in der nächsten Ausgabe zu widerrufen. 2. Nehmen Sie einen Privatdetektiv …, um Ermittlungen gegen den Autor durchzuführen. 3. Veranlassen Sie Ihre Rechtsberater und Anwälte, die Zeitschrift anzuschreiben und mit einer Klage zu drohen.«[13] Nach der Devise des »Gründers«, mit Klagen »den Gegner zu zermürben«, werden kritische Journalisten und Redaktionen regelmäßig von Scientologen und ihren Anwälten mit häufig absurden Begehren auf Gegendarstellung und Unterlassung, mit Schadenersatzforderungen, Beleidigungs- und Verleumdungsklagen überzogen.[14] Das bleibt zwar in fast hundert Prozent der Fälle erfolglos, führt aber dazu, dass viele Redaktionen das Thema nur mit spitzen Fingern anfassen. Wir selbst haben die Masche bei rund 20 Anlässen erlebt. Oft ging es zu wie im Fall des Berliner Scientologen Peter-Uwe Krumholz, dessen ominöse Geschäfte auf Usedom wir zu vereiteln geholfen hatten. Nachdem wir in der ersten Auflage des Buchs DER SEKTEN-KONZERN unsere Recherchen noch einmal ausführlich dargelegt hatten, wollte er elf Aussagen verbieten lassen. Doch kaum hatte die Verhandlung begonnen, zog seine Anwältin die Klage plötzlich zurück. Man hatte angesichts der von uns vorgelegten Beweise offensichtlich eingesehen, dass das Unterfangen aussichtslos war.[15] Verlag und Autoren waren auf diese Weise aber einige Wochen beschäftigt worden. Natürlich ist es das gute Recht jeder Gruppierung im demokratischen Staat, sich gegen Angriffe mit den gebotenen Mitteln zur Wehr zu setzen. Problematisch wird es allerdings, wenn es letztlich gar nicht um den Inhalt geht, sondern darum, Kritiker mundtot zu machen.

Möglicherweise spielte diese Taktik eine Rolle in dem rätselhaften Fall einer früheren deutschen Scientology-Kritikerin, die irgendwann plötzlich »umfiel«. Renate Hartwig, eine Sozialarbeiterin aus Ulm, hatte 1994 einen emotionalen Bestseller zum Thema geschrieben und war häufig im Fernsehen zu Gast.[16] In einem Werbeblatt für das Buch SCIENTOLOGY – ICH KLAGE AN! hieß ihre wichtigste These: »Scientology ist staatlich geduldeter, von der Justiz nicht verfolgter, von Prominenten, Künstern und Medien verharmloster Terror.« Doch im Jahr 2002 hörte sie mit einem Mal auf, die Sekte zu attackieren, und veröffentlichte ein verschwörungstheoretisches Buch mit dem Titel DIE SCHATTENSPIELER, in dem sie nun die Scientology-Gegner in Deutschland angriff.[17] Hartwig, die viele Jahre gutes Geld mit ihrer Scientology-Kritik verdient hatte, warf der Hamburger Beauftragten Ursula Caberta »Amtsmissbrauch« vor und bezeichnete Scientology-Gegner als »Kritiker-Sekte«. Sie vertrat plötzlich Argumente, die man bisher nur von Scientology gehört hatte, etwa: »Verboten ist nichts. Weder Scientology noch ein Scientologe zu sein. Das sind die Fakten. An die muss sich jeder halten, der Demokratie und Rechtsstaat ernst nimmt.«[18] Sie behauptete sogar allen Ernstes, es gebe »bis heute keine tatsächlichen Informationen« über die Organisation – obwohl inzwischen eine halbe

Bibliothek über Scientology publiziert wurde und Tausende Seiten Dokumente im Internet stehen.[19] Vor allem ignorierte sie damit ihre eigene zehnjährige Arbeit und tat so, als ob alles, was sie selbst zusammengetragen hatte, mit einem Mal nichts mehr wert sei. 1992 hatte sie in einem offenen Brief an die Fraktionen des Baden-Württembergischen Landtags geschrieben: »Bei uns zeugen Regale mit Erlebnisberichten von der Fülle von Fällen, in denen Hubbard-Technology gutgehende Firmen in den Konkurs getrieben, Arbeitsplätze vernichtet und Sozialhilfefälle geschaffen, Familien zerstört und Kinder psychisch misshandelt hat.«[20] Alles in allem entstand der Eindruck, dass Renate Hartwig einen Deal mit Scientology abgeschlossen hatte. Warum? Sie hatte zuvor offenbar eine Reihe kostspieliger Prozesse durchzustehen. Hatte es deshalb Verhandlungen mit Scientology gegeben? Belege gibt es keine, aber Fragen bleiben. Wurde Hartwig 1995 noch als »Demagogin« im Propagandablatt *Freiheit* angeprangert, so legte der von Scientologen geführte Sabine Hinz Verlag aus Stuttgart 2002 in der von ihm herausgegebenen Kent-Depesche seinen Kunden den Kauf ihres Buches DIE SCHATTENSPIELER freundlich mit einem Hartwig-Zitat ans Herz: »Hartwig wäre nicht Hartwig, wenn sie nicht öffentlich zurechtrücken würde, was schiefgelaufen ist«.[21] Die Scientology-Sprecherin Sabine Weber schrieb zwei Monate nach der Autobahnjagd auf Thomas Gandow 2003 in einem Brief an die evangelische Landeskirche Berlin-Brandenburg, in dem sie sich über den Pfarrer als einen »der wohl fanatischsten Gegner der Religionsfreiheit« in Deutschland beschwerte: »In Renate Hartwigs neuestem Werk ›Die Schattenspieler‹ werden interessante Details aus der sogenannten Anti-Sektenszene aufgedeckt. Dort findet sich zwangsläufig auch ein aufschlussreiches Kapitel über Pfarrer Thomas Gandow.«[22]

Problematisch ist, dass vielen Richtern das Hintergrundwissen über die sekteninternen Strategien und Verflechtungen fehlt, um deren Vorgehen richtig beurteilen zu können. Scientology kann vor Gericht jederzeit eine Phalanx von Zeugen aufmarschieren lassen, die dann alle die gleiche »Wahrheit« aussagen. Viele Mitglieder des Psychomultis wollen ungern als solche bezeichnet werden; denn das könnte ihre Geschäfte schädigen. Vor Gericht berufen sie sich deshalb häufig auf das Recht der negativen Bekenntnisfreiheit nach Artikel 4 des Grundgesetzes (»Niemanden geht meine Religion etwas an«) und konnten sich auch oft damit durchsetzen. Doch wirtschaftliche Aktivitäten und die angebliche Religion sind bei Scientology untrennbar verbunden. Nachdem es sogar bekennenden Hubbard-Jüngern mehrfach gelungen war, vor den Pressekammern deutscher Gerichte Urteile zu erreichen, die es den beklagten Medien untersagten, sie als Scientologen zu bezeichnen, leitete das Oberlandesgericht München am 13. August 1993 eine Wende zugunsten der Pressefreiheit ein. Obwohl sich die Krefelder Unternehmerin und *Operierende Thetanin* Johanna Erdtmann in einer Zeitschrift ausdrücklich zu den Managementlehren Hubbards bekannt hatte, wollte sie dem Magazin *Forbes* untersagen lassen, ihre Scientology-Mitgliedschaft zu benennen. *Forbes* hatte über Erdtmanns Versuche berichtet, eine ganze Branche – die Farb- und Stilberatung – in Deutschland scientologisch zu beeinflussen. Trotz entsprechender eindeutiger Zeugenberichte bestritt Familie Erdtmann, eine wirtschaftliche Tarnorganisation von Scientology zu betreiben: »Wir haben im Rahmen unserer geschäftlichen Tätigkeit noch nie den Versuch unternommen, irgend jemanden für Dianetik-Kurse und/oder Persönlichkeitstests zu interessieren.«[23] Das Gericht urteilte, dass *Forbes* zwar in die negative Bekenntnisfreiheit Erdtmanns eingegriffen habe, doch sei der Eingriff in Abwägung mit der Pressefreiheit nach Artikel 5 des Grundgesetzes »nicht objektiv rechtswidrig« gewesen: »Das Gericht vermag nicht von einer scharfen Unterscheidung zwischen den Lehren des L. Ron Hubbard im Managementbereich einerseits und im weltanschaulichen Bereich andererseits auszugehen.«[24] Diesem ersten Präzedenzurteil folgte ein zweites, das die Berliner *tageszeitung* im Oktober 1994 in Hamburg erreichte, wonach es Journalisten erlaubt ist, Ross und Reiter bei der Berichterstattung über scientologische Firmen zu nennen, die mit »rüden Methoden« arbeiten. Die Richter urteilten, dass die scientologisch geführten Immobilienfirmen Breitling & Partner GmbH sowie HG Grundstücksgesellschaft Harlaching die kritische Berichterstattung »zu dulden« hätten, denn »Angehörige der Scientology-Organisation sind nach ihrem eigenen Anspruch gehalten, die ideologischen und wirtschaftlichen Interessen der Organisation in jeder Lebenslage zu fördern, insbesondere deren Ideen und Managementprinzipien in Gesellschaft und Wirtschaft durchzusetzen«. Dies erwecke in der Öffentlichkeit »berechtigten

Argwohn«. Das Recht »auf unternehmerische Selbstbestimmung«, so urteilte das Gericht, sei »deshalb vorliegend geringer zu werten als die Pressefreiheit«.[25] Ebenfalls 1994 erklärte das Oberlandesgericht München es für zulässig, in der Presse Namen von Scientology-Unternehmern zu nennen, die in den intern von Scientology verbreiteten *WISE*-Adressbüchern *(WISE International Directories)* stehen. Hubert Berrang aus München, »Clear Nr. 11609«, beteiligt an Scientology-Tarnorganisationen und damals Unternehmensberater, wollte die Aussage verbieten lassen, dass seine Firma dem Verband der Scientology-Firmen angehöre. Bereits das Landgericht München lehnte die Klage ab und urteilte: »Es besteht ein elementares Interesse der Allgemeinheit zu erfahren, welcher Personenkreis diesem eingetragenen Verein angehört.«[26]

Management by Scientology

»Wir leiden unter weltweiter Idiotenwirtschaft«, schrieb der Scientology-Gründer L. Ron Hubbard.[1] Sein Gegenmittel, um »Vernunft« in der Wirtschaft zu schaffen, hieß einmal mehr »Ethik«. Was wirtschaftliche *Ethik* im scientologischen Sinne bedeutet, steht sehr deutlich in einem Rundbrief des scientologischen *Verbandes Engagierter Manager (VEM)* aus Düsseldorf vom April 1991: »Der Begriff Ethik hat für viele von uns den Beiklang von Moral. Um es ganz klar zum Ausdruck zu bringen: Ethik ist die Vernunft und Erwägung in Bezug auf optimales Überleben.« Deshalb sollen die »Engagierten Manager« alle »Gegenabsichten« in der Wirtschaft bekämpfen, »die ihr Überleben zu unterdrücken versuchen«: »Ein gutes Team ist wie eine runde stählerne Kanonenkugel, innen vollständig homogen und außen glatt und unangreifbar; sie trägt sehr weit und durchschlägt jeden Widerstand.«[2] Der Dachverband *WISE* soll diese seltsame *Ethik* schließlich »in die gesamte Geschäftswelt einbringen«. In einem neueren Propagandabuch heißt es: »Es fehlt gravierend an Verwaltungs-Know-how (…). *WISE*-Mitglieder bringen Vernunft und Ordnung in ihre Umgebung.«[3]

Das Wort »Umgebung« wird sehr weit aufgefasst. In der »Anweisung Nummer 1« des Internationalen Managements von Scientology wird als Ziel für *WISE* genannt: »Die Übernahme der Wirtschaft auf der gesamten Welt durch die Scientology, indem die L.-Ron-Hubbard-Verwaltungstechnologie in jeder Firma der Welt vollständig eingeführt wird, ob es sich um Scientologen handelt oder nicht.«[4] Die *Executive Officers* von *WISE* haben laut Marc Yager vom *RTC* die Aufgabe, »die Verwaltungstechnologie von L. Ron Hubbard in Spitzenunternehmen ihres Landes, anderen Vereinigungen, Gemeinden, Ländern und Regierungen einzuführen«.[5] Dieses machtpolitische Vorhaben hat Hubbard als einen Kampf ums Überleben definiert, in einer krass sozialdarwinistischen Sprache: »Es ist ein hartes Universum. Der soziale Anstrich läßt es mild erscheinen. Die besten Organisationen waren harte, hingebungsvolle Organisationen. Kein einziger weichlicher Haufen Windelhöschen tragender Dilettanten hat jemals etwas zustande gebracht. Nur die Tiger überleben.«[6] Und die Raubtiere des modernen Kapitalismus sind die Scientologen. *WISE* führt als Logo eine stilisierte Löwin mit zwei Jungen im Briefkopf. Dass auch in Deutschland Manager, Führungskräfte und Erfolgshungrige der scientologischen Raubtierphilosophie erliegen, hat damit zu tun, dass Scientology ihnen verspricht, dass sie noch erfolgreicher sein werden, noch mehr »Power« haben. Die Sekte verheißt ihnen weltweite Verbindungen, schnellen Aufstieg und Macht – genau wie die Mafia.

Im März 1994 bezeichnete die deutsche Innenministerkonferenz Scientology als »Organisation, die unter dem Deckmantel einer Religionsgemeinschaft Elemente der Wirtschaftskriminalität und des Psychoterrors vereint«.[7] Tatsächlich ist die Sekte wie ein Wirtschaftsunternehmen (wie erwähnt: nach Franchise-Art) organisiert. Die Münchner Staatsanwaltschaft kam schon 1984 zu dem Schluss: »Die Scientology-Sekte ist ein riesiger multinationaler Wirtschaftskonzern.«[8] Zugleich hat Scientology mit der Gründung von *WISE* 1978 auch einen eigenen Dachverband für Firmen aufgebaut, in denen die scientologische »Verwaltungstechnologie« implementiert wird. Die Übernahme der *Admin Tech* bedeutet dabei weit mehr als nur die Einführung einer neuen Managementmethode, etwa nach Art des *Lean Management*. Sie bedeutet, das jeweilige Unternehmen der Kontrolle von Scientology zu unterstellen – und zwar nicht irgendeinem Zweig von Scientology, sondern ihrem Paramilitär, der *Sea Org*. »Das Personal der Sea Org ist dazu autorisiert, scientologische Organisationen zu übernehmen und zu kontrollieren und

Personal, einschließlich leitender Angestellter, zu degradieren bzw. zu befördern und die Gesellschaft zu leiten«, bezeugte der ehemalige Stellvertreter von David Miscavige, Jesse Prince; dies gelte ausdrücklich auch für »die weltlichen Organisationen wie *WISE*«.[9] Jeder *WISE*-Betrieb ist demnach eine Scientology-Zelle, eine Kampfeinheit im weltweiten Krieg um Macht und Einfluss.

Scientologische Unternehmer haben vor Gericht immer wieder in Abrede gestellt, dass ihre »Religion« mit dem Geschäft zu tun habe. Doch uns zugespielte interne Dokumente aus der Fliegerbauer-Holding in Zwickau und der Firmengruppe des Hamburger Top-Scientologen und Immobilienunternehmers Götz Brase aus den 1990er Jahren bestätigten in unumstößlicher Klarheit, was kaum mehr zu leugnen war. »Brase KG stellt einen festen, wichtigen Stützpunkt von Scientology in der Gesellschaft dar«, hieß es zum Beispiel in einem Strategiepapier des Hamburger Immobilienlöwen.[10] Die internen Akten zeigten, dass Scientology-nahe Immobilienhändler nicht nur Geld machen wollten, sondern auch als Agenten der Sekte handelten. Die scientologische Maklerin Rosl Burkhardt behauptete zwar in der Öffentlichkeit, weder sie noch irgendwelche Mitarbeiter ihrer Berliner Firma B&B Immobilien würden Käufer oder Mieter für Scientology werben. Doch in einem internen Memorandum, mit dem sie Verkäufer schulte (»Verkäufer-Hut«), schrieb sie unmissverständlich: »Aber mein eigentliches Ziel ist es, jeden in Scientology zu bringen. Und wenn er bei uns schon eine Wohnung kauft, dann hat er indirekt schon etwas für Scientology getan. (…) Ich als Verkäufer in der Brase-Firma repräsentiere auch Scientology.«[11] Brases Untergebene Selma E. meldete ihrem *Ethik-Offizier* in der Hamburger *Org* stolz, sie habe wieder einen Kunden für die Sekte an der Angel: »Ich habe einen Kunden, der im Februar '93 zwei Wohnungen bei mir gekauft hat … Gleichzeitig bin ich in Comm mit ihm wg. Scientology.«[12] Sie war also dabei, den Kunden zu rekrutieren. »Das Geheimnis ist, den Kunden gar nicht merken zu lassen, dass man ihn so langsam, aber sicher einkreist«, hieß es in einem Brase-Papier.[13] Die Brase-Firmen waren eine Gefahr für jeden ihrer Klienten und – wegen ihrer Finanztransfers an Scientology – auch für die Demokratie.

In den Vereinigten Staaten von Amerika gibt es zahlreiche Firmenchefs oder Top-Manager, die sich offen zu Scientology und ihrer »Verwaltungs-Technologie« bekennen, weil in dem Land so gut wie keine öffentliche Diskussion über *WISE* und dessen Ziele stattfindet. Die große Autovermietungsfirma Avis und zahlreiche andere Unternehmen ermunterten in Anzeigen, die in Scientology-Broschüren erschienen, ausdrücklich Scientologen, mit ihnen zu kooperieren.[14] Anders in Deutschland. Hierzulande wird nach außen hin im Geheimen operiert. Als der schwäbische *Thetan* Gerhard Haag die Stahlbautechnik Neckar GmbH 1992 vom Krupp-Konzern kaufte und auf Scientology-Kurs brachte, wurde das verräterische S-Wort nie erwähnt. Im Betrieb war allerdings freimütig von *Ethik-Offizieren*, *Statistiken* oder *LRH Tech* die Rede. Gerhard Haag hatte nach Angaben seiner kaufmännischen Leiterin Jeanette Schweitzer sogar ein Schild auf seinen Schreibtisch gestellt, das ihn als *Patron Meritorius* auswies. Er hatte also 250 000 Dollar an Scientologys »Kriegskasse« gespendet, um den Geheimdienst *OSA* und das Projekt »Clear Germany« zu finanzieren. Wie später Jesse Prince bezeugte Jeanette Schweitzer den direkten Durchgriff der Sekte in das Unternehmen. Ein externer scientologischer *Ethik-Offizier* mischte sich in die Betriebsführung ein. »Er bestimmte beispielsweise, wer entlassen werden sollte«, sagte sie uns im Interview. 40 Prozent des Personals sei innerhalb weniger Monate ausgetauscht worden, und zwar nach Maßgabe, ob man sich an die Scientology-Methoden anpasste oder nicht.

In einigen Branchen und Regionen Deutschlands gelang es Scientology-nahen Firmen, zum Marktführer aufzusteigen – was mit brutalen Verdrängungsmethoden einherging. Stuttgarter Immobilienfirmen sahen sich 1992 gezwungen, unter ihre Anzeigen die Aussage zu drucken: »Wir sind keine Scientologen.«[15] Im Raum Stuttgart waren zahlreiche Immobilienmakler in den Ruf geraten, zu Scientology zu gehören und sich kartellartig zusammenzuschließen. Der Pressesprecher des württembergischen Rings Deutscher Makler (RDM) äußerte im Fernsehen den Verdacht, die Scientologen seien drauf und dran, »unseren Verband zu unterwandern und in den Griff zu bekommen«.[16] Wenig später wurde bekannt, dass ein scientologisches *OT-Komitee* versuchte, den Raum Stuttgart zu einer »ethischen Umgebung zu machen, in der Dianetik und Scientology blühen und gedeihen«. Mitgliederlisten dieses Komitees lasen sich wie ein Adressverzeichnis örtlicher Wirtschaftsgrößen. Im

Gründungsdokument berief man sich auf Hubbards *Gung-Ho Group Tech*, eine Anweisung zur geheimen Unterwanderung der Gesellschaft. *Gung-Ho*-Gruppen, benannt nach dem chinesischen Wort für »zusammenziehen«, sind laut einer vertraulichen Rede des ersten scientologischen *Gung-Ho*-Leiters Roy McCann von 1969 konspirative politische Scientology-Zellen: »Gung-Ho-Gruppen sind der erste Scientology-Versuch, eine Weltregierung zu errichten, sie sind ein Halt in der Gemeinschaft, die wir schließlich zu regieren bekommen.«[17] Der Kanadier McCann wies die Scientologen des Landes damals an, »Elch-Logen, Rotary und Lions Clubs, Bürgergruppen, Frauenvereine, Studentenverbände und was es da so in einer Gemeinde sonst noch an Vereinigungen gibt, als das Werkzeug zu benutzen, mit dem man das Vertrauen in der Gemeinschaft gewinnt«.[18] Scientology-Funktionäre haben seit Mitte der 1970er Jahre erklärt, dass *Gung-Ho*-Gruppen nicht mehr bestünden, doch das Stuttgarter *OT-Komitee* berief sich ausdrücklich auf das geheime Unterwanderungskonzept. Die Zukunftsvision des Komitees sah laut dessen *Admin Skala* so aus: »Ein Netzwerk von Scientology-orientierten Aktivitäten, komplett integriert in die Gesellschaft, z. B. Schulen, Kindergärten und Firmen, welche LRH Tech anwenden.«[19]

Täuschung hieß auch das Grundprinzip, als Scientologen Anfang der 1990er Jahre ausgeklügelte Methoden entwickelten, um Firmen nicht zu kaufen, sondern »umzudrehen«. Sie versuchten, Unternehmen auf Scientology-Kurs zu bringen, ohne dass diese etwas davon ahnten. Die Hamburger Innenbehörde kam in einem Gutachten von 1995 zu dem Schluss, dass das Vorgehen von *WISE*-Mitgliedern »nur als Strategie zur Unterwanderung der Wirtschaft definiert werden« könne.[20] Diese Strategie erinnerte mehr an Geheimdienstmethoden als an Betriebswirtschaft. Nicht grundlos; war doch der Vormarsch in die Wirtschaft vor der Gründung des »Weltinstituts der scientologischen Unternehmen« in die Kompetenz des Scientology-Geheimdienstes *Guardian's Office* gefallen. L. Ron Hubbard selbst hatte den Geheimauftrag zur Infiltration von Wirtschaft und Gesellschaft bereits 1966 unmissverständlich formuliert, als er dazu aufrief, in der Gesellschaft und Wirtschaft »Schlüsselpositionen zu erobern«: »Die Fabriken, die Zentren des Handels, die Gemeinden, das sind die Orte, wo wir ausgebildete Scientologen haben wollen.«[21] Diese versteckte Agenda ist es, die

das Einsickern von Scientologen in gesunde Betriebe brandgefähr-
lich macht.

Der Weg in die Unternehmen führt seit Beginn der 1990er Jahre
oft über Management- oder Personalberatungsfirmen aus dem
Dunstkreis der Scientology-Organisation. Mit simplen Parolen wie
»Wir machen die Fähigen fähiger« stießen sie auf offene Ohren bei
all denen, die sich einfache Rezepte für zunehmend komplexere
Abläufe wünschten. Scientologische Personal- und Management-
beratungen wie U-Man International, On Top Management oder
Choice International machten nach eigenen Aussagen eine große
Zahl deutscher Unternehmen zu Beginn der 1990er Jahre mit
der Hubbard-*Management-Technologie* bekannt, darunter Karstadt,
Edeka, Renault, Nixdorf, Daimler Benz, BASF, Kodak. Auf ihren
Referenzlisten standen zudem mittelständische Kunden vom Auto-
zulieferer bis zur Zahnarztpraxis, vom Softwarehaus bis zur Groß-
bäckerei. Sorgfältig vermieden die scientologischen Unternehmensberater jedoch, Scientology zu erwähnen. Wie einfach der Einstieg
oft war, erläuterte der ehemalige Top-Scientologe Gunther Träger
1993: »Die Unternehmensberatung geht von der Voraussetzung
aus, dass jede Firma Probleme hat. Stimmt irgendwie immer, und
das ist die Einflugschneise.«[22]

Dass die Psychotechniken für Unternehmen zerstörerische Wirkung haben, steht für Experten fest. »Sie vergiften das Betriebs-
klima. Außerdem kann sich niemand mit ganzer Kraft für eine
Firma engagieren, wenn er dabei immer am Vertrieb von Scientology-Kursen arbeitet«, sagt Ursula Caberta. Nicht nur bei der AMK
diente als Türöffner damals wie heute der scientologische Persönlichkeitstest, den normale *Staff Members* umsonst in Fußgängerzo-
nen feilbieten, scientologische Beraterfirmen wie U-Man International aber für 900 D-Mark pro Stück verkauften. Der bekennende
Scientologe, *WISE*-Manager und *Patron* der *International Association of Scientologists,* Silvio Markus Vogel aus Göppingen, verteidigte
den Wucher-Test damals mit den Worten: »Er hilft den meist gren-
zenlos überforderten Personalchefs bei der Beurteilung eines zukünftigen Mitarbeiters.«[23] Die Hamburger Wochenzeitung *Die Zeit*
enthüllte, dass die Franchisenehmer von U-Man International zehn
Prozent ihrer Bruttoeinnahmen an die U-Man-Zentrale in Kopenhagen und weitere sechs Prozent an *WISE* in Los Angeles abführen

mussten.[24] Der Züricher Ex-Scientologe Tom Voltz konnte 1995 erstmals offenlegen, dass es sich dabei um die üblichen Franchisegebühren an *WISE* handelt.[25] Die *WISE*-Unternehmen zahlen im Grunde klassische Lizenzgebühren, die jedoch, als Spende an eine »kalifornische religiöse gemeinnützige Organisation« deklariert, steuerfrei bleiben. *WISE* hat laut Vertrag sogar das Recht, die Buchhaltung und »die Räumlichkeiten« der Lizenznehmer jederzeit zu kontrollieren – wie die *Sea Org* in den scientologischen *Orgs*.[26]

AMK, U-Man, Choice – mit Hilfe der Management- und Personalberatung gewann das *WISE*-Syndikat in den 1990er Jahren Einfluss auf eine ganze Reihe mittelständischer Unternehmen vor allem in Baden-Württemberg und Nordrhein-Westfalen. Ihr Vorgehen deckte sich mit einem Geheimbefehl, der 1966 im Auftrag von L. Ron Hubbard erlassen wurde, um das Geschäftsleben auf Scientology zu polen. Präzise schreibt die scientologische »Verwaltungsanordnung ED 1040 INT« vor, wie die (deutsche) Wirtschaft unterwandert werden soll: »1.) Suchen Sie sich eine Firma aus, die bereits sehr gut arbeitet, um sich eine hohe Statistik zu verdienen. 2.) Wenden Sie sich an den höchsten Manager und lehren Sie ihn Scientology. Bieten Sie ihm an, mehr Geld zu machen, ohne dass es ihn mehr kostet. (…) 3.) Der nächste Schritt ist, Ethik einzuführen. Lokalisieren Sie SP's in der Organisation und werfen Sie sie hinaus. 4.) Auditieren Sie die leitenden Angestellten und zeigen Sie ihnen, um was es sich handelt. Das wird dann den Zyklus in Gang setzen, die Tech in die Firma zu bekommen: Die leitenden Angestellten werden die Jungmanager und das andere Personal dazu drängen, Auditing zu nehmen.«[27] Es geht darum, die Managementebene mit Scientologen zu besetzen, um so über das ensprechende innerbetriebliche Machtpotential zu verfügen. Wenn der Chef selbst Scientologe wird, umso besser. Der Boutiquenbesitzers Dieter Schulz in Mönchengladbach, Chef der Vanessa Textilhandel GmbH mit 32 Filialen und 150 Angestellten, ließ sich für Scientology rekrutieren und belegte »Fortbildungskurse« in *Flag*. Wenig später modelte er seinen Betrieb gründlich um. Mitarbeiter, per »Orientierungsdrill« auf die neue Linie getrimmt, sprachen von einer drastischen Änderung des Betriebsklimas, von einer »Atmosphäre der Angst und des Misstrauens«. Jeder überwachte jeden, kontrolliert von der *Ethik*-Abteilung. Alle Angestellten mussten den berüchtigten Persönlichkeitstest absolvieren. Die 21-jährige Anke Wender, als Einkaufsassistentin neu eingestellt, gab 1990 zu Protokoll: »Man sagte mir, man hätte aus dem Test erkannt, dass ich geistig krank sei.« In Vorgesprächen wurde ihr angedeutet, dass man die Teilnahme an Fortbildungsveranstaltungen erwarte. Dass es sich dabei um Scientology-Kurse handelte, sagte man ihr nicht. Allerdings drückte ihr der Chef vorab die Einführung in die Ethik der Scientology in die Hand. In einem Rundbrief verkündete Dieter Schulz das neue Motto seiner Firma. Er hatte es direkt bei Hubbard abgeschrieben: »Wir haben dich lieber tot als unfähig.«[28] Doch Scientology hat es nicht nur auf die Chefs abgesehen, sondern auf alle Multiplikatoren innerhalb und außerhalb der Firmen. Um herauszufinden, wer wichtig ist, werden Informationsknotenpunkte genutzt, die Chefsekretärin oder der IT-Bereich, alles, wo man Informationen über Strukturen, Hierarchien und Kommunikationswege erfährt. Der Trick, um die Öffentlichkeit, Geschäftspartner und Kunden zu täuschen, ist dabei so subtil wie einfach: Nicht Scientology selbst übernimmt die Firmen, sondern linientreue Unternehmer, die im Franchise-System Lizenzen erwerben und den Betrieb dann auf die »Hubbard-Verwaltungstechnologie« umstellen. In der Regel merken die Mitarbeiter zunächst nichts oder nur wenig von den Veränderungen im Betrieb – das Erwachen ist umso schmerzhafter. Wenn Scientologen durch Personalberater, Managementberater oder Stellenvermittler an Führungspositionen, etwa in der Personalabteilung und der kaufmännischen Führungsebene gelangt sind, agieren sie dort als ferngesteuerte Kader des Sektenkonzerns.

Für das Vordringen von Scientologen in die Betriebsleitung gibt es untrügliche Anzeichen: Der scientologische Berater führt eine Verwaltungsskala *(Admin-Scale)*, ein Organigramm *(Org-Board)* und tägliche Statistiken *(Management-Statistics-System)* ein. Jede noch so kleine Firma wird in zahlreiche Über- und Unterabteilungen gegliedert. So wurde die Immobilienfirma Prim AG des *Operierenden Thetans* Bretislav Mrkos aus Basel in drei Stabsstellen, sieben Abteilungen und 20 Bereiche eingeteilt, obwohl sie nur 14 Mitarbeiter hatte; ähnlich war es bei Kurt Fliegerbauers Schloss Osterstein Verwaltungs GmbH in Zwickau.[29] Gleichzeitig etablieren Scientologen meist eine rabiate Befehlsstruktur, die an den Frühkapitalismus erinnert. Sie verlangen absolute Unterordnung, es gilt das Prinzip von

Befehl und Gehorsam. Gibt es einen Betriebsrat, so wird versucht, ihn mit linientreuem Personal zu besetzen oder auszuschalten, wie bei der Stahlbautechnik Neckar GmbH. Als zentrales Instrument der Hubbard-Lehre kommt dann das *Statistik-System* zum Tragen. Es soll, wie es heißt, den Betrieb »zur Power bringen«.[30] Tatsächlich beinhaltet das *Statistik-System* ein stupides Hochtreiben der Planziffern, wie man in der DDR gesagt hätte.

Die Maßnahmen erreichen in der Regel eine starke Verunsicherung der eingesessenen Mitarbeiter im Betrieb, denn die Übernahme folgt häufig dem Schema: Chaos schaffen; Druck machen; alle, die das nicht durchstehen, »freiwillig« gehen lassen und stattdessen Scientologen einstellen. Irgendwann werden die Mitarbeiter gedrängt, die Psychokurse der Sekte zu besuchen, wo sie unmerklich auf Gehorsam getrimmt und in die Scientology-Sprache eingeführt werden. Bei der Prim AG in Basel schrieb der Chef Bretislav Mrkos in einem Memorandum an seine Angestellten: »Wir erwarten von Ihnen, dass Sie nach Bedarf bereit sind, Studiertechnik und Management-Daten von Hubbard zu studieren und anzuwenden.«[31] Das Ziel war, alle nichtscientologischen Arbeitnehmer in die Sekte zu holen. Wer nicht mitmachen wollte, konnte ja gehen.

Damit keiner aus der Reihe tanzt, werden schließlich *Ethik-Offiziere* eingesetzt. Sie verfassen wie in der *Org* »Wissensberichte«, die in illegalen *Ethik-Akten* gesammelt werden; illegal deshalb, weil es sich um verbotene Spitzeldossiers handelt. »Wir haben in den Akten Kurzinfos und Einschätzungen über die Mitarbeiter aufgeführt: Wann einer eine Pause einlegte, ob jemand oft aufs Klo geht, wer mit wem ein Verhältnis hatte«, bezeugte Jeanette Schweitzer. Da die *Sea Org* in Betrieben von *WISE*-Mitgliedern Durchgriffsrechte besitzt, kontrollieren betriebsfremde Unternehmensberater aus der Sekte häufig wesentliche Teile der Betriebsführung. Im Stahlbaubetrieb Gerhard Haags die Sekten-*Ethik* den Mitarbeitern in einer »Studierorder« nahegebracht. Sie sollten beispielsweise in Hubbards Einführung in die Ethik der Scientology nachlesen, wie man die »Machtsphäre« eines »Führers« ausdehnt: »Es kann sogar darin bestehen, dass einer seiner Feinde in der Dunkelheit dumpf aufs Straßenpflaster klatscht oder das ganze feindliche Lager als Geburtstagsüberraschung in riesigen Flammen aufgeht.«[32] Der Kampf gegen »Unterdrücker« hat aber auch im Betrieb selbst oberste Priorität. »Der Unterdrücker … kann den Gedanken der Scientology nicht ausstehen«, schrieb Hubbard. »Seine Antwort ist ein offener oder versteckter Angriff auf die Scientology. (…) Da sitzt das Krebsgeschwür. Brennen Sie es heraus.«[33] Ehemalige Scientologen berichten, dass *WISE*-Berater auch aus nichtscientologischen Unternehmen über Chefs und Kollegen rapportieren. Scientologische Vermögensberater, Versicherungsmakler, Computerexperten oder Immobilienhändler kommen täglich mit zahlreichen Kunden zusammen, und niemand weiß, welche Personen welche Daten dann in die Hände bekommen.

Anfangs scheint es oft so, als würde die *LRH-Tech* funktionieren. *WISE*-Unternehmer können auf das internationale Scientology-Vertriebsnetz zurückgreifen, und ihre scientologischen Mitarbeiter schuften für einen Hungerlohn bis zum Umfallen. Scientologische Hochglanzbroschüren wie *Prosperity* versprechen Teilhabe an einem internationalen Netzwerk, der die Mitglieder fit machen soll für den täglichen Konkurrenzkampf. Doch wer am Markt bestehen will, muss sich anpassen können. Das ist mit dem stupiden Befolgen der starren Hubbard-Lehre nicht möglich. Kaum etwas ist schädlicher für ein Unternehmen als die ständige Kontrolle der Statistiken, weil dadurch jede längerfristige Planung im Unternehmen verhindert wird. Die Ideologie L. Ron Hubbards selbst ist der Pferdefuß, der Scientology daran hindert, auf Dauer »zu funktionieren«. Auch die geforderten Abgaben kann kein Betrieb auf Dauer überleben. Der enorme Druck, Geld – auch für *Auditing*-Kurse – aufzutreiben, bringt Scientologen häufig dazu, die Reserven ihres Betriebes anzugreifen und ihn hoffnungslos zu überschulden.

Doch der Sekte geht es offenbar gar nicht um kontinuierliche Umsätze, sondern um schnelle Geldflüsse. Sie benahm sich wie die inzwischen sprichwörtlichen »Heuschrecken«, lange bevor von diesen die Rede war. Ziel war es stets, die Kontrolle über die jeweilige Firma zu erreichen, um sie zu weiterer »Expansion« zu führen – oder auszupressen, bis am Schluss nur ein hohler Torso übrigblieb. Unablässig wird Geld abgepumpt, die Betriebe bluten finanziell aus, am Ende steht oft der Konkurs. Der Sekten-*Patron* Stephan K. gestand in einem Bittbrief vom 10. Oktober 1991 an die Commerzbank Hamburg: »Ich habe die Fehler gemacht, dass ich eine Menge Geld aus dem Unternehmen genommen und somit meine Liquidität angegriffen habe.« Hohe Schulden oder zu hohe Privatentnahmen aus der Firmenkasse sind bei Scientologen eher die Regel als die Ausnahme. Das Meckesheimer Maschinenbau-Unternehmen Herbold Beteiligungs GmbH mit 360 Mitarbeitern stellte einen scientologischen Managementberater ein, der noch weitere Scientologen in den Betrieb holte und das Unternehmen auf die Hubbard-Technologie umpolte: niedrige Löhne, lange Arbeitszeiten, gigantische Wachstumsziele, *Org-Board* mit sieben Abteilungen, *Statistik-System* und sogar *Auditing* für die Mitarbeiter. Im Mai 1995, acht Jahre nach Auftauchen der Scientologen, war die Firma ruiniert und ging in den Konkurs mit einem Schuldenberg von 40 Millionen Mark. »Mit ihrer sogenannten Management-Technologie«, so der Konkursverwalter, »haben die Scientologen das Unternehmen völlig heruntergewirtschaftet.«[34]

In den bekannt gewordenen Fällen scientologischer Firmenübernahmen haben die Unternehmen aufgrund der hohen Geldflüsse an die Sekte anschließend etwa 18 bis 24 Monate existiert. Das ist der Punkt, an dem Steuerbelastungen, Versicherungen und andere Verpflichtungen voll greifen – ohne Rücklagen ist das Liquiditätsloch dann nicht mehr zu überwinden. Nicht selten kam es anschließend zu krimineller Konkursverschleppung, wofür nicht nur Kurt Fliegerbauer, sondern auch andere Scientologen verurteilt wurden.[35] Etwa 20 Fälle scientologischer »Heuschrecken«-Angriffe wie bei der Firma Herbold sind in den 1990er Jahren aus Deutschland, Österreich und der Schweiz bekannt geworden. Dann wurde ein Gegenmittel gefunden, das zumindest diese Art des Firmentods stoppte: die »Schutzerklärung«, die Scientology als »Sektenfilter« erbittert bekämpft und die sogar im amerikanischen Parlament diskutiert wurde. Mit diesem Formular erklärt ein zukünftiger Geschäftspartner, dass er nichts mit Scientology zu tun hat und vor allem: dass er nicht mit den Methoden L. Ron Hubbards arbeitet. Allerdings wurden bis in die jüngste Vergangenheit immer wieder scientologische Personal-, Coaching- und Unternehmensberatungsfirmen enttarnt, und *WISE* kann sich in Deutschland weiter auf eine solide Basis stützen. Das *WISE*-Adressbuch von 2006 listet in der Bundesrepublik 170 Firmen und Einzelpersonen auf, die mit Hubbards *Management-Technologie* arbeiten, in der Schweiz sind es 59, in Österreich 33 Namen.[36] Scientology räumte im Jahr 1996 ein, dass 40 deutsche Immobilienfirmen in der Hand von Scientologen seien – eine beachtliche Anzahl, mit der sich durchaus der Immobilienmarkt beeinflussen lässt.[37] Noch immer sind Scientologen vor allem in Branchen tätig, in denen in kurzer Zeit viel Rendite zu machen ist: Immobilien, Versicherungen, Vertriebsorganisationen, Management- und Personalberatung, Computer und Software, Public Relations und Arbeitsvermittlung.

Wer mit Scientologen Geschäfte macht, indem er beispielsweise eine Eigentumswohnung bei ihnen erwirbt, ein Seminar besucht oder einen scientologischen Berater engagiert, muss sich klarmachen, dass er damit die Sekte und ihre obskuren Weltmachtpläne finanziert. Offenbar sind dabei gesetzliche Grenzen häufig kein großes Hindernis. Immer wieder wurden kriminelle Praktiken scientologischer Unternehmer bekannt, die augenscheinlich im System Scientology begründet sind – nicht nur die in Betrieben verbotene Missionierung, auch Betrug, unlauterer Wettbewerb, Konkursverschleppung und Steuerhinterziehung. Da sich jedes Sektenmitglied regelmäßig dem *Auditing* am Lügendetektor unterziehen muss, sind derartige Delikte dem *Office of Special Affairs* bekannt. Das macht nicht nur scientologische Mitarbeiter erpressbar. Wirtschaftsspionage, Illoyalität und Weitergabe von betriebsinternen Informationen an Scientology sind keine Erfindungen von Scientology-Kritikern. Bankangestellte und Mitarbeiter von Immobilienfirmen haben nachweislich über Kundenkontakte informiert. Mit Hilfe von scientologischen Tests wurde versucht, interne Firmeninformationen abzuschöpfen. Das Institut der deutschen Wirtschaft fasste die Gefahren durch Scientologen knapp zusammen: »Psychische Deformation, bis zum Ruin verschuldete, erpressbare Mitarbeiter, Wirtschaftsspionage und Veruntreuung, Illoyalität, Begünstigung im Amt, unlauterer Wettbewerb und Verstöße gegen die Verschwiegenheitspflicht.«[38]

Erstaunlich oft wurden Scientologen verurteilt, die betrügerische Finanzgeschäfte oder Schneeballsysteme betrieben, um nichtsahnenden Anlegern Geld aus der Tasche zu ziehen und einen Großteil davon an Scientology zu »spenden«. Bekannt wurde 1998 Hans Kaspar Rhyner, ein ehemaliger Untersuchungsrichter und *OT-5* aus Sankt Gallen in der Schweiz, der mit traumhaften Renditeversprechen gutgläubige Sparer um 22 Millionen Franken erleichterte und dann pleite ging. Von »Beschaffungskriminalität« schrieb das Magazin *Facts*; der Geldbedarf von Scientologen sei so groß, dass er mit legalen Mitteln kaum zu stillen sei.[39] In einem ähnlichen Fall erbeutete der bekennende Scientologe Erwin Dossenbach, enger Mitarbeiter des Schweizer Scientology-Sprechers Jürg Stettler, zusammen mit anderen Anlagebetrügern mehr als zehn Millionen Franken; Anfang 2000 wurde er zu zwei Jahren und neun Monaten Haft verurteilt.[40] »Scientology zieht ihren Mitgliedern das Geld aus der Tasche, treibt sie in Schulden und macht sie damit anfälliger für Kriminalität«, sagt Ursula Caberta. Die europäischen Scientology-Betrüger waren jedoch »kleine Fische« im Vergleich zu dem betrügerischen Schneeballsystem, mit dem der US-amerikanische Multimillionär und Scientology-»Geistliche« Reed Slatkin von 1986 bis 2000 rund 600 Millionen Dollar ergaunerte. Zu seinen etwa 500 Opfern zählten auch zahlreiche Scientologen, darunter nicht wenige aus der Hollywood-Prominentenszene. Im Prozess in Kalifornien stellte sich heraus, dass ein Großteil des Geldes an Scientology und deren Untergliederungen wie *Narconon* oder *Celebrity Centre International* geflossen war. 2003 wurde Reed Slatkin zu 14 Jahren Haft verurteilt. Drei Jahre später geschah etwas Einmaliges, das einem Schuldeingeständnis der Organisation sehr nahe kam: Scientology zahlte 3,5 Millionen Dollar aus dem von Slatkin »gespendeten« Geld zurück.[41]

In Deutschland gelang es vor allem dank der Aktivitäten der Hamburger »Arbeitsgruppe Scientology«, das Bewusstsein für Scientology in der Wirtschaft zu schärfen. Banken verweigerten scientologischen Firmen Kredite, Wirtschaftsverbände fassten Unvereinbarkeitsbeschlüsse; die Sicherheitschefs von Daimler-Benz, Siemens, BMW, BASF und fünf weiteren Konzernen gründeten eine gemeinsame Arbeitsgruppe, um Sicherungen gegen scientologische Berater einzubauen. Die Reaktion des Psychomultis erfolgte prompt. Da *WISE* die »Expansion« in Deutschland nicht mehr ausreichend beförderte, wurde wieder stärker auf andere, gesellschaftliche Aktivitäten gesetzt, die statt von *WISE* von der Scientology-Abteilung *ABLE* gelenkt werden. »Wir beobachten seit 2000 massive Aktivitäten von Frontgruppen, die häufig ihre Namen wechseln«, sagt Ursula Caberta.

Frieden mit Washington

Überraschende Steuerbefreiung

Schon Mitte des Jahres 1996 sah es so aus, als könnte Scientology in Deutschland ernsthaft Probleme bekommen. Der Sektenkonzern verlor zunehmend Mitglieder und hatte Schwierigkeiten, neue zu gewinnen; eine ganze Reihe scientologischer Wirtschaftsbosse setzte sich in die Vereinigten Staaten ab. »Plötzlich stiegen die Leute reihenweise aus, und die Aufklärung begann auch in der Wirtschaft zu greifen«, erinnert sich Ursula Caberta. Der Geldstrom aus Deutschland und der Schweiz, der laut Gunther Träger rund ein Drittel der weltweiten Einnahmen des Sektenkonzerns ausgemacht hatte, ließ spürbar nach. Vor allem wegen Scientology beschlossen die Abgeordneten des Deutschen Bundestags, eine parlamentarische Enquetekommission einzusetzen, um das Phänomen Sekten und Psychogruppen in Deutschland zu untersuchen. Einige Verfassungsschutzämter begannen, Material zu sammeln. Die Organisation musste sogar damit rechnen, als verfassungsfeindliche Gruppe verboten zu werden.

Wer sich mit Hubbards Truppe auskannte, der wusste, dass unweigerlich ein Gegenangriff erfolgen würde. Unklar war nur, wann und wie. Da lieferte der Protest der Jungen Union gegen den Tom-Cruise-Film MISSION: IMPOSSIBLE den Scientologen im Juli 1996 eine Steilvorlage. Sie griffen nicht direkt an, sondern sie marschierten mit allen verfügbaren Ressourcen auf Washington. Dort saß mit Bill Clinton seit 1992 ein Präsident im Weißen Haus, der für Hollywoodstars ein besonders offenes Ohr hatte. Zwar pflegten die amerikanischen Präsidenten schon immer ein spezielles Verhältnis zur Traumfabrik; mit Ronald Reagan hatte ein Filmstar 1980 sogar den Weg ins Präsidentenamt geschafft. Bill Clinton aber war der erste Präsident aus der Generation der »Baby Boomer«, die von klein auf mit der amerikanischen Fernsehkultur aufgewachsen waren. »Clinton mochte Filme, und er mochte Filmstars. Viele Stars mochten ihn auch, und ihre gegenseitige Zuneigung zeitigte enorme finanzielle Folgen: Geldspenden und Zuwendungen erst für den Kandidaten und später für den Präsidenten«, schreibt Stephen A. Kent vom soziologischen Institut der Universität Alberta in Kanada, der die Verbindung des Washingtoner Establishments mit Hollywood und Scientology analysiert hat. Diese spiele im politischen Geschäft der USA eine kaum zu überschätzende Rolle.[1]

Laut Stephen Kents Analyse ist es für amerikanische Politiker seit Beginn der 1990er Jahre unverzichtbar geworden, mit Stars zu »schmusen«, wie man dort sagt. Einerseits geht es dabei ums Geld. Die Politiker brauchen immer höhere Summen für ihre absurd steigenden Wahlkampfkosten. Deshalb pilgern sie vor großen Wahlkämpfen ins »Movie-Mekka« an der Westküste, um dort Spenden zu akquirieren. Andererseits zieht niemand mehr Aufmerksamkeit auf sich als die Hollywood- und Popstars, über die täglich in den Boulevardblättern berichtet wird. Von diesem »Kamerafaktor« können dauerwahlkämpfende Politiker profitieren, wenn sie sich häufig in Gesellschaft von Stars wie Scarlett Johansson, George Clooney oder Tom Cruise zeigen. Genau dort hakt Scientology ein. Ihre Stars sind die Schnittstelle der Sekte zur großen Politik, und weil das Stück in den USA spielt, heißt das: Tom Cruise, John Travolta und Chick Corea sind direkte Türöffner zum Weißen Haus, dem bedeutendsten Machtzentrum der Welt. »Scientologys Unterhaltungselite bewegt sich in einigen derselben sozialen Zirkel wie die politische Elite der Nation, und zwar in einer Beziehung, die sowohl symbiotisch wie parasitär ist. Für Scientology sind diese Verbindungen extrem wertvoll«, schreibt Stephen Kent.[2] Um zu verstehen, wie Scientology ab 1996 ihren exklusiven Zugang zur hohen Politik nutzte, muss man ein Ereignis bedenken, das die Beziehungen zwischen dem Weißen Haus und Scientology neu definierte.

»Der Krieg ist vorbei«, jubelte David Miscavige in der Sportarena von Los Angeles vor mehr als 10 000 Anhängern, die sich zur Feier des 9. Jahrestags der *International Association of Scientologists (IAS)* versammelt hatten. »Ein großer Gewinn« war den Jüngern zuvor geheimnisvoll versprochen worden. Tatsächlich war es eine sensationelle Neuigkeit, die am 8. Oktober 1993 in die Scientology-Zentralen auf der ganzen Welt simultan übertragen wurde. »Zu keiner Zeit in der Geschichte dieses Landes ist eine Gemeinschaft je solchen

Angriffen ausgesetzt gewesen«, rief der damals 32-jährige Scientology-Boss seinen Anhängern zu. »Dieser Krieg beendet alle Kriege.«[3]

Völlig überraschend hatte die oberste amerikanische Steuerbehörde Internal Revenue Service (IRS) nach dreijähriger Prüfung Scientology mit sämtlichen Filialen für gemeinnützig erklärt und von der Umsatzsteuer befreit; dies betraf fast 150 scientologische Körperschaften. Steuerfreie Profite konnten ab sofort nicht nur die *Orgs* und *Missionen*, sondern auch *Frontgroups* wie *Narconon* oder sogar eindeutig kommerzielle Unternehmen wie das Kreuzfahrtschiff »Freewinds«, der Medienriese Golden Era Productions und die Wirtschafts-Dachorganisation *WISE* einfahren. Scientology, so erklärte uns Frank Keith von der US-Finanzbehörde wenige Tage später am Telefon, habe durch umfangreiche Unterlagen nachgewiesen, dass die Organisation »ausschließlich für religiöse und wohltätige Zwecke arbeitet«. Für den Sektenkonzern bedeutet der überraschende Dispens jährliche Steuereinsparungen in zweistelliger Millionenhöhe. Frohe Kunde auch für die angehenden US-*Thetanen*: Von nun an konnten sie die Kosten ihrer horrend teuren Psychokurse – als Spenden deklariert – von der Steuer absetzen. In Los Angeles rief David Miscavige den Gläubigen triumphierend zu: »Unser Weg zu unbegrenzter Expansion ist jetzt weit offen.«

Doch die Steuerbefreiung war nur Teil eines umfassenden Friedensabkommens von Sekte und Staat, an dem beide Seiten zwei Jahre gearbeitet hatten. Rund 2500 Steuerprozesse, die zwischen Scientology und den Bundesbehörden anhängig waren, sollten vom Justizministerium »bereinigt« werden. Wie die *Los Angeles Times* berichtete, wollten weder das Ministerium noch die sogenannte Kirche Einzelheiten der Abmachung mitteilen. »Kein Kommentar«, hieß es in Washington und in Los Angeles, dem Hauptquartier des Sektenimperiums.[4] Um die Steuerbefreiung zu erreichen, hatte Scientology den US-Behörden sogar erstmals ihr Vermögen offenbart, das sich demnach 1992 auf 275 Millionen Dollar belief; geschätzter angegebener Jahresumsatz: 300 Millionen Dollar. Scientology-Chef David Miscavige bezog 1991 angeblich nur ein Gehalt von 62 683 Dollar. Der IRS hielt es damit für »ausreichend« belegt, dass persönliche Bereicherung bei den Aktivitäten der »Kirche« nicht im Vordergrund stehe.[5] Doch sind Zweifel erlaubt, ob die Sekte das raffiniert verschachtelte Imperium und seine Vermögenswerte auch nur ansatzweise offengelegt hatte. Der Scientology-Insider Gunther Träger schätzte den weltweiten Jahresumsatz von Scientology 1992 auf ein bis zwei Milliarden Dollar.[6] Viele Kritiker trauten ihren Ohren daher nicht, als sie von dem Steuerdeal erfuhren. Vierzig Jahre lang hatten die Hubbard-Jünger verbissen gegen die Steuerbehörde gekämpft; die Sekte fühlte sich damals in den USA im gleichen Maße »verfolgt« wie heute in Deutschland.

Einerseits ist es in den Vereinigten Staaten kinderleicht, eine »Religion« zu werden: Man muss sich nur selbst so bezeichnen. Weit schwieriger ist es, anschließend von Steuerzahlungen befreit zu werden, wovon Scientology ein Lied singen kann. Ihr Status wechselte, 1957 befreite das Finanzamt sie von Steuerzahlungen, hob die Maßnahme aber zehn Jahre später mit der Begründung wieder auf: »Die Aktivitäten von Scientology sind kommerziell. Die Scientology-Kirche dient den privaten Interessen des Gründers L. Ron Hubbard.«[7] Der Sektenchef sprach daraufhin von »Einkommensteuerangriffen von Seiten der Vereinigten Staaten« auf ihn, hinter denen »Gruppen von Psychiatern« stünden.[8] Scientology lehnte das Urteil ab und beschloss, sich nicht daran zu halten – 26 Jahre lang zahlte sie einfach keine Steuern.[9] Auch spätere Gerichtsentscheide wurden einfach missachtet. Beispielsweise verwarf das US-Steuergericht (des Bundes) 1984 eine Berufung der Scientologen und urteilte, der kalifornische Scientology-Zweig habe ein Geschäft aus der Religion gemacht und »fast ein Jahrzehnt dafür konspiriert, die Vereinigten Staaten zu betrügen«.[10] Die Sekte sollte damals 1,3 Millionen Dollar Steuern nachzahlen, was sie verweigerte. Noch 1992 – als die Verhandlungen mit der Steuerbehörde bereits auf Hochtouren liefen – erklärte der US Claims Court, das oberste Berufungsgericht in Washington, dass der »kommerzielle Charakter von Scientology« offensichtlich sei.[11]

Zudem galt Scientology bis zu der seltsamen Wende von 1993 in den USA ähnlich wie heute in Deutschland als eine gefährliche und verrückte Organisation. »Vom schicken Image eines Jungdynamiker-Kults mit Schwerpunkt bei den Schönen und Schönlingen von Hollywood war Anfang der Neunziger noch nicht viel zu spüren; kein Studiochef hätte es gewagt, für die bizarre Glaubensgemeinschaft einen Finger zu rühren, geschweige denn einen offenen Brief an Helmut Kohl zu unterzeichnen«, formulierte der *Spiegel*.[12] Gerichtsentscheide fielen aus wie jener des Richters Paul Breckenridge vom Obersten Gerichtshof Kaliforniens, der Scientology 1984 »offenkundig schizophren und paranoid« nannte.[13] Im Mai 1991 erschien der wohl wichtigste und einflussreichste Zeitungsartikel, der je über Scientology veröffentlicht wurde, als das *Time Magazine* Scientology in seiner Titelgeschichte über den »Kult der Habgier« als »ungeheuer gewinnträchtige Gaunerei im Weltmaßstab« beschrieb, welche durch eine »mafiaartige Einschüchterung von Mitgliedern und Kritikern« erreicht werde.[14] Diesen Artikel und besonders seinen Autor Richard Behar betrachtete die Sekte damals zu Recht als ernstzunehmendes Hindernis ihrer »Verhandlungen« mit dem IRS um die Steuerbefreiung. Behar schilderte in seinem Text auch, wie die Scientologen versuchten, die *Time*-Veröffentlichung zu sabotieren: »Wegen der Geschichte in *Time* wurden letztlich zehn Anwälte und sechs Privatdetektive von Scientology und ihren Anhängern damit beschäftigt, mich zu bedrohen, zu belästigen und zu diskreditieren.«[15] Als David Miscavige im Februar 1992 sein erstes Fernsehinterview überhaupt gab – eine Sensation, um die sich der Sender ABC neun Monate lang bemüht hatte –, ging es ihm vor allem darum, die *Time*-Story anzugreifen. »Weil es nicht einfach ein Bericht war, es war ein Angriff, um jemand zu schaden. Richard Behar ist voller Hass«, sagte Miscavige.[16] Als der Scientology-Boss anderthalb Jahre später die Steuerbefreiung in Los Angeles feierte, erwähnte er Behar ausdrücklich und bezeichnete ihn als *SP*, also »Unterdrücker« und finsteren Agenten des Finanzamtes: »Genau in dem Moment, als es so aussah, als ob die Untersuchungen abnähmen, wurde Behar auf die Szene gebracht, um einen total kriegerischen Artikel zu schreiben, der uns aller möglichen Verbrechen anklagte.«[17]

Umso erstaunlicher war die atemberaubende Kehrtwendung der IRS-Politik. Wir suchten damals nach einer Erklärung und fanden schon kurz nach der mysteriösen Entscheidung unübersehbare Hinweise auf eine fast unglaubliche Einflussnahme der Sekte auf die Steuerbehörde.[18] Scientology hatte die Meinungsbildung der US-Ämter offenbar mit ihren ganz speziellen Methoden befördert. Das jedenfalls deutete uns Franz Riedl an, der damalige Vizepräsident von Scientology Hamburg: »Wir haben die Verbrechen der IRS ans Tageslicht gebracht. Diese Leute sammeln auch schon mal die

Steuern mit dem Maschinengewehr ein oder verprügeln einen Familienvater.«[19] 1991 erschienen in amerikanischen Zeitschriften ganzseitige Anzeigen mit der Überschrift »IRS – eine Behörde außer Kontrolle« oder »Wie buchstabieren Sie IRS auf Russisch? Antwort – KGB!«[20] Darin machte die Organisation einzelne Rechtsverstöße der Steuerbehörde bekannt – »schwarze Propaganda« wie aus dem Lehrbuch von L. Ron Hubbard. Der hatte in einem seiner Befehlsbriefe geschrieben: »Wir interessieren uns für die strafbaren Handlungen jener Leute, die danach trachten, uns zu stoppen. Wenn sie sich der Scientology in den Weg stellen, werden wir sofort nach ihren strafbaren Handlungen schauen – und werden sie finden und bloßlegen.«[21] David Miscavige erklärte in Los Angeles öffentlich, dass die »Kirche« den IRS und seine Mitarbeiter auf 128 Millionen Dollar verklagt hatte. Er verkündete auch ganz offen, dass man Detektive angeheuert habe, »um das Privatleben der IRS-Führungskräfte auf Schwachstellen zu durchleuchten«.[22]

Die Scientologen hatten 1984 eine »Nationale Koalition der IRS-Ankläger (Whistleblower)« ins Leben gerufen, deren Verbindung zu Scientology allerdings sorgfältig verschleiert wurde, wie es die ehemalige Top-Scientologin Stacy Brooks Young bezeugt: »Der IRS gewährte Scientology keine Steuerbefreiung, deshalb wurde er als ganz besonderer Feind betrachtet. (...) Die ganze Idee war, eine Koalition zu schaffen, die der lange Arm von Scientology war, so dass einfach mehr Glaubwürdigkeit bestand.«[23] Die angebliche Bürgerinitiative veröffentlichte landesweit in großen Zeitungen Aufrufe, Unkorrektheiten oder kriminelle Handlungen von Steuerbeamten an sie zu melden, und konnte dann tatsächlich einige Korruptionsfälle aufdecken. Als der amerikanische Kongress auf Initiative der ominösen »Koalition« mutmaßliche Fehltritte hoher IRS-Funktionäre untersuchte, lieferten die Scientologen dazu belastendes Material. »Die Behörden hassen es wie die Pest, wenn man die Wahrheit über sie veröffentlicht, und deshalb haben sie sich dann mit uns an den Verhandlungstisch gesetzt«, erzählte uns Franz Riedl offenherzig. Der Hamburger Sektenmann nannte das Abkommen den »ganz großen Durchbruch« und erwartete damals Ähnliches für Deutschland: »Es macht doch jetzt keinen Sinn mehr, dass wir hier 'ne kriminelle Vereinigung sind und in Amerika eine Bona-Fide-Religion.«

Doch Franz Riedl hatte doppelt unrecht. Scientology wurde und wird in Deutschland (bislang) nicht als kriminelle Vereinigung eingestuft, besaß oder besitzt aber in Amerika auch nicht den Status einer »Religion«, schon gar nicht auf Treu und Glauben (bona fide).[24] Den »Status« einer Kirche gibt es Amerika ebenso wenig wie in den meisten anderen Ländern der westlichen Welt. Im Gegenteil: Die amerikanische Verfassung legt die strikte Trennung von Staat und Kirche in ihrem ersten Zusatzartikel, dem berühmten *First Amendment* fest. »Es gibt in den Vereinigten Staaten keine Behörde, die über die Anerkennung von Religionen als solche entscheidet«, erklärte Elroy J. Carlson, stellvertretender Presseattaché der amerikanischen Botschaft in Deutschland.[25] Es ist das Ur-Paradox der amerikanischen Gesellschaft, die Religion gerade dadurch zu schützen, dass der Staat sie komplett ignoriert. Kirchensteuern staatlich einzuziehen, wäre dort undenkbar, denn es würde bedeuten, dass der Staat definiert, was Religion ist. Dass er es per Steuerbefreiung letztlich doch tut, wird durch die Behördensprache austariert. Deshalb geht es im Fall Scientology offiziell immer »nur« um eine Befreiung von der Steuer als »gemeinnützige« Vereinigung.

Aber Scientology versucht seither, die angebliche Anerkennung als Religionsgemeinschaft werbeträchtig zu nutzen, teils mit erstaunlichen Erfolgen. So wiederholen deutsche Zeitungskommentatoren seit Jahren ungeprüft die falsche Behauptung und selbst Juristen lassen sich beeindrucken – etwa das Finanzgericht Köln, das 2002 entschied, dass Scientology-Lizenzgebühren nach dem Doppelbesteuerungsabkommen mit den USA auch in Deutschland nicht besteuert werden können, da die Organisation (Scientology) in einem Staat ansässig sei, in dem sie keine Einkommensteuer zahlen muss. Allerdings sagte das Gericht auch: Ob ihre Lizenznehmer in Deutschland ein Gewerbe oder gar eine Religionsgemeinschaft sind, sei völlig unerheblich.[26]

Unsere eigenen Recherchen zur amerikanischen Steuerbefreiung wurden vier Jahre später nachdrücklich bestätigt. Am 9. März 1997 veröffentlichte die *New York Times* die Ergebnisse zweijähriger Untersuchungen ihres Reporters Douglas Frantz.[27] Der Journalist brachte mehr Licht in eines der rätselhaftesten innenpolitischen Ereignisse der Clinton-Ära. Er schilderte, wie die Scientologen den IRS mit skrupellosen Tricks in die Enge getrieben hatten, um die

Steuerbefreiung zu erreichen. Ihr Vorgehen war offenbar die (legale) Fortsetzung der verbrecherischen Operation »Snow White« von 1976, deren Hauptziel darin bestanden hatte, eine steuerrechtliche Prüfung von Scientology durch den IRS mit allen Mitteln zu sabotieren. Obwohl Mary Sue Hubbard und zehn weitere Top-Scientologen wegen »Verschwörung gegen die Regierung« zu teils hohen Freiheitsstrafen verurteilt wurden und die Organisation immer wieder versicherte, keine illegalen Mittel mehr zu verwenden, hatte sie den »Krieg« gegen die Steuerbehörde nie verloren gegeben und schon gar nicht beendet. Drei Jahre nach ihrer Verurteilung machte L. Ron Hubbard noch einmal deutlich, wie er über den Finanzkampf dachte: »Der Gegner kann noch nicht einmal für morgen planen. Wir aber arbeiten für die Ewigkeit.«[28]

Scientology engagierte Detektive und ließ sie im Privatleben wichtiger Steuerbeamter herumschnüffeln. »Ich suchte nach wunden Punkten«, bezeugte der Privatdetektiv Michael Shomers der *New York Times*.[29] Die Ergebnisse seiner 18-monatigen Recherchen gab er über die Sekte an seriöse Zeitungen weiter, die sie dann auch veröffentlichten. Von seinem Büro in Maryland aus sammelte der Detektiv Informationen über Beamte, die Termine verpassten, Schulden hatten, übermäßig tranken und außereheliche Kontakte pflegten. Mehr als 50 IRS-Agenten wurden von Scientology privat verklagt. Im Grunde legte die Sekte die Behörde weitgehend lahm, weil diese all ihre Kräfte und finanziellen Mittel auf die Auseinandersetzungen mit ihr konzentrieren musste.[30] Über die Erfolge der Wühlarbeit sagte David Miscavige: »Die öffentliche Aufdeckung von Kriminellen im IRS hatte den gewünschten Effekt. Die Church of Scientology wurde landesweit als einzige Organisation bekannt, die es mit dem IRS aufnimmt. Und die IRS-Leute wussten das. Ihnen wurde klar, dass wir weder aufgeben noch nachlassen würden. Unsere Attacke lähmte ihre Verteidigungskraft deutlich, und unsere Darstellung ihrer Verbrechen zeigte nach und nach politische Wirkung.«[31]

Die Steuerbehörde sah sich laut *New York Times* so sehr in die Ecke gedrängt, dass Miscavige einen beispiellosen Auftritt inszenieren konnte. Er marschierte im Oktober 1991 mit seinem »treuen Leutnant« Marty Rathbun in die Washingtoner IRS-Zentrale und verlangte, ohne angemeldet zu sein, eine sofortige Audienz beim damaligen Behördenchef Fred Goldberg. Es funktionierte. Wenig später richtete die Steuerbehörde einen Ausschuss ein, um alle bestehenden Probleme unbürokratisch zu lösen – ein höchst unübliches Verfahren –, und am 1. Oktober 1993, dem Tag der Unterzeichnung des Abkommens, ging das Amt endgültig vor Scientology in die Knie. Die Steuerbefreiung erfolgte auf ausdrückliche Anordnung des Direktors der Einkommensteuerabteilung, die normalen Entscheidungsgremien waren umgangen worden. Die Behörde verpflichtete sich sogar, mit offizieller Post ein Informationsblatt über Scientology zu verteilen, über dessen Inhalt Miscavige seinen jubelnden Anhängern in Los Angeles mitteilte: »Wir selbst haben es geschrieben, und der IRS wird es an jede Regierung der Welt schicken.«[32] Wie die *Frankfurter Rundschau* berichtete, bekam der baden-württembergische Innenminister im August 1994 Post vom US-Finanzministerium, die als Anlage eine Selbstdarstellung der Scientology-Organisation enthielt.[33]

Nach dem gleichen Schema wie im »Krieg« mit dem IRS kochte Scientology anschließend offenbar auch Interpol weich. Schon Hubbard hatte die internationale Polizeiorganisation neben Psychiatern, der U. S. Food and Drug Administration und dem FBI als einen seiner Hauptfeinde und Teil der weltweiten Verschwörung gegen Scientology angesehen, weil sie die Sekte immer wieder ins Visier genommen hatte. Ende 1994 kam es zu einem überraschenden Treffen zwischen David Miscavige und Raymond Kendall, dem Generalsekretär von Interpol.[34] Wenig später triumphierte die Sektenzeitung *Scientology Today*: »Die Scientology-Kirche und Interpol haben einen lange währenden Konflikt beigelegt.«[35] Kendall und die Führer der »Kirche« würden nun eine »Ära des Friedens« begründen. Wie zur Bestätigung des Kniefalls verschickte Kendall an alle 176 Interpol-Mitgliedsländer das sekteneigene 871-Seiten-Hochglanzwerk WHAT IS SCIENTOLOGY? und außerdem Propagandamaterial über die Steuerbefreiung in den USA – ein einmaliger Vorgang. Kritiker befürchten, dass auch Interpol seitdem in Sachen *Thetanen* auf beiden Augen blind ist. Tatsächlich hat die in Paris ansässige Behörde nie wieder kritische Berichte über Scientology publiziert.

Wie im Fall des IRS hatte die Sekte jahrzehntelang Informationen über fragwürdige Ermittlungen, den Schutz von Nazi-Verbrechern und die Verwicklung von Interpol-Beamten in Drogengeschäfte gesammelt und in die Medien lanciert. Scientology landete einen Volltreffer, als sie 1991 eine Broschüre INTERPOL – PRIVATE VEREINIGUNG, ÖFFENTLICHE BEDROHUNG veröffentlichte.[36] Auf der Titelseite druckte sie ein kompromittierendes Foto aus dem Jahr 1987: Kendall übergibt dem Diktator Manuel Noriega aus Panama eine Medaille für dessen Verdienste »in der Bekämpfung des internationalen Drogenhandels«. Doch Noriega wurde später in den USA verhaftet und zu einer langjährigen Haftstrafe verurteilt – wegen Drogenhandels. 1995 erklärte Kendall dem deutschen Magazin *Tango*, er habe Miscavige getroffen, um »die Position beider Seiten klarzustellen und dafür zu sorgen, dass die Church of Scientology ihre Angriffe gegen Interpol einstellt«.[37] Der Interpol-Chef behauptete außerdem, zwischen der Polizeiorganisation und Scientology existiere keinerlei Vereinbarung. Was er wirklich mit Miscavige besprochen hatte, blieb ebenso ein Geheimnis wie das Abkommen zwischen Scientology und dem IRS, das anders als sonst üblich nicht veröffentlicht wurde.

Der IRS hatte uns auf Anfrage zwei Wochen nach der mysteriösen Steuerbefreiung geschrieben: »Wir können aus Vertraulichkeitsgründen keine Informationen über die eigentliche Abmachung freigeben.«[38] Auch dies war extrem ungewöhnlich, denn andere »Kirchen« wurden von der Behörde nach gemeinsamen Abkommen sogar aufgefordert, zu publizieren, dass und wie viele Steuern sie nachgezahlt hatten.[39] Doch Ende 1997 bekam das *Wall Street Journal* eine Kopie der Vereinbarungen zugespielt und veröffentlichte sie im Internet.[40] Demnach musste Scientology 12,5 Millionen Dollar für das Steuerprivileg zahlen (während Experten ihre Steuerschuld auf bis zu eine Milliarde Dollar schätzten[41]), durfte die Einhaltung der Abmachungen quasi selbst kontrollieren und verpflichtete sich, ihre Wirtschaftsabteilung *WISE* bis Ende 1995 aufzulösen – Letzteres ist bis 2009 jedoch nicht geschehen, eine klare Verletzung der Vereinbarung.[42] Die Enthüllungen der Zeitungen über das Milliardengeschenk hatten bis heute erstaunlicherweise keinen messbaren Effekt auf die Politik. Weder gab es eine Kongressanhörung noch forderte irgendein bedeutender Politiker der USA eine Überprüfung des mysteriösen Steuerdeals.

»Das Abkommen verwandelte die amerikanische Regierung von

einem Gegner in einen Verbündeten, und die Vorteile dieser Verwandlung für Scientology waren sofort zu spüren«, schreibt der kanadische Soziologe Stephen Kent. »Als eine offiziell registrierte gemeinnützige amerikanische Körperschaft wurde der Umgang mit Scientology in anderen Ländern nun ein Thema für das State Department.«[43] In Zeiten der Globalisierung zeitigte die inneramerikanische Entscheidung des IRS sofort außenpolitische Wirkung. Wichtiger noch als die vielen hundert Millionen Dollar, die ihr die Steuerbefreiung auf Dauer einbrachte, war das unbezahlbare Propagandawerkzeug, das Scientology als scheinbar anerkannte »Religion« für ihre weltweite »Expansion« gewann – eine Art amtliches Gütesiegel für den früheren Paria der Sektenszene. Bereits im Oktober 1993 verurteilte die OSZE-Kommission der Vereinigten Staaten in ihrem offiziellen Bericht über »Menschenrechte und Demokratisierung im vereinigten Deutschland« nicht nur rassistische Gewalt von rechts, sondern auch Aktivitäten gegen Scientologen – mit einer radikalen Sprache, die von diesen selbst zu stammen schien: »Es scheint klar, dass Deutschlands Vorgehen zum Ziel hat, extremistisch … empfundene Gruppen auszugrenzen oder auszumerzen.«[44] Schon vier Monate nach der Steuerbefreiung bekrittelte der einflussreiche internationale Menschenrechtsbericht des US-Außenministeriums erstmals, die »Glaubensgemeinschaft« Scientology werde in Deutschland diskriminiert.[45] Kurz nach der Befreiung der Scientology-Organisation von der Steuer hatte das US-Parlament die Regierung angewiesen, jährliche Berichte über den weltweiten Zustand der Religionsfreiheit abzugeben. Diese Berichte bestehen jedoch, was in Europa kaum jemand weiß, weitgehend aus der Wiedergabe von Beschwerden amerikanischer, im Ausland tätiger Organisationen und werden erfahrungsgemäß von der US-Regierung nur dann überprüft, wenn heftig genug gegen sie protestiert wird.

Professor Stephen Kent nennt Scientology einen »Global Player, der sich weltweit strategische Vorteile für seine Marktziele zu sichern versucht«.[46] Kent sieht im religiös begründeten Wehgeschrei der Scientologen vor allem eine »internationale Lobbyismus-Strategie«, um ihre politischen Ziele durchzusetzen. Dass die Organisation damit tatsächlich Erfolg hatte und einen erheblichen Ansehensverlust der Bundesrepublik Deutschland in der amerikanischen

Öffentlichkeit bewirkte, sei auch ihrer schlauen Bündnispolitik zu verdanken. Scientology habe nach dem Fall des Kommunismus geschickt an die evangelikalen Christen angedockt, die damals in den ehemaligen Ostblock zur Missionierung strömten. Während diese christlichsten Christen, wie sich die amerikanischen Evangelikalen selbst sehen, in Amerika oftmals nichts so sehr bekämpfen wie Toleranz (etwa gegenüber Homosexuellen), forderten sie nun in allen neuen Staaten »völlige religiöse Toleranz« ein und trafen damit in Washington auf offene Ohren. Das hat damit zu tun, dass der Ruf nach Toleranz im Glauben in den Vereinigten Staaten tiefe historische Wurzeln besitzt. Die USA wurden von religiösen Abweichlern, Ketzern und Sektierern gegründet: Puritaner, Baptisten, Mennoniten. In der Neuen Welt sorgten sie für eine Gesetzgebung, die ihnen freie Entfaltung und die strikte Trennung von Staat und Religion garantierte. Seither sind traditionelle, aber auch selbsternannte Glaubensgemeinschaften im Sektendorado USA fast unantastbar.

Kam es beim Missionieren in Osteuropa oder China zu Problemen, wandten sich die Prediger hilfesuchend direkt ans Weiße Haus, und in Bill Clinton trafen sie auf einen verständnisvollen Ansprechpartner. Der tief gläubige Politiker aus Arkansas musste die enorm gewachsene Macht der Evangelikalen als Wähler bedenken, aber er begrüßte auch die religiösen wie politischen Chancen, die sich den USA hier boten. Denn die Evangelikalen verbreiteten auf ihrem »Feldzug für Christus« nicht nur den amerikanischen »Glauben«, sondern auch amerikanische »Werte«. Ihre Ziele stimmten mit denen der politischen und wirtschaftlichen Agenda der USA überein. Der »wiedergeborene Christ« George W. Bush setzte diese Politik später nahtlos fort.

Scientology konnte als offiziell geadelte Organisation 1993 problemlos auf den fahrenden Zug aufspringen, gerade *weil* sie plötzlich auf heftigen Widerstand in Frankreich und Deutschland traf. Ihre Klagen ähnelten im Ton denen, die das State Department aus evangelikalen Kreisen erreichten, die in Russland und China missionierten: »Wir werden unterdrückt und behindert.« Dies war andererseits auch der Grund, warum die konservativen Christen Scientology wiederholt in Schutz nahmen. Ein anderer Grund waren persönliche Verbindungen, die die Scientology-Strategen in die evangelikale Szene geknüpft hatten. Die ehemalige Top-Scientologin Stacy Brooks Young, die als Sekretärin von David Miscavige gearbeitet hatte, berichtete, dass der Scientology-Chef eine enge private Beziehung zu George Robertson, dem Leiter des evangelikalen Sektiererbunds Greater Grace Temple aufgebaut habe, der vor allem in Lateinamerika, Osteuropa und Mittelasien missioniert. Die französische Zeitung Le Monde Diplomatique zitierte Brooks Young, die sich gut an George Robertson erinnert: »Er steht in engem Kontakt mit den Leitern von Scientology. Wenn die Sekte bei bestimmten Fragen aus Imagegründen nicht selbst intervenieren kann, bittet sie Robertson um Hilfe. Er ist ihr wichtigster Verbindungsmann zur Evangelisten-Bewegung.«[47] Seit Mitte der 1990er Jahre hatten sich die Scientologen außerdem mit der zweiten großen globalen Psychosekte abgesprochen, der »Vereinigungskirche« des südkoreanischen »Reverend« San Myung Mun. Beide Organisationen fingen an, ihren Kampf für die Religionsfreiheit in den USA und in Europa gemeinsam zu führen, wie im Internet veröffentlichte Dokumente belegen.[48]

Im Oktober 1992 trafen sich im 16. Pariser Arondissement die Vertreter verschiedener Kultgruppen, um eine Lobby zu bilden, die auf Entscheidungen des Europäischen Parlaments in Brüssel Einfluss nehmen sollte. Mit dabei: Scientology, Mun-Bewegung, Rael, LaRouche-Bewegung, Transzendentale Meditation, Sri Chinmoy, keltisch geprägte Kulte und satanistische Gruppen. Als Unterstützer sollen so unterschiedliche Sekten wie die Zeugen Jehovas und die Kinder Gottes (Familie der Liebe) angeschlossen sein; Präsidentin der Interessenvertretung unter der Abkürzung Firephim wurde Danièle Gounord, die französische Scientology-Chefin; als Schatzmeister fungierte ein »Muni«.[49] Die erste Aktion der Gruppe bestand darin, eine französische Parlamentskommission, die sich mit dem Sektenphänomen beschäftigte, mit Anträgen und Schriften einzudecken. In den Vereinigten Staaten wurden die Kulte von einigen ultrakonservativen Senatoren und Kongressabgeordneten unterstützt, die sich um das offiziell katholische Institute on Religion and Public Policy sammeln, das laut Le Monde Diplomatique von den Sekten finanziert wird. Das Institut meldet sich immer dann zu Wort, wenn »religiöse Minderheiten« in Europa unter Druck geraten – und findet Gehör in der US-Regierung.

Die französische Zeitung wies auf eine weitere Einrichtung der

Sektenlobby in Washington hin, das fundamentalistisch-protestantische, Homosexuellen-feindliche Institute on Religion and Democracy.[50] Dessen Präsidentin Diane L. Knippers brachte die Ideologie auf den Punkt, die so unterschiedliche Gruppen wie Scientology und die Evangelikalen zusammenführt: der Glaube an die Überlegenheit der »amerikanischen Werte« der Religion und einer strengen Sexualmoral sowie – was die Scientologen besonders anzieht – des wirtschaftlichen Neoliberalismus. Knippers sagte: »Eine menschliche Gesellschaft kann sich nicht entfalten, wenn sie in der Lüge lebt. Atheismus und Kommunismus können nur Lügen hervorbringen. Spiritualität ist ein Garant der Zivilisation, denn Spiritualität und Glauben bringen ehrliche Menschen hervor. Ohne Ehrlichkeit kein Handel, und ohne Handel keine Zivilisation.‹[51] Die Globalisierung der Märkte und der amerikanischen Werte sei den Vereinigten Staaten von der Bibel aufgetragen worden.

Auch in den Folgejahren wurde (und wird) der deutsche Umgang mit Scientology in dem US-Menschenrechtsbericht kritisiert. Und das, obwohl die Bundesrepublik nur exakt dieselbe Position einnimmt, wie sie die USA selbst 26 Jahre lang vertreten hatten: Scientology sei ein Gewerbe und keine Religion. Zu einer diplomatischen Krise entwickelte sich die Debatte, als das State Department im Januar 1997 seinen neuesten Menschenrechtsbericht publizierte und sich bereits zum zweiten Mal nicht mit einigen wenigen Zeilen über Scientology begnügte, sondern ausführlich auf die beklagte »Schikanierung« der Sekte einging: Diese habe speziell in der Bundesrepublik (und in Frankreich) »besorgniserregend zugenommen«, hieß es darin; Künstler wie Chick Corea hätten aufgrund ihrer Religionszugehörigkeit nicht auftreten dürfen, die Jugendorganisation der Regierungspartei CDU habe zum Boykott gegen MISSION: IMPOSSIBLE aufgerufen, nur weil der Star des Films, Tom Cruise, ein prominenter Scientologe sei.[52] Die *Washington Post* berichtete, dass Bonn auf diplomatischem Weg aufgefordert wurde, »Menschen nicht wegen falscher Gedanken zu verfolgen«.[53]

Deutsche Politiker reagierten diesmal ziemlich unwirsch, Außenminister Klaus Kinkel wies die Kritik als »absolut unberechtigt« zurück. Doch als die amerikanische Außenministerin Madeleine Albright im Februar 1997 zu einem offiziellen Besuch nach Bonn kam, war Scientology eines der wichtigsten Gesprächsthemen. Immerhin

426

rang sich Albright auf einer Pressekonferenz zu der Bemerkung durch, dass Behauptungen von Scientologen, sie würden in Deutschland nazimäßig verfolgt, »unzutreffend und geschmacklos« seien. Wenige Tage später sagte ihr Sprecher Nicholas Burns jedoch in Washington, man fühle sich trotzdem verpflichtet, auf die Probleme von Scientology in Deutschland hinzuweisen. Kategorisch erklärte er, indem er die scientologische Sprachregelung übernahm: »Wir betrachten Scientology als Religion, weil sie durch die amerikanische Regierung von der Steuer befreit wurde.«[54] Diese seltsame Logik wurde in Deutschland als das wahrgenommen, was sie offenbar war: eine weitgehende Identifikation der amerikanischen Regierung mit der Sekte. In der Sache blieb Washington folglich hart. Doch bis heute hat die US-Regierung keine Erklärung geliefert, auf welchen Kriterien die Steuerbefreiung von 1993 eigentlich beruht und weshalb aus ihr folgen soll, dass Scientology eine Religion sei.

Mit dem IRS-Deal hängt offenbar auch das ungewöhnliche Entgegenkommen zusammen, das Scientology im längsten und härtesten Entschädigungsverfahren ihrer Geschichte zeigte. Im Mai 2002 stellte der Sektenkonzern einen Scheck über fast 8,7 Millionen Dollar auf den ehemaligen Scientologen und hartnäckigen Kritiker Lawrence Wollersheim aus. Es war die höchste Entschädigungssumme, die Scientology je einem Aussteiger zahlte, und zwar aufgrund eines Gerichtsurteils. Genau das war aber auch der Grund, dass die Sekte sich jahrzehntelang geweigert hatte, den Betrag zu begleichen. Denn Wollersheim, der die Sekte nach seinem Ausstieg 1979 verklagt hatte, gewann seinen Prozess 1986, weil das Gericht in Los Angeles anerkannte, dass deren teure Kurse ihn verrückt gemacht und fast in den Selbstmord getrieben hätten. Zwar bekam er 30 Millionen Dollar Schadenersatz zugesprochen, aber das half gar nichts. Ihm auch nur einen Cent zu bezahlen, hätten die Scientologen als ungeheure Niederlage betrachtet, sagte der ehemalige *OSA*-Offizier Frank Oliver. »Scientologys wichtigste Prämisse ist, dass die Hubbard-Technologie unfehlbar ist. Das unterschwellige Konzept des Wollersheim-Beschlusses aber ist, dass die Hubbard-Tech schädlich ist. Wenn sie zahlen, bestätigen sie das Argument, dass die Tech giftig ist.«[55] Und dann, am 9. Mai 2002 beglich Scientology plötzlich die 16 Jahre alte Rechnung plus Zinsen und erkannte damit indirekt an, dass ihre *Technologie* gefährlich sein konnte. Warum?

Der amerikanische Journalist Tony Ortega vermutet, Scientology habe gezahlt, weil der Fall ihre Steuerbefreiung gefährdete. Denn jede weitere Publicity für Wollersheim musste die öffentliche Aufmerksamkeit zwangsläufig auf zwei Punkte lenken: zum einen, dass die Standardpraktiken der scientologischen »Religion« Menschen in Wahnsinn und Suizid treiben konnten, und zum anderen, dass es sich bei den rund 150 steuerbefreiten Scientology-Organisationen nicht um unabhängige Institutionen handelte, sondern dass sie alle von *einem* Mann gesteuert werden: David Miscavige. Das sei der Kern des Wollersheim-Urteils, einer der wichtigsten Gerichtsentscheidungen gegen Scientology weltweit. Tony Ortega, einer der besten Kenner von Scientology in den USA, meint, die Sekte habe gezahlt, »um eine erneute Gerichtsanhörung zu vermeiden, die ihr Abkommen mit dem IRS gefährdet hätte«.

Als der Scientology-Anführer David Miscavige vor stürmisch applaudierenden Scientologen 1993 in Los Angeles über den IRS triumphierte, war von solchen Problemen nicht die Rede. Miscavige machte sich sogar ausgiebig über den IRS lustig, ließ dessen »Verbrechen« noch einmal ausführlich Revue passieren und kostete die Kapitulation des Staates genüsslich aus, offenbar im sicheren Gefühl, dass Scientology praktisch unangreifbar sei. Der kleine *Captain* nannte die Steuerbeamten »Vampire«, »Inquisitoren« und »Schurken«.[56] Er deutete nun sogar das »Schneewittchen«-Komplott gegen den *Internal Revenue Service* von 1974 in einen Vernichtungsfeldzug des Staates gegen Scientology um und rief, als seien nicht führende Scientologen von US-Gerichten wegen »Verschwörung« zu Haftstrafen verurteilt worden: »Vergessen Sie nicht – der IRS hat der Kirche keinerlei Vergehen nachweisen können. Sie wollten uns lediglich drankriegen. Also mussten sie auf reine Lügen zurückgreifen. Sie übernahmen eine Technik ihres Mentors Adolf Hitler aus dessen Buch Mein Kampf, wo folgende Theorie beschrieben wird: ›Je größer die Lüge – umso einfacher wird sie geglaubt werden.‹« Ganz zum Schluss seiner zweistündigen Rede sagte Miscavige etwas, das vor dem Hintergrund der Steuerbefreiung absolut realistisch wirkte: »Ich möchte, dass Sie noch etwas anderes verstehen. Die Macht unserer Gruppe ist größer, als Sie es sich vorstellen können. Wenn wir Schulter an Schulter stehen, gibt es nichts, was wir nicht erreichen können.«[57]

Lobbyisten für die Sekte

Was David Miscavige in Los Angeles über Europa zu sagen hatte, klang für Außenstehende nicht unbedingt beruhigend. Den 10 000 Anhängern in der Sportarena von Los Angeles kündigte er harte »Kämpfe und Kriege« an, die nach der Steuerbefreiung jetzt auch in Übersee folgen würden. Wenige Monate später gründete die Scientology-Leitung in Los Angeles eine Sondereinheit namens *Germany Task Force* (Eingreiftruppe Deutschland) und verpulverte horrende Summen für ganzseitige Anzeigenkampagnen gegen angebliche »religiöse Apartheid«, um die Bundesregierung international auf die Anklagebank zu bringen. In einem martialisch formulierten Papier namens »Ruf zu den Waffen gegen Deutschland« (Call-to-Arms Germany) wurde der Kampf gegen »neonazistische Regierungs-attacken« beschworen. Die Lage in Deutschland sei absolut dramatisch, hieß es, illustriert mit Beispielen vom Wahrheitsgehalt Goebbelscher Propaganda: »Kinder sind aus Kindergärten und Schulen geworfen worden, weil ihre Eltern Scientologen sind. Ein Parlamentsabgeordneter ging so weit, vorzuschlagen, dass Scientologen mit dem Abzeichen ›SC‹ (für Scientologen) gekennzeichnet werden sollten. Ein Dr. Mengele der heutigen Zeit, der für die Stadt Düsseldorf arbeitet, erklärte, Scientologen sollte man keine Kinder haben lassen. Ein prominenter Freund von Ursula Caberta ... spricht davon, dass ihr Hund darauf abgerichtet werde, Scientologen aufzuspüren. Das sind nur einige Beispiele für das Ausmaß der Diskriminierung von Scientologen in Deutschland.« Mit vereinter Kraft könne man aber »Deutschland und den Rest des Planeten vor einem Aufstieg der Neonazis schützen«, hieß es. Als erste Maßnahme sollten alle Mitglieder Protestbriefe an Bundeskanzler Kohl schicken.[1]

Da sich die deutsche Scientology-Führung zunehmend als unfähig erwies, ihre »Unterdrückung« durch die Regierung und Ursula Caberta zu »handhaben«, übernahm die amerikanische Zentrale die Initiative. Anfang April 1995 stand die Hamburger Scientology-*Org* kopf. Eine Einheit der Elitetruppe *Sea Org* aus Florida rückte am Steindamm ein, zwanzig Offiziere in blauen Uniformen mit dem Abzeichen »Revenimus«. An ihrer Spitze Mark Yager, der internationale Boss der Wirtschaftsorganisation *WISE*, und Kurt Weiland, Vize-Chef des sekteninternen Geheimdienstes *OSA*. Die Sektenleitung in Los Angeles hatte sich entschieden, in Hamburg »aufzuräumen« und die Zügel selbst in die Hand zu nehmen. In den folgenden Tagen wurden die Chefs der Hamburger *Org.* einst als Spitzenreiter der Scientology-Expansion mit dem weltweit höchsten Spendenaufkommen gefeiert, wie kleine Unterabteilungsleiter abgelöst und degradiert. Das Kommando in Hamburg übernahm zunächst der Amerikaner Mark Lizer aus dem »technischen« Hauptquartier in Florida. Seine Truppe packte ihre neuen *Mark-Super-VII-Elektrometer* aus und drehte die *Staffs* tagelang durch die Mühle der *Security Checks* am Lügendetektor, um alle »Overts«, »Withholds«, »Statistikverbrechen« und sonstigen Verfehlungen aus ihnen herauszuquetschen. Da das »Überleben« von Scientology in Deutschland gefährdet war, brauchten die amerikanischen Offiziere als Erstes Ruhe in den deutschen *Orgs.* Die langjährige Hamburger Chef-Scientologin Wiebke Hansen wurde in die »Gold«-Basis bzw. ins Happy Valley expediert – wohl nicht zur Erholung. Als er im März 1998 für einen Fernsehfilm im Happy Valley recherchierte, bekam der Buchautor Peter Reichelt bestätigt, dass sie dort in der Strafkompanie *Rehabilitation Project Force* gelandet war.[2]

Scientology-Broschüren zeigen, dass der anschließende »Deutschland-Feldzug« wie ein echter Krieg generalstabsmäßig geplant wurde. Auf Fotos sieht man, wie sich *OSA*-Offiziere über Karten von Mitteleuropa beugen, Angriffslinien und Rückzugsräume in die Pläne zeichnen. »OSA-Mitarbeiter bereiten sich für die neueste Schlacht gegen die Unterdrückung in Deutschland vor«, lautet die Unterschrift eines solchen Bildes.[3] Einer der ersten Kriegsschauplätze war Berlin. Als der Verfassungsschutzausschuss des Berliner Abgeordnetenhauses am 24. Oktober 1996 die mögliche Beobachtung von Scientology debattierte, verfolgten zwei Abgesandte der US-Botschaft in Bonn die Sitzung. »Ein gewiss ungewöhnlicher Vorgang«, kommentierte dies Ursula Caberta. Es war aber nur das Vorspiel kommender Geschehnisse.

Um das Klima auf dem Capitol Hill in ihrem Sinn zu beeinflussen, gab Scientology seit 1996 so viel Geld aus wie keine andere Sekte zuvor.[4] Das *Religious Technology Center* in Los Angeles, das höchste Scientology-Gremium, beauftragte das renommierte Public-Relations-Unternehmen Federal Legislative Associates in Washington, das für die Lobbyarbeit in den Jahren 1996/97 und 1998 jeweils 725 000 bzw. 420 000 Dollar bekam.[5] Während frühere US-Präsidenten zuweilen ein enges Verhältnis zur Mun-Sekte pflegten – speziell George Bush senior[6] –, bemühten sich die Scientologen um offene Ohren in der Administration von Bill Clinton. Dafür wurde auch privat investiert. Tom Cruise und Nicole Kidman unterstützten beispielsweise den Senatswahlkampf von Hillary Clinton 1998 bis 2000 und den von Al Gore ums Weiße Haus.[7] Ein Rechtsanwalt der Scientologen spendete allein 70 000 Dollar für den demokratischen Präsidentschaftswahlkampf im Jahr 2000.[8] Robert Vaughn Young erklärte, es sei »sehr wahrscheinlich«, dass Scientology dem US-Präsidenten Bill Clinton mehrfach Wahlkampfspenden habe zukommen lassen. Er fügte hinzu: »Wir haben uns bereits in den achtziger Jahren über Washingtoner Anwälte in die US-Regierung eingekauft.«[9] Den professionellen Lobbyisten von Federal Legislative Associates gelang es, einige politische Meetings auf hohem Niveau mit den drei Scientology-Prominenten John Travolta, Isaac Hayes und Chick Corea zu arrangieren und dabei »ein großes Maß an Glaubwürdigkeit« für ihre Forderungen zu erzeugen.[10] Nun zeigte sich, dass die Investition in die Celebrities sich auch politisch für Scientology auszahlte. Die intensive Lobbyarbeit zeitigte jene Folgen, die dann als »transatlantischer Sektenkrieg« *(Die Presse)* monatelang für Schlagzeilen sorgen sollten.[11]

Am 27. Januar 1997 verurteilte die Regierung in Washington plötzlich in aller Form die Maßnahmen Deutschlands gegen die Scientology-Organisation.[12] Nur wenige Tage später veröffentlichte das US-Außenministerium seinen Jahresbericht zur Situation der Menschenrechte in der Welt.[13] Darin wurde Deutschland heftig angegriffen und in der Liste der Länder, welche die Religionsfreiheit missachten, gleich hinter China eingestuft. »Künstler sind wegen ihrer Mitgliedschaft in der Scientology-Kirche daran gehindert worden, aufzutreten oder auszustellen«, hieß es darin, wieder einmal. Politische Parteien würden Scientologen wegen ihres Glaubens ausschließen. Unternehmen, deren Inhaber oder Führungskräfte Scientologen seien, würden »boykottiert oder diskriminiert, und zwar teilweise mit Zustimmung der Regierung«.[14] Eine illustre Reihe von amerikanischen Senatoren, Gouverneuren, Kongressabgeordneten und Bürgermeistern wandte sich mit Klagebriefen über die Diskriminierung der »anerkannten Religion« ans Weiße Haus, ans

State Department und an den deutschen Botschafter in Washington – ein nicht abreißender Strom von Briefen, E-Mails und Telefonaten, der bis zum heutigen Tag anhält. Wie Internetaktivisten mit Hilfe des Freedom of Information Act (Informationsfreiheitsgesetz) aufdeckten, stehen zudem zahlreiche Abgeordnete und Senatoren der Demokraten wie der Republikaner auf der Empfängerliste scientologischer Großspender, etwa des Softwareunternehmers Craig Jensen. Als Madeleine Albright nach Bonn reiste, um den Deutschen ins Gewissen zu reden, war Scientology endgültig zum Thema der hohen Politik avanciert.

Der US-Außenamtssprecher Nicholas Burns erläuterte mehr als einmal die Position des Ministeriums: ›Die Scientologen in Deutschland werden nur infolge ihrer Zugehörigkeit zu dieser Organisation diskriminiert, nicht aufgrund irgendwelcher Aktionen, die sie unternommen haben.‹ Darüber sei die amerikanische Regierung vor allem deshalb besorgt, weil es Amerikaner, die Scientologen seien, betreffe – Burns nannte namentlich den »sehr berühmten Musiker« Chick Corea und sagte, die Regierung fühle »sich verpflichtet, amerikanische Staatsbürger zu verteidigen«.[15] Nicholas Burns war entweder schlecht informiert oder ein Opfer scientologischer Propaganda geworden. Schließlich war Chick Corea lediglich zu einem staatlich geförderten Konzert in Stuttgart nicht eingeladen worden, während er ansonsten ständig durch Deutschland tourte und noch im März 1996 auf der staatlich bezuschussten Jazzwoche im bayrischen Burghausen auftrat.[16] Burns räumte immerhin ein, dass die Kampagne der Scientologen gegen die deutsche Bundesregierung »schlicht und einfach hirnverbrannt« sei: »Die Behandlung der Juden durch die Nazis kann in keiner Weise mit dem verglichen werden, was mit den Scientologen heute in Deutschland geschieht.«[17]

Währenddessen machte die Lobbyfirma Federal Legislative Associates weiter Druck. Sie ließ John Travolta auf einem nationalen Bildungsgipfel in Philadelphia im Frühjahr 1997 die Hubbardsche »Studiertechnologie« präsentieren. Da Bill Clinton »zufällig« auch dort weilte, ergab sich eine Möglichkeit zum »privaten« Gespräch. Travolta erklärte anschließend, der Präsident habe ihm angeboten, »die Diskriminierung von Scientology in Deutschland zu bekämpfen«.[18] In einem Interview mit dem US-Monatsmagazin *George* bekräftigte der Mime später, dass Clinton auf ihn zugekommen sei und »privat« zu ihm gesagt habe: »Ihr Programm macht einen großartigen Eindruck. Angesichts der Probleme, die Sie in Deutschland haben, würde ich Ihnen gerne helfen.«[19] Das Magazin spekulierte, ob Travolta im Gegenzug in dem Film PRIMARY COLORS die Rolle des machthungrigen Gouverneurs aus den Südstaaten, der wie Clinton zum Präsidenten aufsteigt, positiver hatte spielen sollen. Den Bericht dementierten das Weiße Haus und auch der Schauspieler umgehend: »Das ist eine Verschwörungstheorie.« Über den fertigen PRIMARY COLORS-Film sagte John Travolta dann erfrischend offen wie immer: »Nur ein Toter sieht nicht, dass der Film pro Clinton ist.«[20]

Kritische Beobachter fragten sich, wie es kam, dass die französische Scientology-Postille *Éthique et Liberté* im Dezember 1996 den größten Coup ihrer Publikationsgeschichte landen konnte. Das Propagandablatt veröffentlichte damals einen Artikel von Bill Clinton gegen den Drogenmissbrauch.[21] Kritiker registrierten erstaunt, wie der amerikanische Präsident persönlich dafür sorgte, dass sich sein Sicherheitsberater Sandy Berger noch im Februar 1997 mit John Travolta und einer Scientology-Delegation in Washington traf.[22] Dort versprach Berger den Hubbard-Jüngern, dass Washington mit der deutschen Regierung weiterhin Tacheles reden werde: »Niemand darf wegen seines Glaubens diskriminiert werden.«[23] Gleichzeitig ließen sich hohe Beamte des Präsidialamtes zu Scientology-Veranstaltungen einladen wie Lee Brown, der Direktor für Drogenpolitik des Weißen Hauses und Mitglied in Clintons Kabinett, der an einer Kundgebung der scientologischen *Drug-Free Marshalls* teilnahm.[24]

Sieben Monate nach dem Treffen mit Sandy Berger durfte John Travolta gemeinsam mit Chick Corea und Isaac Hayes vor der Helsinki-Kommission der OSZE in New York Beschwerden gegen die Verfolgung ihrer scientologischen »Glaubens«-Genossen in Europa vortragen. Hayes sagte, die deutsche Einstellung sei womöglich auf »Sozialneid« zurückzuführen, weil die Lebenseinstellung von Scientology einigen Mitgliedern »zu mehr Wohlstand verholfen« habe.[25] Travolta sprach sichtlich nervös über den angeblichen Boykott seines Films PHENOMENON in Deutschland und über eine Broschüre der Jungen Union mit dem Titel »InSekten – Nein Danke«. Er sagte,

433

die deutsche Regierung setze ihre »geheimdienstliche Maschine« gegen Scientologen ein.[26] Die anwesenden Senatoren und Kongressabgeordneten wirkten schockiert. Kommissionsvorsitzender war der republikanische Senator Alfonse d'Amato aus New York, der das Hearing zum Thema »Religiöse Intoleranz in Europa« im September 1997 auf die Tagesordnung gesetzt und den Umgang mit Scientologen in Deutschland »absolut absurd und entsetzlich« genannt hatte.[27]

Es kam noch schlimmer: Anfang November 1997 nahm der Auswärtige Ausschuss des Repräsentantenhauses eine Resolution an, die der Bundesrepublik die eklatante Diskriminierung religiöser Minderheiten und insbesondere von Scientology vorwarf, darin all jene drastischen Formulierungen, die auf deutschen Druck aus dem US-Menschenrechtsbericht vom Januar noch in letzter Sekunde gestrichen worden waren. Etwa der Vorwurf, in der Bundesrepublik existiere ein »weit verbreitetes und gut dokumentiertes Muster der Diskriminierung von Scientology durch Bundes-, Landes-, Kommunal- und Partei-Offizielle«.[28] Kurz vor dem Votum des Ausschusses schickte der deutsche Botschafter in Washington, Jürgen Chrobog, einen Brief an die Abgeordneten, um sie zum Einlenken zu bewegen. Die Anschuldigungen seien »völlig unbegründet und absurd«, niemand in Deutschland wolle die Glaubensfreiheit einschränken. Scientology werde dort jedoch nicht als Religion, sondern als totalitäre Organisation wahrgenommen – »genau wie in Belgien, Frankreich, Großbritannien, Irland, Italien, Luxemburg, Spanien, Israel und Mexiko, um einige andere Länder zu nennen«. Deutschland sei aufgrund seiner Geschichte eben besonders sensibel gegenüber Extremismus.[29]

Chrobogs Anstrengungen nutzten aber nichts, der Auswärtige Ausschuss nahm die Resolution mit überwältigender Mehrheit an. Von 48 Abgeordneten stimmten nur zwei dagegen, einer enthielt sich der Stimme.[30] So nahm die Resolution, um den scientologischen »Erzfeind« Deutschland wegen seiner Sektenpolitik offiziell zu verurteilen, die ersten parlamentarischen Hürden. Schließlich schritt der Kongress am Montag, dem 9. November 1997, zur Abstimmung. Eine Woche zuvor war der deutsche Außenminister Klaus Kinkel in Washington zu Besuch gewesen. Die Sekte hatte sich generalstabsmäßig vorbereitet, hatte Kinkel auf Schritt und

Tritt von Demonstranten begleiten lassen, die »Freiheit für Minderheiten in Deutschland« oder sogar »totalitäres Schwein« brüllten. Bei einer Pressekonferenz musste Kinkel einräumen, dass ihn all seine Gesprächspartner von Präsident Clinton über Außenministerin Albright bis hin zum Verteidigungsminister William Cohen auf Scientology angesprochen hatten.[31] Ein Donnerschlag: Drei Tage vor der Abstimmung meldete die *New York Times* exklusiv auf ihrer Seite eins, dass eine deutsche Scientologin in Florida politisches Asyl erhalten habe – für Scientology der »ultimative Beweis« der deutschen Verfolgung, wie den Kongressabgeordneten in dringenden Faxen mitgeteilt wurde.

Alles schien auf eine Verurteilung Deutschlands im Repräsentantenhaus zuzulaufen. Doch als das Plenum begann, über die Vorlage zu diskutieren, zeigten sich Risse in der angeblichen Front gegen »Germany«. »Ich halte es für wichtig, dass wir Tom Cruise oder John Travolta nicht die Außenpolitik dieses Landes bestimmen lassen, und ich denke, genau das steht hinter diesem Vorschlag«, sagte der republikanische Abgeordnete Doug Bereuter aus Nebraska.[32] Andere Parlamentarier warnten davor, die guten Beziehungen zu Deutschland aufs Spiel zu setzen. Noch aber saßen Gruppen von Scientologen entspannt auf der Besuchertribüne und warteten auf den sicheren »Sieg«. Zu nächtlicher Stunde schritt der Kongress zur Abstimmung. Dann das Fiasko: Die Abgeordneten wiesen die Resolution mit 318 zu 101 Stimmen zurück. »Statt mit erhobener Faust schleichen die Scientologen mit gesenktem Haupt aus dem Kapitol«, schrieb die *Berliner Morgenpost*.[33] Anderntags hatten sie sich wieder gefangen. Ein Scientology-Sprecher deutete die unerwartete Niederlage in einen Sieg um: Das Ergebnis zeige, dass eine nicht unerhebliche Zahl von Abgeordneten die Kritik an Deutschland für berechtigt halte.[34]

Tatsächlich ließ sich das State Department seit 1994 in erstaunlichem Ausmaß von Scientology instrumentalisieren. Im Oktober 1998 schwang sich der amerikanische Kongress auf Druck der Sekten – vor allem der Evangelikalen, aber auch von Scientology – zum obersten Richter über die Glaubensfreiheit in der gesamten Welt auf. Das Parlament verabschiedete und Bill Clinton unterzeichnete den International Religious Freedom Act, ein einzigartiges Gesetz ohne historisches Vorbild, das bei Verstößen gegen die »Religionsfreiheit« fremden Staaten drastische Wirtschaftssanktionen der USA androhte. Das Gesetz sah auch die Einrichtung einer neuen Unterabteilung des Büros für Demokratie, Menschenrechte und Arbeit im State Department vor: das Office of International Religious Freedom. Mit einem bevollmächtigten Botschafter an der Spitze, dem fünf Beamte des Außenministeriums zugeordnet wurden, besaß der neue Ausschuss in allen US-Botschaften einen Vertreter.[35] Im September 1998 erschien dessen erster offizieller Bericht. Darin wurden Frankreich, Deutschland, Österreich und Belgien schwerwiegende Verstöße gegen die Religionsfreiheit vorgeworfen, zusätzlich zur Kritik des US-Menschenrechtsberichts.

Und als reichten diese Kommissionen und Berichte nicht aus, existierte sogar noch eine Kommission für Religionsfreiheit, die direkt dem Weißen Haus unterstand, die United States Commission for Religious Freedom. Sie sollte nach Angaben ihres Direktors Steven T. McFarland ein Auge auf die anderen Kommissionen werfen und deren Arbeit als »Wachhund« beaufsichtigen – woraus man schließen kann, dass alle Berichte letztlich das Siegel des Präsidenten trugen.[36] Die Botschaft war klar: Wer sich gegen amerikanische »Religionen« stellte, hatte mit Klagen, Boykotts und Sanktionen der USA zu rechnen. Es war wohl auch kein Zufall, dass das Scientology-Problem ausgerechnet Ende 1998 und mit dem Menschenrechtsbericht Anfang 1999 in den Vereinigten Staaten wieder hochgespielt wurde. Man erhoffte sich offenbar einen Wandel durch die neue Regierung Schröder-Fischer in Berlin, die seit dem 27. Oktober 1998 im Amt war. Im Mai 1999 legte dann der Abschlussbericht des Advisory Committee on Religious Freedom Abroad noch einmal nach und kritisierte die Europäer scharf: Ihre parlamentarischen Sekten-Untersuchungskommissionen seien ein »unseliger Trend« und liefen Gefahr, »dem Einzelnen das Recht auf Religions- und Glaubensfreiheit vorzuenthalten«.[37]

Je länger die Präsidentschaft Clintons dauerte, desto inniger schien das Verhältnis des Weißen Hauses zu Scientology zu werden. Zur Feier des 50. Jahrestags von Hubbards Dianetik-Buch schickte Clinton den Scientologen, die sich dazu am 28. Dezember 1999 in der Sportarena von Los Angeles versammelt hatten, eine Grußbotschaft. Er dankte ihnen »für alle Versuche, religiöse Freiheit zu propagieren und Gemeinden im Geist von Verständnis, Mitgefühl und gegenseitigem Respekt aufzubauen«.[38] Clinton schrieb auch erneut einen Artikel für eine Scientology-Zeitschrift, diesmal für die Milleniumsnummer des zentralen PR-Organs *Freedom*. Darin bestätigte der amerikanische Präsident noch einmal die scientologische Propaganda: »Dies ist der richtige Moment, um über die Bedeutung religiöser Freiheit und die profunde Rolle, die die Religion weiterhin im Leben der Menschen auf der ganzen Erde spielt, nachzudenken.«[39] Der stellvertretende scientologische Geheimdienstchef Kurt Weiland behauptete damals, Clinton habe zusätzlich einen Silvestergruß an die Scientologen gesandt.[40] Das Weiße Haus spielte die Bedeutung der Botschaften anschließend herunter: Es seien »ganz normale Grußadressen« gewesen.[41] Zweifellos aber beförderten sie das gegenseitige Verständnis. Im August 2000 richtete John Travolta ein luxuriöses Spendendinner für Bill Clintons Projekt einer Präsidentenbibliothek aus, bei dem ein Gedeck 25 000 Dollar kostete. Der Toast des Schauspielers lautete: »Erheben wir unsere Gläser auf unseren Präsidenten, den besten Präsidenten aller Zeiten!«[42]

Zu Beginn des »Sektenkrieges« mit Deutschland hatte die Pressesprecherin von Scientology Hamburg, Gisela Hackenjos, in einem Interview mit der Berliner *tageszeitung* gesagt: »Wir sind eine Kirche, wir sind eine Religion. Schauen Sie nach Amerika. Die Deutschen müssen endlich aufwachen. Aus, Schluss, Ende!«[43] Sie wachten auch auf, nur anders als gedacht. Am 6. Juni 1997 erklärte die Innenministerkonferenz, dass es sich bei Scientology um eine »neue Form des politischen Extremismus« handele, der sich gegen die freiheitlich-demokratische Grundordnung richte. Seither wird die Organisation vom Bundesamt und einigen Landesämtern für Verfassungsschutz beobachtet. In einer repräsentativen Umfrage der ARD vom Februar 1997 stimmten 59,2 Prozent der Deutschen einer nachrichtendienstlichen Überwachung der Sekte zu.[44] Ähnliche Werte ergaben sich bis 2008 immer wieder bei ähnlichen Befragungen. Nach einjähriger Beobachtung kamen die »Schlapphüte« im November 1998 zu dem Schluss, dass Scientology eine neue Gesellschaftsordnung anstrebe, die Demokratie ersetzen wolle und damit die innere Sicherheit Deutschlands gefährde.[45] Als spätere Berichte diese Einschätzung präzisierten, wurde die Beobachtung fortgesetzt.

Da ihr die Lobbyarbeit in Washington noch immer nicht den gewünschten Erfolg in Deutschland beschert hatte, intensivierte Scientology ihre klassischen Desinformationskampagnen nach Geheimdienstmuster – gemäß einer Hubbard-Order, wonach die Sprache zum Zweck der Propaganda »umdefiniert« und auf den Kopf gestellt werden solle: »Der Trick ist – Worte sind zu redefinieren, bis sie zum Vorteil des Propagandisten etwas anderes bedeuten. (…) Der Weg, ein Wort zu redefinieren, besteht darin, die neue Definition so oft wie irgend möglich zu wiederholen.«[46] *Redefinition* Nummer eins: Scientology ist eine Religion. *Redefinition* Nummer zwei: Scientologen erhalten wegen ihrer Religion in Deutschland Berufsverbot und werden geheimdienstlich observiert. *Redefinition* Nummer drei: Scientologen müssen wegen der brutalen Verfolgung aus Deutschland fliehen wie die Juden aus dem Dritten Reich.

Statement Nummer eins ist die Grundlage der gesamten Kampagne. Für Behauptung Nummer zwei holte Scientology den denkbar besten »Beweis« aus der Kiste: amerikanische Stars, die angeblich regierungsamtlich boykottiert oder sogar »verboten« wurden: Tom Cruise und Chick Corea. Vor allem Chick Corea. Eine ganze Verfolgungslegende wurde um den Jazzpianisten und glühenden Scientologen (»Die Entdeckung von Scientology ist für mich genauso wichtig wie die Entdeckung von Johann Sebastian Bach«[47]) gewoben und bei jeder Gelegenheit dem Publikum, dem Kongress, internationalen Gremien eingehämmert, bis sie jeder einfach glauben *musste*. Vielen Amerikanern fehlten zudem Informationen, um diese Propaganda anders bewerten zu können, denn ausgewogene Berichte drangen so gut wie nie an die dortige Öffentlichkeit. Das absurde Theater gipfelte im November 1998, als das U. S. State Department ein Konzert des »verfolgten« Jazzpianisten im Berliner Tränenpalast unter dem Motto »A Tribute to Freedom« sponserte. Von einem Boykott war indessen nichts zu spüren, es kamen viele Berliner in die Gratisshow von »Chick Corea and Friends«.[48] Corea wurde bei dem originellen Event von einer scientologischen »Direktorin für Menschenrechte« aus Los Angeles begleitet; die US-Botschaft ließ außerdem amerikanische Journalisten einfliegen und für die Konzertbesucher Häppchen servieren – alles höchst ungewöhnlich. Zwar kam ein angedachter gemeinsamer Auftritt des Jazzers mit den Regensburger Domspatzen 2005 nicht zustande.[49] Doch ein Jahr später wurde dem »LRH Public Relations Officer« Chick

Corea kurz nach seinem 65. Geburtstag sogar der Preis des Klavier-Festivals Ruhr 2006 verliehen.[50] Ob Corea sich anschließend immer noch diskriminiert fühlte, ist nicht bekannt. Schon 2003 hatte er in einem Interview eingeräumt: »Ich trete wieder regelmäßig in Deutschland auf.«[51]

Die scientologische *Redefinitions*-Kampagne, um sich wahrheitswidrig als »verfolgte religiöse Minderheit« darzustellen, hatte schon im Umfeld der amerikanischen Steuerbefreiung 1993 eingesetzt. Im Sommer 1997 legte Scientology den Kongressabgeordneten ein Dossier über angeblich verfolgte Mitglieder in Deutschland vor. Von 1500 Fällen von Berufsverbot war die Rede, Kinder würden aus Kindergärten ausgeschlossen, Angestellte ihre Arbeit verlieren, es gebe Bombendrohungen und »rassistische Hetze« gegen Scientologen. Einige Fälle wurden konkret beschrieben. Auch darauf ging der deutsche Botschafter Jürgen Chrobog in seinem Brief an die Abgeordneten ein. Er konnte auf Dossiers der Bundesregierung verweisen, die schon seit 1994 versuchte, den aufgeführten Fällen von »Diskriminierung« nachzugehen. Dabei stellten die Beamten jedoch fest, dass die meisten Fälle nicht identifizierbar waren, da »weder die Namen der beteiligten Personen noch Ort und Zeitpunkt des beschriebenen Geschehens mitgeteilt« würden. Die Listen enthielten »zum größten Teil Begebenheiten, die sich *zwischen Privaten* abgespielt haben sollen« und schon deshalb keine Diskriminierungen durch den *Staat* belegen könnten. Es sei »kein einziger Fall« aufgeführt, in dem die möglichen Rechtsmittel ausgeschöpft worden seien. Was angebliche Bombendrohungen und rassistische Hetze gegen Scientologen angeht, so schreiben die Autoren: »Es muss erstaunen, daß nicht ein einziger der mitgeteilten Fälle den zuständigen Polizei- oder Justizbehörden zur Kenntnis gebracht wurde.« Die Liste dränge »daher zu der Annahme, daß es sich um bloße Behauptungen handelt«.[52]

Der *Spiegel* ging ebenfalls den Diskriminierungsgeschichten nach und stellte fest: Sie waren zumeist frisiert. Beispielsweise die Legende der niedersächsischen Lehrerin, die 1995 angeblich nach einer »gezielten Hetzkampagne« entlassen worden war. In Wirklichkeit war die Frau fünfmal versetzt worden, weil sie Scientology-Broschüren an Eltern und Kinder verteilt hatte. Sie wurde nach dieser Verletzung ihrer Dienstpflicht lediglich aus dem Schul- in den Behördendienst versetzt. Der erschütternde Fall eines vierjährigen Kindes, das aus einem Kindergarten geworfen worden sei, entpuppte sich als völlig normale Hortauswahl. Die Eltern und Betreuer einer privaten evangelischen Einrichtung sprachen sich gegen seine Aufnahme aus, weil die Eltern keine Christen, sondern hochrangige Scientologen waren. Das Kind kam problemlos in einem städtischen Kindergarten unter.[53] Wieder zeigte sich, dass die Informationen der Amerikaner auf Scientology-Dossiers beruhten. Die vielen Fälle angeblicher »Diskriminierung« in Deutschland hielten der kritischen Recherche nicht stand – nicht einmal der Paradefall, den Scientology für ihre Behauptung Nummer drei präsentierte: die Flucht von Scientologen aus dem Verfolgerstaat Deutschland in die Freiheit der Vereinigten Staaten von Amerika.

Manipulation des US-Parlaments

Mitten in den transatlantischen »Sektenkrieg« platzte im November 1997 eine Nachricht, die internationales Aufsehen erregte. Zwei Tage vor der entscheidenden Kongressabstimmung über die deutsche »Religionspolitik« publizierte die *New York Times* auf Seite eins ihre fast unglaubliche Geschichte über eine 42-jährige deutsche Scientologin, die in Florida Asyl erhielt, weil sie in Deutschland aus religiösen Gründen verfolgt werde. Wahrscheinlich wäre die Ablehnung der Deutschland-feindlichen Resolution noch deutlicher ausgefallen, wenn die Kongressabgeordneten mehr über den ungewöhnlichen Flüchtling gewusst hätten. Beispielsweise, dass die Entscheidung des Gerichts in Florida schon acht Monate zuvor, im Februar 1997, ergangen war. Oder dass als Vertreter der Asylantin, deren Name nicht genannt wurde, Kurt Weiland auftrat, kommandierender Offizier des Scientology-Geheimdienstes *OSA*.[1]

Zwei Wochen nach der Meldung konnte das Münchener Nachrichtenmagazin *Focus* enthüllen, wer die geheimnisvolle Asylbewerberin war: Antje Victore, geborene Pingel, ehemals Pferdejockey.[2] Die »religiöse Verfolgung« entpuppte sich als Strafverfahren wegen Steuerhinterziehung. Frau Victore hatte bis 1991 als »Executive Director Expansion« in einer Firma gearbeitet, die dem Kieler Großspender für die »Kriegskasse« der Sekte Detlef Foullois gehörte –

das Rostocker Unternehmen Heilig Werbeideen.[3] Diese Werbe-agentur wurde von Foullois und einem scientologischen Kompa-gnon (der inzwischen desillusioniert ausgestiegen ist) als eine Art Außenstelle der Hamburger Scientology-*Org* mit 80 scientologi-schen *Staffs* als Personal geführt.[4] Detlef Foullois prahlte intern, sein Unternehmen sei »durch die Anwendung von LRH-Tech zur wahrscheinlich erfolgreichsten Firma« von Scientology in Deutsch-land aufgestiegen.[5] Tatsächlich überwies der *Patron Meritorius* Mil-lionen aus der Unternehmenskasse an die *International Association of Scientologists*, an *Narconon* und das Sektenschiff »Freewinds«. Doch offenbar war das mehr Geld für Scientology, als die Firma betriebs-wirtschaftlich verkraften konnte, Heilig Werbeideen ging bankrott, und 1994 wurden der *Operierende Thetan der Stufe 8* und sein Part-ner vom Rostocker Landgericht zu 22 Monaten Gefängnis verur-teilt. Begründung: Steuerhinterziehung in Millionenhöhe und Sub-ventionsbetrug.[6] Einer höheren Strafe entgingen die geständigen Sektenpatrone nur, weil die Scientology-*Org* Hamburg – höchst un-gewöhnlich – deren 2,8 Millionen Mark Steuerschulden umgehend beglich.

Antje Victore hatte zur Führungsmannschaft der Firma gehört und 1993 sogar die Leitung der Nachfolgefirma Hanse Werbeideen übernommen, als sich Foullois' Probleme mit der Justiz zuspitz-ten. Unklar blieb jedoch, warum die Deutsche eigentlich Asyl in Florida erhalten hatte. Etwa wegen des (unzweifelhaft rechtsstaat-lichen) Gerichtsverfahrens in Rostock? Der Einwanderungsrichter Rex J. Ford in Tampa trug zur Aufklärung leider ebenso wenig bei wie Kurt Weiland oder Antje Victore selbst. Dem *Focus* schickte sie nur eine nichtssagende schriftliche Erklärung: »Ich litt unter den fal-schen Anschuldigungen über Scientology, da ich wusste, dass sie nicht zutreffend waren.«[7] Weder das deutsche Auswärtige Amt noch die Botschaft in Washington erhielten nähere Informationen, angeblich aus Gründen der »Schutzwürdigkeit von Asylverfahren«. Diese »dürftige Quellenlage« mache durchaus »stutzig«, sagte ein Sprecher von Klaus Kinkel.[8] Auch ergaben *Focus*-Recherchen unter ehemaligen Kollegen und Bekannten von Antje Victore keinerlei Hinweise auf irgendwelche Repressionen gegen sie; doch hatte sie bei ihrem Abschied aus Deutschland 1995 erwähnt, dass sie in den USA dem scientologischen Elitekorps *Sea Org* beitreten wolle, das in Florida beheimatet ist. Bei dieser Truppe belegte sie denn auch sofort nach Ankunft in der amerikanischen Freiheit extrem teure *Auditings* und stieg schnell zum *Operierenden Thetan der Stufe 4* auf.[9]

Die Zweifel an ihrer Geschichte wuchsen, als der deutsche Verfassungsschutz im Jahr 1998 erfuhr, »dass deutsche Scientologen in die Diskreditierungskampagne gegen die Bundesrepublik Deutschland eingebunden« waren. Dem Dienst lag die schriftliche Erklärung eines ehemaligen Scientologen vor, der darüber berichtete, wie die Organisation seit 1996 versuchte, deutsche Mitglieder »zur Stellung eines Asylgesuches in den Vereinigten Staaten« zu überreden; dort stünden Rechtsanwälte bereit, um alle notwendigen Schritte einzuleiten. »Ziel dieser Aktion sei es, die Scientology feindlich gesonnene Bundesregierung durch den politischen Druck aus dem Ausland zum Rücktritt zu zwingen, zumindest aber ein Einlenken gegenüber der Organisation zu erreichen«, schreibt der Verfassungsschutz.[10] Die scientologische Propaganda um den angeblichen Asylfall Antje Victore hatte diese Angaben im Grunde eindrucksvoll bestätigt.

Trotz aller Skepsis war an der beunruhigenden Tatsache nicht zu rütteln, dass Antje Victore in den Vereinigten Staaten politisches Asyl erhalten hatte. Scientology wartete ihrerseits, da das Propagandapotential des Falls noch lange nicht ausgeschöpft schien, einen günstigen Zeitpunkt ab, um die Sache erneut auszuschlachten. Diese Chance eröffnete sich am 14. Juni 2000, als der Kongressausschuss für internationale Beziehungen in Washington ein öffentliches Hearing zum »Umgang mit religiösen Minderheiten in Westeuropa« veranstaltete, auf dem es wieder mal vor allem um Scientology gehen sollte. Mit extrem harter Kritik trat diesmal »eine Phalanx aus amerikanischen Abgeordneten, unterstützt von Hollywood-Größen« *(Tagesspiegel)* an die Öffentlichkeit. Auf einer bizarren Pressekonferenz sagten vor allem republikanische Abgeordnete Sätze wie: »An deutschen Schulen wird zum Hass erzogen«; »die regierungsamtliche Verfolgung von Minderheiten-Religionen hat viele Künstlerkarrieren zerstört«; »Tausende brauchen unsere Hilfe, weil ihre Stimmen in Deutschland unterdrückt werden«.[11] Die Situation sei äußerst brisant: Als Führungsmacht in Europa habe Deutschland inzwischen andere Regierungen wie die von Polen, Frankreich und Dänemark mit ihrem Verfolgungswahn angesteckt.

Die Abgeordneten verstiegen sich zu grotesken Anschuldigungen: Nicht nur Chick Corea werde die Einreise nach Deutschland verweigert, »Hunderte von Scientologen und Anhänger anderer kleiner Religionen« amerikanischer Herkunft dürften ebenfalls nicht einreisen. Mehrere Redner stellten die Einschränkung der Religionsfreiheit in Deutschland auf eine Stufe mit der Volksrepublik China.[12] In einem Resolutionsentwurf wurde der US-Präsident aufgerufen, die Bundesrepublik zur Einhaltung internationaler Verpflichtungen aufzufordern.

Deutschland tat wenig, um das schiefe Bild geradezurücken und verließ sich, wie in der Vergangenheit, auf seine massive (und meist erfolgreiche) Lobbyarbeit hinter den Kulissen. Zwar erläuterte der deutsche Botschafter Jürgen Chrobog wieder einmal in einem offiziellen Brief an das Kongresskomitee die Position der Bundesrepublik, jedoch ohne damit nennenswert Eindruck zu machen. Es widerspricht einfach dem amerikanischen Denken, dass der Staat in Deutschland Schutzfunktionen übernimmt und durch die Verfassung sogar verpflichtet ist, totalitäre Organisationen schon im Keim zu bekämpfen. In den Vereinigten Staaten lässt man aus historischen Gründen selbst extreme Gruppen gewähren, bis sie zu einer echten Bedrohung der öffentlichen Sicherheit werden – dann marschiert die Nationalgarde mit Sturmgewehren und Bomben wie gegen die Davidianer-Sekte in Waco 1996 oder die afroamerikanische MOVE-Sekte 1985 in Philadelphia. Anders als in den USA oder Japan ist es in Deutschland bis 2008 noch zu keinem »Cult Desaster« mit Toten und Verwundeten gekommen – sicher eine Folge der Aufklärung und besseren staatlichen Fürsorge. Doch was können solche eher abstrakten Hinweise schon gegen die dramatischen Geschichten vermeintlicher Opfer »religiöser Verfolgung« ausrichten?

An jenem Tag sprach im US-Kongress die Hollywood-Schauspielerin und Scientologin Catherine Bell (TV-Serie *JAG*) als Zeugin. Sie erhob zunächst die üblichen Vorwürfe gegen Deutschland und wies dann auf deutsche Staatsbürger unter den Zuhörern hin, die in ihrer Heimat besonders hart diskriminiert worden seien, »weil sie Scientologen sind«. Eindringlich stellte Catherine Bell eine Dame vor, »die 1997 als erste deutsche Scientologin von einem US-Einwanderungsgericht Asyl bekam, weil sie zerstörerische religiöse Verfolgung zu erwarten hätte, falls sie nach Deutschland zurückgekehrt wäre«.[13] Es war – natürlich – die schon erwähnte »Ms. Antje Victore«. Catherine Bell ahnte sicher nicht, dass das deutsche Magazin *Stern* nur zwei Wochen später die genauen Hintergründe der Affäre enthüllen würde. Unter dem Titel »Der große Bluff« konnten die Autoren, darunter die bekannte deutsche Scientology-Kritikerin Jeanette Schweitzer, eine Operation des scientologischen Geheimdienstes *OSA* aufdecken, die nach allen Regeln klassischer Desinformation funktionierte und nichts anderes war als ein mit großem Aufwand fabrizierter Asylbetrug.[14]

Ein Scientologe namens Jens Billerbeck, der früher engen Kontakt mit Antje Victore hatte, war ausgestiegen und hatte dem *Stern* eine Mappe mit Dokumenten und Briefen übergeben, anhand derer sich die »Operation Asyl« in allen Details nachvollziehen ließ. Es stellte sich heraus, so die Autoren, »dass der spektakuläre Asyl-Fall von Scientology inszeniert worden war. Von ›religiöser Verfolgung‹ keine Spur. Die Dame hatte schnöde Geldprobleme, wie Briefwechsel zeigen.«[15] Aus Victores Zeit in Detlef Foullois' bankrotten Werbefirmen war eine Steuerschuld von 13 100,51 Mark offengeblieben, die das Finanzamt immer vehementer einforderte.[16] Am 26. März 1996 wandte sich die spätere Asylantin in äußerster Not an ihre Freundin und Mitscientologin Dagmar H., die als *Operierender Thetan* der höchsten *Stufe 8* wohl in der Lage sein müsste, jedes nur denkbare irdische Problem zu »handhaben«. Sie bat um Hilfe: »Heute habe ich einen Pfändungsbescheid vom Finanzamt Schöneberg erhalten. Die Sache mit der Steuer wird langsam sehr heiß. Ich weiß nicht mehr weiter. Bitte hilf mir Dagmar. Was soll ich bloß tun?« Antje Victore hatte viel Geld unwissentlich in das betrügerische Finanzgeschäft des Schweizer Scientologen Erwin Dossenbach investiert und verloren.[17] Man kann aber annehmen, dass Antje Victore das Geld auch deshalb fehlte, weil sie schon 1994 und 1995 ständig nach Florida reiste, um dort Kurse auf der scientologischen »Brücke« ins Glück zu absolvieren, deren Preise den Schuldbetrag deutlich überstiegen.[18] Aber trotz dieser Geldleistungen und ihrer unbegrenzten Loyalität war offenbar kein Mitscientologe bereit, der Bedürftigen zu helfen. Im Gegenteil – statt ihr das Geld wenigstens zu leihen, habe die »Kirchenleitung« sie schließlich zu kriminellen Handlungen gedrängt, berichtete der 40-jährige Jens Billerbeck dem *Stern*.[19]

Zunächst versuchte Antje Victore noch, auf legalem Weg in Florida Asyl zu erlangen, um ihre Steuerschuld nicht bezahlen zu müssen. Sie drängte ihre Freundin Dagmar H. in Deutschland, ihr »dringend alle zur Verfügung stehenden Entheta-Artikel von diesem Jahr« nach Amerika zu schicken, denn: »Ich soll mehr Beweise liefern, dass es wirklich so schlimm ist in Deutschland. Du hast doch mal gesagt, dass Du mir genug ›Stoff‹ liefern könntest.«[20] Scientology Deutschland lieferte nun zwar reichlich gegen die Sekte gerichtete »Entheta-News« – »tausende Seiten« Zeitungsartikel mit angeblichen Diskriminierungsberichten – aber Richter Ford wies Antje Victores Asylantrag im Sommer 1996 zunächst ab. In Briefen an ihre Freundin in Deutschland klagte die Steuerschuldnerin, das Belastungsmaterial habe viel zu wenig Beweise für staatliche Verfolgung enthalten: »Ich will nicht im Gefängnis landen … Das ist es aber genau, was passiert, wenn man nicht bezahlen kann!«[21] Doch so bereitwillig die Sekte für Antje Victore ihre Archive durchwühlte, so wenig war sie andererseits willens, der »Gläubigen« ernsthaft – also finanziell – aus der Patsche zu helfen. Stattdessen drängte der damalige Geheimdienstchef Kurt Weiland sie nach Angaben des Aussteigers Jens Billerbeck nun massiv zum Asylbetrug.[22] Deutsche Scientology-Unternehmer wurden gebeten, falsche Bewerbungs-Ablehnungsschreiben an Frau Victore zu schicken, der Einfachheit halber bitte gleich auf Englisch. »Mit tiefem Bedauern« erklärten sie darin, man könne sie leider wegen ihrer Scientology-Mitgliedschaft nicht einstellen, denn »bei Offenlegung der Religionszugehörigkeit« seien »Nachteile für die Firma zu erwarten« und man würde »Geschäftsverluste und Diskriminierung riskieren« – gerade auch wegen der »restriktiven Politik« einiger deutscher Landesregierungen. Dem *Stern* gegenüber bezeugten Jens Billerbeck und Victores frühere Freundin Dagmar H., die inzwischen auch ausgestiegen war, dass sie und mindestens drei weitere Firmeninhaber der Steuerflüchtigen den Gefallen taten. Natürlich erwähnte keiner der Scientology-Unternehmer, dass er Mitglied bei der Sekte war. In einer eidesstattlichen Erklärung, die im Internet publiziert wurde, schreibt Jens Billerbeck, was er kurz nach dem Urteil von Victore am Telefon erfuhr, als er selbst noch zur Organisation gehörte: »Der Sieg vor Gericht sollte erst später bei passender Gelegenheit durch die Kirche (Scientology) selbst veröffentlicht werden. Dies sei der ausdrückliche Wunsch von OSA.«[23]

Diesmal war die Rechnung aufgegangen. Richter Rex J. Ford durchschaute den Bluff nicht und gewährte der deutschen Scientologin Asyl, offensichtlich wegen der falschen Ablehnungsbriefe.[24] Als der *Stern* Antje Victore zu den fabrizierten Beweisen befragen wollte, behauptete sie, im Asylverfahren hätten diese doch gar keine entscheidende Rolle gespielt, sondern nur der Nachweis einer generellen Verfolgung. »Es ging da nicht um mich.«[25] Im Jahr 2009 lebte Antje Victore noch immer als erste und einzige anerkannte Asylbewerberin aus Deutschland in den Vereinigten Staaten und war nicht, wie bei »Asylbetrug« etwa von Mexikanern in den USA sonst üblich, umgehend in ihr Heimatland abgeschoben worden.

Bei der Kongressanhörung am 14. Juni 2000 sagte nach Catherine Bell noch ein zweiter Scientologe aus, den man wohl als schillernde Persönlichkeit bezeichnen kann: Craig Jensen, Chef der Firma Executive Software International, ein hochgewachsener, schlanker Mann, Anfang 50, mit grauem gestutzten Vollbart. Sein Unternehmen hatte ein sogenanntes Defragmentierprogramm entwickelt, das Microsoft in seinem neuen Betriebssystem Windows 2000 einsetzte (Defragmentierer räumen die Computerfestplatte auf und machen den Rechner damit schneller). Craig Jensen ist seit 1974 Scientologe, war inzwischen *Operierender Thetan der Stufe 8*, als *Patron Meritorius* Großspender mit 250 000 Dollar für die »Kriegskasse« und ein schwerreicher Mann, der gern und oft auch für Wahlkampagnen von Politikern spendete.[26] Er bekennt sich auf seiner Internetseite offen dazu, seine Firma nach Hubbard-Methoden zu führen. So unterstützte er interessanterweise 1998 auch den Vorsitzenden des außenpolitischen Ausschusses im Repräsentantenhaus, Benjamin A. Gilman, der 1999 selbst eine Resolution in den Kongress einbrachte, um Deutschland als religiöses Verfolgerland zu brandmarken – und der an jenem Tag in Washington Jensens Befragung leitete.[27]

Craig Jensen beklagte sich bei dem vom ihm gesponserten Gilman nun darüber, dass die deutschen Wirtschaftsminister 1998 zusammen mit der Hamburger »Arbeitsgruppe Scientology« einen »Sektenfilter« eingeführt hätten. Man verlange von Firmen, die öffentliche Aufträge ausführten, eine Erklärung über ihre Scientology-Mitgliedschaft. Er meinte die altbekannte »Technologie-« oder »Schutzerklärung«, die inzwischen viele deutsche Unternehmen,

Institutionen und Behörden ihren Mitarbeitern, Mitgliedern und Geschäftspartnern zur Unterschrift vorlegten. Darin verpflichtet sich der Unterzeichner, Hubbard-Methoden »vollständig« abzulehnen, keine Scientology-Schulungen im Unternehmen zu organisieren oder zuzulassen, keine geschäftsmäßigen Beziehungen zu Personen, Firmen oder Organisationen zu unterhalten, die Scientology unterstützen, und keine Firmen »wissentlich zu unterstützen, die selbst nach einer Methode von L. Ron Hubbard geführt oder beeinflusst werden«.[28] Letzteres ist bei Executive Software eindeutig der Fall, weshalb die Firma in Deutschland Schwierigkeiten bekam.

Als überzeugter *Thetan* und Mitglied im scientologischen Unternehmerverband *WISE* hatte Jensen schon früher offenbar nichts von einer Trennung seiner Unternehmens- und der Scientology-Politik gehalten. Wie die Computerzeitschrift *Digital News* berichtete, verweigerte Executive Software dem Schweizer Pharmahersteller Ciba Geigy 1991 teilweise die Wartung, weil diese Firma »Ritalin« herstellt – jenes Medikament für »hyperaktive« Kinder, welches Scientology als »Psychodroge« erbittert bekämpft.[29] Deutsche Datenschützer, Sicherheitsbeauftragte und Informatikprofessoren äußerten wegen des geradezu fanatischen Sektenjüngers Jensen die Sorge, dass per Windows 2000 das Programm einer Scientology-nahen Firma Zugriff auf »alle Daten eines Rechners« bekomme und diese »verdeckt weiterleiten« könnte.[30] Technisch ist es nämlich möglich, in einem Defragmentierprogramm ein sogenanntes Trojanisches Pferd zu verstecken, das bei der Kommunikation mit dem Internet Daten an eine versteckte Adresse nach außen überträgt.[31] Da sich Jensens »Diskeeper«-Programm nicht ohne weiteres aus Windows 2000 herauslösen ließ, entschieden die Bundesländer Bayern und Hamburg sowie zahlreiche katholische Bistümer, das seit Februar 2000 verkaufte Betriebssystem für ihre Computer nicht zu benutzen.[32] Jensen fabrizierte nun aus diesen Problemen die angebliche Forderung deutscher Regierungsvertreter, den Verkauf von Windows 2000 und seiner Software in Deutschland »zu verbieten«. Er erklärte, das Ganze sei ein ernstzunehmender Angriff auf die Vereinigten Staaten von Amerika. Er warnte die Kongressabgeordneten vor einem »Embargo, das mit regierungsamtlicher religiöser Diskriminierung gerechtfertigt wird«, und sagte: »Ein ausländisches und besonders ein deutsches Embargo amerikanischer Software muss als feindliche Handlung angesehen werden.«[33]

Es waren diese (falschen) Vorwürfe, die kurz zuvor schon zu einiger Aufregung in den USA geführt hatten, bis hin zum Ruf, eine Beschwerde gegen Deutschland bei der World Trade Organization einzureichen. Die direkt dem Weißen Haus unterstellte Handelsbehörde USTR hatte im Mai 2000 verkündet, dass die »Benachteiligung von Scientologen bei Ausschreibungen in Deutschland« ein ernstes Hindernis für den freien Welthandel darstelle. Gemeint war der deutsche »Sektenfilter«, in dem Executive Software offenbar als erste Firma hängengeblieben war. Übrigens sagten die Amerikaner stets »Sektenfilter« statt »Schutzerklärung« – der scientologisch *redefinierte* Sachverhalt hatte hier bereits Eingang in den offiziellen Sprachgebrauch der US-Politik gefunden. Allein dies war ein Erfolg für Scientology, umso mehr noch die Tatsache, dass die Organisation erstmals ihre angebliche Verfolgung nicht als »Menschenrechtsverletzung«, sondern als weit schwerer wiegenden Angriff auf den bilateralen Handel zwischen den USA und Deutschland verkaufen konnte.

Tatsächlich ging es diesmal um mehr als um Worte und *Redefinitionen*: um sehr viel Geld für Microsoft und um schutzwürdige Interessen der Bundesrepublik Deutschland. In Rede stand jedoch weder ein Verbot von »Diskeeper« noch von Windows 2000 – beides forderte im Ernst kein deutscher Politiker –, sondern die brisante Verbindung der beiden Programme. Der eigentliche Hintergrund der Affäre war schlicht Angst vor Spionage. Die bayerische Regierung begründete ihre Forderung nach einer »Schutzerklärung« von Firmen, die öffentliche Aufträge ausführten, seit je mit dem Risiko, dass Scientologen staatliche Behörden infiltrieren könnten. Besonders heikel erschien den Bayern dabei alles, was mit Software zu tun hatte – wie bei Windows 2000. Bayerns damaliger Innenminister Günther Beckstein sah eine erhebliche »Sicherheitsgefahr«, denn mit »Diskeeper« könnte eine »Ausforschung und Infiltration von Arbeitgebern und Geschäftspartnern« möglich sein.[34] Das war keine ganz unberechtigte Angst, wenn man sich die jüngere Geschichte des Scientology-Konzerns und seine bekannt gewordenen weltweiten Spionageoperationen vor Augen hält – 1990 in Dänemark, 1994 in Frankreich, 1996 in Griechenland und Russland,

1998 in Kanada (siehe Kapitel »Gegenwind«). Auch die deutsche Regierung war betroffen: Nach einem Bericht der *Stuttgarter Nachrichten* landeten streng vertrauliche Unterlagen aus dem Auswärtigen Amt im *OSA*-Hauptquartier in Los Angeles. Es handelte sich um ein internes Strategiepapier von Ende 1997, in dem »Scientology im Rahmen der deutsch-amerikanischen Beziehungen« untersucht wurde. Das Auswärtige Amt schaltete den Bundesnachrichtendienst ein, um den Maulwurf zu identifizieren, ohne Ergebnis.[35] Im Januar 2000 wurde den Hamburger Scientologen ein vertrauliches 20-Seiten-Papier der »Arbeitsgruppe Scientology« aus der Innenbehörde zugespielt – eine interne Einschätzung der Organisation und wie die Arbeit gegen sie optimiert werden könne; der Absender wurde nie ermittelt.[36]

Es gab also gute Gründe für deutsche Behörden, besorgt zu sein. Da aber niemand in dem Washingtoner Hearing diese Sorgen ansprach, konnten die amerikanischen Abgeordneten sie auch nicht bedenken – ebenso wenig wie die Tatsache, dass die USA selbst sich durch ähnliche »Filter« bei öffentlichen Aufträgen vor Spionage schützen.[37] Man einigte sich schließlich im November 2000 mit dem Softwareriesen Microsoft auf eine pragmatische Lösung: Microsoft publizierte im Internet eine Anleitung zur Entfernung des umstrittenen Programms »Diskeeper« aus Windows 2000, und jeder Anwender konnte nun selbst entscheiden, welches Defragmentierprogramm er verwenden wollte.[38]

Gegen die »Schutzerklärung« führte Scientology nicht nur einen »Krieg« im US-Kongress, sondern auch eine Drohkampagne im Sinne von L. Ron Hubbards Parole, dass Angriff die einzig mögliche Verteidigung sei. Das Magazin *Focus* deckte 1999 auf, dass die Sektenanwälte große amerikanische Unternehmen mit Drohbriefen dazu drängten, ihren deutschen Töchtern die Benutzung des »menschenverachtenden Sektenfilters« zu untersagen. Darin wiesen sie unmissverständlich auf »offensichtlich illegale und internationale Menschenrechtskonventionen verletzende« Praktiken hin – und die Multis unterwarfen sich geradezu devot. Der *Focus* berichtete: »Arbeitnehmern eine Erklärung abzuverlangen, sie seien keine Scientologen, widerspreche der Unternehmenspolitik, schrieb Stanley Witkow, Manager des Weltkonzerns General Electric, am 29. 10. 1998 dem Washingtoner Anwalt William Walsh«, der Scientology vertrat.

Man habe daher die deutsche Konzerntochter CompuNet angewiesen, »eine solche Erklärung nicht mehr zur Bedingung für eine Anstellung zu machen«.[39] Nach *Focus*-Informationen wussten deutsche Verfassungsschützer von mindestens 800 Firmen, die anwaltliche Drohbriefe zugesandt bekommen hatten. Demnach knickten auch IBM, Ford und der Immobilienmulti RE/MAX vor den Scientologen ein.[40] Nur wenige Unternehmen wie die zu Bertelsmann gehörende BMG Entertainment hätten sich der Drohkulisse nicht gebeugt; die Firma habe erklärt, man könne nicht so tun, als ob die US-Gesetze global gültig seien. In den USA aber konnten die Folgen teuer werden. Die New Yorker Zweigstelle der Deutschen Bank zahlte nach Angaben von Scientology im August 1998 einer ehemaligen Mitarbeiterin 125 000 Dollar Schadenersatz wegen »Diskriminierung«. Sie war angeblich wegen ihrer Scientology-Mitgliedschaft gemobbt und entlassen worden. Die Deutsche Bank lehnte eine Stellungnahme zu dem Fall ab.[41]

Für Amerika war das eigentliche Problem aber weder Windows 2000 noch der angebliche »Sektenfilter« in Deutschland. Zwar wurde Deutschland nicht offiziell verurteilt, doch eines hatte die Kongressanhörung unzweifelhaft offengelegt: ein massives Defizit im öffentlichen Umgang mit Scientology in den USA. Eine echte Diskussion über totalitäre Sekten fand in der US-Gesellschaft praktisch nicht statt. Eine absolute Seltenheit waren Stimmen wie die des UN-Sonderberichterstatters zu religiösen Fragen, Abdelfattah Amor. Der tunesische Jurist hatte der Bundesrepublik Ende 1998 trotz einiger Kritik vor allem am Umgang mit den Muslimen eine »Tradition der Toleranz« in der Religionsfrage bescheinigt. Die Behauptung von Scientology, ihre Mitglieder würden wie die Juden unter Hitler verfolgt, nannte Amor »schockierend«, »bedeutungslos« und »kindisch«.[42]

Die Scientology-Strategie, die Bundesrepublik mit ihren Greuelmärchen international in Misskredit zu bringen, ging letztlich auf. Dass es ein Nazi-Revival in der deutschen Regierung gab, wurde seit Mitte der 1990er Jahre in wichtigen Teilen der amerikanischen Öffentlichkeit und Politik für bare Münze genommen. Die scientologische *Redefinitions*-Sprache mit Begriffen wie »Sektenfilter« und »Menschenrechtsterrorismus« drang nicht nur in die Menschenrechtsberichte des State Department, sondern auch der Vereinten

Nationen, der OSZE und des Europarats ein. In normalen Zeiten wären maßlose Vorwürfe wie die von Scientology auch in den Vereinigten Staaten durch eine lebendige, demokratische Diskussion gekontert worden. Doch die Zeiten waren nicht »normal«. Die Opfer besaßen schlichtweg keine Lobby – und auch dafür hatte Scientology gesorgt, indem sie die einzige bedeutende Hilfsorganisation der USA für Sektenopfer in Grund und Boden geklagt hatte, exakt nach den charmanten Anweisungen ihres Meisters L. Ron Hubbard: »Wir müssen auf der Basis der totalen Auslöschung des Feindes kämpfen. Lassen Sie nie mit sich reden. Greifen Sie ihn an und löschen Sie ihn aus.«[43]

»Solche Hassgruppen haben in Amerika nicht das Recht, ungestraft zu operieren«, befand der Scientology-Präsident Heber Jentzsch über das Cult Awareness Network (Sektenaufklärungsnetzwerk, abgekürzt CAN) aus der Nähe von Chicago. CAN war das angesehenste Antisektenzentrum der Vereinigten Staaten, eine nach dem Massen(selbst)mord der Volkstempler in Jonestown (Guayana) 1978 gegründete nichtkommerzielle Selbsthilfeorganisation. CAN bekämpfte gefährliche Kultgruppen und fand 20 Jahre lang als seriöse und einzige Lobby von Kultopfern in den Medien Gehör. Insofern war es nicht weiter verwunderlich, dass die Scientologen einen »Krieg« auch gegen CAN führten.[44] Insbesondere warfen sie CAN vor, »Deprogrammierer« einzusetzen, um Sektenjünger zu entführen und mit Gewalt zum Ausstieg zu zwingen. Mit *Deprogrammierung* wurde ursprünglich jede Art von Gespräch mit Sektenopfern bezeichnet, um sie aus dem Kult zu lösen.[45] Scientology und anderen Sekten gelang es, das Wort so zu *redefinieren*, dass es heute vor allem jenes rabiate und illegale Verfahren bezeichnet, bei dem die Zielperson meist auf offener Straße gepackt, ins Auto gezerrt und entführt wird. Anschließend bringt man sie an einen abgeschirmten Ort, beispielsweise ein Hotel, sperrt sie ein und bewacht sie rund um die Uhr. Nun bombardieren *Deprogrammierer*, Aussteiger und Familienangehörige das Mitglied tagelang mit Informationen, bis es der Sekte abschwört. Allerdings wurde die *Deprogrammierung* erst durch die Sekten-*Redefinition* mit Entführungen verbunden, wodurch alle, die aufklärende Gespräche mit Sektenjüngern führten – die ursprüngliche Bedeutung des Wortes – plötzlich im Verdacht standen, Kriminelle zu sein. In den Vereinigten Staaten wurden einige *Deprogrammierer*, die sporadisch Kontakt mit CAN gehabt hatten, aber weder Mitglieder noch irgendwie in die Politik der Gruppe involviert waren, wegen Kidnappings verurteilt.

Scientology nahm diese Kontakte zum Anlass, um gegen das Aufklärungsnetzwerk vorzugehen. Seit 1992 erhoben ihre Anwälte unter der Führung von Kendrick Moxon, der zu den nichtangeklagten Verschwörern der »Snow White«-Operation gehört hatte, rund 50 Klagen gegen CAN. Sie klagten im Namen von Scientologen, die sich mal wieder »diskriminiert« fühlten – weil man sie nicht an Kongressen und Seminaren von CAN teilnehmen ließ, obwohl sie doch wie immer nur das Beste im Sinn führten: nämlich CAN zu »reformieren« und gegen *Deprogrammierer* vorzugehen. Das Netzwerk war mit seinem relativ geringen jährlichen Etat von 300 000 Dollar nicht in der Lage, dem juristischen Trommelfeuer der Multimillionensekte auf Dauer standzuhalten.[46] Die ehemalige CAN-Direktorin Cynthia Kisser berichtete dem deutschen Magazin *Stern*, Scientology habe mehrfach versucht, ihre Organisation zu unterwandern, und zu diesem Zweck sogar eine eigene CAN-Gruppe gegründet. Erst als diese Taktik nicht zum Erfolg führte, sei ihre Selbsthilfegruppe (seit 1991) mit vielen Klagen überzogen worden. »Zum Schluss waren noch drei Verfahren offen, und wir hatten keines verloren«, sagte Cynthia Kisser.[47] Sie bezeichnete Scientology als den »wohl rücksichtslosesten, terroristischsten, klagewütigsten und lukrativsten Kult, den dieses Land je gesehen hat«.[48] Der frühere *OSA*-Mitarbeiter Gary Scarff sagte sogar unter Eid aus, er habe 1991 von Scientology den Befehl erhalten, Cynthia Kisser zu ermorden – was die Sekte vehement abstreitet.[49]

Die weitaus meisten der 20 000 Anfragen, die ihre Gruppe pro Jahr erreichten, betrafen Scientology. Doch seit Oktober 1996 durfte Cynthia Kisser niemanden mehr unter dem renommierten Titel CAN beraten. CAN war pleite – von Scientology mit einer raffinierten Operation in den Ruin getrieben, die im US-Staat Washington an der Pazifikküste ihren Beginn nahm. 1991 hatte die Mutter des 18-jährigen Jason Scott einen *Deprogrammierer* beauftragt, ihren Sohn zu kidnappen, um ihn aus einer christlichen Pfingstler-Sekte zu befreien. Das Manöver missglückte, und Scott besorgte sich einen Anwalt, um gegen seine Mutter und den *Depro-*

grammierer vorzugehen. Er geriet dabei an den Scientology-Advokaten Kendrick Moxon, der in dem Fall eine winzige Verbindung zu CAN entdeckte: Die Telefonistin einer Krisenberatung, die Scotts Mutter den *Deprogrammierer* vermittelt hatte, arbeitete in ihrer Freizeit ehrenamtlich für die Aufklärungsgruppe. Moxon verlangte daraufhin 1,8 Millionen Dollar Schadenersatz, die Gerichte gaben ihm Recht, CAN war pleite. In der Propagandaschrift *International Scientology News* wurde Moxon 1995 für seinen Einsatz belobigt: Er habe die (gegen Kritiker gerichtete) »PTS/SP-Technik« vorbildlich angewendet.[50]

Im Oktober 1996 verkaufte ein Konkursverwalter den guten Namen der Initiative, ihr Logo und die in vielen Büchern und Artikeln angegebene Telefonnummer für 20000 Dollar an einen gewissen Steven Hayes, Anwalt aus Kalifornien. Das war ein gerissener Winkelzug – denn Steven Hayes war Scientologe. Aussteiger, die die Nummer von CAN anwählten, wurden seither sozusagen von Scientologen »beraten«. Trotz der offensichtlichen Verbindung dementierte Scientology, irgendetwas mit dem Verfahren oder den Käufern zu tun zu haben. Doch eine Broschüre, die das »neue« Cult Awareness Network im Januar 1997 verschickte, enthielt eine enthusiastische Darstellung von Scientology als einem Weg, »das Glücklichsein zu steigern und die Bedingungen für einen selbst und andere zu verbessern«.[51] Cynthia Kisser sah in dem Vorgehen der Psychosekte den Beweis, »dass man hierzulande die Gerichte dazu benutzen kann, seinen Gegner zu zerstören, wenn man nur genug Geld hat«.[52]

Ihr Hauptziel hatte Scientology erreicht. Das Cult Awareness Network, zwei Jahrzehnte lang die wichtigste Adresse für Sektenopfer in den USA, war ausgeschaltet und scientologisch »umgedreht« worden. In der Scientology-Zeitschrift *Impact* sagte die scientologische Vizepräsidentin des »neuen« CAN über ihre Arbeit: »Wir haben erfolgreich Deprogrammierungen verhindert und zerbrochenen Familien geholfen, wieder zusammenzukommen, indem wir die LRH-Standard-Technologie zur Handhabung von PTS verwendeten.«[53] Die »Unruhestifter« wurden also »gehandhabt«. Die »Handhabung« von CAN aber war die wesentliche Ursache, dass in den USA in dem Moment, als dort dringend oppositionelle Fachleute gebraucht wurden, so gut wie niemand auftrat, der das groteske

Bild der »religiösen Verfolgung« in Deutschland (und Europa) korrigierte und Scientology fundiert kontern konnte. Wobei es kompetente Experten im Land durchaus gab, die auch bereits begannen, sich bemerkbar zu machen.

Gegenwind

Kritik in Westeuropa

In einem Interview mit der *St. Petersburg Times* in Florida erklärte der Scientology-Boss David Miscavige im Oktober 1998, das Ziel von Scientology sei die »religiöse Anerkennung« in den wichtigsten europäischen Ländern bis zum Jahr 2000.[1] Es ging längst nicht mehr nur um Deutschland. Während Scientology im »wilden Osten« des europäischen Kontinents, vor allem in Russland, einen Triumph nach dem nächsten feierte, erschien der Westen zunehmend als Feindesland voller »Unterdrücker«, war aber aus wirtschaftlichen und politischen Gründen viel zu wichtig, um abgeschrieben zu werden. Daher begann der Sektenkonzern einen zähen Abwehrkampf gegen seine Kritiker in Brüssel, London, Paris, Wien und Berlin, über den der Scientology-Präsident Heber Jentzsch 1999 in der Propagandazeitschrift *Impact* Bericht erstattete: »Natürlich besteht unsere hauptsächliche Mission im rechtlichen Bereich derzeit darin, die Unterdrückung von Scientology in Europa zu beenden. Unser diesbezüglicher Fortschritt im vergangenen Jahr war enorm. (…) Aber natürlich können wir nicht von Europa sprechen, ohne uns Deutschland zuzuwenden. Wir haben dort trotz vieler Jahre unbegründeter Untersuchungen und Unterdrückung überlebt; wir haben Dutzende von Rechtsfällen gewonnen; wir haben mit unserer Public Relations und unseren Werbekampagnen weltweit Presse gemacht. Unsere Standhaftigkeit verärgert die SPs. Wie haben sie also reagiert? Mit einer ›Untersuchung‹ durch die Verfassungsschutzämter.«[2] Ein Jahr nach dieser Rede rief der »Kirchenpräsident« die Mitglieder ähnlich wie gegen Deutschland auch gegen Frankreich »zum Gefecht«: mit einem »Call-to-Arms France«: »Frankreich ist wieder einmal ein Schlachtfeld! Deswegen rufen wir alle Scientologen zu den Waffen, um diese Welle von Unterdrückung zurückzuwerfen und die religiöse Freiheit in Frankreich wiederherzustellen.«[3] Auch in Frankreich wurde die Sekte, wo Hubbard 1978 in Abwe-

senheit »wegen Betrugs an neuen Mitgliedern mit falschen Versprechungen von Gesundheit und Wohlstand« zu vier Jahren Gefängnis
verurteilt worden war, inzwischen vom Inlandsgeheimdienst überwacht.[4] Auch dort verteilten die Scientologen nun Flugblätter, in
denen sie der Regierung »Inquisition« und »Hexenjagd« vorwarfen –
und außerdem schimpften sie über »religiöse Säuberungen«, in Anspielung auf die ethnischen Säuberungen des Balkankrieges.[5]

Der Abwehrreflex war berechtigt. Zwar gab es, kein Wunder bei
einem kulturell so vielfältigen Kontinent wie Europa, stets gegen-
sätzliche Tendenzen. Zum Beispiel meldeten die Nachrichtenagenturen im Frühjahr 2000 innerhalb von knapp einem Monat: »Frankreich ächtet Scientology« und »Schweden erkennt Scientologen an«.[6]
In Schweden, Ungarn, Italien, Spanien und Portugal wurde Scientology als »gemeinnützig« oder als »religiöse Gruppierung« *registriert* – was nicht gleichbedeutend ist mit *anerkannt* –, und Russland
wurde 2007 vom Europäischen Gerichtshof angewiesen, Scientology offiziell als Religion zu listen (was der Staat bis Ende 2009
nicht ausführte).[7] Doch während der Psychokonzern in den Vereinigten Staaten Akzeptanz bei der Steuerbehörde, bei Politikern und
Entertainern fand, wurden Sekten in zahlreichen Staaten Europas
grundlegend neu betrachtet – nicht mehr als lästiges Problem wie
bisher, sondern als mögliche Gefahr für die öffentliche Sicherheit.
Den wichtigsten Anlass zu dieser Neubewertung lieferten spektakuläre Ereignisse, die das Thema auf die politische Tagesordnung
setzten: die Massen(selbst)morde der Sonnentempler in Frankreich
und Kanada 1994/95, der Giftgasanschlag der Aum-Sekte in Tokio
im März 1995, der Massen(selbst)mord der Ufo-Sekte Heaven's
Gate in Los Angeles 1997.

Was in Deutschland die rüden Entmietungsmethoden und Firmenübernahmen der Scientologen bewirkten, das löste in Frankreich und der Schweiz das »Cult Desaster« um die Sonnentempler
aus: ein enormes Misstrauen gegenüber allen fanatischen Kultgruppen. In Dänemark enthüllte die Scientology-Aussteigerin Susanne
Elleby, dass es auch bei der Kopenhagener Europazentrale ein
RPF-Straflager für abtrünnige und ausstiegswillige Mitglieder gebe.
Sie würden zum Teil gegen ihren Willen festgehalten oder nach
einer Flucht »meist von Sicherheitsleuten« zurückgeholt.[8] In Großbritannien stellte die Regierung 1997 fest: »Scientology ist keine Re-

ligion«, sei nicht karitativ tätig, und verweigerte der Organisation daher den Wohltätigkeitsstatus mit der entsprechenden Steuerbefreiung.[9] In der griechischen Hauptstadt Athen wurde Scientology Anfang 1998 verboten, nachdem bei einer Razzia 1995 zahlreiche Akten beschlagnahmt worden waren, aus denen hervorging, dass der scientologische Geheimdienst *Office of Special Affairs* Politiker, Richter, Justizangestellte und Funktionäre der orthodoxen Kirche in Griechenland systematisch bespitzelt und die Berichte dann an »ausländische Stellen« weitergereicht hatte. Das Landgericht Athen hatte die Schließung der *Org* zuvor mit der Begründung gebilligt, Scientology sei eine »Organisation mit totalitären Strukturen«, breche den freien Willen ihrer Mitglieder mit »Gehirnwäsche« und übe Praktiken aus, die »medizinisch, sozial und moralisch gefährlich und schädlich sind«.[10]

In der Sektensubkultur entstehe eine »neuartige Form des politischen Extremismus«, die »auf totalitären und mit einer demokratischen Verfassung unvereinbaren Grundprinzipien beruht«. Zu diesem Schluss kam der Frankfurter Politologe Hans-Gerd Jaschke 1995 in einem Gutachten über Scientology für die nordrhein-westfälische Landesregierung. Die Organisation, so Jaschke, sei ein »antidemokratischer Führerkult« mit militanten Zügen und erheblichem Gewaltpotential – eine Art »fundamentalistische Staatsreligion«, die die einheitliche Führung der Menschheit nach ihren Prinzipien anstrebe und in der jeweils zur Verfügung stehenden Machtsphäre auch bedingungslos durchsetze: Missachtung der Menschenrechte, keine Meinungsfreiheit, Ablehnung des Parlamentarismus. Neu an Scientology und ähnlichen Organisationen sei, dass sie die Macht und die Veränderung des Denkens nicht auf dem klassischen Weg über eine politische Partei, sondern im religiösen Gewand und mit wirtschaftlichem Einfluss betrieben.[11] Jaschkes Urteil wurde später in zahlreichen weiteren Gutachten aufgegriffen und bestätigt – auch in anderen europäischen Ländern wie Frankreich, Belgien oder Luxemburg.

Das Misstrauen in Westeuropa verstärkte sich besonders gegenüber Scientology, als deren Mitglieder sich in verschiedenen Ländern des Kontinents in einer schier endlos erscheinenden Kette von Strafprozessen massiven Vorwürfen stellen mussten. Das bedeutendste Strafverfahren fand im zentralfranzösischen Lyon statt.[12]

Dieser Prozess, dessen Ursachen noch in die 80er Jahre zurückreichen, sollte das Bild von Scientology in der französischen (und europäischen) Öffentlichkeit entscheidend prägen. Der 31-jährige technische Zeichner Patrice Vic hatte sich am Abend des 24. März 1988 aus seiner Wohnung im zwölften Stockwerk in den Tod gestürzt. Vic hatte kein Geld mehr, seine teuren Scientology-Kurse zu bezahlen. Als seine Frau sich weigerte, einen gemeinsamen Kredit aufzunehmen, trat er ans Fenster und sprang. Die Witwe, Nelly Vic, erstattete daraufhin Anzeige wegen fahrlässiger Tötung. Im Sommer 1990 durchsuchte die Polizei Wohnungen und Geschäftsstellen der führenden Scientologen in Lyon und Paris wegen illegaler Ausübung des Medizinerberufs, Betrugs und vorsätzlicher Gewaltanwendung. Eine Reihe französischer Top-Scientologen wanderte in Untersuchungshaft, darunter Danièle Gounord, Scientology-Sprecherin aus Paris, Jean-Paul Chapellet vom Geheimdienst *OSA* und Jean-Jacques Mazier, der Leiter der Scientology-*Org* in Lyon. Sie wurden aber bald wieder aus der Haft entlassen, und es dauerte sechs Jahre, bis im Oktober 1996 das Gerichtsverfahren in Lyon begann. Die Anklage gegen insgesamt 23 Scientologen reichte von fahrlässiger Tötung und Unterschlagung bis hin zu Betrug. 60 Zeugen wurden geladen.

Die lange Zeit bis zur Prozesseröffnung hatten die Scientologen auf ihre Weise genutzt. Von ursprünglich 30 Nebenklägern zogen sich 25 bis zum Prozessbeginn zurück. »In alter Mafiatradition erkaufte Scientology ihr Schweigen«, kommentierte dies der Anwalt von Nelly Vic. Als es ihnen nicht gelang, alle Zeugen mundtot zu machen, erinnerten sich die Scientologen an die rabiaten Ratschläge ihres verblichenen Gurus zur Abwehr von »Unterdrückern«. Der Ermittlungsrichter Georges Fenech berichtete: »Ich hatte oft das Gefühl, verfolgt zu werden.« Auch Jean-Marie Abgrall, der psychiatrische Gutachter im Lyoner Verfahren, klagte über schwere Belästigungen. Scientology-Anhänger hätten ihn auf Flugblättern als neuen »Hitler« diffamiert, mit anonymen Anrufen terrorisiert, mit 18 Klagen überzogen und sein Auto beschädigt. Als er drei Scientologen schließlich wegen Postdiebstahls verklagte, gaben sie zu, die Kampagne gegen ihn im Auftrag des *OSA* inszeniert zu haben. Abgrall hatte den Sektengründer Hubbard einen »gefährlichen Irren, einen Paranoiker im Delirium« und Scientology eine »wahrhafte Gehirn-Amputation« genannt. Ähnlich äußerte sich Staatsanwalt Ricard im Prozess. Die Sekte wende Methoden an, die »die öffentliche Ordnung gefährden können«, sagte er.

Auf die hohen Preise für die Kurse der »Zarathustras aus dem Popcorn-Land« *(Le Figaro)* angesprochen, entfuhr dem angeklagten Scientology-Chef Mazier vor Gericht der Satz: »Teurer als die katholische Kirche ist es vielleicht.« Tatsächlich wurden in dem Lyoner Verfahren erstmals genaue Zahlen über die scientologischen Geldflüsse bekannt. Demnach gingen von 1988 bis 1991 nachweislich 943 Millionen Franc (rund 142 Millionen Euro) über ein Luxemburger Konto von Europa in die USA; dabei handelte es sich vermutlich um die zehnprozentigen Lizenzgebühren, so dass der tatsächliche Umsatz in Europa 1,4 Milliarden Euro betragen hätte, eine durchaus realistische Zahl. Die Lyoner Kriminalpolizei schätzte, dass allein von 1993 bis 1996 umgerechnet mehr als 1,5 Milliarden Euro weltweit auf Konten von Scientology geflossen seien.[13] Ein Jahr später enthüllte die Londoner *Sunday Times* die Umsätze der Sekte in Großbritannien. Dort hatte Scientology 1995 Einkünfte von 5,6 Millionen Pfund Sterling (nach damaligem Wert 6,3 Millionen Euro), besaß ein Immobilienvermögen von 8,1 Millionen Pfund (9,2 Millionen Euro) und hatte zwölf Millionen Pfund in Fonds angelegt (13,6 Millionen Euro).[14] Die Zahlen entsprechen auch sonstigen Schätzungen; auf ihnen beruht die Einordnung von Scientology als weltweit größtem Psychomarkt-Anbieter (und nicht auf Mitgliederzahlen). Als wohl einziger Konzern dieser Größenordnung publiziert Scientology aber nach wie vor keine Umsatz- und Gewinnangaben.

Das Lyoner Verfahren, der erste große Prozess in Frankreich, bei dem es um die dubiosen *Methoden* von Scientology ging, endete im Oktober 1996 mit Schuldsprüchen. Mazier wurde zu drei Jahren Haft und einer Geldstrafe von 500 000 Franc (74 000 Euro) wegen fahrlässiger Tötung und Betruges verurteilt, 15 Mitangeklagte erhielten ebenfalls Haft- und Geldstrafen. Scientology ziele darauf ab, Menschen »mit betrügerischen Methoden« Geld zu entlocken, indem sie ihnen die Willensfreiheit nehme, stellte das Gericht fest. Ende Juli 1997 wandelten die Berufungsrichter in Lyon das Hafturteil gegen Mazier jedoch in eine Bewährungsstrafe um. Fünf weitere der 15 Angeklagten kamen wegen Beihilfe zum Betrug nun ebenfalls mit Bewährungsstrafen zwischen acht Monaten und einem Jahr davon. Die übrigen wurden freigesprochen, darunter der französische *OSA*-Chef Jean-Paul Chapellet. Die Strafmilderung löste bei der Scientology-Führung in Los Angeles helle Freude aus. Noch größeren Jubel rief das Berufungsgericht mit seiner erstaunlichen Feststellung hervor, die Scientology-Organisation sei eine religiöse Gemeinschaft und könne »in aller Freiheit ihre Aktivitäten entfalten«. Jean-Pierre Brard, Mitglied der Interministeriellen Sektenkommission der Regierung (abgekürzt MILS, später Miviludes), war entsetzt und sprach vom langen Arm der Sekte hinter dem Urteilsspruch: »Scientology verfügt heute über echte Macht in Wirtschaft, Politik und Verwaltung.«[15] Das Oberste Gericht Frankreichs *Cour de cassation* korrigierte dieses Urteil 1999: Die Bemerkung über die Religionseigenschaft von Scientology sei völlig irrelevant und ohne rechtliche Bedeutung.[16]

Erstaunlicher war, dass eine andere Affäre in Frankreich *keinen* landesweiten Skandal auslöste. 1991 veröffentlichte der Pariser Journalist Serge Faubert sein aufsehenerregendes Buch Une Secte au Coeur de la République (Eine Sekte im Herzen der Republik). Faubert waren Dokumente aus dem scientologischen Geheimdienst *OSA* zugespielt worden, die eine gezielte Infiltration von zwei Ministerien, weiterer Regierungsstellen und des Büros des damaligen Staatspräsidenten Francois Mitterand durch Scientology-Einflussagenten belegten – die bislang erfolgreichste bekannt gewordene Unterwanderungsoperation der Sekte weltweit. Sie folgte den Anweisungen, die Hubbard einst in seinem Befehlsbrief über »Behördenangelegenheiten« niedergelegt hatte: »Die Aktion, eine Pro-Scientology-Regierung zustande zu bringen, besteht daraus, dass man einen Freund bei der höchsten erreichbaren Regierungsperson schafft, die man erreichen kann, und dass man sogar einen Scientologen in häuslichen oder untergeordneten Posten in dessen Nähe einsetzt und dafür sorgt, dass Scientology seine persönlichen Schwierigkeiten und seinen Fall löst.«[17] Ein Agent mit dem Codenamen F10 arbeitete im engsten Umfeld des Präsidenten; er wurde nach den Enthüllungen diskret entlassen. Scientology klagte gegen Fauberts Buch, jedoch vergeblich. Der Elysée-Palast hat bis heute weder eingeräumt noch dementiert, dass die Hubbardisten es bis in die innersten Schaltstellen der Macht in Frankreich geschafft hatten – es standen »höhere Interessen« auf dem Spiel. Nur indirekt waren die schweren Erschütterungen zu spüren, die diese Affäre hinterließ. So äußerte sich der Vizepräsident der Nationalversammlung, Raymond Forni, im Oktober 1999 über Scientology folgendermaßen: »Es erstaunt mich überhaupt nicht, dass diese Sekte protegiert wird oder zumindest über Beziehungen bis in den Justizapparat hinein verfügt.«[18]

Die Justiz in Frankreich brachte nicht nur immer wieder großes Verständnis für Scientology auf, sondern hatte auch Schwierigkeiten, ihre Akten zusammenzuhalten. Bei einem Prozess gegen Scientology-Mitglieder in Paris wegen Betrugs verschwanden 1998 auf seltsame Weise anderthalb Tonnen Akten aus dem Pariser Justizpalast und tauchten nie wieder auf. Dieser Vorgang wurde zunächst als grobe Schlamperei verbucht.[19] Aber dann geschah etwas Ähnliches ein Jahr später noch einmal in der südfranzösischen Hafenstadt Marseille, und nun droschen die Medien förmlich auf die Verantwortlichen ein, so dass sich Frankreichs Premierminister Lionel Jospin gezwungen sah, persönlich einen Kommentar abzugeben. »Es stellt sich von neuem die Frage, ob bestimmte Staatsdienste nicht womöglich von Sektenorganisationen unterwandert sind«, sagte er.[20] Genau genommen war es bereits das vierte Mal innerhalb von drei Jahren, dass wichtige Unterlagen über Scientology aus staatlicher Obhut entschwanden. Schon im Lyoner Prozess waren geheime Akten entwendet worden. Doch der größte Skandal ereignete sich 1996: Die umfangreichen Protokolle des parlamentarischen Sekten-Untersuchungsausschusses waren illegal kopiert worden – obwohl sie im Panzerschrank der Nationalversammlung im Pariser Palais Bourbon lagen.[21] Der Berichterstatter der Sektenkommission, der Sozialist Jacques Guyard, bestätigte damals fassungslos, dass die Unterlagen anschließend in Sektenkreisen die Runde machten. Auch die Scientologen hatten sie.[22] Der Vorgang war umso erschreckender, als die Hearings unter Ausschluss der Öffentlichkeit stattgefunden hatten, um abtrünnigen Sektenmitgliedern die Angst vor einer Aussage zu nehmen.

Im Marseiller Prozess, dem zweiten großen Verfahren gegen französische Hubbard-Jünger, ging es im November 1999 wie in Lyon um lang zurückliegende Taten: Die Scientologen aus Marseille und Nizza hatten zwischen 1987 und 1990 zehn Personen um ihr Vermögen gebracht, indem sie ihnen »medizinisch-therapeutische Behandlungen« – etwa den sogenannten *Reinigungs-Rundown* – zu Phantasiepreisen verkauften, die bis zu 150 000 Franc (rund 25 000 Euro) betrugen.[23] Ein Elektriker erklärte, seine andauernde körperliche Behinderung sei das Ergebnis scientologischer »Heilverfahren« für seine Knieschmerzen. Ein Arzt klagte über eine »schwere Erkrankung« nach dem Besuch von Scientology-Kursen. Das Verfahren gegen sieben Mitglieder der Organisation vor dem Marseiller Landgericht begann mit verschwundenen Akten. Diesmal waren es sage und schreibe 3,5 Tonnen (!) Dokumente – Buchhaltung, *Auditing*-Unterlagen, auch beschlagnahmtes Material aus Hausdurchsuchungen –, die eine angeblich ahnungslose Gerichtsangestellte aus einem versiegelten Raum geschleppt und anschließend durch den Reißwolf gejagt hatte. Die Frau habe geglaubt, der Prozess sei bereits abgeschlossen, weil ein erstes Verfahren in der gleichen Sache wegen Formfehlern 1995 eingestellt worden war, ließ die Justizverwaltung erklären. Das war selbst den diskreten Franzosen ein bisschen zu starker Tobak. Er glaube »keine Sekunde« an ein Versehen, erklärte umgehend der stellvertretende Präsident der Nationalversammlung, Raymond Forni, »vielmehr seien die Akten bewusst aus dem Verkehr gezogen worden«, um das Verfahren gegen die angeklagten Scientologen zu behindern. Beweise dafür hatte er nicht, und so nutzten die Sektenverteidiger das »versehentliche« Verschwinden eines kompletten Lastwagens von Beweismaterial, um lautstark die Einstellung des Prozesses zu fordern.

Das Pariser Nachrichtenmagazin *Le Point* fragte daraufhin, wie die Regierung der Bevölkerung die enorme »Kluft zwischen politischen Willenserklärungen« – etwas gegen Scientology zu tun – »und den Fakten, dass nämlich nichts getan wurde seit dem letzten Sektenbericht vor 16 Jahren«, erklären wolle. Justizministerin Elisabeth Guigou nannte den Aktenskandal »sehr ernst« und Scientology »sehr gefährlich« und beauftragte den Generalstaatsanwalt mit einer Untersuchung – die dann im Sande verlief. Natürlich waren die Erwartungen der Öffentlichkeit an das Marseiller Gericht nach dem Aktenskandal enorm. Aber wie in Lyon standen auch in Marseille die Zeugen der Anklage unter enormem Druck. Am Ende waren von zehn Scientology-Geschädigten gerade noch zwei übrig; die anderen hatten sich zurückgezogen – »aus Angst vor Repressalien«,

wie die Staatsanwaltschaft mitteilte. Trotz des mysteriösen Zeugen-
und Aktenschwunds endete der Prozess im November 1999 mit
Verurteilungen. Der frühere Marseiller Scientology-Boss Xavier
Delamare wurde wegen Betrugs zu zwei Jahren Freiheitsstrafe (gro-
ßenteils auf Bewährung) und 100 000 Franc Geldbuße verurteilt;
vier weitere Mitglieder erhielten Haftstrafen von sechs Monaten
bis zu einem Jahr auf Bewährung.[24] Dieses Gericht sprach diesmal nicht von »religiösen« Dienstleistungen, sondern von gnadenlos
überteuerten »Therapien«. Die Sektenchefs in Los Angeles kritisierten das Urteil als »politisch motiviert« und redeten von einem
»Klima des Terrors« gegen ihre »Glaubensgemeinschaft«. Da war ihr
eigener Anwalt vor Gericht ehrlicher. In entwaffnender Offenheit
gab er zu, dass die Scientology-»Kirche« hinter dem Geld her sei
und »hard sell« praktiziere – harten Verkauf nach amerikanischer
Art, wie ihn L. Ron Hubbard propagiert hatte. Er sagte vor Gericht:
»Frau Vorsitzende, Sie meinen, Scientology sei teuer, zu teuer? Da
gebe ich Ihnen recht. (…) Für einige enttäuschend? Vielleicht. Aber
wo ist das Verbrechen?«[25] Das Verbrechen, so wurde er belehrt, bestand im Betrug der gutgläubigen und per Gehirnwäsche eingelull-
ten »Klienten«.

Drei Jahre darauf erging in Paris ein Urteil (in zweiter Instanz),
das nicht wegen der relativ geringen Strafe von 8000 Euro erwäh-
nenswert ist, sondern weil bereits zum zweiten Mal in Europa
Scientology *als Institution* verurteilt wurde – und zwar die Sektenzentrale der Region Ile-de-France wegen eines »Verstoßes gegen
das Datenschutzgesetz« und »unlauterer Werbung zum Zwecke be-
trügerischer Machenschaften«.[26] Das ist auch deswegen interessant,
weil Scientology nach Strafurteilen gebetsmühlenartig verkündet,
in der katholischen und evangelischen Kirche gebe es ebenfalls jede
Menge Steuersünder, Wucherer oder Betrüger, wie eben überall in
der Gesellschaft – »Einzelfälle«, mit denen die »Kirche« nichts zu tun
habe. Auch im griechischen Scientology-Skandal Mitte der 1990er
Jahre war die *Organisation* verurteilt worden – und wurde anschließend verboten.

Und noch ein weiteres Verfahren brachte die organisierten Machenschaften dieser »Glaubensgemeinschaft« ans Tageslicht – auch
wenn es formal um einzelne Personen ging. Das Berufungsgericht
in Mailand verhängte im Dezember 1996 gegen 29 italienische

Scientologen Haftstrafen zwischen neun Monaten und zwei Jahren wegen Betruges und »Bildung einer kriminellen Vereinigung«.[27] Die Richter stellten fest, dass es sich bei Scientology *nicht* um ein religiöses Bekenntnis handele und dass der »einzige grundlegende Zweck des Dianetik-Zentrums und der Scientology in der Gewinnerzielung« bestehe: »Die Staff-Mitglieder tun nichts anderes, als die Interessenten nötigenfalls auch unter Druck zum Kauf zu bewegen, wenn sie wissen, dass jemand Geld hat oder sich zumindest Geld besorgen kann, um Bücher und Dienstleistungen zu kaufen. Sie üben diesen Druck aus, um die Leute zum Kauf der Bücher und Kurse zu bringen, ohne sich dabei im Geringsten um den körperlichen oder seelischen Gesundheitszustand oder die individuellen Bedürfnisse dieser Personen zu scheren.« Dies sei das Verhalten von Mitgliedern einer Organisation, die »sich in ihrer Satzung als Vereinigung ohne Gewinnerzielungsabsicht und später als religiöse Glaubensgemeinschaft bezeichnet hatte«.[28]

In dem Mailänder Verfahren wurde aus internen Scientology-Dokumenten vorgelesen, die einmal mehr ein gerütteltes Maß an verbrecherischer Energie der vermeintlichen »Kirche« offenbarten; in ihrer Boshaftigkeit gleichen sie den Dokumenten, die man 1998 bei dem verstorbenen bayerischen Scientologen Konrad Aigner finden sollte. Das Gericht urteilte, die Angeklagten hätten einen »kriminellen Plan« besessen und diesen auch umgesetzt, um psychisch Kranken und solchen, denen sie psychische Krankheiten eingeredet hätten, das Geld aus der Tasche zu ziehen. Zum Beweis zitierten die Richter seitenlang aus Karteikarten über mögliche und bereits »erlegte« Opfer, die bei einer Razzia in der Mailänder Scientology-*Org* sichergestellt worden waren. Darin fanden sich Ausdrücke wie: »Er hat 10 Kilo Wertpapiere auf der Bank … er muss wie verrückt angetrieben werden«, »nicht lockerlassen bis zum Tod«. Für ihr Geld habe man den Adepten dann »vollständige Heilung« versprochen, sie jedoch mit »völlig wertlosen Verfahren« und »stundenlangen Saunagängen« behandelt; dies sei eindeutig betrügerisch. Das Gericht verurteilte die Angeklagten zu Gefängnisstrafen, weil nach seiner Auffassung »die gesamten Tätigkeiten der Vereinigung von Anfang an darauf gerichtet waren, Straftaten zu begehen«.

Die Scientology-Organisation, die in Italien rund 7000 Mitglieder haben soll, erklärte nach dem Urteil, nun werde man also hier ebenso brutal wie in Deutschland »verfolgt«. Dann geschah wie im Lyoner Prozess etwas recht Seltsames. In der Revision verwies der Oberste Gerichtshof in Mailand das Verfahren im Oktober 1997 zur erneuten Verhandlung an die untere Instanz zurück und erklärte außerdem, bei Scientology handele es sich um eine Religionsgemeinschaft, die folglich auch »Kursgebühren erheben« dürfe.[29] Sicher ist: Die italienische Jurisprudenz fasste die Sache nie wieder an. Doch gilt in diesem Fall wie für alle Prozesse gegen Scientologen, dass sie jeweils zwei Elemente enthalten: das Verfahren um die Schuld oder Unschuld der Täter und die Feststellungen über die Organisation. Letztere behalten ihre Bedeutung auch dann, wenn nur geringe Strafen verhängt werden oder Freispruch ergeht.

Übrigens hatte auch das Pariser Verfahren wegen Betrugs, in dem 1998 ein halber Lastwagen Akten abhanden gekommen war, ein Nachspiel, das keines war. 2003 stellte die Justiz alle Ermittlungen über den aufsehenerregenden Diebstahl ein. Im November 2005 sprach das Gericht den 16 angeklagten Scientologen insgesamt rund 110 000 Euro Schadenersatz »wegen der langen Verfahrensdauer« zu. Im Oktober 2007 wurde das gesamte Verfahren eingestellt, ohne die Öffentlichkeit darüber zu informieren; die erfuhr erst durch Zufall vier Monate später von dem beschämenden Ende dieser Justizaffäre.[30]

Undurchschaubare Vorgänge überschatteten auch einen Strafprozess gegen die französische Scientology-Organisation im Herbst 2009. »Bandenmäßiger Betrug« lautete das Urteil im großen Gerichtssaal des historischen Palais de Justice in Paris am 27. Oktober des Jahres.[31] Die angeklagte Organisation wurde durch ihre bedeutendsten französischen Niederlassungen vertreten, das *Celebrity Center Paris* und die scientologische Buchhandlung *Scientologie Espace Liberté*, die 600 000 Euro Strafe zahlen mussten, aber weiterarbeiten durften. Der Pariser Scientology-Chef Alain Rosenberg wurde zu zwei Jahren auf Bewährung und 30 000 Euro Strafe verurteilt. Drei weitere führende Mitarbeiter erhielten Bewährungs- und Geldbußen. In Gang gekommen war das viel beachtete Verfahren durch die Beschwerde der inzwischen 33-jährigen Aude-Claire M., die nach eigenen Angaben 21 000 Euro für Bücher, Seminare und Medikamente an Scientology gezahlt hatte, dafür aber nicht wie versprochen »geistig frei«, sondern psychisch schwer geschädigt wurde. Andere Kläger schlossen sich an. Laut dem Urteil warb die Organisation neue Mitglieder tatsächlich mit strafbaren Methoden an und nahm ihnen hohe Geldsummen ab. Scientology habe ein »außergewöhnlich aggressives kommerzielles Vorgehen« gezeigt, um ihr Ziel, die »Unterwerfung« der Opfer, zu erreichen. Über »moderne Inquisition«, klagte dagegen eine Sektensprecherin; ihre Anwälte kündigten Berufung an.

Das Pariser Urteil war brisant: Bereits zum dritten Mal waren in Frankreich nicht nur einzelne Scientology-Mitglieder, sondern die Organisation als Ganze verurteilt worden. Damit hätte Scientology rechtmäßig aufgelöst – also verboten – werden können. Dass es dazu nicht kam, war erneut Vorgängen wie aus einem Verschwörungsthriller geschuldet. Die wichtigste Forderung der Staatsanwaltschaft zielte neben Geldstrafen in Höhe von vier Millionen Euro tatsächlich auf ein Verbot der Organisation in Frankreich. Möglich machte dies ein Gesetz, sektenartige Organisationen aufzulösen, wenn ihnen Betrug und andere Vergehen nachgewiesen werden konnten, das 1994 nach dem Massenselbstmord der Sonnentempler eingeführt worden war. Nach neunjährigen Ermittlungen glaubten die Ermittler dafür genügend Material zusammenzuhaben. Doch ausgerechnet die Passage des Gesetzes über Auflösung wegen Betrugs – aber nicht etwa wegen Drogenhandels – war kurz vor dem Auftakt des Scientology-Prozesses im Mai 2009 im Rahmen eines Gesetzespakets zur Rechtsvereinfachung von einer parlamentarischen Kommission wieder aus dem Strafgesetzbuch gestrichen worden. Damit war es nicht mehr möglich, die Sekte nach dem laufenden Prozess aufzulösen.

Von der mysteriösen »Lex Scientology« – der Streichung eines unscheinbaren Paragraphen mit gravierenden Folgen – erfuhr die französische Öffentlichkeit erst Monate später im September 2009. Der Anwalt der Privatkläger, Olivier Morice, hatte die Gesetzesänderung entdeckt und publik gemacht. Selbst die dem Staatspräsidenten Nicolas Sarkozy unterstellte Interministerielle Mission gegen Sekten (Miviludes) sei davon völlig überrascht worden, teilte uns deren Sprecher Henri-Pierre Debord am Telefon mit. Wie war das möglich? Wer war dafür verantwortlich? In den französischen Medien brach ein regelrechter Entrüstungssturm los, die Justizministerin Michelle Alliot-Marie musste sich vor der Nationalversammlung rechtfertigen und bedauerte den »sachlichen Irrtum«. Laut Sprechern der Regierungsparteien wurde das fragliche Gesetz »aus Versehen« geändert. Scientology-Kritiker unterstellten der Organisation aber, die Nationalversammlung mit Lobbyisten unterwandert zu haben. Zwar kündigte die Justizministerin nach dem Skandal an, das Originalgesetz wieder einzuführen – nur kann es aufgrund der französischen Verfassung dann nicht mehr auf Vorgänge *vor 2009*, also die angeklagten Gesetzesverstöße, angewendet werden. Der oder die Urheber der folgenschweren Gesetzesänderung in der 84-köpfigen parlamentarischen »Gesetzvereinfachungskommission« konnten bis Anfang 2010 nicht ermittelt werden; der Kommissionsvorsitzende Jean-Luc Warsmann war sich keines Fehlers bewusst: An seinem Text sei mehr als zehn Monate gearbeitet worden, ohne dass sich jemand beschwert hätte.

Dennoch bezeichnete Anwalt Olivier Morice die Verurteilung wegen »organisiertem gemeinschaftlichen Betrugs« als historisch. Das Pariser Strafgericht habe dem Urteil »eine nationale und internationale Dimension« verliehen, um eventuelle Opfer vor den Methoden von Scientology zu warnen. Auch die Hamburger Scientology-Beauftragte Ursula Caberta begrüßte den Richterspruch. »Wenn vernünftig ermittelt wird, dann kriegt man Scientology auch verurteilt«, sagte sie. Aber, wie hatte es doch der ehemalige französische Justizminister Forni ausgedrückt? »Es erstaunt mich überhaupt nicht, dass diese Sekte über Beziehungen bis in den Justizapparat hinein verfügt.«

Abstieg in Deutschland

Am 27. Oktober 1997, einem Montag, zogen gegen Mittag merkwürdig lächelnde Demonstranten durch die Berliner City. Ordentlich und diszipliniert liefen etwa 3000 Hubbard-Jünger von der Gedächtniskirche zum Brandenburger Tor, um gegen ihre angebliche Diskriminierung in Deutschland zu protestieren. Vorneweg die Scientology-Prominenz mit der Hollywood-Actrice Anne Archer und dem Soulsänger Isaac Hayes, dahinter Cheerleader und schwarz gekleidete »Geistliche« mit dem durchgestrichenen Scientologen-Kreuz auf der Brust. Neben den eher lässig gekleideten

Staffs, die mit Bussen aus ganz Deutschland und Europa herange-
karrt worden waren, marschierten auch einige Protagonisten der
Scientology-Elite aus der Wirtschaft und dem Geheimdienst. Männer, die mit ihren teuren Mänteln und dunklen Sonnenbrillen an
diesem Tag verkleidet wirkten; unter ihnen sogar der internationale
OSA-Chef Mike Rinder aus Los Angeles. Das Fotomotiv des Tages
war eine als Freiheitsstatue verkleidete und bunt geschminkte hübsche Scientologin, hinter der jemand ein Plakat mit der Aufschrift
»Religionsfreiheit jetzt!« in die Kameras hielt. Andere Demonstranten schwenkten US- und Dänemarkfähnchen – in Kopenhagen liegt
die Europa-Zentrale – und trugen Transparente mit Aufschriften
wie: »Zündet die Inquisition den Scheiterhaufen wieder an?«, »Reichen sechs Millionen Deportierte nicht aus, um den Faschismus
auszutreiben?« oder »Schluss mit der Intoleranz in Deutschland«.

Dann stiegen Hunderte bunter Luftballons auf, als sich die Pro-
pagandachefin von *Scientology International* aus Los Angeles, Leisa
Goodman, über die Lautsprecher an die Versammlung wandte. Sie
sprach nicht Deutsch, sondern Englisch, denn die ganze Veranstaltung war so terminiert, dass sie live in den Hauptnachrichtensen-
dungen im amerikanischen Fernsehen übertragen werden konnte.
»Unsere Mitglieder sind in Deutschland willkürlichen Repressionen
ausgesetzt«, rief die Top-Scientologin, »sie werden in ihren religiösen Rechten schwer verletzt.« Nach ihr redete der Geheimdienst-
boss Mike Rinder und versicherte den Jüngern, man werde nie aufhören »to fight for our right«. Der Komponist Isaac Hayes drohte,
sollte die deutsche Regierung Scientology weiterhin unterdrücken,
dann sei bald »mit einem Aufstand zu rechnen«. Begeistert klatsch-
ten die angereisten »Kämpfer für mehr Toleranz«. 450 Polizisten
hatten die Demonstration der scientologischen Organisation *Freedom for Religions in Germany* abgesichert, mit der das turbulente
»Scientology-Jahr« 1997 gewissermaßen seinen Höhepunkt und Abschluss erlebte. Der Berliner *Tagesspiegel* fand am folgenden Tag die
passenden Worte für das Ereignis: »Polyglotte Cheerleader und
Scientologen aus aller Welt forderten, was sie schon haben: Religionsfreiheit.«[1]

Zu diesem Zeitpunkt hatte die deutsche Hauptstadt eine Zeit harter Auseinandersetzungen mit der Psychosekte hinter sich. Damals
hatten die Scientology-nahen Firmen wie in Hamburg mit der rabi-

aten Umwandlung von Miet- in Eigentumswohnungen begonnen. Jede dritte »umgewandelte« Eigentumswohnung in Berlin wurde nach Schätzungen von Mieterberatern inzwischen von den Sekten-maklern angeboten. Doch in den Berliner Stadtbezirken Neukölln und Tiergarten trafen die Scientology-Spekulanten wie zuvor in Hamburg auf harten Widerstand. Mieter der aufgekauften Häuser hängten Protesttransparente aus den Fenstern wie »Sekte macht den Deal – wir machen mobil«. Kommunalpolitiker weigerten sich, die Bauanträge der Scientology-nahen Firmen bearbeiten zu lassen. Der Ring Deutscher Makler und der Verband Deutscher Makler fassten Unvereinbarkeitsbeschlüsse mit diesen Unternehmen.

Während es 1993, als wir unser investigatives Buch über den SEKTEN-KONZERN veröffentlichten, in der deutschen Öffentlich-keit nur wenige »harte« Informationen zum Thema Scientology gab, hatte sich die Situation inzwischen fundamental geändert. Hun-derte von Zeitungsartikeln, Dutzende Fernsehbeiträge, zahlreiche Bücher informierten mittlerweile über die Gefahr durch Scientology; das Internet begann seine aufklärerische Wirkung zu entfalten. Schließlich konnten wir in unserem 1997 erschienenen Buch über PSYCHO-SEKTEN mit uns zugespielten Interna bisher unbekannte Strukturen des scientologischen Immobilienimperiums in Zwickau, Leipzig, Dresden und vor allem in Berlin aufdecken.

Die Berliner Demo war allerdings weniger an die deutsche als vielmehr an die amerikanische Öffentlichkeit gerichtet. Die Bilder von Scientologen, die ihre herzzerreißenden Diskriminierungsge-schichten den aus Amerika angereisten Reportern vor den Kameras erzählten, dienten dem gleichen Ziel wie die Aktivitäten der Sekten-lobbyisten in Washington: den Druck auf die deutsche Regierung zu erhöhen. Es galt, eine Bedrohung für Scientology zu »handha-ben«, die den Hubbard-Jüngern lebensgefährlich vorkam: die Bera-tungen der Sekten-Enquetekommission des Bundestages, die an-derthalb Jahre zuvor in Bonn begonnen hatten und sich nun dem Ende zuneigten. Am Schluss der Arbeit sollten Handlungsempfeh-lungen für das Parlament und die Regierung stehen. Bei Sciento-logy befürchtete man amtliche Restriktionen, neue Gesetze, unter Umständen sogar ein Verbot. Kurz vor der Berliner Demonstration hatte die Hamburger *Org* einen dramatischen Hilferuf über das In-ternet versandt, der ihre Panik verriet: »Wir sehen es so: Wenn

Scientology in Deutschland verboten wird, gerät Europa in ernste Gefahr. Wenn Europa in Gefahr ist, sind auch die USA in Gefahr. Und damit auch der Rest der Welt.«[2] Es galt also, die Parlamentskommission zu stoppen. Wie ein solches Vorhaben zu »handhaben« sei, das konnten die Scientologen in den Richtlinienbriefen ihres Hasspredigers L. Ron Hubbard nachschlagen: »Stimme niemals einer Untersuchung der Scientology zu. Stimme nur einer Untersuchung der Angreifer zu.«[3]

In der Enquetekommission hörten zwölf Bundestagsabgeordnete und ebenso viele Experten zwei Jahre lang mehr als 100 Sektenmitglieder und -aussteiger, Sektenbeauftragte, Juristen und Journalisten an (auch wir waren zweimal geladen), um einen Überblick über die Szene »sogenannter Sekten und Psychogruppen« in der Bundesrepublik zu gewinnen. Diese Kommission war nie ein Wunschkind des deutschen Bundestages gewesen; besonders die Grünen meinten, Sekten gingen den Staat nichts an, sondern seien eine »Privatangelegenheit Erwachsener«. Schnell stellte sich heraus, dass es in dem Gremium unüberbrückbare Gegensätze gab. Während die Abgeordneten und Experten von Union, SPD, FDP und PDS die Gefahren der Sekten im Blick hatten, sahen sich die Grünen dazu berufen, die Psychogruppen in Schutz zu nehmen. Die Streitigkeiten waren so heftig, dass der *Spiegel* von einem »Kindergarten der Exorzisten« schrieb und davon, dass es unter den Experten selber oft zuging »wie in einer Psychogruppe«.[4]

Ausgerechnet die Scientologen profitierten von dem Chaos in der Kommission, denn gleich zu Anfang hatte man beschlossen, dass Scientology kein gesondertes Kapitel im Bericht gewidmet werden würde, weil es nicht darum gehe, einzelne Gruppen zu bewerten. Damit war dem Gremium der Stachel gezogen. Der *Spiegel* polemisierte zwar im Stil der Sektenpropaganda, dass die großen Parteien letztlich darauf zielten, den Amtskirchen die »Konkurrenz« der Lebenshilfe-Seminare und Psychogruppen vom Hals zu halten – eine unsinnige Unterstellung, zumindest was SPD, FDP und PDS betrifft.[5] Der eigentliche Grund, dass man überhaupt zusammensaß, war ja die Sorge wegen Scientology. Die härteste Konfliktlinie in der Enquetekommission verlief denn auch zwischen der SPD und den Grünen. Wenn auch einzelne Grüne wie Renate Künast aus ihrer Abneigung gegen Scientology keinen Hehl machten, so war die Partei insgesamt seit ihrer Gründung nicht nur der Ökologie, sondern auch der Szene der Esoteriker, Geistheiler, Lebenshelfer und unterschiedlichster Psychogruppen verpflichtet. Als deutliches Zeichen ihrer Haltung hatten sich die Grünen für die Enquetekommission einen Experten ausgesucht, der sich in der Kultlobby auskannte. »Wir hatten immer das Gefühl, die Kulte sitzen mit am Tisch«, erinnert sich die SPD-Fachfrau im Gremium, Ursula Caberta.

Vor allem aber organisierte die Kultlobby Druck von außen. Scientology hatte in der jüngeren Vergangenheit mehrfach Beistand von angesehenen deutschen Politikern und Professoren erhalten, doch stets vorsichtig in der Form. Offenes Eintreten für sie wäre in den 1990er Jahren noch fast undenkbar gewesen. Aber schon damals gelang es den Scientologen, Unterstützer zu finden, die der rechtskonservativen oder grünen Seite der politischen Landschaft entstammten. Der konservative deutsche Kirchenhistoriker Gerhard Besier, später Leiter des Hannah-Arendt-Instituts für Totalitarismusforschung an der Universität Dresden und Herausgeber einer Scientology-Verteidigungsschrift, stritt hartnäckig gegen »Sektenhysterie« und für eine schrankenlose Religionsfreiheit nach amerikanischem Vorbild.[6] 2009 trat er überraschend in die Linkspartei ein, wurde als Abgeordneter der Linken in den sächsischen Landtag und dort zum Vorsitzenden des Wissenschafts- und Hochschulausschusses gewählt.[7] Besier nahm am 17. September 2003 an der Eröffnung der *Idealen Org* in Brüssel teil und hielt dort eine Rede, in der er sagte: »Scientology steht in der ersten Reihe derjenigen, die für die Akzeptanz von religiöser Vielfalt kämpfen.«[8] Auch die Grünen-Politikerin und stellvertretende Präsidentin des Deutschen Bundestages Antje Vollmer spielte eine merkwürdige Rolle, als sie 1996 in der Talkshow *Boulevard Bio* den Maler und Scientologen Gottfried Helnwein ein »gehetztes Wild« nannte und vor »hysterischen Sektenjägern« warnte, die den mit ihr befreundeten Künstler um seine Existenz bringen wollten.[9] Abgesehen vom Sonderfall Scientology forderten die Sektenkritiker aber lediglich mehr staatliche Information, Aufklärung in den Schulen und verbesserten Verbraucherschutz. Auf dem Höhepunkt der sogenannten Sektenhysterie sendete das Fernsehen häufig Talkshows, in denen auch Scientologen ausführlich zu Wort kamen und angstfrei ihre krudesten Thesen verbreiten konnten – von Hetzjagd keine Spur.

Dass mit Scientology nicht zu spaßen war, musste auch die Grünen-Abgeordnete Angelika Köster-Loßack einräumen, nachdem die Enquetekommission kurz vor dem Abschluss ihrer Beratungen im Februar 1998 eine Informationsreise in die USA angetreten hatte. In Washington wurde die deutsche Delegation auf Schritt und Tritt von Scientologen begleitet, die sie als »Nazis« beschimpften und »religiöse Toleranz« einforderten. Scientologen warteten vor und nach jedem Termin auf sie mit Sprechchören, Transparenten und Kameras. »Sie sind hier, um eine Botschaft von Hass zu verkaufen«, hieß es auf einer gemeinsamen Pressekonferenz der Scientologen mit Geistlichen verschiedener Religionen. Die Kommissionsvorsitzende Ortrun Schätzle von der CDU erklärte nach der Rückkehr, bei dem Besuch seien die »zwei Gesichter« von Scientology »erschreckend deutlich geworden«: »Der strahlenden Hollywood-Fassade steht die dunkle totalitäre Innenseite der Organisation gegenüber.«[10] Es war die Zeit, als Heber Jentzsch den Deutschen unverhohlen drohte: »Es besteht kein Zweifel, dass du groß bist, Deutschland, aber wenn du Scientology angreifst, hast du es mit Scientology sowie der weltgrößten Supermacht zu tun, und du wirst ganz offen gesagt verlieren!«[11]

Der 600 Seiten starke Abschlussbericht gab dann, wie der *Spiegel* treffend urteilte, »ein weich gezeichnetes Bild der Sekten und Psychogruppen«, das »fast wie eine Absolution« geklungen habe.[12] Er las sich in keiner Weise hysterisch, sondern wissenschaftlich-distanziert, abwägend und nüchtern. Darin hieß es, die Gruppen stellten zwar eine Bedrohung für den Einzelnen, aber »insgesamt keine Gefahr dar für Staat und Gesellschaft oder für gesellschaftlich relevante Bereiche«, von einer Unterwanderung der Wirtschaft könne keine Rede sein.[13] Tatsächlich stehen die Ergebnisse der Bonner Enquetekommission in krassem Gegensatz zu denen anderer europäischer Länder wie Großbritannien, Frankreich und Belgien, die deutlich klarer ausgefallen sind. Den jährlichen Umsatz der Esoterikbranche bezifferte die Kommission auf 18 Milliarden Mark. Scientology wurde immerhin »auf keinen Fall« zu den Religionen gezählt, sondern als Organisation mit »hohem Gefährdungspotential« beschrieben.[14]

Die Kommissionsmehrheit empfahl schließlich, eine Bund-Länder-Stiftung zur Aufklärung und Information über Sekten und

Psychogruppen sowie Beratungs- und Informationsstellen für die Opfer einzurichten. Vor allem aber schlug sie vor, die Rechte von Kunden auf dem gewerblichen Psychomarkt mit einem Lebensbewältigungshilfegesetz rechtlich zu stärken. Auf Deutsch: Quacksalberei sollte durchschaubar werden, Wucherpreise geahndet werden können. Den Vorschlägen zufolge müssten Gruppen wie Scientology ihre Kunden detailliert über die angewandten Techniken aufklären sowie genaue Informationen über Preise und Qualifikation der »Helfer« geben, um hilfesuchende Menschen vor Missbrauch zu schützen – genau wie beim Abschluss eines Reisevertrags. Also: Was ist das für eine Gruppe? Was bietet sie an? Wo liegen die Risiken? Innerhalb bestimmter Fristen sollen die Kunden vom Vertrag mit der Psychofirma zurücktreten und ihr eingezahltes Geld zurückfordern können. Das Bundesland Hamburg brachte bereits 1997 einen entsprechenden Gesetzesentwurf in den Bundesrat ein. Dieses Gesetz hätte Psychotherapeuten und Ärzte nicht betroffen (für sie gilt das 1998 verabschiedete Psychotherapeutengesetz) und auch nicht die Seelsorge der Kirchen, denn diese ist für ihre »Kunden« ja kostenlos und also nicht gewerblich. Die Kommission schlug außerdem vor, das aus der Nazizeit stammende Heilpraktikergesetz zu ändern und gesetzliche Voraussetzungen dafür zu schaffen, um strafrechtlich auch gegen *Vereine* vorgehen zu können, die sich als Weltanschauung tarnten – das war auf Scientology gemünzt. So viel Verbraucherschutz mochten die Grünen nicht mittragen und distanzierten sich in einem Sondervotum von den Vorschlägen.[15] Immerhin: Die Vorschläge lagen auf dem Tisch, die Politik konnte handeln. Doch dazu kam es nicht mehr.

Im Oktober 1998 sollte ein neuer Bundestag gewählt werden. Die Zeit, das Psychomarktgesetz noch ins Parlament einzubringen und zu verabschieden, erwies sich als zu knapp. Das Parlament ging aus der Wahl in einer Zusammensetzung hervor, in der sich die Geschäftsgrundlage fundamental änderte. Am 27. Oktober 1998 trat die erste rot-grüne Regierung der Bundesrepublik Deutschland unter Gerhard Schröder und Joschka Fischer ihr Amt an. Sektenexperten empfanden die rot-grüne Konstellation als eine Art GAU. »Jetzt sind die Grünen in der Regierung, jetzt werden sie alles tun, um Scientology zu schützen«, äußerte damals der Berliner evangelische Beauftragte Thomas Gandow. Tatsächlich besetzten die Grünen das Familienministerium, das in der Vergangenheit für Sekten zuständig gewesen war. Antje Vollmer blieb Bundestagsvizepräsidentin. Mit dem SPD-Mann Otto Schily wurde ein Ex-Grüner Innenminister, der als Fürsprecher der Anthroposophen galt, die nicht wenige Fachleute auch für eine destruktive Sekte halten.

Und tatsächlich: Mit einem Mal spielte Scientology in der Politik keine Rolle mehr. Die Vorschläge der Enquetekommission versandeten. Bei entsprechenden Anfragen im Parlament war vage von der Klärung »verfassungsrechtlicher Fragen«, von Modellvorhaben und Forschungsprojekten die Rede. In weiser Voraussicht hatte Ursula Caberta aber noch *vor* der Bundestagswahl erreicht, dass die Ministerpräsidentenkonferenz eine Interministerielle »Arbeitsgruppe Scientology« auf höchster Ebene einrichtete – sie blieb bestehen, weil ihre Auflösung nur mit Zustimmung der Länderchefs möglich gewesen wäre. Die Arbeitsgruppe beschäftigte sich zum Beispiel mit der Beobachtung von Scientology durch den Verfassungsschutz und der »Schutzerklärung«, um öffentliche Aufträge nicht an Scientology-Firmen zu geben. Die »Technologieerklärung« erwies sich als wirksames Mittel gegen scientologische Infiltration in der Wirtschaft, weil sie mit Sanktionen im Fall falscher Angaben verbunden war.

Es gab allerdings auch einen objektiven Grund, dem Thema Scientology weniger Aufmerksamkeit zu widmen. Seit Ende 1997 häuften sich Insiderberichte, die Sekte sei nach einem Jahrzehnt Aufklärung in Deutschland so angeschlagen, dass ein geordneter Gehirn- und Geldwäschebetrieb fast nicht mehr stattfinde. »Die konsequente Aufklärungspolitik greift. Zumindest in Norddeutschland sind sie praktisch bankrott«, sagte Ursula Caberta Ende 1999, »nur durch Finanzspritzen aus den USA halten sie den Laden noch aufrecht.« Die Verfassungsschutzämter registrierten zunehmend gesprächsbereite Aussteiger und abnehmende »Studenten«-Zahlen. »Die Studierräume sind leer, zu den Veranstaltungen kommt kaum noch ein Mensch«, zitierte der *Focus* schon im Oktober 1997 ein Mitglied der Hamburger *Org*.[16] Viele Mitglieder seien enttäuscht und bereits in eine Art innere Kündigung verfallen, wussten Mitarbeiter von Beratungs- und Anlaufstellen für Aussteiger zu berichten, die damals Hochkonjunktur hatten. Neue Mitglieder könnten wegen der erfolgreichen Aufklärungsarbeit kaum noch gewonnen werden. Die Probleme waren so massiv, dass die Offiziere der *Sea Org* offenbar, um nicht das Gesicht zu verlieren, nach ihrer Intervention in Hamburg von »gefälschten Statistiken« sprachen.

In Hamburg war die finanzielle Lage so desolat, dass es nicht einmal mehr für die Miete reichte. Die früher so umsatzstarken Immobilienfirmen des *Operierenden Thetans der Stufe 7* Götz Brase gingen 1998 in Konkurs, er selbst verließ Ende der 90er Jahre desillusioniert Scientology und wurde »Tantratrainer«.[17] Aufgrund der verbesserten Aufklärung brach der Markt für umgewandelte Mietwohnungen in Hamburg, den die Scientologen zu 50 Prozent beherrscht hatten, für sie zusammen. Das neue Quartier in der Hamburger Domstraße konnte nur noch mit Geld aus der US-Zentrale finanziert werden. Im Juli 1998 bezeichnete der bayerische Innenminister Günter Beckstein die staatlichen Maßnahmen gegen Scientology als »außerordentlich erfolgreich«, die Zahl ihrer »Kunden und Opfer« gehe zurück. Die Beobachtung durch den Verfassungsschutz habe offensichtlich Wirkung gezeigt. Er warnte jedoch, der Charakter von Scientology als »menschenverachtendes System, das hart am Rande der organisierten Kriminalität« operiere, habe sich nicht geändert.[18]

Wären nicht die alarmierenden Menschenrechtsberichte aus Amerika gewesen, wäre Scientology in Deutschland fast in Vergessenheit geraten. Doch trotz der »deutlichen Klarstellungen, dass in der Bundesrepublik niemand religiös diskriminiert wird«, wie sie die Sekten-Enquetedelegation bei ihren Gesprächen in Washington abgegeben hatte, kritisierte das US-Außenministerium im Februar 1999 erneut in scharfer Form angebliche Menschenrechtsverletzungen in Deutschland: In mehr als 20 Fällen sei es zu Verstößen gegen die Glaubensfreiheit gekommen. Diesmal erwähnte der Report erstmals, dass die negative Stimmung in andere europäische Länder, vor allem nach Frankreich hinüberschwappe.[19] Erneut brachten US-amerikanische Parlamentarier Resolutionen in beide Häuser des Kongresses ein, um Deutschland und nun auch Frankreich wegen ihrer »Verfolgungspolitik« zu verurteilen.[20] Der Ton der US-Kritiker blieb im Jahr 2000 unvermindert scharf, vor allem wegen des Streits um die Scientology-nahe Firma Executive Software und den drohenden Boykott von Windows 2000 in Deutschland.

Erst am 21. März 2002 beriet der Bundestag den Abschlussbericht der Sekten-Enquetekommission. Abgeordnete der CDU und SPD bemängelten, dass das Thema Psychomarkt fast komplett aus dem öffentlichen Blickfeld verschwunden sei. »Dabei ist es ganz aktuell«, sagte der SPD-Abgeordnete und ehemalige Sektenbeauftragte Schleswig-Holsteins, Hans-Peter Bartels. Doch der Bundestag lehnte gesetzgeberische Schritte gegen Sekten und Psychogruppen mit der Mehrheit der rot-grünen Koalition ab.[21] Zwar bestellten die Bundesländer Hamburg, Baden-Württemberg und Bayern Sektenbeauftragte und schickten auch ihre Landesämter für Verfassungsschutz an die Arbeit. In diesen drei Bundesländern entstanden zahlreiche Jahresberichte und Gutachten, die das System Scientology dokumentierten, eine Fülle von Informationen im Internet bereitstellten und zu klaren Urteilen gelangten. So stellte der Verfassungsschutz von Baden-Württemberg 2002 fest: »Hubbards gewalttätige Sprache und seine menschenverachtende Vorstellungswelt ist von Intoleranz und sozialdarwinistischen Vorstellungen geprägt.«[22] Die Autoren des bayerischen 600-Seiten-Gutachtens von 2002 urteilten, die Organisation biete Kurse an, die den »Betrugstatbestand« erfüllten, zahlreiche Elemente ihres Programms stünden »in deutlichem Widerspruch zur Wertordnung des Grundgesetzes«.[23]

Doch alle Versuche der Bundesländer Hamburg und Bayern, das Psycho-Verbraucherschutzgesetz über den Bundesrat erneut ins parlamentarische Verfahren zu schicken, wurden von der rot-grünen Mehrheit abgeblockt. Die Ankündigung einer Gesetzesinitative der SPD-Bundestagsfraktion im Februar 2000 versickerte in den Gängen des Parlaments ebenso wie Anträge der CDU-Opposition, die Empfehlungen der Enquetekommission umzusetzen. Als zehn Jahre nach dem Abschluss der Enquetekommission im Jahr 2008 Bilanz gezogen wurde, fiel diese verheerend aus, obwohl die Bundesrepublik inzwischen schwarz-rot regiert wurde. »Es wurde fast keine unserer Empfehlungen gesetzlich umgesetzt«, klagte Ursula Caberta. »Dabei gebietet keine verfassungsfeindliche Organisation, die in der Bundesrepublik beobachtet wird, über ein derartiges Machtpotential im Ausland wie Scientology.« Immerhin beharrte Otto Schily gegen den Protest der Grünen darauf, Scientology weiter vom Verfassungsschutz beobachten zu lassen. Es lägen »tatsächliche Anhaltspunkte« für Bestrebungen gegen die freiheitlich demokratische Grundordnung vor – eine Auffassung, die das Oberverwaltungsgericht Münster im Februar 2008 letztinstanzlich voll inhaltlich bestätigte.[24] Bundesinnenminister Otto Schily war es auch, der eine der wichtigsten Forderungen der Enquetekommission plötzlich erfüllte.

Am 12. Dezember 2001 wurde erstmals eine Religionsgemeinschaft in der Bundesrepublik Deutschland verboten. Otto Schily erklärte, die Organisation richte sich »in aggressiv-kämpferischer Weise gegen die verfassungsmäßige Ordnung«. Ihr Ziel sei »die Weltherrschaft«. Tatsächlich stand die Sekte schon einige Jahre unter Beobachtung des Verfassungsschutzes. Razzien hatten stattgefunden. Ihre Sprecher hatten lautstark ihre religiöse Diskriminierung und eine »Hexenjagd« auf sie beklagt. Doch als der Innenminister endlich das Verbot aussprach, bekam er Beifall von allen Seiten. Der Grünen-Rechtsexperte Volker Beck begrüßte die Maßnahme, auch aus den Vereinigten Staaten von Amerika wurde Zustimmung signalisiert. Schily sagte, die Entscheidung richte sich nicht gegen alle Anhänger des Gedankenguts, aber sie sei notwendig gewesen. Der Menschenrechtsbericht des US-Außenministeriums ging mit keinem Wort auf das gravierende Ereignis ein. Sogar die Kommentatoren des deutschen Feuilletons äußerten Verständnis, obwohl die Glaubensgemeinschaft nur knapp 800 Mitglieder hatte und damit nach ihren Maßstäben keine echte Gefahr von ihr ausgehen konnte.

Nein, es ging natürlich nicht um Scientology. Otto Schily hatte den Kölner Kalifatstaat verboten, einen islamistischen Verein um den als Sohn des »Kalifen von Köln« bekannt gewordenen »Hassprediger« Metin Kaplan. Zwei Jahre später verbot Schily erneut eine religiöse Minderheit, die islamistische Gruppe Hizb-ut-Tarhir (Partei der Befreiung). Das Bundesverfassungsgericht entschied im Oktober 2003, dass das Verbot des Kalifatstaats wegen dessen »aggressiver Haltung gegenüber dem deutschen Staat« rechtmäßig sei. Die Religionsfreiheit nach Artikel 4 des Grundgesetzes sei »zwar vorbehaltlos, aber nicht schrankenlos garantiert«.[25]

Es hatte sich etwas geändert in Deutschland, und das hatte mit Amerika zu tun. Am 11. September 2001 lenkten islamistische Gotteskrieger Flugzeuge in das World Trade Center in New York und in das Pentagon in Washington. Unter dem Eindruck des islamistischen Sektenterrors beschloss die rot-grüne Regierung mit einem Mal Gesetze, die vorher nicht durchsetzbar schienen, weil sie angeblich die Religionsfreiheit bedrohten. Ruckzuck wurde das Vereinsgesetz geändert und das sogenannte Religionsprivileg gestrichen – exakt wie es die Sekten-Enquetekommission gefordert hatte. Zwar konnten Vereine schon immer verboten werden, wenn sie den Strafgesetzen zuwiderliefen – jedoch mit Ausnahme von »Religions- und Weltanschauungsgemeinschaften«. Otto Schilys Antiterrorismusgesetze vom Dezember 2001 geben dem Staat seither die Möglichkeit, auch religiös auftretende Vereine zu verbieten. Noch einfacher lässt sich das Verbot ausführen, wenn die Zentrale eines solchen Vereins im Ausland liegt, wie bei Scientology. Dann kann er nach Paragraph 14 Absatz 2 des Vereinsgesetzes bereits verboten werden, wenn er beispielsweise die politische Willensbildung, die öffentliche Sicherheit und Ordnung oder »sonstige erhebliche Interessen« der Bundesrepublik *beeinträchtigt*. Damit wurde eine wesentliche Forderung der Sekten-Enquetekommission erfüllt: eine Gruppe nicht aufgrund ihrer vorgetragenen *Legende* zu beurteilen, sondern anhand ihrer *Methoden, Zielsetzung* und *Ideologie*. Schily nutzte die neue juristische Waffe sofort und entschlossen. Was gegen Scientology lange nicht möglich schien – plötzlich war es kein Problem mehr.

Mit den Antiterrorgesetzen war das größte juristische Hindernis beseitigt, das einem Verbot von Scientology im Weg stand. Anders als sonst reagierte Scientology auf die gravierenden Gesetzesänderungen und Verbote nicht mit öffentlichem Protest. Denn aus dem Blickwinkel des Psychokonzerns war im Großen und Ganzen Ruhe an seiner härtesten, der deutschen Front eingetreten. Um gut Wetter zu machen, revidierte der Psychokonzern damals auch seine »Clear Deutschland«-Strategie. Man wollte sich ein freundlicheres Image geben. »Es gab 1997 eine große Deutschland-Konferenz in der Karibik«, berichtet der Wiener Ex-Scientologe Wilfried Handl. »Dort wurde der Beschluss gefasst, eine Zeitlang nicht aufzufallen. Zu diesem Zweck wurde auch beschlossen, ›Unterdrücker‹ vorerst nicht mehr zu verklagen. Es sollte nur noch auf positive Werbeträger gesetzt werden wie Tom Cruise.« Die veränderte Strategie erlebten wir selbst. Während Scientologen bis Mitte der 90er Jahre mit zahlreichen Prozessen gegen unser Buch DER SEKTEN-KONZERN vorgegangen waren, wurden anschließend die Taschenbuchausgabe und der Nachfolgeband PSYCHO-SEKTEN von Scientologen juristisch nicht attackiert.

Das US-Außenministerium erklärte im Februar 2000, der Umgang mit Scientology-Mitgliedern sei inzwischen »Gegenstand vieler Diskussionen mit der deutschen Regierung gewesen«, man habe Fortschritte erzielt.[26] Zwar veröffentlichte das State Department mit der Regelmäßigkeit eines Uhrwerks Jahr für Jahr Ermahnungen zu mehr »Toleranz«. Doch war die Kritik erheblich sanfter geworden. Ab 2002 griffen die Menschenrechtsberichte nicht einmal den »Sektenfilter« mehr an. Warum, war im Jahr 2001 im Jahresbericht des US-Handelsbeauftragten nachzulesen. Dort wurde gemeldet, dass ab sofort Firmen, deren Mitarbeiter oder Manager Scientology-Mitglieder sind, sich wieder an öffentlichen Ausschreibungen der Bundesregierung beteiligen dürften. »Endlich unternimmt man etwas gegen die Altlasten der Kohl-Regierung«, jubelte Ingo Lehmann, Chef des scientologischen »Menschenrechtsbüros« in München. »Diese Änderung ist ein kleiner Schritt zu einem freiheitlich-demokratischen Staat.«[27]

Von einem »Schonraum« für Scientology seit der Jahrtausendwende spricht dagegen die Hamburger Scientology-Beauftragte Ursula Caberta. »Die Scientologen wichen in die Bundesländer aus, wo sie nicht wie in Hamburg, Baden-Württemberg und Bayern unter ständiger Beobachtung standen. Sie begannen, sich zu reorganisieren.« Sie gingen nach Schleswig-Holstein, Niedersachsen, Hessen, Nordrhein-Westfalen und Berlin. Einen Hinweis auf Vorgänge im Hintergrund gab der Scientology-»Präsident« Heber Jentzsch am 29. September 1999. Damals sagte er in einem Interview mit Radio France, in dem es um den Prozess gegen führende französische Scientologen in Marseille ging: »Unser Hauptfeind ist nicht mehr Deutschland, sondern Frankreich.« Dann lobte Jentzsch die neue Regierung von Gerhard Schröder und Joschka Fischer für ihr Wohlverhalten: »Der Punkt in unserer Beziehung zur deutschen Regierung ist – dort gibt es eine neue Administration, die nicht aufs hohe Ross steigt wie die vorige. Sie macht keinen Krawall. Sie behandelt diese Dinge ruhiger. Wir wurden kürzlich von ihnen kontaktiert und darauf angesprochen, dass es Zeit wäre, dass wir uns treffen und reden, genau wie wir es immer gewollt haben. Das ist heute der Unterschied zwischen Frankreich und Deutschland.«[28] Ein ungeheurer Verdacht: Gab es Geheimgespräche der rot-grünen Regierung mit Scientology, und wenn ja, was wurde darin vereinbart?

Der damalige Bundestagspräsident und Sozialdemokrat Wolfgang Thierse weiß nichts von solchen Absprachen. Auch von Konsultationen mit Scientology hat er nie etwas gehört. Wenn es Gespräche gegeben habe, meint Thierse, »dann eher auf der Ebene von Parlamentariern«. Als der SPD-Politiker später Tom Cruise untersagte, MISSION: IMPOSSIBLE III im Reichstag zu drehen, wurde er einerseits vom Berliner Regierenden Bürgermeister Klaus Wowereit und der *Bild*-Zeitung, andererseits aber auch von den Grünen (in Gestalt ihres rechtspolitischen Sprechers Volker Beck) heftig kritisiert. »Ich wurde stark bedrängt«, sagt der jetzige Vizepräsident des Bundestages, »aber ich fand, ich sollte es wegen der Würde des Ortes nicht erlauben.« Diese Entscheidung kritisierte der Mitherausgeber der Hamburger *Zeit*, Josef Joffe, im Stauffenberg-Sommer 2007 mit den Worten: »Schon einmal wurde Tom Cruise aus Berlin vertrieben ...«[29]

Wolfgang Thierse erinnert sich auch, dass die US-amerikanische Botschaft in Berlin in jenem Jahr interessierte Bundestagsabgeordnete zu einem Treffen mit Tom Cruise in ihren Räumlichkeiten einlud. »Ich habe wegen Scientology davon abgeraten«, sagt er. Sein Fraktionskollege Sebastian Edathy, damals stellvertretender innenpolitischer Sprecher der SPD-Fraktion, nahm die Einladung an. »Ich bin souverän genug«, sagt er am Telefon. Es sei um die Premiere des neuen Cruise-Films COLLATERAL gegangen. Auf Edathys Bundestags-Website kann man unter einem gemeinsamen Foto mit dem Schauspieler nachlesen, dass er am 8. September 2004 mit Cruise zusammentraf, »um über Fragen der deutschen Innenpolitik zu diskutieren«, »insbesondere die Themen Bürgerrechte und Extremismus-Bekämpfung«.[30] Also ging es um Scientology? »Die Einladung war verbunden mit der Frage, ob ich mit ihm über Scientology reden wolle. Man ließ durchblicken, dass man mit der Beobachtung von Scientology durch den Verfassungsschutz Probleme habe«, sagt der Abgeordnete. Mit Tom Cruise habe er höchstens zehn Minuten geredet. »Wir haben eher über Kino gesprochen. Die Frage Scientology haben wir nicht ernsthaft erörtert.« Cruise habe sich zwar über den Verfassungsschutz beklagt. »Aber ich bin darauf nicht eingegangen. Ich habe im Übrigen daraus kein Geheimnis gemacht, sondern das Treffen mit Bild auf meine Homepage gestellt.« Scientology hatte es jedenfalls via US-Botschaft geschafft, eine »Kommunikationslinie« zu einem wichtigen Abgeordneten zu »etablieren«. Im Jahr 2007 war Sebastian Edathy Vorsitzender des Bundestags-Innenausschusses geworden. Nun äußerte er sich skeptisch über ein Scientology-Verbot, wie es Innenminister Wolfgang Schäuble prüfen lassen wollte: »Ich habe Zweifel, dass man ausreichende Beweise findet, um Scientology zu verbieten.«[31]

Inzwischen, im Windschatten von 9/11, war es den Scientologen gelungen, die Lage in den deutschen *Orgs* wieder zu stabilisieren. Als die staatliche Zurückhaltung dem Psychokonzern neue Spielräume öffnete, schickte die Organisation ihre *Staffs* (etwa mit der *Kavalkade der Ehrenamtlichen Geistlichen*) verstärkt auf Werbetour. Aus internen Papieren und Statistiken der Hamburger Zentrale der Jahre 2003 bis 2005, die uns zugespielt wurden, lassen sich erstmals einigermaßen verlässliche Rekrutierungszahlen ablesen. Demnach hatte die Hamburger *Org* im Juni 2005 insgesamt 165 freie Mitarbeiter *(Field Staff Members)*, die innerhalb von zwei Jahren 326 Leute anwarben. Das ist kein besonders gutes Ergebnis, aber es zeigt, dass sich die Lage normalisiert und mehr Leute hinzukommen als aussteigen. Der beste Rekrutierer Rainer B. habe im Abrechnungszeitraum »für mehr als 150 000 Euro« gesorgt; mit seinen Adepten »könnte er einen Kursraum alleine füllen«, wurde er gelobt. Ähnliche Zahlen brachte der Journalist Fredy Gareis in Erfahrung, als er im Frühjahr 2008 inkognito in der Berliner *Idealen Org* recherchierte. Innerhalb eines Jahres hatte die *Org* 125 Menschen »auf der Brücke gestartet«. An einem Sonnabend Ende März feierten die Berliner Scientologen den Erfolg mit einem Büfett. Im jährlichen Wettrennen der *Orgs* um Abschlüsse und Verkäufe waren sie weltweit die Nummer eins geworden. Dies sei »der Start für eine neue Zivilisation«, zitierte Gareis eine Rednerin. »Und damit drehen wir auch Europa!« Eine andere Scientologin sagte zu ihm: »Wir sind wie Rottweiler. Wir lassen nicht mehr los.«[32] Man orientiert sich nun offenbar nicht mehr in erster Linie am Geld, sondern an der Masse. Besonders intensiv wird in östlichen Berliner Außenbezirken wie Marzahn und Hellersdorf geworben, wo viele sozial isolierte Menschen und Hartz-IV-Empfänger leben.

Hilfreich für ungestörte Rekrutierung war sicher, dass mehrere Verfassungsschutzämter nach dem 11. September aus der Beobachtung von Scientology ausstiegen. Die Auseinandersetzung mit Scientology verlagerte sich im Wesentlichen auf die Gerichte. Dort war eine klare Linie allerdings nicht entfernt zu erkennen. Während das Verwaltungsgericht München urteilte, Scientology sei ein Gewerbe und dürfe daher nicht als Verein auftreten, entschied das Verwaltungsgericht Stuttgart genau entgegengesetzt.[33] Mal sahen die Richter einen religiösen Hintergrund, mal nicht. Dass das Thema Scientology in Deutschland nicht völlig aus den Medien und der Öffentlichkeit verschwand, ist im Wesentlichen der Hamburger Beauftragten Caberta zuzuschreiben. »Ich war oft nahe daran, aufzugeben«, sagt sie, »aber irgendjemand musste diesen Job doch machen.«

Sie konnte sich bestätigt fühlen, als das Oberverwaltungsgericht Münster nach Jahren des juristischen Tauziehens seine mit Spannung erwartete Entscheidung darüber traf, ob Scientology in Deutschland zu Recht vom Verfassungsschutz beobachtet werde. Am 12. Februar 2008 verkündete das Gericht, der »begründete Verdacht verfassungsfeindlicher Bestrebungen« rechtfertige diese Überwachung – auch mit nachrichtendienstlichen Mitteln.[34] Für die Entscheidung sei es unerheblich, ob Scientology eine Religionsgemeinschaft sei. Wichtig seien hingegen die Hinweise, dass Scientology eine Gesellschaftsordnung anstrebe, »in der zentrale Verfassungswerte wie die Menschenwürde und das Recht auf Gleichbehandlung außer Kraft gesetzt oder eingeschränkt werden« sollten. »Insbesondere besteht der Verdacht, dass in einer scientologischen Gesellschaft nur Scientologen die staatsbürgerlichen Rechte zustehen sollen.« Es gebe aktuelle Erkenntnisse über Aktivitäten von Scientology, das scientologische Programm in Deutschland umzusetzen, scientologische Prinzipien in Staat, Wirtschaft und Gesellschaft zu verbreiten und »Einfluss auf staatliche Funktionsträger und Gesetzgebung zu gewinnen«. Besonderes Augenmerk lege Scientology dabei auf die Hauptstadt Berlin, beispielsweise auch mit Programmen in der Schülernachhilfe. »Alle diese Aktivitäten legen nahe, dass es den Klägern darum geht, scientologische Prinzipien mehr und mehr in der Gesellschaft zu verbreiten.« Die gravierenden Vorwürfe ergäben sich, so die Richter, aus einer

Vielzahl von Schriften wie auch aus den Aktivitäten von Scientology und ihrer Mitglieder. Das Gericht erklärte das Scientology-Mantra vom unpolitischen Glaubensverein daher für irreführend und falsch, denn wer »auf die Errichtung einer ›neuen‹ Gesellschaftsordnung« ziele, der sei laut Bundesverfassungsschutzgesetz definitionsgemäß politisch. Aus den internen Schriften ergäben sich außerdem »zunehmend konkrete Absichten zur Umsetzung ihrer scientologischen Vorstellungen« – und genau das sei Politik.

Mit diesem Urteil haben die Münsteraner Richter deutsche Rechtsgeschichte geschrieben. Scientologen hatten vor dem Gerichtsgebäude demonstriert und angekündigt, notfalls bis vor den Europäischen Gerichtshof für Menschenrechte zu ziehen. Doch dann akzeptierte Scientology das Votum überraschend am 28. April 2008 – und damit ist es rechtskräftig. Die Sekte war über ihre eigenen internen, angeblich heiligen Schriften gestolpert, die laut Hubbard-Richtlinie »unveränderlich« sind, soweit sie nicht ausdrücklich aufgehoben werden.[35] Das Gericht in Münster stützte sich weitgehend auf solche Scientology-Zitate, die aus Schriften stammten, die von der Organisation nach wie vor vertrieben und beworben werden und damit gültig sind.[36] »Genau das ist der Grund, warum die Organisation stets versucht, diese Äußerungen mit Hilfe des Urheberrechts unter Verschluss zu nehmen«, sagt der Bonner Scientology-Kritiker Ingo Heinemann.

Kampfplatz Frankreich

Nach dem De-facto-Frieden mit den Deutschen wurde es vor allem für die Franzosen ungemütlich. Der Bericht des amerikanischen Office of International Religious Freedom vom Frühjahr 2000 kritisierte Frankreich derart scharf, dass die Regierung abrupt den diplomatischen Dialog mit den USA über die Sektenfrage einstellte.[1] Bereits im ersten Bericht dieses neuen Büros für internationale Religionsfreiheit des State Department in Washington 1998 wurde die französische parlamentarische Untersuchungskommission in die Nähe blinder Verfolgungswut gerückt.[2] Auch Frankreich wurde in US-Menschenrechtsberichten nun vorgeworfen, es verweigere religiösen Minderheiten die Anerkennung als Religion. Dazu bemerkte

Le Monde diplomatique: »In Wirklichkeit ist es so, dass der französische Staat aufgrund des Gesetzes von 1905, das die Trennung von Kirche und Staat festschrieb, überhaupt keine Religion anerkennt.«[3] Die Scientologen nannten die Sektenkommission der französischen Regierung »antireligiös und rassistisch« und sprachen wie in Deutschland von einem »Klima der Diskriminierung« im Land.[4]

In der Folge eskalierte der Konflikt. Immer häufiger wurde Frankreich jetzt Hauptangriffspunkt amerikanischer Attacken. Bei internationalen Konferenzen der OECD und OSZE attackierten US-Senatoren und -Diplomaten nun Frankreich und beschuldigten die Regierung, das Steuerrecht als Instrument »einer neuen Inquisition« einzusetzen. Dort hatten französische Behörden die Finanzstruktur und Finanzströme der Scientology-Organisation gründlich untersucht. Sie kamen zu dem Ergebnis, »dass es sich eindeutig um ein privatwirtschaftliches Unternehmen handelt, das kolossale Gewinne erwirtschaftet und deshalb völlig zu Recht der Steuerpflicht zu unterwerfen sei«.[5]

Frankreich hatte wie auch Belgien, die Niederlande und die Schweiz eine parlamentarische Kommission eingesetzt, die Berichte über die Gefährlichkeit »destruktiver Kulte« und ihrer Gehirnwäschemethoden erarbeitete. In den 90er Jahren bestellten fast sämtliche europäischen Länder Sektenbeauftragte oder andere Kontrollinstanzen. Sie alle kämpften mit dem Dilemma, wie der moderne Staat seinen Bürgern die Religionsfreiheit garantieren und sie gleichzeitig vor schädlichen Einflüssen manipulativer Gruppen bewahren kann. Die Vorreiter eines härteren Vorgehens waren Frankreich, Deutschland, Österreich und Belgien, jedes Land auf seine Weise. Am weitesten gingen zweifellos die Franzosen, deren Nationalversammlung im Mai 1996 eine Interministerielle Mission zur Bekämpfung des Sektenwesens (MILS) einsetzte, im Juni 1999 im Abschlussbericht ihrer Enquetekommission »Les Sectes en France« einen Katalog von 172 »totalitären« Sekten und Kulten veröffentlichte und im Mai 2001 ein weltweit einmaliges Gesetz verabschiedete, das sich gegen den Missbrauch Abhängiger »infolge einer psychischen oder physischen Beeinflussung, die das Geistesurteil betrifft«, und gegen »die Eingliederung von Kindern oder deren Einschluss in entsozialisierende erzieherische Prinzipien« richtete.[6] Dieses sogenannte Sektengesetz sieht Strafen von bis zu drei Jahren und hohe Geldbußen vor und erleichtert juristische Schritte auch gegen die Organisationen – bis hin zu ihrer Auflösung, wenn sie wegen schwerer Verstöße verurteilt werden.

Auch wenn es im übrigen Europa kaum bekannt ist: Die Sekten-Gesetzgebung und ihre Begleitumstände waren eine Revolution. Frankreich war damit der erste Staat der Welt, der ein Gesetz gegen Gehirnwäsche einführte – im vollen Bewusstsein der Tatsache, dass sich die Anwendung psychosozialer Methoden zur Manipulation des menschlichen Geistes und Verhaltens (straf-)rechtlich nur schwer erfassen lässt. Für Deutschland aber gilt wie für alle anderen europäischen Länder: »Die psychische und soziale Integrität des Menschen ist als eigenständig zu sicherndes Rechtsgut im derzeit bestehenden Strafrecht nicht präsent.«[7] Am ehesten lassen sich noch gesundheitliche Schäden in einem zeitlich nahen Zusammenhang mit einem Psychokurs als Körperverletzung strafrechtlich verfolgen; auf psychische Störungen wie depressive Verstimmungen wird der Paragraph aber von den deutschen Gerichten fast nie angewandt. Und fast immer stellt sich das Grundproblem, dass die Opfer sich der Prozedur scheinbar *freiwillig* unterziehen.

Aus diesem juristischen Konsens scherte Frankreich mit dem Sektengesetz aus. In Frankreich, wo seit der Revolution ein eiserner Laizismus herrscht, legt die Regierung gerade wegen der strikten Trennung von Staat und Religion besonderen Wert auf den Schutz der Bürger vor dunklen, undurchschaubaren Mächten. Scientology betrachtete das Sektengesetz von 2001 daher mit Recht als größte anzunehmende Katastrophe. Die Organisation zog sofort vor den Europäischen Gerichtshof für Menschenrechte in Straßburg. Obwohl das Gesetz in der Nationalversammlung mit nur einer Gegenstimme angenommen worden war, beschuldigte ein Scientology-Sprecher eine »Clique von Parlamentariern«, ein »Todesurteil über die Glaubensfreiheit« verhängt zu haben.[8] Aus den USA kamen kurz vor der Abstimmung unverhüllte Drohungen, wie man sie bislang nur gegenüber Deutschland kannte. Ein Sprecher des einflussreichen Komitees für ausländische Beziehungen im Senat, Senator Gordon Smith, verstieg sich zu der Drohung, wenn die Feindseligkeiten gegen Minderheitenreligionen in Europa und besonders in Frankreich weiter anhielten, könnten die USA »Visabeschränkungen für europäische Kirchenvertreter und Journalisten« einführen.[9]

Die EU-Kommission aber hatte keine Einwände, und das Straßburger Menschenrechtsgericht ließ sich mit dem Vorgang Zeit.

Von der staatlichen Reaktion Frankreichs auf gefährliche Sekten war vor allem Scientology betroffen, deren Mitgliederzahl dort auf etwa 10 000 geschätzt wird und die nach dem Sektenbericht der Nationalversammlung im Juni 1999 mindestens 114 Unternehmen im Land kontrollierte.[10] 1995 hatte das Oberste Verwaltungsgericht, der Staatsrat, die Organisation als Gewerbe eingestuft und damit der Steuer unterworfen. Das war ein Schock für die französischen Hubbardisten. Die Pariser Scientology-Zentrale, damals eine der größten in Europa, sollte plötzlich 90 Millionen Franc (15 Millionen Euro) Steuern nachzahlen, die sie dem Staat schuldete. Sie wollte es mit Geld begleichen, das aus Luxemburg kam, doch die Behörden betrachteten dies als »schmutziges Geld« und kannten keine Gnade: Scientology Paris musste dichtmachen.[11] Allerdings wurde wenig später eine neue *Org* an der Seine unter anderem Namen eröffnet.

Als die MILS im Januar 2000 ihren Schlussbericht über das »Sektenwesen« in Frankreich vorstellte, wurde keine andere Gruppe so vernichtend beurteilt wie Scientology. Darin stand, dass die Sekte »die Menschenrechte und das gesellschaftliche Gleichgewicht bedroht, eine Organisation mit totalitärer Struktur ist, die Würde des Menschen missachtet und eine Beeinträchtigung der öffentlichen Ordnung darstellt«.[12] Scientology, so der Report, habe die »Technik geistiger Manipulation äußerst perfektioniert« und gehöre zu den Sekten, die »nachhaltig bekämpft werden müssen«. In einem Interview mit der Zeitung *Le Figaro* bezeichnete Alain Vivien, der MILS-Vorsitzende, Scientology als »extrem gefährliche Sekte«.[13] Aufgrund der Gesetzeslage aus den 30er Jahren über »umstürzlerische Bünde« könne man die Organisation nicht verbieten, aber sehr wohl »auflösen«. Die Verbindungen der Scientologen reichten »bis in die Staatsspitze«; und sie hätten sogar versucht, die Antiterroreinheit der französischen Polizei (RAID) zu unterwandern, so Vivien.[14] Doch wagte es die französische Regierung weder 1999 noch in den folgenden Jahren, die Auflösung von Scientology tatsächlich einzuleiten. Andererseits stellte sich die »Grande Nation« demonstrativ neben Deutschland, als der Druck aus Amerika hier am stärksten war. Im Januar 1997 versprach der damalige französische Außenminister Hervé de Charette den Deutschen »volle Unterstützung« beim Kampf gegen Scientology.[15]

Im Oktober 1999 rückte die Polizei zu Hausdurchsuchungen in mehr als 25 Scientology-Einrichtungen und Wohnungen verdächtiger Scientologen in Paris und Brüssel an.[16] Die Razzien fanden auf Betreiben belgischer Staatsanwälte statt, die damit auf Betrugsklagen ehemaliger belgischer Scientologen reagierten. Dabei wurden rund 6000 persönliche Dossiers über Scientology-Anhänger, Beamte, Politiker und Journalisten (auch in Deutschland) sowie zahlreiche Computerdateien beschlagnahmt, darin ausführliche medizinische Informationen über die Betroffenen, Berichte über ihr Sexleben, Angaben über ihre Familien und »Geständnisse«, die mit dem Einsatz des *E-Meters* erzielt worden waren.[17] Zum zweiten Mal seit dem Lyoner Scientology-Prozess gelangten konkrete Zahlen über europäische Konten der Organisation an die Öffentlichkeit. So seien in Luxemburg mindestens fünf Konten eröffnet worden; auf eines seien allein 1993 umgerechnet 90 Millionen D-Mark eingezahlt worden; interessanterweise war dieses Konto nach Geldwäscherart in 15 Unterkonten aufgeteilt worden, mit Namen wie Tor für Toronto, Toky für Tokio, Los für Los Angeles oder Cura für Curaçao auf den niederländischen Antillen. Dies sei zwar legal, lege aber den Verdacht nahe, dass Scientology, deren Mitgliederzahl in Belgien auf 5000 geschätzt wird, seine weltweite Finanzstruktur verschleiern wolle, erklärten die Ermittler laut einem Bericht der Brüsseler Tageszeitung *Le Soir.*[18]

Ein Jahr zuvor hatte das belgische Justizministerium per Gesetz ein staatliches Informations- und Beratungszentrum über »gefährliche Sektenorganisationen« und eine Abteilung für Maßnahmen gegen solche Kulte nach französischem Vorbild eingerichtet. Eine Untersuchungskommission des Parlaments beendete 2001 ihre fünfjährige Arbeit. In ihrem Abschlussbericht bezeichnete sie Scientology und weitere 188 Organisationen als problematische »quasi-religiöse Sekten«.[19] Belgien bereitete anschließend Antisektengesetze vor, die fast wortgetreu dem französischen Beispiel folgten. So sollte nach dem Willen der parlamentarischen Kommission 2005 auch zwischen Antwerpen und Charleroi der »Missbrauch einer Position der Schwäche« durch »mentale Manipulation« unter Strafe gestellt werden.[20] Noch im selben Jahr wurde ein Gesetzesvorschlag eingebracht, jeden »betrügerischen Missbrauch von Unwissenheit oder Schwäche zu bestrafen«, sei es »eines Minderjährigen oder einer verletzlichen Person«, wenn dieser dadurch »schwerer Schaden entstehen« würde – Bestimmungen, die es zum Beispiel erlaubten, eine Sekte wie die Zeugen Jehovas zu bestrafen, wenn sie kranken Mitgliedern Bluttransfusionen verbietet. Außerdem sollten auch Drohungen, Einschüchterungen oder moralischer Druck auf eine »verletzliche Person« strafrechtlich verfolgt werden. Es sind sehr weitgehende Vorschläge, die im Jahr 2009 noch immer debattiert wurden.

Entscheidungen getroffen hat dagegen die Justiz. Acht Jahre nach den Razzien erhob die belgische Generalstaatsanwaltschaft im November 2007 Anklage gegen das Europabüro von Scientology in Brüssel, den belgischen Zweig der Organisation und zwölf führende Scientologen. Scientology sei eine verbrecherische Organisation, sagte die Sprecherin der Staatsanwaltschaft, sie bediene sich krimineller Methoden wie Erpressung, Verletzung der Privatsphäre, illegaler medizinischer Praktiken, Betrug und unlauterer Geschäftsverträge.[21] Der in Sektenprozessen erfahrene Brüsseler Anwalt Jean-Pierre Jouglas sagte, falls nicht nur die einzelnen Angeklagten, sondern Scientology als Organisation verurteilt würde, würde sie wahrscheinlich sofort aufgelöst und verboten werden.[22] Den Sektenanwälten gelang es, die Eröffnung des Verfahrens (ähnlich wie in Spanien) erfolgreich zu verzögern. Bis Anfang 2010 war es zu keiner Verhandlung gekommen. Die Ermittlungen aber gingen voran. Im April 2008 durchsuchte eine Polizei-Sondereinheit die belgische Zentrale der Sekte in der Rue Mac Arthur in Brüssel. Sie transportierte »mehrere Lastwagen mit Akten« aus dem Gebäude, wie Medien berichteten. Anlass war eine neue Methode der Sekte, Mitglieder zu rekrutieren. Jobangebote mit der Überschrift »Wir stellen ein« wurden an der *Org* ausgehängt und in Tageszeitungen geschaltet. Stellten sich die Arbeitssuchenden vor, wurde ihnen der berüchtigte Scientology-Persönlichkeitstest als »Eignungstest« vorgelegt. Wie die Zeitung *La Libre Belgique* schrieb, unterzeichneten die Arbeitslosen dann einen Arbeitsvertrag, ohne Gehalt, aber mit der Verpflichtung, an einem Scientology-Kurs teilzunehmen, vage Versprechungen für eine echte Arbeit inbegriffen. »Das ist wohl die perfideste Art, Mitglieder zu rekrutieren, indem man die Schwäche von Arbeitslosen ausnutzt«, sagte die Hamburger Scientology-Beauftragte Ursula Caberta. Die Brüsseler Scientology-Chefin Miyriam Zonnekeyn räumte ein, dass man mit dem Formular »etwa 100 Personen« rekrutiert habe, aber es gebe keinen Zusammenhang mit Stellenanzeigen. Die Staatsanwaltschaft warf den Scientologen Betrug, Urkundenfälschung und sittenwidrige Verträge vor. Sie stellte auch Computer sicher und ließ die »Kirche« kurzzeitig versiegeln.[23]

Kurz bevor die Generalstaatsanwaltschaft 2007 Anklage erhob, hatte sich indessen schon Tom Casey, Sprecher des amerikanischen State Department, in Sachen Belgien zu Wort gemeldet: Seine Regierung verurteile »jeden Versuch, eine ganze Gruppe nur wegen ihrer religiösen Überzeugungen zu stigmatisieren«.[24] Er sagte es allerdings zu einem Zeitpunkt, als Scientology auch in den USA längst nicht mehr als unantastbar galt.

Das Internet – Scientologys Vietnam

Als die *New York Times* 1997 die Recherchen ihres Reporters Douglas Frantz über die Steuerbefreiung von Scientology veröffentlichte, war dies nicht nur wegen seiner Enthüllungen eine Überraschung. Denn damit endete auch eine lange Periode, in der die großen Medien des Landes Scientology nur mit spitzen Fingern oder überhaupt nicht angefasst hatten. »Es ist wie ein Aufatmen«, sagte uns damals der Anwalt Graham Berry aus Los Angeles, Rechtsvertreter vieler Scientology-Kritiker, »die Presse schreibt plötzlich über Scientology, und die *Church* kommt nicht mehr hinterher.« Mit einem Mal wurden die Zeitungen mutig. Das *Wall Street Journal* veröffentlichte die geheime Vereinbarung mit dem IRS. Der *Boston Herald* brachte eine Serie über die Machenschaften der Sekte, worin das Blatt enthüllte, dass ihre Tarnorganisation *Narconon* in den vergangenen Jahren fast eine Million Dollar öffentliche Gelder kassiert hatte.[1] Es war, als wenn die Medien die scientologische Prozessflut und die Schadenersatzforderungen ohne Ende nicht mehr fürchteten.

Diese Angst war begründet; aber das Ende der Angst war es auch. Es hatte mit einem Gerichtsverfahren zu tun, das als Fishman-Prozess in die Annalen der US-Justizgeschichte einging. In dem Verfahren vor dem District Court in Los Angeles enthüllten ehemalige Scientologen aus der Führungsspitze 1994 unter Eid schaurige Interna über Straflager, Gehirnwäsche, verordnete Abtreibungen, induzierte Psychosen, Selbstmorde und Selbstmordversuche bei der Sekte. In großen amerikanischen Medien wurden die viele hundert Seiten umfassenden Protokolle damals fast vollständig ignoriert, obwohl sie hohen Sensationswert besaßen, speziell die Passagen über »Sklavenarbeit« von Scientology-Mitgliedern für Tom Cruise. Die ersten ausführlichen Auszüge in Deutschland (und Europa) veröffentlichten wir 1997 in unserem Buch PSYCHO-SEKTEN.[2] Kritiker verbreiteten die Prozessakten damals im Internet, wo sie etwas später endlich auch eine breite Öffentlichkeit in den USA erreichten – gegen alle Anfeindungen des Sektenimperiums.

Steven Fishman war ein ehemaliger Scientologe aus Florida, der mit dem *Time Magazine* 1991 als ein Informant und Zeuge für die preisgekrönte Titelgeschichte über den »Cult of Greed« zusammenarbeitete. Fishman, der sich selbst als Mitglied des Scientology-Geheimdienstes *Guardian's Office* bezeichnete, war in einen großangelegten Betrug mit Börsenpapieren verwickelt gewesen, die ihm rund eine Million Dollar einbrachten, wovon er etwa ein Drittel für Scientology-Kurse und Materialien ausgab. Er wurde 1990 zu fünf Jahren Haft verurteilt, und das FBI untersuchte die Möglichkeit, dass die Sekte ihn zu den Verbrechen angestiftet habe, um seine Kurse und Materialien bezahlen zu können.[3] In dem *Time*-Artikel wurde Fishman mit den Worten zitiert, die Organisation habe ihn beauftragt, seinen Psychiater Uwe Geertz zu ermorden, weil der von seiner Scientology-Mitgliedschaft, einer möglichen Gehirnwäsche und der Verwicklung der *Church* in den Betrug wusste. Anschließend habe er sich gemäß der Scientology-Anweisung »End of Cycle« (den Lebenszyklus beenden) selbst töten sollen.[4] Vor Mord und Selbstmord hätten ihn nach einem psychotischen Zusammenbruch die Hilfe ehemaliger Scientologen und die Therapie des Dr. Geertz bewahrt. Ende 1992 wurde Steven Fishman vorzeitig auf Bewährung aus der Haft entlassen. Er behauptete später, dass die Sekte einen scientologischen Häftling beauftragt habe, ihn im Bundesgefängnis umzubringen.[5]

Der *Time*-Bericht von Richard Behar hatte nicht nur die Gehirnwäschepraktiken der Scientologen aufgedeckt, sondern erstmals auch in den USA ihre wirtschaftlichen Machenschaften enthüllt. Um *Time* ein für allemal mundtot zu machen, hatte die Sekte das Magazin wegen übler Nachrede auf Schadenersatz von immerhin 416 Millionen Dollar verklagt. Gleichzeitig zettelte sie in Los Angeles im November 1991 ein Verfahren gegen Fishman und seinen Psychiater Geertz an; beide sollten für ihre »verleumderischen« Aussagen je eine Million Dollar zahlen. Doch das Verfahren nahm einen anderen Verlauf, als die Scientologen es sich wohl vorgestellt hatten.[6] Gegen den Protest der Sekte ließ der Richter Harry L. Hupp umfangreiche Zeugenvernehmungen zu. Eine illustre Reihe ehemaliger Elite-Scientologen wurde – zum Teil unter Polizeischutz – über die wahren Zustände in Hubbards Sonnenstaat befragt. Ihre eidlichen Aussagen ließen die Anwälte per Video dokumentieren und schriftlich niederlegen.

Die wichtigsten Enthüllungen kamen von André Tabayoyon, der von den insgesamt 21 Jahren, die er für Scientology und die *Sea Org* arbeitete, zehn Jahre in der »Gold«-Basis und sechs Jahre in der Strafkompanie *RPF* verbracht hatte. Tabayoyon war nach seinem Einsatz als Marinesoldat im Vietnamkrieg von Scientology rekrutiert worden. Er litt wegen der Kriegserlebnisse unter dem damals noch kaum verstandenen Posttraumatischen Stress-Syndrom und vertraute auf das Versprechen der Sekte, ihm Mittel an die Hand zu geben, »mit diesen störenden Erinnerungen und Alpträumen umzugehen«[7] Der ehemalige Sicherheitchef der Sekte beschrieb erstmals die engen Verbindungen zwischen David Miscavige und Tom Cruise. Neben Tabayoyon und seiner Frau Mary wurden bis April 1994 etwa 40 Aussagen aufgenommen, unter anderem von Vicki und Richard Aznaran, Hana Whitfield, Robert Vaughn Young und dessen Frau Stacy Brooks Young. Vernommen wurden aber auch die aktiven Chef-Scientologen Jonathan Epstein, Guillaume Lesèvre, Ray Mithoff, Norman Starkey, Mark Yager und David Miscavige.

Steven Fishman selbst gab umfangreiche Prozesserklärungen ab, denen er zum Beweis dafür, dass er wirklich tief in die Scientology-Welt verwickelt war, eine Reihe von Dokumenten anfügte, die bis dato als hochgeheim galten: die Materialien der höchsten Kurslevel zum *Operierenden Thetan der Stufen 1 bis 7*, außerdem Aufzeichnungen über den Status *OT-8*. Entsetzt mussten die Oberscientologen erkennen, dass ihre geheimsten und teuersten »Kirchenschriften« damit zu Gerichtsunterlagen mutierten, die jedermann würde einsehen können. 18 Monate lang gelang es ihren Anwälten, die Offenlegung »geheiligter religiöser Papiere« zu stoppen. Am Ende aber scheiterte der Versuch, die Akten versiegeln zu lassen, weil Fishman auf sein verfassungsmäßiges Recht pochte, öffentlich Beweise zu seiner Verteidigung vorzulegen. Daraufhin gingen Scientologen jeden Tag in die Gerichtsbibliothek, um die Dokumente auszuleihen und sie somit vor der Einsicht durch neugierige *Wogs* zu schützen. Auch diese Methode erwies sich als vergebens, denn man konnte vom Gerichtsdiener eine komplette Kopie für nur 36,50 Dollar erhalten. Als jemand die Kopie erwarb, sie scannte und der frühere Scientologe Arnaldo Lerma sie anschließend ins Internet stellte, war ihre Verbreitung nicht mehr zu kontrollieren. Es war auch deshalb eine Katastrophe für die Sekte, weil Tausende Internetuser erstmalig Hubbards »lausige Science-Fiction« lasen und sich über die Xenu-Kosmologie lustig machten.[8]

Für alle Beobachter überraschend gab sich der Psychokonzern im April 1994 vorerst geschlagen und zog seine Klage gegen Steven Fishman und Uwe Geertz zurück. Die Sekte reagierte damit auf einen ausgeklügelten Schachzug von Fishmans Verteidiger Graham Berry, dem es gelungen war, den Scientology-Stars Kelly Preston, Juliette Lewis, Maxine Nightingale und Isaac Hayes gerichtliche Vorladungen zuzustellen. Auf die Frage des Richters, wie lange er für die Vernehmung jedes Prominenten veranschlage, sagte Berry: »Eine Stunde.« Der Richter gab ihm je zwei. Daraufhin knickten die Scientology-Anwälte ein. Das Risiko ausführlicher Aussagen der Celebrities wollte man wohl nicht eingehen. Es war das Ende des Fishman-Prozesses.[9] Im Hauptprozess triumphierten am Ende ebenfalls die Verklagten. *Time* gewann das Verfahren am 16. Juli 1997 in allen Punkten und obsiegte auch in der Berufung vor dem US Court of Appeals im Januar 2001.[10]

Gegen alle Versuche, sie sperren zu lassen, blieben die Aussagen der Ex-Scientologen im Fishman-Verfahren zunächst öffentlich zugänglich und sprachen für sich. Sie stimmten in den wesentlichen Punkten überein und schilderten Scientology nicht gerade als »Religion in buddhistischer Tradition«. Alle fünf Kronzeugen beschrieben Umerziehungslager für zweifelnde oder »degradierte« Top-Scientologen im Happy Valley, dem wohl finstersten Ausdruck der scientologischen Justiz. Die ehemalige Top-Scientologin Stacy Brooks Young bezeichnete die *RPF* in Gilman Hot Springs und Happy Valley als »Scientology-Version eines Gefangenenlagers«.[11] André Tabayoyon nannte sie »eine absolut unfreiwillige Art Gulag oder Konzentrationslager«.[12]

Seine Frau, die frühere Hubbard-Vertraute Mary Tabayoyon, war 20 Jahre lang Mitglied der *Sea Org* gewesen, bevor sie im Dezember 1992 ausstieg. Die letzten acht Jahre war sie in Gilman Hot Springs stationiert. Mary Tabayoyon bezeugte, dass sie dort wie alle Scientologen von neun Uhr morgens bis elf Uhr nachts arbeiten musste. Sie sagte unter Eid aus, dass es Mitgliedern der *Sea Org* seit Ende der 80er Jahre per Befehl verboten war, weitere Kinder zu haben, »weil die Sea Org einfach nicht die Zeit, das Geld und die Ressourcen habe, um Kinder angemessen zu erziehen«. Frauen, die trotzdem schwanger wurden, seien dazu angehalten worden, eine Abtreibung vorzunehmen; diese organisierten Abbrüche seien in zahlreichen Fällen im Planned Parenthood Center im nahegelegenen Ort Riverside durchgeführt worden. Als Mary Tabayoyon selbst schwanger wurde, unterzog auch sie sich einer Abtreibung, weil sie indoktriniert worden sei, »dass ich meine eigenen privaten Wünsche nicht über die notwendigen Ziele der Sea Org stellen dürfe«.[13] 1997 ging ein deutsches Fernsehteam der Sache nach. Die stellvertretende Leiterin der Klinik in Riverside bestätigte die Tatsachen: »Uns kam es tatsächlich sehr komisch vor, dass alle Frauen die gleiche Entscheidung trafen. Unabhängig von den Umständen der einzelnen Frauen hatten alle den Entschluss gefasst abzutreiben.«[14]

Zwar gelang es den Scientologen im August 1995, die Prozessdokumente sperren zu lassen.[15] Steven Fishman unternahm nichts mehr dagegen; vermutlich hatte er sich auf einen Deal eingelassen, ebenso wie wohl André Tabayoyon. Umgekehrt wurden die Aussagen der Abtrünnigen von Scientology zwar bestritten, aber niemals gerichtlich angefochten. Aber es ist wie mit der Zahnpasta, die nicht in die Tube zurückgeht: Obwohl die amerikanische Öffentlichkeit bis 1997 so gut wie nichts darüber erfuhr, weil die großen Medien schwiegen, sickerten die Informationen unaufhaltsam durch – denn nun gab es das Internet. Viele tausend Netzsurfer luden sich die

Zeugenaussagen aus dem virtuellen Diskussionsforum alt.religion.scientology herunter. Dort verbreiteten Sektenkritiker seit Anfang 1995 die Prozessakten im Wortlaut – gegen alle Anfeindungen des Scientology-Imperiums.

Das Internet erwies sich für Scientology als ein größeres Problem, als es Hubbard jemals hatte voraussehen können. Wegen seiner verzweigten, letztlich unkontrollierbaren Strukturen gelang es auch den versiertesten Scientology-Anwälten nicht mehr, den Informationsfluss über die »dunkle Seite« ihrer Organisation zu unterdrücken. Zum Menetekel wurde die Aufmerksamkeit, mit der das Internet die mysteriösen Todesumstände einer jungen Scientologin im »Mekka der Tech« in Clearwater bedachte. Hatte Scientology die Enthüllungen über ihren Deal mit dem IRS noch bespötteln können, so geriet sie im Fall Lisa McPherson erstmals seit Jahren auch in den USA wieder unter öffentlichen Druck. »Sie haben sie sterben lassen«, sagte Rita Garvey, die damalige Bürgermeisterin Clearwaters über den Tod der jungen Frau.[16] Seit dem Frühjahr 1997 ermittelte die Staatsanwaltschaft wegen fahrlässiger Tötung gegen Scientology-Mitglieder; die Polizei suchte weltweit im Internet nach drei möglichen Zeugen im Fall Lisa McPherson.

Die 36-jährige Scientologin hatte sich am 18. November 1995 nach einem kleineren Verkehrsunfall in der Innenstadt von Clearwater nackt ausgezogen und war hilferufend über die Straße gerannt. Sie wurde in ein Krankenhaus eingeliefert, wo man ein »psychiatrisches Problem« diagnostizierte.[17] Da Scientology jedoch alles bekämpft, was mit der Psychiatrie zu tun hat, holten sieben Sektengenossen Lisa wenig später ab und erklärten, sie würden sich selbst um ihre »geistige Gesundheit« kümmern. Der zuständige Arzt war machtlos und protokollierte: »Ich werde sie gegen meinen medizinischen Rat entlassen.« 17 Tage später brachten Sektenleute Lisa McPherson in das New Port Richey Hospital bei Clearwater – als Leiche. Die Ärzte stellten einen »schweren Flüssigkeitsverlust« und zahlreiche Insektenbisse auf der Haut fest. Lisa habe mindestens »fünf bis zehn Tage, vielleicht bis zu 17 Tage lang« kein Wasser bekommen, sagte die Gerichtsmedizinerin Joan Wood. Die enorme Dehydrierung habe entscheidend zur tödlichen Lungenembolie geführt. Aus Aufzeichnungen von Scientologen, die Lisa McPherson kurz vor ihrem Tod betreuten, geht hervor, dass man die Frau der

Totalisolation in Hubbards berüchtigtem *Introspection Rundown* unterworfen hatte. Daraufhin hatte sie sich geweigert, zu essen und zu trinken; die Scientologen schrieben darüber Protokolle, ergriffen aber keine Hilfsmaßnahmen. Musste Lisa McPherson sterben, weil man sie einsperrte und ihr qualifizierten medizinischen Beistand verweigerte?

»Es war ein natürlicher Tod. Alles andere ist Unsinn«, erklärte Sektenanwalt Elliot Abelson aus Los Angeles.[18] Doch der Fall, der wegen mangelnder Beweise schon zu den Akten gelegt worden war, wirbelte nach neuen Reporterrecherchen 1997 erheblichen Staub in den USA auf, denn diesmal gelang es der Sekte nicht mehr, die Berichterstattung zu unterbinden. Das große öffentliche Interesse gab der Staatsanwaltschaft im Pinellas County Mut, die sich mit ungeahnter Energie an die Ermittlungen machte. Doch hing das ganze Verfahren an der Expertise der staatlichen Gerichtsmedizinerin Joan Wood. Eine erneute Obduktion war nicht möglich, weil McPhersons Leiche auf Betreiben von Scientologen verbrannt worden war. Im Februar 2000 widerrief die Pathologin überraschend ihre eigenen Befunde und änderte ihren Bescheid der Todesursache von »unbekannt« auf »Unfall«.[19] Der Staatsanwalt plädierte daraufhin dafür, das Strafverfahren gegen Scientology einzustellen, da die Anklage nicht mehr haltbar sei. In einem Memorandum fügte er hinzu, dass Joan Wood ständig von Privatdetektiven beobachtet worden sei und dass noch »verschiedene andere Faktoren die Qualität ihres Urteils beeinträchtigt haben könnten«, insbesondere »eine Andeutung von Scientology, dass man Informationen enthüllen könne, die Woods Büro und ihre Karriere extrem beschädigen könnten«.[20] Es war ein frustrierter Hinweis des Strafverfolgers auf das hintergründige Wirken des Scientology-Geheimdienstes. Tatsächlich trat Joan Wood noch im gleichen Jahr von ihrem Posten zurück.[21]

Mit einem immensen Aufwand an Geld und juristischer Artillerie gelang es der Sekte, die drohende Verurteilung wegen Totschlags abzuwenden, die ihre gesamte Gehirnwäschepraxis inklusive *Introspection Rundown* auf den behördlichen Prüfstand gestellt hätte. Wie im »Schneewittchen«-Skandal von 1977 gestanden die führenden Scientologen scheinbar reumütig ein, dass »einzelne Mitarbeiter nachlässig« gehandelt hätten, dass die Todesumstände Lisa McPhersons »unglücklich« seien und »so etwas im ›Fort Harrison‹

nie hätte geschehen dürfen«.[22] Nach dem Sieg über die staatliche Behörde konnte Scientology ihre gesamte Feuerkraft auf die McPherson-Familie und deren Anwalt Kennan Dandar aus Tampa konzentrieren, die im Zivilverfahren weiter um Aufklärung und Entschädigung gegen den mächtigen Konzern und dessen Armada von Advokaten kämpften.[23] Dandars kleine Kanzlei und die McPherson-Familie waren schon fast so weit gewesen aufzugeben, als ein unverhoffter Retter auftauchte – in Gestalt des Multimillionärs Robert Minton aus Boston, der sich zur Ruhe gesetzt hatte und mit seinem Geld etwas Gutes tun wollte.[24] Er finanzierte die juristischen Kosten der Familie schließlich mit rund zwei Millionen Dollar und ermöglichte ihnen damit weiterzumachen. Zwar zog der Millionär Minton, der fünf Jahre lang auch die wichtigsten Scientology-Kritiker der USA um seinen Lisa-McPherson-Trust sammelte, 2002 überraschend seine Unterstützung zurück, nachdem die Sekte ihren Geheimdienst in die Spur geschickt und ihn mit der Androhung von Enthüllungen unter Druck gesetzt hatte. Doch die Familie von Lisa McPherson gab nicht auf. Um die anhaltende öffentliche Diskussion zu beenden, lenkte Scientology schließlich ein und schloss den Zivilprozess am 28. Mai 2004 durch einen Vergleich ab, dessen Inhalt vertraulich blieb; gerüchteweise soll sie 5,6 Millionen Dollar gezahlt haben. Zuvor hatte die Sekte nach eigenen Angaben schon rund 28 Millionen Dollar für Anwälte, Privatdetektive und Experten ausgegeben.[25]

Insofern war es keine große Überraschung, dass 2003 ein scientologisches Formular auftauchte, das Kritiker als »Lisa-Klausel« bezeichneten. Daraus geht hervor, dass die vermeintliche Kirche ihre »spirituelle Hilfe« für so gefährlich hält, dass sie ihre Kunden unterschreiben lässt, sich nötigenfalls für unbestimmte Zeit einsperren und von Freunden und Familie isolieren zu lassen sowie auf jegliche medizinische Hilfe zu verzichten. Es handelt sich um jene Bescheinigung, in der Mitarbeiter und Kunden von Scientology unterzeichnen, dass sie die Organisation von allen Schadenersatzansprüchen freistellen, falls sie im Zuge »religiöser Handlungen« verletzt oder wahnsinnig werden – oder sterben sollten.[26]

Im Fall Lisa McPherson schafften es die Scientology-Anwälte jedoch nicht mehr, die Krise abzuwenden. Der entscheidende Grund dafür war das Internet. Dort hatte das Psychounternehmen in den

zwei Vorjahren seine Anwälte gnadenlos gegen jeden Nutzer vorgehen lassen, der es wagte, sogenannte geheiligte Kirchendokumente
online zu stellen. Im Internet geriet Lisa McPherson zum Fanal,
denn an dem Fall der jungen Frau, die in den Wahnsinn driftete und
schließlich im »spirituellen Hauptquartier« der Sekte zu Tode kam,
konnte das System Scientology beispielhaft untersucht werden.
Bald richteten die Kritiker im Netz eine Lisa McPherson Memorial
Page ein. Sie verbreiteten den Autopsiebericht und riefen zu weltweiten Protesten auf.[27] Je mehr die *Church* versuchte, Tatsachen zu
vertuschen oder Nachrichten zu unterdrücken, desto stärker wuchs
das Interesse der Nutzer. Es war die erste große weltweite Internet-
Ermittlung und -Solidaritätskampagne. Die Internetcommunity
trug viel dazu bei, dass seit dem zweiten Todestag Lisa McPhersons
1997 Demonstrationen gegen Scientology in Clearwater und Los
Angeles stattfanden. An der Kampagne konnte man erstmals auch
die Wechselwirkung eines Internetaufruhrs mit den »alten« Medien
studieren, denn nach einer gewissen Zeit schlug Online wieder um
in Offline; und als die traditionellen Medien sich einschalteten,
wurde es für die Sekte noch ungemütlicher. Längst gilt Scientology
auch auf der anderen Seite des Atlantiks (wieder) als dubiose Sekte
bzw. als »Amerikas kontroverseste Religion« *(Rolling Stone).*[28] Der
Fall Lisa McPherson verschaffte aber auch dem schon länger anhaltenden Krieg um die Deutungshoheit über Scientology im Internet
neue Aufmerksamkeit.

Dieser Krieg war am 13. Februar 1995 eskaliert, als Scientology-
Anwälte unter Polizeischutz das Haus des früheren hochrangigen
Scientologen Dennis Erlich in Glendale in Kalifornien durchsuchten und seine Computer, Disketten, Modem und den Scanner mit-
nahmen – die gesamten privaten und geschäftlichen Dateien.[29] Erlich war bekannt dafür, dass er Texte aus Scientology-Büchern zum
Beweis für die fragwürdigen Methoden der Sekte im Internet verbreitete. Er hatte sich geweigert, damit aufzuhören, und berief sich
auf ein US-Gesetz namens »Fair Use« (fairer Gebrauch) zum
Schutz der Meinungsfreiheit, das es gestattet, Zitate zu benutzen.
»Die effektivste Methode, die Sekte bloßzustellen, besteht darin,
ihre eigenen Dokumente zu benutzen, um zu zeigen, worum es sich
handelt«, argumentierte er. Die Razzia habe seine verfassungsmäßigen Rechte verletzt.[30]

Nur fünf Tage vorher hatten Polizisten an die Tür von Johan »Julf« Helsingius in Helsinki geklopft, einem 36-jährigen Informatiker, der dort seit drei Jahren den ersten und populärsten anonymen Remailer der Welt unter der Internetadresse anon.penet.fi unterhielt. Seinen Server, mit dem es möglich war, die eigene Internetadresse für die elektronische Kommunikation zu anonymisieren, hatten einige Kunden genutzt, um internes Scientology-Material unerkannt in verschiedenen Diskussionsforen zu veröffentlichen. »Ich bin total schockiert!«, schrieb Helsingius an seine Kunden nach der Razzia. »Aufgrund einer Anfrage von Interpol bekam die finnische Polizei einen Durchsuchungs- und Beschlagnahmebefehl für meine Wohnung und den Server anon.penet.fi und erhielt dadurch die wirkliche Mailadresse eines Nutzers, der Material gepostet hatte, das angeblich der Church of Scientology gestohlen wurde.«[31] Nachdem die Sekte vor einem finnischen Gericht schließlich die Herausgabe von drei weiteren Absenderadressen erzwungen hatte, gab Helsingius das Projekt, das zum Schluss rund 500 000 ständige Nutzer hatte, Anfang 1996 auf. Die finnischen Gesetze hätten sich als zu schwach erwiesen, um ihn bzw. die Privatheit und das Briefgeheimnis zu schützen.[32]

Sechs Monate später, am 12. August 1995, einem Sonnabend, verbreitete sich wie ein Lauffeuer im Internet die Nachricht, dass die Polizei eine Razzia in der Stadt Arlington in Virginia veranstaltete, im Haus von Arnaldo Lerma, dem früheren Scientologen, Ex-Verlobten von Hubbards Tochter Suzette und bekannten Internetaktivisten. Angerückt seien zwei US-Marshals, zwei Computerexperten, darunter ein ehemaliger FBI-Mann und sechs Scientology-Anwälte, auch Helena Kobrin. Die Juristin hatte sich in den vergangenen Monaten einen denkbar schlechten Ruf bei der Netzgemeinde erworben, weil sie ununterbrochen Postings an eine beliebte Usenet-Newsgroup schickte, in denen sie ultimativ verlangte, Dateien zu löschen, die angeblich per Copyright geschützt seien. Der Name der Newsgroup war alt.religion.scientology, und sie war auf dem besten Weg, das weltweit bekannteste Diskussions- und Informationsforum des neuen Mediums zu werden. Das Usenet bezeichnet jenen Teil des Netzes, der zum allgemeinen Austausch von Nachrichten und Meinungen genutzt wird, es gehört zu den ältesten Teilen des Internets, und Arnaldo Lerma war einer von dessen frühesten Nutzern. Er war – im Netz – eine Berühmtheit ähnlich wie Dennis Erlich. Es hieß, er sollte seine Computer und Disketten am folgenden Montag zurückbekommen. Er wartete Monate darauf.

Die Razzien in den USA und in Finnland zielten auf das Zentrum einer ganz neuen Generation von Scientology-Kritikern, die sich um die Newsgroup alt.religion.scientology sammelten. Diese war 1991 von dem Amerikaner Scott Goehring gegründet worden, halb zum Spaß, aber auch, um die Öffentlichkeit über die Sekte zu informieren. Anfangs vor allem von Anhängern der Scientology-Abspaltung *Free Zone* genutzt, ging es in dem Diskussionsforum drei Jahre lang zwischen Kritikern und Befürwortern von Scientology hoch her, aber im Prinzip nicht anders als in anderen Newsgroups auch: argumentativ. Doch Mitte 1994 wurde einem Teilnehmer eine *OSA*-Mail zugespielt, in der es um die Strategie ging, wie man alt.religion.scientology lahmlegen könne. »Wenn man sich 40 bis 50 Scientologen vorstellt, die alle paar Tage im Internet posten, werden wir die SPs einfach aus dem System werfen. Es wird genauso einfach sein«, schrieb darin eine Agentin. »Ich würde gerne Ihre Ideen hören, wie man das Internet zu einem sicheren Ort für Scientologen machen kann.«[33]

Diese abgefangene Mail alarmierte die User; sie witterten zu Recht den Versuch, ihr Medium zu manipulieren. Es war der Moment, als viele Nutzer zum ersten Mal in ihrem Leben das Wort Scientology hörten; und sie sollten es nicht mehr vergessen, da die Sekte sich in einen stetig eskalierenden Streit mit der Internetgemeinde verstrickte, der nichts so heilig war wie der freie Austausch von Informationen. Die eigentliche Onlineschlacht entwickelte sich ab Mitte 1994, als sich Dennis Erlich der Newsgroup anschloss und regelmäßig zu posten begann. Der Ex-Scientologe Erlich hatte noch direkt mit L. Ron Hubbard zu tun gehabt, er war 1982 während des Miscavige-Putsches ausgestiegen und hatte sich vom Jünger zu einem wütenden Gegner der Sekte gewandelt. Mit seiner Teilnahme bei alt.religion.scientology zog ein neuer Ton in die Debatte ein. »Seine kritischen Postings, durchsetzt von Zitaten aus den Schriften der Church, verwandelten alt.religion.scientology von einem Debattierklub in ein Schlachtfeld«, schrieb das amerikanische Computermagazin *Wired*.[34]

Ab dem Ende des Jahres 1994 eskalierte die Fehde, die bald die Grenzen des Internets sprengte und in die reale Welt von Polizisten, Anwälten, bewaffneten Durchsuchungen und Beschlagnahmungen übergriff. Am 24. Dezember 1994 erreichte die erste von zahlreichen weiteren anonymen Botschaften das Usenetforum, die das größte Geheimnis von Scientology enthüllten: die »heiligen Kurse« der OT-Stufen 1 bis 3, darunter auch den vollständigen Text des Mythos von Xenu. Plötzlich standen Dokumente, für deren Studium Scientologen enorm viel Geld und Zeit aufwenden mussten, einer potentiellen Leserschaft von 30 Millionen Internetnutzern kostenfrei zur Verfügung. Auf diese Veröffentlichung, die über einen Server aus den Niederlanden kam, reagierten die Scientology-Anwälte sofort. Sie kontaktierten eine Reihe von Teilnehmern des Forums und sandten Warnungen an die Newsgroup, in denen sie ultimativ ein Ende der OT-Publikationen verlangten. Die Anwälte nannten diese Dokumente »copyright- und handelsmarkengeschützte, nicht-veröffentlichte Geschäftsgeheimnisse« und bezeichneten die Verteilung der Materialien als eine Verletzung der Copyright- und Handelsmarkengesetze.[35] Etwa gleichzeitig wurden Postings an die Newsgroup von Unbekannten gelöscht, was man vergleichen kann mit Agenten, die im Postamt Briefe stehlen, bevor sie an die Adressaten gelangen. Mit einem Unterschied: Im Internet hinterlassen solche Räuber eine Spur. Mit Hilfe eines speziellen Programms gelang es nachzuweisen, dass die Postings unter Hinweis auf »Copyrightverletzungen« gecancelt wurden. Damit war klar, dass sie aus dem Umfeld der *Church* kommen mussten. Am 10. Januar 1995 forderte die Scientology-Anwältin Helena Kobrin die Betreiber der Usenet-Server offiziell auf, die Newsgroup zu schließen, weil diese ständig die Gesetze verletze.[36] Darum kümmerte sich zunächst niemand, aber die Drohung ließ erstmals Stimmen auch in der »realen Öffentlichkeit« laut werden, die vor einer Internetzensur durch Scientology warnten, und brachte dem Forum dadurch massenhaft Zulauf von Neugierigen.

Statt auf die Kritik einzugehen, reagierte Scientology wie gewohnt mit Drohungen, Anzeigen und Gerichtsklagen. Aus der Fehde der Sekte mit einigen Kritikern *im* Internet wurde ein Krieg *gegen* das Internet. Kurze Zeit nach Kobrins Drohschreiben erhoben die Scientology-Anwälte gerichtliche Klage gegen eine Reihe von Mitgliedern der Newsgroup, die sie als »Internet-Terroristen« schmähten. Kobrins »Blitzkrieg«, befand die US-Fachzeitschrift *American Lawyer*, sei ein »charakteristischer Overkill«: »Die Kirche hat sich nie gescheut, mit einer Aggressivität zu prozessieren, die selbst Tabakfirmen wie dumme Jungen aussehen lässt: Sie überschwemmt Gerichte mit Verhandlungen, legt gegen alles Berufung ein, prozessiert immer aufs Neue, beschuldigt Gegner der Geisteskrankheit und Schlimmerem und ermittelt und klagt sogar gegen die Anwälte der Gegenseite.«[37]

Es folgten die ersten zivilrechtlichen Durchsuchungen, die auf einer juristisch sehr wackligen Grundlage standen. Denn Arnaldo Lerma zum Beispiel publizierte Aussagen und Dokumente von Steven Fishman aus dessen Prozess, die zwar angeblich geheime Materialien – 61 Seiten über Lord Xenu – enthielten, jedoch spätestens seit dem Prozess nicht mehr geheim waren. Der Sekte gelang es aber sogar in Europa, die Staatsanwaltschaften gegen ihre Kritiker zu mobilisieren. Nicht nur der Finne Helsingius bekam Besuch von der Polizei, sondern auch die Internetaktivisten Karin Spaink in den Niederlanden und Zenon Panoussis in Schweden sowie einige Betreiber von Servern wie Netcom und XS4ALL, die es gewagt hatten, Dokumente aus dem Fishman-Prozess zu publizieren. Als deutliche Warnung für alle Offline-Medien wurde sogar die *Washington Post* gerichtlich belangt, obwohl sie lediglich einen kurzen Absatz aus dem *OT-3*-Kurs abgedruckt hatte. Beim Prozess wütete die Scientology-Anwältin Helena Kobrin gegen »Diebstahl und Vergewaltigung unseres urheberrechtlich geschützten Eigentums« durch »Internet-Anarchisten«.[38]

Nach der direkten Intervention des Psychokonzerns brach ein »tödlicher Kampf zwischen zwei fremden Kulturen« aus, wie das amerikanische Computermagazin *Wired* schrieb.[39] Es war ein Kampf, in dem Scientologys schärfste Waffe das Urheberrecht bildete. Hubbards Schrifttum ist bekanntlich bis in die kleinsten Verästelungen gesetzlich geschützt. Das *OT*-Material wird angeblich in speziellen, elektronisch gesicherten Mappen verwahrt und nur portionsweise unter scharfer Bewachung für wenige Stunden herausgegeben. Obwohl zahlreiche Aussteiger darüber verfügen – wie sonst wären so viele Dokumente an die Öffentlichkeit gelangt –, kann die Organisation mit dem Vorwurf angeblicher Urheberrechtsverletzungen Kritikern gegenüber ein hohes Drohpotential aufbauen. Letztlich war all dies, so *Wired*, die dramatische Begleitmusik zu dem eigentlichen Stück, in dem es um etwas sehr Wesentliches und Grundsätzliches ging: »Die wahren Probleme sind die Grenzen der Meinungsfreiheit und die Zukunft des Copyrights und des intellektuellen Eigentums im Angesicht einer Technik, die Kopien in Sekunden um die Welt schleudern kann.«[40]

Doch Scientology hatte ihre Gegner oder das neue Medium unterschätzt. Die Teilnehmer der Newsgroup begannen damit, bei allen möglichen Gelegenheiten aus den »geheimen« *OT-3*-Papieren zu zitieren, um die Debatte auszuweiten. Trotz gerichtlicher Verfolgung stellte ein niederländischer Provider die Fishman-Papiere ins Netz, andere taten und tun es bis heute. Auf diese Weise gelangten sogar die sogenannten *NOTs*-Materialien *(New Era Dianetics for Operating Thetans)* in das Internet. Diese Schriften beschreiben die exklusiven, äußerst kostspieligen *OT*-Stufen 4 bis 7. Der Erfolg der Counterstrategie war riesig, denn die Xenu-Geschichte wurde nun auch in Realworld-Medien wie CNN, der *New York Times* und der *Washington Post* nacherzählt. Wenn Scientology hatte verhindern wollen, dass die Welt von Xenu erfuhr, so erreichte sie mit ihrer Kampagne exakt das Gegenteil. Wer den Namen Xenu hörte, verband ihn bald automatisch mit Scientology und Zensur, und das Interesse an den originalen »Geheimschriften« nahm exponentiell zu. Ab Mitte des Jahres 1995 wurde das ehemalige Nischenforum alt.religion.scientology eine der zehn weltweit meistbesuchten Diskussionsgruppen im Netz – und blieb es für lange Zeit.

Diese paradoxe, aber eigentlich vorhersehbare Wirkung stachelte die Wut der Scientology-Herrscher erst richtig an. Am 22. August 1995 fanden erneut zwei Razzien statt, die das Antisektenarchiv FactNet und dessen Betreiber Lawrence Wollersheim in Colorado und Kalifornien trafen. Es folgten Klagen, und die Internetprovider wurden gleich mit verklagt. Diesmal allerdings war die weltweite Gemeinde gewarnt. FactNet hatte seit den Durchsuchungen vom Februar mit dem Besuch der Staatsanwaltschaft gerechnet und seine User aufgefordert, so viel wie nur möglich aus dem Archiv auf die heimischen Computer herunterzuladen. Die Antisektenseiten von FactNet waren überall auf der Welt kopiert worden, und sie tauchten kurz nach der Razzia auf zahlreichen Servern und Websites wieder auf. Jetzt bekam Scientology ein echtes Problem. Es war kaum noch möglich, sämtliche Veröffentlichungen ihrer »heiligen Schriften« im Netz nachzuverfolgen. Tausende Kopien der *OT-*Kurse zirkulierten nun auf den Festplatten und Servern der globalisierten Welt.

Warum aber erfreute sich die »Kirche« nicht einfach an dieser herrlich effektiven Verbreitung der Lehre ihres 1986 verstorbenen Oberhauptes? Ganz einfach: Die kostenlose Veröffentlichung der ersten *OT-Level* und der noch teureren *NOTs-Grade* im Internet barg die reale Gefahr in sich, dass eine entscheidende Geldquelle der Organisation versiegte. Schließlich kennen nach Auskunft von Scientology-Sprechern bisher selbst von Hubbards Anhängern nur etwa zehn Prozent die bizarre Erzählung vom 75 Millionen Jahre alten außerirdischen Vernichtungskrieg, auf dem ihre gesamte »Religion« mit ihren *Body-Thetanen* und *Engrammen* letztlich beruht. Deshalb wurden in der Nachfolge der Razzien tatsächlich Prozesse angestrengt. Der Krieg verlagerte sich in die Gerichtssäle – einerseits.

Andererseits war die globale Netzgemeinde nun vollends alarmiert. Die angesehene Internet-Schutzorganisation Electronic Frontier Foundation gewährte zahlreichen Verklagten anwaltlichen Beistand, und man konnte den Fortgang der Ereignisse täglich auf alt.religion.scientology verfolgen. Ende 1995 gab es auf der ganzen Welt keine Newsgroup, die mehr Nachrichten empfing und mehr Leser hatte als alt.religion.scientology. Deren Betreiber stellten sich auf den Standpunkt von Steven Fishman, der einmal die Forderung aufgestellt hatte: »Jeder soll wissen, was ihn in der Scientology-Kirche erwartet und was die angewandten Dogmen und Praktiken beinhalten.«[41] Hunderttausende unterstützten nun dieses Ziel. Zahlreiche ehemalige Scientologen wurden auf das Internetforum aufmerksam und begannen ihrerseits, geheime Informationen und Erfahrungsberichte zu verbreiten. Scientology reagierte mit den bekannten Verleumdungskampagnen und bezeichnete ihre Kritiker wie gewohnt als »Kriminelle«. Zwar gelang es den Scientologen in dem bis heute anhaltenden Krieg um das Web, eine Reihe von Kritikern mundtot zu machen. Aber ihr Label »Scientology«, das nach der Steuerbefreiung von 1993 die Voraussetzungen für einen positiven Neustart besaß, prägte sich einer ganzen jungen Generation als Synonym für das Böse schlechthin ein. Hier war eine Organisation, die offenbar nichts anderes im Sinn hatte, als die Freiheiten der virtuellen Welt in das denkbar engste Korsett zu schnüren.

Als es den Scientologen nicht gelang, alt.religion.scientology durch Drohungen oder Klagen aus dem Netz zu entfernen, griffen sie auf ihre bereits 1994 skizzierte Taktik zurück, um das Forum lahmzulegen. Scientologen und bezahlte Dritte überfluteten die Newsgroup mit Spam-Schrott: Tausende Pro-Scientology-Botschaften, falsche Anti-Scientology-Nachrichten, Information und Desinformation, irrelevante Kommentare und falsche Anschuldigungen gegen Teilnehmer des Forums. Der scientologische Geheimdienst *OSA* habe alles nur Mögliche versucht, um alt.religion.scientology und Kritikerseiten wie Operation Clambake zu zerstören, berichtete die langjährige Scientologin *(OT-7)* und *OSA*-Agentin Tory Christman der *New Times Los Angeles* 2002 nach ihrem Ausstieg; intern seien die beteiligten Scientologen zu ihren »Gewinnen« beglückwünscht worden.[42] Doch lehnten Scientology-Sprecher jede Verantwortung ihrer Organisation für die Attacken ab. Wohl nach dem Hubbard-Motto »Wahr ist, was Du für wahr hältst«, stritten sie stets ab, etwas Illegales zu tun. Der Mahlstrom irrelevanter Postings machte alt.religion.scientology eine Zeitlang fast unlesbar, bis technisch Kundige geeignete Spamfilter und andere Methoden der Gegenwehr erfanden. Die »Mutter aller Hubbardbezogenen Internet Newsgroups« *(New Times Los Angeles)* existierte auch noch im Jahr 2009 und enthielt noch immer wichtige Nachrichten, vor allem von ehemaligen Sektenmitgliedern.[43] Die früheren Top-Scientologen Tory Christman (2001), Chuck Beatty (2005) und Larry Brennan (2007) etwa fanden hier ein Forum, um ihre Erfahrungen mitzuteilen.

Als das World Wide Web etabliert war, versuchte Scientology, mit einer ähnlichen Strategie das Auffinden kritischer Websites zu erschweren. 1998 erteilte die Sekte Webdesignern den Auftrag, Tausende von sehr ähnlichen Websites zu produzieren, die auf Scientology-Seiten hinweisen sollten, um damit die Suchmaschinen zu täuschen; derartige Manöver hießen später Google Bombs, und man hat technische Mittel dagegen gefunden.[44] Da sich viele Webdesigner durch Scientologys brutales Verhalten abgestoßen fühlten, antworteten sie ihrerseits mit Websites, die die Begriffe Dianetik und Scientology auf die weltweit bedeutendste Kritikerseite Operation Clambake (Xenu.net) verlinkten, was dazu führte, dass diese Homepage im Jahr 2002 eine Zeitlang die Nummer eins bei Google-Treffern war. Dies brachte die Sekte wieder auf den Plan, die Google dazu veranlasste, die Links zur Operation Clambake des in Stavanger lebenden Norwegers Andreas Heldal-Lund zu entfernen – ein globaler Aufschrei war die Folge, und Google beeilte sich, die Änderung weitgehend rückgängig zu machen.[45] Eine Reihe von Seiten aber blieb gesperrt, wie ein Sprecher von Google mitteilte: »Hätten wir diese URLs (Kennungen) nicht entfernt, hätten wir wegen Copyrightverletzungen verklagt werden können.«[46]

»Scientology benutzt die angeblichen Copyrightverletzungen, um gegen ihre Kritiker vorzugehen«, sagt der Berliner Informatik-Experte Tilman Hausherr, der mit seiner Scientology-Kritik im Netz damals weltweit bekannt wurde. Tilman Hausherr war ein Internetnutzer der ersten Stunde, der sich für Scientology interessierte. 1994 machte ihn jemand in einem anderen Netzforum auf alt.religion.scientology aufmerksam. »Ich fing sofort an mitzulesen und erlebte dann den Krieg gegen das Internet mit«, berichtet er. Hausherr begann damit, Informationen zum Thema Scientology zu sammeln und für eine Website aufzubereiten, die er 1995 online stellte. Weil der Softwareentwickler über einen ausgeprägt skurrilen Humor verfügt, präsentierte er auf seinen Internetseiten bald allerlei Karikierendes, darunter ein Bild des Scientology-Präsidenten Heber Jentzsch mit verlängerter Pinocchio-Nase und ein mit dem Dollarzeichen abgewandeltes Scientology-Symbol. Diese Frechheit rief die Sektenadvokaten auf den Plan, denn Scientology sah angeblich ihr Warenzeichen bedroht. Eine Anwaltsfirma für Markenrecht forderte den Kritiker auf, das inkriminierte Symbol ab sofort nicht mehr zu verwenden. Hausherr verteidigte sich und erklärte: »Das ist nur eine Seite, die sich über Scientology lustig macht. Es ist eine Form von Kunst. Parodien sind nach deutschen und auch nach US-Gesetzen erlaubt.« Daraufhin wandten sich die Sektenanwälte im Januar 1998 an Hausherrs Provider Compuserve und verlangten ultimativ die sofortige Löschung der Website. Compuserve gehorchte prompt und begründete seine Kapitulation mit Regelverletzungen. Hausherr wechselte mit seinem Angebot zu anderen Providern, wo er nicht mehr behelligt wurde. Sein anhaltender, mit Ironie gespickter Widerstand brachte den Psychomulti im Lauf der Zeit so in Rage, dass der Kritiker in die Liste der bösesten »Unterdrücker« aufgenommen wurde, die Scientology als eine Art Pranger unter dem Stichwort religiousfreedomwatch.org im Internet betreibt, um sie mit Desinformation zu verleumden. Das dort von ihm veröffentlichte Foto sei von einer Überwachungskamera der amerikanischen Botschaft in Berlin aufgenommen worden, als er einmal mit anderen für die Aufklärung des Falles Lisa McPherson demonstrierte, sagt Tilman Hausherr. »Es würde mich mal interessieren, wie die Scientologen daran gekommen sind.«

Für die eigenen Mitglieder hatte Scientology zu diesem Zeitpunkt längst eine Filtersoftware entwickelt, die sie vor der Newsgroup alt.religion.scientology und kritischen Websites »beschützt«, zu denen nicht nur Operation Clambake, FactNet, LermaNet oder Hausherrs Seite gehören, sondern beispielsweise auch die *New York Times*, die *Washington Post*, die *Berliner Zeitung* und alle Angebote, die das Wort Xenu benutzen. Scientologen bekommen seit dem 13. März 1998, dem jährlich groß gefeierten Geburtstag Hubbards, auch ein Webkit angeboten, mit dessen Hilfe sie ihre eigenen, genormten Bekenntnisseiten anlegen können, die wiederum zahlreiche Links zu Scientology-Seiten legen und damit die Suchmaschinen, die Millionen von Usern durchs Netz navigieren, mit ihren Bekenntnissen verstopfen.

Im Jahr 2009 sind einige Kritikerveteranen wie Tilman Hausherr, Karin Spaink, Joe Cisar, Lawrence Wollersheim und Andreas Heldal-Lund immer noch im Internet aktiv. Zu ihnen zählt auch Arnaldo Lerma, der den vom *Religious Technology Center* gegen ihn geführten Urheberrechtsprozess 1996 verlor und 2500 Dollar an die Sekte zahlen musste; doch das Gericht bürdete ihm nicht die angeblichen 500 000 Dollar Anwaltskosten der Gegenseite auf – ein Pyhrrussieg für den Psychokonzern.[47] Ein Gemeinschaftsverfahren gegen die *Washington Post* und zwei Journalisten indessen ließ die Richterin mit der Begründung nicht zu, es gehe Scientology gar nicht primär um »heilige Schriften«, sondern darum, Kritiker zum Schweigen zu bringen.[48] FactNet verglich sich mit Scientology, zahlte nichts, verpflichtete sich aber, alle »fortgeschrittenen« Scientology-Dokumente zurückzugeben und keine Urheberrechtsverletzungen mehr zu begehen.[49] Mit Dennis Erlich schloss die Sekte

1999 einen geheim gehaltenen Vergleich; Erlich stellte seine Kritik ebenso ein wie Johan Helsingius seinen Remailer.[50] Der Krieg um die Meinungsführerschaft im Internet ist ein wenig abgeflaut, er hält aber an und kann jederzeit aufflackern, etwa im Internetlexikon Wikipedia. Als ein amerikanischer Informatiker 2007 einen »Wiki-Scanner« erfand, um die Einträge bei Wikipedia nachzuverfolgen, stellte sich heraus, dass von Computern, die Scientology gehörten, regelmäßig kritische Inhalte aus dem Internetlexikon entfernt wurden und Einträge zugunsten von Scientology verändert wurden.[51] Da die Manipulationen nicht aufhörten, beschloss das Schiedsgericht der englischsprachigen Wikipedia im Mai 2009, Scientology und Scientologen als Autoren der Enzyklopädie generell zu sperren: Sie konnten, soweit sie bekannt waren, nun keine Änderungen mehr vornehmen.[52] Andererseits fordern die Sektenanwälte noch immer Websitebetreiber auf, Anspielungen auf Scientology oder die Veröffentlichung »geheimer« Texte zu unterlassen; wer das Wort Scientology oder das durchgestrichene Kreuz als Kennzeichen benutzt, muss weiterhin mit einer Klage wegen Missbrauchs der »Handelsmarke« rechnen.

Aber das sind Nadelstiche. Entscheidender ist der Sieg der Meinungsfreiheit im Internet. 2006 versuchten die Juristen, die South-Park-Episode mit den Zeichentrickdoubles von Tom Cruise und John Travolta aus dem Netz zu verbannen, was ihnen nicht gelang; 2008 scheiterten sie ebenso bei den obskuren Tom-Cruise-Videos. Härter noch traf Scientology das Urteil des Obersten Gerichtshofes der Niederlande, das den Provider XS4ALL und die Kritikerin Karin Spaink 2005 letztinstanzlich vom Vorwurf der Copyrightverletzung wegen der Fishman-Papiere entlastete.[53] Wer will, kann sich im Internet umfassend über Scientology informieren. Die Websites von Scientology-Kritikern sind seit 1995 zu einem imposanten Online-Archiv angewachsen, und immer mehr Insiderwissen über Scientology gelangt dadurch in die Öffentlichkeit: Artikel, Prozessakten, interne Dokumente, wissenschaftliche Analysen, Aussagen ehemaliger Mitglieder, Fotos und Videos von Demonstrationen und viel Spott in Wort und Bild. Wer die Sekte verlassen will, findet dafür im Netz zahllose gute Argumente und Hinweise.

Es ist Scientology nicht gelungen, ihre Zensur global auszudehnen. Ihre angeblich »geheimen« *OT*-Schriften sind nicht mehr vertraulich, sondern de facto jederzeit überall verfügbar. Alle Versuche des Psychounternehmens, über Copyrightprozesse diese »verbotenen« Materialien aus dem Netz zu entfernen, sind letztlich gescheitert. Scientology versucht gegenzusteuern, indem sie ihre Mitglieder davor warnt, das Material »unlizensiert« zu lesen, weil es sie schwer schädigen und sogar umbringen könne.[54] Scientology ist heute eines der am besten dokumentierten Themen im Internet; in gewissem Sinne ist der Stand der Aufklärung vergleichbar mit den Enthüllungen über das ehemalige Ministerium für Staatssicherheit der DDR, seitdem dessen Akten geöffnet wurden. 1995 verglich der frühere Scientology-Propagandist Robert Vaughn Young den Krieg von Scientology gegen das Internet mit dem verlorenen Krieg der USA in Indochina. »Ich bin dankbar für das Internet. Es wird für Scientology das Gleiche bedeuten wie Vietnam für die USA«, sagte er. »Am Ende wird ihnen nur die Wahl bleiben, sich zurückzuziehen. Sie können nicht gewinnen.« Das Internet werde der erste Ort auf der Welt sein, an dem Scientology völlig frei diskutiert werden könne, meinte Robert Vaughn Young kurz vor seinem Tod.[55] Er sollte Recht behalten.

Im Januar 2008 meldete sich eine neue Generation von Scientology-Kritikern im Internet zu Wort. Sie kamen wie aus dem Nichts. »Hallo Anführer von Scientology. Wir sind Anonymous. Jahrelang haben wir dich beobachtet, deine Desinformationskampagnen, deine Unterdrückung von Kritik und deine prozesssüchtige Natur«, begann ein Video mit dem Titel »Message to Scientology«, das auf YouTube und verschiedenen anderen Websites gleichzeitig auftauchte. Zu düsteren Bildern sagte eine roboterhafte Stimme aus dem Off: »Anonymous hat deshalb entschieden, dass deine Organisation zerstört werden soll. Anonymous beabsichtigt, dich aus dem Internet zu entfernen. Wir vergeben nicht. Wir vergessen nicht.«[56] Das Video war die Antwort auf einen neuen Versuch von Scientology, das Internet zu zensieren und dort kursierende Filme unter Berufung auf ihr Copyright sperren zu lassen. Es ging um die erstaunlichen Scientology-Videos von Tom Cruise, in denen er erklärte, Scientologen seien die Einzigen, die bei einem Autounfall helfen und die Erde säubern könnten. In einer Pressemitteilung erklärte »Anonymous« der *Church of Scientology* und dem *Religious Technology Center* gleichzeitig den »Krieg«, um »das Recht auf Meinungsfreiheit zu schützen«.[57] Das Video wurde bereits am ersten Tag bei *YouTube* 370 347 Mal aufgerufen; am folgenden Tag stand es bei der Häufigkeit der Klicks weltweit an dritter Stelle. Tage später wurden Scientology-Websites von Hackern attackiert und teilweise zum Absturz gebracht.

Zum Protest gegen die Praktiken und die Steuerbefreiung von Scientology in den USA rief ein virtuelles »Project Chanology« am 10. Februar 2008 zu Demonstrationen vor allen Filialen der Sekte weltweit auf. Plötzlich und ohne Vorwarnung kamen rund 8000 Menschen zusammen, in Berlin, London, New York, Sidney, Budapest, in mehr als 93 Städten auf der Erde.[58] Sie trugen seltsame Kleider und Masken, sie waren nett und freundlich zur Polizei, sie verteilten Kuchen und Flugblätter an Passanten, schwenkten Plakate mit der Aufschrift »Knuddeln gegen Scientology«, und sie nannten sich Anonymous. Sie kamen wieder, Monat für Monat. Es war eine völlig neue Demonstrationskultur. Anonymous hat keine Anführer und hierarchischen Strukturen, sondern beruht auf einer losen Netzwerkstrategie, wie sie beispielsweise auch linke G-8-Gegner pflegen. Hinter Anonymous steht eine lockere Gruppe junger, global vernetzter Internetaktivisten, die seit Mitte 2007 gegen Zensur im Web und andere Missstände kämpfen: »Jeder, der will, kann Anonymous sein und an einer Reihe von Zielen arbeiten. (…) Wir wollen lediglich etwas erreichen, von dem wir glauben, dass es wichtig ist.«[59] Die Zeitung *Baltimore City Paper* beschrieb das Konzept folgendermaßen: »Anonymous ist das erste auf dem Internet basierende Superbewusstsein. Anonymous ist eine Gruppe in dem Sinn, wie ein Schwarm Vögel eine Gruppe ist. Woher weiß man, dass sie eine Gruppe sind? Weil sie in die gleiche Richtung reisen. In jedem denkbaren Moment können sich weitere Vögel anschließen, ausscheren oder in eine völlig andere Richtung fliegen.«[60]

Nie zuvor gab es einen solchen globalen Gleichklang von Protesten, der nur über das Internet propagiert wurde – und trotzdem an vielen Orten verschiedener Erdteile die Menschen zusammenbrachte. Und das, obwohl die globale Koordinations-Website der Anonymen ironisch »Enturbulation.org« heißt, nach dem Scientology-Begriff für Durcheinander. »Das Durcheinander wollen wir erzeugen, aber bei der *Church of Scientology*«, sagte ein Demonstrant in Berlin am 15. März 2008 bei der zweiten Demonstrationswelle gegen die Scientology-*Org* am Ernst-Reuter-Platz. In der deutschen Hauptstadt versammelten sich monatlich 60 bis 100 Leute, meist Anfang 20, viele Schüler und Studenten, aber auch Scientology-Kritiker wie der Ex-*OSA*-Mann Christian Markert aus Hamburg. »Wir verabreden uns über das Internet. Wir kennen vielleicht ein oder zwei andere Leute, aber sonst haben wir untereinander nur Kontakt über unsere Online-Aliasnamen«, sagte ein junger Mann in T-Shirt und Jeans. »Wir wollen erreichen, dass die Öffentlichkeit aufmerksam wird, wie Scientology mit ihren Mitgliedern umgeht«, erklärte ein 21-jähriger Betriebswirtschaftsstudent, der zu einer seltsamen Maske einen Nadelstreifenanzug trug. »Warum plündern sie die Leute aus? Warum trennen sie Familien? Warum haben sie einen Geheimdienst?«, fragte eine junge Frau in einem rosa Rüschenkleid.

Das gemeinsame globale Erkennungszeichen der jungen Protestierer sind ihre Masken. Sie tragen Gesichtsmasken wie der Filmheld in dem Science-Fiction-Streifen V WIE VENDETTA (2006), die dem Aussehen des englischen katholischen Rebellen Guy Fawkes (1570 bis 1606) nachempfunden sind. In dem Film kämpft ein mysteriöser Anarchist namens »V« gegen eine faschistische Big-Brother-Regierung in Großbritannien. Ein wenig sehen sich die Anonymous-Demonstranten wohl wie »V«. Und die Maske soll sie vor dem Geheimdienst von Scientology schützen. Bei ihren monatlichen Protesten versammelten sich bis Mitte 2008 weltweit bis zu 10 000 »V«-Menschen mit Plakaten wie »Scientology Kills« oder »Wir brauchen keine OSA«.

Scientology hat die Demonstranten erst als belanglos, dann als lästig, schließlich als Bedrohung eingestuft – vor allem wegen der Demonstrationen vor ihren wichtigen *Orgs* in Los Angeles, Orlando und Clearwater und selbst vor dem Hauptquartier in Hemet, zu denen einige hundert Menschen kamen. Die Sekte reagierte wie gewohnt, mit Strafanzeigen, Gerichtsklagen und »schwarzer Propaganda«. Es habe Bombendrohungen und Mordaufrufe gegeben, erklärten Scientology-Vertreter. Sie warfen Anonymous »religiöse Bigotterie« vor und behaupteten, dahinter stehe »eine Gruppe kranker, verwirrter Seelen«.[61] Die Deutschland-Sprecherin Sabine Weber stand während der Proteste von Anonymous vor der *Org* und sagte: »Wir leben in einem freien Land, sie können demonstrieren, damit komme ich zurecht. Aber wir wenden uns gegen illegale Methoden, gegen die Vermummung.« Sie stand vor einem Scientology-Plakat mit der Aufschrift: »Respektieren Sie die religiösen Überzeugungen anderer«.

Anonymous ist keine Massenbewegung. Aber Anonymous bringt junge Leute auf die Straße gegen eine Organisation, die viele für faschistoid halten und deren Zensurpolitik sie aus dem Internet fürchten. Durch die Art, wie sie auftreten, machen sie »das Protestieren erstmals seit 1968 wieder sexy«, schrieb die englische *Times*; und die deutsche Polizei drückte sogar die Augen wegen der »Vermummung« zu.[62] Die Hamburger Scientology-Beauftragte Ursula Caberta unterstützt die Proteste der jungen Spaßguerilla. »Das sind junge Leute, die gemerkt haben, was für ein Verein das ist«, sagt sie. Demonstrationen gegen den Sektenkonzern hatte es in Deutschland seit Mitte der 1990er Jahre nicht mehr gegeben. Anonymous hat es geschafft, für seine Demonstrationen gegen Scientology bis zu 10 000 Menschen zu mobilisieren und großes Echo in den Medien zu finden, von der *Washington Post* über den *Economist* bis zur *Süddeutschen Zeitung.*

Ähnlich wie ein Jahrzehnt zuvor die öffentliche Auseinandersetzung über Scientology in Deutschland begannen die Anonymous-Aktionen nun, weltweit in die Scientology-Organisation hineinzuwirken. Bei einer Veranstaltung über Scientology im September 2008 in Hamburg sagte der zwei Jahre zuvor ausgestiegene frühere Medienproduktionschef von Scientology, Marc Headley: »Als ich 1990 im Internationalen Management von Scientology in Hemet angefangen habe, waren dort noch mehr als 1100 Mitarbeiter beschäftigt gewesen. Jetzt sind es vielleicht noch 500. Ich bin davon überzeugt, dass diese Entwicklung absolut repräsentativ ist für die gesamte Organisation. Sie verliert massiv Mitglieder.« Den Hauptgrund für die Verluste sah der amerikanische Opferanwalt Graham Berry in den Aktionen der Anonymous-Aktivisten. »Das ist eine völlig neue Qualität der Kritik. Dadurch haben viele Scientologen zum ersten Mal wahrgenommen, dass es nicht nur einige wenige, sondern ziemlich viele Scientology-Kritiker gibt. Sie fangen an nachzudenken. Noch nie gab es so viele Austritte wie in diesem Jahr.« Maskiert hätten auch ehemalige Scientologen die Möglichkeit, erstmals ohne Angst gegen die Sekte zu protestieren. Graham Berry hielt das Gleichgewicht in der Sekte für schwer gestört. »Je mehr Mitglieder sie verliert, desto gefährlicher wird sie – nach innen und nach außen«, sagte er.

Es rumorte in der *Church of Scientology*. Seit dem Jahr 2008 durchlebt die Milliarden-Dollar-Sekte aus Kalifornien die wahrscheinlich größte Krise ihrer Geschichte. Ihren vorläufigen Höhepunkt erreichte diese im Sommer 2009, als die *St. Petersburg Times* in einer Artikelserie Aussteiger aus dem innersten Führungszirkel von Scientology präsentierte, die schwere Vorwürfe gegen ihren langjährigen Chef David Miscavige erhoben und mit ihren Aussagen die Macho- und Gewaltkultur im Hauptquartier der Organisation bezeugten. Unter der Dachzeile »The Truth Rundown« ließ die Zeitung Schlüsselfiguren aufmarschieren, enge Wegbegleiter des Mannes, der die Sekte seit 27 Jahren führte; die Interviews konnten in voller Länge auch online aufgerufen werden.[63] »Miscavige schlug unsere Köpfe zusammen, bis ich blutete«, berichtete der einstige *OSA*-Chef Mike Rinder, der seit zwei Jahren Autos in Denver (Colorado) verkaufte. Alle Aussteiger erzählten von regelrechten Prügelorgien und Demütigungsritualen im Sektenhauptquartier. Die ehmaligen »Kirchenführer« gaben auch zu, dass sie selbst im Gegenzug andere geschlagen hätten. David Miscavige habe eine interne Gewaltkultur etabliert, die den gesamten Apparat durchziehe. Die staunende Öffentlichkeit erfuhr, dass nicht nur der 100-Prozent-Scientologe Rinder, sondern auch Miscaviges »treuer Leutnant« und Finanzchef Mark Rathbun die »Brücke zur Freiheit« verlassen hatten, sowie Tom De Vocht, der frühere Leiter des »spirituellen Zentrums« *Flag* und Amy Scobee, die langjährige Leiterin des *Celebrity Center* in Los Angeles.

Der 52-jährige frühere Geheimdienstchef Rinder, der als Sprecher von Scientology fast zwanzig Jahre lang das öffentliche »Gesicht« der Sekte und vielen Journalisten in unangenehmer Erinnerung war, erklärte, er sei von Miscavige bis zu fünfzig Mal mit Faustschlägen und Fußtritten malträtiert worden. »Ich war ein Boxsack«, sagte er. Er habe die Schläge hingenommen, wie alle sie hinnahmen, um ihre Loyalität unter Beweis zu stellen. »Ich möchte nicht mehr, dass Menschen weiterhin verletzt, ausgetrickst und belogen werden«, sagte Rinder über seine Motivation, an die Öffentlichkeit zu gehen. »Ich glaube, dass dieser Missbrauch aufhören muss.« Wie Rinder hatte auch der 53-jährige Ex-Finanzchef Rathbun früher oft »offizielle« Interviews gegeben und seinen Chef Miscavige dagegen verteidigt, raue Umgangsformen zu pflegen. Jetzt bestätigte er ebenso standfest, dass es bei Scientology wie bei der Mafia zuging. Er sei nicht nur vom Boss geprügelt worden, sondern habe in seinen 27 Jahren bei Scientology im Auftrag von Miscavige auch andere Mitglieder körperlich misshandelt. »Ich habe Schmutz an den Händen«, sagte der einstige »Generalinspekteur für Ethik«. Rathbuns öffentlicher Auftritt machte klar, warum er seit zwei Jahren nicht mehr in den Propagandabroschüren der Organisation auftauchte – und ließ Spekulationen über die »verschwundenen« früheren Spitzenkader blühen: Waren Mark Yager, Ray Mithoff, Guillaum Lesèvre auch ausgestiegen? Waren sie im Straflager? Oder wurden sie gar gegen ihren Willen in einer »SP Hall« in Gilman Hot Springs festgehalten, wie die Aussteiger Marc Headley und Jason Beghe uns gegenüber behaupteten?[64]

Auch die anderen Aussteiger bezeugten, dass David Miscavige hochrangige Kader wiederholt ohrfeigte, ihre Köpfe gegen Wände schlug, sie würgte oder verprügelte. Sie seien peinlichen »Sicherheitschecks« am Lügendetektor unterzogen worden. Miscavige habe »Gruppenbeichten« befohlen und Führungskräfte zur »Rehabilitation« im Winter in einen See springen lassen, während er sie als »Verräter« beschimpfte, sagte Tom De Vocht. »Die Menschen dort wurden verrückt und gerieten außer Kontrolle. (…) Ich schlug jemand. Jeder wurde geschlagen. Und es wurde geschrien und geschimpft.« Amy Scobee schilderte, wie Miscavige vor ihren Augen Mike Rinder gewürgt habe, bis sich dessen Gesicht hochrot färbte.

Noch nie seit dem Putsch von 1982 hatten derart hochrangige Führungskader gemeinsam solch schwere und gleichlautende Vorwürfe gegen die Organisation erhoben, die immerhin damit wirbt, eine »Welt ohne Krieg, Kriminalität und Geisteskrankheiten« zu schaffen. »Die rechte und die linke Hand des Bosses«, nennt Ursula Caberta die beiden Top-Leute Rinder und Rathbun. Es war offensichtlich, dass sich eine ganze Generation von Ex-Scientologen massiv gegen die Führung wandte. Und es wurden immer mehr. Nach dem Start der Artikelserie verging kaum eine Woche, ohne dass frühere Führungskräfte in den USA mit neuen haarsträubenden Details an die Öffentlichkeit gingen – meist in der *St. Petersburg Times*, aber auch im Fernsehen, etwa der ABC-Reportagesendung

Nightline.[65] Allein in der ersten Augustwoche 2009 meldeten sich elf weitere Scientology-Opfer zu Wort, um die vier Wortführer zu unterstützen und eigene, oft erschütternde Geschichten zu erzählen. Sie zeichneten ein ähnliches Bild – das einer Organisation, die ihre Mitglieder unter extremer Kontrolle hält und sie regelmäßig demütigt.[66] Dann stieg im Oktober 2009 auch der erste prominente Hollywood-Scientologe aus, der bekannte Filmregisseur und Oscar-Preisträger Paul Haggis. Als Grund für seinen Abgang nach 35 Jahren bei Scientology nannte er die diskriminierende Haltung der Sekte gegenüber Homosexuellen. Die Führung habe nichts dagegen unternommen, als sich die *Org* in San Diego für ein Verbot der Homosexuellenehe in Kalifornien stark machte.

Scientology reagierte scharf auf die Vorhaltungen: Es handele sich um »absolute und totale Lügen«. Nichts davon sei wahr. Man diskriminiere keine Schwulen. Miscavige habe niemals einen Angestellten der »Kirche« geschlagen. Er habe im Gegenteil die Überläufer degradiert, als diese gewalttätig wurden. Rathbun dagegen habe seinerzeit innerhalb der »Kirche« eine »Herrschaft des Terrors« errichtet. Die Dissidenten hätten mit ihren Falschaussagen einen Coup vorbereitet, »um selbst die Kontrolle in der Organisation zu übernehmen«.[67]

Mit ihrer Reaktion gestand die Sekte jedoch ein, dass Eruptionen ihr Reich erschütterten. Denn die Vorwürfe der Gewalttätigkeit selbst waren ja im Kern nicht neu. Seit Jahren schon kursierten die entsprechenden Berichte einstiger Topscientologen wie André Tabayoyon, Vicki Aznaran oder Jesse Prince im Internet (siehe Kapitel »Die Nachfolger«). Scientology war es jedoch stets gelungen, diese als Erfindungen von Abweichlern abzukanzeln. Sie schaffte es meist, die Aussteiger mit Schweigegeldern oder endlosen Gerichtsverfahren mundtot zu machen. Jetzt aber drehten ehemalige Spitzenkader auch vor Gericht den Spieß um. Im September 2009 begannen in Los Angeles erste Anhörungen in einem Zivilprozess gegen die Chefs der *Sea Org*. Marc Headley, der 15 Jahre lang neben Miscavige die scientologische Medienproduktion leitete, und andere Kader der mittleren Ebene klagten wegen »unmenschlicher Arbeitsbedingungen« auf Entschädigung. Headley verlangte auch eine Nachzahlung des Arbeitslohns, weil er all die Jahre »für ein Taschengeld« gearbeitet habe. Auch diese Klagen zielten direkt auf den Sektenführer. »Denn in der Scientology-Welt geschieht nichts ohne Befehl von David Miscavige«, sagte uns Marc Headley in Hamburg.[68]

Wie hatte doch der »Vorstandsvorsitzende« 1998 gehöhnt, als ihm Reporter der *St. Petersburg Times* vorhielten, er sei als brutal und gewalttätig bekannt: »Lasst mal die Beweise sehen.« Nun lagen die Beweise auf dem Tisch. Neu war daran, dass die schärfste Kritik von Mitarbeitern kam, die wie Miscavige zur ersten Generation jener gehören, die schon als Kinder Scientologen wurden und nichts anderes kennenlernten als die isolierte Welt der strikt hierarchischen Sekte. Sie wurden von ihren Eltern mit fünf bis 13 Jahren zu Scientology gebracht und dienten mehr als 25 Jahre der Organisation. Die führenden Kritiker waren Scientology-intern so bekannt, dass ihre Aussagen große Unruhe in den weltweiten Filialen auslösten.

Rathbun, Rinder, De Vocht und Scobee kennen so gut wie jedes Geheimnis der Organisation. Mike Rinder war für die Diffamierungskampagnen gegen Scientology-Kritiker wie Norbert Blüm, Günter Beckstein und Ursula Caberta verantwortlich. Er war es, der Caberta im US-Fernsehen als »neuen Goebbels« bezeichnete und der die Terrorkampagnen gegen sie in Deutschland und den USA organisierte. Die Öffentlichkeit habe er damals ungeniert belogen, um seine »Kirche« zu schützen, sagte er nun. Rathbun räumte ein, er selbst habe im Fall der in Isolierhaft gestorbenen Lisa McPherson angeordnet, Beweismaterial zu vernichten. Ebenso interessant war aber, worüber die vier *nicht* auspackten: Wie sich Rinder und Rathbun mit Miscavige 1982 an die Scientology-Spitze putschten und dann aus dem Sektiererverein einen militärisch durchorganisierten Psychokonzern formten. Wie Amy Scobee die Hollywood-Elite im *Celebrity Center* an sich band und was die Sekte gegen die Celebrities in der Hand hat. Wie De Vocht die scientologische »Übernahme« von Clearwater mitorganisierte. Und vor allem: Wie Marty Rathbun zusammen mit David Miscavige 1993 die Steuerbefreiung der Sekte in den USA gegen den *Internal Revenue Service* durchsetzte. Immerhin: Nach den Enthüllungen habe das FBI erstmals wieder Ermittlungen gegen Scientology eingeleitet, teilte der Opferanwalt Graham Berry aus Los Angeles mit.

Doch je stärker eine Sekte unter Druck gerät, desto unberechenbarer wird sie auch. Eine extreme Radikalisierung ist ebenso denkbar wie eine Auflösung der Organisation und ihr Neubeginn in kleinen Zirkeln – oder eine Palastrevolution, wie sie Rinder, Rathbun und De Vocht möglicherweise von außen anzuzetteln versuchen. Wer bekommt dann die Tausenden *Ethik*-Akten in die Hand? Wer sichert sich das geheime Herrschaftswissen von Scientology? Ursula Caberta spricht zwar seit dem Sommer 2009 vom »final countdown«, der nun angebrochen sei. Nur weiß keiner, wo der Countdown begonnen hat, wie lange er läuft und was danach kommt. Aber Caberta ist sich sicher: »Das Ende von Scientology war noch nie so nah wie jetzt.«

Auf jeden Fall ist, um Scientology zu bekämpfen, der globale Ansatz von Anonymus der richtige. Denn die mächtige Psychoholding operiert international und wird nicht regional zu besiegen sein. Die Vergangenheit hat gezeigt, dass in dieser Sache noch jede deutsche oder französische Regierung dem Druck aus den Vereinigten Staaten von Amerika nachgegeben hat. Scientology wird wohl nur dann verschwinden, wenn die Europäer eine gemeinsame Antwort finden auf die menschenverachtende Psychoideologie und das unverhüllte Machtstreben dieser totalitären Organisation, der die Grund- und Menschenrechte, wie sie in Europa gelten, vollkommen fremd sind. Dafür gilt es, die vorhandenen Ansätze und Erfahrungen aus den einzelnen Ländern zusammenzuführen – das französische Sektengesetz, die belgischen Erkenntnisse aus dem Prozess um die Bildung einer kriminellen Vereinigung, die Ergebnisse der Beobachtung durch den deutschen Verfassungsschutz. Das Wissen ist da, Konzepte gibt es auch. Die europäischen Innenminister haben die historische Chance, zu einer rechtsstaatlichen Lösung zu kommen. Scientology führt erklärtermaßen »Krieg gegen Europa«. Die Europäische Union sollte die Herausforderung annehmen.

Anhang

Was tun bei Berührung mit Scientology

Ein Rechtsratgeber von Prof. Ralf Bernd Abel

Werbung

Wer mit Scientology irgendwie in Kontakt geraten ist, z. B. durch den Kauf eines Dianetik-Buches, durch Straßenwerbung oder vielleicht auch durch Bekannte oder Arbeitskollegen, muss damit rechnen, anschließend massiv mit Werbung überschüttet und mit Anrufen belästigt oder sogar bedrängt zu werden. Hiergegen gibt es rechtliche Handhaben:

Die Rechtsprechung hat zum Schutze vor unverlangter Werbung einen sogenannten Unterlassungsanspruch anerkannt. Dieser setzt zunächst voraus, dass Scientology unmissverständlich zur Unterlassung aufgefordert wird, und zwar nicht irgendeine der vielen Scientology-Filialen, sondern diejenige, von der die Belästigung tatsächlich ausgeht. Daher wendet man sich an die Organisation, die als Quelle der Werbesendungen und/oder Anrufe erkennbar ist, in der Regel die örtliche Niederlassung.

Die Abmahnung muss unmissverständlich sein, und sie sollte auch die Mitteilung enthalten, dass man notfalls gerichtliche Schritte einleitet.

Ein Muster für ein solches Schreiben könnte beispielsweise so aussehen:»Sehr geehrte Damen und Herren, in den letzten Tagen und Wochen habe ich von Ihnen eine Vielzahl von Werbesendungen erhalten. Ferner wurde ich von Ihren Mitarbeitern … am … mehrfach unverlangt angerufen.

Ich erkläre hiermit ausdrücklich, dass ich an Ihrem Material und an Ihren Angeboten nicht interessiert bin. Ich fordere Sie daher auf, ab sofort Zusendungen und Anrufe einzustellen und Ihre Mitarbeiter entsprechend anzuweisen. Ferner widerspreche ich der Nutzung und Übermittlung meines Namens, meiner Anschrift und der etwa sonst über mich bei Ihnen gespeicherten personenbezogenen Daten (§ 28 Abs. 3 BDSG). Sollten Sie dieses Verbot nicht beachten, werde ich gerichtliche Hilfe in Anspruch nehmen und im Übrigen die zuständige Datenschutzaufsichtsbehörde einschalten.«

Da der Zugang einer Abmahnung bewiesen werden muss, empfiehlt es sich, diese per Telefax und/oder per Einschreiben mit Rückschein zu übersenden. Wer nicht über ein Telefax-Gerät verfügt, kann auch von allen Postämtern einen sogenannten Telebrief übermitteln.

Wird auf die Aufforderung nicht oder nur unzureichend reagiert und gehen die Belästigungen weiter, besteht dann die Möglichkeit einer Unterlassungsklage, die beim zuständigen Gericht eingereicht werden muss. Meist ist es das Landgericht des Ortes, an dem die jeweilige Scientology-Niederlassung ihren Sitz hat. Vor dem Landgericht herrscht Anwaltszwang, das heißt: es ist die Vertretung durch einen Rechtsanwalt vorgeschrieben, der dann die näheren verfahrensrechtlichen Einzelheiten klärt und auch prüft, ob eine entsprechende Rechtsschutzversicherung besteht und die Deckung übernimmt. Im Falle der sog. Kostenarmut, also bei geringeren Einkommen, kann auch Prozesskostenhilfe für eine Klage beantragt werden, so dass die Gerichtskosten und die Kosten des eigenen Prozesses abgedeckt werden.

Die Klage muss sorgfältig begründet werden. Es muss vor allem Folgendes dargelegt und bewiesen werden:

– Wer hat wann mit welchem Inhalt angerufen?
– Woran war erkenntlich, dass der Anrufer/die Anruferin Scientologe war?

Es empfiehlt sich, Werbematerial zu sammeln bzw. eine Liste über alle Telefonanrufe anzulegen und sich auch Zeugen zu notieren, notfalls auch solche Zeugen, denen man von der Belästigung erzählt hat. Erforderlich sind möglichst genaue Angaben, unter denen sich das Gericht etwas Konkretes vorstellen kann, um einer Unterlassungsklage zum Erfolg zu verhelfen. Nicht ausreichend sind dagegen nur allgemeine Behauptungen der Art, es hätten irgendwann »Anrufe« stattgefunden. Dies wäre für die Gerichte, die ja nicht dabei gewesen sind, zu allgemein, denn: Die Betroffenen, also die Scientology-Niederlassung oder deren Mitarbeiter, werden natürlich alles abstreiten oder sogar behaupten, um Anrufe oder Werbung gebeten worden zu sein. Deshalb ist eine gute Beweisführung, z. B. anhand von Aufzeichnungen, eine wichtige Grundlage für den Erfolg. Kann man Art und Umfang der Belästigung belegen, werden die Gerichte mit hoher Wahrscheinlichkeit entsprechende Verbote aussprechen.

Partnerschaft

Schwierig ist es, wenn sich herausstellt, dass ein Ehe- oder Lebenspartner Kontakt mit Scientology aufgenommen hat und/oder Kurse besucht. Der erste Impuls wird sein, den Partner davon abzubringen und mit ihm/ihr darüber zu diskutieren. Das ist sicherlich nicht falsch, wobei man sich aber darüber im Klaren sein muss, dass manches neue Opfer zwar von der Sache begeistert ist, aber den Grad der Beeinflussung entweder abstreitet oder herunterzuspielen versucht. Man darf sich nicht über das Ausmaß der tatsächlichen Verstrickung täuschen lassen.

Unabhängig davon ist es zweckmäßig und oft sogar unumgänglich, sofort die eigenen Interessen zu schützen. Der »Ehren«kodex der Scientologen erlaubt nämlich einem SC-Anhänger, anderen »in einer gerechten Sache« (womit Scientology gemeint ist) wehzutun, also zu schaden.

Gemeinsames Vermögen

In erster Linie sind das gemeinschaftliche Eigentum und die Geldmittel auf den gemeinsamen Konten gefährdet. Scientologen benötigen viel Geld. Im Auditing werden alte und neue Mitglieder genauestens auch über ihre finanziellen Verhältnisse ausgefragt. Die meisten sind dieser Psychotechnik nicht gewachsen, geben Auskunft und laufen Gefahr, dass Scientologen ihn/sie dazu bewegen, dieses Geld für Kurse zu verwenden. Es besteht also für den nichtscientologischen Partner die Gefahr, dass gemeinsames Geld zu Scientology fließt. Wenn der Partner rechtzeitig zur Besinnung kommt, können schon große Summen verbraucht sein.

Kommt es hingegen später wegen Scientology zu einer Trennung oder Scheidung, kann nur noch das verteilt werden, was vorhanden ist. Vorher verausgabte oder verschwendete Gelder sind verloren. Es gibt durchweg keine Rückzahlungsansprüche gegen den Partner, und selbst wenn, würden sich solche Ansprüche kaum noch durchsetzen lassen: Wo nichts ist, hat der Kaiser sein Recht verloren.

Man kann sich vor solchen Verlusten dadurch schützen, dass man sofort Konten sperren lässt bzw. getrennte Konten einrichtet. Auch sonst sollte man dafür sorgen, dass der Partner, der mit Scientology zu tun hat, nicht selbständig Wertsachen oder wertvolle Objekte veräußern kann.

Unterhalt

Erhebt der Partner, der im Banne von Scientology steht, Unterhaltsansprüche, muss auf den scientologischen Hintergrund deutlich hingewiesen werden. Normalerweise hat ein geschiedener Partner, der selbst nicht über ausreichendes oder gleichartiges Einkommen verfügt, einen Anspruch auf Getrenntlebens- und später auf Geschiedenenunterhalt. Erzielt der unterhaltsberechtigte Partner nur deshalb kein eigenes Einkommen, weil er seine Zeit und Energie Scientology opfert, muss dies dem Gericht verdeutlicht werden, weil die Abhängigkeit von einem Psychokult nicht mittelbar über den Unterhalt finanziert zu werden braucht. Der unterhaltsberechtigte Teil muss sich dann ein fiktives Einkommen in Höhe des überlicherweise erzielbaren oder früher erzielten Einkommens anrechnen lassen, wodurch sich der Unterhaltsanspruch schmälert oder sogar auf Null reduziert.

Sorgerecht

Bei einer Auseinandersetzung über das Sorgerecht für gemeinsame Kinder muss man damit rechnen, dass der scientologische Teil (wenn er/sie das Sorgerecht für die Kinder haben möchte, was nicht immer gesagt ist) sich auf die Behauptung zurückzieht, dass seine/ihre angebliche »Religion« nicht zum Gegenstand des gerichtlichen Verfahrens gemacht werden dürfte. Dieses Argument ist für viele Familienrichter zunächst einleuchtend. Es lässt sich allerdings durch zwei Gesichtspunkte entkräften:

1. Wurden die Kinder bisher in einem bestimmten Glauben erzogen, würde eine Beeinflussung durch den scientologischen Elternteil nach dessen eigener Behauptung, wonach Scientology eine »Religion« sei, einen Glaubenswechsel bedeuten. Ein Glaubenswechsel kann jedoch nicht einseitig von einem Elternteil erzwungen oder herbeigeführt werden. Dies wird einerseits durch das Gesetz über die religiöse Kindererziehung (Rel-KErzG) geregelt und ist auch sonst ein anerkannter Rechtsgrundsatz. Kinder sind mit 14 Jahren ohnehin religionsmündig, so dass auch der Wille des Kindes grundsätzlich bei den Familiengerichten Berücksichtigung findet.

2. Noch gewichtiger ist der Einwand, dass ein Kind, wenn es beim scientologischen Elternteil verbleibt, durch die Anwendung der scientologischen Methoden körperlichen und vor allem seelischen Schaden nimmt. Diese Behauptung muss jedoch zur Überzeugung des Gerichts bewiesen werden. Dazu ist mindestens ein fachpsychologisches Gutachten erforderlich, das auch den scientologischen Hintergrund aufgreift und angemessen berücksichtigt. Einziger Beurteilungsmaßstab ist das Kindeswohl. Die Meinung und Haltung der Eltern spielen grundsätzlich keine Rolle, es sei denn, dass sie Einfluss auf das Kindeswohl haben.

Umgangsrecht

Ein nicht sorgeberechtigter Elternteil hat grundsätzlich ein Umgangsrecht mit seinem Kind. Ist der umgangsberechtigte Elternteil Scientologe, ergibt sich häufig die Befürchtung, dass er/sie versuchen könnte, das Kind in Richtung auf Scientology zu beeinflussen. Die bloße Behauptung, dies könnte so sein, reicht vor Gericht allerdings nicht aus, um das Umgangsrecht einzuschränken. Vielmehr müssen im Einzelfall schwerwiegende Gründe vorgebracht und belegt werden, die den Verdacht rechtfertigen, dass das Umgangsrecht in Wirklichkeit zur Indoktrination benutzt werden soll. Das wäre beispielsweise dann der Fall, wenn der scientologische Elternteil gezielt versuchen würde, scientologische Techniken anzuwenden und das Kind mit zu scientologischen Kursen etc. zu nehmen.

Unter Umständen ist es empfehlenswert, dass sich die Eltern über die näheren Modalitäten des Umgangsrechts vergleichen. Ein solcher Vergleich könnte beispielsweise das Verbot enthalten, mit dem Kind scientologische Einrichtungen zu besuchen oder es in bestimmter Weise zu indoktrinieren, etwa durch Bücher, Kassetten oder dergleichen. Hält sich der scientologische Elternteil nicht an einen solchen Vergleich, setzt er sich damit ins Unrecht, was dann wiederum die Einschränkung oder sogar den Ausschluss des Umgangsrechts für einen gewissen Zeitraum rechtfertigen kann. Auf jeden Fall sollte in Zweifelsfällen das Kind einem Psychologen vorgestellt werden, damit eventuelle Verhaltensauffälligkeiten, Fehlentwicklungen oder beginnende Schädigungen rechtzeitig erkannt und längerfristig beobachtet werden können. Dies kann z. B. wichtig sein, wenn sich familienrechtliche Auseinandersetzungen über Jahre hinziehen und das Gericht verlangt, den Einfluss scientologischer Psychotechniken nachzuweisen.

Einflussnahme auf Kinder

Kommen Kinder mit Scientology in Berührung, haben Eltern nur bis zur Vollendung des 18. Lebensjahres Einflussmöglichkeiten. Bis dahin können die Eltern notfalls den Umgang mit Scientologen bzw. mit Scientology verbieten. Eine andere Frage ist, inwieweit sich ein solches Verbot durchsetzen lässt. Dies wird kurz vor Vollendung der Volljährigkeit schwierig sein.

Vermögensnachfolge

In Fällen, in denen Partner oder Kinder unter den Einfluss von Scientology geraten, kann es auch erforderlich werden, sich über ein etwaiges Erbrecht Gedanken zu machen. Man muss sich beispielsweise überlegen, wer unter welchen Voraussetzungen was erbt und ob dies wünschenswert ist. Gerät beispielsweise ein Ehepartner einer kinderlosen Ehe unter den Einfluss von Scientology, würde dieser, wenn dem nichtscientologischen Partner etwas zustößt, durchweg die Hälfte des Vermögens erben. Möglicherweise sind Kinder bereits testamentarisch bedacht oder ihnen würde im Erbfall ein sog. Pflichtteil zustehen. Das kann vor allem dann zu großen Auseinandersetzungen führen, wenn wertvolle Immobilien oder Geschäftsanteile zum Nachlass gehören.

Sind diese Folgen unerwünscht, müssen sie rechtzeitig durch Änderung oder Errichtung eines Testaments vermieden werden. Eine Möglichkeit hierzu ist die Enterbung. Allerdings: Auch dann, wenn ein scientologischer Angehöriger nicht Erbe wird, können ihm/ihr sogenannte Pflichtteilsansprüche zustehen, die die Hälfte des gesetzlichen Erbteils betragen. Auch dieser Pflichtteil kann entzogen werden. Dies ist jedoch nur unter sehr eingeschränkten, engen Voraussetzungen möglich, z. B. bei Verschwendungssucht. Ob die horrenden Geldausgaben für scientologische Zwecke unter diese Vorschriften fallen, ist bis heute nicht höchstrichterlich entschieden. Wegen der damit verbundenen rechtlichen Risiken bedarf es daher einer eingehenden Beratung in jedem Einzelfall.

Stellt sich die Sachlage so dar, dass scientologisch orientierte Familienangehörige Geschäftsanteile erben, z. B. bei Familienbetrieben, kann diese Konstellation dazu führen, dass ein scientologisch beeinflusster Miterbe entweder versucht, seinen immensen Geldbedarf durch hohe Entnahmen oder durch den Wunsch nach einer hohen Auszahlung zu decken, was die anderen Miterben in finanzielle Schwierigkeiten bringen kann. Oder der Scientologe versucht, in den Betrieb mit dem Ziel hineinzuregieren, dort für Scientology zu werben und die Hubbardschen Managementvorschriften einzuführen. Bei derartigen Gefährdungen muss rechtzeitig vorgebeugt werden, beispielsweise durch die Änderung der Gesellschaftsverträge, sodass scientologische Miterben von vornherein allenfalls einen Auszahlungsanspruch haben, aber von der Geschäftsführung ausgeschlossen bleiben.

Schulden

Aussteiger sind häufig verschuldet. Hier bieten sich folgende Wege an, um von den Schulden herunterzukommen:

Zunächst sollte versucht werden, soviel wie möglich von den eingezahlten Geldern zurückzuerhalten. Scientology neigt dazu, sich hohe Vorauszahlungen geben zu lassen. Die Beträge, die noch nicht »verbraucht« sind, können daher auf jeden Fall sofort zurückgefordert werden. Voraussetzung dafür ist, diese Beträge zu ermitteln und fällig zu stellen, d.h., es muss eine nachvollziehbare Berechnung aufgemacht werden, verbunden mit der Forderung, diesen Betrag umgehend zurückzuzahlen, am besten gleich unter Angabe einer Frist.

Es entspricht der Erfahrung, dass die zuständigen Scientologen häufig versuchen zu »schieben«, erst Zusagen zu machen, die dann aber nicht eingehalten werden, um dadurch Zeit für erneute Beeinflussungsversuche zu gewinnen. Mündliche Zusagen sind im Streitfall wenig wert. Richtiger ist es daher, sofort auf verbindliche schriftliche Zusagen zu pochen und feste Zahlungstermine zu vereinbaren. Werden diese dann nicht eingehalten, kann auf Rückzahlung geklagt werden.

In vielen Fällen wird der Anspruchsberechtigte allerdings kaum über die notwendigen Geldmittel verfügen. Hier gibt es die Möglichkeit, Prozesskostenhilfe zu beantragen (früheres »Armenrecht«). Wird Prozesskostenhilfe gewährt, trägt die Staatskasse die Gerichtskosten und die Anwaltskosten des Anspruchsstellers. Nicht getragen werden allerdings im Unterliegensfalle die Kosten der Gegenseite, also von Scientology. Aus diesem Grunde bedarf es einer sorgfältigen Risikoabschätzung im Vorfeld. Zur Risikominimierung kann man aber auch so vorgehen, dass zunächst nur ein Antrag auf Prozesskostenhilfe für eine Klage gestellt wird. Das Gericht überprüft dann die beiden Voraussetzungen für die Gewährung von Prozesskostenhilfe, nämlich einerseits die Kostenarmut und andererseits die Erfolgsaussichten der Klage. Kommt das Gericht zu dem Ergebnis, dass hinreichende Erfolgsaussichten bestehen, wird Prozesskostenhilfe gewährt, woraufhin dann mit einer guten Erfolgsaussicht die eigentliche Klage anhängig gemacht werden kann. Kommt das Gericht hingegen zu dem Ergebnis, dass eine Klage wenig oder nicht erfolgversprechend ist, fallen bis dahin keine bzw. keine nennenswerten Kosten an, denn: Auch wenn Scientology sich dabei durch Anwälte vertreten lässt und sich äußert, müssen deren Kosten im reinen Prozesskostenhilfe-Verfahren auch dann nicht erstattet werden, wenn der Antragsteller abschlägig beschieden wird.

Der Anspruchsteller hat aber damit zu geringen Kosten eine begründete Entscheidung des Gerichts in der Hand, in der sich nachlesen lässt, dass und warum nach Meinung des Gerichts die geplante Klage keinen Erfolg verspricht. Gegebenenfalls lässt sich dann »nachbessern«, da der ablehnende Beschluss des Gerichts gegebenenfalls durch Gegenvorstellungen oder durch Beschwerde anfechtbar ist.

Gewährt das Gericht hingegen die beantragte Prozesskostenhilfe, lässt sich daraus die Erfolgsaussicht schließen (allerdings nie zu 100 Prozent).

Auf diese Weise lässt sich sehr kostengünstig eine Meinungsbildung des Gerichts über die Chancen einer Rückzahlungsklage herbeiführen.

Der Erfolg einer Rückzahlungsklage hängt ebenfalls ganz wesentlich von der Beweisführung ab. Vor allem muss belegbar sein, welche Beträge wann eingezahlt worden sind. Wenn Beträge nicht »verbraucht« sind, steht einer Rückforderung nichts im Wege. Dabei sollte auch an die Zinsen gedacht werden, die in der tatsächlich entstandenen Höhe von Scientology erstattet werden müssen, jedenfalls ab dem Zeitpunkt der ersten Aufforderung zur Rückzahlung.

Auf diese Weise lassen sich oft zumindest ein Teil der bei Scientology eingezahlten Gelder zurückerhalten und damit entstandene Schulden tilgen. Gelingt dies nicht oder nur teilweise, wäre als nächstes zu überprüfen, ob es weiterhilft, mit der Bank zu sprechen und ein Moratorium anzustreben. In diesem Zusammenhang kann es eine Rolle spielen, unter welchen Umständen beispielsweise Bankkredite gewährt worden sind. In manchen Fällen haben Scientologen für das Darlehen gebürgt. Sie können dann von der Bank wegen der Bürgschaft in Anspruch genommen werden.

Manchmal kann es auch von Nutzen sein, die näheren Umstände der Kredithingabe aufzuklären. Es sind Fälle bekannt, in denen die Kreditsachbearbeiter der Bank, sei es bewusst oder fahrlässig, gegen die internen Vergaberegeln verstoßen haben. Wenn die Bank aber bei Beachtung der allgemeinen Grundsätze die Kredite nicht hätte gewähren dürfen, könnte daran ein Rückzahlungsanspruch der Bank scheitern.

In einer Reihe von Fällen werden aber auch private Darlehen von Scientologen an andere Scientologen gegeben. Daher kann es passieren, dass solche privaten Darlehensgeber später auf die Aussteiger zukommen und von ihnen Rückzahlung verlangen. Dem kann mit Hinweis auf die Sittenwidrigkeit des Gesamtgeschäfts entgegengetreten werden, wobei aber der scientologische Zusammenhang bewiesen werden muss.

Arbeitsumfeld

Stellt sich am Arbeitsplatz heraus, dass Arbeitskollegen Scientologen sind und zu werben versuchen, ist es angezeigt, die Vorgesetzten und den Betriebsrat zu informieren und sich sofort gegen die Werbungsversuche zu verwahren. Dabei lässt sich leicht feststellen, ob möglicherweise auch in höheren Positionen Scientologen sitzen. Hier kann es sinnvoll sein, die Öffentlichkeit oder zunächst die Betriebsöffentlichkeit zu suchen. Anderenfalls besteht die Gefahr, dass die Scientologen versuchen werden, sich des Nichtscientologen so schnell wie möglich zu entledigen, und zwar in arbeitsrechtlich unanfechtbarer Weise. Dies kann etwa dadurch geschehen, dass der Betrieb vorschreibt, bestimmte Fortbildungsmaßnahmen mitzumachen, die von scientologischen Firmen durchgeführt werden. Wer nicht mitmachen will, wird als qualifikationsunwillig dargestellt. In solchen Fällen muss rasch und nachdrücklich gehandelt werden. Abwarten hat erfahrungsgemäß wenig Sinn, sondern führt nur zu einer Verschärfung der Situation, die in der Regel zu Lasten des Nichtscientologen geht, wenn er allein gegen das betriebsinterne scientologische Kartell steht.

Kündigt der Betrieb wegen angeblich mangelnder Qualifikation, hat der Arbeitnehmer die Möglichkeit einer Kündigungsschutzklage, in der dann auch der scientologische Hintergrund zur Sprache kommen kann und muss. Eine solche Kündigungsschutzklage kann vor allem dann erfolgreich sein, wenn der Arbeitgeber den Betroffenen versucht hat zu zwingen, scientologische Kurse zu belegen und sich dadurch mit diesem Gedankengut vertraut zu machen. Es ist grundsätzlich unstatthaft und unzulässig, einen Arbeitnehmer mit Hilfe des Arbeitsverhältnisses »missionieren« zu wollen.

Ebenso unzulässig ist die Anlage und Führung von »Ethik«-Akten, da es sich um verbotene Personalnebenakten handelt. Informationen aus solchen unzulässigen Nebenakten dürfen nicht verwertet werden. Hier muss sich der Arbeitnehmer zunächst an den Betriebsrat und/oder an die zuständige Gewerkschaft wenden. Bleiben diese Schritte aus welchen Gründen auch immer erfolglos, wäre ein Gang an die Öffentlichkeit nicht zu beanstanden, wenn es sich um schwerwiegende Rechtsverletzungen handelt.

Jeder Arbeitnehmer hat Anspruch darauf, Einblick in seine Personalakten zu erhalten und zu erfahren, was über ihn in sämtlichen Personalakten niedergeschrieben ist. Der Arbeitgeber hat kein Recht, diesen Einblick zu verweigern. Der Arbeitnehmer kann auf diese Weise überprüfen, ob nur die zulässigen oder möglicherweise auch unzulässige Angaben in den Personalakten enthalten sind. Unzulässig sind grundsätzlich alle Angaben, die nicht zur Abwicklung des Arbeitsverhältnisses zwingend erforderlich sind. Auf keinen Fall gespeichert werden dürfen Informationen über die Persönlichkeit (»Persönlichkeitsprofile«) und politische, weltanschauliche oder sonstige persönliche Einstellungen (einschließlich einer negativen Einstellung gegenüber Scientology). Der Arbeitnehmer hat die Möglichkeit, die sofortige Löschung zu verlangen und, um dies zu überprüfen, die jeweils zuständige Aufsichtsbehörde für den Datenschutz einzuschalten.

Etwas anders ist der Fall dann gelagert, wenn jemand, z. B. als Handwerker, Unternehmer oder Freiberufler, ein Seminar besucht und feststellt, dass der Träger Scientologe ist und/oder das Seminar scientologische Inhalte zu vermitteln versucht. In einem solchen Falle kann sofort gekündigt und vorsorglich vom Vertrage wegen arglistiger Täuschung zurückgetreten werden. Es wäre allerdings nicht richtig, an dieser Stelle mit Ausflüchten zu arbeiten und irgendwelche unverfänglichen Gründe vorzuschieben, wie es öfter vorzukommen scheint. Im Streitfall neigen Gerichte nicht dazu, solche Gründe für ausreichend zu halten. Es ist daher richtig, ohne Umschweife die Kündigung des Vertrages und dessen Anfechtung auf arglistige Täuschung zu stützen, die darin liegt, dass vorher nicht darüber aufgeklärt worden ist, dass die Firma keine neutralen, sondern scientologische Inhalte vermittelt. Nur dann besteht ein Kündigungsrecht. Kursmaterialien und Mitschriften sollten für einen eventuellen späteren Prozess aufbewahrt werden.

Arbeit für Scientology

Hat ein Aussteiger zuvor für Scientology Arbeits- oder Dienstleistungen erbracht, kann er/sie eine tarifmäßige Vergütung für die dort geleisteten Arbeiten beanspruchen. Dies setzt voraus, dass die Tätigkeit erbracht worden ist, um wirtschaftliche Gewinne zu erzielen, und dass sie nach Art und Ausmaß als Angestelltentätigkeit zu qualifizieren ist. Auch hier kann es ratsam sein, zunächst die Meinung des jeweiligen Gerichts durch einen Prozesskostenhilfeantrag zu testen, da Scientology sich immer wieder auf die Behauptung zurückzieht, es handele sich um kostenlose Hilfsleistungen für eine »Kirche«. Rechtskräftige Grundsatzurteile gibt es zu dieser Frage bislang noch nicht, so dass im Hinblick auf die möglichen Kosten zu vorsichtigem Vorgehen zu raten ist, eventuell durch Erhebung einer Teilklage. Allerdings sind hierbei auch die arbeitsrechtlichen Ausschlussfristen zu beachten, die in der Regel zwischen acht Wochen und acht Monaten liegen.

Abkürzungsverzeichnis

ABI	Aktion Bildungsinformation
ABLE	Association for Better Living and Education
AMK	Akademie für Management und Kommunikation
ASI	Author Services Inc.
CAN	Cult Awareness Network
CCHR	Citizens Commission on Human Rights
CIA	Central Intelligence Agency
CMO	Commodore's Messenger Org
CSI	Church of Scientology International
CSIS	Canadian Security Intelligence Service
DEA	Drug Enforcement Administration (US Justizministerium)
DIA	Defense Intelligence Agency (US-Verteidigungsministerium)
DSA	Department of Special Affairs
EBI	Eltern- und Betroffeneninitiative
FBI	Federal Bureau of Investigations
FDA	Food and Drug Administration (US-Arzneimittelbehörde)
FDNY	Fire Department of New York
Flag	Flag Land Base (in Clearwater, Florida)
GO	Guardian's Office (scientologischer Geheimdienst)
HASI	Hubbard Association of Scientologists International
HCOPL	Hubbard Communication Office Policy Letter
IAS	International Association of Scientologists
IRS	Internal Revenue Service (US-Steuerbehörde)
LRH	Lafayette Ronald Hubbard
MILS	Mission Interministerielle de Lutte contre les Sectes (Interministerielle Kampagne zum Kampf gegen Sekten)
NSA	National Security Agency
OSA	Office of Special Affairs (scientologischer Geheimdienst)
PTS	Potential Trouble Source (potentielle Unruhestifter)

RPF	Rehabilitation Project Force (Straflager)
RTC	Religious Technology Center
SP	Suppressive Person
VEM	Verband Engagierter Manager
VIP	Very important person
WISE	World Institute of Scientology Enterprises

Literatur

Abel, Jonathan: Farley, Robert: Scourge of Scientology Dies in Apparent Suicide. In: St Petersburg Times vom 19. 2. 2008.

Anonymus: Entkommen. Eine Ex-Scientologin erzählt. Reinbek 1993.

Armstrong, Gerry: Scientology, the Last Laugh. In: Bulles 1/2007.

Atack, Jon: A Piece of Blue Sky. Scientology, Dianetics and L. Ron Hubbard Exposed. New York 1990.

Atack, Jon: Religion or Intelligence Agency? Vortrag auf der Tagung des Dialog Centers International, Berlin, Okt. 1995.

Atack, Jon: The Hubbard Intelligence Agency. Manuskript von 1995.

Aznaran, Vicki: Eidesstattliche Erklärung vom 27. 1. 1992 und 4. 4. 1994.

Barreau, Julie: Bruxelles – Nouveau centre européen de la Scientologie. In: Le Soir vom 17. 5. 2006.

Bart, Peter; Defenders of the Faith Should Stand at Ease. In: Variety vom 28. 6. 1999.

Basler, Peter: Die machen dich fertig. In: doppelstab (Basel) vom 3. 8. 1989.

Bayerisches Staatsministerium des Innern: Scientology – eine verfassungsfeindliche Bestrebung. München 1998.

Bayerisches Staatsministerium des Innern: Das System Scientology. München 2003.

Behar, Richard: Scientology ein gefährlicher Kult. In: Das Beste aus Reader's Digest 10/1991.

Behar, Richard: The Prophet and Profits of Scientology. In: Forbes vom. 27. 10. 1986.

Behar, Richard: The Thriving Cult of Greed and Power. In: Time Magazin vom 6. 5. 1991.

Bezirksamt Tempelhof von Berlin: The Command Channels of Scientology – Die Befehlsstrukturen von Scientology. Berlin 1992.

Billerbeck, Liane v.; Nordhausen, Frank: Der Sekten-Konzern. Scientology auf dem Vormarsch. Berlin 1993.

Billerbeck, Liane v.; Nordhausen, Frank: Ihr Gott heißt Geld. In: Stern 7/1996.

Birnstein, Uwe: Power, Clear-Sein und Thetanen. Was Scientology so anziehend macht. NDR 3 vom 4. 6. 1993.

Bloch, Werner: Ein peinlicher Auftritt in Berlin. In: Süddeutsche Zeitung vom 23. 1. 1999.

Bork, Henrik: Dianetik für die FDP. In: Die Zeit 15/1991.

Boshoff, Alison: Nicole is Determined to Beat Tom up the Aisle. In: The Daily Mail vom 18. 5. 2006.

Botros, Mona; Koch, Egmont R.: Gesucht wird … Die dunkle Seite von Scientology. ARD-Sendung vorn 2. 4. 1997.

Brockmann, Ina; Reichelt, Peter: Verschwunden im Happy Valley? Die Besserungsanstalten der Scientologen. SWR-Sendung vom 25. 2. 1999.

Burden, Tonya: Eidesstattliche Erklärung. In: Aktion Bildungsinformation e. V. (Hg.): Eidesstattliche Erklärungen. Stuttgart 1980, S. 77 ff.

Caberta, Ursula: Schwarzbuch Scientology. München 2007.

Cagle, Jess: About Tom. In: Time vom 24. 6. 2002.

Cempa, Joe: Petrolia's New Neighbors. In: North Coast Journal vom Juni 1991.

Christ, Angelika; Goldner, Steven: Scientology im Management. Düsseldorf 1996.

Church of Scientology International: Scientology Kirche. Aktive Hilfe für die Gesellschaft. o. O.1992.

Collignon, Pierre: Inside RPF Denmark. Vierteilige Serie in: Jyllands-Posten ab 14. 1. 2001. Conway, Flo; Siegelman, Jim: Snapping. America's Epidemic of Sudden Personality Change. New York 1978.

Corydon, Bent; Hubbard jr., L. Ron: L. Ron Hubbard. Messiah or Madman? New Jersey 1987.

CSIS (Hg.): Doomsday Religious Movements. Ottawa 1999.

Dahl, David: Scientology's Influence Grows in Washington. In: St. Petersburg Times vom 29. 3. 1998.

Deutscher Bundestag, 13. Wahlperiode, Drucksache 13/10950 vom 9. 6. 1998: Endbericht der Enquetekommission Sogenannte Sekten und Psychogruppen«.

Donila, Mike; Farley, Robert: For the Disadvantaged and against Scientology In: St. Petersburg Times vom 30. 9. 2006.

Drobinski, Matthias: »Fairneß bedeutet Stärke«. In: Süddeutsche Zeitung vom 21. 3. 1998.

Eimuth, Kurt-Helmuth: Die Sekten-Kinder. Freiburg i. Br. 1996.

Evans, Christopher: Kulte des Irrationalen. Reinbek bei Hamburg 1979.

Falksohn, Rüdiger: »Die wollen den totalitären Staat.« Interview mit dem Scientology-Aussteiger Gunther Träger über die Methoden der Sekte. In: Der Spiegel 10/1993.

Faltin, Cornel: Ich heiße Arnie Lerma und bin ein Opfer von Scientology. In: Berliner Morgenpost vom 20. 3. 1997.

Faltin, Cornel: Mit gesenkten Häuptern schleichen die Scientologen aus dem Capitol. In: Berliner Morgenpost vom 11. 11. 1997.

Farley, Robert: Scientology's Town. In: St. Petersburg Times vom 18,7,2004.

Flocken, Jan von: Treibjagd auf die Thetanen. In: Focus vom 19. 8. 1996.

Fouchereau, Bruno: USA und Scientology – Im Namen der Freiheit. In: Le Monde diplomatique vom 11. 5. 2001.

Frantz, Douglas: An Ultra-Aggressive Use of Investigators and the Courts. In: The New York Times vom 9. 3. 1997.

Frantz, Douglas: Death of a Scientologist Heightens Suspicions in a Florida Town. In: The New York Times vom 1. 12. 1997.

Frantz, Douglas: The Shadowy Story Behind Scientology's Tax Exempt Status. In: The New York Times vom 9.3–1997.

Friedman, Roger: Tom Cruise Cant Put Out These Fires. In: Fox News vom 22. 12. 2006,

G. S.: Eidesstattliche Erklärung (ABI 12–80–9).

Gerstein, Josh: White House Wag. Clinton Column Draws Flak. In: ABC news.com vom 7. 1. 2000.

Geyer, Christian: Leben aus einem Guss. In: Frankfurter Allgemeine Zeitung vom 28. 1. 2008.

Gläser, Volker; Kellner, Urs-Martin: Interpol küsst Scientology. In: Tango 9/1995.

Göhring, Hans-Peter: Windows 2000 droht ein Bann. In: C't 25/1999.

Grossman, Wendy M.: alt.scientology.war. In: Wired Nr. 3/12 von Dez. 1995.

Gutierrez, Ricardo: Sekten: Der Missbrauch der Schwäche bald strafrechtlich verfolgt. In: Le Soir vom 29. 3. 2005.

Haack, Friedrich-Wilhelm: Scientology – Magie des 20. Jahrhunderts. München 1991.

Haack, Friedrich-Wilhelm; Gandow, Thomas: Scientology, Dianetik und andere Hubbardismen. München 1993.

Haas, Michaela: Das lange Leiden des Konrad Aigner. In; Süddeutsche Zeitung Magazin vom 21. 8. 1998.

Handke, Sebastian: Scientollywood. In: Der Tagesspiegel vom 30. 6. 2005.

Hartwig, Renate: Die Schatten spieler. Nersingen 2002.

Hassan, Steven: Ausbruch aus dem Bann der Sekten. Psychologische Beratung für Betroffene und Angehörige. Hamburg 1993.

Hat Write Up. In: Ausgewählte Anlagen zum Beschluss der Staatsanwaltschaft München Az 115 Js 4298/84. AGPF-Materialdienst 15/1986

Hauser, Linus: Scientology und Science Fiction. In: Valentin, F.; Knaup, H. (Hg.): Scientology – der Griff nach Macht und Geld. Freiburg i. Br. 1992.

Hehn, Jochen: Scientology: Prozess um Geld und Macht. Ist der französische Staat unterwandert? In: Die Welt vom 22. 9. 1999.

Heil, Cristiane: Rettung vor den Seelen der Aliens. In: Frankfurter Allgemeine Zeitung vom 30. 3. 2007.

Heimgärtner, Sabine: Frankreich sagt Scientology den Kampf an. DPA-Bericht vom 10. 10. 1999.

Heinemann, Ingo: Die Scientology-Sekte und ihre Tarnorganisationen. Stuttgart 1979.

Hemminger, Hansjörg: Das Buch Nr. 1 – Dianetik. In: Herrmann, Jörg (Hg.): Mission mit allen Mitteln, Der Scientology-Konzern auf Seelenfang. Reinbek 1992.

Hermann. Karl: Supersekte mit Erlösungsprogramm (Vorwort). In: Anonymus: Entkommen. Eine Ex-Scientologin erzählt. Reinbek 1993.

Herrmann, Jörg (Hg.): Mission mit allen Mitteln. Der Scientology-Konzern auf Seelenfang. Reinbek 1992.

Hoder, Randye: The Star of his Own Show. In: Buzz 3 / 1998.

Hoetzel, Holger: Hollywood und Scientology. In: Berliner Morgenpost vom 12. 1. 1997.

Hoffman, Claire; Kristensen, Kim: Tom Cruise and Scientology. In: The Los Angeles Times vom 18. 12. 2005,

Hubbard, L. Ron: Die Grundlagen des Denkens. Kopenhagen 1983.

Hubbard, L. Ron: Die Wissenschaft des Überlebens. Kopenhagen 1983.

Hubbard, L. Ron: Einführung in die Ethik der Scientology. Kopenhagen 1981.

Hubbard, L. Ron: Fachwortsammlung für Dianetics und Scientology. Kopenhagen 1977.

Hubbard, L. Ron: Fachwortsammlung für Dianetik und Scientology. Kopenhagen 1979.

Hubbard, L. Ron: Handbuch für den Ehrenamtlichen Geistlichen. Kopenhagen 1980.

Hubbard, L. Ron: Kinder-Dianetik. Dianetik-Prozessing für Kinder. Kopenhagen 1983

Hubbard, L. Ron: Modern Management Technology Defined, Kopenhagen 1976.

Hubbard, L. Ron: Science of Survival Los Angeles 1989.

Hubbard, L. Ron: Scientology. Die Grundlagen des Denkens. Kopenhagen 1981.

Hubbard. L. Ron: Dianetik. Der Leitfaden für den menschlichen Verstand. Kopenhagen 1992.

Huber, Gerhard: Der rätselhafte Tod des Konrad A. In: Passauer Neue Presse vom 14. 2. 1998

Kauß, Uwe; Wanke, Oliver: »Total befreite Kunden«, In: CHIP 3 / 1993.

Kent, Stephen A.: Gehirnwäsche im Rehabilitation Project Force (RPF) der Scientology-Organisation. Hamburg 2000.

Kent, Stephen A.: Scientology and the European Human Rights Debate: A Reply to Leisa Goodman, J. Gordon Melton and the European Rehabilitation Project Force Study. Marburg Journal of Religion, Vol. 8, Nr. 1 / 2003.

Kent, Stephen A.: The Globalization of Scientology. Influence, Control and Opposition in Transnational Markets. In: Religion 29 / 1999.

Kent, Stephen: The French and German versus American Debate over »New Religions«, Scientology and Human Rights. In: Marburg Journal of Religion, Vol. 6, Nr. 1/2001.

Kind, Hans: Psychiatrisches Gutachten. Herrliberg 1989.

Kintzinger, Axel: Fluchtpunkt Florida. In: Focus vom 17. 11. 1997.

Kintzinger, Axel: Propaganda-Schlacht. In: Focus vom 24. 11. 1997.

Kintzinger, Axel; Roll, Thomas: Aufpasser aus USA. In: Focus vom 27. 10. 1997.

Klump, Andreas: Neuer politischer Extremismus? Eine politikwissenschaftliche Fallstudie am Beispiel der Scientology-Organisation. Baden-Baden 2003.

Koch, Egmont; Meichsner, Irene: Thetanen in geheimer Mission. In: Die Zeit 15/1991.

Koelbl, Susanne: Allein gegen die Mafia, In: Der Spiegel vom 20. 10. 1997.

Koppel, Ted: Interview mit David Miscavige. Nightline. ABC-Sendung vom 14. 2. 1992. Kruchem, Thomas: Staatsfeind Scientology? München 1999.

Krutischnitt, Christine; NübeJ, Rainer; Schweitzer, Jeanette: Der große Bluff. In: Stern vom 29. 6. 2000.

Küfner, Heinrich; Nedopil, Norbert; Schöch, Heinz: Gesundheitliche und rechtliche Risiken bei Scientology. Lengerich 2002.

Landers, Chris: Serious Business: Anonymous Takes 011 Scientology (and Doesn't Afraid of Anything). In: Baltimore City Paper vom 24.2008.

Landesamt für Verfassungsschutz Baden-Württemberg (Hg.): Der Kampf der »Scientology-Organisation« um die Anerkennung der Gemeinnützigkeit in den USA und seine Auswirkungen auf Deutschland. Stuttgart 2004.

Landesamt für Verfassungsschutz Baden-Württemberg: Die Scientology-Organisation. Stuttgart 2003.

Landesamt für Verfassungsschutz Hamburg: Der Geheimdienst der Scientology-Organisation. Grundlagen, Aufgaben, Strukturen, Methoden und Ziele. Hamburg 1998.

Leiby, Richard: A Place in the Desert for New Mexico's Most Exclusive Elite. In: The Washington Post vom 27. 11. 2005.

Leiby, Richard: The Life and Death of A Scientologist, In: Washington Post vom 6. 12. 1998.

Leyendecker, Hans: Mit Spionen gegen die Sekte aus Hollywood. In: Süddeutsche Zeitimg vom 30. 9. 1997.

Lippard, Jim; Jacobsen, Jeff: Scientology v. the Internet. In: Skeptic 3/1995.

Lischka, Konrad: Schmutzkampagne auf YouTube. In: Spiegel Online vom 16. 5. 2007.

Lorey, Rob: Interview mit Stacy Brooks Young und Jesse Prince. WM N F-Radio (Tampa/St. Petersburg) vom 3. 12. 1998.

Lurie, Rod: No More Mr. Nice Guy. In: LA. Magazine 10/1993.

MacDonald, Elizabeth: Scientologists and IRS Settled for Dollar 12.5 Million. In: Wall Street Journal vom 30. 12. 1997.

Masters, Kim: The Passion of Tom Cruise. In: Radar Nr. 9/2005.

Mayo, David: Eidesstattliche Erklärung. Palo Alto (Kalifornien), 1. 5. 1987.

Mende, Matthias; Nedopil, Norbert: Nervenärztliches Gutachten. Nervenklinik der Universität München, Forensisch-psychiatrische Abteilung. München 1984.

Mierisch, Sabine: Der Herr von Schloss Osterstein. MDR-Reportage vom 24. 5. 2000.

Miller, Russell: Bare-Faced Messiah. The True Story of L. Ron Hubbard. London 1987.

Miscavige, David: Eidesstattliche Erklärung im Verfahren Church of Scientology International vs. Fishman/Geertz, 8. 2. 1994.

Morton, Andrew: Tom Cruise. Der Star und die Scientology-Verschwörung. München 2008.

Müller von Blumencron, Mathias: Clear in den Tod. In: Der Spiegel vom 3. 2. 1997.

Müller, Melissa: Psychokreuzzug. In: Forbes 8/1992.

Münchhausen, Thankmar von: Seit die Menschen an nichts mehr glauben, glauben sie an alles mögliche. In:: Frankfurter Allgemeine Zeitung vom 4. 1. 1996.

Mystery of the Vanished Ruler. In: Time vom 31. 1. 1983.

N. N.: Scientology – Kirche auf Abwegen oder Spirituelle Mogelpackung? Wiesbaden 1992.

N. N.: Über L, Ron Hubbard. In: L. Ron Hubbard: Dianetik. Die moderne Wissenschaft der geistigen Gesundheit. Kopenhagen 1982,

Neffe, Jürgen: Sekte vom Hollywood Boulevard. In: Der Spiegel vom 19. 8. 1996.

Newton, Jim: Tax-Free Status Okd for Church of Scientology. In: Los Angeles Times vom 13. 10. 1993,

Nordhausen, Frank: Das Totenschiff der Sekte. In: Berliner Zeitung vom. 28. 5. 2008.

Nordhausen, Frank: Der Mann, der umfiel, In: Berliner Zeitung vom 31. 5. 2002.

Nordhausen, Frank: Die Ausreißer, In: Berliner Zeitung vom 18. 9. 2007, S. 3.

Nordhausen, Frank; Billerbeck, Liane v.: Kirche des Mammon. In: Die Woche 45/1993.

Nordhausen, Frank; Billerbeck, Liane v.: Psycho-Sekten. Die Praktiken der Seelenfänger. Berlin 1997.

Nordhausen, Frank; Senyurt, Ahmet: Türkische Fundamentalisten umarmen Scientology. In: Berliner Zeitung vom 17. 12. 1996.

Notz, Anton: Heute versteh' ich, warum sich manche umbringen. In: Stuttgarter Nachrichten vom 13. 6. 1992.

O'Neil, Deborah: How Scientology Turned Its Biggest Critic. In: St. Petersburg Times vom 7. 7. 2002.

Ortega, Tony: Sympathy for the Devil, in: New Times Los Angeles vom 27. 9. 2001.

Owen, Chris: Die Korruption von Scientology. wwvv.pewid.ch/SCI/owen_essay.html.

Owen, Chris: Ron, der »Kriegsheld«. L. Ron Hubbard und die U. S. Navy 1941–50. www.ilsehruby.at, 1999/2008.

Parker, Mike: Will Posh Turn to Scientology? In: Daily Express vom 14. 1. 2007.

Patalong, Frank: Polizei will Mörder-Mythos endgültig begraben. In: Spiegel Online vom 10. 5. 2008.

Pile, Lawrence: How Cults Are Working Together against Their »Enemies«. Wellspring Messenger, Juli/August 1994.

Potthoff, Norbert: Vom Aufsteiger zum Aussteiger. In: Herrmann, Jörg (Hg.): Mission mit allen Mitteln. Der Scientology-Konzern auf Seelenfang. Reinbek 1992.

Potthoff, Norbert; Kemming, Sabine: Scientology-Schicksale. Bergisch-Gladbach 1998.

Prince, Jesse: Eidesstattliche Erklärung, Santa Ana (Kalifornien), 27. 7. 1998.

Prince, Jesse: Hallo Kritiker von Scientology und Scientologen! Internet-Dokument. Posting an die Usenet-Newsgroup alt.religion.scientology vom 5. 9. 1998.

Prince, Jesse: Kein Gewissen, keine Kirche. Internet-Dokument. Posting an die Usenet-Newsgroup alt.religion.scientology vom 29. 9. 1998.

Prince, Jesse: Kein Gewissen, keine Kirche. Internet-Dokument. Posting an die Usenet-Newsgroup alt.religion.scientology vom 29. 9. 1998.

Rader, Dotson: Opening up. In: The Sunday Times vom 16. 4. 2006.

Rall, Veronika: Tom Cruise. Berlin 2003.

Reichelt, Peter: Heinwein und Scientology – Lüge und Verrat. Mannheim 1997.

Reitman, Janet: Inside Scientology. Rolling Stone vom 23. 2. 2006.

Richardson, John H.: Catch a Rising Star. In: Premiere 9/1993.

Rimscha, Robert von: Angeblich erziehen deutsche Schulen zum Hass. In: Der Tagesspiegel vom 23. 10. 1999, S. 6.

Rimscha, Robert von: Bezahlt Hollywood Deutschland-Kritiker? In: Der Tagesspiegel vom 16. 6. 2000.

Rimscha, Robert von: Kinkel muss heute in Washington erneut Scientology-Wogen glätten. In: Der Tagesspiegel vom 5. 11. 1997.

Röder, Thomas; Kubillus, Volker (Hg.): Die Männer hinter Hitler. Wer die geheimen Drahtzieher hinter Hitler wirklich waren … und unter welchem Deckmantel sie noch immer unter uns weilen. Malters (Schweiz) 1994.

Roll, Thomas: Drohbriefe aus Übersee. In: Focus 6/1999.

Rosenblum, Anne: Eidesstattliche Erklärung. In: Aktion Bildungsinformation e. V. (Hg.): Eidesstattliche Erklärungen. Stuttgart 1980, S. 33 ff.

Sanders, Claudia: Tod eines Scientologen. In: Deutschlandfunk. Studiozeit: Aus Religion und Gesellschaft, Sendung vom 11. 3. 1998.

Sappell, Joel; Welkos, Robert W.: The Mind Behind the Religion. In: Hie Los Angeles Times, 4-teilige Artikelserie ab 24. 6. 1990.

SB: Project Forces of the Sea Org Explained. Usenet-Newsgroup alt.religion.Scientology, Posting vom 6. 8. 1998. Schaefer, Jürgen: Sieg für die Sekte, In: Stern 51/1996.

Schimmeck, Torn: Seelenfang im Netz. In: Die Woche vom 19. 6. 1998,

Schnelle, Frank: Tom Cruise. Vom Teeniestar zum Charakterkopf. München 1993.

Schreiber, Daniel: Legende im eigenen Geiste. In: die Tageszeitung vom 5. 2. 2008.

Schröder, Burkhard: Spuren der Macht. Reinbek 1990.

Scientology (Hg.): Das Scientology Handbuch. Kopenhagen 1994.

Singer, Margaret Thaler; Lalich, Janja: Sekten. Wie Menschen ihre Freiheit verlieren und wiedergewinnen können. Heldelberg 1997.

Smith, David: The BBC Man, the Scientologist and the YouTube Rant. In: The Observer vom 13. 5. 2007.

Stafford, Charles L.; Orsini, Bette: Scientology: An In-Depth Profile of a New Force in Clearwater. In: St. Petersburg Times vom 9. 1. 1980.

Stamm, Hugo: Im Bann der Apokalypse. Endzeitvorstellungen in Kirchen, Sekten und Kulten. München 1999.

Stamm, Hugo: Scientology steckt weltweit in einer Krise. In: Tages-Anzeiger vom 9.11,1983.

Steiden, Heinrich P.; Hamernik, Christine: Einsteins falsche Erben. Die unheimliche Macht und Magie von Dianetik und Scientology Wien 1992,

Stephen A. Kent: Scientology, religiöse Ansprüche und Heilungsschwindel. In: Berliner Dialog, 1/1997-

Stewart, Sara: The Science of Stardom, In: New York Post vom 23. 4. 2006.

Strothe, Stephan: 24 Stunden Special: US-Millionär bekämpft Sekte – Kreuzzug gegen Scientology. Sati-Sendung 18. 4. 1998.

Sweeney John u. a.: Scientology and Me, Transcript. BBC 2007.

Sweeney, John: Row over Scientology Video. In: BBC News vom 14. 5. 2007.

Tabayoyon, André: Zeugenaussage im Fishrnan-Prozess, Los Angeles, California, 5. 3. 1994.

Tapper, Jack: Mission Impossible: The Tom Cruise/Paramount Contretemps. In: ABC News vom 23. 8. 2006.

Tapper, James: Diana Author Names Tom Cruise as »World Number Two in Scientology«, In: Daily Mail vom 7. 1. 2008.

Thole, Jörg: Ich bin und bleibe ein Kaufmann. In: Zwickauer Tageblatt vom 28-/29. 1. 1995.

Thurston, Susan: Bitter Partings, In: The Press Enterprise (Riverside, California) vom 31. 1. 1999,

Tobin, Thomas C: The Man Behind Scientology. in: St. Petersburg Times vom 25. 10. 1998.

Töngi, Stephan: Auch Jahre nach dem Absprung ist Scientology längst nicht verarbeitet. In: Mannheimer Morgen vom 11. 11. 1999.

Touretzky, David; Alexander, Peter: A Church's Lethal Contract, Razor, Dec. 2003/Jan. 2004.

Träger, Gunther; Caberta, Ursula: Scientology greift an. Der Inside-Report über die unheimliche Macht des L. Ron Hubbard. Düsseldorf/München 1997.

Veenker, Jody; Rahey, Steve: Building Scientopolis. In: Christianity Today vom 4. 9. 2000.

Verfassungsschutz Baden-Württemberg: Verfassungsschutzbericht 2006. Stuttgart 2007.

Verfassungsschutzbehörden (Hg.): Zur Frage der Beobachtung der Scientology-Organisation durch die Verfassungsschutzbehörden. Abschlussbericht der Arbeitsgruppe Scientology der Verfassungsschutzbehörden. Düsseldorf 1998.

Voltz, Tom: Scientology und (k)ein Ende. Solothurn/Düsseldorf 1995.

Vontobel, Jacques u. a. (Hg. Pestalozzianum Zürich): Das Paradies kann warten. Gruppierungen mit totalitärer Tendenz. Zürich 1992.

Voßmerbäumer, Peter: inside Scientology, Meine Erfahrungen im Machtapparat der »Church«. München 1996.

Wakefield, Margery: Understanding Scientology. Tampa 1991,

Waxman, Sharon: How Personal is too Personal for a Star like Tom Cruise? In: The New Yorker vom 2. 6. 2005.

Welkos, Robert W.; Sappell, Joel: Church Scriptures Get High-Tech-Protection. In: The Los Angeles Times vom 24. 6. 1990.

Whipple, Tom: Scientology: The Anonymous Protesters. In: The Times vom 20. 6. 2008.

Wieland, Leo: Die Macht der Verführung hat funktioniert. In: Frankfurter Allgemeine Zeitung vom 21. 3. 1998.

Wollersheim, Lawrence: Eidesstattliche Erklärung. In: Aktion Bildungsinformation e. V. (Hg.): Eidesstattliche Erklärungen. Stuttgart 1980, S. 249 ff.

Wollersheim, Lawrence: Interview mit Jesse Prince. FACT-Net vom 15. 10. 1998.

Young, Josh: Bill Clinton's Grand Seduction. In: George 3/1998.

Young, Robert Vaughn: Eidesstattliche Erklärung im Fishman-Verfahren vom 10. 10. 1994.

Young, Robert Vaughn: Hubbards Tod. Usenet-Newsgroup alt.religion. Scientology. Posting vom 2. 9. 1998.

Young, Robert Vaughn: Reich des Bösen. In: Der Spiegel 39/1995.

Anmerkungen

Tom Cruise – der neue Graf Stauffenberg

1 DPA-Meldung vom 29. 11. 2007.
2 Schulz-Ojala, Jan: Die Weihedrittelstunde. In: Stern Online vom
  1. 12. 2007 (im Folgenden Schulz-Ojala: Weihedrittelstunde).
3 Vgl. Rader, Dotson: Opening up. In: The Sunday Times vom 16. 4. 2006
  (im Folgenden Rader: Opening up); Booth, William; Huslin, Anita: Viacom's Rationale: Cruise Is Risky Business. In: Washington Post vom
  24. 8. 2006 (im Folgenden Booth/Huslin: Viacom's Rationale).
4 Vgl. Scientology News 29/2004, S. 43.
5 Schulz-Ojala: Weihedrittelstunde.
6 Hubbard Communication Office Policy Letter (HCO PL) vom
  7. 8. 1965: Die Hauptmerkmale von unterdrückerischen Personen.
7 Hubbard, L. Ron: Handbuch für den Ehrenamtlichen Geistlichen. Kopenhagen 1980, S. 582 (im Folgenden Hubbard: Handbuch).
8 Bayerisches Staatsministerium des Innern: Scientology – eine verfassungsfeindliche Bestrebung. München 1998, S. 12 (im Folgenden Bayerisches Innenmin.: Scientology).
9 Hubbard, L. Ron: International City. Saint Hill Special Briefing Course,
  Lectures 3775–390. Kopenhagen 1991.
10 Bayerisches Innenministerium: Scientology, S. 12.
11 Scientology News 29/2004, S. 40.
12 Vgl. Tobias Kniebe: Vielleicht ein Meisterwerk. In: Süddeutsche Zeitung
  (SZ) vom 9. 8. 2007, S. 11.
13 AP-Meldung vom 22. 6. 2007.
14 Oloew, Matthias: Cruise soll draußen bleiben. In: Der Tagesspiegel vom
  23. 6. 2007.
15 »Er soll seine Finger von meinem Vater lassen« (Interview mit Berthold
  Schenk von Stauffenberg). In: SZ vom 22. 6. 2007, S. 10.
16 Deutschlandradio vom 3. 7. 2007; ZDF-Sendung Aspekte vom
  6. 7. 2007.
17 DDP-Meldung vom 8. 7. 2007.
18 Alle Zitate dieses Absatzes: Henckel von Donnersmarck, Florian:
  Deutschlands Hoffnung heißt Tom Cruise. In: FAZ vom 3. 7. 2007, S. 33.
19 Kil.: Der Walkürenritt des Tom Cruise. In: FAZ vom 31. 3. 2007, S. 35.
20 Markwort, Helmut: Hollywood-Stars verstehen uns nicht. In: Focus

vom 16. 7. 2007, S. 3; Wagner, Franz Josef: Post von Wagner: Lieber Tom Cruise. In: Bild vom 5. 7. 2007, S. 2.

21 Vgl. Topar, Julia: TV-Star – Sekten-Zentrale! In: Bild Berlin vom 16. 1. 2007, S. 7; Plant Scientology ein Straflager in Berlin? In: Bild Berlin vom 25. 6. 2007, S. 14.

Trophäe für Scientology

1 Körzdörfer, Norbert: Hallo Berlin! Die süße Familie von Tom Cruise. In: Bild vom 14. 7. 2007, S. 1; Körzdörfer, Norbert: So denke ich über die Deutschen. Tom Cruise exklusiv: »Ich liebe euch Deutsche«. In: Bild vom 7. 11. 2007, S. 1.

2 Vgl. z. B. Körzdörfer, Norbert: Weltstar dreht Stauffenberg-Film in Berlin. In: Bild vom 18. 7. 2007; »Ich bewundere Helden wie Stauffenberg«. In: Bild vom 25. 7. 2007, S. 12; So denke ich über die Deutschen. Tom Cruise exklusiv: »Ich liebe euch Deutsche«. In: Bild vom 7. 11. 2007, S. 1 u. 7. In Klammern: »Ich bin bei der Geburt meines Babys dabei«. In: Bild vom 3. 4. 2006, S. 8.

3 Diese und die folgenden Zitate: Schirrmacher, Frank: Wir in ihren Augen. In: FAZ vom 2. 9. 2007.

4 Schirrmacher, Frank: Tom Cruise im Bendlerblock. In: FAZ vom 15. 9. 2007.

5 Schirrmacher, Frank: Die Nacht im Bendlerblock. In: Frankfurter Allgemeine Sonntagszeitung vom 23. 9. 2007.

6 Jessen, Jens: Tom Cruise soll Stauffenberg retten. In: Die Zeit Nr. 29 vom 12. 7. 2007, S. 46.

7 Raden, Viktor: Das nächste große Meisterwerk. In: Freitag Nr. 40 vom 5. 10. 2007 (im Folgenden Raden: Meisterwerk).

8 Reinecke, Stefan: Sehnsucht nach deutschen Helden. In: taz vom 20. 7. 2007, S. 11.

9 Alpers, Hans v.; Fuchs, Werner (Hg.): Lexikon der Science-Fiction-Literatur. München 1990, S. 566.

10 Dath, Dietmar: Der kosmonautische Kirchenvater. In: FAZ vom 1. 9. 2007, S. Z3.

11 Dokument der CCHR aus dem Internet; zit. nach Owen, Chris; Delgado, Marion; Krasel, Cornelius: Hubbard on Hitler o. D. (Website von Tilman Hausherr, Kap. »Scientology versus Germany« (im Folgenden Owen/Delgado/Krasel: Hitler).

12 Vgl. Röder, Thomas; Kubillus, Volker (Hg.): Die Männer hinter Hitler. Wer die geheimen Drahtzieher hinter Hitler wirklich waren … und unter welchem Deckmantel sie noch immer unter uns weilen. Malters (Schweiz) 1994, S. 329 (im Folgenden Röder/Kubillus: Hitler).

13 Kreye, Andrian: Wird Cruise Berlin missionieren? In: SZ vom 27. 6. 2007.

14 Scientology News 29/2004, S. 42.

15 Vgl. Marschall, Christoph von: Mit dem richtigen Dreh. In: Der Tagesspiegel vom 11. 7. 2007, S. 2.

16 »Vom Maisfeld verschluckt«. In: Der Spiegel vom 30. 7. 2007, S. 136.

17 Scientology News 29/2004, S. 42 f.

Aushängeschild der Sekte

1 Vgl. Schnelle, Frank: Tom Cruise. Vom Teeniestar zum Charakterkopf. München 1993, S. 146 (im Folgenden Schnelle: Cruise); Cagle, Jess: About Tom. In: Time vom 24. 6. 2002.

2 Richardson, John H.: Catch a Rising Star. In: Premiere, Sept. 1993, S. 86 u. 88 (im Folgenden: Richardson: Rising Star); Lurie, Rod: No More Mr. Nice Guy. In: L. A. Magazine 10/1993 (im Folgenden Lurie: Nice Guy); Galbraith, Jane: The Church and the Magazines. In: Los Angeles Times vom 17. 10. 1993.

3 Lurie: Nice Guy.

4 Vgl. Richardson: Rising Star; Mansfield, Stephanie: Tom Cruise from the Neck Up. In: GQ, Dez. 1992, S. 188 (im Folgenden Richardson: Rising Star).

5 Lurie: Nice Guy.

6 Über Tom Cruise sind in Deutschland bis Ende 2009 drei Biographien erschienen: Schnelle: Cruise; Rall, Veronika: Tom Cruise. Berlin 2003 (im Folgenden Rall: Cruise); Morton, Andrew: Tom Cruise. Der Star und die Scientology-Verschwörung. München 2008 (im Folgenden Morton: Cruise).

7 Körzdörfer: Wasser, S. 9.

8 Vgl. Art. Tom Cruise in www.wikipedia.org; Internet Movie Database: Biography of Tom Cruise (www.imdb.com).

9 Vgl. Richardson: Rising Star, S. 87.

10 Tom Cruise: Cruise Control. In: Premiere, Sept. 1993, S. 89 (Übers. von Schnelle: Cruise, S. 151; im Folgenden Cruise: Control).

11 Behar, Richard: The Thriving Cult of Greed and Power. In: Time Magazin vom 6. 5. 1991, S. 54 (im Folgenden Behar: Cult of Greed).

12 Tabayoyon, André: Zeugenaussage im Fishman-Prozess, Los Angeles, 5. 3. 1994 (Übersetzung AG Scientology Hamburg; im Folgenden Tabayoyon: Zeugenaussage). Die deutsche Scientology-Sprecherin Sabine Weber erklärt dazu: »André Tabayoyon sowie eine Reihe anderer Ex-Scientologen wurden in den 1980er Jahren gegen Bezahlung gegen die Kirche eingesetzt. (…) Zielsetzung war es, Geld aus der Scientology

Kirche zu erpressen.« In: Weber, Sabine: Kurzstellungnahme zu dem Werk von Frank Nordhausen »Scientology – Wie der Sektenkonzern die Welt erobern will«. Berlin, 25. 5. 2009 (im Folgenden Weber: Kurzstellungnahme).

13 Tabayoyon: Zeugenaussage, Abschnitt 33.

14 Diese und die folgenden Aussagen über Tom Cruise stammen aus Tabayoyon: Zeugenaussage, Abschnitt 118–131.

15 Richardson: Rising Star.

16 Vgl. Hoffman, Claire; Kristensen, Kim: Tom Cruise and Scientology. In: The Los Angeles Times vom 18. 12. 2005 (im Folgenden Hoffman/Kristensen: Tom Cruise).

17 Ebd.

18 Tabayoyon: Zeugenaussage, Abschnitte 26 und 118.

19 Morton: Cruise, S. 167.

20 Zit. nach Masters, Kim: The Passion of Tom Cruise. In: Radar 9/2005 (im Folgenden Masters: Passion).

21 Wollersheim, Larry: Interview mit Jesse Prince. FACT-Net vom 15. 10. 1998. FactNet.org ist eine Website mit kritischen Informationen über Scientology, die der Ex-Scientologe Lawrence Wollersheim betreibt; Übers. Website von Ingo Heinemann, Kap. »Jesse Prince« (im Folgenden Wollersheim: Interview mit Jesse Prince).

22 Ebd.

23 Hubbard-Aufsatz vom 26. 5. 1961: Quality Counts.

24 HCO PL vom 23. 6. 1960: Spezialbereichsplan. Die Rolle des Scientologen im Leben.

25 Zit. nach The Auditor 284/1995.

26 HCO PL vom 21. 2. 1961: Choosing PE and Registration Personnel.

27 HCO PL vom 15. 8. 1960: Abteilung für Behördenangelegenheiten (Übers. Landesamt für Verfassungsschutz Hamburg (Hg.): Der Geheimdienst der Scientology-Organisation – Grundlagen, Aufgaben, Strukturen, Methoden und Ziele. Hamburg 1998, S. 14; im Folgenden Verfassungsschutz Hamburg: Geheimdienst).

28 Zit. nach Antwort der Bundesregierung auf Kleine Anfrage der CDU/CSU, Deutscher Bundestag, Drucksache 14/4358 vom 2. 11. 2000, S. 10.

29 Bundesministerium des Innern: Verfassungsschutzbericht 2006. Berlin 2007, S. 331 u. 335.

30 Hubbard: Handbuch, S. 639.

31 Hubbard, L. Ron: Einführung in die Ethik der Scientology. Kopenhagen 1981, S. 3 ff. (im Folgenden Hubbard: Ethik); sowie HCO PL vom 27. 9. 1966: Die antisoziale Persönlichkeit. Der Antiscientologe.

32 Hubbard: Ethik, S. 3 ff.; HCO PL vom 7. 8. 1965: Die Hauptmerkmale von unterdrückerischen Personen.

33 Hubbard, L. Ron: Science of Survival. Los Angeles 1989, S. 131 (Übers. d. A.; im Folgenden Hubbard: Science).

34 Hubbard, L. Ron: Die Wissenschaft des Überlebens. Kopenhagen 1983, S. 171 (im Folgenden Hubbard: Wissenschaft).

35 Hubbard, L. Ron: Project Celebrity. Ability, Minor II vom Juni 1955.

36 Zitate aus der Sun nach Schmitz, Cordula: Scientology: Tom Cruise soll der neue Messias werden. In: Die Welt vom 25. 1. 2007, S. 32; Kyeck, Sibylle: Scientology ruft Tom Cruise als neuen Jesus aus. In: B.Z. vom 24. 1. 2007, S. 56; Für Scientology ist Tom Cruise der neue Christus. In: RP Online vom 24. 1. 2007; Hollywood-Blasphemie. In: Gala.de vom 24. 1. 2007. Die deutsche Scientology-Sprecherin Sabine Weber erklärt dazu: »Das Konzept eines 'Messias' gibt es in der Scientology-Lehre nicht.« (Weber: Kurzstellungnahme, S. 2).

37 Scientology News 29/2004, S. 42.

Jagd auf Aliens und Psychiater

1 Lurie: Nice Guy.

2 Zit. nach »Sie sind bigott!« (Interview mit Tom Cruise). In: Focus vom 27. 6. 2005, S. 112; vgl. Tom Cruise schickt Kinder in Sekte. In: Brisant vom 27. 6. 2005 (www.mdr.de).

3 Vgl. Tom Cruise schickt Kinder in Sekte. In: Brisant vom 27. 6. 2005; Boshoff, Alison: Nicole Is Determined to Beat Tom up the Aisle. In: The Daily Mail vom 18. 5. 2006 (im Folgenden Boshoff: Nicole); Scientology laufen die Promis weg. In: Berliner Morgenpost vom 22. 3. 2001, S. 8.

4 Vgl. Cagle, Jess: About Tom. In: Time vom 24. 6. 2002 (im Folgenden Cagle: About Tom).

5 Meldung des Onlinedienstes FemaleFirst.co.uk; zit. nach Tom Cruise schickt Kinder ins Scientology-Ferienlager. Onlinedienst News.ch vom 30. 8. 2007 (www.news.ch; heruntergeladen im Jan. 2008).

6 Zit. nach Masters: Passion.

7 Zit. nach ebd.

8 Vgl. Oprah. Scientology's Mission Impossible? In: Daily Mail vom 12. 8. 2005; vgl. auch Meldung von US Weekly zit. nach Onlinedienst News.ch vom 8. 3. 2007 (heruntergeladen im Jan. 2008).

9 Zit. nach Masters: Passion.

10 Waxman, Sharon: How Personal is too Personal for a Star like Tom Cruise? The New Yorker vom 2. 6. 2005 (im Folgenden Waxman: Tom Cruise).

11 Cruise in unmöglicher Mission. In: MTV-Meldung vom 25. 2. 2005.

12 »Jeder hat seine Mission« (Interview mit Steven Spielberg u. Tom Cruise). In: Der Spiegel vom 25. 4. 2005, S. 142.

13 Vgl. Waxman: Tom Cruise.

14 Masters: Passion.

15 Hoffman/Kristensen: Tom Cruise.

16 Vgl. Masters: Passion.

17 Zit. nach ebd.

18 Information aus »Diplomatenkreisen«, vgl. Tanner, Adam: Tom Cruise
    Lobbies for Scientology in Germany. Reuters-Bericht vom 30. 1. 2002.

19 Information von Ursula Caberta, Hamburg, Gespräch vom 30. 11. 2007;
    zit. nach Nicolas Sarkozy. Personalien. In: Der Spiegel vom 6. 9. 2004,
    S. 190.

20 Vgl. Mutius, Franziska; Schulz, Stefan: Claus Graf von Stauffenberg
    stirbt zum dritten Mal. In: Die Welt vom 24. 9. 2007.

21 Zit. nach Tapper, Jack: Mission Impossible: The Tom Cruise/Para-
    mount Contretemps. In: ABC News vom 23. 8. 2006 (Übers. d. A.; im
    Folgenden Tapper: Mission Impossible).

22 Zitate nach Tapper: Mission Impossible; Leiby, Richard: A Couch Tom
    Cruise Won't Jump on. In: The Washington Post vom 25. 6. 2005
    (Übers. d. A.); vgl. Cruise predigt Scientology – Amerika ist entsetzt.
    AP-Bericht vom 27. 5. 2005.

23 Kreuzzug gegen Psychiater. In: Blick vom 27. 5. 2005; »Pitbull-Miene«:
    Häntzschel, Jörg: Der Antichrist der Celebrities. In: SZ vom 15. 1. 2008.

24 Zit. nach Tapper: Mission Impossible.

25 Vgl. Shaviv, Miriam A.: The Passion of the Cruise. In: The Jerusalem
    Post vom 28. 6. 2007; Handke, Sebastian: Scientollywood. In: Der
    Tagesspiegel vom 30. 6. 2005, S. 3 (im Folgenden Handke: Scientolly-
    wood).

26 Vgl. Shields, Brooke: War of Words. In: The New York Times vom
    1. 7. 2005; vgl. Brooke Shields: »Tom Cruise ist gefährlich«. In: Netzei-
    tung vom 3. 6. 2005 (heruntergeladen im Jan. 2008).

27 Vgl. Sommer, Mark: Enlightenment's Dark Side. In: The Buffalo News
    vom 30. 1. 2005; Jeremy Perkins: A Scientology Family Tragedy. In: CBS
    48 Hours vom 28. 10. 2006; Anzeige abgebildet auf der Website www.
    perkinstragedy.org (heruntergeladen im Jan. 2008).

28 Vgl. Neubauer, Rita: John Travolta in der Krise. In: Tagesspiegel vom
    28. 7. 2009; John Travoltas erschütternde Aussage vor Gericht. In: Ham-
    burger Morgenpost vom 25. 9. 2009.

29 Goldene Himbeeren für Cruise, Kidman, Hilton. In: Spiegel Online
    vom 5. 3. 2005.

Der Scientology-Botschafter

1 Tom Cruise Says Fiancée Holmes Is a Scientologist. Reuters-Meldung vom 13. 4. 2006.
2 Vgl. z. B. Williams, Zoe: Weird – but not Wonderful. In: The Guardian vom 8. 4. 2006 (»stille Geburt«; später verteidigte sich Cruise in einem TV-Interview, die Gebärende dürfe Geräusche machen, aber alle Anwesenden sollten ruhig sein; vgl. Tom Cruise und Katie Holmes sind Eltern. DPA-Bericht vom 19. 4. 2006; Shaw, Gina: Doctors Sound off About Silent Birth. In: Fox News vom 13. 4. 2006.
3 Vgl. Stewart: Science.
4 Hausmitteilung. In: Der Spiegel vom 25. 4. 2005, S. 5.
5 »Jeder hat seine Mission«. In: Der Spiegel vom 25. 4. 2005, S. 142.
6 Maes, Jochen: Geschäfte mit der Sucht. Von der Droge in die Sekte. In: Berlin: Zitty-Dokumentation 1977.
7 Verwaltungsgerichtshof Baden-Württemberg, Beschluss vom 10. 3. 1993, AZ 1 S 3021/92.
8 Isert, Jörg: Das Cruise-Video. In: Hannoversche Allgemeine Zeitung vom 16. 7. 2007.
9 Meyer, Damien: The Tom Cruise Controversy. AFP-Bericht vom 30. 8. 2006.
10 Vgl. Tapper: Mission Impossible.
11 Gallup-Umfrage vom Mai 2006; vgl. Tapper: Mission Impossible.
12 Sumner Redstone Gives Tom Cruise his Walking Papers. In: Wall Street Journal vom 23. 8. 2006. Vgl. Booth/Huslin: Viacom's Rationale; Filmstudio feuert Tom Cruise. In: Hamburger Abendblatt vom 23. 8. 2006.
13 Sumner Redstone Gives Tom Cruise his Walking Papers. In: Wall Street Journal vom 23. 8. 2006.
14 Zit. nach Masters: Passion.
15 Glaister, Dan: Show Me the Money! In: The Guardian vom 3. 11. 2006.
16 Kilb, Andreas: Kein Durchbruch ohne Uniform. In: FAZ vom 3. 4. 2007, S. 38.
17 Vgl. Morton, Andrew: Tom Cruise. An Unauthorized Biography. New York 2008, S. 280 ff. (Fotoeinlage).
18 Vgl. Newton, Victoria: No Sects Please, We're British. In: The Sun vom 18. 1. 2007 (im Folgenden Newton: No Sects); Nichols, Adam: Score for Scientology? In: New York Daily News vom 13. 1. 2007.
19 Informationen zur Hochzeit nach Hudson, Fiona: A Cruisy Celebration. In: Sunday Telegraph vom 19. 11. 2006; Smoltczyk, Alexander: ARK und Ave Maria. In: Der Spiegel vom 20. 11. 2006, S. 162; Off: Tom Cruise: Ist die Ehe ungültig? In: Hamburger Abendblatt vom 20. 11. 2006.
20 Vgl. Hubbard, L. Ron: Die Scientology-Trauzeremonie. In: Kultus und

Dogmatik der Scientology Kirche in Deutschland. München 1974, S. 26. Trotz der klaren Hubbard-Fibel erklärt die deutsche Scientology-Sprecherin Sabine Weber dazu: »Ein solches Ritual gibt es in Scientology nicht.« (Weber: Kurzstellungnahme, S. 3).

21 Vgl. Hudson, Fiona: Wedding a »Scientology Stunt«. In: Daily Telegraph vom 21. 11. 2006; Will Scientology Wedding Ultimately Become Milestone Marking Tom Cruise's Descent? In: Website von Rick Ross vom 20. 11. 2006 (heruntergeladen im Jan. 2008).

22 Scientology Sceptic Will Smith. Meldung des Onlinedienstes Female-First.co.uk vom 4. 12. 2007 (heruntergeladen im Jan. 2008); vgl. Sannwald, Daniela: Vorbildlich, moralisch, konsenstauglich. In: Der Tagesspiegel vom 7. 4. 2007, S. 28.

23 Vgl. Jetzt steckt auch Will Smith im Scientology-Sumpf. In: Hamburger Morgenpost vom 22. 5. 2008.

24 Katie Holmes entwirft Sekten-Mode. In: Bild vom 25. 8. 2009.

25 Vgl. Weil Scientology es so will. In: Hamburger Morgenpost vom 10. 3. 2009.

26 Vgl. Tom Cruise – Seine Katie flüchtet vor dem Sekten-Wahn. In: Hamburger Morgenpost vom 18. 4. 2008.

27 Vgl. Surie darf auf katholische Schule – Mama siegt gegen Scientology. In: Bild vom 12. 10. 2009.

Der gesäuberte Planet

1 A Tell-all Book that Could Ruin Tom. In: In Touch vom 19. 11. 2007.

2 The Church of Scientology: An Apology. In: Daily Express vom 23. 11. 2007; Adams, Cindy: British Author's on ›Cruise‹ Patrol. In: New York Post vom 18. 12. 2007.

3 Tapper, James: Diana Author Names Tom Cruise as »World Number Two in Scientology«. In: Daily Mail vom 7. 1. 2008; im Folgenden Tapper: Diana Author).

4 Tom-Cruise-Video von der Verleihung der scientologischen Tapferkeitsmedaille in Saint Hill Manor im Oktober 2004. Website Gawker.com (heruntergeladen im Februar 2008).

5 Morton: Cruise, S. 407 ff.

6 »Vielleicht eine Hollywood-Religion« (Interview mit Frank Schirrmacher). In: Der Spiegel vom 21. 1. 2008, S. 142.

7 Vgl. z. B. Lutterbeck, Claus; Mathes, Werner: Tom Cruise – Der Kreuzritter. In: Stern Nr. 4 vom 17. 1. 2008, S. 24–33; Geyer, Christian: Leben aus einem Guss. In: FAZ vom 28. 1. 2008, S. 23 (im Folgenden Geyer: Leben); Assheuer, Thomas: Scientologe im Zwielicht. In: Die Zeit Nr. 5 vom 24. 1. 2008.

8 Böger, Helmut; Remke, Michael: Tom Cruise – Sekten-Video schockt die Welt. In: Bild am Sonntag vom 21. 1. 2008.

9 Morton: Cruise, S. 377, 397, 421.

10 Church of Scientology International: Response to Andrew Morton's Unauthorized Tom Cruise Biography. In: MSNBC/Today vom 15. 1. 2008. Vgl. Aufsehen um Scientology-Mitgliedschaft von Cruise – Video im Web. DPA-Meldung vom 16. 1. 2008.

11 Geyer: Leben.

12 Regisseur Rob Reiner zum Magazin GQ; zit. nach Richardson: Rising Star.

13 Morton: Cruise, S. 307.

14 Miscavige, Jenna: My Story Part 1. Website www.exscientologykids. com. Posting vom 1. 3. 2008 (heruntergeladen im Juni 2008).

15 Charlton, Janet: Germany Isn't Crazy about Tom Cruise. In: Janet Charlton's Hollywood vom 24. 12. 2007 (heruntergeladen im Jan. 2008).

16 Vgl. Cieply, Michael: The Nazi Plot That's Haunting Tom Cruise and United Artists. In: The New York Times vom 23. 4. 2008; vgl. auch Brooks, Richard: Tom Cruise's Adolf Hitler Film Put back into Hollywood Bunker. In: The Sunday Times vom 11. 5. 2008; »Walküre ist tot«. DDP-Meldung vom 13. 5. 2008; Nordhausen, Frank: Stauffenberg in der Wüste. In: Berliner Zeitung vom 24. 5. 2008.

17 Vgl. Stauffenberg-Film lockte an Starttag nur 40 000 in die Kinos. AFP-Meldung vom 23. 1. 2009;

18 Zit. nach Thomas Gottschalk: »Ich habe Mitleid mit Tom Cruise«. In: Hamburger Morgenpost vom 25. 1. 2009.

Hollywoodstars als Werbeträger

1 Hubbard, L. Ron: Project Celebrity. In: Ability, Minor II vom Juni 1955.

2 Ebd.

3 Zit. nach Masters: Passion.

4 Dieses und das folgende Zitat nach Richardson: Rising Star.

5 Vgl. Masters: Passion.

6 Träger, Gunther; Caberta, Ursula: Scientology greift an. Der Inside-Report über die unheimliche Macht des L. Ron Hubbard. Düsseldorf/München 1997, S. 121 (im Folgenden Träger/Caberta: Scientology).

7 »Truth is what is true for you«. Hubbard, L. Ron: Modern Management Technology Defined; zit. nach Zeugenaussage von Robert Vaughn Young, Los Angeles, California, 25. 10. 1993. Vgl. auch Träger/Caberta: Scientology, S. 22 u. 38.

8 Park, Michael Y.: Scientology Called »the Kabbalah of 2007« ... but Will Hollywood Really Convert? In: Fox News vom 16. 2. 2007 (heruntergeladen im Jan. 2008; im Folgenden Park: Kabbalah).

9 Zit. nach ebd.

10 Zit. nach Richardson: Rising Star.

11 Zit. nach ebd.

12 Vgl. Heil, Cristiane: Rettung vor den Seelen der Aliens. In: FAZ vom 30. 3. 2007, S. 9 (im Folgenden Heil: Rettung).

13 Vgl. Richardson: Rising Star.

14 Zit. nach Park: Kabbalah.

15 Zit. nach Masters: Passion.

Prominenz im Sektennetz

1 Sappell, Joel; Welkos, Robert W.: The Courting of Celebrities. In: Los Angeles Times vom 25. 6. 1990.

2 Vgl. Richardson: Rising Star.

3 Zit. nach ebd.

4 Anweisung vom 26. 1. 1992; zit. nach Lurie: Nice Guy.

5 Sanders, Ed: The Family. Die Geschichte von Charles Manson. Reinbek 1989, S. 25.

6 Vgl. Wollersheim: Interview mit Jesse Prince; Posting von Dennis Ehrlich an die Usenet-Newsgroup alt.religion.scientology vom 23. 10. 1985.

7 Zit. nach Hoder, Randye: The Star of his Own Show. In: Buzz 3/1998 (im Folgenden Hoder: Star); vgl. auch Hoetzel, Holger: Hollywood und Scientology. In: Berliner Morgenpost vom 12. 1. 1997, S. 3 (im Folgenden Hoetzel: Hollywood).

8 Zit. nach Richardson: Rising Star.

9 Hörig in Hollywood. In: Bunte vom Juli 1992.

10 Zit. nach Richardson: Rising Star.

11 Zit. nach Bart, Peter: Defenders of the Faith Should Stand at Ease. In: Variety vom 28. 6. 1999 (im Folgenden Bart: Defenders).

12 Details 1994, zit. nach Hoetzel: Hollywood.

13 Wollersheim: Interview mit Jesse Prince.

14 Zit. nach Masters: Passion.

15 Zit. nach Hoetzel: Hollywood.

16 Zit. nach Bart: Defenders.

17 Vgl. Richardson: Rising Star.

18 International Association of Scientologists: Ensuring the Future of Scientology Throughout the World.

19 Zit. nach Kent, Stephen: The French and German versus American Debate over »New Religions«, Scientology and Human Rights. In:

Marburg Journal of Religion, Vol. 6, Nr. 1/2001 (im Folgenden Kent: Debate).

20 Vgl. Richardson: Rising Star.

Macht in der Traumfabrik

1 Penthouse-Interview with L. Ron Hubbard Jr. In: Penthouse 6/1983.

2 Zit. nach Ortega, Tony: Scientology's First Celebrity Defector Reveals Church Secrets. In: Village Voice vom 15. 4. 2008.

3 Zit. nach Hörig in Hollywood. In: Bunte von Juli 1992.

4 Zit. nach ebd.

5 Behar: Cult of Greed.

6 Hubbard: Dianetik. Der Leitfaden für den menschlichen Verstand. Kopenhagen 1992, S. 135 f. (im Folgenden Hubbard: Dianetik); Hubbard: Science, S. 114 f. Vgl. Reitman: Inside Scientology. In: Rolling Stone v. 23. 2. 2006 (im Folgenden Reitman: Inside Scientology) sowie Hubbard, L. Ron in Ethics, Justice and the Dynamics, zit. nach Scientology, Travolta & Gays. In: Fab Magazine 9/1998.

7 Vgl. z. B. Behar: Cult of Greed; Scott, Paul: Kiss of Death for Travolta's Career? In: The Daily Mail vom 8. 9. 2006 (im Folgenden Scott: Kiss).

8 Vgl. Travolta Says »Hairspray« Isn't Gay. In: AOL News vom 3. 7. 2007.

9 Vgl. Scott: Kiss.

10 Alle Informationen über den Prozess von Graham Berry.

11 Zit. nach Scott: Kiss.

12 Zur »South-Park«-Episode vgl. Levinson, Deborah: Cruising with Tom. In: Website Gay & Lesbian Issues 2007 (www.rslevinson.com/gayleissues/main/gl010610a.htm; heruntergeladen im Jan. 2008).

13 Vgl. Reitman: Inside Scientology; South Park Declares War on Tom Cruise. In: The Independent vom 19. 3. 2006; »South Park« sagt Scientology den Kampf an. In: Netzeitung vom 20. 3. 2006.

14 Zit. nach Richardson: Rising Star.

15 A »Clear« Change of Heart. In: New York Daily News vom 5. 8. 1996.

16 HCO Bulletin vom 5. 5. 1980: OT VIII Series I Confidential. Student Briefing (geheimes Material zu OT-8); erstmals erwähnt von Steven Fishman: US District Court, Central District of California, Fishman Case No. 91−6426 HLH Tx. Scientology hat das Material im Fishman-Prozess zunächst als Fälschung bezeichnet, später aber beim Versuch, es im Internet zu sperren, als echt anerkannt.

17 TV Spielfilm Nr. 21 vom 10. 10. 1998.

18 Handke: Scientollywood.

19 Kreye, Andrian: Verschwörer sind unter uns. In: SZ vom 20. 5. 2000, S. 17 (im Folgenden Kreye: Verschwörer); Nordhausen, Frank; Schuler,

Thomas: John Travolta bringt einen Roman des Scientology-Gründers in die Kinos. In: Berliner Zeitung vom 6. 4. 2000, S. 12.

20 Zit. nach Kreye: Verschwörer.

21 Vgl. Hubbard, L. Ron: Fachwortsammlung für Dianetics und Scientology. Kopenhagen 1977, S. 49, Stichwort: Invasionstruppen (im Folgenden Hubbard: Fachwortsammlung 1977).

22 KNA-Meldung vom 13. 12. 2007.

23 La Scientologie déclarée non constitutionelle en Allemagne. Reuters-Meldung vom 7. 12. 2007.

24 Vgl. Fischer, Michael: Innenminister verzichten auf Verbotsverfahren gegen Scientology. AP-Bericht vom 21. 11. 2008.

25 Zit. nach Fröhlingsdorf, Michael; Stark, Holger: Kampf ums Bushäuschen. In: Der Spiegel Nr. 39 vom 22. 9. 2008, S. 46.

26 Vgl. Nordhausen, Frank: Verfassungsschutz gegen Scientology-Verbot. In: Berliner Zeitung vom 24. 9. 2008; Nordhausen, Frank: Lückenhaftes Lagebild. In: Berliner Zeitung vom 25. 9. 2008.

Widerstand aus Hamburg

1 Koelbl, Susanne: Allein gegen die Mafia. In: Der Spiegel vom 20. 10. 1997, S. 80 (im Folgenden Koelbl: Mafia).

2 Zit. nach Träger/Caberta: Scientology, S. 165.

3 Vgl. Husumer Nachrichten vom 3. 2. 1994.

4 Träger/Caberta: Scientology, S. 108.

Deutschland, Schweiz, Österreich

1 Freiheit, München 1995.

2 Vgl. Reitman: Inside Scientology.

3 Gute Informationen zu den Mitgliederzahlen bietet die Website www.scientology-lies.com von Kristi Wachter.

4 Vgl. Park: Kabbalah.

5 Church of Scientology International (Hg.): Was ist Scientology? Kopenhagen 1993, S. 458.

6 »Die wollen den totalitären Staat«. Interview (von Rüdiger Falksohn) mit dem Scientology-Aussteiger Gunther Träger über die Methoden der Sekte. In: Der Spiegel 10/1993, S. 84–92 (im Folgenden Träger: Staat).

7 Träger: Staat, S. 92.

8 Stamm, Hugo: Das Zentrum an der Badenerstrasse 141 ist den Zürcher Scientologen zu groß geworden. In: Tages-Anzeiger vom 22. 1. 1999.

9 Vgl. Heim, Michael: Scientology: Organisation mit vielen Gesichtern.

In: Basler Zeitung vom 29. 12. 2006; Bühlmann, Benno: Scientology: Neue Töne, aber alte Taten? In: Neue Luzerner Zeitung vom 3. 2. 2006.

10 Vgl. Schweizer Staatsschutz will Scientology nicht überwachen. DPA-Meldung vom 31. 8. 1998.

11 Vgl. Steiden, Heinrich P.; Hamernik, Christine: Einsteins falsche Erben. Die unheimliche Macht und Magie von Dianetik und Scientology. Wien 1992, S. 162 u. 168 (im Folgenden Steiden/Hamernik: Einsteins falsche Erben).

12 Scientology-Anzeigen o. D. (Archiv der Autoren).

13 Agarwala, Vinay: Japan Eval. Sea Organization Aides Order 549–1, Januar 1981 (im Folgenden Agarwala: Japan Eval); zit. nach Kent, Stephen A.: The Globalization of Scientology. Influence, Control, and Opposition in Transnational Markets. In: Religion 29/1999, S. 147–169 (im Folgenden Kent: Globalization).

14 Agarwala: Japan Eval (zit. nach Kent: Globalization).

15 International Association of Scientologists: Forming Org Tokyo. In: Impact 4/1985, S. 31.

16 Vgl. Steiden/Hamernik: Einsteins falsche Erben, S. 162 u. 168.

17 Verband verantwortungsvoller Geschäftsleute e. V., Werbebrief vom 5. 2. 1988.

18 Hausherr, Tilman: Rezension (von Reichelt: Helnwein) auf der Website Amazon.de.

19 Reichelt, Peter: Helnwein und Scientology – Lüge und Verrat. Mannheim 1997 (im Folgenden Reichelt: Helnwein).

20 Helnwein hat den Mitgliedsantrags in einem Interview als Fälschung bezeichnet; vgl. Im Bann der Gurus? In: News 41/1996, S. 244 f. Zu diesem Absatz vgl. Reichelt: Helnwein, S. 236 ff. (Kinder); S. 134 (Jentzsch-Brief vom 27. 3. 1993).

21 College Interview: Gottfried Helnwein. In: College. Zeitschrift des Stuttgarter Dianetic College e. V., o. J. (1975), Nr. 12.

22 Planetary Dissemination News, 1998, Vol. 2, Iss. 2.

23 Celebrity, hg. von The Church of Scientology Celebrity Centre International. Los Angeles, Major Issue 262, 1993, S. 14 f.; Celebrity 225/1989 (Helnwein auf dem Titel).

24 Maler Helnwein beklagt in den USA Diskriminierung der Scientologen. DPA-Meldung vom 15. 1. 1997; Church of Scientology International, Office of Public Affairs: Victimized Artist Visits with U. S. Officials as International Controvery Heats Up. Presseerklärung vom 14. 1. 1997 (abgedruckt in Reichelt: Helnwein, S. 433).

25 Oberlandesgericht Frankfurt a. M., Urteil vom 20. 6. 1996, AZ 16 U 163/95.

26 Ebd.

27 Zit. nach Reichelt: Helnwein, S. 436.

28 Zit. nach Gottfried Helnwein: »Ich scheiße auf Scientology«. In: Facts Nr. 36 vom 5. 9. 1996, S. 120.

29 Vgl. Video des Angriffs auf der Website von Peter Widmer (www. pewid.ch).

30 Joe Duncanson wird als Clear Nr. 7206 in der Zeitschrift Auditor 154/1978 gelistet. Er hat zahllose Scientology-Kurse besucht, vgl. etwa Source 84/1992 (Prosperity Rundown), Source 88/1993 (Int by Dynamics), Source 126/1999 (Solo NOTs Auditor Certainty Course, Part I). Er wird als Founding Patron (Spender für die Scientology-Kriegskasse) aufgeführt in Impact 109/2004. Vgl. Posting von Stacy Brooks an die Usenet-Newsgroup alt.religion.scientology vom 1. 2. 2000 (heruntergeladen im Feb. 2008).

31 Bundesverfassungsgericht, Beschluss vom 10. 11. 1982, AZ 1 8 VR 1531/98.

32 Rock, Karsten (Anwaltsbüro Grams und Weber, Bielefeld): Pressemitteilung vom 2. 2. 2000.

33 Vgl. Marilyn Manson Marries Girlfriend in Ireland. In: Website des US-Magazins People vom 3. 12. 2005 (heruntergeladen im Februar 2008).

34 Bundeskriminalamt, Bericht an den Bundesminister des Innern vom 8. 3. 1973, AZ EA III 1/4 – B 196649.

35 HCO PL vom 15. 8. 1960: Abteilung für Behördenangelegenheiten.

36 Zerstörter Glaube. In: Der Spiegel 23/1984, S. 92.

37 Guardian's Office: Project Coal. Anweisung Nr. 732 vom 20. 4. 1973. Zit. nach Landesamt für Verfassungsschutz Baden-Württemberg (Hg.): Der Kampf der »Scientology-Organisation« um die Anerkennung der Gemeinnützigkeit in den USA und seine Auswirkungen auf Deutschland. Stuttgart 2004, S. 14 (im Folgenden: Verfassungsschutz Baden-Württemberg: Anerkennung).

38 Zit. nach Zerstörter Glaube. In: Der Spiegel 23/1984, S. 92.

39 Staatsanwaltschaft München, Einstellungsverfügung vom 24. 4. 1986, AZ 115 Js 4298/84.

40 HCO PL vom 18. 2. 1966: Angriffe auf Scientology.

41 Die deutsche Scientology-Sprecherin Sabine Weber erklärt dazu: »Diese Behauptung ist grober Unfug. Laut Glaubensbekenntnis der Scientology Kirche ist jeder Mensch grundsätzlich gut « (Weber: Kurzstellungnahme, S. 3).

42 Staatsanwaltschaft München, Einstellungsverfügung vom 24. 4. 1986, AZ 115 Js 4298/84.

43 Träger/Caberta: Scientology, S. 71.

Arbeitsgruppe gegen Scientology

1 Zit. nach Eimuth, Kurt-Helmuth: Gurus und Propheten sichern sich Marktanteile. In: EPD-Dokumentation 52/91, S. 7.

2 Zit. nach Gandow, Thomas: Scientology und Dianetik. In: Neue Zeit vom 23. 11. 1990.

3 Träger/Caberta: Scientology, S. 119 f.

4 Scientologische Definition nach Hubbard: Fachwortsammlung 1977, S. 112. Über die Bedeutung des »worthy oriental gentleman« heißt es dort: »Dies bedeutet einen gewöhnlichen, durchschnittlichen, Lieschen-Müller-artigen, seriengefertigten Humanoiden.«

5 Zit. nach Träger/Caberta: Scientology, S. 167.

6 Im Original: »Make money. Make more money. Make other people produce so as to make money.« HCO PL vom 9. 3. 1972: Prinzipien des Geldmanagements.

7 Oberverwaltungsgericht Hamburg, Beschluss vom 18. 7. 2007.

8 HCO PL vom 31. 1. 1983: Der Grund, aus dem es Orgs gibt.

9 Abel; Becher; Gawlik; Püttner; Taudien: Die Rechtsprechung zu Neueren Glaubensgemeinschaften. Ein systematischer Überblick. Krefeld 1991.

10 Bundesverwaltungsgericht, Urteil vom 16. 2. 1995, AZ 1 BA 46/95 u. 30/95.

11 Bundesarbeitsgericht, Beschluss vom 22. 3. 1995, AZ 5 B 21/94.

12 Ebd., S. 23−26.

13 Weber, Sabine: E-Mail an Christoph Links v. 6. 5. 2008.

14 Informationen und Zitate dieses Absatzes nach Weber: Kurzstellungnahme.

15 Weber behauptet z. B., dass das im ersten Kapitel der Links-Ausgabe beschriebene Hochzeitsritual nicht existiere, obwohl dieses in der Broschüre KULTUS UND DOGMATIK DER SCIENTOLOGY KIRCHE IN DEUTSCHLAND (München 1974) detailliert beschrieben wird.

16 Etwa die Tatsache, dass Aussteiger wie Wilfried Handl, Gary Scarff, Gunther Träger oft als Apostaten, Lügner oder Wichtigtuer bezeichnet werden. Wie zur Bestätigung schreibt Sabine Weber: »Wilfried Handl war zu keinem Zeitpunkt 'Top-Scientologe'«; »Gary Scarff war zu keinem Zeitpunkt Scientologe«; »Gunther Träger war zu keinem Zeitpunkt hauptamtliches aktives Mitglied«. Oder die Information, dass Hubbard 1978 in Frankreich wegen Betrugs verurteilt worden sei. Was schreibt die Scientology-Pressefrau als »Richtigstellung«? »Hubbard war nie in Frankreich und wurde in Abwesenheit verurteilt.« Oder unsere These, dass L. Ron Hubbard eine Art Auditorenherrschaft über die Welt anstrebte. Weber erklärt dazu: »Diese These ist an Absurdität kaum zu übertreffen. Scientology ist bewusst und absichtlich unpolitisch. Ziel der

Scientology-Lehre ist völlige geistige Freiheit.« Dass die Sekte *behauptet*, unpolitisch zu sein, genau dies steht aber deutlich in unserem Buch.

17 Weber, Sabine: Stellungnahme zum Verfassungsschutzbericht 2006 des Bundesministeriums des Innern. Berlin, 25. 5. 2007.

18 Zit. nach Scientology scheitert vor Gericht. In: SZ v. 12. 2. 2008.

Im Fadenkreuz der Sekte

1 Freiheit, Hamburg 1995 (Titel: »Spieglein, Spieglein ...«).

2 Zit. nach Horrortrip nach Florida. In: Der Spiegel Nr. 32 vom 24. 10. 2000, S. 17.

3 Vgl. Koelbl: Mafia.

4 Ebd.

5 Pressekonferenz in Hamburg am 4. 12. 2009.

6 Bundesverwaltungsgericht, Urteil vom 15. 12. 2005, AZ BVerwG 7 C 20. 04.

Die Kavalkade

1 Vorsicht, Sekten-Massage! In: B.Z. vom 6. 3. 2004; vgl. Handauflegen gegen Ohnmacht und Schmerzen. In: Berliner Zeitung vom 4. 7. 2002.

2 Verwaltungsgerichtshof Bayern, Urteile von 2003, AZ 8 CE 03.812 u. 8 CE 03.825.

3 Vgl. Impact 102/2002; siehe Website von Ingo Heinemann, Kap. »Die Kriegskasse«.

4 Website von Scientology Deutschland, heruntergeladen am 30. 4. 2002 von Ingo Heinemann (s. Website von Ingo Heinemann, Kap. »Ehrenamtliche Geistliche«).

5 Website der Scientology Kirche Berlin, Kap. »Ehrenamtliche Geistliche« (heruntergeladen am 10. 2. 2008).

6 Impact 115/2006, S. 7; Impact 111/2005, S. 16 f. Vgl. dazu Kearneya, Marianne: Religious Groups Are Exploiting Aceh Chaos. In: The Telegraph vom 15. 1. 2005; Stockman, Farah: In Indonesia, Some Groups Mix Relief, Religion. In: The Boston Globe vom 16. 1. 2005.

7 Vgl. Scientology Kirche Berlin e. V.: Scientology. Grundlegende Fakten und Zahlen. Feb. 2008 (im Folgenden Scientology: Grundlegende Fakten).

8 Hubbard: Handbuch, S. XXXIII, XXXVI, XIVI, IXI, 287 ff., bes. 289, 314.

9 Hubbard: Handbuch, S. 284.

10 Impact 102/2002 (Übers. Ingo Heinemann u. d. A.)

11 Informationen und Zitate nach Adweek vom 21. 2. 2003; vgl. Usenet-Newsgroup alt.religion.scientology.

12 Informationen u. Zitate nach Barreau, Julie: Bruxelles – Nouveau centre européen de la Scientologie. In: Le Soir vom 17. 5. 2006 (im Folgenden Barreau: Bruxelles).

13 Vgl. Das größte Programm unserer Geschichte: Ideale Orgs. In: International Scientology News 27/2004; The Answer to Planetary Clearing. In: International Scientology News 50/2005; Amicarelli, Brüssel, 8. 4. 2006, nach Armstrong, Gerry: Scientology, the Last Laugh. In: Bulles 1/2007 (im Folgenden Armstrong: Scientology).

14 HCO PL vom 15. 2. 1966: Angriffe auf Scientology.

15 Armstrong: Scientology.

16 Ebd.

17 Vgl. Das größte Programm unserer Geschichte: Ideale Orgs. In: International Scientology News 27/2004.

18 Information von Wilfried Handl, Januar 2008.

19 Vgl. Scientology Kirche eröffnet europäisches Büro in Brüssel. Scientology-Pressemitteilung vom 18. 9. 2003; vgl. Barreau: Bruxelles.

20 Barreau: Bruxelles.

21 Scientology eröffnet neues EU-Büro in Brüssel. KNA-Meldung vom 18. 9. 2003.

22 Vgl. Barreau: Bruxelles.

23 Zit. nach Hanauer, Florian: Hamburger Scientologen wollen in Brüssel Einfluss nehmen. In: Die Welt vom 31. 7. 2009.

24 Vgl. Nicht nur in Deutschland Streit um Scientology. DPA-Bericht vom 31. 1. 1997.

25 Zit. nach Scientology Deutschland: Pressemitteilung vom 12. 4. 2002.

26 Cruise, Tom: Brief an Richard Lee Armitage vom 31. 5. 2003 (Übers. AG Scientology Hamburg).

27 Ausgestrahlt bei Stern TV, RTL-Sendung vom 30. 1. 2008.

28 Tom Cruise wird nicht Ehrenbürger von Paris. AFP-Meldung vom 12. 7. 2005.

29 Unsere neue nationale Kirche für Spanien. In: International Scientology News 29/2004, S. 133 ff.

30 Zit. nach Website »Dianetik und Scientology Insiderwissen« (www.religo.ch) vom 20. 1. 2008.

Hilflose Behörden

1 Neue Zivilisation 187/2006; zit. nach Landesamt für Verfassungsschutz Hamburg: Verfassungsschutzbericht 2006, S. 244 (im Folgenden Verfassungsschutz Hamburg: Bericht 2006).

2 Vgl. Mynarek, Hubertus: Die neue Inquisition: Sektenjagd in Deutschland. Marktheidenfeld 1999.

3 Vgl. Redhardt, Jürgen: Staatliche Diskriminierung einer religiösen Minderheit. 1997 (hg. von Vereinigungskirche e. V.).

4 Vgl. Festival mit Scientologen muss nicht gefördert werden. DPA-Meldung vom 26. 6. 1997; vgl. auch Verwaltungsgericht Mannheim, AZ 10 S 176/96, u. Bundesverwaltungsgericht, AZ 3 B 19.97; Schmoll, Heike: Scientology vor Gericht. In: FAZ vom 12. 11. 1997, S. 16.

5 Wedekind, Olaf: Wie schützen Sie uns vor Scientology, Herr Körting? In: B.Z. vom 9. 1. 2007, S. 8 (im Folgenden Wedekind: Scientology); Magnis, Constantin: Scientology-Palast kostete 4,8 Millionen Euro. In: B.Z. vom 11. 1. 2007, S. 8.

6 Br.; Olw.: Aufgedeckt! So verführt Scientology Berliner Kinder. In: Bild Berlin vom 12. 1. 2007, S. 3.

7 Zit. nach Innensenator warnt vor Scientology. In: Bild Berlin vom 9. 1. 2007, S. 3; Wedekind: Scientology.

8 Vgl. Nordhausen, Frank; Helberg, Michael: Geheimnisse im Lagezentrum. In: Berliner Zeitung vom 21. 7. 1998.

9 Vgl. zum Fall Dreksler zahlreiche Meldungen der Nachrichtenagenturen DPA, AP und Reuters und die Chronologie bei Stark, Holger: »Ja, den kenne ich«. In: Der Tagesspiegel vom 9. 12. 1999, S. 15; außerdem u. a.: Banse, Dirk; Behrendt, Michael: Dreksler-Affäre: Warum wurden nur Stasi-Spitzel auf Scientology angesetzt? In: Die Welt vom 17. 3. 2000, S. 31; vgl. Funke, Rainer: Als »Herbert« bei der Scientology. In: Focus vom 18. 1. 2000, S. 17; Banse, Dirk; Behrendt, Michael: Fall Dreksler: Zweiter Stasi-Mann entlarvt. In: Die Welt vom 10. 1. 2000, S. 30; Berlins Verfassungsschutz erneut in der Kritik. Reuters-Meldung vom 6. 9. 1998; Schmitt, Verena: Wie bei »Hempels unterm Sofa«. AP-Bericht vom 6. 9. 1998; Richter, Christine: Scientology-Affäre: Zum ersten Mal sagt ein V-Mann aus. In: Berliner Zeitung vom 17. 9. 1999, S. 23; »Unzuverlässige, kriminelle Person«. In: Der Spiegel vom 14. 9. 1998, S. 103; Stasis beim Verfassungsschutz. In: Der Spiegel vom 7. 9. 1998, S. 110; Schönbohms Schlappe. In: Der Spiegel vom 27. 7. 1998, S. 58.

10 Schuller, Konrad: Pleiten und Pannen besiegeln das Ende. In: FAZ vom 25. 4. 2000, S. 6.

11 Zit. nach Leyendecker: Spione.

12 Scientology fordert Ende der Beobachtung. Reuters-Meldung vom 7. 12. 1998; Scientology droht Brandenburg mit Klage. DPA-Meldung vom 7. 12. 1998.

13 Zit. nach Gericht verhandelt die Beobachtung von Scientology. In: Die Welt vom 7. 12. 2001, S. 37.

14 Verwaltungsgericht Berlin, Urteil vom 13. 12. 2001, AZ VG 27 A 260. 98.

15 Vgl. zum Urteil und den Reaktionen Haak, Julia: Gericht schränkt Beobachtung von Scientology ein. In: Berliner Zeitung vom 14. 12. 2001,
S. 22.

Die neue Deutschlandzentrale

1 Scientology Hamburg: Umfrage an alle Hamburg Publiks.
2 International Scientology News 35/2007, S. 25.
3 Zit. nach Hollersen, Wiebke: »Ich habe meinen Sohn an Scientology verloren«. In: Berliner Zeitung vom 15. 1. 2007, S. 3.
4 Zit. nach Hasselmann, Jörn; Keller, Claudia; Törne, Lars von: Scientology feiert – und schottet sich ab. In: Der Tagesspiegel vom 14. 1. 2007,
S. 9.
5 Vgl. Bergft, Svenja: Bezirk legt sich mit Scientology an. In: Taz Berlin
vom 13. 3. 2009; Plakat vor Scientology-Zentrale bleibt verboten. DDP-
Meldung vom 13. 7. 2009.
6 Stark, Holger; Rosenbach, Marcel: Vormarsch der Orgs. In: Der Spiegel
vom 26. 3. 2007, S. 58.
7 Zit. nach Richter, Christine: Scientology im Blick. In: Berliner Zeitung
vom 31. 5. 2007, S. 20; Hintzmann, Karsten: Scientology steht wieder
unter Beobachtung. In: Die Welt vom 31. 5. 2007, S. 34.
8 Vgl. Vgl. Nordhausen, Frank: Flucht nach Hamburg. In: Berliner Zeitung vom 30. 7. 2007, S. 19; Nordhausen, Frank: Kein Anschluss unter
dieser Nummer. In: Berliner Zeitung vom 2. 8. 2007, S. 18; Nordhausen,
Frank: Die Ausreißer. In: Berliner Zeitung vom 18. 9. 2007, S. 3.
9 Joffe, Josef: Lasst Tom Cruise in Berlin spielen! In: Die Zeit Nr. 28 vom
5. 7. 2007.
10 Hubbard, L. Ron: Einführung in die Kinder-Dianetik. In: Hubbard:
Kinder-Dianetik, S. 281 u. 2.
11 Hubbard, L. Ron: Techniken für Kinder-Processing. Ability 110; zit.
nach Eimuth: Sekten-Kinder, S. 65 f.
12 Hubbard: Kinder-Dianetik, S. 102.
13 Hubbard, L. Ron im Dezember 1959. Zit. nach Stern-Pressedokumen-
tation 1993.
14 Die deutsche Scientology-Sprecherin Sabine Weber erklärt dazu: »Auch
dies ist eine infame Falschbehauptung und Verdrehung der Tatsachen. Hubbard spricht ausführlich darüber, wie wichtig Zuneigung,
Liebe und Freiraum für ein Kind sind.« (Weber: Kurzstellungnahme,
S. 4).
15 Zit. nach Brandenbusch, Holger; Dehne, Anja; Siebert, Wolf; Goll, Jo:
Scientology: neue Fassade, alte Strategien. RBB 2007 (im Folgenden
Brandenbusch u. a.: Scientology: neue Fassade).

16 Vgl. Eimuth, Kurt-Helmuth: Die Sekten-Kinder. Freiburg i. Br. 1996, S. 86 (im Folgenden Eimuth: Sekten-Kinder).

17 Amtsgericht Tempelhof-Kreuzberg (Familiengericht), Beschluss vom 8. 8. 2007, GF-Nr. 160 F 10520/07.

18 Zit. nach Keller, Claudia: Sechs Stockwerke für Scientology. In: Der Tagesspiegel vom 6. 1. 2007, S. 7.

19 Geheimdienst: Scientology in Berlin erfolglos. DPA-Meldung vom 22. 4. 2009; Psycho-Sekte eröffnet 2. Filiale. In: Bild Berlin vom 29. 4. 2009; Scientology will in Brandenburg aktiv werden. EPD-Meldung vom 14. 4. 2009; vgl. Schönbohm warnt vor Scientology-Werbung. In: Berliner Morgenpost vom 4. 7. 2009.

20 Vgl. Keller, Claudia: Hilfe für Scientology-Opfer. Der In: Der Tagesspiegel vom 10. 6. 2008.

Verstrickt und gefangen

1 Informationen und Zitate zum Fall Aigner nach Huber, Gerhard: Der rätselhafte Tod des Konrad A. In: Passauer Neue Presse vom 14. 2. 1998 (im Folgenden Huber: Tod); Sanders, Claudia: Tod eines Scientologen. In: Deutschlandfunk. Studiozeit: Aus Religion und Gesellschaft, Sendung vom 11. 3. 1998 (im Folgenden Sanders: Tod); Haas, Michaela: Das lange Leiden des Konrad Aigner. In: SZ Magazin Nr. 34 vom 21. 8. 1998 (im Folgenden Haas: Leiden).

2 Hubbard: Dianetik, S. 122.

3 Alle Zitate nach Gaby B.: Konrad Aigner Knowledge Report vom 5. 3. 1990, und Rosi F.: Konrad Aigner Knowledge Report vom 5. 3. 1990; abgedruckt in Berliner Dialog 15/1998, S. 13 – 18.

4 Informationen und Zitate zum Fall Aigner nach Huber: Tod; Sanders: Tod; Haas: Leiden; Stern TV vom 18. 11. 1998.

Mit Persönlichkeitstests auf Kundenfang

1 Hubbard, L. Ron: Versklavte Seelen. Rastatt: Pabel Utopia Zukunftsromane Nr. 381 u. 382 o. J. (Originaltitel: Slaves of Sleep, 1939).

2 Behar: Cult of Greed.

3 FSM Newsletter 3/92 vom 13. 3. 1992.

4 Hassan, Steven: Ausbruch aus dem Bann der Sekten. Psychologische Beratung für Betroffene. Hamburg 1993 (im Folgenden Hassan: Ausbruch); vgl. auch Hassan, Steven: Releasing the Bonds. Empowering People to Think for Themselves. New York 2000.

5 Hassan: Ausbruch, S. 69.

6 Conway/Siegelman: Snapping.

7 Hassan: Ausbruch, S. 85.

8 Ebd., S. 86.

9 Anonymus: Entkommen. Eine Ex-Scientologin erzählt. Reinbek 1993 (im Folgenden Anonymus: Entkommen), Klappentext.

10 Beckmann. ARD-Sendung vom 28. 1. 2008.

11 Schneider, Karl-Heinz: Der kosten- aber nicht folgenlose Scientology-Test. München 1991.

12 Mende, Matthias; Nedopil, Norbert: Nervenärztliches Gutachten (Nervenklinik der Universität München, Forensisch-psychiatrische Abteilung). München 1984 (im Folgenden Mende/Nedopil: Nervenärztliches Gutachten).

13 Vgl. Police Probe Suicide Linked to Scientologists. In: Aftenposten vom 16. 4. 2008 (Übers. Internet); Kling, Bernd: Tod nach Scientology-Test. In: The Inquirer vom 16. 4. 2008.

14 Scientology Kirche Hamburg e. V. (Hg.): Was ist Scientology? Hamburg 1990.

15 Automatisierter Auswertungstest, OCA Computer Testing System vom 16. 8. 1992.

16 Vgl. Kauß, Uwe; Wanke, Oliver: »Total befreite Kunden«. CHIP 3/1993, S. 71 (im Folgenden Kauß/Wanke: Kunden).

17 Hubbard, L. Ron: PTS/SP-Vortragskassetten-Glossar, 1990, S. 22: »Rohes Fleisch: Personen, die bisher noch nichts mit Scientology zu tun hatten«.

18 Träger/Caberta: Scientology, S. 38; Anonymus: Entkommen.

19 Zit. nach Hellwig, Marcus: Es wäre besser, wenn Irina tot wär. In: Bild am Sonntag vom 23. 2. 1992.

20 Archiv der Autoren.

21 Zit. nach Talkshow Beckmann. ARD vom 28. 1. 2008.

22 Zit. nach Stamm, Hugo: Hochverschuldeter Scientologe spurlos verschwunden. In: Tages-Anzeiger vom 23. 10. 1990.

23 Scientology: Bestellformular. Faksimileabbildung auf der Website von Ingo Heinemann (Kap. Scientology-Preise).

24 Preise nach Bayerisches Staatsministerium des Innern: Das System Scientology. München 2003, S. 50 (im Folgenden Bayerisches Innenministerium: System Scientology).

25 Vgl. Source 195/2007, S. 24 f. (Preisliste »Spendenbeiträge«); Scientology-Prospekt »Flag Only – Die L-Rundowns« vom 2005.

26 Source 195/2007, S. 46 u. 26 f.

27 Zit. nach Haack, Friedrich-Wilhelm: Scientology – Magie des 20. Jahrhunderts. München 1991, S. 118 (im Folgenden Haack: Magie).

28 Zit. nach Talkshow Beckmann. ARD vom 28. 1. 2008.

29 HCO PL vom 19. 3. 1968: Dienstleistungen.

30 Ebd.; vgl. auch HCO PL vom 26. 9. 1979: Harter Verkauf.

Aufbrechen, Verändern, Fixieren

1 Küfner, Heinrich; Nedopil, Norbert; Schöch, Heinz: Gesundheitliche und rechtliche Risiken bei Scientology. Lengerich 2002 (im Folgenden Küfner/Nedopil/Schöch: Scientology).

2 Mende/Nedopil: Nervenärztliches Gutachten.

3 Hassan: Ausbruch, S. 88.

4 Zit.n. Hassan: Ausbruch, S. 59.

5 Lifton, Robert Jay: Thought Reform and the Psychology of Totalism. A Study of »Brainwashing« in China. New York 1961. Das grundlegende Werk ist nie ins Deutsche übersetzt worden.

6 Singer, Margaret Thaler; Lalich, Janja: Sekten. Wie Menschen ihre Freiheit verlieren und wiedergewinnen können. Heidelberg 1997 (im Folgenden Singer/Lalich: Sekten).

7 Zit. nach Hassan: Ausbruch, S. 59; vgl. ebd., S. 315 ff.

8 Singer/Lalich: Sekten, S. 92.

9 Vgl. Küfner/Nedopil/Schöch: Scientology, S. 66 f. u. 71. Die deutsche Scientology-Sprecherin Sabine Weber erklärt dazu: »Wer Scientology kennt, der weiß, wie vehement Drogen jeglicher Art und manipulative Techniken abgelehnt werden.« (Weber: Kurzstellungnahme, S. 5).

10 Scientology-Werbeblatt; zit. nach Birnstein, Uwe: Power, Clear-Sein und Thetanen. Was Scientology so anziehend macht. NDR 3, Reihe Thema, 4. 6. 1993, Rundfunkmanuskript, S. 3 (im Folgenden Birnstein: Power).

11 Hassan: Ausbruch, S. 106.

12 Schein, Edgar; Schneier, Inge: Coercive Persuasion. New York 1971.

13 Träger/Caberta: Scientology, S. 24 f.

14 Ebd., S. 26.

15 Kaufman: Übermenschen, S. 248 f.

16 Vgl. Morton: Cruise, S. 323 ff.

17 Zit. nach Verfügung der Staatsanwaltschaft München 115 Js 4298/84. In: AGPF-Materialdienst 15/86 vom 4. 11. 1986, S. 59 f.

18 Hubbard: Dianetik, S. 253.

19 Potthoff, Norbert: Vom Aufsteiger zum Aussteiger. In Herrmann, Jörg (Hg.): Mission mit allen Mitteln. Der Scientology-Konzern auf Seelenfang. Reinbek 1992 (im Folgenden Herrmann: Mission), S. 17 (im Folgenden Potthoff: Aufsteiger).

20 Hermann, Karl: Supersekte mit Erlösungsprogramm (Vorwort). In: Anonymus: Entkommen, S. 10 (im Folgenden Hermann: Supersekte).

21 Potthoff: Aufsteiger, S. 20.

22 Träger/Caberta: Scientology, S. 72.

23 Kind, Hans: Psychiatrisches Gutachten (über die Scientology-Therapien, d. A.). Herrliberg 1989, S. 17 (im Folgenden Kind: Psychiatrisches Gutachten).

24 Agreement and General Release regarding Spiritual Assistance. Gescannte Kopie auf der Kritiker-Website LisaClause.org; vgl. Touretzky, David; Alexander, Peter: A Church's Lethal Contract. In: Razor, Dez. 2003/Jan. 2004, S. 88–95 (im Folgenden Touretzky/Alexander: Lethal Contract).

25 Kaufman: Übermenschen, S. 248 f.

26 Anonymus: Entkommen, z. B. S. 172; zusammengefasst von Köpf, Peter: Stichwort Scientology. München 1995, S. 49.

27 Church of Scientology International: Scientology Kirche. Aktive Hilfe für die Gesellschaft, o. O. 1992, S. 21 (im Folgenden Scientology: Aktive Hilfe).

28 Singer/Lalich: Sekten, S. 86.

29 »Willige Sklaven«: Booklet des Scientology Auditors Course. Kopenhagen 1982.

30 Hubbard, L. Ron: Der ideale Zustand des Menschen. Vortrag vom 29. 12. 1951 (Scientology-Prospekt).

31 Hubbard: Fachwortsammlung 1977, S. 28.

32 HCO PL vom 5. 10. 1971: Politik durch Redefinition von Worten.

33 HCO PL vom 5. 1. 1968: Conditions Orders Executive Ethics.

34 HCO PL vom 16. 5. 1965: Unterdrücker!

35 Zit. nach Talkshow Beckmann. ARD vom 28. 1. 2008.

36 Anhörung am 6. 12. 1993; zit. nach Bayerisches Innenministerium: System Scientology, S. 29.

37 Zit. nach Birnstein: Power, S. 2.

38 Vgl. Hassan: Ausbruch, S. 119 ff.

39 Hubbard, L. Ron: Technique 88: On Control and Lying. O. O. o. J. (Übers. AG Scientology, Hamburg).

40 Vgl. »Als Junkie hin, als Alki raus«. In: Der Spiegel Nr. 43 vom 21. 10. 1991.

41 HCOB vom 3. 1. 1980: Purification Rundown and Atomic War, sowie: Hubbard, L. Ron: Alles über radioaktive Strahlung. Kopenhagen 1980, S. 127. Vgl. auch Haack: Magie, S. 128.

42 Herrmann, Karl: Die Seelenfänger. In: Die Zeit Nr. 33 vom 11. 8. 1989.

43 Zit. nach Young, Robert Vaughn: Reich des Bösen. In: Der Spiegel 39/1995, S. 114 (im Folgenden Young: Reich des Bösen).

44 Zit. nach Scientology News Magazine. Los Angeles 1996.

45 Klump, Andreas: Neuer politischer Extremismus? Eine politikwissenschaftliche Fallstudie am Beispiel der Scientology-Organisation. Baden-Baden 2003, S. 137 (im Folgenden Klump: Extremismus).

46 Scientology Handbuch, S. 458 ff.

47 Vgl. Beck, Roland: Scientologen füllen die Suchmaschinen. In: taz vom 9. 7. 1998.

48 Vgl. Hassan: Ausbruch, S. 112.

49 Zit. nach Knaup, Horand: Die Seelenkäufer. In: Badische Zeitung vom 18./19. 5. 1991.

50 Vgl. HCO PL vom 19. 7. 1965: Separation Order.

51 Hubbard, L. Ron: Kurs für die Entdeckung, Weiterleitung und Handhabung von PTS-Personen und SPs (PTS/SP Kurs). Loseblattsammlung 1965 ff.

52 VEM: Management Letter Nr. 8, Oktober 1987.

53 Zit. nach Der ganze Mist ist raus. In: Der Spiegel 28/1995.

54 Miller, Russell: Interview mit David Mayo, Palo Alto, California, 28. 8. 1986 (Übers. Website von Ingo Heinemann).

Schwierige Rückkehr in die Wirklichkeit

1 Vgl. Hassan: Ausbruch, S. 122 ff.

2 Ebd., S. 57.

3 Träger: Staat, S. 92.

4 Zit. nach Drobinski, Matthias: Keiner wäscht reiner. In: SZ vom 11. 4. 2007, S. 3.

5 Steiden/Hamernick: Einsteins falsche Erben, S. 175.

6 Hubbard Communication Office Hamburg: Suppressive Person Declare vom 2. 10. 2002 (Übers. AG Scientology Hamburg).

7 Rieger, Angelika: Ich wollte mich nur noch umbringen. In: Herrmann: Mission, S. 38.

8 Informationen und Zitate nach Stamm, Hugo: Zürcher war monatelang auf Scientology-Schiff gefangen. In: Tages-Anzeiger vom 5. 2. 1992.

9 Die folgenden Informationen und Zitate nach Young, Robert Vaughn: Towards a New Model of »Cult Control«. Website www.holysmoke.org (heruntergeladen im Feb. 2008).

10 Wolfgang Michaelis: »Die Methode als solche ist nicht so schlimm.« Gespräch mit Professor Wolfgang Michaelis. In: Kruchem, Thomas: Staatsfeind Scientology? München 1999, S. 329.

11 Ebd.

12 Zit. nach Steiden/Hamernick: Einsteins falsche Erben, S. 53.

13 Vgl. Küfner/Nedopil/Schöch: Scientology, S. 58 f.

14 Der Minister für Justiz des Landes Baden-Württemberg. Strafrechtliche Überprüfung des Gebarens der »Scientology-Kirche«. Stuttgart 1992, S. 3.

15 HCOB vom 6. 3. 1974: Introspection Rundown, Second Addition.

16 Website Whyaretheydead.net.

17 Zit. nach Leiby, Richard: The Life and Death of a Scientologist. In: Washington Post vom 6. 12. 1998.

18 Tabayoyon: Zeugenaussage, Abschnitt 42 (Übers. AG Scientology Hamburg).

19 Kaufman: Übermenschen, S. 9.

Gründervater L. Ron Hubbard

1 Dieser und der folgende Absatz paraphrasieren und zitieren Sappell, Joel; Welkos, Robert W.: The Mind Behind the Religion. In: The Los Angeles Times, 4-teilige Artikelserie ab 24. 6. 1990 (im Folgenden Sappell/Welkos: The Mind); vgl. auch Schröder, Burkhard: Spuren der Macht. Reinbek 1990, S. 143.

2 Superior Court des Staates Kalifornien für den Bezirk Los Angeles, Richter Paul G. Breckenridge, Urteil von 1984; zit. nach ABI Info vom 18. 2. 2004.

3 Helen O'Brien hatte 1951 eine Affäre mit Hubbard; zit. nach Miller, Russell: Bare-Faced Messiah. The True Story of L. Ron Hubbard. London 1987, Kap. 11 (zit. nach der im Internet auf der Website von Peter Widmer verfügbaren dt. Übers. des vergriffenen Buches: www. pewid.ch; im Folgenden Miller: Messiah).

4 Rosenblum, Anne: Eidesstattliche Erklärung. In: Aktion Bildungsinformation e. V. (Hg.): Eidesstattliche Erklärungen. Stuttgart 1980, S. 37 (im Folgenden Rosenblum: Eidesstattliche Erklärung).

5 Zit. nach Miller: Messiah, Kap. 5.

6 Sappell/Welkos: The Mind.

7 Koch, Egmont; Meichsner, Irene: Thetanen in geheimer Mission. In: Die Zeit 15/91, S. 10 (im Folgenden Koch/Meichsner: Thetanen).

8 Miller: Messiah; Atack, Jon: A Piece of Blue Sky. Scientology, Dianetics and L. Ron Hubbard Exposed. New York 1990 (im Folgenden Atack: Blue Sky); Corydon, Bent; Hubbard jr., L. Ron: L. Ron Hubbard. Messiah or Madman? New Jersey 1987 (im Folgenden Corydon/Hubbard: Messiah).

9 Über L. Ron Hubbard. In: L. Ron Hubbard: Dianetik. Die moderne Wissenschaft der geistigen Gesundheit. Kopenhagen 1982, S. 479 (im Folgenden: Über Hubbard).

10 Vgl. Atack: Blue Sky, S. 48.

11 Über Hubbard, S. 479.

12 Haack: Magie, S. 22 ff.

13 Zit. nach Sappell/Welkos: The Mind.

14 Haack: Magie, S. 23.

15 Zit. nach Corydon/Hubbard: Messiah, S. 310; Sappell/Welkos: The Mind.

16 Hubbards Doktortitel stammte von der Sequoia-Universität in Kalifor-

nien, die Christopher Evans als eine inoffizielle Titelfabrik bezeichnet. Hubbard habe seinen Titel dort durch Bargeld erworben; so Evans, Christopher: Kulte des Irrationalen. Reinbek bei Hamburg 1979, S. 25 (im Folgenden Evans: Kulte).

17 Zit. nach Haack: Magie, S. 27.

18 Vgl. Miller: Messiah, Kap. 4.

19 Zit. nach Miller: Messiah, Kap. 3.

20 Vgl. ebd.

21 Über Hubbard, S. 481.

22 Zit. nach Miller: Messiah, Kap. 6. Die neueste und bisher ausführlichste historische Darstellung von Hubbards Kriegserlebnissen bietet im Internet (mit zahlreichen Verlinkungen zu historischen Quellen): Owen, Chris: Ron, der »Kriegsheld«. L. Ron Hubbard und die U. S. Navy 1941–50. 1999 (Übers. des englischsprachigen Originals auf der Website von Peter Widmer: pewid.ch; im Folgenden Owen: Ron, der »Kriegsheld«).

23 Zit. nach ebd.

24 Zu Hubbards Navykarriere und Kriegsverletzungen vgl. Miller: Messiah, S. 96 u. 105 ff.; Atack: Blue Sky, S. 70–88; Sappell/Welkos: The Mind; Haack: Magie, S. 33 f.; Vontobel, Jacques u. a. (Hg. Pestalozzianum Zürich): Das Paradies kann warten. Gruppierungen mit totalitärer Tendenz. Zürich 1992, S. 46 (im Folgenden Vontobel: Paradies).

25 Zur Verbindung Hubbard – Parsons vgl. Miller: Messiah, Kap. 7; Atack: Blue Sky, S. 89–102; Corydon/Hubbard: Messiah, S. 258; Evans: Kulte, S. 30 f.; Haack: Magie, S. 37 ff.

26 Parsons nannte Hubbard »the most Thelemic person I have ever met«; zit. nach Atack: Blue Sky, S. 92.

27 Hubbard war damals noch verheiratet. Sarah Northrup wurde seine zweite Ehefrau, nachdem er sich 1947 von Margaret Louise Grubb hatte scheiden lassen.

28 Zit. nach Steiden/Hamernik: Erben, S. 28. Später behauptete man, Hubbard habe den Satanisten-Orden im Geheimdienstauftrag unterwandert und vernichtet. Tatsache ist: Der O.T.O. besteht heute noch. Vgl. Haack, Friedrich-Wilhelm; Gandow, Thomas: Scientology, Dianetik und andere Hubbardismen. München 1993, S. 26 (im Folgenden: Haack/Gandow: Scientology).

29 Corydon/Hubbard: Messiah.

30 Vgl. ebd., S. 46–47 u. 362.

31 Penthouse-Interview with L. Ron Hubbard Jr. In: Penthouse 6/1983.

32 Zit. nach Miller: Messiah, Kap. 8.

33 Superior Court des Staates Kalifornien für den Bezirk Los Angeles, Richter Paul G. Breckenridge, Urteil von 1984; zit. nach ABI Info vom 18. 2. 2004.

34 Brief Hubbards vom 15. 10. 1947 an die Medical Veterans Administration in Los Angeles: »This is a request for treatment!« (publiziert auf der Website von Ingo Heinemann).

Start als Pseudopsychotherapie: Dianetik

1 Vgl. Miller: Messiah, Kap. 8.
2 Eshbach, Lloyd: Over My Shoulder: Reflections on a Science Fiction Era; zit. nach Reitman: Scientology. – Auf einem Schriftstellerkongress soll er 1949 gesagt haben: »Es wäre töricht, für einen Penny auch nur ein Wort zu schreiben. Wollte man wirklich eine Million Dollar verdienen, so wäre der beste Weg, seine eigene Religion zu gründen« (zit. nach Haack: Magie, S. 40).
3 Vgl. Evans: Kulte, S. 37.
4 Hubbard: Dianetik, S. 19.
5 Zit. nach Vontobel: Paradies, S. 59.
6 L. Ron Hubbard: Dianetics: The Modern Science of Mental Health. Los Angeles 1950, S. 569 (Übers. Guntram Thilo).
7 Zit. nach Haack: Magie, S. 43; vgl. Reitman: Inside Scientology.
8 Einmillionstes Exemplar: vgl. Ästhetik. Magazin der Scientology Kirche Eppendorf 101/2003.
9 Vgl. Sappell/Welkos: The Mind.
10 Hubbard: Dianetik, S. 218.
11 N. N.: Scientology – Kirche auf Abwegen oder Spirituelle Mogelpackung? Wiesbaden 1992, S. 3 (im Folgenden N. N.: Scientology).
12 Evans: Kulte, S. 43 f.
13 Ebd., S. 39.
14 Rabi, Isaac Isidor: Dianetics. Scientific American vom Januar 1950.
15 Scientology-Handbuch, S. 69.
16 Hubbard: Ethik, S. 31.
17 Zit. nach Schröder: Spuren, S. 122.
18 Vgl. Evans: Kulte, S. 71.
19 Zit. nach Koch/Meichsner: Thetanen, S. 11.
20 Tatsächlich gibt es die grundlegenden Hubbard-Elaborate inzwischen auch als Bildergeschichten (Dianetics and Scientology Picture Books).
21 Hubbard: Dianetik, S. 168.
22 Dianetic Auditor's Bulletin, Vol. 1, Nr. 4 vom 4. 10. 1950.
23 Hemminger, Hansjörg: Das Buch Nr. 1 – Dianetik. In: Herrmann: Mission, S. 34 (im Folgenden Hemminger: Dianetik).
24 Hubbard: History, S. 37 ff.; Hubbard: Dianetik, S. 63 ff., 83 u. 94 ff.
25 Vgl. Keltsch, Jürgen: Was ist Scientology? Die Fabrikation der Mensch-

Maschine im Kybernetischen Lernlabor. München 1999 (im Folgenden Keltsch: Mensch-Maschine).

26 Hubbard, L. Ron: Haben Sie vor diesem Leben gelebt? Kopenhagen 1987, S. 60.

27 Hubbard, L. Ron: Technical Bulletins II, S. 474, Technical Bulletin vom 22. 7. 1956 (Übers. Ingo Heinemann); vgl. Website von Ingo Heinemann (Kap. »Hubbard über Gehirnwäsche«).

28 Booklet des Scientology Professional Auditors Course. Kopenhagen 1982.

29 Brief Hubbards an das FBI vom 16. 12. 1955; vgl. im Internet: Operation Clambake – The H-Files (www.xenu.net/archive/FBI/fbi-133.html).

30 Vgl. Hubbard, L. Ron: Technical Bulletins II, S. 309, u. Hubbard: Radioaktive Strahlung, S. 82 ff.; vgl. Website von Ingo Heinemann, Kap. »Hubbard über Gehirnwäsche«.

31 Zit. nach Evans: Kulte, S. 60 f.

32 Vgl. Evans: Kulte, S. 56; Miller: Messiah, Kap. 9.

33 Küfner/Nedopil/Schöch: Scientology, S. 51.

34 Vgl. Miller: Messiah, Kap. 10; Atack: Blue Sky, S. 114 ff.; Haack: Magie, S. 46.

35 Zit. nach Miller: Messiah, Kap. 11.

36 Zit. nach ebd., Kap. 10 u. 11.

37 Vermutlich war er »manisch-depressiv mit paranoiden Tendenzen«, so Hubbards ehemalige Geliebte Barbara Kaye, die später Psychologin wurde; zit. nach Miller: Messiah, Kap. 10.

38 Anderson-Report; zit. nach Evans, Kulte, S. 95.

39 Certainty 1968; zit. nach Evans: Kulte, S. 119.

40 HCO PL vom 28. 11. 1970: Psychosen.

41 Miller: Messiah, Kap. 10; vgl. Atack: Blue Sky, S. 120 ff.

42 Evans: Kulte, S. 55.

Tarnung als Kirche: Scientology

1 Vgl. ebd., S. 66 ff.; Atack: Blue Sky, S. 121 – 127, sowie Eric Townsend: The Sad Tale of Scientology. Bramhall, Stockport 1985, S. 16.

2 Zit. nach N. N.: Scientology, S. 10.

3 Zit. nach Haack: Magie, S. 69.

4 Hubbard, L. Ron: A History of Man, East Grinstead 1961, S. 5 (im Folgenden Hubbard: History).

5 Hubbard, L. Ron: Haben Sie vor diesem Leben gelebt? Kopenhagen 1987, S. 50.

6 Hubbard: History, S. 6.

7 Evans: Kulte, S. 72.

8 Zit. nach N. N.: Scientology, S. 10.

9 Vgl. Evans: Kulte, S. 75; Deutscher Bundestag, 13. Wahlperiode, Drucksache 13/10950 vom 9. 6. 1998: Endbericht der Enquete-Kommission »Sogenannte Sekten und Psychogruppen«, S. 205 (im Folgenden Bundestags-Enquete-Kommission: Endbericht).

10 Preis lt. Ästhetik. Magazin der Scientology Kirche Eppendorf 101/2003.

11 Hubbard, L. Ron: Haben Sie vor diesem Leben gelebt? Kopenhagen 1987, S. 62.

12 Zit. nach Koch/Meichsner: Thetanen, S. 9.

13 Träger/Caberta: Scientology, S. 115.

14 Hubbard: History, S. 41.

15 Ebd., S. 37 ff.

16 Ebd., S. 43. Richtig heißt es »Homo novus«.

17 Kent, Stephen A.: Scientology, religiöse Ansprüche und Heilungsschwindel. In: Berliner Dialog, 1/1997, S. 22–25 (im Folgenden Kent: Scientology).

18 Ebd.

19 Reality vom Mai 1960; zit. nach FBI Files on L. Ron Hubbard, FBI File 300B; vgl. Website von Operation Clambake (www.xenu.net).

20 Evans: Kulte, S. 86.

21 Hubbard, L. Ron: Quelle der Lebensenergie gefunden. In: Scientology Nr. 3-G (1951); zit. nach Evans: Kulte, S. 87.

22 Hubbard, L. Ron: Technical Bulletins Bd. II, S. 266 (Bulletin vom 16. 9. 1955).

23 Hubbard verglich Scientology in der Anfangszeit genau drei Mal mit »östlichen Religionen«: 1954, 1960, 1962. Jedesmal drohten Prozesse, vgl. Kent: Scientology.

24 Vgl. Tax Court of California, Urteil vom 24. 9. 1984; zit. nach Owen, Chris: Timeline of Scientology versus the IRS (www.cs.cmu.edu/dst/ Cowen/essays.html).

25 Der Verein hieß »Scientology Freunde«, Amtsgericht Charlottenburg 2095 Nz, gegründet 1954, aufgelöst 1966.

26 Alle Zitate dieses Absatzes Evans: Kulte, S. 80 f.

27 Alle Zitate dieses Absatzes ebd., S. 81 ff.

28 Vgl. N. N.: Scientology, S. 24.

29 Vgl. Russell: Messiah, Kap. 13.

30 Evans: Kulte, S. 86.

31 Watchdog Committee, Policy Directive 19 vom 7. 7. 1982: The Integrity of Source.

32 Verfassungsschutz Hamburg: Geheimdienst, S 6.

33 Owen, Chris: Die Korruption von Scientology. 1998 (Website von Peter Widmer: www.pewid.ch; im Folgenden Owen: Korruption).

34 Hubbard, L. Ron: Handbuch des Rechts. Kopenhagen 1959, S. 7.

35 Alle Zitate aus dem Anderson-Report nach Evans, Kulte, S. 95.

36 Psychological Practices Act in Victoria (1965); später gefolgt vom Scientology Act in Westaustralien (1968) und dem Psychological Practices Act in Südaustralien (1973). Zwischen 1976 und 1982 wurden die Scientology-Verbote wieder aufgehoben. Vgl. Miller: Messiah, Kap. 15.

37 Foster-Report, zit. nach Haack: Magie, S. 269

38 HCO PL vom 29. 10. 1962: Religion.

39 Haack: Jugendsekten, S. 55.

40 Hubbard, L. Ron: Creation of Human Ability, Los Angeles: A.S.H.O. 1971, S. 251: »Scientology ... is not a psycho-therapy nor a religion.«

41 Hubbard, L. Ron: Scientology. Die Grundlagen des Denkens. Kopenhagen 1981, S. 15.

42 Church of Scientology: The Findings on the US Food and Drug Agency. Pressemitteilung 1968.

43 Vgl. Miller: Messiah, S. 247; Atack: Blue Sky, S. 154, 193, 204.

44 Zit. nach Evans: Kulte, S. 94 f.

Space Opera und Super Power: der Übermensch

1 Ebd., S. 96 f.

2 Vgl. Miller: Messiah, Kap. 15.

3 Das berichtete der Scientologe John McMaster; vgl. Miller: Messiah, Kap. 15.

4 Vgl. ebd.

5 Zit. nach Evans: Kulte, S. 98; vgl. Miller: Messiah, Kap. 15.

6 LRH Leitungsbrief vom 12. 3. 1966: Corporate Status.

7 Evans: Kulte, S. 124 f.

8 Rhodesia Sunday Mail vom 22. 5. 1966; zit. nach Miller: Messiah, Kap. 15.

9 Zit. nach Evans: Kulte, S. 102.

10 Vgl. Sappell/Welkos: The Mind; Miller: Messiah, Kap. 16.

11 Haack: Magie, S. 60.

12 Zit. nach Miller: Messiah, Kap. 15.

13 LRH Leitungsbrief vom 12. 3. 1966: Corporate Status; zit. nach Foster-Report (s. Website von Ingo Heinemann).

14 Young, Robert Vaughn: Reich des Bösen. In: Der Spiegel 39/1995, S. 107.

15 Behar, Richard: Scientology, ein gefährlicher Kult. In: Das Beste aus Reader's Digest 10/91, S. 90 (im Folgenden Behar: Scientology).

16 Evans: Kulte, S. 89.

17 Zit. nach Kent: Scientology.

18 Zit. nach Evans: Kulte, S. 101.

19 Ebd., S. 102.

20 Aussage des Scientologen John McMaster; zit. nach Miller: Messiah, Kap. 15.
21 Zit. nach Evans: Kulte, S. 108 f.; Miller: Messiah, Kap. 16.
22 Zit. nach Miller: Messiah, Kap. 16.
23 People vom 18. 2. 1968; zit. nach Evans: Kulte, S. 109.
24 Zit. nach Haack: Magie, S. 138.
25 Vgl. Evans: Kulte, S. 128.
26 Hubbard, L. Ron: Fachwortsammlung für Dianetik und Scientology. Kopenhagen 1979, S. 17 (im Folgenden Hubbard: Fachwortsammlung 1979); Hubbard: History, S. 44 f.
27 Vgl. Kaufman: Übermenschen, S. 166.
28 Zit. nach Voßmerbäumer, Peter: Inside Scientology. Meine Erfahrungen im Machtapparat der »Church«. München 1996, S. 113 (im Folgenden Voßmerbäumer: Inside Scientology).
29 HCOB vom 11. 5. 1963: Heaven.
30 Vgl. Richardson: Rising Star.
31 Zit. nach Reitman: Inside Scientology.
32 Zit. nach Haack: Jugendsekten, S. 53.
33 Voßmerbäumer: Inside Scientology, S. 125.
34 Angaben über die OT-Stufen nach: Robinson, Michael: Operating Thetan Summary and Analysis, 1995 (Analyse der sogenannten Fishman Declaration; vgl. Kap. »Gegenwind«).
35 Träger/Caberta: Scientology, S. 103 ff.
36 HCO PL vom 7. 4. 1961: Johannesburg Security Check (Übers. d. A.). Vgl. auch HCOB vom 21. 9. 1961: HCO WW Sicherheitsformular 8.
37 Zit. nach Träger: Staat, S 90.
38 Scientology-Broschüre: Streben Sie jetzt zu völliger Freiheit. Zit. nach Thiede, Werner: Scientology – Religion oder Geistesmagie? Konstanz 1992, S. 71.
39 Vgl. Wollersheim: Interview mit Jesse Prince.
40 Zit. nach Website von Tilman Hausherr (http://home/snafu.de/tilman/) (New OT 8 Rundown).
41 Vgl. Super Power Building. Artikel auf der Website von Wikipedia (www.wikipedia.org; heruntergeladen im März 2008).
42 Wollersheim: Eidesstattliche Versicherung, S. 249 f.
43 Voßmerbäumer: Inside Scientology, S. 116 f.
44 Fishman, Steven: Who Is Steven Fishman? Website xs4all.nl (heruntergeladen im April 2008).
45 Vgl. Stern vom 16. 4. 1990.
46 Atack, Jon: The Total Freedom Trap: Scientology, Dianetics and L. Ron Hubbard. Booklet, veröffentlicht im Internet, heruntergeladen Jan. 2008 (Website von Tilman Hausherr: http://home/snafu.de/tilman/).
47 Wollersheim: Eidesstattliche Versicherung, S. 265 f.

Apokalypse und Gewalt: die Psychodiktatur

1 Bunker gegen Aliens. In: Energy Radio (Online) vom 27. 9. 2007 (heruntergeladen im März 2008).
2 Zit. nach Evans: Kulte, S. 90.
3 HCO PL vom 10. 1. 1968, Neufassung von LRH SECED 56 INT vom 14. 6. 1965: Freiheit von Politik; zit. nach Klump: Extremismus, S. 92.
4 Zit. nach Stamm, Hugo: Im Bann der Apokalypse. Endzeitvorstellungen in Kirchen, Sekten und Kulten. München 1999, S. 309 f. (im Folgenden Stamm: Apokalypse).
5 HCO PL vom 7. 2. 1965: Keep Scientology Working.
6 Hubbard: Dianetik, S. 491.
7 Hubbard: Fünf Jahre; zit. nach Stamm: Apokalypse, S. 309 f.
8 Stamm: Apokalypse, S. 309 f. u. 319.
9 Informationen und Zitate dieses Absatzes nach Doomsday Religious Movements. Perspectives, Report 3/2000, hg. von Canadian Security Intelligence Service (CSIS). Ottawa 1999 (im Folgenden CSIS: Doomsday Movements).
10 Informationen und Zitate dieses Absatzes nach CSIS: Doomsday Movements.
11 Shoko Asahara wurde zum Tode verurteilt und wartete 2009 noch auf seine Hinrichtung.
12 HCO PL vom 7. 12. 1969: Ethics, the Design of.
13 Hubbard, L. Ron: Haben Sie geholfen? In: Der Auditor, 9/1965.
14 International Scientology News, 8/1998, S. 11; zit. nach Klump: Extremismus, S. 90 f.
15 HCO PL vom 6. 3. 1966: Belohnungen und Strafen.
16 HCO PL vom 2. 11. 1970: Die Theorie von Scientology-Organisationen.
17 Klump: Extremismus, S. 97.
18 HCO PL vom 13. 2. 1965: Politik.
19 Alle Zitate aus: Hubbard, L. Ron: International City. Saint Hill Special Briefing Course, Lectures 3775–390. Kopenhagen 1991; zit. nach Klump: Extremismus, S. 94–98.
20 Ebd., S. 98; Keltsch: Mensch-Maschine.
21 Keltsch: Mensch-Maschine.
22 Alle Zitate nach Hubbard: Wissenschaft, S. 171 f. u. 183 ff.
23 Ebd., S. 172.
24 Hubbard, L. Ron. Ron's Journal 67/1967.
25 Zit. nach Evans: Kulte, S. 48.
26 HCO PL vom 18. 3. 1965: Offenses and Penalties.
27 Weihnachtsbotschaft 1976 von L. Ron Hubbard; zit. nach Haack: Magie, S. 96.
28 Hubbard: Ethik, S. 45.

29 Hubbard: Dianetik, S. 488, 513.

30 Ebd., S. 398.

31 Eine gute Zusammenstellung der rassistischen Äußerungen bietet die Kritiker-Website www.solitarytrees.net/racism.

32 Hubbard, L. Ron: PAB Br. 119 vom 1. 9. 1957.

33 Hubbard: Ethik, S. 241.

34 HCO PL vom 15. 8. 1960: Abteilung für Behördenangelegenheiten (Übers. Verfassungsschutz Hamburg: Geheimdienst).

35 HCOB vom 10. 6. 1960: Die Funktionsfähigkeit der Scientology erhalten. Was wir von einem Scientologen erwarten.

36 HCOB vom 23. 6. 1960: Special Zone Plan – The Scientologist's Role in Life.

37 Ebd.

38 Atack, Jon: Scientology: Religion or Intelligence Agency? Dialogzentrum Berlin 1995.

39 Hubbard, L. Ron: International City. Saint Hill Special Briefing Course, Lectures 3775–390. Kopenhagen 1991; zit. nach Klump: Extremismus, S. 95.

40 HCO PL vom 27. 3. 1965: The Justice of Scientology; vgl. HCO PL vom 13. 3. 1961: Department of Official Affairs.

41 Vgl. Atack: Blue Sky, S. 219 ff.

42 Hubbard Executive Directive 119 Int. vom 27. 8. 1970: My Own Objectives.

43 Hubbard, L. Ron: Confidential, Intelligence Actions, Covert Intelligence Data Collection. Memorandum vom 2. 12. 1969.

44 Hubbard, L. Ron: Admin Scale. Assistant Guardian B 1. O.D., verm. 1977; zit. nach Verfassungsschutz Hamburg: Geheimdienst, S. 27.

45 Hubbard, L. Ron: Guardian Order 1514 vom 26. 1. 1975 (Übers. Verfassungsschutz Hamburg: Geheimdienst, S. 27).

46 HCO PL vom 13. 2. 1965: Politik.

47 Young: Reich des Bösen, S. 107.

48 LRH Executive Directive 326 INT vom 13. 3. 1981: Birthday Game 1981/82.

49 HCOB vom 5. 5. 1980: OT-8 Series 1 Confidential; Wollersheim: Interview mit Jesse Prince.

Der Commodore auf See

1 Die Schilderung der Zeit auf See 1967–1975 folgt Miller: Messiah, Kap. 16 u. 17; Atack: Blue Sky, S. 163–214; Evans: Kulte, S. 106 ff.; Sappell/Welkos: The Mind; Owen: Korruption.

2 Miller: Messiah, Kap. 18.

3 Ebd.
4 Zit. nach Sappell/Welkos: The Mind.
5 Zit. nach ebd.
6 Rosenblum: Eidesstattliche Erklärung, S. 35.
7 Informationen und Zitate dieses Absatzes nach ebd. u. Miller: Messiah, Kap. 17–19.
8 Zit. nach Miller: Messiah, Kap. 18.
9 Atack: Blue Sky, S. 195 f.
10 Zit. nach Miller: Messiah, Kap. 17.
11 Miller: Messiah, Kap. 16.
12 Vgl. Atack: Blue Sky, S. 202 ff.; Corydon/Hubbard: Messiah, S. 59; Prozessunterlagen Scientology vs. Gerald Armstrong 1987.
13 Zit. nach Sappell/Welkos: The Mind; vgl. Miller: Messiah, Kap. 19.
14 Alle Zitate dieses Absatzes nach Miller: Messiah, Kap. 19 u. Sappell/ Welkos: The Mind.
15 Rosenblum: Eidesstattliche Erklärung, S. 37; vgl. Prince, Jesse: Why Scientologists Don't Use Scents. Clearwater, 30. 8. 2000 (Website des Lisa McPherson Trust International oder »Lisatrust«).
16 HCOB vom 26. 8. 1982: Pain and Sex. Vgl. Zimmer, Gene: Alteration of Scientology Materials Report.

Hubbards Gehirnwäsche-Ethik

1 G., S.: Eidesstattliche Erklärung. In: Aktion Bildungsinformation e. V. (Hg.): Eidesstattliche Erklärung. Stuttgart 1980, S. 9 (im Folgenden G.: Eidesstattliche Erklärung).
2 Zit. nach Haack: Magie, S. 61.
3 Daily Mail vom 3. 8. 1968; zit. nach Evans: Kulte, S. 124.
4 Vgl. Miller: Messiah, Kap. 18.
5 Tabayoyon: Zeugenaussage, Abschnitt 134 (Übers. AG Scientology Hamburg).
6 Vgl. Voßmerbäumer: Inside Scientology, S. 155.
7 Vgl. Miller: Messiah, Kap. 16; Behar, Richard: The Prophet and Profits of Scientology. In: Forbes vom 27. 10. 1986 (im Folgenden Behar: Prophet und Profits).
8 LRH Special Bulletin, Missions-Order 23; zit. nach Evans: Kulte, S. 114; vgl. Miller: Messiah, Kap. 16.
9 Hubbard, L. Ron: Handbuch des Rechts. Kopenhagen 1959, S. 8.
10 HCO PL vom 18. 6. 1968: Ethik.
11 Hubbard: Ethik, S. 31.
12 Hubbard: Fachwortsammlung 1979, S. 29.
13 So Reitman: Inside Scientology.

14 HCO PL vom 12. 7. 1980: Die Grundlagen von Ethik.

15 HCO PL vom 5. 1. 1968.

16 Hubbard, L. Ron: Modern Management Technology Defined. Kopen-
    hagen 1976, S. 341 (im Folgenden Hubbard: Modern Management).
    Übers. Kent, Stephen A.: Gehirnwäsche im Rehabilitation Project Force
    (RPF) der Scientology-Organisation. Hamburg 2000; S. 19 (im Folgen-
    den Kent: RPF).

17 Vgl. Träger/Caberta: Scientology, S. 96.

18 HCO PL vom 18. 10. 1967, Issue IV: Penalties for Lower Conditions;
    vgl. HCO PL vom 17. 3. 1965: Freiwild. Gesetz. Organisation, unterdrü-
    ckerische Handlungen; HCO PL vom 23. 12. 1965: Ethik. Unterdrücke-
    rische Handlungen. Unterdrückung von Scientology.

19 Vgl. Scarff, Gary: Eidesstattliche Versicherung vom 14. 8. 1997, Ab-
    schnitt 38; Wakefield, Margery: Understanding Scientology. Tampa
    1991, Kap. 12 (im Folgenden Wakefield: Understanding Scientology).

20 HCO PL vom 21. 10. 1968: Aufhebung des Freiwildgesetzes.

21 Hubbard, L. Ron: The Creation of Human Ability (Der Ehrenkodex).
    Dt. Übers. O. O. o. J.

22 HCO PL vom 16. 5. 1965, Ausgabe II: Anzeichen in Organisationen.

23 Vgl. Wallis, Roy: The Road to Total Freedom. New York 1976, S. 140;
    Slamming in Standard Ethics. In: High Winds (Scientology-Zeitschrift)
    1998, S. 19, zit. nach Kent, Stephen A.: Scientology and the European
    Human Rights Debate: A Reply to Leisa Goodman, J. Gordon Melton,
    and the European Rehabilitation Project Force Study. Marburg Journal
    of Religion, Vol. 8, Nr. 1 von Sept. 2003 (im Folgenden Kent: Reply).

24 Evans: Kulte, S. 113 u. 123.

25 Ebd., S. 116; vgl. Miller: Messiah, Kap. 17.

26 Zit. nach Miller: Messiah, Kap. 17.

27 Burden, Tonja: Eidesstattliche Erklärung. In: Aktion Bildungsinforma-
    tion e. V. (Hg): Eidesstattliche Erklärungen. Stuttgart 1980, S. 84 (im
    Folgenden Burden: Eidesstattliche Erklärung).

28 Zit. nach Miller, Kap. 19.

29 Anstellungsvertrag der »Sea Organization« (dt. Ausgabe). Zit. nach
    Arbeitskreis Neue Jugendreligionen (Hg.): Info-Mappe zum Thema
    Scientology Kirche. Berlin 1992, S. 18.

30 HCO PL vom 7. 2. 1965: Keeping Scientology Working.

31 Cls.: Klage gegen Eltern endet mit Vergleich. In: Die Welt vom
    1. 11. 2002, S. 34.

32 Zit. nach Swietczak, Beate: »Ich war Gefangene im Erziehungslager der
    Psycho-Sekte«. In: Bild Hamburg vom 30. 10. 2002, S. 7; Müller, Peter:
    Kindheit im Lager. In: taz vom 1. 11. 2002, S. 22.

33 Keltsch: Mensch-Maschine.

34 Zitate von Susanne Elleby nach Potthoff, Norbert; Kemming, Sabine:

Scientology-Schicksale. Bergisch-Gladbach 1998, S. 64 ff. (im Folgenden Potthoff/Kemming: Scientology-Schicksale).

35 Church of Scientology International: Description of the Scientology Religion. Los Angeles 1993, S. 7 (im Folgenden: Description).

36 Zit. nach Welkos, Robert W.; Sappell, Joel: Defectors Recount Lives of Hard Work, Punishement. In: The Los Angeles Times vom 26. 6. 1990 (im Folgenden Welkos/Sappell: Defectors).

37 Zit. nach ebd.

38 Vgl. Miller: Messiah, Kap. 18.

39 Zu Clearwater vgl. ebd., Kap. 19 u. 20; Atack: Blue Sky, S. 209–214.

40 Informationen und Zitate dieses Absatzes nach Miller: Messiah, Kap. 20.

41 Vgl. Erklärung von Lawrence Woodcraft, Clearwater (Florida) vom 24. 1. 2001 (Übers. Ilse Hruby). Website www.whyaretheydead.net; zur Stilllegung der »Freewinds« durch die Hafenbehörde in Curacao vgl. Nordhausen, Frank: Das Totenschiff der Sekte. In: Berliner Zeitung vom 28. 5. 2008.

42 Burden: Eidesstattliche Erklärung, S. 83.

43 Zit. nach Vontobel: Paradies, S. 49.

44 Informationen und Zitate dieses Absatzes nach Miller: Messiah, Kap. 20.

45 Vgl. ebd., Kap. 21; Sappell/Welkos: The Mind.

46 G.: Eidesstattliche Erklärung, S. 8.

47 Scientology: A Long Trail of Controversy. In: The Los Angeles Times vom 27. 8. 1978.

48 Gespräch mit dem Autor im September 2007.

49 N. N.: Scientology, S. 33. Franz Dunkel ist ein fiktiver Name, weil der Autor dieser Broschüre sich nicht zu erkennen gibt. Er gehört offensichtlich zur »Freien Zone«, einer Vereinigung ehemaliger Scientology-Mitglieder, die die Sekte aus Protest verlassen haben.

Geheimcode »Schneewittchen«

1 Zit. nach Methvin, Eugene H.: Die erschreckenden Praktiken der Scientology-»Kirche«. In: Das Beste aus Reader's Digest vom Mai 1980.

2 Vgl. Website von Ingo Heinemann, Kap. »Kritiker sind Verbrecher«.

3 Die Darstellung der »Operation Schneewittchen« folgt Atack: Blue Sky, S. 226–241; Miller: Messiah, Kap. 20; Codename Schneewittchen. In: Der Spiegel 39/1995, S. 104 f.

4 Lamont, Stewart: Religion, Inc. 1986; zit. nach Miller: Messiah, Kap. 21.

5 Zit. nach Young: Reich des Bösen, S. 110.

6 HCOPL vom 16. 2. 1969: Ziele, Verteidigung.

7 Vgl. Wakefield: Understanding Scientology, Kap. 12; Atack, Jon: The Hubbard Intelligence Agency. Manuskript von 1995 (heruntergeladen von der Kritiker-Website holysmoke.org im März 2008; im Folgenden Atack: Hubbard Intelligence Agency).

8 Vgl. Miscavige, David: Eidesstattliche Erklärung im Verfahren Scientology International vs. Fishman/Geertz, 8. 2. 1994 (im Folgenden Miscavige: Eidesstattliche Erklärung).

9 Darstellung nach einem Flugblatt des Guardian's Office, vermutlich vom 1978; vgl. Haack: Magie, S. 243 f.

10 Hubbard: Guardian Office Deutschland.

11 Sentencing Memorandum USA vs. Mary Sue Hubbard et al. US District Court for the District of Columbia, Criminal Case No. 78−401; zit. nach Atack, Jon: Religion or Intelligence Agency? Vortrag auf der Tagung des Dialog Center International, Berlin vom Okt. 1995; vgl. Website von Tilman Hausherr (im Folgenden Atack: Religion).

12 Miller: Messiah, Kap. 20.

13 Sentencing Memorandum USA vs. Mary Sue Hubbard et al. US District Court for the District of Columbia, Criminal Case No. 78−401; zit. nach Atack: Religion.

14 Zit. nach Claridge, Thomas: Judge Rejects Jail Sentences for Individuals Who Infiltrated Government in '70s. In: The Toronto Globe and Mail vom 12. 9. 1992.

15 Hubbard, L. Ron: Re: Intelligence. Zit. nach Wakefield: Understanding Scientology, Kap. 12.

16 Wakefield: Understanding Scientology, Kap. 12.

17 HCO PL vom 4. 1. 1966: LRH Beziehungen zu Orgs.

18 HCO PL vom 15. 8. 1967: Disziplin, Unterdrücker und Verwaltung. Wie Statistiken abstürzen.

19 Commodore's Staff Guardian: Confidential; zit. nach Verfassungsschutz Hamburg: Geheimdienst, S. 29.

20 HCO PL vom 17. 2. 1966: Angriffe auf Scientology.

21 HCO PL vom 17. 2. 1966: Angriffe auf Scientology (fortgesetzt am 18. 2. 1966).

22 HCO PL vom 16. 2. 1969: Confidential. Battle Tactics; zit. nach Verfassungsschutz Hamburg: Geheimdienst, S. 27.

23 Minshull, Ruth: Auf und Ab. Wiesbaden 1977, S. 44.

24 Eine ausführliche Darstellung der geheimdienstlichen Ausbildung im GO gibt Wakefield: Understanding Scientology, Kap. 12.

25 Hubbard, L. Ron: The Strike. Memorandum vom 17. 10. 1971.

26 Vgl. Wakefield: Understanding Scientology, Kap. 12.

27 Ebd.

28 Guardian's Office: The Correct Use of Codes; Re: Coding/Wording of Messages; zit. nach Wakefield: Understanding Scientology, Kap. 12.

29 Guardian's Office: Basic and Essential Security; vgl. Wakefield: Understanding, Kap. 12.

30 HCO PL vom 1. 9. 1969: Spionageabwehr.

31 Informationen nach Anklageschrift, Bundesgericht der Vereinigten Staaten für den District of Columbia, Vereinigte Staaten, gegen Mary Sue Hubbard und andere, Strafsache Nr. 78–401. Washington DC, Oktober 1979. Dt. Übers. Aktion Bildungsinformation 1980 (im Folgenden Bundesgericht des District of Columbia: Anklageschrift).

32 Vgl.: Bundesgericht des District of Columbia: Anklageschrift.

33 Hubbard, L. Ron: Belobigungsschreiben vom 23. 6. 1974. In: Hubbard, L. Ron: Guardian's Office Deutschland. Informationsbroschüre der Scientology Kirche Deutschland e. V. 1976; zit. nach Verfassungsschutz Hamburg: Geheimdienst, S. 23.

34 Wollersheim: Eidesstattliche Versicherung, S. 164 ff.

35 Zit. nach Miller: Messiah, Kap. 20.

36 Bundesgericht des District of Columbia: Anklageschrift.

37 Codename Schneewittchen. In: Der Spiegel 39/1995, S. 104 f.

38 Young: Reich des Bösen, S. 105.

39 Faksimile-Darstellung auf der Website von Ingo Heinemann, Kap. »Die Verschwörung Scientology gegen USA – Das Schuldbekenntnis«.

40 Young: Reich des Bösen, S. 111.

41 Hat Write Up. In: Ausgewählte Anlagen zum Beschluss der Staatsanwaltschaft München 115 Js 4298/84. AGPF-Materialdienst 15/86, S. 12 (im Folgenden: Hat Write Up).

42 Young: Reich des Bösen, S. 111.

Transit ins Universum

1 Rosenblum: Eidesstattliche Erklärung, S. 34.

2 Zit. nach Sappell/Welkos: The Mind; zu diesem Absatz vgl. Miller: Messiah, Kap. 21.

3 Zit. nach Heinemann, Ingo: Die Scientology-Sekte und ihre Tarnorganisationen. Stuttgart 1979, S. 10 f. (im Folgenden Heinemann: Scientology); Haack: Magie, S. 275.

4 Informationen und Zitate dieses Absatzes nach Miller: Messiah, Kap. 20.

5 Informationen und Zitate dieses Absatzes nach ebd.; vgl. Atack: Blue Sky, S. 245 ff.

6 Die Schilderung der Jahre im Untergrund folgt Miller: Messiah, Kap. 21 u. 22; Sappell/Welkos: The Mind; Voßmerbäumer: Inside Scientology, S. 157 ff.

7 Zit. nach Sappell/Welkos: The Mind.

8 Zit. nach ebd.

9 Vgl. Prince, Jesse: Why Scientologists Don't Use Scents. Clearwater, 30. 8. 2000 (Website des LMT International oder »Lisatrust«).

10 Darstellung der Zeit in Creston nach Miller: Messiah, Kap. 21; Sappell/Welkos: The Mind; Atack: Blue Sky, S. 351 ff.

11 Vgl. Voßmerbäumer: Inside Scientology, S. 159.

12 Vgl. Behar: Prophet and Profits.

13 Zit. nach Hauser, Linus: Scientology und Science Fiction. In: Valentin, F.; Knaup, H. (Hg.): Scientology – der Griff nach Macht und Geld. Freiburg i. Br. 1992, S. 67 f. (im Folgenden Hauser: Scientology).

14 Die Schilderung des Todes und der Verbrennung folgt Miller: Messiah, Kap. 21; Sappell/Welkos: The Mind.

15 Young, Robert Vaughn: Hubbards Tod. Usenet-Newsgroup alt.religion. scientology; Posting vom 2. 9. 1998 (Übers. Internet; im Folgenden Young: Hubbards Tod).

16 Zit. nach Sappell/Welkos: The Mind.

17 Zit. nach Schröder: Spuren, S. 143.

18 Young: Hubbards Tod.

19 Vgl. ebd.

David Miscavige – Aufstieg eines neuen Führers

1 Zit. nach Tobin, Thomas C.: The Man Behind Scientology. In: St. Petersburg Times vom 25. 10. 1998 (Übers. d. A.; im Folgenden Tobin: The Man).

2 Interview mit David Miscavige (Interviewer Ted Koppel). Nightline. ABC-Sendung vom 14. 2. 1992 (Official ABC Transcripts; im Folgenden Koppel: Miscavige-Interview).

3 Zit. nach Tobin: The Man.

4 Zit. nach ebd.

5 Zit. nach ebd.

6 Die Biographie von David Miscavige folgt Tobin: The Man; Atack: Blue Sky, bes. S. 264 ff. u. 286 ff.; Sappell, Joel; Welkos, Robert W.: The Man in Control. In: The Los Angeles Times vom 24. 6. 1990 (im Folgenden Sappell/Welkos: The Man).

7 Zit. nach Tobin: The Man.

8 Zit. nach ebd.

9 Zit. nach ebd.

10 Wollersheim: Interview mit Jesse Prince.

11 Zit. nach Tobin: The Man.

12 Zit. nach Atack: Blue Sky, S. 265.

13 HCO PL vom 26. 12. 1968: Das Gesetz der Dritten Partei.

14 Vgl. Atack: Blue Sky, S. 265 ff.

15 Ebd., S. 265.

16 Vgl. Wollersheim: Interview mit Jesse Prince.

17 Vgl. Morton: Tom Cruise, S. 182.

18 Prince, Jesse: Hallo Kritiker von Scientology und Scientologen. Posting an die Usenet-Newsgroup alt.religion.scientology vom 5. 9. 1998 (heruntergeladen im März 2008; die schlechte anonyme Übersetzung im Internet wurde stilistisch leicht überarbeitet; im Folgenden Prince: Hallo Kritiker).

19 Zit. nach Tobin: The Man.

Der Scientology-Krieg

1 Darstellung der Auflösung des Guardian's Office nach Atack: Blue Sky, S. 266 ff.

2 Darstellung nach ebd., S. 267 f.

3 Ebd., S. 268.

4 Zit. nach Mystery of the Vanished Ruler. In: Time vom 31. 1. 1983.

5 Vgl. Atack: Blue Sky, S. 209 ff.

6 Vgl. Tobin: The Man.

7 Vgl. Verfassungsschutz Hamburg: Geheimdienst, S. 44.

8 Vgl. Miller: Messiah, Kap. 22; Atack: Blue Sky, S. 266.

9 Vgl. Miller: Messiah, Kap. 22.

10 Vgl. ebd.

11 Den besten Überblick über die Säuberungsaktionen gibt Atack: Blue Sky, S. 269 ff. u. 284–307; vgl. Miller: Messiah, Kap. 22; Wollersheim: Interview mit Jesse Prince.

12 Zit. nach Mystery of the Vanished Ruler. In: Time vom 31. 1. 1983.

13 Vgl. Greene, Peter: Debrief. 1982 (Website der Freien Zone Deutschland: www.freezone.de).

14 Religious Technology Center: David Miscavige Biography (Scientology-Website, 15. 3. 2008).

15 N. N.: Scientology, S. 31.

16 Option Agreement. Notarized Agreement between L. Ron Hubbard and the Church of Spiritual Technology, County of Los Angeles, California, 10. 5. 1992/9. 7. 1982.

17 Vgl. Behar: Prophet and Profits; Atack: Blue Sky, S. 289.

18 Sie trat damit an die Stelle der früheren Church of Scientology of California.

19 Vgl. Welkos, Robert W.; Sappell, Joel: Church Scriptures Get High-Tech-Protection. In: The Los Angeles Times vom 24. 6. 1990 (im Folgenden Welkos/Sappell: Church Scriptures).

20 Vgl. Miller: Messiah, Kap. 22 unter Hinweis auf Behar: Prophet und Profits; Prince: Hallo Kritiker.

21 Prince, Jesse: Kein Gewissen, keine Kirche. Posting an die Usenet-Newsgroup alt.religion.scientology vom 29. 9. 1998 (heruntergeladen im März 2008; die schlechte anonyme Übersetzung im Internet wurde stilistisch leicht überarbeitet; im Folgenden Prince: Kein Gewissen).

22 Prince: Hallo Kritiker.

23 Zit. nach Morton: Tom Cruise, S. 182 f.

24 Zit. nach Behar: Prophet and Profits.

25 Vgl. Atack: Blue Sky, S. 299.

Säuberungskonvent und Strafkompanie

1 Informationen und Zitate zur Mission-Holder-Konferenz vom 17. 10. 1982 nach Atack: Blue Sky, S. 293–299; Mystery of the Vanished Ruler. In: Time vom 31. 1. 1983.

2 Atack: Blue Sky, S. 299.

3 SO ED 2104 INT »The Flow Up The Bridge, The US Mission Holders Conference, San Francisco 1982«, Transcript, S. 1.

4 N. N.: Scientology, S. 28.

5 Informationen und Zitate nach Mystery of the Vanished Ruler. In: Time vom 31. 1. 1983.

6 Zit. nach Stamm, Hugo: Scientology steckt weltweit in einer Krise. In: Tages-Anzeiger (Zürich) vom 9. 11. 1983 (im Folgenden Stamm: Scientology).

7 N. N.: Scientology, S. 23.

8 Ebd., S. 28.

9 Burden: Eidesstattliche Erklärung, S. 77 ff.

10 Ebd.

11 Ebd.

12 Vgl. Welkos/Sappell: Defectors.

13 Vgl. Atack: Blue Sky, S. 286 f.

14 Mayo, David: Eidesstattliche Erklärung. Palo Alto (Kalifornien), 1. 5. 1987. Website von Ingo Heinemann, Kap. »David Mayo: Ein ehemaliger Chef-Scientologe sagt aus«.

15 Prince: Kein Gewissen.

16 Mayo: Eidesstattliche Erklärung, Abschnitt 14 (Übers. Ingo Heinemann).

17 Tabayoyon: Zeugenaussage, Abschnitte 76 u. 77 (Übers. AG Scientology Hamburg).

18 Informationen und Zitate nach Mystery of the Vanished Ruler. In: Time vom 31. 1. 1983.

Das neue Imperium

1 Church of Scientology International: Bulletin Nr. 3 vom 9. 1. 1983.
2 Lesèvre, Guillaume: Auswertung zum europäischen Boom. Strategiepapier vom 13. 2. 1983.
3 Ebd.
4 Ebd.
5 Darstellung der Verkaufstaktiken nach Sappell, Joel; Welkos, Robert W.:
   Church Markets Ist Gospels with High-Pressure Sales. In: The Los
   Angeles Times vom 25. 6. 1990 (im Folgenden Sappell/Welkos: High-
   Pressure Sales).
6 Zit. nach ebd.
7 Potthoff: Aufsteiger, S. 24.
8 ex and the Single Star. Interview mit John Travolta von Nancy Collins.
   In: Rolling Stone Nr. 402 von Aug. 1983, S. 14–20 u. 62.
9 Zit. nach Sappell/Welkos: High-Pressure Sales.
10 Vgl. Mystery of the Vanished Ruler. In: Time vom 31. 1. 1983.
11 Aznaran, Vicki: Eidesstattliche Erklärung vom 27. 1. 1992.
12 Wollersheim: Interview mit Jesse Prince.
13 Scientology-Website www.iasmembership.org.
14 Informationen und Zitate nach Wollersheim: Interview mit Jesse Prince.
15 Informationen und Zitate nach Behar: Prophet and Profits.
16 Informationen und Zitate über Miscaviges Lebensstil nach Wollersheim:
   Interview mit Jesse Prince.
17 Tabayoyon: Zeugenaussage, Abschnitt 116 (Übers. AG Scientology
   Hamburg).
18 Koppel: Miscavige-Interview.
19 Tabayoyon: Zeugenaussage, Abschnitt 92 (Übers. AG Scientology
   Hamburg). Scientology oder David Miscavige sind, soweit bekannt, nie
   gerichtlich gegen diese Aussage vorgegangen.
20 Vgl. Reitman: Inside Scientology; Hoffman/Kristensen: Tom Cruise.

Die geheime Basis

1 Young, Robert Vaughn: Eidesstattliche Erklärung vom 10. 10. 1994, Abschnitt 88 (Übers. AG Scientology Hamburg).
2 Vgl. Reichelt: Helnwein, S. 297.
3 Informationen und Zitate dieses Absatzes nach Reitman: Inside Scientology.
4 Zit. nach ebd.
5 Zit. nach ebd.
6 Informationen und Zitate nach ebd.

7 Zit. nach Brockmann, Ina; Reichelt, Peter: Verschwunden im Happy Valley? Die Besserungsanstalten der Scientologen. SWR-Sendung vom 25. 2. 1999 (im Folgenden Brockmann/Reichelt: Happy Valley).

8 Tabayoyon: Zeugenaussage, Abschnitte 120–123 (Übers. AG Scientology Hamburg).

9 Tabayoyon: Zeugenaussage, Abschnitte 28–31 (Übers. AG Scientology Hamburg).

10 Tabayoyon: Zeugenaussage, Abschnitt 54 (Übers. AG Scientology Hamburg).

11 Wollersheim: Interview mit Jesse Prince.

12 Tabayoyon: Zeugenaussage, Abschnitte 48 u. 49 (Übers. AG Scientology Hamburg).

13 Tabayoyon: Zeugenaussage, Abschnitte 50–58 (Übers. AG Scientology Hamburg).

14 Zitate von Freer u. Hoden nach Thurston: Bitter Partings; vgl. Brockmann/Reichelt: Happy Valley.

15 Zit. nach Tobin: The Man.

16 Zit. nach Sappell/Welkos: The Man.

17 Gespräch mit Larry Brennan im September 2007 in Berlin.

18 Vgl. Tobin: The Man.

19 Informationen und Zitate dieses Absatzes nach Lorey, Rob: Interview mit Stacy Brooks Young und Jesse Prince. WMNF-Radio (Tampa/St. Petersburg) vom 3. 12. 1998 (im Folgenden Lorey: Interview).

20 Informationen und Zitate nach Wollersheim: Interview mit Jesse Prince.

21 Gespräch mit Larry Brennan im September 2007 in Berlin.

22 Aznaran, Vicki: Eidesstattliche Erklärung vom 4. 4. 1994, Abschnitt 14 (Übers. AG Scientology Hamburg).

23 Tabayoyon: Zeugenaussage, Abschnitt 63 (Übers. AG Scientology Hamburg).

24 Wollersheim: Interview mit Jesse Prince.

25 Zit. nach Tobin: The Man.

26 Alaska Mental Health Bill. House of Representatives 6376, 84th Congress, 2nd Session, 19. 1. 1956.

27 Gespräch mit Christian Markert am 15. 3. 2008.

Der Captain

1 N. N.: Scientology, S. 3.

2 Zit. nach Miller: Messiah, Kap. 22.

3 Angaben der obersten amerikanischen Steuerbehörde IRS für 1992; vgl. Website www. holysmoke.org, Kap. »Trementina«.

4 Vgl. Welkos/Sappell: Church Scriptures; Cempa, Joe: Petrolia's New

Neighbors. In: North Coast Journal vom Juni 1991 (im Folgenden Cempa: Petrolia).

5 Wollersheim: Interview mit Jesse Prince.

6 Ebd.; Copyrights konnten überhaupt nur in Hubbards Testament erwähnt werden, weil sie wegen zwischenzeitlicher Auflösung von eingetragenen Vereinigungen wie der HASI (Hubbard Association of Scientologists International) juristisch wieder an ihn zurückgefallen waren.

7 Wollersheim: Interview mit Jesse Prince.

8 Vgl. Atack: Blue Sky, S. 354.

9 Prince, Jesse: Declaration in McPherson Case. Clearwater, 13. 9. 1999 (im Internet in der Usenet-Newsgroup alt.religion.scientology, heruntergeladen im März 2008).

10 Zitate nach Brockmann/Reichelt: Happy Valley.

11 Zit. nach Behar: Prophet and Profits (Übers. d. A.).

12 Hubbard, L. Ron: Flag Order 3434 RE23, 1974: Rehabilitation Project Force; zit. nach Collignon, Pierre: Inside RPF Denmark (III). Vierteilige Serie in: Jyllands-Posten vom 14. 1. 2001 (Übers. ins Engl.: Internet; im Folgenden Collignon: Inside RPF Denmark).

13 Zit. nach Brockmann/Reichelt: Happy Valley.

14 Zit. nach Thurston: Bitter Partings.

15 Vgl. Töngi: Absprung.

16 Welkos/Sappell: Defectors.

17 Vgl. Thurston: Bitter Partings; ähnlich äußerten sich Scientology-Sprecher gegenüber den Autoren.

18 Hubbard, L. Ron: Flag Order 3434 RE23 von 1974; zit. nach Collignon: Inside RPF Denmark III.

19 Angaben des Scientologen SB im Internet: SB: My Story of Leaving the Sea Org. Posting an die Usenet-Newsgroup alt.religion.scientology, vom 6. 8. 1998 (heruntergeladen im März 2008); SB: Project Forces of the Sea Org Explained. Posting an die Usenet-Newsgroup alt.religion.scientology, vom 6. 8. 1998 (heruntergeladen im März 2008, im Folgenden SB: Project Forces).

20 Scientology-Website von 1996, zit. nach Kent: RPF, S. 24.

21 Vgl. Kent: RPF, S. 14 f., 25 ff.

22 Kent: Religion.

23 RPF-Verzichtsformular, abgedruckt bei Kent: RPF, S. 26.

24 Zit. nach Kent: RPF, S. 26 f.; Lorey: Interview.

25 Whitfield: Eidesstattliche Erklärung vom 4. 4. 1994, Abschnitt 42; zit. nach Kent: RPF, S. 27.

26 Nefertiti: The Church of Scientology or the Guru's Gulags. Story of an Escape. Heruntergeladen von www.xenu-directory.net im Februar 2008.

27 Vgl. Kent: RPF, S. 46.

28 Tabayoyon: Zeugenaussage, Abschnitte 34 u. 35 (Übers. AG Scientology Hamburg).
29 Ebd., Abschnitte 36 u. 40 (Übers. AG Scientology Hamburg).
30 Vgl. Thurston: Bitter Partings.
31 Zit. nach Miller: Messiah, Kap. 22.
32 Zit. nach ebd.
33 Prince, Jesse: Eidesstattliche Erklärung, Santa Ana (Kalifornien),
   27. 7. 1998, Abschnitt 15.
34 Lorey: Interview.
35 Prince, Jesse: Eidesstattliche Erklärung, Santa Ana (Kalifornien),
   27. 7. 1998, Abschnitte 15 – 17.
36 Zit. nach Thurston: Bitter Partings.
37 Vgl. O'Neil, Deborah: Scientology Is a Key Player in Marijuana Case.
   In: St. Petersburg Times vom 24. 5. 2001.
38 Zit. nach Thurston: Bitter Partings.
39 Laut einer Flag Order von 1977, vgl. Kent: RPF, S. 23; vgl. Collignon:
   Inside RPF Denmark III.
40 Vgl. Kent: Reply; Kent: RPF, S. 51 u. 56 f.
41 Rosenblum: Eidesstattliche Erklärung.
42 Zit. nach Botros/Koch: Die dunkle Seite.
43 Vgl. Collignon: Inside RPF Denmark IV.
44 California Court of Appeal, Urteil vom 19. 7. 1989, AZ B023193; zit.
   nach Kent: RPF, S. 29 f. u. Kent: Reply.
45 Zit. nach Collignon: Inside RPF Denmark IV.
46 Vgl. Zur Frage der Beobachtung der Scientology-Organisation durch
   die Verfassungsschutzbehörden. Abschlussbericht der Arbeitsgruppe
   Scientology der Verfassungsschutzbehörden. Düsseldorf 1998, S. 40 f.
   (im Folgenden Verfassungsschutzbehörden: Abschlussbericht 1998).
47 Zit. nach Collignon: Inside RPF Denmark III.
48 Wollersheim: Interview mit Jesse Prince.
49 Miscavige, David: The Next Decade. In: Impact 63/1995, S. 9.
50 Tabayoyon: Zeugenaussage, Abschnitt 26 (Übers. AG Scientology
   Hamburg).
51 Website des Religious Technology Center, heruntergeladen im Februar
   2008.
52 Prince, Jesse: Eidesstattliche Erklärung, Santa Ana (Kalifornien),
   27. 7. 1998; Tabayoyon: Zeugenaussage, Abschnitt 16 (Übers. AG
   Scientology Hamburg).
53 Ron's Journal 38. Kopenhagen 1983.
54 The Command Channels of Scientology, o. O. 1991. Die Befehlsstrukturen von Scientology. Übers. N. N., Bezirksamt Tempelhof von Berlin
   1992, S. 15 (im Folgenden: The Command Channels).
55 The Command Channels, S. 63.

56 Miscavige, David: Die machtvollste Bewegung zur Rettung des Menschen. In: Impact 69/1996, S. 8 f.

57 Vgl. Schwerer Junge. In: Vanity Fair Online vom 23. 7. 2007 (heruntergeladen im Mai 2008).

58 Informationen und Zitate zu den Logos nach Leiby, Richard: A Place in the Desert for New Mexico's Most Exclusive Elite. In: The Washington Post vom 27. 11. 2005 (im Folgenden Leiby: Desert).

59 RTC-Website, heruntergeladen im Februar 2008.

60 Zit. nach Sappell/Welkos: The Man.

61 Zit. nach International Scientology News, 20/2002.

Tod eines Filmemachers

1 Informationen und Zitate zum Tod Lonsdales nach Abel, Jonathan; Farley, Robert: Scourge of Scientology Dies in Apparent Suicide. In: St. Petersburg Times vom 19. 2. 2008 (im Folgenden Abel/Farley: Scourge of Scientology).

2 Elizabeth Daly Watts hatte offenbar Verbindungen zu Scientology; vgl. Kursabschlüsse einer Elisabeth Daly: Celebrity 278/1994 (Success Through Communication Course; Kommunikationskurs); Celebrity 281/1994 (Purification Rundown).

3 Zit. nach ebd.

4 Reitman: Inside Scientology.

5 Ebd.

6 Moncada, Carlos: For Better or Worse It Changed Clearwater. In: Tampa Tribune vom 9. 7. 2006.

7 Reitman: Inside Scientology.

8 Tabayoyon: Zeugenaussage, Abschnitt 16 (Übers. AG Scientology Hamburg).

9 Angabe von David Miscavige im Interview mit Ted Koppel (Koppel: Miscavige-Interview).

10 Zit. nach Reitman: Inside Scientology.

11 Gespräch mit Martin Ottmann im Juni 2000 in Berlin.

12 Vgl. Farley, Robert: The Unperson. In: St. Petersburg Times vom 25. 6. 2006; 2004 gab Scientology die Anzahl der Residenten mit 6850 an; vgl. Farley, Robert: Scientology's Town. In: St. Petersburg Times vom 18. 7. 2004 (im Folgenden Farley: Scientology's Town).

13 Vgl. ebd.; Reitman: Inside Scientology.

Fallgrube für die BBC

1 Sweeney, John u. a.: Scientology and Me. Transcript. BBC 2007.
2 HCO PL vom 21. 11. 1972: Wie man schwarze Propaganda handhabt – Gerüchte und Flüsterkampagnen.
3 Die Website trug den bezeichnenden Namen bbcpanorama-exposed. org.
4 Alle Zitate nach Lischka, Konrad: Schmutzkampagne auf YouTube. In: Spiegel Online vom 16. 5. 2007 (heruntergeladen im März 2008; im Folgenden Lischka: Schmutzkampagne).
5 Yaqoob, Tahira: Travolta Spearheads Scientologists' Attack on BBC. In: Daily Mail vom 15. 5. 2007.
6 Zit. nach Smith, David: The BBC Man, the Scientologist and the You-Tube Rant. In: The Observer vom 13. 5. 2007 (im Folgenden Smith: The BBC Man); Lischka: Schmutzkampagne.
7 Zit. nach Smith: The BBC Man.
8 Sweeney, John: Row over Scientology Video. In: BBC News vom 14. 5. 2007 (im Folgenden Sweeney: Row over Scientology). Vgl. Lischka: Schmutzkampagne.
9 Vgl. Smith: The BBC Man.
10 Sweeney, John u. a.: Scientology and Me. Transcript. BBC 2007.
11 Sweeney: Row over Scientology.
12 Ebd.
13 Zit. nach Smith: The BBC Man.
14 Zit. nach Smith: The BBC Man.

Project Normandy

1 Zit. nach Sweeney, John u. a.: Scientology and Me. Transcript. BBC 2007.
2 Website von Steven Hassan (www.freedomofmind.com; heruntergeladen im März 2008).
3 Secret Power Project: 3 Normandy Ref. GO Order 261 175 LRH »Power« Target 3 (Gerichtsakten); vgl. Atack: Blue Sky, S. 210 ff.
4 HCO PL vom 15. 8. 1960: Abteilung für Behördenangelegenheiten.
5 Leiby, Richard: Scientologists Plot City Takeover. In: Clearwater Sun vom 3. 11. 1979; Stafford, Charles L.; Orsini, Bette: Scientology: An In-Depth Profile of a New Force in Clearwater. In: St. Petersburg Times vom 9. 1. 1980 (im Folgenden Stafford/Orsini: Scientology).
6 Secret Power Project 3: Normandy. Ref. GO Order 261 175 LRH »Power« Target 3 (Gerichtsakten; Übers. d. A.); zit. nach Stafford/Orsini: Scientology.

7 Secret Power Project 4: Tricycle. Zit. nach Wakefield: Understanding Scientology, Kap. 13.

8 Informationen und Zitate nach Stafford/Orsini: Scientology; vgl. Miller: Messiah, Kap. 20.

9 Speedy Gonzales. Strategiepapier des Guardian's Office vom 3. 3. 1976 (Gerichtsakten) vgl. Stafford/Orsini: Scientology.

10 HCOB vom 5. 11. 1967: Wie man Unterdrückung konfrontiert und zerschlägt.

11 Informationen und Zitate zu Cazares nach Stafford/Orsini: Scientology; Miller: Messiah, Kap. 20; Atack: Blue Sky, S. 213, 222 f.; Donila, Mike; Farley, Robert: For the Disadvantaged and against Scientology. In: St. Petersburg Times vom 30. 9. 2006 (im Folgenden Donila/Farley: Cazares).

12 Mayor Cazares Handling Project. Strategiepapier des Guardian's Office vom 6. 6. 1976 (Gerichtsakten).

13 Vgl. Donila/Farley: Cazares; Veenker, Jody; Rabey, Steve: Building Scientopolis. In: Christianity Today vom 4. 9. 2000 (im Folgenden Veenker/Rabey: Scientopolis).

14 Zit. nach Stafford/Orsini: Scientology.

15 HCO PL vom 25. 2. 1966: Wie man Angriffe stoppt.

16 HCOB vom 5. 11. 1967: Wie man Unterdrückung konfrontiert und zerschlägt.

17 Informationen und Zitate dieses Absatzes nach Stafford/Orsini: Scientology.

18 Vgl. ebd.

19 HCOPL vom 16. 2. 1969: Ziele, Verteidigung.

20 Kodex eines Scientologen; zit. nach OVG Münster, Urteil vom 12. 2. 2008, AZ 5 A 130/05, S. 6.

21 Informationen und Zitate nach Atack: Blue Sky, S. 273 f.

22 Informationen und Zitate nach ebd., S. 276 ff.

23 Ebd., S. 282.

24 Farley, Robert: Scientology's Town – The History. In: St. Petersburg Times vom 18. 7. 2004.

25 Hubbard, L. Ron: The Scientologist – a Manual of the Dissemination of Material. In: Ability – The Magazin of Dianetics and Scientology of Phoenix, Arizona, Nr. 1/1955.

26 Zit. nach Stafford/Orsini: Scientology.

27 Vgl. Veenker/Rabey: Scientopolis; Behar: Cult of Greed.

Scientopolis – die Stadt und die Sekte

1 Zit. nach Farley: Scientology's Town.
2 Zit. nach Veenker/Rabey: Scientopolis.
3 Informationen und Zitate nach Farley: Scientology's Town; Veenker/
  Rabey: Scientopolis.
4 Informationen und Zitate nach Farley: Scientology's Town. Das Ziel der
  »Scientology City 2000« wurde von Scientology-Sprechern im Interview
  bestritten.
5 Informationen und Zitate nach ebd.
6 Vgl. WISE Directory 2004 u. 1999.
7 Informationen und Zitate nach Farley: Scientology's Town.
8 Vgl. Veenker/Rabey: Scientopolis; Tobin: The Man.
9 Zit. nach Farley: Scientology's Town.
10 Vgl. ebd.
11 Informationen und Zitate nach ebd.
12 Informationen und Zitate nach Veenker/Rabey: Scientopolis; Farley:
  Scientology's Town.
13 Informationen und Zitate nach ebd.
14 Informationen und Zitate nach Farley: Scientology's Town.
15 Informationen und Zitate nach ebd.
16 Ebd.
17 Vgl. O'Neil, Deborah: Church Pays Those it Reviled. In: St. Petersburg
  Times vom 11. 3. 2001.
18 Editorial: Police Work for Scientology. In: St. Petersburg Times vom
  22. 3. 2001.
19 www.occupiedclearwater.org, Website von Mark Dallara (heruntergeladen im März 2008).
20 International Scientology News 27/2004, S. 18.
21 International Scientology News 30/2005, S. 33.

Clearwater als Brückenkopf

1 Vgl. HCO PL vom 23. 6. 1960: Spezialbereichsplan. Die Rolle des Scientologen im Leben; HCO PL vom 15. 8. 1960: Abteilung für Behördenangelegenheiten; HCOB vom 10. 6. 1960: Die Funktionsfähigkeit der
  Scientology erhalten. Was wir von einem Scientologen erwarten.
2 Vgl. Bousquet, Steve: Scientology Program May Fall to Budget Ax. In:
  St. Petersburg Times vom 26. 5. 2005.
3 Vgl. International Scientology News 25/2003.
4 Brief vom 10. 9. 2003. Veröffentlicht auf der Website www.xenu.net (heruntergeladen im März 2008).

5 Zit. nach Farley: Scientology's Town.

6 Zit. nach Occupied Clearwater (www.xenu-city.net), Website von Mark Dallara (heruntergeladen im März 2008).

7 Vgl. Farley: Scientology's Town. Fotos der im »Fort Harrison« eintreffenden Politiker und Augenzeugenberichte auf Occupied Clearwater (www.xenu-city.net), Website von Mark Dallara (heruntergeladen im Januar 2008).

8 Vgl. Gilman, Benjamin; Enzi, Mike; Salmon, Matt; Foley, Mark; Archer, Anne: Resolution on Religious Discrimination in Germany. Washington, 2. 10. 1999; Fotos von den Ereignissen auf Occupied Clearwater (www.xenu-city.net), Website von Mark Dallara (heruntergeladen im Januar 2008). Zum Rücktritt: Ross, Brian; Schwartz, Rhonda; Sauer, Maddy: Exclusive: The Sexually Explicit Internet Messages That Led to Fla. Rep. Foley's Resignation. In: ABC News vom 29. 9. 2006.

9 Times Staff Writers: Leftovers Again? Mayor Iorio not Tom Cruise's only Dinner Partner. In: St. Petersburg Times vom 27. 6. 2003.

10 Vgl. Farrell, Jennifer: Scientology Sells Clearwater to Retailers. In: St. Petersburg Times vom 29. 3. 2003.

11 Cazares, Gabriel: Scientologists Expand US and International Operations. Clearwater/Florida, Februar 2004.

12 Vgl. Donila/Farley: Cazares.

Träume von der Machtergreifung

1 An Open Letter to Helmut Kohl. In: International Herald Tribune vom 9. 1. 1997.

2 Dies und die folgenden Zitate: Meldungen der Nachrichtenagenturen AFP, AP, DPA und Reuters.

3 Human Rights in Danger (Anzeige). In: The New York Times vom 11. 1. 1994.

4 Preute, Claus: Im Namen des Geldes. In: Focus 3/1997, S. 186 f.

5 Costa-Gavras Erred in Signing Scientology Letter. Reuters-Meldung vom 16. 1. 1997.

6 Vgl.: Polizei beschlagnahmt Scientology-Broschüren. In: SZ vom 17. 2. 1993.

7 Landgericht Hamburg, Urteil vom 20. 3. 1995, AZ 709 Ns 67/94. Eine Verfassungsbeschwerde dagegen wurde nicht angenommen; vgl. Bundesverfassungsgericht, AZ 1 BvR 1161/96.

8 Zit. nach Weder Gott noch Götter. In: Der Spiegel 50/1992, S. 75 ff.

9 Blüm, Norbert: Scientology – Die Profit-Sekte. In: Die Woche 20/1995; vgl. Oberverwaltungsgericht Münster, Urteil vom 31. 5. 1996, AZ 5

B 993/95. Das Gericht urteilte, Blüms Wertungen beruhten auf hinreichenden Belegen und Anhaltspunkten.

10 Vgl. z.B. Blüm, Norbert: Scientology – Die Profit-Sekte. In: Die Woche 20/1995; Jost, Irmintraud: Die Rache der Verführer. In: Hamburger Abendblatt vom 28.10.1994, S. 3.

11 Zit. nach Flocken, Jan von: Treibjagd auf die Thetanen. In: Focus vom 19.8.1996, S. 26 (im Folgenden Flocken: Treibjagd).

12 Zit. nach Heuer, Steffan: Im Krieg gegen Deutschland. In: Die Woche vom 12.5.1995.

13 Zit. nach ebd.

14 Fünfzehn Jahre Erfolg bei der Vereinigung, der Förderung, der Unterstützung und dem Schutz der Scientology-Religion und von Scientologen. Sonderjahresbericht der International Association of Scientologists (IAS) an ihre Mitglieder aus Anlass ihres fünfzehnjährigen Bestehens. 1999, S. 92; zit. nach Landesamt für Verfassungsschutz Baden-Württemberg: Die Scientology-Organisation (SO). Stuttgart 2003, S. 70 (im Folgenden Verfassungsschutz Baden-Württemberg: Scientology).

15 Zit. nach Birnstein, Uwe: Geld, Macht und Ellenbogen. In: Deutsches Allgemeines Sonntagsblatt vom 3.7.1992.

16 Vgl. Billerbeck, Liane von; Nordhausen, Frank: Der Sekten-Konzern. Scientology auf dem Vormarsch. Berlin 1994, S. 179–214 (im Folgenden Billerbeck/Nordhausen: Sekten-Konzern).

17 Vgl. Billerbeck/Nordhausen: Sekten-Konzern, S. 259–293.

18 Zit. nach Eckstein, Kerstin: Treuhand suspendierte Verkauf an Scientologen. In: Sächsische Zeitung vom 10.8.1992. Kursabschlüsse von Gerhard Haag: vgl. z.B. Source 122/1999 (Happiness Rundown), Source 136/2001 (PTS/SP Course), Source 143/2003 (Grade V Power). Haag wurde als 2001, 2004 u. 2006 im WISE International Directory als Mitglied aufgeführt und 2006 erneut als Patron Meritorius geehrt (Impact 114/2006).

19 Vgl. Billerbeck/Nordhausen: Sekten-Konzern, S. 228–258.

20 Zit. nach Koch/Meichsner: Thetanen, S. 10.

21 Vgl. Codename Schneewittchen. In: Der Spiegel 39/1995.

22 Treffen vom 25.7.1987 in Kopenhagen, Clear Deutschland Spenden-Spiel (interne Scientology-Unterlage); zit. nach Verfassungsschutzbehörden: Abschlussbericht 1998, S. 58.

23 Träger: Staat, S. 90.

24 Zit. nach Richardson: Rising Star, S. 88.

25 Impact 115/2006, S. 14f.

26 Vgl. ebd., S. 132.

27 Vgl. Träger: Staat, S. 92.

28 Zit. nach Meichsner, Irene: Klarspüler fürs Hirn. In: Die Zeit vom 7.2.1997, S. 9.

29 Zit. nach Koch/Meichsner: Thetanen.

30 Rundschreiben Membership Tour Germany 12. 4. 1990, vgl. Website von Ingo Heinemann, Kap. »Lexikon«.

31 Zit. nach Steiden/Hamernik: Einsteins falsche Erben, S 141.

32 Beschlussvorlage des Justizministers des Landes Baden-Württemberg vom 4. 5. 1992 zur 63. Konferenz der Justizminister und -senatoren vom 18. bis 21. 5. 1992, S. 8.

33 Verfassungsschutz Baden-Württemberg: Bericht 2006. Stuttgart 2007, S. 230.

34 Träger/Caberta: Scientology, S. 89 u. 129.

35 Ebd., S. 130 f.

36 Träger: Staat, S. 84.

37 Träger/Caberta: Scientology, S. 156.

38 Vgl. Verfassungsschutzbehörden: Abschlussbericht 1998, S. 38 ff.

39 Die deutsche Scientology-Sprecherin Sabine Weber erklärt dazu: »Gunther Träger war zu keinem Zeitpunkt hauptamtlich aktives Mitglied und auch nicht informell die Nummer drei in der ›deutschen Scientology-Hierarchie‹. Er wurde für kurze Zeit als Berater engagiert. Nahezu alle seine Empfehlungen endeten in einem Desaster.« (Weber: Kurzstellungnahme, S. 6).

40 Träger/Caberta: Scientology, S. 133.

41 Träger: Staat, S. 90. Vgl. Träger/Caberta: Scientology, S. 148; zu den Albanien-Geschäften Gerhard Haags vgl. Nordhausen, Frank; Billerbeck, Liane v.: Psycho-Sekten. Die Praktiken der Seelenfänger. Berlin 1997, S. 509 ff. (im Folgenden Nordhausen/Billerbeck: Psycho-Sekten).

42 Vgl. Nordhausen/Billerbeck: Psycho-Sekten, S. 461–470.

43 Firmengruppe Brase KG, GEVA GmbH, CKS GmbH: Verpflichtungserklärung.

44 Schwaan-Info-Letter Nr. 2, 1991.

45 Vgl. World Institute of Scientology Enterprises: License Agreement (Administrative Technology).

46 HCO PL vom 15. 8. 1967: Discipline. SPs and Admin. How Statistics Crash.

47 Redemanuskript Dietmar Vettermanns vom 19. 9. 1997.

48 Zit. nach Mierisch: Osterstein.

49 HCO PL vom 30. 7. 1963: Gegenwärtige Planung.

50 HCO PL vom 2. 4. 1965: Verwaltung außerhalb von Scientology.

51 Zit. nach Verband Engagierter Manager: 3. Internationale VEM-Manager-Konferenz. Konferenzprotokoll. Düsseldorf 1991.

52 Kursabschlüsse von Mario Herold: vgl. z. B. Source 71/1990 (New OT-7), Freewinds 5/1991 (Secrets of the MEST Universe Course), Source 86/1993 (Dynamic Sort of Assessment); Kursabschlüsse von Axel Fehling: vgl. z. B. Source 60/1987 (Hubbard Dissemination

Course), Source 69/1989 (New OT-6), Source 115/1998 (Solo NOTs Auditor Certainty Course, Part 1); Fehling wird als WISE-Mitglied in den WISE International Directories 1992 bis 2006 aufgeführt.

53 Vgl. Brief Kurt Fliegerbauers an Frank Seidel u. a., 5. 1. 2000.

54 Vgl. Drucksache des Hessischen Landtages 15/1095, zu Protokoll gegebenes Schreiben des Ministers des Innern und für Sport Volker Bouffier vom 10. 3. 2000 an den Parlamentarischen Geschäftsführer der SPD-Fraktion, Abg. Manfred Schaub; Hessischer Landtag, 15. Wahlperiode, 33. Sitzung, 16. 3. 2000, S. 2062.

55 Anlage zu Tagesordnungspunkt 38, Hesssischer Landtag, 33. Sitzung, 16. 3. 2000.

56 Hessischer Landtag, 15. Wahlperiode, 33. Sitzung, 16. 3. 2000, S. 2061.

57 Amtsgericht Chemnitz, Strafbefehl vom 27. 12. 2004, AZ 6 Cs 340 Js 48208/04. Den Strafbefehl ließ uns der ehemalige Fliegerbauer-Architekt Wolfgang Martin zukommen.

58 Vgl. Träger/Caberta: Scientology, S. 153 ff.

59 Hubbard, L. Ron: Die Kritiker der Scientology. In: Freiheit Nr. 14 von Juli/August 1979.

60 HCO-PL vom 15. 2. 1966: Angriffe auf Scientology.

61 Träger/Caberta: Scientology, S. 153 f.

62 Verfassungsschutzbehörden: Abschlussbericht 1998, S. 39.

63 Zit. nach Bork, Henrik: Dianetik für die FDP. In: Die Zeit 15/1991, S. 13 (im Folgenden Bork: Dianetik).

64 Zit. nach ebd., S. 13.

65 Träger/Caberta: Scientology, S. 134 f.

66 Dieser und der folgende Abschnitt folgen ebd., S. 129–141.

67 Ebd., S. 138.

68 Ebd., S. 136.

69 Ebd., S. 132.

70 Zit. nach Kintzinger, Axel: Scientology-Aussteiger: Organisation will politischen Einfluss. In: Berliner Zeitung vom 28. 6. 1997, S. 5.

Freiwild

1 Kursabschlüsse von Mirko O.: vgl. z. B. Source 135/2001 (Havingness Rundown Auditing), Source 143/2003 (State of Clear), Auditor 306/2003 (Clear), Freewinds 65/2006 (State of Man Congress Course).

2 Vgl. Scientology gibt Bespitzelung zu. In: Der Tagesspiegel vom 25. 1. 2003.

3 Zit. nach Sappell, Joel; Welkos, Robert W.: On the Offensive Against an Array of Suspected Foes. In: Los Angeles Times vom 29. 6. 1990.

4 HCO PL vom 23. 12. 1965, rev. am 10. 9. 1983: Ethik. Unterdrückerische Handlungen. Unterdrückung von Scientology und Scientologen.

5 HCO PL vom 21. 11. 1972: Wie man Schwarze Propaganda handhabt.

6 Zit. nach Notz, Anton: Heute versteh' ich, warum sich manche umbringen. In: Stuttgarter Nachrichten vom 13. 6. 1992 (im Folgenden Notz: Heute versteh' ich).

7 Vgl. ebd.

8 Mary Sue Hubbard: Guardian Order 121669 vom 16. 12. 1969: Programme. Intelligence. Internal Security; vgl. Atack: Hubbard Intelligence Agency.

9 Vgl. Wollersheim: Interview mit Jesse Prince.

10 Warrior: Life History Form. Posting an die Usenet-Newsgroup alt. religion.scientology vom 20. 8. 1997 (heruntergeladen im April 2008).

»Ich war ein Täter«

1 WISE-Richtlinie Nr. 1 von 1986; zit. nach Voltz, Tom: Scientology und (k)ein Ende. Solothurn/Düsseldorf 1995, S. 117 (im Folgenden Voltz: Scientology).

2 Voltz: Scientology, S. 40.

Kampf gegen Kritiker

1 Zusammenfassung der Erkenntnisse durch Günther Beckstein, Bayerischer Staatsminister des Innern (später Bayerischer Ministerpräsident), in: Caberta, Ursula: Schwarzbuch Scientology. München 2007, S. 8.

2 Hat Write Up.

3 Folgende Zitate aus: Staatsanwaltschaft München, Einstellungsverfügung vom 24. 4. 1986, AZ 115 Js 4298/84, Anlage 18: Plan für Untersuchung in Deutschland, 5. 12. 1983.

4 Ebd., Anlage 18: Bericht über die Zusammenkunft mit Herrn Jenuwein, Privatdetektiv, 13. 12. 1983.

5 Zit. nach ZDF, Kennzeichen D vom 17. 3. 1999.

6 Staatsanwaltschaft München, Einstellungsverfügung vom 24. 4. 1986, AZ 115 Js 4298/84.

7 Vgl. Falscher Postbote klingelt in Buckau. In: Märkische Allgemeine vom 30. 12. 2004.

8 Vgl. Reines Geschäft: Scientologys Weg in Berlins Chefetagen. In: Der Tagesspiegel vom 30. 4. 2008.

9 Vgl. Scientology kapert Internet-Umfrage von Welt-Online. In: Die Welt vom 22. 12. 2007.

10 Auditor 1968; zit. nach Evans: Kulte, S. 132.

11 »Negative Presse handhaben«, o. O. o. J. (Scientologisches Schulungsmaterial).

12 Ebd.

13 Hubbard: Handbuch des Rechts, Kap. »Vorgehen bei Entheta-Presse«.

14 Hubbard, L. Ron: The Scientologist – a Manual of the Dissemination of
Material. In: Ability – The Magazin of Dianetics and Scientology of
Phoenix, Arizona, Nr. 1/1955.

15 Landgericht Berlin, Verhandlung vom 10. 6. 1993, AZ 27.0.441/93.

16 Hartwig, Renate: Scientology – Ich klage an. Augsburg 1994.

17 Hartwig, Renate: Die Schattenspieler. Nersingen 2002 (im Folgenden
Hartwig: Schattenspieler).

18 Hartwig: Schattenspieler, S. 165; vgl. Hartwig, Renate: »Dallas« Szene in
Hamburg. Internet-Veröffentlichung Directreport Nr. 0200014 vom
23. 4. 2002 (heruntergeladen im Mai 2008).

19 Hartwig, Renate: Mein persönliches Statement zum Thema Scientology. Directreport vom 22. 8. 2002 (heruntergeladen im Mai 2008).

20 Hartwig, Renate: Offener Brief vom 29. 8. 1992.

21 Hinz, Sabine: Vom Saulus zum Paulus? Kent Depesche 32/2002. Vgl.
Demagogen bei der Arbeit. In: Freiheit, Ausgabe: Psychiatrie, 1995,
S. 22f.

22 Weber, Sabine: Brief an Probst Dr. Lütcke u. a., München, 11. 3. 2003.

23 Gegendarstellung Erdtmann aus: Der Augenoptiker 11/1992. Kursabschlüsse von Johanna Erdtmann: vgl. z. B. Source 17/1978 (L 12 Rundown), Source 60 (Academy Level I), Source 104/1997 (Solo NOTs
Auditor Certainty Course, Part I), Freewinds 34/1999 (State of Man
Congress Course), Source 185/2006 (New OT VI). Johanna Erdtmann
ist zusammen mit ihrem Mann Lothar Patron der IAS und Trägerin der
Honor Roll (Impact 114/2006).

24 OLG München, Urteil vom 13. 8. 1993, AZ 21 U 1717/93. Vgl. Kintzinger, Axel: Art. 5 schlägt Art. 4. In: Focus 39/1993, S. 65. Vorausgegan-
gen war ein ähnliches Urteil des Landgerichtes München vom
2. 6. 1993, AZ 5 O 7214/92.

25 Landgericht Berlin, Urteil vom 20. 10. 1994, AZ 27 O 612/94.

26 Landgericht München I, Urteil vom 20. 6. 1994, AZ 9 O 10326/94;
Oberlandesgericht München, Urteil vom 14. 9. 1994, AZ 21 U 4619/94;
Urteilsbegründung auf der Website von Ingo Heinemann, Kap. »WISE-
Liste«.

Management by Scientology

1 HCO PL vom 24. 2. 1982: Wirtschaftssysteme.

2 Verband Engagierter Manager: Management Letter Nr. 16. Düsseldorf, April 1991.

3 Was ist Scientology? 1993, S. 449.

4 Zit. nach Voltz: Scientology, S. 139; vgl. Activity (Scientology-Zeitschrift) Nr. 1 vom 4. 4. 1989: »LRH administrative Technologie in jedem Geschäft der Welt in vollen Gebrauch bringen.«

5 Yager, Marc: Vortrag auf der 6. Jahresfeier der IAS am 6. 10. 1990 in Lausanne; zit. nach Bürgerschaft Hamburg, Drucksache 15/4059, S. 14.

6 HCO PL vom 7. 2. 1965: Die Funktionsfähigkeit der Scientology erhalten.

7 Zit. nach Blüm, Norbert: Scientology – Die Profit-Sekte. In: Die Woche 20/1995.

8 Staatsanwaltschaft München: Einstellungsverfügung vom 24. 4. 1986, AZ 115 Js 4298/84, S. 68 f.

9 Prince, Jesse: Eidliche Aussage im McPherson-Prozess. Clearwater (Florida), 13. 9. 1999.

10 Brase, Götz: Programm für die GEVA-Verkaufsabteilung, 25. 4. 1991.

11 Reddy, Rosl (Burkhardt, Rosl): Verkäufer-Hut. O. O. o. J.

12 E., Selma: Liebe Christa. Brief vom 18. 10. 1993.

13 Cyrus, Rainer: Der Abschluss. O. O. o. J.

14 WISE International Directory 1991.

15 Zit. nach Rausschmiss für Scientology-Makler? In: Stuttgarter Zeitung vom 1. 4. 1992.

16 Zit. nach ebd.

17 Zit. nach Advocat, Stephen; Sableman, Mark: Goals Made Clear to Hubbard Flock. In: Clearwater Sun vom 23. 3. 1976 (Übers. Haack: Magie, S. 216 f.).

18 Clearwater Sun, zit. nach Steiden/Hamernick: Einsteins falsche Erben, S. 144.

19 OT-Komitee Stuttgart e. V.: Admin-Scala. November 1989.

20 Arbeitsgruppe Scientology: Zwischenbericht der Arbeitsgruppe Scientology über die Aktivitäten der Scientology-Organisation. Hamburg 1995.

21 HCOB vom 10. 6. 1960: Die Funktionsfähigkeit der Scientology erhalten. Was wir von einem Scientologen erwarten.

22 Träger: Staat, S. 90.

23 Müller, Melissa: Psychokreuzzug. In: Forbes 8/1992, S. 30.

24 Vgl. Koch/Meichsner: Thetanen, S. 9.

25 Vgl. Voltz: Scientology, S. 118 ff.

26 World Institute of Scientology Enterprises: Lizenzvertrag (deutsche Fassung o. D., etwa 1992).

27 ED 1040 INT: Franchise. Suggested Plan for an Area; zit. nach Foster Report, Kap. 7: Scientology and Its Enemies (Übers. d. A.).

28 HCO PL vom 7. 2. 1965: Die Funktionsfähigkeit der Scientology erhalten.

29 Vgl. Basler, Peter: Die machen dich fertig. In: doppelstab (Basel) vom 3. 8. 1989 (im Folgenden Basler: Die machen dich fertig).

30 Zit. nach Müller: Psychokreuzzug.

31 Zit. nach Basler: Die machen dich fertig.

32 Hubbard, L. Ron: Die Verantwortlichkeiten von Führern. In: Hubbard: Ethik.

33 HCO PL vom 5. 4. 1965: Handling the Suppressive Person. The Basis of Insanity.

34 Zit. nach Wegen Scientology kaputt. In: Metall 10/1995; vgl. Canibol, Hans-Peter: Der zahnlose Vampir. In: Focus 46/1995.

35 Der OT-8 Detlef Foullois und ein Kompagnon wurden 1994 vom Landgericht Rostock zu je 22 Monaten Haft wegen Steuerhinterziehung und Konkursverschleppung verurteilt; Landgericht Rostock, AZ II Kls 13/94. Der Hamburger »Patron« Thomas G. wurde 1995 wegen Gläubigerschädigung verurteilt.

36 WISE International Directory 2006.

37 Vgl. Medien als Werkzeuge der Intoleranz. In: Freiheit, Ausgabe: Psychiatrie, 1995, S. 14 ff. (Ist die Scientology Kirche auf dem Immobilienmarkt aktiv? Im Internet unter http://fakten.freedom.de).

38 Zit. nach Landtag Nordrhein Westfalen, Drucksache 12/387 vom 14. 11. 1995.

39 Vgl. Meier, Peter Johannes: Scientologe war Millionenbetrüger. In: Tages-Anzeiger vom 11. 2. 2000; Solomicky, Michael: Beschaffungskriminalität. In: Facts vom 28. 5. 1998.

40 Vgl. Dubiose Anlagegeschäfte. In: Facts vom 28. 5. 1998.

41 Zu Reed Slatkin vgl. Stealing $$$ from Scientologists and the Art of Fraud. In: CNBC vom 20. 2. 2008; Tkacik, Maureen: EarthLink Co-Founder Slatkin Admits to Fraud in Ponzi Scheme. In: Wall Street Journal vom 27. 3. 2002; Reckard, Scott E.: Scientology Groups to Pay Back $ 3.5 Million. In: Los Angeles Times vom 8. 11. 2006.

Überraschende Steuerbefreiung

1 Vgl. Kent: Debate.

2 Ebd.

3 Zit. nach International Scientology News, Nr. 32 vom Oktober 1993.

4 Newton, Jim: Tax-Free Status Okd for Church of Scientology. In: Los
   Angeles Times vom 13. 10. 1993 (im Folgenden Newton: Tax-Free
   Status).

5 Vgl. Newton: Tax-Free Status; MacDonald: Scientologists and IRS;
   Kahl, David; Vick, Karl: IRS Examined Scientology Dollars, not
   Dogma. In: St. Petersburg Times vom 24. 10. 1993.

6 Vgl. Träger: Staat, S. 90.

7 Zit. nach Verfassungsschutz Baden-Württemberg: Anerkennung, S. 5

8 Zit. nach ebd., S. 9.

9 Vgl. ebd., S. 5.

10 Vgl. Washington Post vom 27. 9. 1984; Church of Scientology of California vs. Commissioner of Internal Revenue Service, US Tax Court,
   24. 9. 1984.

11 Vgl.: »Den Gegner ruinieren«. In: Der Spiegel vom 17. 3. 1997.

12 Ebd.

13 Zit. nach Verfassungsschutzbehörden: Abschlussbericht, S. 29.

14 Vgl. Behar: Cult of Greed.

15 Behar: Cult of Greed.

16 Zit. nach Verfassungsschutz Baden-Württemberg: Anerkennung,
   S. 20.

17 Zit. nach International Scientology News, Nr. 32 vom Oktober 1993.

18 Vgl. Billerbeck/Nordhausen: Sekten-Konzern, S. 81–86; Nordhausen,
   Frank; Billerbeck, Liane v.: Kirche des Mammon. In: Die Woche 45/1993 (im Folgenden Nordhausen/Billerbeck: Mammon); Nordhausen, Frank; Billerbeck, Liane v.: Superman im Finanzamt. In: taz
   vom 27. 1. 1994.

19 Vgl. Nordhausen/Billerbeck: Mammon.

20 IRS – An Agency Out of Control. Anzeigenserie in: USA Today, September 1991; Verfassungsschutz Baden-Württemberg: Anerkennung,
   S. 7.

21 Scientology Kirche Deutschland (Hg.): Freiheit, Nr. 14 von Juli/August
   1979, S. 4.

22 Zit. nach International Scientology News, Nr. 32 von Oktober 1993.

23 Zit. nach Frantz, Douglas: The Shadowy Story Behind Scientology's
   Tax Exempt Status. In: The New York Times vom 9. 3. 1997 (im Folgenden Frantz: Shadowy Story).

24 In der Broschüre »Anerkennung für Scientology« der Scientology Kirche
   Hamburg e. V. (1994) heißt es: »Die Scientology Kirche wurde als gemeinnützig, als steuerbefreit und damit vollständig als Religion anerkannt.« Das ist nachweisbar falsch und steht auch nicht in dem Bescheid
   des IRS, den Scientology dort publiziert.

25 Schreiben an Ingo Heinemann vom 16. 4. 1997; zit. nach Website von
   Ingo Heinemann, Kap. »Scientology in den USA«.

26 Finanzgericht Köln, Beschluss vom 24. 10. 2002, AZ 2 K 6626/96.

27 Frantz: Shadowy Story.

28 Hubbard, L. Ron: Die Zukunft der Scientology. In: Ron's Journal Nr. 34 vom 13. 3. 1982.

29 Zit. nach Frantz: Shadowy Story.

30 Vgl. Kent: Debate.

31 Scientology: Freedom Magazine, 1994; zit. nach Frantz: Shadowy Story.

32 Zit. nach International Scientology News, Nr. 32 von Oktober 1993.

33 Seltsame Post aus Washington. In: Frankfurter Rundschau vom 15. 3. 1997.

34 Vgl. Gläser, Volker; Kellner, Urs-Martin: Interpol küsst Scientology. In: Tango 9/1995 (im Folgenden Gläser/Kellner: Interpol).

35 Gläser/Kellner: Interpol.

36 Scientology Kirche (Hg.): Interpol – Private Vereinigung, öffentliche Bedrohung, Hamburg 1991.

37 Zit. nach Gläser/Kellner: Interpol.

38 Telefax vom 26. 10. 1993 (Archiv der Autoren).

39 Dies betrifft die *Jimmy Swaggart Ministries* und die *Moral Majority* des Fernsehpredigers Jerry Falwell; vgl. Frantz: Shadowy Story.

40 Vgl. MacDonald, Elizabeth: Scientologists and IRS Settled for Dollar 12,5 Million. In: Wall Street Journal vom 30. 12. 1997 (im Folgenden MacDonald: Scientologists and IRS); das Steuerabkommen (CoS ./. IRS Closing Agreement) ist veröffentlicht auf der Website Operation Clambake (Xenu.net).

41 Vgl. Kent: Debate.

42 MacDonald: Scientologists and IRS.

43 Kent: Debate.

44 Scientologen als arme Verfolgte. In: Focus Nr. 44 vom 30. 10. 1993.

45 U. S. Department of State Department: International Human Rights Report for 1993, 31. 1. 1994.

46 Darstellung und Zitate dieses Absatzes nach Kent: Debate.

47 Fouchereau, Bruno: USA und Scientology – Im Namen der Freiheit. In: Le Monde Diplomatique Nr. 6443 vom 11. 5. 2001 (im Folgenden: Fouchereau: USA und Scientology).

48 Vgl. Pile, Lawrence: How Cults Are Working Together against Their »Enemies«. Wellspring Messenger, Juli/August 1994 (im Folgenden Pile: Cults).

49 Vgl. Pile: Cults; Münchhausen, Thankmar von: Seit die Menschen an nichts mehr glauben, glauben sie an alles mögliche. In: FAZ vom 4. 1. 1996, S. 3.

50 Vgl. Fouchereau: USA und Scientology.

51 Zit. nach ebd.

52 U. S. Department of State Department: International Human Rights Report for 1996, 30. 1. 1997.

53 Zit. nach USA fordern Religionsfreiheit für Scientology. In: Berliner Zeitung vom 28. 1. 1997, S. 7.

54 Zit. nach »Den Gegner ruinieren«. In: Der Spiegel vom 17. 3. 1997.

55 Informationen und Zitate zum Wollersheim-Fall nach Ortega, Tony: Scientology's Crushing Defeat. In: Village Voice vom 30. 6. 2008 (heruntergeladen im Juli 2008).

56 Zit. nach International Scientology News, Nr. 32 von Oktober 1993.

57 Zit. nach ebd.

Lobbyisten für die Sekte

1 RE: Call-to-Arms Germany. Scientology-Strategiepapier, 4. 5. 1994 (Archiv der Autoren).

2 Vgl. Brockmann / Reichelt: Happy Valley.

3 Zit. nach Verfassungsschutz Baden-Württemberg: Scientology, S. 70.

4 So Dahl, David: Scientology's Influence Grows in Washington. In: St. Petersburg Times vom 29. 3. 1998 (im Folgenden Dahl: Scientology's Influence).

5 Vgl. ebd.

6 Vgl. Nordhausen / Billerbeck: Psycho-Sekten, S. 485.

7 Rimscha, Robert von: Bezahlt Hollywood Deutschland-Kritiker? In: Der Tagesspiegel vom 16. 6. 2000 (im Folgenden Rimscha: Hollywood).

8 Vgl. Dahl: Scientology's Influence.

9 Zit. nach Macht und Einfluss ausweiten. In: Focus 6 / 1997.

10 Vgl. Kent: Debate.

11 Transatlantischer Sekten-Krieg. In: Die Presse (Wien) vom 28. 1. 1997.

12 Vgl. US-Außenministerium. Tägliches Pressegespräch (Daily Press Briefing) vom 27. 1. 1997, Sprecher Nicholas Burns (heruntergeladen von der Website Ingo Heinemanns im Januar 2008); vgl. Washington Post, Meldung vom 27. 1. 1997; Transatlantischer Sekten-Krieg. In: Die Presse vom 28. 1. 1997.

13 Website des U. S. Department of State (www.state.gov).

14 Zit. nach Kritik der USA wegen Scientology überzogen. In: SZ vom 1. 2. 1997, S. 2; US-Kritik an Deutschland milder als erwartet. In: Der Tagesspiegel vom 31. 1. 1997, S. 1.

15 Nicholas Burns nach US-Außenministerium: Tägliches Pressegespräch, Washington, 27. 1. 1997 (Übers. Website von Ingo Heinemann, Kap. »Scientology in den USA«).

16 Vgl. Hans Zehetmaier. In: Der Spiegel vom 13. 5. 1996, S. 248; Zips,

Martin: Scientologe unter Stoibers Schirm. In: SZ vom 4. 7. 1998, S. 59. Auch 1994 spielte er in München, vgl. Dombrowski, Ralf: Der Erleuchtete und seine Jünger. In: SZ vom 3. 6. 1994.

17 Alle Zitate von Nicholas Burns nach US-Außenministerium: Tägliches Pressegespräch, Washington, 27. 1. 1997 (Übers. Website von Ingo Heinemann).

18 Zit. nach Dahl: Scientology's Influence (Übers. d. A.); vgl. The Secrets of the Universe. In: The Wall Street Journal vom 24. 2. 1998.

19 Young, Josh: Bill Clinton's Grand Seduction. In: George 3/1998, S. 106 ff. (im Folgenden Young: Seduction); Übers. zit. nach John Travolta: Clinton unterstützt Scientology in Deutschland. AFP-Meldung vom 12. 2. 1998; Wieland, Leo: Die Macht der Verführung hat funktioniert. In: FAZ vom 21. 3. 1998, S. 8.

20 Zit. nach Kaffsack, Hanns-Jochen: Neuer Film mit Parallelen zur Lewinsky-Affäre. DPA-Bericht vom 13. 3. 1998.

21 Clinton, Bill: »Ce que nous pouvons faire au sujet des drougues.« In: Éthique & Liberté Nr. 8 vom Dez. 1996, S. 17.

22 Young: Seduction.

23 Zit. nach US-Regierung dementiert Absprache mit Scientologymitglied Travolta. DPA-Meldung vom 15. 2. 1998.

24 Vgl. Feder, Barbara: Scientology Funding – A Surprise to Many »Drug Free Marshals«. In: San Jose Mercury News vom 3. 5. 1998 (heruntergeladen im Januar 2008).

25 Vgl. Löwisch, Henriette: In d'Amato erwächst Scientology ein formidabler Verbündeter. AFP-Bericht vom 19. 9. 1997.

26 Vgl. Pyrka, Andrzej: Jammernde Scientology. In: taz vom 20. 9. 1997; D'Amato kritisiert Deutschland. EPD-Meldung vom 18. 9. 1997.

27 D'Amato kritisiert Deutschland. EPD-Meldung vom 18. 9. 1997.

28 Zit. nach Rimscha, Robert von: Kinkel muss heute in Washington erneut Scientology-Wogen glätten. In: Der Tagesspiegel vom 5. 11. 1997, S. 2 (im Folgenden Rimscha: Kinkel).

29 Chrobog, Jürgen: Letter to The Honourable Benjamin Gilman, Chairman, Committee on International Relations, House of Representatives, Washington, DC, 29. 10. 1997.

30 Vgl. Rimscha: Kinkel.

31 Vgl. Faltin, Cornel: Mit gesenkten Häuptern schleichen die Scientologen aus dem Capitol. In: Berliner Morgenpost vom 11. 11. 1997, S. 3 (im Folgenden Faltin: Scientologen).

32 House of Representatives, Parliamentary Inquiry of 9. 11. 1997.

33 Faltin: Scientologen.

34 Vgl. Dahl: Scientology's Influence.

35 Vgl. Fouchereau: USA und Scientology.

36 Vgl. ebd.

37 Vorsitzender war der Assistant Secretary of State John Shattuck. Vgl. Website des U. S. Department of State (www.state.gov).

38 Zit. nach Grove, Lloyd: The Reliable Source. In: Washington Post vom 4. 1. 2000.

39 Zit. nach Gerstein, Josh: White House Wag: Clinton Column Draws Flak. In: ABCnews.com vom 7. 1. 2000 (im Folgenden Gerstein: White House Wag).

40 Vgl. Scientology International: Scientology Leads the World in Ringing in the New Millenium. Pressemitteilung vom 30. 12. 1999. Vgl. Website von Ingo Heinemann, Kap. Falschbilder.

41 Zit. nach Gerstein: White House Wag.

42 Kennedy, J. Michael: Raising Funds to House Memories of Way They Were. In: Los Angeles Times vom 14. 8. 2000.

43 Zit. nach Verfassungsschutz Baden-Württemberg: Anerkennung, S. 36.

44 Vgl. Alle Augen auf Scientology gerichtet. In: taz vom 7. 2. 1997.

45 Vgl. Scientology wird wahrscheinlich weiter beobachtet. DPA-Meldung vom 19. 11. 1998.

46 HCO PL vom 5. 10. 1971: Politik durch Redefinition von Worten.

47 Zit. nach Scientology Kirche Hamburg e. V. (Hg.): Was ist Scientology? Hamburg 1990, S. 19.

48 Vgl. Bloch, Werner: Ein peinlicher Auftritt in Berlin. In: SZ vom 23. 1. 1999 (im Folgenden Bloch: Peinlicher Auftritt); Hafke-Ahmad, Oliver: Chick Corea im »Tränenpalast«. In: Berliner Morgenpost vom 23. 11. 1998.

49 Regensburger Domspatzen wollen nicht mit Chick Corea auftreten. DPA-Meldung vom 12. 1. 2005.

50 PEL: Innovativ am Piano. In: taz vom 3. 4. 2006, S. 4.

51 Engels: Früher war alles besser. In: Die Welt vom 3. 6. 2003, S. 28.

52 Stellungnahme der Bundesrepublik Deutschland zu Beschwerden gemäß ECOSOC Entschließung Nr. 1503 wegen angeblicher Diskriminierung von Mitgliedern der »Church of Scientology« in der Bundesrepublik Deutschland, 22. 4. 1994.

53 Vgl. V-Leute gegen den Psycho-Konzern. In: Der Spiegel vom 3. 2. 1997, S. 76 ff.

Manipulation des US-Parlaments

1 Vgl. Tabayoyon: Zeugenaussage.

2 Vgl. Kintzinger, Axel: Fluchtpunkt Florida. In: Focus vom 17. 11. 1997, S. 40 (im Folgenden Kintzinger: Fluchtpunkt Florida); Kintzinger, Axel: Propaganda-Schlacht. In: Focus vom 24. 11. 1997, S. 36 (im Folgenden Kintzinger: Propaganda-Schlacht).

3 Zu Heilig Werbeideen bzw. Hanse Werbeideen vgl. Billerbeck/Nord-hausen: Sekten-Konzern, S. 217–222.

4 Schwaan-Info-Letter Nr. 2. 1991 (Archiv der Autoren).

5 Ebd.

6 Landgericht Rostock, AZ II Kls 13/94.

7 Zit. nach Kintzinger: Fluchtpunkt Florida.

8 Zit. nach Kintzinger: Propaganda-Schlacht.

9 Vgl. Source Nr. 103, 11/1996; vgl. auch Source 99, 2/1996; Source 101, 7/1996.

10 Verfassungsschutzbericht 98/12; zit. nach Website von Ingo Heine-mann, Kap. »Der Asyl-Betrug«.

11 Zit. nach Rimscha, Robert von: Angeblich erziehen deutsche Schulen zum Hass. In: Der Tagesspiegel vom 23. 10. 1999, S. 6 (im Folgenden Rimscha: Hass).

12 Zu der Pressekonferenz und dem Kongresshearing vgl. Kent: Debate; Rimscha: Hass.

13 Bell, Catherine: The Treatment of Religious Minorities in Western Europe. Testimony Before the House Committee on International Relations, 14. 6. 2000, S. 7 ff.; zit. nach Kent: Debate.

14 Vgl. Kruttschnitt, Christine; Nübel, Rainer; Schweitzer, Jeanette: Der große Bluff. In: Stern vom 29. 6. 2000, S. 148 (im Folgenden Krutt-schnitt/Nübel/Schweitzer: Bluff).

15 Kruttschnitt/Nübel/Schweitzer: Bluff.

16 Informationen und Zitate dieses Absatzes nach Kruttschnitt/Nü-bel/Schweitzer: Bluff.

17 Vgl. Impact 114, 9/2206; Dossenbach ist bekennender Scientologe (http://scientologist.myhomepage.org/erwindossenbach/).

18 Laut Publikation in der Scientology-Zeitschrift Source hat Antje Victore in den Jahren 1994/95 diverse Kurse absolviert, vgl. z. B. Source 95, 2/1995; Source 97, 8/1995; Source 98, 11/1995.

19 Vgl. Kruttschnitt/Nübel/Schweitzer: Bluff.

20 Zit. nach ebd.

21 Zit. nach ebd.

22 Informationen und Zitate dieses Absatzes nach Kruttschnitt/Nü-bel/Schweitzer: Bluff.

23 Billerbeck, Jens: Eidesstattliche Versicherung vom 22. Juni 2000. Website von Ingo Heinemann, Kapitel »Der Asyl-Betrug: Beweise«.

24 Victore, Antje: Commendation vom 28. 2. 1997. Website von Ingo Heinemann (5. 8. 2008).

25 Zit. nach Kruttschnitt/Nübel/Schweitzer: Bluff.

26 Kursabschlüsse von Craig Jensen: vgl. z. B. Source 61/1988 (L11 Run-down), Source 66/1989 (New OT 6 Hubbard Solo NOTs Auditing Course), Freewinds 2/1990 (New OT 8), Freewinds 19/1996 (Secrets

of the MEST Universe Course), Freewinds 43/2001 (Command of Theta Course), Source 187/2007 (PTS/SP Specialist Course); Impact 114/2006 (Member with Honor Status); WISE International Directory 1991 bis 2006.

27 Zu Jensens Vortrag vgl. Kent: Debate. Jensen spendete zusammen mit anderen Scientologen im Juni 1998 für Gilmans Wahlkampagne; vgl. Rimscha: Hollywood.

28 Vgl. Schutzerklärung, Publikation auf der Website von Ingo Heinemann, Kapitel »Schutzerklärung – Technologieerklärung«.

29 Zit. nach Kelly, Nancy: Diskeeper User Stunned by Denial of Tech Support. In: Digital News vom 4. 2. 1991 (heruntergeladen im Mai 2008); vgl. Hausherr, Tilman: net.update. In: Berliner Dialog 1/2000.

30 Göhring: Windows 2000; vgl. auch Scientology soll nicht in Hamburgs Behördencomputer. In: Der Tagesspiegel vom 16. 6. 2000, S. 9.

31 Göhring: Windows 2000.

32 Vgl. Arens, Christoph: Bistümer bannen Windows 2000. In: Frankfurter Rundschau vom 7. 6. 2000, S. 34.

33 Zit. nach Rimscha, Robert von: Rüge für »Sektenfilter«. In: Der Tagesspiegel vom 16. 6. 2000, S. 9; Scientology-Website germany.freedommag. org.

34 Zit. n. Periskop-Günther Beckstein. In: Der Spiegel Nr. 33 vom 14. 8. 2000, S. 209.

35 Vgl. Nübel, Rainer; Reichelt, Peter: Spion im Außenministerium: Geheime Akten landen im Scientology-Hauptquartier. In: Stuttgarter Nachrichten vom 27. 7. 1999.

36 Vgl. Vertrauliches Papier der Innenbehörde Scientology zugespielt. DPA-Meldung vom 27. 1. 2000.

37 Vgl. Kent: Debate.

38 DPA-Meldung vom 7. 11. 2000.

39 Informationen und Zitate nach Röll, Thomas: Drohbriefe aus Übersee. In: Focus 6/1999, S. 38 (im Folgenden Röll: Drohbriefe).

40 Informationen und Zitate nach Röll: Drohbriefe.

41 Vgl. Deutsche Bank in New York zahlte Schadenersatz. DPA-Meldung vom 7. 8. 1998.

42 Zit. nach UN-Experte bescheinigt Deutschland religiöse Toleranz. EPD-Bericht vom 4. 3. 1998.

43 HCO PL vom 16. 2. 1969, Issue II, wieder hg. am 24. 9. 1987: Confidential. Battle Tactics.

44 Koppel, Ted: Scientology Leader Gave ABC First-Ever Interview. In: ABC News vom 14. 2. 1992.

45 Vgl. Staatsanwaltschaft München, Einstellungsverfügung vom 24. 4. 1986, AZ 115 Js 4298/84: »Das Deprogramming als Gespräch mit dem Sektenanhänger ist nicht strafbar.«

46 Vgl. Frantz: Investigators.

47 Darstellung und Zitate zum Fall Scientology gegen CAN nach Schaefer, Jürgen: Sieg für die Sekte. In: Stern 51/1996 (im Folgenden Schaefer: Sieg).

48 Zit. nach »Den Gegner ruinieren«. In: Der Spiegel vom 17. 3. 1997.

49 Die deutsche Scientology-Sprecherin Sabine Weber erklärt dazu: »Gary Scarff war zu keinem Zeitpunkt Scientologe.« (Weber: Kurzstellungnahme, S. 5).

50 Hinweis von Kent: Reply.

51 Zit. nach Frantz: Investigators.

52 Zit. nach Schaefer: Sieg.

53 Zit. nach Impact 72/1997.

Kritik in Westeuropa

1 Verfassungsschutz Baden-Württemberg: Anerkennung, S. 6.

2 Jentzsch, Heber: Wie der Weg des Menschen zur Unsterblichkeit geschützt wird. In: Impact 81/1999.

3 Jentzsch, Heber: A Call to Arms! European Religious Freedom Events 2000. Foundation for Religious Tolerance. 13. 8. 2000.

4 Zit. nach Kent: Globalization (Quelle: Los Angeles Times 1978).

5 Archiv der Autoren.

6 Vgl. Frankreich ächtet Scientology. DPA-Meldung vom 8. 2. 2000; Schweden erkennt Scientologen an. AFP-Meldung vom 14. 3. 2000. Ausführlicher: Kröncke: Paris; Scientologen gewinnen in Europa weiter an Einfluss. In: Berliner Morgenpost vom 15. 3. 2000, S. 6.

7 ECHR, Application Number 18147/02, Urteil vom 5. 4. 2007.

8 Zit. nach Collignon, Pierre: Inside RPF Denmark. In: Jyllands-Posten vom 14. 1. 2001 (Übers. ins Englische auf alt.religion.scientology); »Wer aufmuckt, wird isoliert«. Interview von Axel Kintzinger mit Susanne Elleby. In: Focus Nr. 7 vom 8. 2. 1997.

9 Zit. nach Nicht nur in Deutschland Streit um Scientology. DPA-Bericht vom 31. 1. 1997; vgl. Wohltätigkeitsstatus wird Scientology in Großbritannien verweigert. AP-Meldung vom 10. 12. 1999.

10 Landgericht Athen, Urteil Nr. 7380/1996 vom 7. 10. 1996 (Übers. ins Englische Tony Bosnakoudis); vgl. Nordhausen, Frank; Billerbeck, Liane v.: Scientology führt Dossiers über Feinde. In: Berliner Zeitung vom 23. 9. 1996; Kintzinger, Axel: Dossiers aus Athen. In: Focus 39/1996.

11 Jaschke, Hans-Gerd: Gutachten: Auswirkungen der Anwendung scientologischen Gedankenguts auf eine pluralistische Gesellschaft oder Teile von ihr in einem freiheitlich demokratisch verfassten Rechtsstaat. Frankfurt a. M. 1995, S. 54 u. 37.

12 Informationen und Zitate zum Lyoner Prozess von der französischen
   Sekteninformation Unadfi (Union Nationale des Associations de
   Défense des Familles et de l'Individu Victimes de Sectes) und nach
   Teurer als katholisch. In: Der Spiegel vom 17. 10. 1996, S. 178; Chimelli,
   Rudolph: Persönlichkeitstest an der Franc-Saugmaschine. In: SZ vom
   10. 10. 1996, S. 3; Weber, Manfred: Erkauftes Schweigen. In: Focus vom
   14. 10. 1996; vM.: »Betrügerische Machenschaften« – »geistige Manipulation«. In: FAZ vom 18. 1. 1997, S. 8.
13 Zahlenangaben nach Chimelli: Persönlichkeitstest.
14 Vgl. Nicht nur in Deutschland Streit um Scientology. DPA-Bericht vom
   31. 1. 1997.
15 Hahn, Dorothea: Erfolg für Scientology vor Gericht in Frankreich. In:
   taz vom 30. 7. 1997, S. 8.
16 Vgl. La Cour de cassation ne se prononce pas sur le caractère religieux
   de l'Eglise de scientologie. AP-Meldung vom 1. 7. 1999; France OKs
   Scientology Acquittals. AP-Meldung vom 2. 7. 1999.
17 HCO PL vom 13. 3. 1961: Department für Behördenangelegenheiten;
   vgl. zu Fauberts Buch Nordhausen/Billerbeck: Psycho-Sekten, S. 504 ff.
18 Zit. nach Hehn, Jochen: Scientology: Prozess um Geld und Macht. Ist
   der französische Staat unterwandert? In: Die Welt vom 22. 9. 1999, S. 6
   (im Folgenden Hehn: Scientology).
19 Vgl. Heimgärtner, Sabine: Frankreich sagt Scientology den Kampf an.
   DPA-Bericht vom 10. 10. 1999 (im Folgenden Heimgärtner: Frankreich).
20 Zit. nach Heimgärtner: Frankreich.
21 Vgl. Hehn: Scientology.
22 Vgl. Chimelli: Persönlichkeitstest.
23 Informationen und Zitate zum Marseiller Prozess von Unadfi und nach
   Heimgärtner: Frankreich; Gefängnisstrafen im Scientology-Prozess von
   Marseille. DPA-Meldung vom 15. 11. 1999; Frankreich: Zwei Jahre Haft
   in Scientology-Prozess. KNA-Meldung vom 15. 11. 1999; Fünf Scientology-Mitglieder wegen Betrugs verurteilt. AP-Meldung vom
   15. 11. 1999.
24 Vgl. Bayerisches Innenministerium: System Scientology, S. 45 f.
25 Protokolliert und übersetzt von Unadfi.
26 Zit. nach Bayerisches Innenministerium: System Scientology, S. 46.
27 29 Scientologen in Italien verurteilt. KNA-Meldung vom 19. 1. 1997.
28 Zitate aus der Urteilsbegründung des Corte d'Appello di Milano,
   2. 12. 1996, Kap. 2 der Begründung, S. 48–72 (Übers. AG Scientology
   Hamburg).
29 Italien: Scientology ist Religion. EPD-Meldung vom 9. 10. 1997.
30 Vgl. Frankreichs Justiz stellt Verfahren gegen Scientology ein. KNA-
   Meldung vom 16. 1. 2008.

31 Zum Pariser Prozess vgl. Nordhausen, Frank: Scientology als kriminelle
    Bande verurteilt. In: Berliner Zeitung vom 28. 10. 2009; Boeselager,
    Matern von: Wie die französische Justiz Scientology rettete. In: Die Welt
    vom 17. 9. 2009; Bremer, Hans-Hagen: Scientology in Frankreich vor
    Gericht. In: Tagesspiegel vom 26. 5. 2009; Kröncke, Gerd: Der Preis des
    Glaubens. In: Süddeutsche Zeitung vom 26. 5. 2009.

Abstieg in Deutschland

1 Loy, Thomas: Travolta grüßt per Tonband. In: Der Tagesspiegel vom
   28. 10. 1997.
2 Zit. nach Kintzinger, Axel; Röll, Thomas: Aufpasser aus USA. In: Focus
   vom 27. 10. 1997, S. 52 (im Folgenden Kintzinger / Röll: Aufpasser).
3 HCO PL vom 15. 2. 1966: Angriffe auf Scientology.
4 Kindergarten der Exorzisten. In: Der Spiegel Nr. 24 vom 8. 6. 1998, S. 48.
5 Ebd.
6 Besier, Gerhard; Seiwert, Hubert (Hg.): Religion – Staat – Gesellschaft,
   4. Jg. 2003, H. 2. Themenschwerpunkt: Audiatur et altera pars? Religiöse Minderheiten in Deutschland. Gutachtliche Stellungnahme zu
   einer offiziellen Studie.
7 Vgl. www.linksfraktionsachsen.de; Fleischhauer, Jan: Muffige Wärme.
   In: Der Spiegel Nr. 35 vom 24. August 2009.
8 Zit. nach Bartsch, Michael: Ein Professor für Scientology. In: taz vom
   25. 9. 2003, S. 7.
9 Vollmer, Antje: Klartext. In: Münchner Abendzeitung vom 18. 11. 1996.
10 Informationen und Zitate zur USA-Reise der Enquetekommission nach
   Kommission: Guter Dialog mit USA. DPA-Bericht vom 5. 3. 1998;
   Politiker fordern verstärkte Aufklärung über Scientology. AP-Bericht
   vom 5. 3. 1998.
11 Zit. nach International Scientology News, 8 / 1998, S. 28 f.
12 Kindergarten der Exorzisten. In: Der Spiegel 24 / 1998, S. 48 f.
13 Kommission: Psychogruppen sind keine Gefahr für Staat und Gesellschaft. In: FAZ vom 20. 6. 1998, S. 2; vgl. Deutscher Bundestag,
   13. Wahlperiode, Drucksache 13 / 10950 vom 9. 6. 1998: Endbericht der
   Enquete-Kommission »Sogenannte Sekten und Psychogruppen«,
   S. 22 f. (im Folgenden Bundestags-Enquete-Kommission: Endbericht).
14 Bundestag: Sekten und Psychogruppen ungefährlich. In: taz vom 20. 6.
   1998, S 6; vgl. Bundestags-Enquete-Kommission: Endbericht, S. 152.
15 Bundestag: Sekten und Psychogruppen ungefährlich. In: taz vom
   20. 6. 1998, S. 6.
16 Zit. nach Kintzinger / Röll: Aufpasser.
17 Götz Brase: Lebenslauf. Internetseite von Götz Brase; vgl. FW: Sciento-

logy: Makler-Firma in Konkurs. In: Hamburger Morgenpost vom
24. 6. 1998.

18 Zit. nach Beckstein: Maßnahmen gegen Scientology erfolgreich. EPD-
Meldung vom 9. 7. 1998.

19 Thier, Peter de: US-Regierung stützt Position von Scientology. In: Berliner Zeitung vom 1. 3. 1999, S. 8.

20 Neue Scientology-Resolution in USA erhebt Diskriminierungsvorwurf.
DPA-Meldung vom 21. 10. 1999.

21 Informationen und Zitate nach Bundestag lehnt Vorgehen zu »Sekten
und Psychogruppen« ab. KNA-Bericht vom 22. 3. 2002.

22 Landesamt für Verfassungsschutz Baden-Württemberg: Die Scientology-Organisation (SO). Stuttgart 2003, S. 37.

23 Informationen und Zitate nach Ludwig-Maximilians-Universität
München: Pressemitteilung vom 5. 12. 2002; Papst-Verlag, Lengerich:
Pressemitteilung (o. D.).

24 Schily kritisiert Scientology. ADN-Meldung vom 25. 3. 1999; Oberverwaltungsgericht Münster, Beschluss vom 12. 2. 2008, AZ NRW 5 A
130/05.

25 Bundesverfassungsgericht: Pressemitteilung Nr. 88/2003 vom 17. Oktober 2003. Beschluss vom 2. 10. 2003, AZ 1 BvR 536/03.

26 USA erneuern Besorgnis über »Sektenfilter« gegen Scientologen. DPA-
Meldung vom 5. 9. 2000.

27 Lehmann, Ingo: Bundesregierung entschärft Sektenfilter. Pressemitteilung vom 22. 5. 2001.

28 Zit. nach France Is now Church of Scientology's Main Enemy, Says
Leader. Meldung von Radio France International vom 29. 9. 1999.

29 Joffe, Josef: Lasst Tom Cruise in Berlin spielen! In: Die Zeit Nr. 28 vom
5. 7. 2007.

30 Website von Sebastian Edathy.

31 Zit. nach Verbotsprüfung ist Riesenschritt nach vorn. In: Leipziger
Volkszeitung vom 10. 12. 2007.

32 Informationen und Zitate nach Gareis, Fred: Undercover bei Scientology. In: Stern Nr. 21 vom 15. 5. 2008.

33 Vgl. Gericht: Münchener Scientology kein »e. V.«. DPA-Meldung vom
3. 6. 1999. Der Dianetic Stuttgart e. V. gewann die Berufung gegen das
Land Baden-Württemberg wegen Entzug der Rechtsfähigkeit: AZ 1
S 197/00.

34 Alle Zitate nach Oberverwaltungsgericht Münster, Beschluss vom
12. 2. 2008, AZ NRW 5 A 130/05; vgl. bes. S. 64 ff.

35 Zit. nach Scientology bleibt im Visier. In: Focus Online vom 12. 2. 2008
(heruntergeladen im Feb. 2008).

36 Vgl. Oberverwaltungsgericht Münster, Beschluss vom 12. 2. 2008, AZ
NRW 5 A 130/05; S. 60.

Kampfplatz Frankreich

1 Vgl. Fouchereau: USA und Scientology.
2 Zum Folgenden vgl. ebd.
3 Ebd.
4 Frankreich: Scientology fühlt sich diskriminiert. KNA-Meldung vom
  10. 2. 2000.
5 Fouchereau: USA und Scientology.
6 Vgl. Neues Sektengesetz in Frankreich. In: FAZ vom 1. 6. 2001, S. 4;
  Frankreich: Kirchen kritisieren geändertes Sektengesetz. KNA-Bericht
  vom 3. 5. 1001; Gutierrez, Ricardo: Sekten: Der Missbrauch der Schwäche bald strafrechtlich verfolgt. In: Le Soir vom 29. 3. 2005 (Übers.
  Friedrich Griess; im Folgenden Gutierrez: Missbrauch).
7 Küfner/Nedopil/Schöch: Scientology, S. 405.
8 Scientology: Straßburg angerufen. AFP-Meldung vom 9. 8. 2001.
9 Zit. nach Hoyos, Carola: US Senator Warns on Visas. In: The Financial
  Times vom 1. 5. 2001.
10 Vgl. Hehn, Jochen: In Frankreich breiten sich die Sekten aus. In: Die
   Welt vom 22. 6. 1999, S. 6; Heimgärtner: Frankreich.
11 Der Europäische Gerichtshof entschied 2000, dass die französischen
   Behörden das Geld hätten annehmen müssen; vgl. European Court of
   Justice, Urteil vom 14. 3. 2000, AZ C-54/99.
12 Zit. nach Bayerisches Innenministerium: System Scientology, S. 46; vgl.
   Nicht nur in Deutschland Streit um Scientology. DPA-Bericht vom
   31. 1. 1997.
13 »Dissoudre les sectes dangereuses«. In: Le Figaro vom 15. 9. 1999.
14 Zit. nach Hehn: Scientology.
15 Zit. nach Scientology gerät in Europa unter Druck. In: Der Tagesspiegel
   vom 23. 1. 1997, S. 2.
16 Informationen über die Razzia nach: Akten der Scientologen in Belgien
   beschlagnahmt. AFP-Meldung vom 9. 10. 1999.
17 Vgl. Bayerisches Innenministerium: System Scientology, S. 45;
   Belgische Justiz ermittelt gegen Scientology. DPA-Meldung vom
   3. 10. 1999.
18 Le Soir nach: Akten der Scientologen in Belgien beschlagnahmt. AFP-
   Meldung vom 9. 10. 1999.
19 Vgl. Scientology will belgischen Staat verklagen. Reuters-Meldung vom
   29. 11. 2001.
20 Vgl. Gutierrez: Missbrauch.
21 Belgien: Justiz plant Anklage gegen Europa-Büro von Scientology. In:
   Die Welt vom 5. 9. 2007, S. 6; Belgien plant Anklage gegen Scientology.
   In: FAZ vom 5. 9. 2007, S. 6.
22 Vgl. Barreau, Julie: Bruxelles – nouveau centre européen de la Sciento-

logie. In: Le Soir Magazine vom 17. 5. 2005 (engl. Übersetzung auf alt.religion.scientology; heruntergeladen im Februar 2008).

23 Vgl. Nordhausen, Frank: Wie eine Sekte Arbeitslose rekrutiert. In: Berliner Zeitung vom 17. 4. 2008.

24 Casey, Tom: Daily Press Briefing. US State Department, Washington, DC vom 4. 9. 2007 (heruntergeladen im Mai 2008).

Das Internet – Scientologys Vietnam

1 Mallia, Joseph: Inside the Church of Scientology. In: The Boston Herald vom 1.–3. 3. 1998.

2 Vgl. Nordhausen/Billerbeck: Psycho-Sekten, S. 492 ff.

3 Vgl. Fishman, Steven: Press Release. Fort Lauderdale, 28. 4. 1994.

4 Vgl. Behar: Cult of Greed.

5 Die deutsche Scientology-Sprecherin Sabine Weber erklärt dazu: »Steven Fishman war nie Scientologe. Es sollte kaum einer Erwähnung bedürfen, aber es gibt in Scientology keinerlei Anweisungen, um ›den Lebenszyklus zu beenden‹, schon gar nicht unter dem Begriff ›End of Cycle‹.« (Weber: Kurzstellungnahme, S. 7).

6 Zum Fishman-Prozess vgl. Fishman, Steven: Press Release. Fort Lauderdale, 28. 4. 1994; Ortega, Tony: Double Crossed. In: The Phoenix New Times vom 23. 12. 1999 (im Folgenden Ortega: Double Crossed).

7 Tabayoyon: Zeugenaussage, Abschnitt 8 (Übers. AG Scientology Hamburg).

8 Vgl. Spaink, Karin: The Fishman Affidavit. Website xs4all.nl, Sept. 1995 (heruntergeladen im April 2008).

9 Vgl. Ortega: Double Crossed.

10 United States Court of Appeals for the Southern District of New York, Urteil vom 12. 1. 2001, AZ 238 F. 3d 168.

11 Tabayoyon, Mary: Zeugenaussage im Fishman-Prozess, United States District Court, Central District of California, Los Angeles, 13. 10. 1994.

12 Tabayoyon: Zeugenaussage, Abschnitt 18 (Übers. AG Scientology Hamburg).

13 Tabayoyon, Mary: Zeugenaussage im Fishman-Prozess, United States District Court, Central District of California, Los Angeles, 26. 8. 1994 (Übers. AG Scientology Hamburg).

14 Zit. nach Botros/Koch: Die dunkle Seite.

15 Vgl. United States District Court, Central District of California, Beschluss vom 15. 8. 1995, AZ CV 91–6426 HLH.

16 Zit. nach Müller von Blumencron: Clear.

17 Zum Fall Lisa McPherson vgl. Leiby, Richard: The Life and Death of a Scientologist. In: Washington Post vom 6. 12. 1998 (im Folgenden

Leiby: Life and Death); Frantz, Douglas: Death of a Scientologist Heightens Suspicions in a Florida Town. In: The New York Times vom 1. 12. 1997 (im Folgenden Frantz: Death of a Scientologist); Touretzky/ Alexander: Lethal Contract; Tobin, Thomas: Scientology Charged in Member's Death. In: St. Petersburg Times vom 14. 11. 1998.

18 Zit. nach Müller von Blumencron: Clear.

19 Vgl. Tobin, Thomas: Church Member's Death now Called Accident. In: St. Petersburg Times vom 23. 2. 2000.

20 Zit. nach Tobin, Thomas: State Drops Charges against Scientology. In: St. Petersburg Times vom 13. 6. 2000.

21 Vgl. Pittman, Craig: McPherson Case Expected to Haunt Medical Examiner. In: St. Petersburg Times vom 13. 6. 2000.

22 Vgl. Tobin, Thomas: Prosecutor Defends Scientology Charges. In: St. Petersburg Times vom 14. 5. 1999; Leiby: Life and Death.

23 Vgl. Touretzky/Alexander: Lethal Contract; Church Requests that Trial Be Moved. In: St. Petersburg Times vom 23. 5. 2003; Farley, Robert: Scientology Wanted Millions, Gets $4500. In: St. Petersburg Times vom 21. 8. 2003; Farley, Robert: Scientologists Settle Death Suit. In: St. Petersburg Times vom 29. 5. 2004.

24 Informationen und Zitate zum Werdegang von Robert Minton als Scientology-Kritiker von Graham Berry u. a. nach O'Neil, Deborah: How Scientology Turned Its Biggest Critic. In: St. Petersburg Times vom 7. 7. 2002; Strothe, Stephan; Frantz, Douglas: Boston Man Wages Costly Fight with Scientology. In: The New York Times vom 21. 12. 1997; Nordhausen, Frank: Der Mann, der umfiel. In: Berliner Zeitung vom 31. 5. 2002.

25 Vgl. Touretzky/Alexander: Lethal Contract; Lerma, Arnold: Website LermaNet, Abschnitt »Scientology Gag Agreements – A Conspiracy for Silence« (heruntergeladen im März 2008).

26 Vgl. Touretzky/Alexander: Lethal Contract.

27 Vgl. Website von Ilse Hruby, Abschnitt »Wo ist das Lächeln von Lisa McPherson?« (heruntergeladen im April 2008).

28 Reitman, Janet: Inside Scientology.

29 Die Darstellung des Internetkrieges folgt im Wesentlichen Grossman, Wendy M.: alt.scientology.war. In: Wired Nr. 3.12 von Dez. 1995 (im Folgenden Grossman: alt.scientology.war), Lippard, Jim; Jacobsen, Jeff: Scientology v. the internet. In: Skeptic 3/1995, S. 35–41 (im Folgenden Lippard/Jacobsen: Scientology v. the internet).

30 Zit. nach Grossman: alt.scientology.war.

31 Posting von Julf Helsingius, 18. 2. 1995; zit. nach Wenning, Rigo: Das Internet – ein rechtsfreier Raum? JurPC Web-Dok. 16/1997, Abs. 1–26 (heruntergeladen im Mai 2008).

32 Vgl. Prendergast, Alan: Stalking the Net. In: Denver Westword News

vom 4. 10. 1995; Helmers, Sabine: A Brief History of anon.penet.fi. In: CMC Magazine vom 1. 9. 1997 (heruntergeladen im Mai 2008); Borchers, Detlef: Angriff der Namenlosen. In: Die Zeit 37/1997.

33 Zit. nach Grossman: alt.scientology.war.

34 Zit. nach ebd.

35 Grossman: alt.scientology.war; Prendergast, Alan: Hunting Rabbits, Serving Spam: The Net under Siege. In: Denver Westword News vom 4. 10. 1995.

36 Vgl. Lippard/Jacobsen: Scientology v. the Internet.

37 Zit. nach Schimmeck, Tom: Seelenfang im Netz. In: Die Woche vom 19. 6. 1998, S. 29 (im Folgenden Schimmeck: Seelenfang).

38 Zit. nach Schimmeck: Seelenfang.

39 Grossman: alt.scientology.war.

40 Ebd.

41 Zit. nach Petersen, Frank: Zensur oder Urheberschutz? In: C't 3/1996, S. 50.

42 Zit. nach Ortega, Tony: Sympathy for the Devil. In: New Times Los Angeles vom 27. 9. 2001 (heruntergeladen im Mai 2008; im Folgenden Ortega: Sympathy).

43 Ortega: Sympathy.

44 Vgl. Brown, Janelle: A Web of Their Own. In: Salon, Salon.com vom 15. 7. 1998 (heruntergeladen im Mai 2008).

45 Vgl. Loney, Matt; Hansen, Evan: Google Pulls Anti-Scientology Links. In: Cnet vom 21. 3. 2002 (heruntergeladen im Mai 2008); Pilzweger, Markus: Scientology übt Druck auf Google aus. In: Computerwoche vom 22. 3. 2002 (heruntergeladen im Mai 2008).

46 Zit. nach Google zensiert Scientology-Kritiker. In: Heise.de, 21. 3. 2002 (heruntergeladen im Mai 2008).

47 Vgl. Grossman, Wendy: Copyright Terrorists, Net.wars. New York 1997, S. 9.

48 United States District Judge Leonie Brinkema: Memorandum Opinion vom 28. 11. 1995.

49 Vgl. Settlement Agreement and Mutual General Release vom 19. 3. 1999. Website FactNet.org (heruntergeladen im Mai 2008).

50 United States District Court for the Northern District of California. Stipulated Final Judgement and Permanent Injunction vom 30. 4. 1999, AZ C-95–20091 RMW EAI.

51 Vgl. Bergstein, Brian: New Online Tool Traces Wikipedia Edits. AP-Meldung vom 15. 8. 2007.

52 Wikipedia-Verbot für Scientologen. DPA-Meldung vom 29. 5. 2009.

53 Final Victory! XS4ALL and Karin Spaink Win Scientology Battle. XS4ALL-Pressemitteilung vom 16. 12. 2005 (heruntergeladen im Mai 2008).

54 Vgl. Brown, Janelle: A Web of Their Own. In: Salon vom 15. 7. 1998 (heruntergeladen im Mai 2008).

55 Zit. nach Grossman: alt.scientology.war.

56 Anonymous: Message to Scientology. YouTube vom 21. 1. 2008.

57 Vgl. Barkham, Patrick: Hackers Declare War on Scientologists amid Claims of Heavy-Handed Cruise Control. In: The Guardian vom 4. 2. 2008; Braiker, Brian: The Passion of Anonymous. In: Newsweek vom 8. 2. 2008.

58 Vgl. Moncada, Carlos: Organizers Tout Scientology Protest, Plan Another. In: TBO.com vom 12. 2. 2008 (heruntergeladen im Mai 2008).

59 Zit. nach Landers, Chris: Serious Business: Anonymous Takes on Scientology (and Doesn't Afraid of Anything). In: Baltimore City Paper vom 2. 4. 2008 (heruntergeladen im Mai 2008; im Folgenden Landers: Serious Business).

60 Landers: Serious Business (Übers. d. A.)

61 Zit. nach Seymour, Bryan: Anonymous Takes Scientology to the Streets. In: Today Tonight, Seven Network (Australien), Sendung vom 2. 11. 2008.

62 Whipple, Tom: Scientology: the Anonymous Protesters. In: The Times vom 20. 6. 2008 (im Folgenden Whipple: Scientology).

63 Childs, Joe; Tobin, Thomas: The Truth Rundown. In: St. Petersburg Times vom 21. 6. 2009 u. 1. 8. 2009 (im Folgenden Childs / Tobin: Truth Rundown).

64 Interviews mit Marc Headley und Jason Beghe im September 2008 in Hamburg.

65 Inside Scientology. Nightline vom 20. u. 23. 10. 2009.

66 Childs / Tobin: Truth Rundown vom 1. 8. 2009 u. 1. 11. 2009.

67 Zitate nach Childs, Joe; Tobin, Thomas: Scientology's response to church defectors: »Total Lies«. In: St. Petersburg Timnes vom 20. 6. 2009.

68 Informationen von Marc Headley, mitgeteilt im September 2008 in Hamburg.

Register

627

John Dickie
Cosa Nostra
Die Geschichte der Mafia
Band 17106

Von den Olivenhainen Siziliens nach »Little Italy«, von Großfamilien zu international operierenden Holdings: Die wahre Geschichte der Mafia.

»Historisch genau, klug argumentierend und zugleich spannend. Dagegen wirkt ein Mario Puzo geradezu altbacken.«
Süddeutsche Zeitung

»Noch nie zuvor ist hierzulande ein so schlüssiges Werk über die sizilianische Mafia erschienen.«
Welt am Sonntag

»Ein spektakuläres Panoptikum aus anderthalb Jahrhunderten der ›ehrenwerten Gesellschaft‹, eine brillant argumentierende Pathologie des organisierten Verbrechens.«
Die Welt

»Eine brillant angelegte, mit großem Schwung erzählte historische Studie über die Geschichte der Mafia (…) Ein bemerkenswert gut geschriebenes und exzellent übersetztes Standardwerk .«
Der Tagesspiegel

»Spannender als jeder Thriller.«
P.M.

Fischer Taschenbuch Verlag

Gerd Koenen
Das rote Jahrzehnt
Unsere kleine deutsche Kulturrevolution 1967–1977

Band 15573

Das »rote Jahrzehnt« begann in der Bundesrepublik mit den Schüssen in Westberlin am 2. Juni 1967 und endete mit Schüssen in Stammheim und der Ermordung Schleyers im »deutschen Herbst« 1977. Das sind aber nur die Eckdaten dieser Generationengeschichte. Es kommt längst nicht mehr darauf an, diese Geschichte zu verteidigen oder zu denunzieren – sondern darauf, sie endlich einmal zusammenhängend zu erzählen.

»Die vielleicht schärfste, umfassendste und
materialreichste (Selbst-)Kritik eines ehemaligen
›Revolutionärs‹ an jener revolutionären
›Halluzination‹«
Der Spiegel

Fischer Taschenbuch Verlag

Bruce Hoffman
Terrorismus – Der unerklärte Krieg
Neue Gefahren politischer Gewalt

Band 17053

Das Standardwerk zum internationalen Terrorismus – vollständig überarbeitet, stark erweitert und aktualisiert.

Die Bedrohung durch den Terrorismus hat eine nie gekannte Dimension erreicht. Religiöse und ideologische Konflikte werden vermehrt durch Terroranschläge ausgetragen, in besonderem Maße durch Selbstmordattentate. Der Terrorismusexperte Bruce Hoffman analysiert die verschiedenen Facetten des gegenwärtigen internationalen Terrorismus, beschreibt prägnant die Entwicklungen und kommenden Gefahren, die von ihm ausgehen werden, und welche Rolle die Medien dabei spielen.

»Bruce Hoffman ist ein ausgezeichneter Kenner und differenzierter Analytiker der unterschiedlichen Formen des Terrorismus in Vergangenheit und Gegenwart.«
Das Parlament

Fischer Taschenbuch Verlag

John Follain
Die letzten Paten
Aufstieg und Fall der Corleones
Aus dem Englischen von Irmengard Gabler

Band 18370

»Eine so verstörende wie spannende Lektüre, diese
Blutbäder, Machtkämpfe und Geschichten von Lüge,
Verrat und Männern, die so leichten Herzens morden,
als nähmen sie nur eine Figur vom Schachbrett.«
Mail on Sunday

Aus einfachsten Verhältnissen in dem gottverlassenen Dorf
Corleone schoss und bombte sich der Corleone-Clan seinen
Weg an die Spitze der Cosa Nostra. John Follain erzählt die
wahre, blutige Geschichte dieses legendären und berüchtigtsten aller Mafia-Clans, der mächtigsten und reichsten
Familie der sizilianischen Mafia, die Mario Puzos Roman
›Der Pate‹ inspirierte. Basierend auf Tausenden von Seiten
von Gerichtsunterlagen, auf Zeugenaussagen, Tonbandmit-
schnitten und Interviews ist dies die definitive Darstellung
der drei mächtigsten Paten des Corleone-Clans: Luciano ›der
Professor‹ Leggio, Salvatore ›die Bestie‹ Riina und Bernardo
›der Traktor‹ Provenzano.

»Auf der Grundlage einzigartiger Recherche porträtiert
John Follain mit beeindruckender Genauigkeit
und Verve die immer brutaleren Machenschaften der
berüchtigtsten Bosse der Cosa Nostra.«
John Dickie, Autor des Bestsellers ›Cosa Nostra‹

Fischer Taschenbuch Verlag

Die kulturellen Werte Europas

Herausgegeben von
Hans Joas und Klaus Wiegandt

Band 16402

Hat Europa eine kulturelle Identität?

International renommierte Historiker, Soziologen, Philosophen und Religionswissenschaftler beschäftigen sich mit der kulturellen Tradition Europas, dem Entstehen und dem Wandel von Werten. Beiträge von Michael Borgolte, Shmuel N. Eisenstadt, Kurt Flasch, Wolfgang Huber, Hans Joas, Reinhart Koselleck, Gudrun Krämer, Christian Meier, Mark Mazower, Christoph Menke, Orlando Patterson, Wolfgang Reinhard, Dieter Senghaas, Wolfgang Schluchter, Helmut Thome und Peter Wagner.

Fischer Taschenbuch Verlag

fi 16402 / 1